《清实录》青海蒙古族史料辑录

命　天聪　崇德　顺治　康熙　雍正年间

青格力　整理

上

民族出版社

中国社会科学院历史研究所内陆欧亚研究中心
青海蒙古研究会海北分会　合办

前　言

青藏高原的蒙古族历史可分三个阶段。13 世纪 20 年代，成吉思汗灭西夏之后青海地区已被纳入蒙古帝国统治范围。1240 年阔端派军入藏，不久在萨迦班智达号召下吐蕃各部归顺，西藏正式归入中国版图。入驻青藏高原的蒙古族为镇守地方的驻扎军队和游牧部落，其中也包括一些蒙古语族群体，中央置宣慰使司等管理机构，属宣政院统辖，为第一阶段。元亡后，明朝设“西宁塞外四卫”，安置游牧蒙古部众。16 世纪初，鄂尔多斯地区的东蒙古部落进入青海并收服四卫，被称“西海蒙古”，为第二阶段。17 世纪 30 年代喀尔喀部却图台吉率部占据青海地区，四卫拉特联盟趁机征讨并消灭却图台吉，遂以和硕特为中心的卫拉特蒙古迁入青藏高原，被称“青海厄鲁特”，即青海卫拉特蒙古。

青海卫拉特蒙古，又俗称德都（上部）蒙古，包括和硕特、土尔扈特、绰罗斯、辉特、喀尔喀等部落。自固始汗称王建立地方政权始，其家族统治青藏高原七十多载，期间逐渐与清朝融合，康熙三十七年（1698 年）开始受清朝册封，罗卜藏丹津事件后，雍正三年（1725 年）编佐领，正式被纳入清王朝盟旗体制之内。

清代青海蒙古族相关史料文献有汉文、蒙古文、藏文和满文等多文种，体裁包括编年史、纪传、制度史、地方史、档案文书等，其中《大清历朝实录》最为丰富详实。众所周知，《大清历朝实录》存在为了迎合统治者意志和愿望而歪曲和篡改历史事实以及一些重要史料被遗漏等立场观点或编纂体例方面的问题。这在记录青海蒙古族历史方面也不例外。对这些有诸多档案文书资料可做些补充，特别是近年公刊的一批清宫或地方满、蒙档案资料，如《十七世纪蒙古文文书档案》《清内秘书院蒙古文档案汇编》《清内阁蒙古堂档》《西藏自治区档案馆馆藏蒙满文档案精选》等，提供了不少新资料。不过，最系统完整的资料仍属《大清历朝实录》的记载，如离开了这一丰富的史料汇总，很难把握清代青海蒙古族历史的整体脉络。目前已有《〈清实录〉新疆资料辑录》《清实录藏族史料》《〈清实录〉准噶尔史料摘编》《清实录蒙古史料抄》等专题汇总资料，其中包含了青海蒙古族史料。但因不是以青海蒙古族为中心，其相关资料自然不够全面。这也是我们决心全面系统编辑《〈清实录〉青海蒙古族史料辑录》的理由所在。

本《〈清实录〉青海蒙古族史料辑录》不仅仅以“青海蒙古”为辑录的唯一关键词，更基于历史研究成果，也涉及了与清代青海蒙古族息息相关的历史背景资料。如，在雍正朝编佐领之前，整个青藏高原和周边一些区域受和硕特地方政权统辖或影响，因此，西藏、康区、安多以及河西走廊等地方资料不可或缺。准噶尔部噶尔丹的扩张、策妄阿拉布坦派军攻击拉萨事件、噶尔丹策楞时期准噶尔与清朝的博弈以及与此密切相关的人物等，都与青海蒙古族关系密切，因此，适当收录了反映这些历史事件或区域关系变化以及历史人物动态的资料，以便为利用者提供便利。

本书在编辑过程中得到了青海省海北藏族自治州政协副主席聪杰以及中国社会科学院历史研究所内陆欧亚研究中心和青海蒙古研究会海北分会的大力支持。亦向给予关心和支持的青海省海北藏族自治州原政协主席王忠海、原主席杨海林、原副主席查科、自治州人大原副主任李顺邦等前辈和领导表示深深谢意！

由于学识浅陋，学力所限，疏漏、错误不当之处，敬祈读者批评指正。如需引用，请核对原文。

青格力

2018年7月北京

凡　例

一、本书以中华书局1985年影印版《清实录》为底本，辑录了《大清历朝实录》从天命七年（1622年）到雍正十三年（1735年）有关青海蒙古族的历史资料。

二、本书辑录的青海蒙古族的历史资料是按照《大清历朝实录》的编年体例，依年、月、日先后顺序编排。

三、辑录出的每条资料正文前分别冠以相应清代各朝年号和阴历年、月、朔日，并用括号注明对应日期及公元年、月、日。当下一条的日期相同时只隔一行，不再标出年、月、日，末尾注明各朝实录的卷数。

四、原文中有些专用名称用字不一致的，本书未做统一而保留了原貌。

五、原书仅有断句，没有标点，我们标点时多参考了前言中所提已有成果和其他研究文献。

目　录

上册

下册

太祖高皇帝实录（天命朝）

天命七年　壬戌　1622年

天命七年二月壬午（十六日，1622.3.27）

蒙古兀鲁特部落明安、兀尔宰图、锁诺木、绰乙喇札尔、达赖、密赛、拜音代、噶尔马、昂坤、多尔济、顾录、绰尔齐、奇笔他尔、布彦代、伊林齐、特灵、石里胡那克，凡十七贝勒，及喀尔喀各部落台吉，各率所属军民三千余户，并驱其畜产归附。上御殿，宴劳之，谕曰，我国习俗所尚，守忠信，奉法度，贤而善者举之不遗，悖且乱者治之不贷，以致盗窃潜消，暴乱不作，拾遗于道，必还其主，习俗如此，所以获膺天眷。尔蒙古人所持者念珠，所称者佛号，而不息盗窃之风，遂遭天谴，俾尔诸贝勒，自乱其心，殃及于国，今尔等既归我，贤而善者，嘉其贤而优礼之，即不能之人，亦因其归顺而善遇焉，今而后，慎勿萌盗窃暴乱之心，倘旧恶不悛，国法不汝贷也。于是厚赐诸贝勒等猞狸狲、貂、虎、狐、貉等裘，蟒衣、绮服、锦币、布帛、金银、银器、田庐、僮仆、牛马、粮粮、器具等物，各授职有差。时蒙古喀尔喀五部落民一千二百户，并来归。

（卷8）

天命八年　癸亥　1623年

天命八年六月戊辰（九日，1623.7.6）

上谕诸贝勒曰，喀尔喀贝勒原来受制于人，各主部落，安乐称意，因安益求安，乐更思乐，遂来归附。至兀鲁特部落贝勒，因蒙古国主残暴，慕义而归我耳，此等归附贝勒，凡有故，当与我八贝勒一视之，即有罪当诛勿论死，俾还故地可也。

（卷 8）

天命八年六月甲戌（十五日，1623.7.12）

上谕蒙古归附诸贝勒曰，凡汝等居我国结婚姻，立家业，娶我诸女者，勿以诸女为畏也。朕因汝等远来附我，怜恤汝等，妻以女，俾各遂室家之乐，岂令汝受制于女乎。朕尝闻蒙古察哈尔、喀尔喀诸贝勒，以女妻侍从中贤者及大臣，每陵其夫，扰其国，若诸女中有如彼之人，陵其夫，俾生嗟怨，汝等勿辄以暴横相加，必告于朕，罪至死诛之，罪不至死则废之，更以他女妻焉。倘诸女不贤，不奏闻，咎在汝等，奏闻而不加惩治，咎在于朕，凡有所艰苦，毋讳，各以其情直告可也。

（卷 8）

太宗文皇帝实录（天聪、崇德朝）

天聪六年　壬申　1632年

天聪六年九月癸卯（八日，1632.10.21）

部议，归顺兀鲁特部落贝勒明安子额驸多尔济，醉后于御前露刃者二次，又奉命取猎户时，不选善猎之人，以不堪者充数，应革多尔济备御职，念彼当本国无事时来归，宥之，罚银百两。又明安、额驸布彦代俘获独少，所获之羊，私自妄费，托言无获，不同众进献，又命以所俘编为五十户，竟不遵行，明安又以官牛一，擅与其下大凌河蒙古，且从猎时另自合围，有镶蓝旗孙太所分蒙古二人，乘夜逃至彼营，即私匿之，应革明安总兵官职，亦以彼当本国无事时来归，宥之，罚银六十两，夺俘获人口并赐物，布彦代拟革副将职，亦以彼当无事时来归，宥之，罚银四十五两，夺俘获人口并赐物。又议，台吉布当私行围猎，且所俘甚少，所获之羊，悉行妄费，又违编五十家为民之令，罚银四十五两，夺俘获人口并赐物。布尔特坐盗牛八，且妄费所获牛羊，革备御职，罚银十五两，夺俘获人口并赐物。台吉博琫俘获甚少，又妄费所获之羊，不同众进献，私行圈猎，且盗牛十二，及违编户之令，革总兵官职，以世职系其父琐诺木军功所得，令其弟僧格袭之，仍罚银六十两，马一匹，夺俘获人口并赐物。以归顺蒙古诸贝勒所行违背，不令别立一旗，令随各旗贝勒行走，所属人员拨与吴讷格、鄂本兑旗下管理。

（卷12）

崇德元年　丙子　1636 年

崇德元年十一月辛亥（十一日，1636.12.7）

马哈撒嘛谛汗使臣卫征喇嘛等谒上，陈所贡马匹、野骡、雕翎、弓等物，跪献其主奏疏，大学士希福受之，跪读于御前。其疏曰，马哈撒嘛谛塞臣汗谨奏威服诸国皇帝，凡归顺者，与为一体，遣使往来，我等原谓典籍之所首尚，但奉有不合与明国私贸马匹之谕，我等正欲禁止，因见喀尔喀部落七固山，及厄鲁特四部落，皆往交易，我等效而行之耳。读毕，使臣行三跪九叩头礼，赐之大宴。

（卷 32）

崇德二年　丁丑　1637 年

崇德二年八月辛丑（六日，1637.9.23）

蒙古喀尔喀部落马哈撒嘛谛塞臣汗，遣使臣麻尼塞臣浑津、毕礼克图山津朝贡，上御崇政殿，使臣陈列所产之兽名獭喜，及貂皮四十，马匹四十，上表行礼。表文曰，马哈撒嘛谛塞臣汗，奉表敬候皇上起居万安，闻欲延致达赖喇嘛，甚善，此地喀尔喀七固山，及厄鲁特四部落亦有同心，乞遣使者过我国，同往请之，我等公同会议，遣使候安，并献方物。

（卷 38）

崇德二年八月庚戌（十五日，1637.10.2）

上御大清门，文武升转各官谢恩，次喀尔喀部落土谢图汗朝贡使臣上表行礼。表曰，土谢图汗敬奉表于宽温仁圣皇帝陛下，恭候万安，近闻欲延致达赖喇嘛，反复思之诚是，喀尔喀七固山，及厄鲁特四部落皆有同心，若遣使延致，乞同往何如，凡所议，悉与皇上无异。

（卷 38）

崇德二年十月丙午（十二日，1637.11.27）

厄鲁特部落顾实车臣绰尔济，遣其头目库鲁克来贡马匹、白狐皮、獭喜兽、绒毯等物，顾实车臣绰尔济初未人贡，闻上威德远播，至丙子年乃遣使，因路远，于是岁始至。

（卷 39）

崇德三年　戊寅　1638 年

崇德三年十月庚戌（二十一日，1638.11.26）

达尔汉诺颜艾松古等，于归化城遇厄鲁特部落墨尔根戴青来贡马匹，遂偕至军营。

（卷 44）

崇德四年　己卯　1639 年

崇德四年正月己未（一日，1639.2.3）

辰刻，上御崇政殿，次厄鲁特、鄂尔多斯、土默特、苏尼特、索伦、黑龙江、库尔喀各部落来贡头目率众朝贺，礼毕，设大宴宴之。

（卷 45）

崇德四年二月癸巳（五日，1639.3.9）

赐贡马，厄鲁特部落尹札胡土克图下厄尔格布什等彩缎青布等物。

（卷 45）

崇德四年四月戊申（二十一日，1639.5.23）

赐厄鲁特部落格隆寨桑、什勒图绰尔济喇嘛所遣哲喇嘛，喀尔喀部落卫征贝勒下和兑褚阳等白金有差。

（卷 46）

崇德六年　辛巳　1641 年

崇德六年四月甲子（十九日，1641.5.28）

以厄鲁特部落墨尔根戴青使臣诺垒送拜山至，赐诺垒及其从役银两有差。

（卷 55）

崇德六年八月乙巳（二日，1641.9.6）

赐厄鲁特部落格隆寨桑之弟布户、巴图、卓尔毕等朝衣各一袭。

（卷 57）

崇德七年　壬午　1642 年

崇德七年三月乙酉（十六日，1642.4.14）

上览毕，亦降敕一道，谕诸王贝勒曰，朕蒙皇天眷顾，昔时金国所属尽为我有，沿海一带，自东北以迄西北，至使犬使鹿，产黑狐黑貂等国，及厄鲁特国，在在臣服。

（卷 59）

崇德七年十月己亥（二日，1642.10.25）

图白忒部落达赖喇嘛，遣伊拉古克三胡土克图、戴青绰尔济等至盛京，上亲率诸王贝勒大臣出怀远门迎之，还至马馆前，上率众拜天，行三跪九叩头礼毕，进马馆，上御座，伊拉古克三胡土克图等朝见，上起迎，伊拉古克三胡土克图等以达赖喇嘛书进上，上立受之，遇以优礼，上升御榻坐，设二座于榻右，命两喇嘛坐，其同来徒众，行三跪九叩头礼，次与喇嘛同来之厄鲁特部落使臣及其从役，行三跪九叩头礼，于是命古式安布宣读达赖喇嘛及图白忒部落藏巴汗来书，赐茶，喇嘛等诵经一遍方饮，设大宴宴之，伊拉古克三胡土克图及同来喇嘛等，各献驼马、番菩提数珠、黑狐皮、绒单、绒褐、花毯、茶叶、狐腋裘、狼皮等物，酌纳之。

（卷 63）

崇德七年十月壬戌（二十五日，1642.11.17）

以朝鲜贡物，分赐图白忒部落达赖喇嘛所遣伊拉古克三胡土克图、戴青绰尔济、戴青俄木布，厄鲁特部落古木伊尔登下和尼图，奇尔山下土尔噶图，达赖巴图鲁下喀喇户济、阿巴赖山津，塔赖都喇尔和硕齐下额尔德尼，桑噶尔寨桑伊尔登下额尔白黑，王什克下库尔墨，窦尔格齐诺颜下琐诺木，额尔克寨桑下吴兰，包虎寨桑下翁阿代，迈达里噶布楮下莽郭，噶尔马伊尔登下布尼，绰克图卫征诺颜下班第。

（卷 63）

崇德八年　癸未　1643 年

崇德八年正月辛酉（二十六日，1643.3.14）

喀尔喀部落戴青哈谈巴图鲁等，鄂尔多斯部落扎木苏台吉等，厄鲁特部落塞冷诺颜等来朝，各贡土产元狐、驼、马、雕翎等物。

（卷 64）

崇德八年二月戊寅（十四日，1643.4.2）

赐贡马厄鲁特部落塞冷哈谈巴图鲁下席喇扣、达赖巴图鲁下哈喇扈济等四人缎布等物有差。

（卷 64）

崇德八年五月丁酉（五日，1643.6.20）

先是，图白忒部落达赖喇嘛遣伊拉古克三胡土克图，及厄鲁特部落戴青绰尔济等至，赐大宴于崇政殿，仍命八旗诸王贝勒各具宴，每五日一宴之，凡八阅月。至是遣还，赐伊拉古克三胡土克图喇嘛及偕来喇嘛等银器、缎朝衣等物有差，又赐厄鲁特部落和尼图巴克式、阿巴赖达赖，都喇尔和硕齐下额尔德尼巴图鲁，奇尔三下土尔噶图、阿巴赖山津等朝衣帽靴等物，上率诸王贝勒等送至演武场，设大宴饯之，复以鞍马银壶等物赐伊拉古克三胡土克图喇嘛，仍命和硕睿亲王多尔衮、多罗武英郡王阿济格、辅国公硕托、满达海率梅勒章京参政以上各官，送至永定桥，复设宴饯之，遣察干格隆、巴喇衮噶尔格隆、喇克巴格隆、诺木齐格隆、诺莫干格隆、萨木谭格隆、衮格垂尔扎尔格隆等，同伊拉古克三胡土克图喇嘛前往达赖喇嘛、班禅胡土克图，红帽喇嘛噶尔马、昂邦萨斯下济东胡土克图、鲁克巴胡土克图、达克龙胡土克图，臧霸汗、顾实汗处，致书各一函，又敕谕臧霸汗曰，大清国宽温仁圣皇帝谕臧霸汗，尔书云，佛法裨益我国，遣使致书，近闻尔为厄鲁特部落顾实贝勒所败，未详其实，因遣一函相询，自此以后，修好勿绝，凡尔应用之物，自当饷遗，今赐银一百两，锦缎三匹。又与顾实汗书曰，大清国宽温仁圣皇帝致书于顾实汗，朕闻有违道悖法而行者，尔已惩创之矣，朕思自古圣王致治，佛法未尝断绝，今欲于图白忒部落敦礼高僧，故遣使与伊拉古克三胡土克图偕行，不分服色红黄，随处咨访，以宏佛教，以护国祚，尔其知之。附具甲胄全副，特以侑缄。

（卷 64）

世祖章皇帝实录（顺治朝）

崇德八年　癸未　1643 年

崇德八年九月戊申（十七日，1643.10.29）

厄鲁特部落顾实汗遣使奏言，达赖喇嘛功德甚大，请延至京师，令其讽诵经文，以资福佑。许之。

（卷 2）

崇德八年十一月丁酉（七日，1643.12.17）

喀尔喀部落土谢图汗、图白忒部落甸齐喇嘛等，各贡野骡、马匹等物。宴赉如例。

（卷 2）

顺治元年　甲申　1644 年

顺治元年春正月己亥（十日，1644.2.17）

遣使偕喇嘛伊拉古克三胡土克图往迎达赖喇嘛，仍以书谕厄鲁特部落顾实汗知之。

（卷 3）

顺治二年　乙酉　1645 年

顺治二年四月丁卯（十五日，1645.5.10）

一、该省肃州地方嘉峪关外，西域三十八国部落之长，投诚归顺者抚按官察实具奏，以便照例封赏。一、西番都指挥宣慰、招讨等司万户、千户等官，旧例应于洮河、西宁等处、各茶马司、通贸易者，准照旧贸易。原有官职者，许至京朝见授职。一切政治悉因其俗。一、乌思藏番僧、应从陕西入贡者，该布政司察号，果赍有印信番本咨文。准照旧例入贡。

（卷 15）

顺治二年十二月壬辰（十四日，1646.1.30）

厄鲁特部落顾实汗子多尔济达赖巴图鲁台吉来请安，贡马匹、氆氇。并奏，顷闻天使同伊拉古克三胡土克图已从释迦牟尼佛庙西行，与我国汗议和好礼，彼处议定，则臣等无不奉命。

（卷 22）

顺治三年　丙戌　1646 年

顺治三年三月乙卯（八日，1646.4.23）

厄鲁特部落多尔济达赖巴图鲁、喀尔喀部落买达里胡土克图等来贡驼马。俱宴赉如例。

（卷 25）

顺治三年八月戊戌（二十五日，1646.10.3）

前遣往达赖喇嘛之察罕喇嘛还。达赖喇嘛、厄鲁特顾实汗等遣班第达喇嘛、达尔汉喇嘛等同来上表请安，献金佛、念珠、普鲁绒、甲胄、马匹等物，以甲胄、弓矢、撒袋、大刀、鞍辔、银器、缎疋、皮张等物，赏答之。

（卷 27）

顺治三年十月戊寅（六日，1646.11.12）

达赖喇嘛及厄鲁特部落顾实汗遣使表贡方物。宴赉如例。

（卷 28）

顺治四年　丁亥　1647 年

顺治四年正月壬戌（二十日，1647.2.24）

遣理藩院副理事官罗多理，赐故喇嘛伊拉古克三胡土克图鞍马、缎疋、器皿茶香等物。

（卷 30）

初，赤斤蒙古都督永柱、哈密卫畏兀国都督帖木儿卜喇等，于明季入贡，值寇乱劫去贡物敕印，寄居肃州。至是，诣抚臣张尚，求为题请改给敕印，并乞口粮，愿照旧效忠纳贡。尚以闻，疏下部议。

（卷 30）

顺治四年正月乙丑（二十三日，1647.2.27）

喇嘛班第达等来贡马。宴赉如例。

（卷 30）

顺治四年二月甲申（十三日，1647.3.18）

厄鲁特部落吴霸锡台吉等朝贡。宴赉如例。

（卷 30）

顺治四年二月丙戌（十五日，1647.3.20）

初达赖喇嘛、班禅胡土克图、巴哈胡土克图、鲁克巴胡土克图、伊尔札尔萨布胡土克图、萨思夏喇嘛、额尔济东胡土克图、伊思达格隆胡土克图、诺门汗各上书请安，并献方物，至是，遣喇嘛、侍卫格隆等存问，各赐金玉、器皿、缎疋、雕鞍、甲、胄等物。

（卷 30）

顺治四年三月己未（十八日，1647.4.22）

喀尔喀部落墨尔根绰尔济、额尔德尼绰尔济、苏尼特部落魏正台吉及汤古忒部落使臣来朝贡。宴赉如例。

（卷 31）

顺治四年三月庚午（二十九日，1647.5.3）

达赖喇嘛及班禅胡土克图上表颂扬功德，并献方物。

（卷 31）

顺治四年四月丙子（五日，1647.5.9）

喀尔喀部落伊拉古克三胡土克图等遣使来贡。宴赉如例。

（卷 31）

顺治四年五月乙丑（二十五日，1647.6.27）

遣土默特部落德穆齐达尔汉囊苏送伊拉古克三胡土克图丧，还其部，赏妆蟒、缎、银两等物。

（卷 32）

顺治四年六月己丑（二十日，1647.7.21）

上御太和殿，赐朝鲜国王李倧子李淯及土默特部落古禄格，厄鲁特部落达尔汉吴把什等宴。

（卷 32）

顺治四年九月庚子（三日，1647.9.30）

厄鲁特部落顾实汗遣卫征噶布楚等贡驼马。宴赉如例。

（卷 34）

顺治四年九月丙辰（十九日，1647.10.16）

巡视茶马御史廖攀龙、西宁道蒋三捷，坐私给蒙古人官茶，革职。

（卷 34）

顺治四年九月丁卯（三十日，1647.10.27）

上御太和殿，赐翁牛特部落杜棱郡王波托和，厄鲁特部落达赉温布、色冷台吉等宴。

（卷 34）

顺治四年十月甲戌（七日，1647.11.3）

上御太和殿，赐厄鲁特部落贡使额尔德尼吴巴什等宴。

（卷 34）

顺治四年十月戊子（二十一日，1647.11.17）

喀尔喀部落扎萨克图汗下巴颜护卫、舍晋班第，厄鲁特部落罗布藏胡土克图下巴汉格隆、盆苏克扎穆苏等来朝贡。宴赉如例。

（卷 34）

顺治四年十一月己亥（三日，1647.11.28）

喀尔喀部落扎萨克图汗下迈达礼胡土克图，厄鲁特部落阿布赉诺颜下讷门汗等，来贡驼马、黑狐皮。宴赉如例。

（卷 35）

顺治四年十一月庚戌（十四日，1647.12.9）

厄鲁特部落巴图鲁诺颜、达云绰尔济等来贡驼马。宴赉如例。

（卷 35）

顺治四年十一月丁巳（二十一日，1647.12.16）

上御太和殿，赐厄鲁特部落喇木占霸胡土克图、单储特霸达尔汉绰尔济、喀尔喀部落扎萨克图汗下额尔克温布及土谢图汗下杜尔伯等宴。

（卷35）

喇布扎木绰尔济上表请达赖喇嘛，并贡马。厄鲁特部落鄂济尔图台吉贡马。俱宴赉如例。

（卷35）

顺治四年十二月丁卯（一日，1647.12.26）

宴厄鲁特、喀尔喀部落贡使单储特霸、额尔克温布等于礼部，并赏缎布有差。

（卷35）

顺治五年　戊子　1648年

顺治五年正月甲寅（十八日，1648.2.11）

唐古特国达赖喇嘛遣使表献方物。宴赉如例。

（卷36）

顺治五年二月丙戌（二十一日，1648.3.14）

甘肃巡按王世功奏言，喇嘛同海彝纳贡，入西宁城，需索廪料，凌辱职官，横夺财物妇女。嗣后入贡，请额定彝目人数，余众驻关外，酌给口粮，以安边境，下所司察议。

（卷36）

顺治五年三月乙巳（十日，1648.4.2）

汤古忒国达赖喇嘛、厄鲁特部落顾实汗等遣使表贡方物。宴赉如例。

（卷37）

顺治五年闰四月戊戌（二十五日，1648.4.25）

陕西总督孟乔芳奏报，凉州叛，寇巩昌，遣副将赵光瑞击之。游击杨相等由巩昌夹攻，斩贼百余，副将马宁等又冲杀七十余里，下所司知之。

（卷 38）

顺治五年五月辛巳（十七日，1648.7.7）

厄鲁特部落顾实汗遣使贡方物。宴赉如例。

（卷 38）

顺治五年五月甲申（二十二日，1648.7.10）

遣喇嘛席喇布格隆等赍书存问达赖喇嘛，并敦请之。又遣书存问班禅胡土克图、讷门汗，俾劝达赖喇嘛来京，各赐以金镶玉带、银茶筒等物。

（卷 38）

顺治五年六月辛丑（八日，1648.7.27）

乌斯藏阐化王王舒克等遣使顾什琐诺木必拉式表贡方物。宴赉如例。

（卷 39）

顺治五年六月壬戌（二十九日，1648.8.17）

上御太和殿，受厄鲁特部落贡使土布新等朝，赐宴。

（卷 39）

诏援剿叛回蒙古军，出边各回部落。

（卷 39）

顺治五年七月辛卯（二十八日，1648.9.15）

赐阐化王王舒克等贡使琐诺木必拉式号妙胜慧智灌顶国师，锡之诰命，并敕谕舒克等敕曰，尔等遣使进表具见，真诚来服之意，朕甚嘉悦。方今天下一家，虽远方异域，亦不殊视。念尔西域从来尊崇佛教，臣事中国，已有成例，其故明所与敕诰印信，若来进送，朕即改授，一如旧例不易。

（卷 39）

顺治五年十月癸丑（二十二日，1648.12.6）

厄鲁特部落锡勒图绰尔济等遣使贡马。宴赉如例。

（卷 40）

顺治五年十月庚申（二十九日，1648.12.13）

上御太和殿，受厄鲁特部落贡使布哈山晋等朝，赐宴于午门外。

（卷 40）

顺治五年十一月戊辰（八日，1648.12.21）

喀尔喀部落扎萨克图汗下额尔德尼哈谈巴图鲁、厄鲁特部落诺门汗等贡驼马。宴赉如例。

（卷 41）

顺治六年　乙丑　1649 年

顺治六年正月己卯（二十日，1649.3.2）

厄鲁特部落阿巴赖诺颜等遣使贡马。宴赉如例。

（卷 42）

顺治六年三月己巳（十日，1649.4.21）

伊拉古克三胡土克图下戴青温布达尔汉囊苏等，暨厄鲁特部落顾实汗子下达赖吴巴什温布塔布囊等来朝贡。宴赉如例。

（卷 43）

顺治六年三月乙亥（十六日，1649.4.27）

陕西总督孟乔芳疏报，丁国栋乘调兵征川，倡谋作乱，变起仓卒。甘肃巡抚张文衡、西宁道副使林维造、参议张鹏翼、甘肃总兵官刘良臣、凉州副将毛镔、肃州副将藩云腾、游击黄得成、金印都司王之俊、守备胡大年、李廷试、李承泽、陈九功俱被执殉难。庄浪参将翟大有赴敌战殁。凉州同知徐自砺、参将蒋国泰从逆受职下部察议。

（卷 43）

顺治六年四月甲寅（二十六日，1649.6.5）

厄鲁特部落绩克什虎巴图鲁台吉等贡马。宴赉如例。

（卷 43）

顺治六年八月丁酉（十日，1649.9.16）

达赖喇嘛遣使奉表言，于壬辰年夏月朝见，并贡方物。

（卷 45）

顺治六年八月丙午（十九日，1649.9.25）

上御中和殿，赐厄鲁特部落贡使图克齐文贝、喀尔喀部落贡使阿济图文贝等宴。

（卷 45）

顺治六年十月壬辰（七日，1649.11.10）

谕厄鲁特部落奉事佛法诺门汗曰，本朝于旧好之国，初不愿加兵，若当交好时而乐事干戈，诚不能默然处此。今喀尔喀方以信使通好，乃遣人诱我苏尼特部落腾机思反叛，挟之而去，及我师追腾机思时，土谢图汗、丹津喇嘛、硕雷汗无故出兵，两次拒敌，惟天降罚，使之败衄。二楚虎尔又无故侵我巴林，杀人掠畜，俄木布额尔德尼又无故加兵于我，及闻我出师，始还。巴尔布冰图又来侵我土默特部落，杀其人民，劫马二千匹，此辈每起兵端，朕能默然处之耶。朕前此遣使，尔诺门汗云，我虽老，我诸子兵卒尚未老也，凡有征讨，我当以兵助之。朕非因兵力单弱求援于尔，因尔有前言，故使尔闻之。今尔若践前言，出兵相助，誓不误期，可以定议报我。如不欲出兵、亦定议来报。

（卷 46）

以破回逆及招降西宁城功，赐厄鲁特部落峨木布车臣戴青，为土谢图巴图鲁戴青，和罗木席额尔得尼戴青，为巴图鲁额尔得尼戴青，墨尔根济农，为卓礼克图巴图鲁济农。

（卷 46）

顺治六年十一月辛巳（二十六日，1649.12.29）

达赖喇嘛遣噶布初西喇布，厄鲁特部落顾实汗遣墨尔根和硕齐等来朝贡。赐喇嘛银器、雕鞍、文革。顾实汗甲胄、腰刀、雕鞍、银器、彩币、文革、玛瑙尊爵，赏噶布初西喇布、墨尔根和硕齐等甲胄、弓矢、刀、鞍、银器、纻丝等物有差。

（卷 46）

顺治七年　庚寅　1650 年

顺治七年二月乙酉（二日，1650.3.3）

谕户、兵二部，自今以后，喀尔喀、厄鲁特从边外前来，凡章京以下，披甲兵以上，若无驼只马匹，有愿买者，每一次止准买一匹，有违例多买者，所买之马入官，问以应得之罪。若有自己不买，包揽他人，顶已名买者，二人俱问应得之罪，所买之马入官。每旗选章京二员监视买卖，即令此二章京于各旗牛录及拨什库，将买马人姓名汇造清册，一本送户部照验，一本自收备察。卖马处所执册呼名放入，不许强占预记，违者章京照职罚银，兵丁照例鞭责，一应贩子买卖人，及不系披甲者，概不许买喀尔喀、厄鲁特驼马，犯者鞭一百，驼马入官。居庸关以内一应官吏军民人等，俱不许沿途迎买，著差官役搜察，如有被获者，即缚解至京，以贼律问罪，所差官役，如有私买及通同纵买者，亦按贼律问罪，著严行晓谕。

（卷 47）

顺治七年三月乙亥（二十二日，1650.4.22）

鄂齐尔图台吉遣使表贡马匹等物。宴赉如例。

（卷 48）

顺治七年四月乙未（十二日，1650.5.12）

厄鲁特部落鄂齐尔图台吉、喀尔喀部落索那穆等贡马匹等物。宴赉如例。

（卷 48）

遣侍卫舒尔虎纳克等往谕厄鲁特部落台吉鄂齐尔图曰，览奏，虽僻处遐荒，力能则相儿相助，不能则遣使通好，如此甚善。朕自统一天下，凡有征讨，从无穷兵黩武、滥及无辜之举，若无故犯顺，亦不姑贷。曩与察哈尔原无衅隙，乃擅执吾使，且欲阻我伐明，否则助明为难，朕所以斩其来使，兴师致讨，破其家国，俘其妻孥。至于察哈尔所属之苏尼特腾机思，前乘兵乱，遁附喀尔喀硕雷，后亦慕义来归。我与硕雷并无夙衅，何乃阴教久附之苏尼特叛而遁走，朕仍不欲加兵于喀尔喀，止遣师追剿苏尼特，喀尔喀土谢图汗、硕雷汗反率众拒战，致干上天谴怒，使彼败衄。如朕果欲征讨喀尔喀，乘其败北之际，死者死，窜者窜，师已压境，何不长驱而直取乎。只因喀尔喀不时蠢动，土谢图、硕雷抗师迎敌，二楚虎儿扰我巴林，俄木布额尔德尼、巴尔布冰图率众犯顺，闻我发师始行遁去，巴尔布冰图又驰入土默特，杀人掳掠人马，故与喀尔喀禁绝往来。后以讷门汗言，喀尔喀扎萨克图汗、土谢图汗、俄木布额尔德尼等会同遣使输诚，朕遂遣使同往谕之，饬彼还二楚虎儿所掠巴林牲畜，赎俄木布额尔德尼、巴尔布冰图侵犯之罪，及巴尔布冰图擅入土默特杀掠之罪，并还所掠人畜，令其部落之长及贝勒、贝子誓告天地然后罢兵息战，永通和好。违则必行征讨，尔等既已效顺，倘朕再征喀尔喀、尔不得与之通好，尔其思之。

（卷 48）

顺治七年六月甲辰（二十二日，1650.7.20）

乌斯藏阐化王遣使进贡方物。宴赉如例。

（卷 49）

顺治七年七月戊午（七日，1650.8.3）

汤古忒国达赖喇嘛遣使表献舍利子。

（卷 49）

顺治七年九月己巳（十八日，1650.10.13）

喀尔喀、厄鲁特、乌斯藏等部落巴郎和罗齐、达尔汗囊素、盆挫坚挫等来朝贡。宴赉如例。

（卷 50）

顺治七年九月丁丑（二十六日，1650.10.21）

厄鲁特部落干布胡土克图等遣使贡马。宴赉如例。

（卷 50）

顺治七年十一月乙卯（五日，1650.11.28）

厄鲁特部落巴图鲁贝勒等贡驼马。宴赉如例。

（卷 51）

顺治七年十一月丁卯（十七日，1650.12.10）

厄鲁特部落噶木布胡土克图等贡驼马、貂皮。宴赉如例。

（卷 51）

顺治七年十一月癸酉（二十三日，1650.12.16）

厄鲁特部落舒虎儿戴青等贡马。宴赉如例。

（卷 51）

顺治八年　辛卯　1651 年

顺治八年正月乙丑（十七日，1651.2.6）

达赖喇嘛班禅胡土克图、顾实汗各遣使上表问安。

（卷 52）

顺治八年二月丁酉（十九日，1651.3.10）

厄鲁特部落台吉额尔德尼等来贡驼马。宴赉如例。

（卷 53）

顺治八年二月壬寅（二十四日，1651.3.15）

赐达赖喇嘛使臣宴于礼部。

（卷 53）

顺治八年闰二月己未（十二日，1651.4.7）

陕西河州弘化、显庆二寺僧旦巴查穆苏、诺尔卜查穆苏等贡方物，宴赉如例。仍敕以后喇嘛不许进贡佛像、铜塔及番犬。

（卷 54）

顺治八年闰二月辛未（二十四日，1651.4.13）

厄鲁特部落昆都伦吴巴什等贡黑狐、马匹等物。宴赉如例。

（卷 54）

顺治八年闰二月丁丑（三十日，1651.4.19）

定厄鲁特、喀尔喀贡使赏例，厄鲁特贡使一等者，上号蟒缎一，帽缎、彭缎各一，毛青布二十四，银茶桶一，重三十两，随从五人，各彭缎一，毛青布八。次等者，补缎一，彭缎一，毛青布十六，随从三人，各彭缎一，毛青布八。

小台吉及塔布囊各官来使，各彭缎一，毛青布八，随从一人，各毛青布四。喀尔喀汗下贡使，一等者，三号蟒缎一，帽缎、彭缎各一，毛青布二十四，随从二人，各毛青布六。次等者，补缎、彭缎各一、毛青布十六，随从一人，毛青布六。三等者，彭缎一，毛青布八，随从一人，毛青布四。

（卷 54）

顺治八年三月乙酉（八日，1651.4.27）

宴厄鲁特、喀尔喀使臣于礼部。

（卷 55）

遣官赍敕谕、礼物，往召达赖喇嘛。

（卷 55）

顺治八年三月辛卯（十四日，1651.5.3）

宴伊拉古克三喇嘛贡使于礼部。

（卷 55）

顺治八年三月乙未（十八日，1651.5.7）

达赖喇嘛、顾实汗各遣使贡方物。宴赉如例

（卷 55）

顺治八年三月丙申（十九日，1651.5.8）

喀尔喀部落吴把什台吉、厄鲁特部落阿巴赖等贡马匹、貂皮等物，赐银两、鞍辔、缎布等物有差。

（卷 55）

顺治八年四月丁未（一日，1651.5.19）

遣多卜藏古西等赍谕书、礼物，往召达赖喇嘛。

（卷 56）

顺治八年四月己未（十三日，1651.5.31）

上驻跸雕窝堡，厄鲁特部落台吉诺木齐等贡驼马。宴赉如例。

（卷 56）

顺治八年四月丙寅（二十日，1651.6.7）

厄鲁特部落屠尔古特博地苏克等贡马，赐银币等物。

（卷 56）

顺治八年十月辛酉（十七日，1651.11.29）

谕厄鲁特巴图鲁台吉曰，尔部落原与本朝和好，及喀尔喀扎萨克图汗、俄木布额尔德尼败好获罪，逃入尔地，尔等遂擅自收留，朕异日兴师问扎萨克图汗之罪，何分喀尔喀、厄鲁特，大兵一临，彼此必构大衅，尔或将扎萨克图汗击破来奏，或将扎萨克图汗逐回原地，则彼此不失旧好，倘代人受过，殊非所宜，尔其审计之。

（卷 61）

顺治八年十一月己卯（五日，1651.12.17）

宴厄鲁特部落贡使卫征囊苏等三百二十人及外藩蒙古二十七旗听事头目、从人于礼部。

（卷 61）

顺治九年　壬辰　1652 年

顺治九年正月癸酉（一日，1652.2.9）

汤古忒部落达赖喇嘛，表奏来朝起行日期。

（卷 62）

班禅胡土克图、第巴、厄鲁特部落顾实汗等，以劝导达赖喇嘛来朝，奉表奏闻，并贡方物。

（卷 62）

顺治九年二月丁未（五日，1652.3.14）

遣理藩院侍郎沙济达喇同户、礼、兵、工四部理事官往迎汤古忒部落达赖喇嘛。赐达赖喇嘛袍帽、鞍马、珍珠、数珠等物。以第巴、诺门汗劝导达赖喇嘛来朝，并赐袍帽、鞍马、玲珑佩刀等物。

（卷 63）

顺治九年二月戊午（十六日，1652.3.25）

宴达赖喇嘛使臣车臣囊素等于礼部。

（卷 63）

顺治九年三月乙酉（十四日，1652.4.21）

宴喀尔喀及厄鲁特两部落贡使于礼部。

（卷 63）

顺治九年五月乙亥（五日，1652.6.10）

厄鲁特部落顾实汗遣坤都伦吴拔石贡驼马。宴赉如例。

（卷 65）

顺治九年七月辛卯（二十二日，1652.8.25）

天全六番、乌思藏、董卜、黎州、长河西、鱼通、宁远、泥溪、蛮彝、沈村、宁戎等土司各缴前朝敕印以降。

（卷 66）

顺治九年七月戊戌（二十九日，1652.9.1）

定赏赉达赖喇嘛使臣例，每头目二人、随从役卒二十八名，共赏二等玲珑鞍马一、银茶筒一、银盆一、缎三十、毛青梭布四百、豹皮五、虎皮三、海豹皮五。厄鲁特部落峨齐尔汗下正使赏羔皮蟒袍一、银茶筒一、银盆一、缎三、毛青梭布二十四。副使赏羔皮蟒袍一、银茶筒一、缎三、毛青梭布二十四。其同来八人，赏羔皮补袍各一、缎各三、毛青梭布各二十四。其随从役卒各赏缎一、毛青梭布八。

（卷 66）

顺治九年八月丙午（七日，1652.9.9）

外藩王以下，公、台吉以上来朝及喀尔喀、厄鲁特等部落进贡官员，亦于常朝日进内行礼。亲王以下，官员以上凡钦命婚娶者，或于中和殿，或于安育宫，具朝服行礼，不鸣赞。遇有赏赉，便服行礼。

（卷 67）

顺治九年九月壬申（四日，1652.10.5）

谕诸王、贝勒、大臣、九卿、科道曰，当太宗皇帝时，尚有喀尔喀一隅未服，以外藩蒙古惟喇嘛之言是听，因往召达赖喇嘛，其使未至，太宗皇帝晏驾。后睿王摄政时，往请达赖喇嘛，许于辰年前来。及朕亲政后召之，达赖喇嘛即启行前来，从者三千人。今朕欲亲至边外迎之，令喇嘛即住边外。外藩蒙古贝子欲见喇嘛者，即令在外相见。若令喇嘛入内地，今年岁收甚歉，喇嘛从者又众，恐于我无益。倘不往迎喇嘛，以我既召之来又不往迎，必至中途而返，恐喀尔喀亦因之不来归顺。其应否往迎之处，尔等各抒所见以奏。满洲诸臣议，我等往请，喇嘛即来。上亲至边外迎之，令喇嘛住于边外，喇嘛欲入内地，可令少带随从入内，如欲在外，听喇嘛自便。上若亲往迎之，喀尔喀亦从之来归，大有裨益也。若请而不迎，恐于理未当。我以礼敬喇嘛而不入喇嘛之教，又何妨乎。众汉臣议，皇上为天下国家之主，不当往迎喇嘛，喇嘛从者三千余人，又遇岁歉，不可令入内地。若以特请之故，可于诸王、大臣中遣一人代迎。其喇嘛令住边外，遗之金银等物，亦所以敬喇嘛也。两议具奏，上曰，朕当裁之。

（卷 68）

顺治九年九月庚辰（十二日，1652.10.13）

谕达赖喇嘛曰，尔泰边内多疾疫，边外相见为便，今朕至边外代噶地方，俟尔可也。

（卷 68）

顺治九年九月戊戌（三十日，1652.10.31）

大学士洪承畴、陈之遴奏言，臣等阅钦天监奏云，昨太白星与日争光，流星入紫微宫。窃思日者人君之象，太白敢于争明，紫微宫者，人君之位，流星敢于突入，上天垂象，诚宜警惕。且今年南方苦旱，北方苦涝，岁饥寇警，处处入告。宗社重大，非圣躬远幸之时，虽百神呵护，六军扈从，自无他虞，然边外不如宫中为固，游幸不若静息为安。达赖喇嘛自远方来，遣一大臣迎接，已足见优待之意，亦可服蒙古之心，又何劳圣驾亲往为也。天道深远，固非臣等所能测度，但乘舆将驾，而星变适彰，此诚上苍仁爱陛下之意，不可不深思而省戒也。疏入，得旨，此奏甚是，朕行即停止。是日遣内大臣伯索尼传谕洪承畴等曰，卿等谏朕勿往迎喇嘛，此言甚是，朕即停止。以卿等贤能，故擢赞密勿，嗣后国家一切机务及百姓疾苦之处，如何始合民心，如何不合民心，卿等有所见闻，即详明敷陈，勿得隐讳。朕生长深宫，无由洞悉民隐，凡有所奏，可行即行，纵不可行，朕亦不尔责也。

（68）

顺治九年十月丙午（八日，1652.11.8）

达赖喇嘛奏言，闻上欲于代噶地方相见，不胜欢欣，自当兼程而进，更有密语，去使面奏。

（卷 69）

顺治九年十月庚戌（十二日，1652.11.12）

命和硕承泽亲王硕塞等往迎达赖喇嘛，并谕达赖喇嘛曰，前者朕降谕欲亲往迎迓。近以盗贼间发，羽檄时闻，国家重务，难以轻置，是以不能前往，特遣和硕承泽亲王及内大臣代迎。当悉朕不能亲迎之意，故谕。

（卷 69）

顺治九年十二月甲辰（六日，1653.1.5）

厄鲁特部落巴图鲁诺颜等进贡方物。宴赉如例。

（卷 70）

顺治九年十二月癸丑（十五日，1653.1.14）

达赖喇嘛至，谒上于南苑，上赐坐，赐宴，达赖喇嘛进马匹、方物，并纳之。

（卷 70）

顺治九年十二月壬戌（二十四日，1653.1.23）

厄鲁特部落顾实汗表贡方物。

（卷 70）

顺治十年　癸巳　1653 年

顺治十年正月戊辰（一日，1653.1.29）

御太和殿，诸王、贝勒、贝子、公、文武群臣、外藩二十七旗头目、厄鲁特部落进贡使臣上表，行庆贺礼，赐宴。

（卷 71）

顺治十年正月戊寅（十一日，1653.2.8）

上御太和殿，赐达赖喇嘛等宴。

（卷 71）

顺治十年正月癸未（十三日，1653.2.13）

宴达赖喇嘛等于太和殿，赐金器、彩缎、鞍马等物有差。

（卷 71）

顺治十年正月甲申（十四日，1653.2.14）

礼部奏言，凡外藩部长客臣初次来京，间有奉旨令亲王、郡王筵宴者，今达赖喇嘛初次来京，诸王应否筵宴。得旨，达赖喇嘛一行，诸王依次设宴，就彼馆舍款之。

（卷 71）

顺治十年正月戊子（二十一日，1653.2.18）

达赖喇嘛奏言，此地水土不宜，身既病，从人亦病，请告归。上命议政王、贝勒、大臣会议具奏。寻议，喇嘛原系特召，当询其情事，其言宜于我则从，不宜于我则已，傥不一加询问，使喇嘛含愠而去，则外国喀尔喀、厄鲁特必叛。一议，不宜询问喇嘛，若询之而不用其言，喇嘛当益含愠而去，我朝荷天之佑，征服各处，以成大业，当年并无喇嘛也。喇嘛既系特召，当赐以金银缎币，酌封名号，给之册印，不加询问为便。奏入，上曰，不必询问事情，止令部臣往谕喇嘛，所云水土不宜良是，但我等始至，亦尝以水土不宜而病，后乃相宜，今喇嘛既来，且留此，从容往代噶。待草青时，更召外藩王、贝勒等与喇嘛相会。

（卷 71）

顺治十年二月癸卯（六日，1653.3.5）

宴厄鲁特部落贡使车臣等于礼部。

（卷 72）

顺治十年二月乙卯（十八日，1653.3.17）

以遣达赖喇嘛归，上御太和殿，赐宴并鞍马、金银、珠玉、缎匹等物。

（卷 72）

顺治十年二月丁巳（二十日，1653.3.19）

达赖喇嘛辞归，命和硕承泽亲王硕塞偕固山贝子顾尔玛洪、吴达海率八旗官兵送至代噶地方。又命叔和硕郑亲王济尔哈朗、礼部尚书觉罗郎球饯于清河。

（卷 72）

顺治十年三月壬午（十六日，1653.4.13）

厄鲁特部落顾实汗遣旦巴温布等贡马及方物。宴赉如例。

（卷 73）

顺治十年四月丁巳（二十二日，1653.5.18）

遣礼部尚书觉罗郎球、理藩院侍郎席达礼等，赍送封达赖喇嘛金册金印于代噶地方。文用满、汉及图白忒国字。册文曰：朕闻兼善独善，开宗之义不同，世出世间，设教之途亦异。然而明心见性，淑世觉民，其归一也。兹尔罗布藏札卜素达赖喇嘛，襟怀贞朗，德量渊泓，定慧偕修，色空俱泯，以能宣扬释教，诲导愚蒙，因而化被西方，名驰东土。我皇考太宗文皇帝闻而欣尚，特遣使迎聘，尔早识天心，许以辰年来见。朕荷皇天眷命，抚有天下，果如期应聘而至。仪范可亲，语默有度，臻般若圆通之境，扩慈悲摄受之门。诚觉路梯航，禅林山斗，朕甚嘉焉。兹以金册印，封尔为西天大善自在佛所领天下释教普通瓦赤喇怛喇达赖喇嘛。应劫现身，兴隆佛化，随机说法，利济群生，不亦休哉。印文曰，西天大善自在佛所领天下释教普通瓦赤喇怛喇达赖喇嘛之印。

（卷 74）

封厄鲁特部落顾实汗为遵行文义敏慧顾实汗，赐之金册金印，文用满、汉、蒙古字。册文曰，帝王经纶大业，务安劝庶邦，使德教加于四海。庶邦君长能度势审时，归诚向化，朝廷必加旌异，以示怀柔。尔厄鲁特部落顾实汗尊德乐善，秉义行仁，惠泽克敷，被于一境，殚乃精诚，倾心恭顺，朕甚嘉焉。兹以金册印，封为遵行文义敏慧顾实汗。尔尚益矢忠诚，广宣声教，作朕屏辅，辑乃封圻。如此，则带砺山河，永膺嘉祉，钦哉。印文曰：遵行文义敏慧顾实汗印。其册、印即付伴送达赖喇嘛之侍卫喇嘛，内大臣囊努克、修世岱等赍往。

（卷 74）

顺治十年五月辛未（六日，1653.6.1）

厄鲁特部落顾实汗下穆齐台吉等贡驼马等物，宴赉如例。

（卷 75）

顺治十年六月丙午（十日，1653.7.6）

达赖喇嘛表谢颁赐册印及封号，附献马匹琥珀等物。

（卷 76）

顺治十年闰六月甲子（一日，1653.7.24）

西纳国师班著尔盆错奉贡请袭，赐名通慧净觉国师，给之敕印。

（卷 76）

顺治十年九月壬寅（十日，1653.10.30）

宴缴换敕印进贡方物瞿昙等九寺国师公葛丹净等及端严寺住持喇嘛三旦屯住等于礼部。

（卷78）

顺治十年九月丁未（十五日，1653.11.4）

乌思藏阐化王望舒遣索嫩毕喇席等近千人贡物。赏赉如例。

（卷 78）

顺治十年九月辛亥（十九日，1653.11.8）

命灌顶净觉弘济大国师公葛丹净、灌顶广济弘善国师杂习桓卓尔等俱仍旧号，改给敕印图书，仍颁谕西宁等处官吏军民人等，毋得侵扰。

（卷 78）

顺治十年十月己巳（七日，1653.11.26）

赐陕西瞿昙等九寺番僧公葛丹净等表里衣物有差。

（卷 78）

顺治十年十一月己酉（十七日，1654.1.5）

川陕总督孟乔芳疏报，勾连海夷，据寨作叛，副将狄应魁等率兵击之。生擒逆党祁敖、牙固子等，扫其巢穴，下所司叙恤。

（卷 79）

顺治十一年　甲午　1654 年

顺治十一年二月丙戌（二十五日，1654.4.12）

厄鲁特部落阿巴赖诺颜等遣使贡驼马。宴赉如例。

（卷 81）

顺治十一年六月戊寅（二十日，1654.8.2）

厄鲁特部落诺门汗谢赐金册印及赏赉恩，表贡方物。

（卷 84）

顺治十一年六月己卯（二十一日，1654.8.3）

谛巴、班禅胡土克图等具表谢恩，并贡方物。

（卷 84）

顺治十一年六月庚辰（二十二日，1654.8.4）

汤古忒部落达赖喇嘛具表谢恩，贡方物。

（卷 84）

顺治十一年九月丁未（二十一日，1654.10.30）

遣官存问达赖喇嘛、顾实汗、班禅胡土克图，赐以嵌绿松石珊瑚金茶筒及玉瓶、缎疋等物。

（卷 86）

顺治十一年十月壬戌（六日，1654.11.14）

达赖喇嘛、厄鲁特部落顾实汗等遣使贡方物。宴赏如例。

（卷 86）

顺治十一年十月癸未（二十七日，1654.12.5）

厄鲁特部落遣使贡马。宴赉如例。

（卷 86）

顺治十一年十二月己巳（十三日，165.1.20）

厄鲁特部落额尔德尼达云绰尔济等遣使贡驼马。宴赉如例。

（卷 87）

顺治十二年　乙未　1655 年

顺治十二年三月庚子（十五日，1655.4.21）

厄鲁特部落杜喇尔浑津台吉具表贡驼马。

（卷 90）

顺治十二年三月辛亥（二十六日，1655.5.2）

厄鲁特部落杜喇尔浑津、阿里录克三拖因等贡驼马。宴赉如例。

（卷 90）

顺治十二年三月癸丑（二十八日，1655.5.4）

厄鲁特部落阿巴赖诺颜等贡马。宴赏如例。

（卷 90）

顺治十二年六月丙寅（十三日，1655.7.16）

厄鲁特部落鄂齐尔图台吉奉表贡马。

（卷 92）

顺治十二年七月甲申（二日，1655.8.2）

厄鲁特部落阿巴赖诺颜、噶尔丹霸俱上表贡驼马。

（卷 92）

顺治十二年十一月丙午（二十六日，1655.12.23）

厄鲁特部落鄂齐尔图台吉等遣使贡马。宴赉如例。

（卷 95）

顺治十二年十二月乙亥（二十五日，1656.1.21）

达赖喇嘛请给其使照验印信，自西宁至京师，支给驿马供应，下所司议。

班禅胡土克图谢赐敕印恩，进贡方物。

（卷 97）

顺治十三年　丙申　1656 年

顺治十三年正月癸未（四日，1656.1.29）

谕理藩院，闻厄鲁特顾实汗病故。念其归顺我国，克尽忠诚，常来贡献，深为可嘉，宜予祭典，以酬其忠。应行事例，尔院会同礼部察议具奏。

（卷 97）

顺治十三年正月己丑（十日，1656.2.4）

厄鲁特部落巴图鲁台吉等贡貂皮马匹。宴赉如例。

（卷 97）

顺治十三年二月丁巳（八日，1656.3.3）

厄鲁特部落达赖吴巴什台吉、讷穆齐台吉等进贡马匹、黑狐皮等物。赏赉如例。

（卷 98）

顺治十三年二月戊午（九日，1656.3.4）

赐达赖喇嘛贡使拉穆詹巴等宴。

（卷 98）

顺治十三年二月乙亥（二十六日，1656.3.21）

赐厄鲁特部落贡使卓礼克图鄂穆布等宴。

（卷 98）

顺治十三年二月戊寅（二十九日，1656.3.24）

赐达赖喇嘛贡使拉穆詹巴等雕鞍、银器等物。

（卷 98）

顺治十三年三月丙戌（七日，1656.4.1）

特遣厄木齐喇嘛等赍敕存问达赖喇嘛、班禅胡土克图，遗以珊瑚绿松石嵌金茶筒、玉壶、玉杯等物。

（卷 99）

遣精奇尼哈番阿喇纳等往祭厄鲁特部落顾实汗，仍赐赙。

（卷 99）

顺治十三年三月己丑（十日，1656.4.4）

厄鲁特部落阿巴赖诺颜、察罕台吉、马赖台吉等贡驼马等物。宴赉如例。

（卷 99）

顺治十三年三月乙未（十六日，1656.4.10）

厄鲁特部落什虎尔戴青等贡驼马等物。宴赉如例。

（卷 99）

顺治十三年四月乙卯（七日，1656.4.30）

厄鲁特部落额尔德尼台吉、喀尔喀部落土谢图汗等各遣使贡驼马。宴赉如例。

（卷 100）

顺治十三年八月丁丑（二日，1656.9.19）

厄鲁特部落顾实汗属下色棱诺颜、喀尔喀部落土谢图汗属下丹津喇嘛等贡驼马等物。宴赉如例。

（卷 103）

顺治十三年八月壬辰（十七日，1656.10.4）

谕厄鲁特部落巴图鲁台吉、土谢图巴图鲁戴青等曰，分疆别界，各有定制，是以上不陵下，下不侵上，古帝王统御之常经也。朕怀抚恤远人之意，正欲共跻斯世于隆平，乃数年来，尔等频犯内地，劫夺马牛，拒敌官兵，率领番彝，威协抢掠，该地方督抚巡按，奏报二十余次，经部臣屡行遣官晓谕，尔终不悛，朕体天地好生之心，宥兹小过，尔反违定制，昏迷不恭，今特遣兵部右侍郎石图、理藩院启心郎駉格，前往甘州、西宁等处审问，聚集公所，或尔等亲至其地，或遣所属官员与地方官对质，如蒙古劫夺是实，即当按数赔偿，如系地方官诬诳，罪有所归，非尔等之咎，倘番夷在故明时原属蒙古纳贡者，即归蒙古管辖，如为故明所属者，理应隶入中国为民，与蒙古又何与焉，其汉人、蒙古所定居址，与贸易隘口，详加察核，照旧分定耕收，毋得越境混扰，则有以副朕抚绥之心，而尔等亦享无疆之休矣。

（卷 103）

顺治十三年十一月戊午（十二日，1656.12.29）

乌思藏阐化王遣国师坚错那卜等贡方物。宴赉如例。

（卷 104）

顺治十四年　丁酉　1657 年

顺治十四年二月甲申（十一日，1657.3.25）

命八旗各出子弟四员，送理藩院，学习图白忒书法。

（卷 107）

顺治十四年四月丙子（四日，1657.5.16）

厄鲁特部落敖齐尔图台吉子伊拉古克三班第大胡土克图等贡驼马。宴赉如例。

（卷 109）

顺治十四年四月庚辰（八日，1657.5.20）

厄鲁特部落绰克图台吉等贡马。宴赉如例。

（卷 109）

顺治十四年四月辛巳（九日，1657.5.24）

谕外藩王、贝勒、贝子、公曰，尔等勿以喀尔喀、厄鲁特归降，遂弛武备，宜遵定例，春秋二次查验器械，照常习射，至盗贼窃发，皆该管之人懈弛所致，各扎萨克王、贝勒、贝子、公等下各有固山额真、梅勒章京、甲喇章京、牛录章京、十家长，若严禁查处，盗贼何由而起。此后，宜严行诫饬，勿致懈怠，又蒙古台吉，俱分别等级，优免人丁，其余人丁，三丁之内，派甲一副，乃披甲人等以其身非台吉属人，遂行藐视，不知各台吉皆率领本国来归，乃有功之人，其令优免人丁者，一则分别贵贱，一则恐披甲之人出兵，则台吉无人以供使令。自今以后，披甲藐视本主，即于扎萨克王、贝勒等处告理，查其虚实治罪。至编审人丁，勿得欺隐，如有举首欺隐者，即于审丁之年具告，倘迟至二三年具告，则不及比之幼丁，必已长成，虽告不准。

（卷 109）

顺治十四年四月丁亥（十五日，1657.5.27）

内大臣伯索尼会同理藩院议覆，班第大诺门汗所请每年北庙正月祈福诵经，上宜亲幸庙塔。每年汤古忒地方讽诵藏经应加恩赏。每年五台山喇嘛为皇上、皇太后诵经，宜恩给香烛，其现住庙塔及散处内外，与盛京居住，厄勒枯伦喇嘛等众俱望加恩。日后福应不爽，若加恩于我，我之徒众散处各方者，亦望加恩。住塔巴哈格隆、二班第祈令出外与彼地徒众会聚等语。臣等议得，每年诵经需用各项物件如数给与，诵经喇嘛应照西勒图枯伦例，每年该部给银千两。再诵经喇嘛饮食，礼部给与。其汤古忒地方每年遣往诵经，响应停止。如奉旨令汤古忒地方诵经，彼时酌量遣官，达赖喇嘛、班禅胡土克图等各给银千两，西勒图枯伦喇嘛、盛京喇嘛班第大诺门汗徒众，查数再议具奏。又班第大诺门汗所请，遣巴哈格隆、二班第于外与彼徒众会聚，相应准从。奏入报可。

（卷 109）

顺治十四年五月壬子（十日，1657.6.21）

达赖喇嘛、班禅胡土克图，以赐缎币等物，遣使上表谢恩，并贡方物。

厄鲁特部落巴图鲁台吉以赐赙上表谢恩，贡珊瑚数珠、白氆氇，并以西宁以东无驿站食物，使臣往来维艰为请。命理藩院议。

（卷 109）

顺治十四年五月辛酉（十九日，1657.6.30）

赐达赖喇嘛使臣卓礼克图俄穆布等宴。

以平西王吴三桂率兵破嘉定州贼，生擒伪总兵龙名扬，招降乌思藏大乘法王、大宝法王。

（卷 109）

顺治十四年六月甲午（二十三日，1657.8.2）

赐达赖喇嘛、班禅胡土克图、贡使卓礼克图俄穆布等银茶筒、蟒缎等物，复遣西喇布喇嘛、萨木坦格隆等存问达赖喇嘛、班禅胡土克图，赐以金茶筒、玉瓶等物。仍赍敕谕达赖喇嘛曰，朕自即位以来，阐化王曾三遣人进贡，每次约千人，因其归化效力，诚悃可嘉，故两赐敕印，以示奖劝。今复遣坚错那卜来贡，兼持旧玉印一颗，并故明所给敕书求换。及览该部奏称，阐化王原系图白忒国主，后为图白忒臧巴汗所破，隶之属下。明季臧巴汗又为厄鲁特国顾实汗所破，以阐化王给与达赖喇嘛转给第巴，阐化王遂于达赖喇嘛处，授格隆萨喜尔为喇嘛，第巴因有阐化王敕印。遂以边内安岛人为阐化王人，遣之以来。及问来使坚错那卜等，言阐化王久隶第巴，而此次奏章复言皆为阐化王所奏，贡赋亦称阐化王。夫阐化王既属第巴，而屡次进贡，仍称阐化王原名，今番进贡请换敕印，又不奏明，前后甚属不符。可将原委具实备书，付存问使人西喇布喇嘛、萨木坦格隆具奏。

（卷 110）

顺治十四年七月丙寅（二十五日，1657.9.3）

厄鲁特部落达赖乌把什台吉使臣额尔克（下）等及喀尔喀部落额尔德尼韦征诺颜使臣查穆苏班第等来贡。宴赉如例。

（卷 110）

顺治十五年　戊戌　1658 年

顺治十五年二月己巳（二日，1658.3.6）

厄鲁特部落阿巴赖诺颜等贡马。宴赉如例。

（卷 110）

顺治十五年三月壬子（十五日 .1658.4.17）

厄鲁特部落车臣台吉下车臣俄木布等贡马。宴赉如例。

（卷 110）

顺治十五年四月甲申（十八日，1658.5.19）

厄鲁特部落鄂齐尔图台吉下浑图尔额尔克台吉等贡马。宴赉如例。

（卷 116）

顺治十五年六月辛巳（三日，1658.7.15）

厄鲁特部落阿巴赖诺颜遣使车臣护卫等贡马。宴赏如例。

（卷 116）

顺治十五年九月癸卯（九日，1658.10.5）

达赖喇嘛等进贡，赐银器、鞍辔等物。

（卷 120）

顺治十五年十二月乙丑（三日，1658.12.26）

以达赖喇嘛、瓦齐尔汗、班禅胡土克图等具表请安，遣喇木札木巴喇嘛、滚布格隆等赍敕存问，并赐雕鞍、玉壶、缎币等物。

敕谕厄鲁特车臣台吉等曰，帝王抚有四海，画土分疆，谨防关隘，所以严中外，安远人也。朕素以怀柔为心，欲与尔等共享升平，凡属小过，绝不苛求，乃迩年以来，该督抚按，屡奏尔等侵犯内地，攘夺牛马，抗拒官军，迫胁番人，故特遣兵部右侍郎石图、理藩院启心郎鼐格等勘明其事。据奏云，尔等入边，因向番人取贡，并无他故，然擅行内地，辄肆攘夺，尔等之咎，在所难辞，朕兹以宽大，贷尔前愆，所夺之物仍令赔补外，但朕抚绥中外，本无异视，而疆圉出入，自有大防，不容逾犯。今后边内番人，原系纳贡于尔者，仍听尔属，尔等向属番取贡，当酌定人数，路由正口，先委头目，禀明守口各官，方行入边取贡，毋得不委头目，不由正口，零星阑入。至贸易处所，原有酌定市口，著从西宁地方镇海堡、北川二口，洪水一口出入，不得任意往来取道他处。尔其恪遵约束，慎守疆圉，副朕怀柔至意，如或不悛，仍前妄行阑入，是尔等有负宽恩，自取罪戾，国宪具在，朕不能私，尔其慎之。

（卷 122）

顺治十六年　己亥　1659 年

顺治十六年闰三月丙子（十六日，1659.5.6）

喀尔喀部落土谢图汗、车臣汗，厄鲁特部落阿布赖诺颜、达赖吴巴什诺颜等遣使贡马匹、方物。宴赉如例。

（卷 125）

顺治十六年十月甲午（七日，1659.11.20）

厄鲁特部落俄齐尔图台吉等进贡驼马。宴赉如例。

（卷 129）

顺治十七年　庚子　1660 年

顺治十七年三月丙辰（一日，1660.4.10）

喀尔喀部落土谢图汗下万舒克诺颜、厄鲁特部落阿里禄克山托因等各贡驼马。宴赉如例。

（卷 133）

顺治十七年四月壬子（二十八日，1660.6.5）

厄鲁特部落鄂齐里汗、达赖喇嘛、班禅胡土克图各遣使表贡方物。宴赉如例。

（卷 133）

顺治十七年六月庚子（五日，1660.7.23）

以达赖喇嘛、班禅胡土克图、瓦齐尔汗遣使奉表问安，命喇木扎木巴喇嘛等赍敕存问，并赐雕鞍、玉壶、缎疋等物。

（卷 137）

圣祖仁皇帝实录（康熙朝）

顺治十八年　辛丑　1661 年

顺治十八年八月甲寅（八日，1661.9.30）

达赖喇嘛及干都台吉请于北胜州互市以马易茶，允之。

（卷 4）

康熙二年　癸卯　1663 年

康熙二年八月丙申（一日，1663.9.2）

厄鲁特鄂齐尔汗遣使进贡。赏赉如例。

西藏班禅胡土克图故。遣官致祭。

（卷 9）

康熙四年　乙巳　1665 年

康熙四年二月丁卯（十日，1665.3.26）

达赖喇嘛、厄鲁特鄂齐尔汗遣使进贡。赏赉如例。

（卷 14）

康熙四年三月己酉（二十三日，1665.5.7）

陕西西宁东鄂尔胡土克图等进贡。特颁恩赏。

（卷 14）

康熙五年　丙午　1666 年

康熙五年五月庚子（二十日，1666.6.22）

厄鲁特僧厄台吉遣使进贡。赏赉如例。

（卷 19）

康熙五年八月壬子（四日，1666.9.2）

厄鲁特顾实汗幼弟之子伊斯丹津为其兄弟所迫弃妻子来归，封为多罗郡王。

（卷 19）

康熙五年十月癸酉（二十六日，1666.11.22）

理藩院议，厄鲁特多罗郡王伊斯丹津蒙恩授爵，具呈愿留京效力，请旨应归何旗。得旨，著归并镶白旗下，并赐与田产奴仆。

（卷 20）

康熙六年　丁未　1667 年

康熙六年十月丙申（二十五日，1667.12.10）

山西、陕西总督卢崇峻疏言，向因墨尔根等部落恋牧内地，且有逃番蛮敬，口称各头目欲于八月进兵，臣即亲赴庄浪，以防意外。随据总兵官孙思克报称，游牧番人，俱搬出原处住牧。又有上年差往西藏之喇嘛，回称达赖喇嘛，遵旨传各台吉申饬，不许生事，各台吉俱遵奉朝廷敕谕，真心向化，遣人赍认罪马牛羊千只，随喇嘛来进。据此，西番归诚已实，满汉官兵，应请撤回。从之。

（卷 24）

康熙六年十一月甲子（二十四日，1668.1.7）

厄鲁特僧厄台吉遣使进贡。赏赉如例。

（卷 24）

康熙七年　戊申　1668年

康熙七年正月壬戌（二十三日，1668.3.3）

谕兵部，外藩蒙古诸王下官员，既无封赠及送子入监读书之例，伊斯丹津王下官员，亦著停止封荫。

（卷25）

康熙七年十二月庚寅（二十六日，1669.1.27）

厄鲁特阿巴赉台吉等遣使进贡。赏赉如例。

（卷27）

康熙八年　己酉　1669年

康熙八年五月乙巳（十三日，1669.6.12）

厄鲁特楚虎尔吴巴锡台吉遣使进贡。赏赉如例。

（卷29）

康熙八年十月辛酉（一日，1669.10.25）

厄鲁特鄂齐尔汗故。遣官致祭。

（卷31）

康熙八年十二月庚申（一日，1669.12.23）

厄鲁特僧额台吉遣使进贡。赏赉如例。

（卷31）

康熙九年　庚戌　1670年

康熙九年三月丙戌（二十九日，1670.5.18）

理藩院遵旨议覆，凡奉旨特遣及本院差往蒙古各旗遍传事务，或巡察斥堠送诏等事，自内地驰驿外，仍给信牌，许乘边外驿马。其余，惟前往扎赖特、杜尔伯特、郭尔罗斯、席北、索伦、打虎儿、宁古塔、卦尔察等处者，给本院印文，照内地所乘驿马数，乘边外驿马。遣往科尔沁、乌朱穆秦、蒿齐忒、吴喇忒、鄂尔多斯等处者，冬春给院文，乘边外驿马。夏秋乘本身马。遣往喀喇沁、土默特、敖汉、奈曼、翁牛特、巴林、扎鲁特、克西克腾、苏尼特、阿禄科尔沁、喀尔喀、阿霸垓、阿霸哈纳、四子部落、毛明安、归化城、盛京、西勒图库伦等处者，概令乘本身马。其达赖喇嘛，鄂齐尔汗之使，给驿至西宁。遣往喀尔喀、厄鲁特之使，自归化城给与马驼。从之。

（卷32）

康熙十年　辛亥　1671年

康熙十年三月辛未（二十日，1671.4.28）

达赖喇嘛遣使表贡方物。赏赉如例。

（卷35）

康熙十一年　壬子　1672年

康熙十一年正月庚午（二十三日，1672.2.21）

理藩院议复，厄鲁特噶尔丹台吉疏言，伊兄僧厄台吉在时，曾遣使进贡。今请亦准照常遣使进贡，应如所请。从之。

（卷38）

康熙十一年七月戊午（十五日，1672.8.7）

上御太和殿视朝，文武升转各官谢恩。次厄鲁特进贡使臣等行礼。

（卷 39）

康熙十一年闰七月丁丑（四日，1672.8.26）

达赖喇嘛遣使进贡。赏赉如例。

（卷 39）

康熙十一年八月丁未（五日，1672.9.25）

议政王大臣等议覆，御史孟熊飞疏言，孙可望系流寇张献忠余党，扰乱边陲，后为夥贼李定国所败，众散势孤，穷蹙乞降，前有重大之罪，后无纤微之劳，我国家格外殊恩，授以义王显爵，及伊身死，已袭替二次。今孙徵淳故，若仍令再袭原爵，则后此世世冒滥无已，况本朝定制，从无投诚官员，世袭罔替之例，请将孙可望王爵，停其袭替，或减等降封。查孙可望投诚来归，越封义王，两次准袭，实已过分，应如所请，降授义公。又疏称，伊斯丹津单身来归，锡之王爵，无非柔远至意。但上朝时与宗室诸王比肩同列，似亦非宜。或随本旗行走，或应另坐何处，乞敕部定议。查伊斯丹津投顺封王，已经与宗室诸王同列年久，应无庸议。得旨，义王降为公，其公衔止加一义字，于例不合。又伊斯丹津单身逃归，并无大功，遽授王爵太优，著一并再议具奏。

（卷 39）

康熙十一年八月甲寅（十二日，1672.10.2）

议政王大臣等遵旨再议，义王降为公爵，应称为慕义公。伊斯丹津，系厄鲁特顾实汗幼弟之子，怨其兄弟，抛弃妻子部属，诚心归命，封为多罗郡王，实为太优。但已经年久，相应止将伊斯丹津本身，仍留王爵，随旗上朝。从之。

（卷 39）

康熙十一年八月丁巳（十五日，1672.10.5）

上御太和殿视朝，文武升转各官谢恩。次喀尔喀、厄鲁特进贡使臣等行礼。

（卷 39）

康熙十一年十月癸丑（十二日，1672.11.30）

厄鲁特达赖汗遣使进贡。赏赉如例。

（卷 40）

康熙十一年十月丙辰（十五日，1672.12.3）

上御太和殿视朝，文武升转各官谢恩。次厄鲁特、喀尔喀进贡使臣等行礼。

（卷 40）

康熙十一年十一月乙亥（四日，1672.12.22）

上率诸王、贝勒、贝子、公及内大臣、大学士、都统、尚书、精奇尼哈番、侍卫等诣太皇太后、皇太后宫行冬至庆贺礼，御殿，王以下文武各官上表朝贺。次厄鲁特、喀尔喀使臣等行礼。

（卷 40）

康熙十一年十二月己未（十八日，1673.2.4）

厄鲁特噶尔丹台吉遣使进贡。赏赉如例。

（卷 40）

康熙十二年　癸丑　1673 年

康熙十二年正月丙申（二十五日，1673.3.13）

上御太和殿视朝，文武升转各官谢恩。次厄鲁特进贡使臣等行礼。

（卷 41）

康熙十二年六月癸卯（五日，1673.7.18）

厄鲁特鄂齐尔图车臣汗遣使进贡。赏赉如例。

（卷 42）

康熙十二年七月壬申（五日，1673.8.16）

上御太和殿视朝，文武升转各官谢恩。次厄鲁特进贡使臣等行礼。

（卷 42）

康熙十二年十月辛酉（二十六日，1674.2.1）

上御太和殿视朝，文武升转各官谢恩。次喀尔喀、厄鲁特进贡使臣等行礼。

（卷 43）

康熙十三年　甲寅　1674 年

康熙十三年三月辛巳（十七日，1674.4.22）

厄鲁特噶尔丹台吉遣使进贡。赏赉如例。

（卷 46）

康熙十三年四月己亥（五日，1764.5.10）

上御太和殿视朝，文武升转各官谢恩。次厄鲁特，喀尔喀进贡使臣等行礼。

（卷 47）

康熙十三年四月己酉（十五日，1674.5.20）

上御太和殿视朝，文武升转各官谢恩。次厄鲁特达赖汗，喀尔喀墨尔根台吉进贡使臣等行礼。

（卷 47）

康熙十三年七月壬申（十日，1674.8.11）

差往达赖喇嘛处员外郎拉笃祜、喇嘛丹巴德穆齐还奏云，臣等奉命行至西宁，厄鲁特墨尔根台吉拦阻云，前达赖喇嘛往京时，我班禅差人问达赖喇嘛安，中国以为额外遣使，不令行走，故我今亦拦阻。臣等答云，达赖喇嘛有此语乎，明日决意前行。次日起前往，墨尔根台吉亦无从拦阻。至青海地方所住达赖绰尔济，遂遣向导送往，至达赖喇嘛处。达赖喇嘛俯伏接旨，向臣等云，我闻吴三桂反叛，心甚忧闷，今接敕书，得闻圣躬万安，不胜忻慰。我本喇嘛，惟当诵经，祝佑圣躬康豫，威灵远播，国祚绵长。吴三桂指日殄灭，其扬打木、结打木二城，原系我三噶尔麻之地，今为吴三桂所夺，我即遣兵攻据。若吴三桂势穷而来，我当执而送之。若闻彼不出边境，东西逃窜，即时进兵擒拿。臣等云，喇嘛既欲相助，当勿吝大举。喇嘛云，闻大国兵马，皆给粮草，我兵前进，粮草不继。人饥马瘦，何能深入。臣等云，当此吴三桂反叛之时，若将国家山陕良民抢夺，非为相助，反生衅也。达赖喇嘛云，我亦当诫谕我兵，不令妄行。天使回奏，皇上作何调遣，即谕来使，令其速归，我即遵旨奉行。奏毕，上曰，拉笃祜等所行殊为可嘉，著吏部议叙。丹巴德穆齐，著赐名加赏。

（卷 48）

康熙十三年七月癸未（二十一日，1674.8.22）

理藩院会同吏部遵谕议复，奉使达赖喇嘛朱拉齐格隆中途病故，应追赠班第达尔汉卓礼克图名号，赏银二百两。丹巴德穆齐应赐扎萨克喇嘛品级，住持归化城庙宇。员外郎拉笃祜应以通政使司左通政、大理寺少卿升用。笔帖式鼓鲁应以理藩院主事升用。从之。

（卷 48）

康熙十三年八月丁未（十六日，1674.9.15）

厄鲁特鄂齐尔图车臣汗等遣使进贡。赏赉如例。

（卷 49）

康熙十三年九月丙戌（二十五日，1674.10.24）

上御太和殿视朝，文武升转各官谢恩。次厄鲁特，喀尔喀使臣等行礼。

（卷 49）

康熙十四年　乙卯　1675 年

康熙十四年正月甲戌（十五日，1675.2.9）

上御太和殿视朝，文武升转各官谢恩。次朝鲜国使臣、鄂罗斯、喀尔喀、厄鲁特进贡使臣行礼。

（卷 52）

康熙十四年四月乙卯（二十七日，1675.5.21）

甘肃巡抚花善等疏报，边外蒙古前犯洪崖堡，今又乘我兵进剿河东，乃拆毁关隘，袭执官吏，与官兵会战，永固城副将陈达战没。上命甘肃总兵官孙思克加意防边，如蒙古仍行肆害，即率兵剿御。仍遣使往谕达赖台吉，约束部落，毋为边患。会达赖喇嘛使至，并予敕使转谕达赖台吉敕曰，皇帝敕谕达赖喇嘛，吴三桂初叛，朕谕喇嘛大兵分路进讨，若吴三桂势蹙投降，喇嘛其即执送。续览喇嘛奏云，吴三桂背主负国，人皆恶之，不来则已，来则缚之以献。吴三桂曾取结打木、扬打木二城，今已发兵攻取，防守沿边。若欲征兵深入，惟候诏旨。又言，达赖台吉，故居土伯特，今迁居青海。令其有事则相援，无事则钤辖其部属。朕思自太宗文皇帝、世祖章皇帝至今，遣使往来，恩礼无间。喇嘛崇尚信义，必如所奏而行。故遂以达赖台吉等，进兵滇蜀之故，晓谕两省，及达赖台吉，辞以松潘路险，未进四川。喇嘛又奏言，蒙古兵力虽强，难以进边，纵得城池，恐其贪据。且西南地热，风土不宜。若吴三桂力穷，乞免其死罪。万一鸱张，莫若裂土罢兵。吴三桂乃明时微弁，父死流贼，摇尾乞降，世祖章皇帝优擢封王，其子尚公主，朕又宠加亲王，所受恩典，不但越绝朝臣，盖自古所罕有。吴三桂负此殊恩，构衅残民，天人共愤。朕乃天下人民之主，岂容裂土罢兵。但果悔罪来归，亦当待以不死。今将军张勇等奏，达赖台吉诸部落入边侵掠，彼以王辅臣倡乱，内地亦皆骚动故也。今西陲晏然，内地无事，已下敕禁谕达赖喇嘛，宜恪守前言，令其统辖部属，毋得生事扰民。

（卷 54）

康熙十四年五月甲申（二十六日，1675.6.19）

靖逆将军甘肃提督侯张勇等疏报，逆贼伪总兵潘瑀、伪副将曾文耀，窃据洮、河二州，番人乘隙肆掠，臣等兵至河州，曾文耀先遁。又遣土官杨朝梁攻洮州，潘瑀败走，恢复洮州、河州二城，番人詟服归巢。得旨，嘉奖下部议叙。

（卷 55）

康熙十四年闰五月壬辰（五日，1675.6.27）

上御太和殿视朝，文武升转各官谢恩。次厄鲁特进贡使臣等行礼。

（卷 55）

康熙十四年七月癸丑（二十七日，1675.9.16）

靖逆将军侯张勇疏言，彝情叵测，久蓄侵犯内地之心。今闻大草滩帷幕满野，麾逐不去，实因臣奉命东征，乘虚窥伺。乞许臣回驻庄浪，以便兼辖。得旨，秦州、巩昌、兰州诸处，虽次第恢复，而底定全狭，惟在速取平凉。逆贼王辅臣一日不灭，则秦省百姓一日不安。将军侯张勇，应同大将军贝勒董额等，会商速定平凉，不宜回驻庄浪。如彝人果显然作恶，扰害边民，即令总兵官孙思克回甘州防御。

（卷 56）

康熙十四年十一月乙未（十一日，1675.12.27）

达赖喇嘛遣使表贡方物。赏赉如例。

（卷 58）

康熙十四年十一月己亥（十五日，1675.12.31）

上御太和殿视朝，文武升转各官谢恩。次喀尔喀、厄鲁特进贡使臣等行礼。

（卷 58）

康熙十四年十二月戊午（五日，1676.1.19）

上御太和殿视朝，文武升转各官谢恩。次喀尔喀，达赖喇嘛，厄鲁特进贡使臣等行礼。

（卷 58）

康熙十五年　丙辰　1676 年

康熙十五年正月己酉（二十六日，1676.3.10）

达赖喇嘛、班禅胡土克图遣使进贡。赏赉如例。

（卷 59）

康熙十五年二月癸酉（二十一日，1676.4.3）

厄鲁特噶尔丹台吉遣使进贡。赏赉如例。

（卷 59）

康熙十五年二月丁丑（二十五日，1676.4.7）

上御太和殿视朝，文武升转各官谢恩。次厄鲁特、喀尔喀进贡使臣等行礼。

（卷 59）

康熙十五年四月丁巳（五日，1676.5.17）

上御太和殿视朝，文武升转各官谢恩。次喀尔喀、厄鲁特进贡使臣等行礼。

（卷 60）

康熙十五年六月丙辰（五日，1676.7.15）

上御太和殿视朝，文武升转各官谢恩。次厄鲁特进贡使臣等行礼。

（卷 61）

康熙十五年八月乙卯（五日，1676.9.12）

靖逆将军甘肃提督侯张勇疏言，番人滚布窥我兵调征河东，乘隙入内地，收掠番族人畜。上谕，番人潜入内地，著将军侯张勇，严饬甘凉沿边将弁，加意防守。

（卷 62）

康熙十五年八月己巳（十九日，1676.9.26）

抚远大将军都统大学士图海疏言，陕西提督原驻平凉、固原与平凉密迩，且为秦省形胜之区。应令王进宝移驻固原，即兼管固镇事务。其西宁为边陲重地，距固原甚远，难于遥制。固原总兵官朱衣客，向在西宁，熟谙形势，调驻西宁，殊有裨于地方。又庆阳一郡，幅幅员辽阔，素为贼薮，当此反侧初安，亟需弹压，宜令随征总兵官陈奇谟，暂镇庆阳，安辑人心。从之。

（卷 64）

康熙十六年　丁巳　1677 年

康熙十六年三月乙未（十九日，1677.4.20）

厄鲁特厄尔德尼奔穆台吉等遣使进贡。赏赉如例。

（卷 66）

康熙十六年五月甲午（十九日，1677.6.18）

谕大学士索额图、尚书明珠、阿穆瑚琅、内大臣奇塔特曰，厄鲁特鄂齐尔图车臣汗，与噶尔丹台吉，向俱进贡。今噶尔丹台吉，与鄂齐尔图车臣汗，内自相残。噶尔丹台吉，攻鄂齐尔图车臣汗，以阵获弓矢等物来献，若径收纳，朕心不忍，可止收其常贡之物。以此旨传谕来使。

（卷 67）

康熙十六年六月庚戌（五日，1677.8.4）

上御太和殿视朝，文武升转各官谢恩。次厄鲁特进贡使臣等行礼。

（卷 67）

康熙十六年八月己未（十五日，1677.9.11）

上御太和殿视朝，文武升转各官谢恩。次厄鲁特、喀尔喀进贡使臣等行礼。

（卷 68）

康熙十六年十月甲辰（一日，1677.10.26）

先是，康熙十四年遣使存问达赖喇嘛，赐以玺书，至是，达赖喇嘛遣使请安谢恩，疏曰，钦惟皇帝陛下，作天人之主宰，为亿兆所依归，不弃释迦后进法派，宠加遣使。欣逢各种隆重布施，亲手接受。敬献红素柔罽诸物，望明鉴而恤之，谨鞠躬合掌，洁心上奏。得旨，贡献礼物，著察收。

（卷 69）

康熙十六年十月甲寅（十一日，1677.11.5）

靖逆将军甘肃提督侯张勇，四川陕西总督哈占，凉州提督孙思克等会疏言，厄鲁特济农等为噶尔丹所败，逃至沿边，违禁闯入塞内，夺番目马匹及居民牲畜，守汛官兵驱之使出。济农等言，我等皆鄂齐尔图汗之子侄，穷无所归，故至此。闻噶尔丹，复逞兵未已，或来追我，或趋喀尔喀俱未可知。臣等窃思噶尔丹，乃北厄鲁特之酋长，兵马众多，如果兴兵，即内地亦宜严饬守汛官兵防护，并驱逐济农等出境。又理藩院疏言，据张家口报称，厄鲁特来使博瑞额叶图等不敢归，言来时鄂齐尔图汗、喀尔喀土谢图汗，曾夹攻我台吉。近又闻归化城来贸易人言，喀尔喀色楞达什台吉率三百余人，将邀劫我等于汛界，我等得在边塞之内，即如金城之固，请暂居此，俟本地使来同归。上谕大学士等曰，闻厄鲁特、喀尔喀交恶兴戎，虽虚实未确，朕统御寰区，一切生民，皆朕赤子，中外并无异视。厄鲁特、喀尔喀，倘因细故交恶，至于散亡，朕心大为不忍，伊等向相和好，贡献本朝，往来不绝。若交恶果实，当遣使评其曲直，以免生民于涂炭，如仰副朕一视同仁之意，仍前和好，相与优游太平，朕大嘉悦焉。但天寒路远，若遣使往回，无饲马驰驿之所，或致有误。今厄鲁特、喀尔喀使至，其令理藩院明白备檄，交发来使传谕之。

（卷 69）

康熙十六年十月戊辰（二十五日，1677.11.19）

上御太和殿视朝，文武升转各官谢恩。次喀尔喀、厄鲁特进贡使臣等行礼。

（卷 69）

康熙十六年十一月戊子（十五日，1677.12.9）

上御太和殿视朝，文武升转各官谢恩。次厄鲁特进贡使臣等行礼。

（卷 70）

康熙十六年十二月丁巳（十五日，1678.1.7）

上御太和殿视朝，文武升转各官谢恩。次厄鲁特进贡使臣等行礼。

（卷 70）

康熙十六年十二月辛未（二十九日，1678.1.21）

靖逆将军侯张勇等疏报，甘凉近南山一带，有西海墨尔根、阿喇奈、多尔济台吉等庐帐数千余。肃州境内游牧番人头目，有济农布第巴图尔、厄尔德尼和硕齐等庐帐万余，皆为噶尔丹所败，自西套来奔。上谕曰，大将军图海身在陕西，其沿边流番或令提督等率兵往逐，或严饬边汛官兵各固守汛地，选干练人员至番人头目处，开诚晓谕，令彼退回。著大将军图海酌量指授而行，毋致生衅。

（卷 70）

康熙十七年　戊午　1678 年

康熙十七年正月甲申（十二日，1678.2.3）

达赖喇嘛、厄鲁特达赖汗等俱遣使进贡。赏赉如例。

（卷 71）

康熙十七年三月丁酉（二十六日，1678.4.17）

抚远大将军都统大学士公图海疏言，臣等遣拉笃祜转传上谕，令流番各退归故巢，已遵旨陆续出口。但番情叵测，祈遣重臣一员驻扎兰州以西地方，固守三边。得旨，将军张勇驻扎边地年久，深知地方情形。著自兰州移驻甘州，固守沿边地方。

（卷 72）

康熙十七年闰三月己未（十九日，1678.5.9）

先是，谕兵部，自大草滩至西海道路甚近，此蒙古中情形及其地方，朕皆知悉，可令郎中拉笃祜驰驿来京面承密旨。寻谕大学士等，令拉笃祜赴凉州，探厄鲁特台吉噶尔丹信息，不时以报。至是，拉笃祜来京，请带将军侯张勇标员一人同往凉州。许之。

（卷 72）

康熙十七年三月庚申（二十日，1678.5.10）

兵部，理藩院会题，抚远大将军图海疏报，厄鲁特噶尔丹将攻西海。厄鲁特若来，或入大草滩，亦未可定。又陕西总督哈占移文臣部云，西套厄鲁特台吉等，闻噶尔丹有三月内举兵之语，应遣人知会达赖台吉备兵待之。得旨，噶尔丹兴兵往攻西海，厄鲁特如远从达布素图瀚海而去，则无庸置议。若来至近边，欲经大草滩前往，则将军侯张勇、提督孙思克等，务须令其坚立信誓，不许骚扰人民。仍整饬我军严加防护，一面放噶尔丹过，一面奏闻。倘或肆横，强欲入边，将军、提督等固守地方，一面坚拒奏报。寻命拉笃祜前赴甘州一带地方，侦探消息。

（卷 72）

康熙十七年四月甲午（二十五日，1678.6.13）

先是，吴喇忒镇国公诺门等疏报，闰三月内，贼寇数百人闯入边汛，劫杀本旗巴达里、察罕、吴尔图三台吉及巴达里台吉之妻，并男妇子女共二十人，又抢掠男妇子女六十余人，驼马二千九百余匹，并帐房盔甲等物。上差员外郎塞冷、恩额森等驰驿往勘。至是，理藩院奏，塞冷等复称，厄鲁特四百余人抢掠吴喇忒等，远遁无踪。查鄂齐尔图汗为噶尔丹所败，其属下济农四散奔窜，或系济农等肆行劫掠，亦未可定。但未获贼寇实情，不便悬拟，应存案，俟发觉定议。得旨，济农辈窜散人等，或又如此劫掠，应檄吴喇忒三旗、鄂尔多斯六旗、扎萨克诺尔布台吉、四子部落扎木扬台吉等遴选精壮军士，不时巡防汛地。其巴达里台吉等见在幼稚，著诺门公收养之。

（卷 73）

康熙十七年四月乙未（二十六日，1678.6.14）

靖逆将军甘肃提督侯张勇疏报，逆贼吴三桂、馈遗达赖台吉等，交相连结，欲图入掠。且逆贼已知松潘、茂州番中，有通西宁大路，恐乘间隙，侵我茶马之利。得旨，甘肃提督旧时原驻甘州，后因川贼犯秦州，故移驻兰州。今吴逆图扰边境，不可不加固守。令张勇自兰州移镇甘州，著严加提备，仍与大将军公图海等便宜筹画。

（卷 73）

康熙十七年五月甲子（二十五日，1678.7.13）

先是，厄鲁特济农遣人至靖逆将军甘肃提督侯张勇所言，我祖顾实汗以来，职贡不绝，今为噶尔丹所败，穷迫来此，欲赴西海，往会我叔达赖台吉、兄墨尔根台吉。若由边外绕去，则行月余，中途数日乏水。如由内地行，则限于主上边境不敢径度，祈准由内地过边。张勇以由水泉出边，竟日可到墨尔根台吉处，五日可到达赖台吉处，奏请令其由水泉过边。上允之。乃济农逗留月余，复北向游牧，未由水泉过边。至是，济农以布隆吉尔地方，见有火光，探闻噶尔丹追迫已近，竟由双井闯入内地，提督孙思克奏请率兵逐之。得旨，将军张勇见赴甘州，即著亲身验看，驱逐济农部落过边，赴伊叔兄处所，加意防护，勿使扰民。寻将军张勇疏报，驱逐济农等出边。

（卷 73）

康熙十七年八月庚午（二日，1678.9.17）

靖逆将军甘肃提督侯张勇疏言，臣与提督孙思克及理事官拉笃祜选择通事，密行远探噶尔丹情形。据回报云，有鄂齐尔图汗属下达尔汉哈什罕，曾为噶尔丹掳去，今往西海遇而问之，彼言噶尔丹既杀鄂齐尔图汗。今岁二月内，令其属下兵丁殷实者，各备马十匹、驼三只、羊十只，窘乏者马五匹、驼一只、羊五只，自其地起兵，不知何向。臣向闻甘属番人，素与僧额输租。僧额殁，属于噶尔丹。臣召其头目永柱等讯之，言噶尔丹居西北金山，距嘉峪关两月程，即古大宛国也。臣闻，噶尔丹遣喇嘛万春来召番人头目，至河套议事，臣密遣人诱问之。万春言，噶尔丹邻近诸番有从之者，亦有从之而复去者。噶尔丹向有侵西海之意，因人心不一，西海路远，恐一动而本地有事，不敢轻举。臣复遣人至墨尔根台吉所审视之，众皆寂然安居，第番情难以预料，谨疏奏闻。得旨，噶尔丹虽无起兵声息，应仍檄该将军等不时侦探，加意防守边境。

（卷 76）

康熙十七年九月癸卯（五日，1678.10.20）

上御太和殿视朝，文武升转各官谢恩。次喀尔喀、厄鲁特等进贡使臣行礼。

（卷 77）

康熙十七年十月辛巳（十四日，1678.11.27）

厄鲁特多罗郡王伊斯丹津为隐匿逃人事降为三等公。

（卷 77）

康熙十七年十一月壬戌（二十五日，1678.1.7）

上御太和殿视朝，文武升转各官谢恩。次厄鲁特进贡使臣等行礼。

（卷 78）

康熙十八年　己未　1679 年

康熙十八年二月甲戌（九日，1679.3.20）

厄鲁特噶尔丹台吉等遣使进贡。赏赉如例。

（卷 79）

康熙十八年三月癸丑（十八日，1679.4.28）

万寿节，上率诸王、贝勒、贝子、公、内大臣、大学士、都统、尚书、精奇尼哈番、侍卫等诣太皇太后、皇太后宫行礼。御殿，王以下文武各官行庆贺礼。次厄鲁特噶尔丹使臣等行礼。停止筵宴。

（卷 80）

康熙十八年四月丙寅（二日，1679.5.11）

遣理藩院郎中额尔塞、员外郎占木巴拉、赍敕往谕达赖巴图尔台吉等，去年闰三月，吴喇忒巴达里台吉等男妇子女、马驼盔甲，为贼劫掠。兹墨尔根台吉遣人将巴达里台吉之子纳木及其妹送到，讯之纳木云，去年为厄鲁特厄尔德尼和硕齐劫去，今墨尔根台吉察获送还，诚属可嘉。夫劝善惩恶国之法也。今闻厄尔德尼和硕齐等，在额济内河之地，尔达赖巴图尔台吉、墨尔根台吉，其将厄尔德尼和硕齐等，严加治罪，所掠人畜财物，照数察还。如此则同修和好，边境生民得安矣。墨尔根台吉察还掠之人可嘉，事毕之日，应加恩赉。

（卷 80）

康熙十八年四月壬辰（二十八日，1679.6.6）

厄鲁特噶尔玛戴青和硕齐等遣使进贡。赏赉如例。

（卷 80）

康熙十八年五月己未（二十六日，1679.7.3）

凉州提督孙思克疏言，厄鲁特巴图尔济农遣人来见臣云，我台吉率众部落驻肃州边外，有表恭请圣安，恳乞代奏。臣谨以原文奏览，部议以济农等不往伊叔兄处，仍在近边游牧，殊属不合，所奏应无庸议。得旨，拉笃祜见在甘肃地方，著率领张勇、孙思克标下贤能官员通事，亲赴巴图尔济农所，详细察讯，杀掠吴喇忒者实系何人，据实奏闻。其毕马拉吉里第台吉、墨尔根台吉所报之文，并发拉笃祜知之。

（卷 81）

康熙十八年七月甲辰（十二日，1679.8.17）

靖逆将军甘肃提督侯张勇疏言，噶尔丹将侵吐鲁番，渐次内移，住居西套，前哨已至哈密，去肃州仅十数日，传闻虽未可尽信，然其情叵测，谨以奏闻。上命檄知大将军图海。

（卷 82）

康熙十八年八月己丑（二十七日，1679.10.1）

靖逆将军甘肃提督侯张勇疏言，噶尔丹遣其寨桑莽奈致书于臣云，我向欲通使，因地方有事未暇，今特遣人献马三匹、貂裘一袭。又云，西北一带地方皆得之矣，惟西海向系我祖与伊祖同夺取者，今伊等独据之，欲往索取，因系将军所辖之地，不敢轻举。臣念彼远馈，受其裘马，厚赏来使而遣之。前此，噶尔丹曾遣人调集甘州南山一带番目赴西套，臣因遴选通事，密探噶尔丹年纪性情并兴兵往侵西海之故，归复云，噶尔丹申年所生，年三十六岁，为人凶恶，躭于酒色。去岁举兵，欲侵西海，行十一日撤归。今夏，又两次出兵，至缠头回子之地而还。见近边诸将军统兵驻扎，不敢轻犯。臣查，近者入边行劫，皆系噶尔丹击败来奔，贫无所依之人，详视噶尔丹情形，尚无兴兵之举，河西地方似可无患，谨将噶尔丹原书一并呈览。奏入，命檄知大将军图海。

（卷 83）

康熙十八年九月丁酉（五日，1679.10.9）

厄鲁特噶尔丹台吉遣使进贡请安，并遵谕复奏。疏曰，前使西白里达尔汉和硕齐同行佟噶尔代，因其妄为，已治罪矣。从前回子充诸台吉之使而往，原不之知，今接来文，问之回子。佥云，前充诸台吉之使而往者，部内并不查讯。巳年以后，乃不准放入。信如所言，是回子诈冒，向不责罚，以致纵恶。若本地从前遣使，皆与文并发，即如今次所遣阿卜都拉额尔克寨桑是也。奏入，上嘉纳之。给赏如十六年例。

（卷 84）

康熙十八年九月戊戌（六日，1679.10.10）

达赖喇嘛、厄鲁特达赖汗遣使进贡。赏赉如例。

（卷 84）

理藩院题，噶尔丹称为博硕克图汗，遣使贡献锁子甲、鸟枪、马、驼、貂皮等物。来使云，达赖喇嘛加噶尔丹台吉以博硕克图汗之号，是以奉贡入告。从前，厄鲁特、喀尔喀有奏请敕印来贡者，准其纳贡，授以敕印并加恩赉，从无以擅称汗号者准其纳贡之例。但噶尔丹台吉敬贡方物，特遣使入告，应准其献纳。从之。

（卷 84）

康熙十八年九月庚申（二十八日，1679.11.1）

谕大学士等，厄鲁特部落厄尔德尼和硕齐等抢掠吴喇忒人畜，深为可恶。今噶尔丹正遣使来，可写敕付彼赍往，若收回人众则已，如不收回，当另有处置。即令鄂尔多斯部落图之，亦不为难也。

（卷 84）

康熙十八年十月壬申（十一日，1679.11.13）

遣檄噶尔丹，收捕厄尔德尼和硕齐等，理藩院郎中额尔塞等归。奏曰，臣等至达赖巴图尔台吉所，交授敕谕。达赖巴图尔台吉等覆称厄尔德尼和硕齐及滚布等，原系噶尔丹之叔楚虎尔吴巴锡属下之人，今与野兽同群，远徙游牧，我等不便查议。毛济喇克台吉久居此地，巴图尔济农向曾奏请皇上由内地来至我处，皆无劫掠吴喇忒之事。上谕理藩院，厄尔德尼和硕齐，既系噶尔丹之叔楚虎尔吴巴锡属下之人，应檄噶尔丹，将厄尔德尼和硕齐等即行收捕，照伊例治罪，勿使妄行劫掠，并将从前所掠吴喇忒人畜察还。如不能收捕，仍在沿边生事，当另行裁度。尔院即备印文，发噶尔丹两次所遣来使，各驰一文前去。檄到，务令噶尔丹速复。

（卷 85）

康熙十九年　庚申　1680 年

康熙十九年二月甲子（四日，1680.3.4）

厄鲁特厄尔德尼布穆台吉等遣使进贡。赏赉如例。

（卷 88）

康熙十九年五月辛丑（十三日，1680.6.9）

谕兵部，移文各路大将军、督、抚、提、镇等，凡有平定云贵恢复城池者，俱令察访吴三桂与达赖喇嘛相通书札，随得随缴。

（卷 90）

刑部右侍郎冯苏疏言，请遣能员赴打箭炉地方侦贼情形，仍移书达赖喇嘛，令勿纳残贼，入其境内。议政王大臣等会议，达赖喇嘛处，当吴三桂叛时，已经遣谕，无庸再遣。打箭炉地方，应移文四川总督，令选贤能人员，不时侦探防御。上谕，打箭炉等处地方应选堪用之员，如拉笃祜其人者，遣往彼地，不时侦探。

（卷 90）

康熙十九年五月甲寅（二十六日，1680.6.22）

遣理藩院郎中詹璧拉往边地侦探。上谕之曰，尔往驻松潘等处，凡有闻见，当如拉笃祜，不时奏报，仍将遣尔前往之故，明谕厄鲁特达赖巴图尔台吉知之。然达赖巴图尔台吉等消息亦应密探，若得贼寇交通书信，即以奏闻，并探往来贸易者。凡奉使边陲，潜行诇察，良非细故，宜慎自防护，常近大军左右，毋忽。

（卷 90）

康熙十九年六月壬戌（五日，1680.6.30）

上御太和门视朝，文武升转各官谢恩。次厄鲁特、喀尔喀进贡使臣等行礼。

（卷 90）

康熙十九年八月辛未（十五日，1680.9.7）

厄鲁特噶尔丹博硕克图汗遣使进贡。赏赉如例。

（卷 91）

康熙十九年闰八月戊子（二日，1680.9.24）

理藩院题，喀尔喀进贡，前俱以车臣济农为首，今扎萨克图汗将车臣济农革去，以额尔德尼济农为首进贡。而达赖喇嘛所给文内，又并无额尔德尼济农为首字样，已谕令来使查明另奏。其所贡之物，应否收纳，俟查明到日，再议具奏。得旨，外藩蒙古头目进贡，其物应否收纳，理应即行议定，何必据达赖喇嘛文之有无。若必据此为证，似在我疆内之外藩蒙古，悉惟达赖喇嘛之言是听矣。以后蒙古进物，应否收纳，著该衙门即定议具奏，不必以达赖喇嘛之文为据。

（卷 91）

康熙十九年十二月辛卯（六日，1681.1.25）

达赖喇嘛、达赖汗等遣使进贡。赏赉如例。

（卷 93）

康熙十九年十二月庚子（十五日，1681.2.3）

上御太和门视朝，王以下文武大臣官员谢赐日讲书经解义恩。又文武升转各官谢恩。次喀尔喀、厄鲁特进贡使臣等行礼。

（卷 93）

康熙二十年　辛酉　1681 年

康熙二十年正月己巳（十五日，1681.3.4）

上御太和门视朝，文武升转各官谢恩。次厄鲁特进贡使臣等行礼。

（卷 94）

康熙二十年二月辛丑（十七日，1681.4.15）

厄鲁特噶尔玛戴青和硕齐等遣使进贡。赏赉如例。

（卷 94）

康熙二十年五月丙寅（十四日，1681.6.29）

达赖喇嘛、班禅胡土克图遣使进贡。赏赉如例。

（卷 96）

康熙二十年五月丁卯（十五日，1681.6.30）

上御太和门视朝，文武升转各官谢恩。次厄鲁特、达赖喇嘛进贡使臣等行礼。

（卷 96）

康熙二十年五月辛巳（二十九日，1681.7.14）

定远平寇大将军固山贝子章泰等疏言，大兵抵云南会城，伪将军李发美举首逆贼吴世璠与达赖喇嘛伪书，以鹤庆、丽江二府降。下部议叙。

（卷 96）

康熙二十年六月甲午（十三日，1681.7.27）

谕议政王大臣等曰，尔等传谕大将军贝子章泰、赖塔、将军总督赵良栋等，见在投诚人员内，有原属吴三桂下旧人且亲近知贼情始末及吴应麒腹心信用者。大将军等亲加详察，令驰驿来京。至投诚土司伪总兵陆道清及海潮龙心腹同往达赖喇嘛处者，并切知贼情始末人员，令赵良栋亲加详察，亦令驰驿来京。

（卷 96）

康熙二十年八月辛丑（二十一日，1681.10.2）

先是，顺治十二年间，设立喀尔喀八扎萨克，每岁献纳年贡，罗卜臧台吉其一也。康熙元年，右翼扎萨克图汗与罗卜臧台吉等内自相乱，扎萨克图汗旗破身亡。而罗卜臧台吉避入厄鲁特噶尔丹部下。康熙九年，特旨以扎萨克图汗之子袭为扎萨克图汗。而封阿海台吉之子阿海戴青为遵义彭楚克台吉，授为扎萨克，各赐以敕印，献纳年贡。至是，噶尔丹送罗卜臧台吉归扎萨克图汗，扎萨克图汗以罗卜臧台吉向系扎萨克，仍令循旧制入贡。奏至，上允之。

（卷 97）

康熙二十年八月丙午（二十六日，1681.10.7）

巴图尔额尔克济农遣使进贡、请罪。疏言，厄鲁特时值大坏，不能存活，特来归命，原无违悖圣主之心，祇以窃取牲畜，深自悔罪，思欲赔偿，因将他人所掠吴喇忒人口、宁夏马匹竭力凑纳，伏乞圣主鉴怜。得旨，此案前曾檄谕噶尔丹，未经覆奏，著将原由明白开列，再行檄谕，俟覆奏到日再议，贡物著察收。

（卷 97）

康熙二十年九月丙寅（十七日，1681.10.27）

靖逆将军甘肃提督侯张勇疏报，蒙古诉称，边内番人火其经卷祠庙，戮其人民。以此举兵犯边。上谕大学士等曰，朕闻吴三桂反叛时，我边内住牧番人于蒙古多尔济台吉处附从供应。后吴三桂既平，地方安定，番人竟将多尔济台吉祠庙拆毁，经卷焚烧，杀戮蒙古人口。蒙古以此弄兵，若果如此，则蒙古之来，盖亦有故。应遣官严察，如曲在番人，将番人严惩。曲在蒙古，遣使严加谴责，使边人心服，边衅无可乘矣。可即遣兵部、理藩院司官前往。

（卷 97）

康熙二十年十月甲申（五日，1681.11.14）

定远平寇大将军固山贝子章泰等疏言，中甸诸处从来皆隶丽江，原为内地，吴逆阴蓄异志，于康熙九年割给蒙古。此地远在金沙江外，我朝从未遣兵驻守，且逆贼胡国柱等复奔鹤庆丽江，而云南省城，尚未恢复，不便即议遣发官兵驻守。上谕兵部，中甸最为要地，从前鹤庆丽江，虽设总兵官一员，令其兼辖中甸，但无专汛官兵，似犹可虑。其移文大将军贝子章泰、赖塔、将军总督赵良栋、巡抚王继文、提督桑峨酌量遣拨绿旗官兵前往镇守。俟达赖喇嘛使至，理藩院以遣兵镇守之故，移文晓谕。

（卷 98）

厄鲁特噶尔丹博硕克图汗遣使进贡。赏赉如例。

（卷 98）

康熙二十年十月甲午（十五日，1681.11.24）

上御太和门视朝，文武升转各官谢恩。次喀尔喀、厄鲁特、吐鲁番使臣等行礼。

（卷 98）

康熙二十一年　壬戌　1682 年

康熙二十一年七月戊申（三日，1682.8.5）

理藩院题，进贡厄鲁特丹津鄂木布来使额尔克等，因无噶尔丹博硕克图汗票文，不许进关。令回归化城贸易。得旨，丹津鄂木布来使，如不许进关，恐非柔远之道，著进关贸易。

（卷 103）

康熙二十一年七月乙卯（十日，1682.8.12）

先是，上以三逆荡平，武功耆定，谕大学士觉罗勒德洪、明珠等曰，今天下乂安，应遣大臣，使厄鲁特、喀尔喀，大加赏赉，俟时和草青举行。至是，议政王大臣等，奏请遣使择吉起行。得旨，厄鲁特噶尔丹博硕克图汗处，著内大臣奇塔特、一等侍卫觉罗孙果、阿南达等去。喀尔喀左翼土谢图汗处，著领侍卫内大臣伯费扬古、一等台吉额驸阿喇布坦等去。泽卜尊丹巴胡土克图处，著大喇嘛垂重格隆去，车臣汗处，著散秩大臣博落特、一等台吉吴尔图纳苏图等去。额尔克戴青台吉处，著精奇尼哈番副都统班达尔沙、二等台吉额驸诺木齐等去。墨尔根台吉处，著内大臣寿世特、副都统杨岱等去。右翼扎萨克图汗处，著都统阿密达、二等台吉根都什席布等去。盆楚克台吉处，著内大臣觉罗吴默纳、一等塔布囊鄂摩克图等去。厄尔德尼济农处，著都统宗室喇克达、二等台吉扎木扬等去。色冷阿海台吉处，著一等侍卫拜音察克、一等台吉拉第等去。达尔玛希里台吉处，著一等塔布囊鄂齐尔、前锋参领札木素等去。罗卜藏台吉处，著一等侍卫多尔济扎卜、二等台吉额林辰等去，各加赏赉。上召奇塔特、费扬古等，谕曰，尔等俱系贵显之臣，凡事须仰副盛典，以正大行之。尔等皆属一体，勿以满洲、蒙古，各分彼此，务须同心协和。满洲大臣不谙蒙古语言，凡议事，尔台吉、塔布囊等，译宣于满洲大臣，一同商酌确妥，对答之，勿致失言。尔等所言，伊等所答，及一切传闻事件，俱备录来奏。至内地蒙古，向与喀尔喀互相盗窃，以致盗风大作，如妄行作乱生事者，各自擒拿惩究，盗何自生。盗贼既弭，则牲畜可以散放牧养。牲畜既肥，则入冬不瘦，春时孪孕，无复可虞，蒙古何至贫困。又加以各置汛哨，遇有妄行作乱之人，即从公究处，则民庶得安其生矣。其以此晓谕之。奇塔特等奏曰，敕书赏物，臣等作何交授。上曰，我朝威灵德意天下，外国无不知之者。谅厄鲁特、喀尔喀，必大加恭敬。然伊等向行之例，俱用蒙古礼，今若凡事指授而去，或致相岐，行事反多滞碍。厄鲁特、喀尔喀依彼蒙古之例，大加尊敬，则已。奇塔特等又奏曰，厄鲁特、喀尔喀之汗、贝勒有赴达赖喇嘛，或至他处者，则待之乎。上曰，在旬日半月内归者则待之，如迟则不必待。谁为之首，即交为首之人而来。多尔济扎卜等奏曰，近闻人言，罗卜藏台吉已为扎萨克图汗所执。如其说果真，则敕书赏物，将如之何。上曰，尔等可于沿途，细加采探，如果被执，尔等即归可也。多尔济扎卜等又奏曰，罗卜藏设有子弟代袭，则敕书赏赉，可与之乎。上曰，不可与也，虽有子弟代袭，须喀尔喀通国保奏，授为扎萨克，准纳九白之贡，始可加以恩赉。奇塔特等奏曰，理藩院移文，令臣等查询定议，收捕厄尔德尼和硕齐、巴图尔额尔克济农等，并给发贡使符验之事，伏请训旨。上曰，此无庸多议也。厄尔德尼和硕齐等，如系噶尔丹属下，即限日收捕。如非彼属下，不能收捕，我朝另有裁夺。至给发贡使符验，前已谕檄噶尔丹矣。近见来使，有给符验者，亦有不给符验者。何项人等给以符验，须询明。至无符验不准放入之例，亦明白晓谕之。尔等行路，如马驼等物被小盗偷窃。当优容之，勿令追赔。更须约束随从人等，毋使妄行争斗。厄鲁特、喀尔喀，有至尔等旅寓者，须以礼貌，和蔼接待之。和则可以识其心志。奇塔特等又奏曰，厄鲁特、喀尔喀，如因皇上重加恩赉，有所馈遗，臣等可受之乎。上曰，受之。

赐厄鲁特噶尔丹博硕克图汗敕曰，朕惟自古帝王，统驭宇内，遐迩同仁，无分中外。沛恩膏于万方，布声教于四海。其历年久远，诚敬职贡者，愈加隆眷，优锡殊恩。尔噶尔丹博硕克图汗，自尔父兄，历世相承，虔修礼好，敬贡有年，延及尔身，笃尽悃忱，往来不绝，殊为可嘉。朕久欲加恩赉，以示优恤至意。只以机务殷繁，是以未逮。兹海宇升平，惠泽宜溥，特遣大臣侍卫官员等，赍捧重赏，大沛恩施。尔承此宠锡，当益戴德意，殚心敬顺，以仰副朕柔远同仁，协和万邦之至意。赐喀尔喀汗、济农、台吉等敕，亦如之。

（卷 103）

康熙二十一年八月己卯（四日，1682.9.5）

奉使侍卫多尔济扎卜、台吉额林辰等，至张家口外，空郭尔鄂波之地，遇厄鲁特噶尔丹贡使萨拉巴图尔，问罗卜臧台吉为喀尔喀扎萨克图汗所执果有此事否。其同来有布库班第者，系扎萨克图汗之人，对曰，罗卜臧欲与鄂罗斯合谋攻我汗，我汗遣其子率兵万人，于今岁二月终旬夜，乘罗卜臧酣寝，执之，其属下人俱为俘掳，财物及马驼牛羊，俱为我军所获。我曾执櫜随行，此目击之事也。多尔济扎卜等据此奏报。得旨，罗卜臧台吉被执既真，尔等携赏物即回。

（卷 104）

康熙二十一年八月乙酉（十日，1682.9.11）

先是，厄鲁特噶尔丹巴台吉之子，鄂齐尔图汗之孙罗卜臧滚布疏称，我祖父向曾往来入贡，后以内乱，往依达赖喇嘛。今幸得稍宁，伏乞皇上俯鉴我等饥渴，抚而恤之，请率所辖，居龙头山之地，理藩院转奏。得旨，此龙头山，在边关何处，自边关行几日可到，与内地有关系否，或向系边外无用之地否，著即檄拉笃祜察明原委，作速奏报。至是，拉笃祜覆奏，蒙古称龙头山，谓之阿喇克鄂拉，乃甘州城北东大山之脉络，绵衍边境，山之观音山口，即边关也。距甘州城三十里，距山丹城三里。其夏口城，距山口而建。自夏口城至灏川堡，相去五里。山尽为宁远堡，此堡在边外龙头山。与宁远堡相去里许，其间有长宁湖界之，蒙古所谓鄂尔通也。宁远堡，有内地人民种植输赋，沿湖有兵民牧养。今诸蒙古，俱于龙头山北游牧。罗卜臧滚布之意，欲占长宁湖耳。边汛要地，似不宜令不谙法纪之蒙古居住。理藩院、兵部、议以罗卜臧滚布所请应不准行。从之。

（卷 104）

康熙二十一年八月己亥（二十四日，1682.9.25）

厄鲁特噶尔丹博硕克图汗遣使进贡。赏赉如例。

（卷 104）

康熙二十一年八月庚子（二十五日，1682.9.26）

上御太和门视朝，文武身升转各官谢恩。次厄鲁特使臣行礼。

（卷 104）

康熙二十一年九月己未（十五日，1682.10.15）

议政王大臣等议覆，绥远将军云南贵州总督蔡毓荣疏言，中甸在金沙江之外，旧系丽江土府所辖，从未安兵设汛。自吴逆谋叛，将地方割与蒙番，为交好之计，通商互市。今互市虽经禁止，而蒙番所设喇嘛营官，尚未撤回。欲议设兵拨防，必驱其人复其地而后可。据土知府木尧议称愿遣土人进藏，致书达赖喇嘛，宣示皇上德威，说令归还原地。且藉此往回之间，寝彼番目前之狡谋，备我师进取之实计。应如所请，遣土人宣示，令归还中甸地方。再行奏闻。从之。

（卷 104）

康熙二十一年九月癸亥（十九日，1682.10.19）

巴图尔额尔克济农疏言，厄鲁特时值败坏，饥饿来归，蒙皇上帡幪之庇，得居边境。不意属下人等，不知法纪，妄行盗窃，悔罪无及。除将厄尔德尼和硕齐所掠人口，追还上纳外。其窃马人等，穷困已极，不能偿还，臣与众属裔，竭力捐输，共得马百匹，解送交纳，伏乞圣主睿鉴。又臣之属裔，贫困无聊，宁夏地方，与臣相近，伏恳天恩，许在宁夏贸易。理藩院议，应檄谕巴图尔额尔克济农，将盗窃鄂尔多斯马群人等，照彼例治罪。缺解马匹，补偿完日，将巴图尔额尔克济农一并从重议处。见解马匹，交发鄂尔多斯旗下。其宁夏地方，向无厄鲁特、喀尔喀贸易之例，所请不准行。得旨，巴图尔额尔克济农等，自本地败奔，来至边境，因不谙法纪，迫于饥困，盗窃牲畜等物。今陈其苦情，谆谆奏请，可将追偿缺解马匹，并议处之处，俱行宽免。仍移文严禁，嗣后，毋得违法，妄行生事。此文即发拉笃祜，转行晓谕之。

（卷 104）

康熙二十一年十月戊子（十五日，1682.11.13）

上御太和门视朝，文武升转各官谢恩。次厄鲁特使臣等行礼。

（卷 105）

康熙二十一年十二月己卯（六日，1682.1.3）

厄鲁特噶尔玛戴青和硕齐等遣使进贡。赏赉如例。

（卷 106）

康熙二十二年　癸亥　1683 年

康熙二十二年三月戊午（十六日，1683.4.12）

厄鲁特噶尔丹博硕克图汗遣使进贡。赏赉如例。

（卷 108）

康熙二十二年三月庚申（十八日，1683.4.14）

万寿节，上率诸王、贝勒、贝子、公、内大臣、大学士、侍卫等，诣太皇太后、皇太后宫，行礼毕。御太和门，王以下文武各官上表行庆贺礼。次厄鲁特侍臣等行礼，停止筵宴。

（卷 108）

康熙二十二年四月丁丑（五日，1683.5.1）

上御太和门视朝，文武升转各官谢恩。次厄鲁特进贡使臣等行礼。

（卷 109）

康熙二十二年五月丙午（五日，1683.5.30）

上御太和门视朝，文武升转各官谢恩。次厄鲁特噶尔玛戴青和硕齐进贡使臣等行礼。

（卷 109）

康熙二十二年六月丙子（五日，1683.6.29）

上御太和门视朝，文武升转各官谢恩。次厄鲁特进贡使臣等行礼。

（卷 110）

康熙二十二年七月甲申（十五日，1683.9.5）

理藩院题，鄂尔多斯贝勒松阿喇布等报称，厄鲁特巴图尔济农于黄河崖驻牧，议遣司官二员，谕使归部。上谕学士等曰，此事朕知其故。初厄鲁特鄂齐尔图汗，为噶尔丹博硕克图所杀，其国被夺。其子衮布喇卜坦、其侄巴图尔济农败遁，求达赖喇嘛指授所居之处。达赖喇嘛令衮布喇卜坦住居阿喇克山，自此遂居彼地。先是，巴图尔济农于我定边界，缘边驻牧，曾移文噶尔丹博硕克图，言此乃尔厄鲁特之人，尔若收取，则取之，若不收取，我自有处置。噶尔丹覆云，且过来年，俟后年收之。今闻衮布喇卜坦娶喀尔喀土谢图汗之女为妻，两处互相犄角。噶尔丹博硕克图欲以兵向衮布喇卜坦、巴图尔济农，则恐喀尔喀土谢图汗蹑其后。欲以兵向喀尔喀，则恐衮布喇卜坦等蹑其后，盖断不能收取巴图尔济农者也。且噶尔丹众最贫苦，有一马者，即称为富饶，势必内生变乱。此事暂留，俟回京再奏。

（卷 111）

康熙二十二年七月戊戌（二十九日，1683.9.19）

出使厄鲁特内大臣奇塔特等还奏，臣等于十二月二十八日，至噶尔丹所居帷幕。噶尔丹跪受敕书及赏赉诸物，随请皇上起居。臣等答曰，皇上万安。既坐，噶尔丹问曰，闻中国有寇贼，今已平定，信乎。臣等答曰，比年曾有寇盗窃发，我皇上仁慈，恐用兵扰民，故渐次收服者有之，剿灭者有之，今已尽皆底定矣。至正月初九日，臣等召其车臣寨桑吴尔占扎卜，以部发查讯厄尔德尼和硕齐、巴图尔额尔克济农之文，授之，曰，此项事情，先已檄行两次，并无回文。故因我等此来之便，令定议。如厄尔德尼和硕齐、巴图尔额尔克济农，系尔属下人，当限日收捕，照例治罪，赍罚赎送部。若非尔属下人，或不能收捕，我朝另有裁夺。车臣寨桑等来覆曰，我汗言前所行两檄，第以为部文，所以未答。既系圣旨，敢不以覆。厄尔德尼和硕齐、巴图尔额尔克济农皆我所属。此二人，已归达赖喇嘛，我当遣人往召之。倘如命而至，我治其罪。若复他遁，则无如彼何也。臣等令彼约期，期以丑年四月。臣等曰，厄尔德尼和硕齐等，向在边境作乱。但念汝等职贡年久，所以姑待。今约期既远，其间未必不又作乱也。彼称噶尔丹之言曰，其间或又作乱，惟上处分。臣等又问去年七月，有称为汝汗之侄丹津鄂木布之使臣，并无符验，前来进贡。汝处何项人等给之符验，何项人等不给符验。彼复称噶尔丹之言曰，我遣使请安进贡，必有印文。至我属下之人，各处贸易，潜至中国，冒称我使，亦未可定。自今以后，我若遣使，当用印文，开注年月日期。正月二十七日，臣等起行，噶尔丹博硕克图汗遣其额尔克格隆、察汉温卜、卓礼克图温卜、盆楚克等四人，贡马四百匹、骆驼六十头、貂皮三百、银鼠五百、猞猁狲皮三张、沙狐皮一百、黄狐皮二十、活雕一只、贴金牛皮五张、厄鲁特鸟枪四杆，随臣等来谢恩。奇塔特等又疏奏曰，臣等去年十二月，初至噶尔丹地方。有归化城都统古睦德所属班达尔善之子巴朗来投臣等告曰，我于康熙十八年正月自归化城归途，遇厄鲁特所使阿卜都拉额尔克寨桑。同入贡之格楚尔者，将我捆缚，带至此地。今闻大人至此，特来相投。臣等召其车臣寨桑等问之，车臣寨桑来覆，我汗言，我国一切罪犯，从无杀之之例，可罚格楚尔，以十五九牲畜。乞诸大人稍候带归。臣等言，我等奉差颁恩赏而来，并非来取罚赎，不便等候。俟有贡使之便，将罚赎附解。得旨，令议政王大臣等逐一详议。寻议政大臣等议，噶尔丹博硕克图汗累代进贡，往来通好，今将敕书赏物，照彼蒙古礼接受，恭请圣安。又称嗣后遣使，俱给用印符验，填注年月日期，应无庸议。其厄尔德尼和硕齐等事，约以丑年四月为期。约期之内，如仍复作乱，悉听皇上处分。应俟所期之年再议。携回之巴朗，交都统古睦德，其格楚尔，应俟照彼国例治罪，将罚赎牲畜，解送到日，所司再议。从之。

（卷 111）

康熙二十二年八月庚子（一日，1683.9.21）

上谕大学士等，近观厄鲁特噶尔丹博硕克图来使，较前渐多。每一次，常至数百人，闻其沿途遇边外游牧蒙古，肆行扰害。外国之人，若行痛惩，又恐失柔远之意。彼处遣来人员，当有定数，不可听其意为多寡。嗣后，正使头目，酌量数人，令进关口。其余人等，或令在张家口外，或在归化城交易，事毕。应即遣回。此事著议政王大臣会同确议具奏。

（卷 111）

康熙二十二年八月甲寅（十五日，1683.10.5）

上御太和门视朝，文武升转各官谢恩。次厄鲁特进贡使臣等行礼。

（卷111）

康熙二十二年九月癸酉（五日，1683.10.24）

上御太和门视朝，文武升转各官谢恩。次厄鲁特噶尔丹博硕克图使臣等行礼。

（卷112）

康熙二十二年九月戊寅（十日，1683.10.29）

理藩院覆奏，厄鲁特巴图尔额尔克济农移近黄河对岸游牧，遣官往会松阿喇布等，谕令退回。得旨不必遣官，其以此情节，檄发拉笃祜，晓谕退回。拉笃祜久劳于外，事毕。令来京回奏。

（卷112）

康熙二十二年九月癸未（十五日，1683.11.3）

敕谕厄鲁特噶尔丹，声教既一以来，尔历世相承，虔修职贡，聘问有年。朕嘉尔尽心敬顺，往来不绝，故向来尔处所遣之使，不限人数，一概俱准放入边关。前此来使无多，且头目人等，善于约束，是以并无妄行作乱者。比年尔处使来，或千余人，或数千人，连绵不绝。沿途抢夺塞外蒙古马匹牲畜，进边之后，任意牧放牲畜，践食田禾，捆缚平民，抢掠财物，妄行者甚多。边外蒙古，与内地百姓，非不能相拒报复，只以凛遵朕之法度耳。朕俯念尔等素行恭顺，不将若辈照内地律例究处，遂致妄行殃民，日以益众，用是限定数目，放入边关。嗣后，尔处所遣贡使，有印验者，限二百名以内，准入边关。其余俱令在张家口、归化城等处贸易。其向来不用尔处印验，另行纳贡之厄鲁特噶尔马载青和硕齐、和硕特之博洛库济台吉、杜尔伯特之阿尔达尔台吉、图尔古特之阿玉奇台吉等，所遣贡使，放入边关者，亦不许过二百人。尔噶尔丹博硕克图汗，尚毋违朕视四海一家，中外一体至意，敬慎遵行。嗣后遣使，必选贤能头目，严行约束。若仍前沿途抢掠，殃民作乱，即依本朝律例，伤人者，以伤人之罪罪之。盗劫人财物者，以盗劫之罪罪之。特此先行晓谕，尔其知之。

（卷 112）

康熙二十二年十月壬戌（二十五日，1683.12.12）

上御太和门视朝，文武升转各官谢恩。次厄鲁特、喀尔喀进贡使臣等行礼。

（卷 112）

康熙二十二年十一月乙亥（八日，1683.12.25）

厄鲁特厄尔德尼布穆台吉等遣使进贡。赏赉如例。

（卷 113）

康熙二十二年十二月壬子（十五日，1684.2.31）

上御太和门视朝，文武升转各官谢恩。次厄鲁特进贡使臣等行礼。

（卷 113）

康熙二十二年十二月癸丑（十六日，1683.3.1）

议政王大臣等会议，青海地方墨尔根台吉之来使寨桑和硕齐等，陈奏伊车臣鄂木布戴青台吉在时，曾于西宁等处，效力有功，恳请黄成尔滩地方游牧，应不准行。上曰，墨尔根台吉之父，虽边疆效力有功，但黄成尔滩乃边内之地，蒙古与民人生计不同，断不可容其游牧边内，以启后日衅端。今止应酌量奖赏，至不宜在内游牧缘由，可谕彼知之。

（卷 113）

康熙二十二年十二月丙寅（二十九日，1683.3.14）

赐朝正外藩科尔沁、苏尼特、蒿齐忒、扎鲁特、乌朱穆秦、翁牛特、土默特、郭尔罗斯、四子部落、鄂尔多斯、敖汉、喀尔喀、阿霸垓、阿霸哈纳、扎赖特、巴林、吴喇忒、喀喇沁、克西克腾、阿禄科尔沁、杜尔伯特、归化城、厄鲁特，王、贝勒、贝子、公、台吉等及内大臣、大学士、上三旗都统、副都统、尚书、侍郎、学士、侍卫等宴。

（卷113）

康熙二十三年　甲子　1684年

康熙二十三年二月庚子（四日，1684.3.19）

先是，喀尔喀右翼扎萨克图汗两次疏言，自康熙元年，罗卜臧变乱以来，我弟兄子侄多投左翼。屡索不还，曾往诉达赖喇嘛，蒙谕七旗曰，尔七旗当共尊扎萨克图汗，其投左翼人民，俱应发还。为此差札尔布奈前来莅盟，而左翼土谢图汗不至。皇上系我大众之主，谨以此情上闻。至是，上念喀尔喀累世恭顺，职贡有年，不忍其子弟人民离散，遣阿齐图格隆等，赍敕往谕达赖喇嘛，令彼遣使议和。敕曰，朕统御寰区，愿中外无征战之劳，离散之苦，使群生皆臻安乐。近者喀尔喀扎萨克图汗屡次疏言，右翼子弟人民离散，奔入左翼，索之未还。尔喇嘛，从来积大福力，永远真诚慈悲济众，声闻炳著，无不钦乃高行而赞颂之者。喀尔喀诸汗、贝子皆供奉尔喇嘛，信尔之教，而尊崇道法。尔于本朝，亦诚心敬慎，进贡来往不绝。今天下共享太平，而扎萨克图汗人民离散，未得完聚，朕心大为轸恻。念其中必有父子兄弟骨肉分离者，未必不生事互杀，交相战争，兵戎一起，姑不论人民困苦，即两汗亦岂能并存。伊等于朕，向来恭顺，竭诚奔走，于尔喇嘛亦为护法久矣。何忍默视使至此极乎。朕与尔俱当遣使往谕，将扎萨克图汗离散人民给还，俾两翼永归于好，既副朕一视同仁之至意，而于尔喇嘛六度之行、四无量之心，亦符合矣。尔喇嘛其遣大喇嘛一人，与朕去使会于喀尔喀境内，定期而遣之。朕于此亦遣使臣赴所约之地，与尔使同往。

（卷114）

康熙二十三年二月己酉（十三日，1684.3.28）

青海厄鲁特古鲁木西台吉遣使进贡。宴赉如例。

（卷114）

康熙二十三年二月辛亥（十五日，1684.3.30）

上御太和门视朝，文武升转各官谢恩。次厄鲁特使臣等行礼。

（卷114）

康熙二十三年九月乙亥（十二日，1684.10.20）

厄鲁特博硕克图汗噶尔丹遣使古尔班拜等，携伙伴三千人入贡。理藩院奏，请遣官验其符信，毋得过二百人，余俱遣回。上曰，来人浮于定额，著理藩院尚书阿喇尼前往，酌量议遣。

（卷116）

康熙二十三年九月甲申（二十一日，1684.10.29）

厄鲁特噶尔丹博硕克图汗遣使进贡。赏赉如例。

（卷116）

康熙二十三年十一月甲子（三日，1684.12.8）

厄鲁特憨都台吉、额尔德尼和硕齐遣使进贡谢罪。憨都台吉疏言，臣部运衰，遭噶尔丹执臣祖楚呼尔吴巴什，灭臣父班第。臣时年十三，有陪臣额尔德尼和硕齐者，挈臣逃出。遵达赖喇嘛之谕，在额济内讬赖之地，与皇上边民同居，不谓其妄行劫掠，致干天讨，臣诚惩之。今已悔过，伏望圣主鉴宥。额尔德尼和硕齐疏言，臣之两台吉，乃噶尔丹之叔及弟也，无罪而噶尔丹执之杀之。既蔑我主，何能与之共事，故掠其边境，奔遁至此。皇上圣德光昭，臣等本无为非之心，只以惜死，遂致草窃。今日夜思维，无所逃于天壤，谨悚惶陈奏于圣明之前。得旨，巴图尔额尔克济农劫掠鄂尔多斯之事，已经宽免，则憨都台吉属下额尔德尼和硕齐亦应一体宥赦，所贡准其上纳。

（卷117）

康熙二十三年十二月丙申（五日，1684.1.9）

上御太和门视朝，文武升转各官谢恩。次厄鲁特进贡使臣等行礼。

（卷118）

康熙二十三年十二月庚子（九日，1685.1.13）

阿齐图格隆等以达赖喇嘛奏疏复命，疏言喀尔喀左右翼议好之事，曾遣扎尔布奈往盟。始则右翼不从，继则左翼不服，是以未能协和。但皇上安集流离，使之和好，诚善事也。今仰遵圣旨，复遣参巴陈布胡土克图，令于十二月到喀尔喀国定议，谨遣拉木扎巴罗卜臧诺尔卜等赍奏以闻。

（卷 118）

康熙二十四年　乙丑　1685 年

康熙二十四年正月甲子（四日，1685.2.6）

达赖喇嘛所遣谕和喀尔喀七旗之参巴陈布胡土克图行至归化城病故，上遣阿齐图格隆等赍敕告其故。

（卷 119）

康熙二十四年四月戊戌（九日，1685.5.11）

授厄鲁特伊拉古克三胡土克图为归化城掌印扎萨克大喇嘛。

（卷 120）

康熙二十四年五月癸未（二十四日，1685.6.25）

谕大学士勒德洪、明珠、巴图尔额尔克济农，违离彼土，向化而来，宜加爱养，经理其居处。乃彼等原为鄂齐尔图汗所属，累世进贡，诚恳恪恭。鄂齐尔图汗之孙罗卜臧滚布与巴图尔额尔克济农，当使聚合一处，于所宜居之地，为之经理，令其居处，赐之封号，给以金印册，用昭示朕继绝举废之至意焉。可遣贤能台吉与理藩院堂官、侍卫，晓谕巴图尔额尔克济农云，以尔等抢夺毛明安及三吴喇忒之故，本宜遣兵征剿，悉行剪灭，但念鄂齐尔图汗累世进贡，诚恳恪恭，特加矜恤。尔等罪戾，尽皆宽宥。罗卜臧滚布乃鄂齐尔图汗之孙，尔等皆属一国，为亲近兄弟。今令尔等，皆与罗卜臧滚布等聚合，封以名号，与罗卜臧滚布等可以同居之善地，相度定居。遣使于达赖喇嘛，以如此措置，颁朕谕旨，其宜居之地，亦与罗卜臧滚布、巴图尔额尔克济农等，公同相视，令所遣台吉等还奏，此事于今年八月即宜举行。尔等与议政王大臣、蒙古大臣会同详议以闻。

（卷 121）

康熙二十四年六月癸巳（四日，1685.7.5）

上出古北口驻跸。是日，上驾行途次，理藩院尚书阿喇尼奏曰，侍郎明爱遣拨什库席纳尔图疾驰报称，都统公彭春等帅师进发，五月二十二日抵雅克萨城下。遵谕旨，将皇上不忍加诛洪恩，悉著于书致罗刹。罗刹恃巢穴坚固，不肯迁归。于是二十三日，分水陆兵为两路列营。二十四日夜，将神威将军等火器移置于前。二十五日黎明，并进急攻，城中大惊，罗刹城守头目额里克舍等势迫，诣军前稽颡乞降。都统公彭春、黑龙江将军萨布素等复宣上恩德，罗刹头目额里克舍所部官兵，皆垂涕，望阙稽首。于是遵皇上谕旨，将罗刹所部官兵及妇女童稚，立视迁归，收回逃人，恢复雅克萨城。上顾阿喇尼曰，征剿罗刹，众皆以路远为难，朕独断兴师致讨，今荷天眷，遂尔克之。朕心嘉悦。尔以捷音，传知诸王大臣。既至行宫，恭亲王常宁等及文武官员请庆贺。上遣阿喇尼，偕兵部侍郎佛伦传谕曰，治国之道，期于久安长治，不可图便一时。当承平无事，朕每殚心筹度，即今征罗刹之役，似非甚要，而所关最钜。罗刹扰我黑龙江、松花江一带，三十余年，其所窃据，距我朝发祥之地甚近，不速加剪除，恐边徼之民不获宁息。朕亲政之后，即留意于此，细访其土地形胜、道路远近及人物性情，以故酌定天时地利，运饷进兵机宜，不徇众见，决意命将出师，深入挞伐。然兵贵相机而动，变化无穷。惟恐诸将不遵朕指授，致失机宜，今收复雅克萨地，得遂初心。至于抚绥外国，在使之心服，不在震之以威。近遣亲随侍卫关保等，往军前谆谕之曰，兵、凶器、战，危事，古人不得已用之。朕以仁治天下，素不嗜杀，尔其严谕将士毋违朕旨，以我兵马精壮，器械坚利，罗刹势不能敌，必献地归诚。尔时勿杀一人，俾还故土，宣朕柔远至意，兹一一奉行，朕甚嘉焉。诸王大臣等奏，征剿罗刹，众皆难之。我皇上为根本计，独断兴师。今罗刹归诚，雅克萨城收复，悉如睿算，不爽毫发。诚非臣等浅近之人所能仰窥万一也。且前获罗刹不加诛戮，迨大兵压境，又遣关保等，严谕将士，诫以勿杀，皇上好生之德覆被天下。匪独罗刹戴恩，海外诸邦，莫不倾向圣化，臣等合行庆贺。阿喇尼等进奏毕，复出传谕曰，朕思凡事，必周详审度，方获实效，不可轻率从事。向者尚书明安达礼轻进，至粮饷不继，将军沙尔呼达、巴海等失计，半途而归，遂致罗刹骄恣。而索伦、奇勒尔。鄂罗春等心怀疑二。朕询其失机情由，一一详计，今始奏功。兵法云，多算胜，少算不胜，讵可忽视。且兵贵神速，前逆贼吴三桂等叛，朕思岳州系湖广门户，遣人指示速战，始克岳州，遂一面进取四川，以分贼势，一面密谕大将军赖塔，从广西趋云南。于是诸省底定，兵革休息。然亦在将军等奋勉效力耳，倘怠忽不奉行，虽有良策，亦何益焉。所以平定云南，赖塔之功最大，纵有他过为人控告，朕究不加罪。诸王大臣等奏，三逆叛时，在外将士皆与贼相持，进取无期，赖皇上神谋内运，决胜万里，恩威并用，剿抚兼施，所以负固巨孽，刻日诛锄。又俯念赖塔有功，曲赐保全，凡效力行间者，皆欢欣鼓舞，而臣等亦莫不感戴殊恩矣。上复谕曰，前关保奏云，我兵拟于四月二十八日水陆进发，先期雷雨大作，至二十六日江水泛溢。又风逆，舟不得前。及二十七日，天晴水落。二十八日平旦，忽转顺风。我兵扬帆溯流直上，三日之程一朝而至，陆路之兵虽疾行不及也。又驻扎黑龙江兵丁，适当肉食匮乏，忽有鹿数万自山趋下，骑者驰射、步者挺击及驾船筏于江中，截获者计五千有余。朕观此二事，预知可以奏功，因事未就，秘而不发，今即荡平，故传谕尔等知之。诸王大臣等奏，皇上仁政，上合天心，故显垂鉴佑，国祚绵永，万年无疆之休，于此可卜。上允行礼，于是王等及文武官员行三跪九叩头礼，寻彭春等捷奏至，得旨，览奏，官兵星驰，直逼雅克萨城下，示以威德。招抚罗刹，免死放归。克复其城，深为可嘉。在事人员从优议叙，投诚罗刹巴西里等，安插盛京。其被掳之索伦、打虎儿人众，仍各发回原地。有喀尔喀、厄鲁特人口，俱察送到部，给发本主。

（卷 121）

康熙二十四年七月壬午（二十四日，1685.8.23）

厄鲁特博硕克图汗噶尔丹为遣使事覆奏，恭闻皇上万安，不胜欣悦。此地叨达赖喇嘛福庇，幸得无恙。蒙檄丹巴来文，贸易之人入关定限人数，若妄行果实，上谕诚是。但自古以来，四厄鲁特贸易向有旧制，我等未便废也，若仍遵旧制，则凡事皆宜矣。下理藩院议，寻议，康熙二十二年，议政会议已有定例，噶尔丹所奏旧制不便废之语，应毋庸议，疏入，报闻。

（卷 121）

康熙二十四年九月乙丑（八日，1685.10.5）

厄鲁特噶尔玛戴青和硕齐等遣使进贡。赏赉如例。

（卷 122）

康熙二十四年十月甲午（七日，1685.11.3）

厄鲁特厄尔德尼布穆台吉、喀尔喀泽卜尊丹巴胡土克图等遣使进贡。赏赉如例。

（卷 122）

康熙二十四年十月戊戌（十一日，1685.11.7）

理藩院等衙门题，厄鲁特噶尔丹博硕克图汗下沙里巴图尔台吉来使伊特木根，于北馆中殴死正白旗西图佐领下商人王治民，应论死。上命将伊特木根，立决。并传谕厄鲁特，尔等进贡来使，沿途往返，扰害民生，抢掠牲畜，以致边境内外，百姓患苦者甚众。朕虽稔知，以尔等远方之人，本不谙中国法纪，无知妄行，未遽加罪，屡从宽免。嗣后，贡使往来，如有攘夺为非者，尔等率领头目，并犯法之人，皆依中国律令治罪。曾经颁旨晓谕。今尔进贡头目，并不严束傔从，任其扰害，将内地人殴死，干纪甚矣。先以尔等愚昧顽蠢，凡细微夺攘之罪，知而宥之。乃屡邀宽免，频加晓谕，全不钦遵，竟至殴死内地之人。今若不按法抵罪，日后渐益恣肆，大眠争衅，未可定也。用是将殴死人命之伊特木根，依律处斩，令尔等识之观之。此后尔等其谨遵成法，严戢从人，毋得肆恶妄行。

（卷 122）

康熙二十四年十月壬寅（十五日，1685.11.11）

上御太和门视朝，文武升转各官谢恩。次厄鲁特进贡使臣等行礼。

（卷 122）

康熙二十四年十月壬子（二十五日，1685.11.21）

先是，议政王大臣等议，巴图尔额尔克济农但奏请敕印，彼欲永居何地，未经声明。应遣大臣，晓谕巴图尔额尔克济农，问明到日定议。上命理藩院尚书阿喇尼前往。至是，阿喇尼还奏曰，臣至巴图尔额尔克济农所，宣谕圣旨，巴图尔额尔克济农曰，皇上以我兄弟族属离散，欲使合处，乃系非常殊恩，何敢有违。近者达赖喇嘛亦谓罗卜臧滚布阿喇布坦所居布隆吉尔之地，地隘草恶，难以容众，不若与济农同居。臣因问济农，欲居何地。彼曰，欲环居阿喇克山之阴，以遏寇盗，不使纷扰边疆。令部众从此地而北，当喀尔喀毕马拉吉里第诺颜之地，由噶尔拜瀚海额济内河、姑喇耐河、鸦布赖山、巴颜努鲁、喀尔占布尔古忒、空郭尔俄垅以内，东倚喀尔喀丹津喇嘛之部众，西极高河而居之，则咸沐皇上恩泽，而各得安生矣。上命俟遣往达赖喇嘛官员到日再议。

（卷 122）

康熙二十四年十一月癸酉（十七日，1685.12.12）

命扎萨克喇嘛垂木珠尔拉木扎木巴、得木齐商南多尔济、副都御史拉笃祜等，赍敕往谕达赖喇嘛。敕曰，朕统驭宇内，继绝举废，欲期咸底隆平。厄鲁特噶尔丹博硕克图汗灭鄂齐尔图汗时，罗卜臧滚布阿喇布坦、巴图尔额尔克济农等纷纷离散，来至边境，窜迹于金塔寺贺兰山等处。乃巴图尔额尔克济农、额尔德尼和硕齐等又以生计窘迫，在鄂尔多斯、毛明安、吴喇忒、宁夏等处，妄行劫掠。朕于此时不即发兵剿灭者，乃轸念鄂齐尔图汗历世职贡，诚敬奔走，是以宽宥其罪。巴图尔额尔克济农等亦戴朕恩，愿依朕为生，屡疏奏请敕印。前此朕曾谕厄鲁特噶尔丹博硕克图汗云，巴图尔额尔克济农等如系尔所属，当即收之，不能，朕另有裁度。乃彼约以丑年春为期，如逾期，悉惟上裁。今逾期已数月矣，天下太平，惟伊等兄弟骨肉分离，散处失所，朕心殊为恻然。尔喇嘛素以恻隐之心，度此众生。凡厄鲁特诸贝子皆供奉喇嘛，信崇尔法。朕思罗卜臧滚布阿喇布坦、巴图尔额尔克济农，皆鄂齐尔图汗之苗裔也。鄂齐尔图汗于喇嘛为护法久矣，何忍默视其子孙宗族至于困穷。今朕欲将伊等归并一处，安插于可居之地，以示兴绝举废之至意。尔喇嘛其遣使，与朕使臣定期往会，朕于此即遣大臣至所约之地，偕尔使人前往。

（卷 123）

康熙二十四年十一月甲戌（十八日，1685.12.13）

先是，上谕兵部，国家武备不可一日懈弛。旧例，每岁必操练将士，习试火炮。尔部即传谕八旗都统等，预为整备。朕于十八日，将亲阅焉。时喀尔喀土谢图汗子多尔济厄尔德尼阿海台吉等以朝贡在京，请于理藩院尚书阿喇尼转奏曰，臣等以朝贡而来，闻皇上大阅甲兵，远方之人幸逢盛典，愿一睹军容。上曰，从来抚绥万邦，在德教，不在威武，故兵者不得已而用之。今四海升平，偃兵不用，然训练士卒，简阅军器，所以修武备，昭法制也。喀尔喀台吉既请往观，可允其奏。又有厄鲁特固鲁木锡台吉、噶尔丹博硕克图汗来使塔西兰和卓等亦请往观，上亦命随往。至是，上由午门出宣武门。八旗都统各帅所部将士，擐甲胄，佩弓矢，建旗纛，自湾子里夹道分列，至拱极城。前锋官军自芦沟桥夹道分列，至王家岭山麓。其东则有排枪官军，其西则红衣巨炮，皆次第陈列。上乃登王家岭，升御座。军中吹螺角者三，发巨炮三，既而排枪并发，前后相继，声络绎不绝者久之，且无不中的。又命将士发红衣巨炮，于是八旗所列红衣将军及诸火器一时尽发，凡二次，声震天地，巨炮所击，树侯栏墙莫不声应而倒。是时阿海台吉及众蒙古等皆惊惧失色，甚有匍匐仆地战栗不止者。有顷，阿海台吉少息，语阿喇尼曰，我等初见士马精壮、兵甲坚利，已知圣朝军威无敌于天下。今观火器轰烈如此，尤耳目所未堵闻，愈觉惊心破胆矣。上命阿喇尼传谕曰，朕惟以宽仁抚驭，欲使薄海乂安，家给人足，近者悦，远者来，此朕本怀也。至兵为凶器，非可轻试，第念古来世际承平，不忘武备，阅兵乃本朝常制耳，无足惊叹也。上御行宫，召扈从诸王、内大臣及阿海台吉等赐食。旋复御黄幄，设布侯校射，上先射，五发皆中，次令诸王、贝勒、八旗善射者校射，中的者甚众。上将还宫，阿海台吉奏请送驾。上曰，朕知尔意诚，但今日劳顿，其径归馆舍。

（卷 123）

康熙二十四年十二月辛卯（五日，1685.12.30）

上御太和门视朝，文武升转各官谢恩。次喀尔喀、厄鲁特进贡使臣等行礼。

（卷 123）

康熙二十五年　丙寅　1686 年

康熙二十五年正月戊辰（十三日，1686.2.5）

先是，理藩院奏，厄鲁特巴图尔额尔克济农携其属七百八十人将至，遣官往迎。上曰，巴图尔额尔克济农所属，亦限以二百人入关。余者留归化城。则见在噶尔丹之贡使可无辞矣，兹当严冬之际，行李牲畜盗贼可虞。归化城都统古睦德见以年节来觐，可令速回监视。著遣户部、理藩院司官各一员，前往宣化府，优给供应。至是，巴图尔额尔克济农至京朝见，筵宴毕，上以御服貂裘赐之。

（卷 124）

康熙二十五年正月己巳（十四日，1686.2.6）

以上元节，赐外藩科尔沁、扎鲁特、苏尼特、土默特、郭尔罗斯、翁牛特、四子部落、敖汉、奈曼、喀尔喀、喀喇沁、鄂尔多斯、扎赖特、巴林、杜尔伯特、吴喇忒、克西克腾、阿霸垓、归化城驻扎土默特、厄鲁特、诸王、贝勒、贝子、公、台吉及内大臣、大学士、上三旗都统、副都统、尚书、侍郎、学士、侍卫等宴。宴毕，复召满汉大学士以下，科道掌印官等以上，进乾清宫，赐宴。

（卷 124）

康熙二十五年正月乙亥（二十日，1686.2.12）

厄鲁特巴图尔额尔克济农谢恩，入见，上召近前，谕之曰，尔祖顾什汗于太宗文皇帝朝输诚进贡，是时同达赖喇嘛来通款。尔叔鄂齐尔图车臣汗，当世祖章皇帝时，竭抒忠悃，每年进贡请安，其土产白鹰，以时来贡，朕犹及见之。夫贡物何足珍贵，正鉴其诚敬之心耳。及尔等厄鲁特内乱，噶尔丹攻灭鄂齐尔图车臣汗，并吞其众，遣使献俘。朕念前此鄂齐尔图车臣汗，勉效忱悃，闻其破亡，且加悯恤，何忍受之。因谕来使，却其所献俘获。顷者，尔为噶尔丹击败，奔来边境，将沿疆附近居民牲畜等物偷盗侵夺。朕即应正尔犯边之罪，何难遣兵剿除，但念尔昔时颇竭诚款，尔复引罪自首，以迫于饥穷，濒死妄行等情奏请，朕即宽宥。今若徙尔于边境内外，不拘何地居之，尔敢不凛遵。特念尔祖顾什汗、尔叔鄂齐尔图车臣汗素效恭谨，故俾尔绝者复继，散者复聚，欲使鄂齐尔图车臣汗之孙罗卜臧滚布阿拉布坦与尔聚处，尔等宜相与辑睦，善自安业。至于尔等聚合与否，在朕本无损益，惟是朕为天下主，凡在函盖，咸欲使之共乐太平。朕兹谕旨，自尔身及尔子孙，当世世念之勿替。

（卷124）

康熙二十五年二月己亥（十五日，1686.3.9）

上御太和门视朝，文武升转各官谢恩。次厄鲁特、喀尔喀进贡使臣等行礼。

（卷124）

康熙二十五年四月乙酉（一日，1686.4.23）

理藩院疏言，达赖喇嘛所遣噶尔丹西勒图，约于今岁闰四月至喀尔喀墨尔根台吉处，为期已近，应遣大臣莅盟，奏入。上命尚书阿喇尼、台吉巴忒马什、毕力克图、喇嘛阿齐图绰尔济前往。又以喀尔喀七旗地方辽阔，右翼扎萨克图汗处，遣归化城鄂木布丹津扎木素格隆、员外诺木齐岱去。额尔德尼济农盆楚克拉卜坦处，遣德木齐达尔汉格隆、员外马迪去。色冷阿海台吉处，遣滚布格隆、员外阿尔必特祜去。达尔玛希礼处，遣大喇嘛丹津格隆、员外巴牙思呼朗去。遵义盆楚克台吉处，遣德木齐卓特拔达尔扎格隆、员外沙哈里去。额尔克济农处，遣萨木坦额木齐格隆、员外费颜图去。左翼土谢图汗、泽卜尊丹巴胡土克图处，遣大喇嘛垂重格隆、郎中喀拉去。车臣汗处，遣喇克巴格隆、员外达虎去。信顺厄尔克戴青处，遣丹巴色尔济格隆、员外保住去。墨尔根济农处，遣额木齐格隆、郎中安布禄去。

赐喀尔喀七旗汗、济农，台吉等敕曰，朕统御寰宇，中外一体，务使交相辑睦，共享升平。乃尔右翼扎萨克等内自相乱，兄弟人民多归左翼。其左翼扎萨克兄弟人民，亦有归于右翼者。尔等以兄弟之亲，互相吞并，异日必致交恶生乱，朕心恻焉。康熙二十三年，曾颁敕于达赖喇嘛，议共遣使谕和尔等，而达赖喇嘛亦谓朕俯念道法，慈悯众生，有如父母，意甚善也，特遣噶尔丹西勒图前来，朕亦命尚书阿喇尼、台吉巴忒马什、毕力克图、喇嘛阿齐图绰尔济等，与之偕往。尔汗、济农、台吉等，当仰体朕意及达赖喇嘛之心，尽释旧怨，将兄弟人民各归本扎萨克，令其和协，照旧安居。不但仰副朕命与达赖喇嘛之意，即尔七旗永无离散之苦，争斗之害，福禄所绥，亦且无疆矣。是时喀尔喀右翼扎萨克图汗殁，其子噶尔旦台吉请袭父职，允之，并命阿喇尼因便致祭。

（卷 125）

康熙二十五年六月乙卯（三日，1686.7.22）

泽卜尊丹巴胡土克图遵谕覆奏曰，臣自幼皈达赖喇嘛之教，叨泽卜尊丹巴之名，普度为心，阐扬佛法，息列辟之争，救生民之苦。扎萨克图汗之子孙属裔，前已陆续给还，余者正在察核。今蒙圣慈，念喀尔喀七旗不睦，遣使于达赖喇嘛，而达赖喇嘛亦遣噶尔亶西勒图为使赴盟，谕臣亦至盟坛，共议其事，臣当遵旨同赴盟所，竭诚公议，以仰副圣怀。疏入，上命移文尚书阿喇尼、噶尔亶西勒图等知之。

（卷 126）

康熙二十五年七月庚寅（八日，1686.8.26）

达赖喇嘛、班禅胡土克图遣使进贡。赏赉如例。

（卷 127）

康熙二十五年七月癸巳（十一日，1686.8.29）

达赖喇嘛遣使奏曰，皇上俯鉴鄂齐尔图汗职贡有年，不忍其后人骨肉分散，靡所止居，恻然垂照，欲巴图尔额尔克济农、罗卜臧滚布阿拉布坦集居一处，特降恩纶，甚盛德也。第此青海之地各有分属，若使居天朝境内，又恐厄鲁特或有异言，其阿喇克山之旁亦属狭隘，乞大君矜怜，择水草宽阔处，安插一隅，兹已遣车齐克他赖堪布罗卜臧，令于十月内，至阿喇克山，伏乞遣使往会。上谕理藩院右侍郎拉笃祜、一等侍卫文达曰，尔等可与达赖喇嘛使者同往，召集巴图尔额尔克济农、罗卜臧滚布阿拉布坦等，相度伊等可以游牧之地指而与之。仍会同提督孙思克，将也之界限令伊标下官弁认记。如巴图尔额尔克济农等因给地安插欲来谢恩，则许之来。达赖喇嘛使人，欲来请安，亦许之来。否则给以廪饩而遣之。其额尔德尼和硕齐等，欲与巴图尔济农等，一同游牧，亦许之。尔等可与彼定沿边为盗作乱之罚，著为令，前巴图尔额尔克济农来觐时，已自誓不复令属下为非，其罗卜臧滚布阿拉布坦亦许严禁所属，兄弟既已完聚，从此和睦安居，倘再致流亡他往，殊负朕归并眷恤之意。朕所以不惮谆切训谕者，亦以其先世恭顺有年，不欲令其子孙失所也。其一一传谕之。

（卷 127）

康熙二十五年九月丁酉（十六日，1686.11.1）

厄鲁特噶尔丹博硕克图汗遣使进贡。赏赉如例。

（卷 127）

康熙二十五年九月癸卯（二十二日，1686.11.7）

理藩院题，厄鲁特土哈尔台吉、噶尔丹台吉等遣使互市。上曰，厄鲁特部落，如噶尔丹等四大台吉，应令来京互市。其余小台吉俱于张家口互市，著为定例。

（卷 127）

康熙二十五年九月丙午（二十五日，1686.11.10）

上御太和门视朝，文武升转各官谢恩。次厄鲁特使臣等行礼。

（卷 127）

康熙二十五年十月丙子（二十五日，1686.12.11）

上御太和门视朝，文武升转各官谢恩。次厄鲁特进贡使臣等行礼。

（卷127）

康熙二十五年十一月戊子（八日，1686.12.22）

上率王以下文武大臣、侍卫等，诣太皇太后、皇太后宫，行冬至庆贺礼。御太和门，王以下文武各官上表朝贺。次厄鲁特进贡使臣等行礼。

（卷128）

康熙二十五年十一月癸巳（十三日，1686.12.27）

理藩院侍郎拉笃祜等疏言，臣等出宁夏阿喇克山，阅视地形，得遇巴图尔额尔克济农，约其在东大山北，候听宣旨。于九月十二日，在嘉峪关外，得遇达赖喇嘛使者车齐克他赖堪布，随遣人召罗卜臧滚布阿拉布坦至，语之故，亦约会于东大山北。罗卜臧滚布阿拉布坦曰，蒙皇上洪恩，赐我等地方，当即偕诸大人往赴约会之地。但我姊阿奴，乃噶尔丹之妻，闻率兵千人，声言往谒达赖喇嘛，从此而过。或中怀诡计袭我，亦未可定，不得不整力待之。请即于此地宣旨，可乎。臣等随同车齐克他赖堪布宣旨讫，罗卜臧滚布阿拉布坦回奏曰，圣上俯念臣祖鄂齐尔图汗，使臣兄弟完聚，给以土地，臣不胜欢忭，即当迁至济农所居，一同游牧。但正值冬月，属下人民散处，使之迁移，贫人牲畜少者难以度冬，请俟来年草青时迁之。本月二十三日，臣等至东大山北，令巴图尔额尔克济农跪，宣旨毕。臣等又谓巴图尔额尔克济农曰，尔所请喀尔占布尔古忒、空郭尔俄垅、巴颜努鲁、雅布赖、噶尔拜瀚海等地方，给汝游牧外。自宁夏所属玉泉营以西，罗萨喀喇山嘴后，至贺兰山阴一带，布尔哈苏台之口。又自西宁所属倭波岭塞口以北，奴浑努鲁山后，甘州所属镇番塞口以北，沿陶阑泰、萨喇春济、雷浑希里等地，西向至厄济纳河，俱以离边六十里为界。随与巴图尔济农属下达尔汉噶卜楚喇嘛波克寨桑及提督孙思克标下游击李本善等，划地为界而记之。臣等又与巴图尔额尔克济农定议罚例，蒙古如杀边内之民，不论几人，俱斩，其妻子牲畜入官。偷盗民人牲畜者，为首二人绞，仍将妻子牲畜入官。余者罚以三九牲畜，仍鞭一百。其不为盗而私入边游牧者，台吉则罚以三九牲畜，寨桑等，罚以一九牲畜，平人则鞭五十外，仍将所骑马匹入官。其携带家口牲畜入边游牧者，不论几户，俱入官，至民人往边外伐木割草，蒙古有夺其食物者，不论几人，将所乘马匹，尽行给还民人，仍鞭三十。其属下每犯一次，并罚济农五九牲畜。俟罗卜臧滚布阿拉布坦来会之时，将此项情节，亦明告于彼。其额尔德尼和硕齐亦须严禁，勿使妄行窃盗。又厄鲁特胡土克图之子噶尔亶多尔济者，亦系鄂齐尔图汗之嫡孙，应令与巴图尔额尔克济农等附牧。上曰，噶尔亶多尔济，既系鄂齐尔图汗之孙，应令其与巴图尔额尔克济农等一同游牧。其拉笃祜等所定地界，并严禁盗窃之例，理藩院其移文督抚提镇，通行晓谕。

（卷 128）

康熙二十五年十一月丙午（二十六日，1687.1.9）

吐鲁番阿布尔木萨布拍尔马哈马特厄敏巴土尔哈西汗疏言，我承苏喇伊满汗之业，所居之地虽广，惟知谨守疆界。然道里云遥，向风殊切。今遣五禄合泽等头目五人，谨贡方物。但向进贡头目所带人役甚多，甘州、肃州亦有我土之人居住，因遭贼乱，俱各星散。今闻流寓西宁地方，乞将此等人仍令居住甘肃，以便往返行走。臣系青吉思汗后裔，故敢陈情。得旨，该国进贡方物具见悃诚，余著该部议奏。寻礼部议覆，查西宁地方，并无伊国中人，不便令其移居，应无庸议。从之。

（卷 128）

康熙二十六年　丁卯　1687 年

康熙二十六年正月癸巳（十四日，1687.2.25）

以上元节，赐外藩喀尔喀、科尔沁、翁牛特、扎鲁特、郭尔罗斯、乌朱穆秦、四子部落、土默特、阿霸垓、阿禄科尔沁、敖汉、喀喇沁、鄂尔多斯、杜尔伯特、奈曼、吴喇忒、克西克腾、扎赖特、巴林、厄鲁特、诸王、贝勒、贝子、公、台吉等及内大臣、大学士、上三旗都统、副都统、尚书、侍郎、学士、侍卫等宴。

（卷 129）

康熙二十六年正月丙申（十七日，1687.2.28）

喀尔喀土谢图汗察罕、车臣汗讷尔布及七旗济农、台吉等合疏请上尊号。疏曰，臣等谨奏至圣皇帝睿览，蒙皇上鉴照时事，欲安辑远方，往谕达赖喇嘛遣使，并差大臣，会同七旗大喇嘛泽卜尊丹巴胡土克图，召集汗、济农、台吉等，宣读训旨。钦遵圣谕，不敢有违。普济众生，得大安乐。道既荡平，法亦恢布。圣主弘恩，无计酬报。口不能悉，敢竭悃忱，请上尊号，伏祈仁慈，怜而受之。疏入，谕曰，喀尔喀诸汗、贝勒等，戴朕向来仁恩，恪恭敬顺，请上尊号，具悉悃忱。但众汗贝勒等，宜仰体朕一视同仁，无分中外至意，谨识朕谕和之旨，自兹以后，无相侵扰，亲睦雍和，永享安乐，更胜于上朕尊号也。况前者内外诸王贝勒大臣等，请上尊号，未经允行，此所奏请，亦不准行。著理藩院行文晓谕。

（卷 129）

康熙二十六年二月丙子（二十八日，1687.4.9）

喀尔喀车臣汗故，长子伊尔登阿喇卜坦遣使奏闻。上曰，喀尔喀七旗誓和未久，车臣汗之位，不便久悬。其敕谕土谢图汗、泽卜尊丹巴胡土克图、扎萨克图汗等，将车臣汗诺尔布长子伊尔登阿喇卜坦速袭为汗，仍敕谕达赖喇嘛知之。赐土谢图汗等敕曰，朕惟自古帝王统御寰区，遐迩一体。其历年久远，职贡恭顺，竭尽诚心者，益加眷顾焉，尔等累世悃诚，遣使入贡，恭顺有年，正在嘉赏。忽闻车臣汗身故，朕殊轸恤，特遣大臣，遗之赙赠。近念尔喀尔喀，内自交恶。朕特遣大臣，谕令和睦未久。车臣汗之位，不可久虚。尔喀尔喀例以长子承袭，伊尔登阿喇卜坦台吉，既系长子，且闻其人亦可，著嗣立为汗，尔等其遵谕行。赐达赖喇嘛敕，亦如之。

（卷 129）

康熙二十六年九月庚子（二十五日，1687.10.30）

喀尔喀土谢图汗、戴青墨尔根台吉遣使奏言，噶尔丹书至，我等曾遣使致覆，彼意终不释然。且喀尔喀之在厄鲁特处者，及厄鲁特之向与喀尔喀通好者，俱言噶尔丹分南北两路来攻。喀尔喀右翼人等，除扎萨克图汗及得克得黑戴青台吉之外，余俱言噶尔丹兴兵是实。我界上人等惊惶，屡促出兵，赴彼应敌，是以率兵起行。再去年盟誓时，扎萨克图汗之情形，非特尚书阿喇尼见之，他人亦尽知之。彼见今与厄鲁特杜噶尔阿喇布坦台吉一处游牧，视其情状，恐属窥伺，为此驰奏。得旨，著议政王大臣等会议，安亲王素谙蒙古事宜，亦令与议。寻议覆，厄鲁特、喀尔喀，俱系本朝职贡之国，应遣敕令其罢兵，同归于好。仍敕达赖喇嘛，令其遣使，谕令罢兵。其土谢图汗敕书，即发来使布延图寨桑等赍去，噶尔丹敕书，即交来使陶赖哈什哈等乘驿赍去。达赖喇嘛处敕书，发与喇嘛商南多尔济、郎中布颜图赍去。上从之。赐噶尔丹敕曰，据喀尔喀土谢图汗奏，称厄鲁特内向游牧，两路来攻，我界上人等屡请赴彼，故出兵迎之等语。朕统御宇内，无分中外，尔厄鲁特、喀尔喀两部落，若果互相残害，朕心大不忍焉。曾于康熙十六年，檄谕尔等，务期共相和好。且尔噶尔丹博硕克图汗累世恭顺，职贡有年，如果举事，无不奏闻于朕者。因道路辽远，真伪难明，朕尚未之深信，或不逞之徒两地构煽，亦未可定。尔两部落如果兴兵，必有一方至于败亡，不但重负朕向来一视同仁之至意，群黎之死亡离散，朕心深为悯恻。敕书到日，即为息争修好，则尔恭顺之心，朕实嘉之。已敕谕土谢图汗，令其罢兵矣。特谕。又赐土谢图汗及达赖喇嘛敕，略同。

（卷 131）

康熙二十六年十月己巳（二十四日，1687.11.28）

理藩院题，巴图尔额尔克济农移文自请往援土谢图汗，如有奏报紧急大事，旧路甚远。若由鄂尔多斯，河水未冻时难渡。宁夏路近，又不敢擅行。上命满大学士及兵部、理藩院会议。寻议覆，已奉上谕，敕令喀尔喀、厄鲁特息兵修好。兹巴图尔额尔克济农请率兵往援之事，无庸议。倘有紧急事情，遇冰冻之时，经鄂尔多斯，著贝勒松阿喇布派人引路，送至京城。若冻消时，从宁夏入口，宁夏总兵官，派人引路，送出横城口。至鄂尔多斯，贝勒松阿喇布仍派人引路，送至京城。其遣奏紧急重情，不许过三四人。若常贡遣使，仍照前行。议入，从之。

（卷131）

康熙二十六年十月庚午（二十五日，1687.11.29）

上御太和门视朝，文武升转各官谢恩。次厄鲁特进贡使臣等行礼。

（卷131）

康熙二十七年　戊辰　1688年

康熙二十七年二月戊申（五日，1688.3.6）

达赖喇嘛、班禅胡土克图等遣使表贡方物。赏赉如例。

（卷133）

康熙二十七年二月壬戌（十九日，1688.3.20）

厄鲁特杜噶尔台吉等遣使进贡。赏赉如例。

（卷133）

康熙二十七年四月甲寅（十二日，1688.5.11）

理藩院题，据达赖喇嘛疏称，皇上抚视人民，中外一体，闻厄鲁特、喀尔喀两国相残，即遣人赍敕谕和，今遵圣谕遣卜克冈喇嘛去矣。仍祈皇上睿鉴，或再颁敕谕，另遣人前往，令其无致相残。上乃遣内阁学士拜礼、喇嘛阿齐图绰尔济往谕噶尔丹。

（卷135）

康熙二十七年五月癸酉（二日，1688.5.30）

上谕领侍卫内大臣索额图等曰，罗刹侵我边境，交战于黑龙、松花、呼马尔诸江，据我属所居尼布潮、雅克萨地方，收纳我逃人根特木尔等。及我兵筑城黑龙江，两次进剿雅克萨，攻围其城，此从事罗刹之原委也。其黑龙江之地，最为扼要，由黑龙江而下，可至松花江。由松花江而下，可至嫩江。南行，可通库尔瀚江及乌喇、宁古塔、席北、科尔沁、索伦、打虎儿诸处。若向黑龙江口，可达于海。又恒滚、牛满等江及净溪里江口，俱合流于黑龙江。环江左右，均系我属鄂罗春、奇勒尔、毕喇尔等人民及赫哲飞牙喀所居之地。若不尽取之，边民终不获安。朕以为尼布潮、雅克萨、黑龙江上下及通此江之一河一溪，皆我所属之地，不可少弃之于鄂罗斯。我之逃人根特木尔等三佐领及续逃一二人，悉应向彼索还。如鄂罗斯遵谕而行，即归彼逃人及我大兵所俘获招抚者，与之划定疆界，准其通使贸易。否则尔等即还，不便更与彼议和矣。是日，索额图等启行。寻以喀尔喀、厄鲁特交相争战，报至。上遣侍卫夸塞、关保、往追索额图等，令其退驻汛界地方，将迟滞缘由，遣人晓谕鄂罗斯使臣。于是索额图等以前情作书，令前锋参领索罗希等，持送彼处。鄂罗斯使臣答书，称已遣人由尼布潮赴京，索罗希等以书奏览。上乃召索额图等还。

（卷 135）

康熙二十七年六月庚申（十九日，1688.7.16）

尚书阿喇尼疏报，噶尔丹率兵掠厄尔德尼沼居民，直抵喀喇卓尔浑之地，距泽卜尊丹巴所居，仅一日程。泽卜尊丹巴携土谢图汗妻与子媳及喇嘛班第等夜遁。喀尔喀通国各弃其庐帐器物、马驼牛羊，纷纷南窜，昼夜不绝，土谢图汗不知存亡。上谕曰，喀尔喀与厄鲁特互相攻战，我边塞地方，宜加防守。翁牛特、巴林、克西克腾、四子部落等旗，共派兵二千五百名，暂驻苏尼特一带汛地防守。

（卷 135）

康熙二十七年七月壬申（二日，1688.7.28）

泽卜尊丹巴胡土克图遣使告急，奏曰，去年噶尔丹率兵三万余，分道而来，诱我扎萨克图汗等叛去。我土谢图汗领兵追而执之以归。后噶尔丹之弟多尔济扎卜等，领兵来掠右翼班第戴青台吉卜图克森、巴尔丹等人畜而去，土谢图汗追杀多尔济扎卜，收回人口。噶尔丹又领兵三路而来，土谢图汗及西海罗卜臧滚布领兵前至噶尔丹所驻之地，遇达赖喇嘛使者所遣人，宣示皇上谕和之旨，遂退驻楚克独斯诺尔地方。今噶尔丹自杭爱山后，掠取左右翼台吉等，至忒木尔地方。土谢图汗之子噶尔旦台吉与战，大败，仅以身免。又闻丹津温卜等率兵来取厄尔德尼沼之地，其地距我地仅二日程，仰祈速赐救援。又理藩院题，设站侍郎文达报称喀尔喀人众，屯聚于苏尼特汛界之地，内有台吉数人，率其属裔来投，守边将弁禁之。彼言我地被兵，不得已始进边汛，皇上闻之，亦必怜悯。逐之不去。泽卜尊丹巴亦率众来至近边驻扎，距设站之地仅半日程。上谕领侍卫内大臣舅舅佟国维等曰，见今窘迫来奔之喀尔喀等，应否令其出我边汛，或将彼汛哨稍展，就伊等所居之地，另为设哨防守，此事关系重大。其令议政王大臣详议。寻议喀尔喀人等，窘迫来奔，不便即令出边。若久留之，又恐牧地残毁。姑俟一月以内探得实音，将来奔之喀尔喀作何措置，再行确议。从之。

（卷 136）

康熙二十七年七月甲戌（四日，1688.7.30）

侍读海三代往泽卜尊丹巴处，途遇厄鲁特，因携噶尔丹奏疏归。疏曰，泽卜尊丹巴、土谢图汗违达赖喇嘛之教，不尊礼西勒图。我告之以礼法，归好为是，而彼反以为非，竟兴兵而来。我于此仗达赖喇嘛之灵，来毁其居。彼两人者，不为众所许，殆无所往。即往，亦不纳也。噶尔丹又嘱海三代转奏，泽卜尊丹巴来投天朝，或拒而不纳，或擒以付之。奏入。上命议政王大臣等集议。寻议，我皇上俯视天下万国为一体，其职贡之国，凡有困迫来投者，无不受而养之。泽卜尊丹巴以败奔入我汛界，岂有擒而畀之之理。此等情节，应撰敕遣使往谕。上遣一等侍卫阿南达、喇嘛商南多尔济、户部郎中西拉、工部员外郎穆朱瑚，赍敕往谕。敕曰，朕统御宇内，胞与为怀，愿率土共享太平，无战争离散之苦，彼此协和，各得其所。前闻尔厄鲁特与喀尔喀交恶兴兵，朕思尔等向皆和好，恐致灭亡。以达赖喇嘛爱育众生，令同遣使谕和。达赖喇嘛欣然遣齐缉克他赖堪布，朕亦遣阿齐图绰尔济、学士拜里，前往谕和。又前此遣尔贡使陶赖哈什哈等，赍敕驰驿前去，未知到否，亦曾以此敕谕喀尔喀土谢图汗矣。今海三代归奏，始知汝至喀尔喀之地。海三代非朕所遣，乃奉差于鄂罗斯议好定界尚书阿喇尼所遣，其言不甚明悉，且与尔未经面见。尔厄鲁特、喀尔喀俱遵行达赖喇嘛道法，达赖喇嘛向来利济众生，欲使同归和睦，不致败亡，是以皆遣人往谕。道路遥远，汝等交恶之故，所闻未明，兹特遣使赍敕，诘问情由，其仍遵朕旨，与达赖喇嘛之教，议和或别有行止，亦明悉具本，交此使来奏。

（卷 136）

康熙二十七年七月丁丑（七日，1688.8.2）

巴林王纳木达克、台吉阿拉卜坦等奏报，喀尔喀兵败于厄鲁特，土谢图汗、泽卜尊丹巴遁走，其属下台吉等，入内奔窜，来投者甚多。上命领侍卫内大臣津进、郎中帕海、侍读学士马拉、速赴乌朱穆秦、巴林、科尔沁、各驻汛界之地，侦探情形。又命侍卫关保，传谕侍郎文达，令其往会阿霸哈纳班第戴青、车陵戴青，公同派发两戴青之兵，于泽卜尊丹巴所居之地，设哨防护。其谕噶尔丹敕及海三代携来噶尔丹奏疏，俱令与泽卜尊丹巴视之。巴林王所奏，令与我边汛驻扎大臣等视之。

（卷 136）

康熙二十七年七月甲申（十四日，1688.8.9）

喀尔喀洪俄尔戴青台吉疏报，噶尔丹来掠达赖台吉，至枯伦贝尔地方。上谕和硕裕亲王福全等曰，厄鲁特已至枯伦贝尔地方，去我汛界，仅七八日程，宜豫为备御。其令科尔沁土谢图亲王沙津、达尔汉亲王班第，派所属十旗兵一万，量委才能都统、副都统、参领等管领。其盛京将军副都统等令派所部兵一千，副都统穆泰率往科尔沁地方，于所指之地备御。尚书纪尔他布、都统巴海、护军统领佟宝等，自京城往科尔沁地方，传谕土谢图亲王沙津等，王、台吉量留数人于家，余悉令前往。又参领巴查尔、侍读学士马拉，速会同科尔沁王等，点派出征官兵。

（卷 136）

康熙二十七年七月丙申（二十六日，1688.8.21）

先是，喀尔喀、厄鲁特构兵，上命追还赴鄂罗斯边界会议官弁，令索额图等率兵回驻汛界。至是，调回尚书阿喇尼。谕之曰，索额图等所带官兵，驻彼无用，著撤回。其索额图、佟国纲、马喇仍前留驻。

（卷 136）

康熙二十七年八月己酉（九日，1688.9.3）

理藩院题，据奉差侍卫阿南达等咨称，职等于七月二十七日行至克鲁伦河迤北喀喇乌苏之地，探知噶尔丹因达赖喇嘛使人至，由克鲁伦河托尔会之地，退回疾行。又闻噶尔丹，向达赖喇嘛使人言，我若与土谢图汗和，则吾弟多尔济扎卜之命，其谁偿之。我尽力征讨五六年，必灭喀尔喀，必擒泽卜尊丹巴也。今噶尔丹退回，既过土喇，往索土谢图汗，职当相机追往。于交战之前，以敕书授之。上谕尚书阿喇尼，撤科尔沁十旗所调之兵，其绰诺果尔河所驻之兵，应于阿南达未到之前，暂留防汛。

（卷 136）

康熙二十七年八月癸亥（二十三日，1688.9.17）

喀尔喀洪俄尔戴青台吉等率其属来朝。上谕曰，尔等喀尔喀与厄鲁特世世进贡，朕心宠眷，从无偏庇。一体优待，恩赉有加。今闻喀尔喀、厄鲁特互相结怨。亟遣使臣，令其和睦。使臣未至，而喀尔喀败遁，悉至哨探地方居牧。朕一体加恩，今乱尚未定，故留之未遣。尔母达赖达熙纳闻朕大兵往尼布潮地方，预备糇粮牛羊以待，朕甚嘉之。尔先众人报厄鲁特横肆情形。又先众人请安进贡，尤为可嘉。谕毕。上取所带珊瑚数珠赐之，以示优眷。

（卷 136）

康熙二十七年八月丁卯（二十七日，1688.9.21）

设站侍郎文达、侍卫阿南达疏报，土谢图汗与噶尔丹，于八月初三四等日，相遇于鄂罗会诺尔之地，鏖战三日。厄鲁特兵夜袭善巴额尔克戴青之营，破之。喀尔喀属下诸台吉星散，土谢图汗力弱，乃越瀚海，奔至泽卜尊丹巴所。上谕领侍卫内大臣舅舅佟国维、领侍卫内大臣伯费扬古、内大臣明珠、尚书阿喇尼等曰，今喀尔喀、厄鲁特交恶作乱，境上急宜防守。其令见随八旗骁骑兵丁及下五旗护军前锋，以其半往驻张家口外形势之地，以听调遣。两苏尼特、四子部落三旗派兵二千，以郡王萨穆扎额驸将之，贝勒博木博等副之。喀尔喀达尔汉亲王、毛明安、三吴喇忒五旗派兵二千，以达尔汉亲王诺内将之。于四旗扎萨克内，选贤能善于约束者一人，又于三旗协理台吉内，每旗派出一人副之。鄂尔多斯旗分，派兵二千，以贝勒松阿喇布将之，贝勒古鲁西希布、台吉阿尔赛等副之。此所拨兵俱令环我边汛，驻备形势之地。再令归化城两旗，备兵一千，都统阿拉纳、副都统阿第等将之。于彼两旗，拨人材雄健、善于约束之员，即令屯驻归化城内，以备紧急调遣。

（卷 136）

康熙二十七年九月丁丑（八日，1688.10.1）

先是，巴林、乌朱穆秦、蒿齐忒、克西克腾、科尔沁、阿霸哈纳、苏尼特、阿霸垓、扎鲁特、归化城土默特之各旗蒙古王、台吉等节次奏报，喀尔喀戴青台吉等共二十八人，各率所属人众，入边请降。奉旨令来降之喀尔喀，准于汛界以内游牧。至是，土谢图汗与其弟西地西里巴图尔台吉率左右两翼台吉等，又泽卜尊丹巴胡土克图亦率其弟子等，偕入汛界乞降。沿边一带阿霸哈纳诸台吉皆愿从之内附。理藩院以闻，下议政王大臣集议，寻议厄鲁特、喀尔喀向来归化，职贡有年。今交恶相攻，喀尔喀国破，土谢图汗、泽卜尊丹巴胡土克图等诚心请降，应受而养之，俾其得所。即令尚书阿喇尼前往汛界，面见泽卜尊丹巴胡土克图、土谢图汗等，备宣谕旨。从之。

（卷 137）

康熙二十七年十月乙巳（六日，1688.10.29）

尚书阿喇尼等疏报，臣等于九月二十九日，至喀尔喀，问土谢图汗、泽卜尊丹巴曰，汝等入汛界而居之，意何也，今又将何往。告曰，我等为厄鲁特所败，奔进汛界，永归圣主，乞救余生。作何安插，一惟上裁。又曰，我等败遁，尽弃部落牲畜而来。虽少有所携，难以自存。伏祈圣上俯赐弘恩。臣等遂令土谢图汗、泽卜尊丹巴等，将彼从降台吉等名字及喇嘛班第部落人口数目查送。计开，见在偕来台吉三十余人。喇嘛班第六百余人，户二千，人口二万。在后未到者尚多，俟到时，另行开送。上命议政王贝勒大臣集议。寻议土谢图汗、泽卜尊丹巴等，累世恭顺，职贡有年。今为厄鲁特所败，其国残破，素仰天朝覆庇万邦，养育庶类，来请归命。伏惟皇上从来兴灭继绝，中外一体，宽仁恩育，宜准土谢图汗、泽卜尊丹巴之降，俾令得所。命尚书阿喇尼、侍郎文达，查明见在不能度日人等，将副都统阿毓玺所运归化城米粮，均散赈济。土谢图汗等，本宜给以名爵。但各路请降喀尔喀首领甚多，应俟到日再议。从之。

（卷 137）

康熙二十七年十一月甲申（十五日，1688.12.7）

侍卫阿南达、喇嘛商南多尔济等疏言，噶尔丹谓七旗喀尔喀非吾仇也。但土谢图汗、泽卜尊丹巴杀扎萨克图汗及得克得黑墨尔根阿海，尽俘其国。又侵掠我境，杀我弟多尔济扎卜，弃好构难，诚无地可容之人也。臣等令商南多尔济、滚楚克达尔汉囊素转说之，噶尔丹曰，汝等谕我以礼法，我甚悦。我并无自外于中华皇帝、达赖喇嘛礼法之意。又噶尔丹以贸易事，遣滚楚克达尔汉囊素来告曰，厄鲁特从来进贡贸易，各自分行。今概不得往来，我国之人殊为忧苦。今请照常行走，候旨定夺。奏入，下议政王大臣集议。寻议，皇上轸念两国，原无异视。今土谢图汗等背弃盟誓，杀扎萨克图汗及得克得黑墨尔根阿海。又先犯厄鲁特，杀噶尔丹之弟多尔济扎卜，实系伊等之过。应遣人敕达赖喇嘛，命遣一有名大喇嘛，同本朝所遣大臣前往，召集噶尔丹、土谢图汗等，令土谢图汗等自陈其过。大集会阅，永议和好。于未遣敕之前，以此等情节，先晓谕土谢图汗。如皆允服愿行，则约期于来年会阅。如别有推辞，俟到日再议。噶尔丹奏请贸易之事，应俟遣使大臣时再议。从之。

（卷 137）

康熙二十八年　己巳　1689年

康熙二十八年正月丁亥（十九日，1689.2.8）

喀尔喀土谢图汗察汉以奉旨令与噶尔丹会盟为难，具疏自陈。上谕议政王大臣等曰，朕统御天下，凡穷者救之，绝者继之，离散者使之完聚，交恶兴戎者使之和协。一切生灵，无不欲其咸底于安乐也。土谢图汗、泽卜尊丹巴胡土克图等背弃盟誓，杀扎萨克图汗得克得黑墨尔根阿海，又加兵厄鲁特，杀噶尔丹之弟多尔济扎卜。今为厄鲁特所败，奔入我汛界请降。朕念土谢图汗，向来职贡惟谨，久在属国之列，是以受而纳之，留于边境。矜其困穷，给以米粟。车臣汗之子，亦准其承袭。但两国相攻，生民不得乂安，兵戎无日休息。今土谢图汗、泽卜尊丹巴等又难于会盟。其以朕收养伊等，中外一体，不忍令人失所之德意。并将土谢图汗等，背盟兴戎之过，一一申明，遣使赍敕，宣谕噶尔丹。令达赖喇嘛亦遣使于噶尔丹，则案可结矣。其达赖喇嘛处，著伊拉古克三胡土克图、商南多尔济、他巴克去。噶尔丹处，应遣之人，俟草青时奏请。

赐达赖喇嘛敕曰，朕统御寰区，惟愿中外息征战之劳，无败亡之祸，率土共享升平。前闻喀尔喀两翼，内自作乱，兄弟人民，互相吞并，日后必成战争之祸。特敕谕尔喇嘛，同遣使人谕和，尔喇嘛亦谓朕鉴恤众生，心如父母，诚至善也。遣西勒图来，朕特使台吉巴忒马什、尚书阿喇尼等，与西勒图偕往，召集七旗喀尔喀会阅誓和，意谓从此兄弟相亲，可永享安乐。后土谢图汗奏言，闻厄鲁特兴兵两路来伐，臣是以出兵往迎。朕轸念厄鲁特、喀尔喀两国相攻，必有一伤，复遗书于尔喇嘛，息其干戈。仍敕谕喀尔喀土谢图汗，以为厄鲁特噶尔丹职贡恭顺，往来有年，果似此大举，谅必奏闻。朕心犹未深信，未必非不良之徒，从中离间，尔等慎毋先启兵端，务体朕不忍生民死亡之至意。尔喇嘛亦遣齐绰克他赖堪布，偕朕所遣阿齐图绰尔济、学士拜礼往厄鲁特谕和。朕与尔如此行事，原不忍视喀尔喀、厄鲁特至于涂炭，欲其相睦，众生得安之意也。乃喀尔喀土谢图汗、泽卜尊丹巴胡土克图等，自取灭亡，违旨兴戎。首先起兵，杀扎萨克图汗，又杀噶尔丹之弟多尔济扎卜。噶尔丹遂起兵破喀尔喀，此喀尔喀先举召衅之过，朕不以之责噶尔丹也。朕之初念本欲率土之民，皆获生成，原无乐他人败亡，以为己利之意。今喀尔喀败，汗及济农台吉等率其通国之人，决计归降于朕。朕为天下主，来归之人，不为收养，其谁收养之。爰纳其降，安插于汛界之外，发粟赈济，仍存其汗济农台吉之号。嗣立车臣汗之子为汗。朕兴灭继绝之心，非特于喀尔喀如是已也，诸国有穷迫来归者，朕之爱养，皆与之同。不但朕之所行如此，喀尔喀等如往归尔喇嘛，决不忍其死亡，亦必如此爱养之也。征战非美事，互相报复，无有已时，亦岂能保其常胜乎。朕意欲使厄鲁特、喀尔喀尽释前怨，仍前协和，各守地方，休兵罢战，特遣使赍敕往谕噶尔丹。噶尔丹向遵奉尔喇嘛道法，尔喇嘛若遣使往谕，务令两国，嗣后永息兵戎，则朕与尔解纷恤难之本心，亦可以慰矣。尔喇嘛可即遣使，与朕所遣之人偕往。

（卷 139）

康熙二十八年四月己卯（十三日，1689.5.31）

遣理藩院尚书阿喇尼、散秩大臣吴巴锡、归化城扎萨克大喇嘛阿齐图绰尔济、一等侍卫阿南达。使厄鲁特，谕曰，噶尔丹必问及巴图尔额尔克济农之事。尔等但述丑年四月之约，并言达赖喇嘛，向亦遣使至西海，及我使者定议，令罗卜臧滚卜阿喇布坦，与巴图尔额尔克济农等同居一处。至今尚未同居。且巴图尔额尔克济农虽在我地驻扎，并未受彼归顺，分为旗队。况厄鲁特、喀尔喀交恶之后，巴图尔额尔克济农请曰，乘此机会，欲复我雠，但我兵器，已易粟而食，乞赐我等兵器。亦曾谕而遣之曰，厄鲁特、喀尔喀向俱诚心朝请职贡，朕未尝异视，但欲使两国罢兵安生而已，岂肯给尔兵器，使尔兴戎耶。其以是答之，将此等案卷，俱录之以往。尔等间论时，当以己意，语济尔噶郎寨桑曰，噶尔丹倘不奉诏，则绝尔等每年进贡贸易之路，厄鲁特人众必大失利矣。阿喇尼等又奏，噶尔丹有请安进贡贸易等使，欲与臣等偕发，臣等应令其同来。上是之。赐噶尔丹敕曰，朕统御宇内，率土生民，皆朕赤子，一夫失所，朕心悯焉。虽穷乡异域之民，亦必抚养，俾以安和，各得其所。前闻喀尔喀右翼扎萨克内自作乱，兄弟属裔，多归左翼。其左翼扎萨克兄弟属裔，亦有归右翼者。喀尔喀两翼七旗汗、济农、台吉等皆累世职贡，与本朝通好。今彼兄弟互相吞噬，特敕达赖喇嘛，约同遣使，谕令和好，共享安乐。达赖喇嘛谓朕垂怜众生，同于父母，故遣使与朕所遣使臣等偕往，使七旗喀尔喀会阅，令其兄弟立誓。此乃朕欲喀尔喀汗、济农、台吉等式好无尤，同享安乐之意也。其后土谢图汗奏至云，闻厄鲁特两路来攻，因而兴兵迎敌。朕念厄鲁特、喀尔喀皆累世职贡不绝，并无异视。若果交恶，有一残毁，朕心殊为不忍，故敕所司传檄于尔。复谕喀尔喀土谢图汗曰，厄鲁特噶尔丹，恭顺职贡有年，果举此大事，岂有不奏闻于朕者，或系不逞之徒，从中交构离间。若厄鲁特未动，而尔等先举，则此乱自尔始矣。达赖喇嘛亦遣使与尔解纷，朕又遣阿齐图绰尔济、学士拜里前往，此朕待厄鲁特、喀尔喀一体无异之至意也。乃喀尔喀土谢图汗、泽卜尊丹巴胡土克图等，自作弗靖，违旨兴戎，又先发兵杀扎萨克图汗及得克得黑墨尔根阿海，又杀尔弟多尔济札卜，是自取灭亡耳。尔因彼先举，遂兴兵破喀尔喀。其过在喀尔喀，不在尔也。尔本敬奉佛教之人，虽焚喀尔喀地方庙宇，毁其佛像，朕亦不深责尔。今喀尔喀为尔所败，其汗、济农、台吉等率举国之人，前来归朕。朕矜其流离穷困，虽向非属国，而随属国之列，诚心职贡。且追念彼为元之苗裔，穷而来归，即以所属待之。朕统御天下，来归之人，若不收抚，谁抚之乎。故受而安插于汛界之外，其穷困人民，赈以米粮，而严责其兴戎之罪，复其汗、济农、台吉之号。以车臣汗之子，仍袭为汗。朕兴灭继绝之念，非特于喀尔喀已也，诸国有穷迫来归者，朕皆一体抚养。不但朕所行如此，即达赖喇嘛养育众生之心，亦与朕同。伊若归达赖喇嘛，亦必如是抚之。战争非美事，展转报复，将无已时。雠敌愈多，亦不能保其常胜。是以朕欲尔等解释前雠，互市交易，安居辑睦，永息战争，特遣使赍旨前来，汝果遵朕谕旨，自今以后，各守疆界，不兴兵戎，既不失辑睦之道。尔两国人民，亦免涂炭。朕普恤群生，俯念尔素不违旨，特遣尚书阿喇尼等谕意。又令伊拉古克三胡土克图、商南多尔济等与达赖喇嘛使人同往。

（卷 140）

康熙二十八年五月壬戌（二十七日，1689.7.13）

陕西提督孙思克疏言，厄鲁特罗卜臧滚布病故。其妻与寨桑等，以噶尔亶多尔济，系车臣汗嫡孙，乃罗卜臧滚布叔伯之子。欲遣人往召，令其统领部落。得旨，罗卜臧滚布率所属来归，恪守法度，诚心职贡，可遣官致赙。罗卜臧滚布既亡，部落人民，无所统属，其弟噶尔亶多尔济，召之恐未能即到。闻巴图尔额尔克济农意欲先往，令马迪等传谕巴图尔额尔克济农，与之同去。噶尔亶多尔济未到之先，令巴图尔额尔克济农暂为约束人民。俟其到日，仍归本地。毋得以噶尔亶多尔济年幼，欺凌谋占。务期同心一意，共相扶掖。马迪等仍遣人往召噶尔亶多尔济。

（卷 141）

康熙二十八年五月癸亥（二十八日，1689.7.14）

理藩院题，前因喀尔喀、厄鲁特于边境构兵，奉上谕苏尼特、四子部落、毛明安、吴喇忒、鄂尔多斯等旗共派兵六千，俱令于沿边形势之地驻防。又令归化城两旗派兵一千，屯驻城内，以备紧急调遣。今既传闻厄鲁特发兵二支，一支从阿尔泰之后，攻昆都伦。一支从达尔汉亲王旗分之北前进。应较去岁所发之兵，量减其半，仍令前所派领兵王、贝勒、台吉等照常备之。八旗游牧之地所有察哈尔兵内，不论护军骁骑，选人材健壮者一千备之。得旨，著各在家预备，以俟调遣。

（卷 141）

康熙二十八年九月壬寅（九日，1689.10.21）

达赖喇嘛、班禅胡土克图、达赖汗等遣使进贡。赏赉如例。

（卷 142）

康熙二十八年十月辛未（八日，1689.12.19）

谕议政王大臣等，喀尔喀来降者，饥困已极，自相劫掠，应速置扎萨克。遣贤能蒙古王、台吉等，晓示法度，收集离散。尔等其确议以闻。寻议，喀尔喀扎萨克内，有已至者，有未至者，除左翼土谢图汗、泽卜尊丹巴、墨尔根济农、罗卜臧台吉等分编旗队之处，暂置不议外。左翼车臣汗协理纳木扎尔额尔德尼济农、盆楚克伊尔登济农、车臣伊尔登济农、洪俄尔戴青台吉、车卜登额尔克台吉、信顺额尔克戴青所属敖巴额尔克阿海台吉，右翼白苏特察罕巴尔、车臣台吉、额尔德尼哈滩巴图尔台吉等，皆大台吉也，俱宜授为扎萨克，仍存其喀尔喀名号。又陆续来降喀尔喀沙布隆胡土克图所属阿尔达儿诺尔卜等扎萨克，俱未到，各随彼所愿归旗分收附。俟扎萨克到日再议。至土谢图汗所属齐巴克台吉之夥伴等，皆令并与土谢图汗及信顺额尔克戴青。其车臣汗之信顺额尔克戴青等，俱照四十九旗，编为旗队。于阴山后各旗蒙古贤能都统、副都统、长史、参领之中，每一扎萨克，选二人，与派出之蒙古王等带去，令其驻扎彼地，以来年草青时为期，指示法禁，如四十九旗一例施行。喀尔喀所居遥隔，应以车臣汗为两路，信顺额尔克戴青为一路，敖巴额尔克阿海台吉、察罕巴尔为一路，车臣台吉、额尔德尼哈滩巴图尔台吉为一路，遣行。所遣蒙古王、台吉，与理藩院大臣官员，候皇上简用。至彼处，明谕扎萨克等，限来秋各将散失之人，尽行收集。若过期，即给与收养之旗分。倘仍有应授扎萨克者，即会同扎萨克等，授为扎萨克，列名奏闻，该衙门注册。其车臣汗之信顺额尔克戴青等，向系扎萨克，伊等所属后授小扎萨克，如有大事，仍令禀闻完结。右翼扎萨克察罕巴尔、额尔德尼哈滩巴图尔、车臣台吉等，其旧扎萨克未到，伊等事件，即令伊等自行完结。得旨，车臣汗之两路著为一路，遣土谢图亲王沙津、台吉阿喇布坦、台吉巴忒马什、侍郎文达去。信顺额尔克戴青敖巴额尔克阿海台吉，为一路，遣达尔汉亲王诺内、台吉毕力克图、台吉德木楚克、郎中布彦图、马迪去。察罕巴尔、车臣台吉、额尔德尼哈滩巴图尔台吉为一路，遣台吉多尔济思希卜、台吉吴尔图纳苏图、副都统马锡、侍读学士达虎、郎中巴扎尔去。赐喀尔喀敕曰，朕统御宇内，抚育万邦，率土人民，皆我赤子。倘一夫失所，朕心恻焉。虽穷荒异域之民，亦必抚养，使之各得和乐，此朕本意也。前闻喀尔喀两翼之汗、济农、台吉等，互吞属裔，不相亲睦。恐兄弟不和，异日必致有侵凌之祸。特遣尚书阿喇尼、台吉巴忒马什等会盟，令尔兄弟誓和。后果以不和之故，与厄鲁特噶尔丹交恶相攻。尔为所败，弃其妻子土地属裔牲畜，迫而来归。朕念尔历世诚心职贡，不忍尔之散亡，安插于汛界内外，赈其穷饿。令尔汗、济农、台吉等，安集如故。以车臣汗之子，袭其汗号。朕暂留尔等，收集散亡。俟厄鲁特事定之日，仍归故地驻牧。今见尔等并无法度，不能约束，以强凌弱，自相劫夺，倘不速行晓谕，定法督察，则汝见在人民，益至离散矣。是以将车臣汗旗下纳木扎尔、额尔德尼济农、盆楚克伊尔登、车臣伊尔登济农、洪俄尔戴青台吉、车卜登额尔克台吉、信顺额尔克戴青旗下敖巴额尔克阿海台吉、右翼白苏特察罕巴尔、车臣台吉、额尔德尼哈滩巴图尔台吉等，增设扎萨克。收集离散之众，分为旗队，以便督察。禁止盗贼妄行，教以法度。特令土谢图亲王沙津、达尔汉亲王诺内、台吉多尔济思希卜等，赍敕谕扎萨克王等旗下都统、副都统、长史等官，每扎萨克，著二员驻至来年草青之时，示以规模，安插前去。尔等自今以后，果能钦遵朕旨，谨守法度，寇盗不兴，祸乱不作，尔等遗民，渐次得所，庶副朕抚育归降，爱养群生至意。

（卷142）

康熙二十八年十月乙酉（二十二日，1689.12.3）

理藩院尚书阿喇尼自厄鲁特归。疏言，臣等八月初七日，抵厄鲁特噶尔丹之地。颁敕书赏物毕，臣等与噶尔丹行抱见礼。既坐，问臣曰，尔即来盟喀尔喀七旗之尚书耶。曰，然。又问云，闻尔去岁往色棱硕地方，以何事而去，亦有兵否。臣答曰，鄂罗斯察罕汗，以东方边境之事，奏请会议。圣上遣我往谕，所携兵，仅及二千而已。中途值汝厄鲁特与喀尔喀之乱，圣上闻之，念厄鲁特、喀尔喀交战，我等经行，汝等必各疑为援兵，故令驻境上。今年复遣议此事。语毕，乃飨臣等。本月十八日，噶尔丹招臣等入其庐，屏人言曰，圣上洪仁，惠育群生，欲使协和，共享升平，我亦与其中也。我身安乐之策，孰者为善，伏祈圣上指示，愿得遵行。但泽卜尊丹巴、土谢图汗等首乱，无故起兵，杀扎萨克图汗及得克得黑墨尔根阿海，违圣上之旨。前此再三陈奏，为此两人耳。臣等答之曰，泽卜尊丹巴、土谢图汗等，穷迫亡命来归。我皇上为统驭天下中国之主，此一二人之命，有不思生全之者乎。至尔屡次章奏，圣上明鉴，久已晰彼之曲，谅尔之直，始降敕书，谕止战争，仍归和好。尔又何必屡以此事为言耶。二十二日，噶尔丹遣丹济喇及格垒沽英，以所覆奏疏授臣。臣等诘之曰，达赖喇嘛使人及伊拉古克三胡土克图等亦为此事将至，亦以此语覆之，抑或有他语乎。丹济喇以其汗之言来覆曰，达赖喇嘛所言之事，若与圣上敕谕相同，我自无他说也。二十四日，噶尔丹西向游牧。臣等于次日起行而归。得旨，厄鲁特、喀尔喀皆职贡之国，顷者两国交恶相攻，朕不忍见伊等无知争杀，不得安生。特遣大臣开导晓谕，仍前和好。今噶尔丹称圣上洪仁，惠育众生，欲使和协，共享太平，我亦与其中，圣上指示，愿得遵行。已具悉矣。该部知道。

（卷142）

康熙二十八年十一月丙辰（二十三日，1690.1.3）

吏部等衙门议覆，都察院左都御史马齐疏言，数年以来，厄鲁特、喀尔喀不睦，互相征战。皇上屡遣大臣，谕以温纶，令其罢兵，业已和好。复又背盟，喀尔喀大败来归。皇上复遣大臣，通为晓谕。厄鲁特钦奉明命，将兵退回。今岁喀尔喀饥馑，又遣大臣往赈。以致厄鲁特、喀尔喀及腹内蒙古，倾心归服，此诚亘古之所未有也。臣办事理藩院，见凡所题所理之事，止用满洲、蒙古文字，并未兼有汉文。今请于事竣之后，兼用汉文注册，庶化服蒙古之功德，昭垂永久。应如所请。添满洲汉军汉字堂主事一员，翻译汉字满洲笔帖式，每旗各一员，汉军笔帖式，每翼各二员。从之。

（卷143）

厄鲁特额林臣台吉疏言，臣父楚虎尔吴巴锡，乃厄鲁特胡他盖图哈尔呼喇第三子也。楚虎尔吴巴锡生子五人，长子班第为噶尔丹所杀，次子阿南达、三子罗卜臧胡土克图、四子劳章俱歿，五子额林臣即臣也。臣亲兄班第长子多尔济塞卜腾，在噶尔丹所。次子，即与巴图尔额尔克济农同居之憨都台吉也。康熙十五年，噶尔丹伐臣父楚虎尔吴巴锡执之，杀臣亲兄班第，分散臣属裔，监守臣父子。去岁厄鲁特、喀尔喀作乱交战，守臣之人，乃臣属下旧人为所分散者，皆背噶尔丹而向臣，臣得间而携臣子弟台吉十余人，弓箭手五百余人，计一千余口，来投皇上。臣父不能得脱，见在噶尔丹所。臣来至巴图尔额尔克济农、额尔德尼和硕齐地方，与臣兄子憨都台吉同居。安插何地，作何措置，伏候皇上加恩。得旨，额林臣台吉为噶尔丹所禁，今逃出归降，其令与憨都台吉等暂且同居，并令约束其下，毋致盗窃生事。

（卷143）

康熙二十八年十一月庚申（二十七日，1690.1.7）

理藩院题，乌斯尼哈白塔住持喇嘛罗卜臧宜宁等，称伊师喇木占巴喇嘛复转生于世，祈请往聚。议不准行。上曰，蒙古之性，深信诡言，但闻喇嘛胡土克图胡必尔汗，不详其真伪，便极诚叩头，送牲畜等物。以为可以获福长生。至破荡家产，不以为意。而奸宄营利之徒，诈谓能知前生事，惑众欺人，网取财帛牲畜，败坏佛教。诸蒙古笃信喇嘛，久已惑溺，家家供养，听其言而行者甚众。应将此等诈称胡土克图者，严行禁止。

（卷143）

康熙二十八年十二月辛未（九日，1690.1.18）

达赖喇嘛遣使善巴陵堪卜，入贡请安，且密奏言，我起行时，往达赖喇嘛所，未见。第巴出语我曰，达赖喇嘛令奏圣上，但擒土谢图汗、泽卜尊丹巴胡土克图，畀噶尔丹，则有利于生灵。此两人身命，我当保之。奏入，上遣班杂尔喇木扎木巴、额木齐格隆等，赍敕谕达赖喇嘛，敕曰，朕恭膺天命，统御率土人民，无分中外，皆欲使之罢征息战，各享安乐，以免散亡。诸处之民，有困穷来归者，必使之得所。初无异视。尔喇嘛承奉释教，济度众生，朕与尔同一意也。厄鲁特、喀尔喀，向于朕为职贡之国，亦供奉尔喇嘛为施主。闻两国交恶相攻，朕与尔会同谕其罢兵，使相和睦，发敕遣使，不啻再三。此朕与尔念厄鲁特、喀尔喀相攻，必有一家败亡失所。而欲止其战争，同归于好，原非有偏徇一家之意也。后厄鲁特、喀尔喀不从朕与尔之言，竟至交战，喀尔喀败，穷极来归。朕受之，安插边塞内外，给米粮牲畜，以济其困。若等如往归尔喇嘛，想喇嘛亦必如是以养之也。今尔喇嘛所遣使人善巴陵堪卜奏称尔之言曰，当擒土谢图汗、泽卜尊丹巴胡土克图，畀噶尔丹，伊等身命，我当保之。凡作君作师者，济穷继绝，乃不易之常经。今如擒土谢图汗、泽卜尊丹巴胡土克图，而畀噶尔丹，是偏于一家矣。朕与尔向来欲厄鲁特、喀尔喀相与和好之意安在乎，朕与尔向来之意，举无所偏庇。是以屡屡遣使往谕，即今亦仍冀其和好也。目下朕遣尚书阿喇尼，使于噶尔丹，据其所奏，言噶尔丹败于策妄阿喇布坦，下人散亡略尽，又极饥窘，至以人肉为食。喇嘛使人，亦曾到彼，想亦闻之耶。倘噶尔丹不得已而来归朕，朕亦当爱养之，使得其所。有执之以畀其仇者乎。朕抚视万邦，有如一体，意无偏徇者如此。尔喇嘛行事，利济众生。想善巴陵堪卜所奏，未必为喇嘛之言。如果喇嘛之言，何以不具疏来奏乎。朕心疑之，特撰敕遣询。著将此项原由，明白具本回奏。

（卷 143）

康熙二十八年十二月丙子（十四日，1690.1.23）

厄鲁特噶尔亶多尔济奏言，蒙圣明轸念鄂齐尔图汗，赐罗卜臧滚卜游牧之地。正将迁移，闻喀尔喀、厄鲁特交乱兴戎，因率兵前往，未能全徙。地方远隔。且去年遭遇旱灾，牲畜倒毙，人民困苦，难以迁移。伏乞鉴恤。得旨，噶尔亶多尔济著授为诺颜，遣达虎前往传旨，并查贫民。

（卷 143）

康熙二十九年　庚午　1690 年

康熙二十九年正月丙辰（二十四日，1690.3.4）

大学士等奏，前遵奉谕旨，以达赖喇嘛使者来往行走，地方官应付驼马牛羊，甚为苦累。著问明议奏。今臣等议，嗣后，若达赖喇嘛有紧要事务，差遣人来，驼马等项，停其地方官捐给，动正项钱粮买给之。上曰，依议，闻一应奉差驰驿官员执事人，不照定例乘驿马，有擅乘营兵马匹者。嗣后，若有紧急事务，驿马不敷，候该部奏过，许骑营兵马匹，未经奏过者，毋得擅乘。

（卷 144）

康熙二十九年三月壬寅（十一日，1690.4.19）

伊拉古克三胡土克图疏言，臣等十二月初五日，至他米尔之北齐劳图河。河之两岸，俱有噶尔丹兵马踪迹。臣与济隆胡土克图尾之前往。令商南多尔济赍疏归奏，求给行粮，运至军前。上命运杀虎口仓米三十石，随商南多尔济前往。

（卷 145）

康熙二十九年四月甲子（三日，1690.5.11）

谕内大臣公舅舅佟国维等曰，据阿南达奏言，厄鲁特与拖多厄尔德尼战，颇被杀伤。其袭西布推哈滩巴图尔时，两人共一骑，有斩木为兵者，且闻来侵昆都伦博硕克图，而至今未到，想已狼狈，必有退回俄依之势。阿南达欲带行炮，并禁军前往，相机征剿。朕非不知禁军足以克敌，但路远艰于粮运。朕前率察哈尔兵行猎，见其人材壮健，皆思效力。可选精锐六百，左翼令阿要率之，右翼令博尔和代率之，马驼牛羊于八旗大场内派出，兵各携五月粮。再于汉军每旗选章京一员，领行炮八门及炮手前往。檄阿喇尼、额赫纳知之。

（卷 145）

又谕曰，比闻厄鲁特策妄阿喇布坦、阿奴，与噶尔丹交恶，情事未悉，应颁敕书询其故，并量加恩赉。令理藩院择贤能司官一员，送往嘉峪关，交侍读学士达虎，即令其前往宣谕。达虎事竣，著乘驿来京。此遣去官及达虎同事之主事奔玺，仍留边外，侦取消息，不时报闻。赐策妄阿喇布坦及阿奴敕曰，朕抚育万邦，率土之人，皆欲其协和安辑。今闻尔等与噶尔丹不和，致启争端。尔厄鲁特向修职贡，恭顺惟谨，今乃内自交恶，必有其因，朕甚怜之。远闻之言，虚实难据，特遣侍读学士达虎，赉御用各色缎二十疋，赐策妄阿喇布坦、阿奴，其以尔等交恶之由，明告使臣，毋隐。

（卷 145）

康熙二十九年五月辛丑（十一日，1690.6.17）

喀尔喀额尔克阿海巴郎奏言，臣父扎萨克图汗，喀尔喀七旗之长也。为左翼土谢图汗所败，属裔分散。臣等又为厄鲁特所收，棲于阿尔泰山之南。今乘间得出来投，伏乞圣恩赈恤恩养，俾得继立。下议政王大臣等议。寻议覆，扎萨克图汗历世恭顺，职贡有年，似应继立。查今年众喀尔喀来降，已定期会阅。其所请，应于会阅处定夺。从之。

（卷 146）

康熙二十九年五月癸丑（二十三日，1690.6.29）

尚书阿喇尼疏言，臣前遣蒿齐忒都统劳章等，与郎中马迪，访昆都伦博硕克图所在。渡克鲁伦河，遇昆都伦博硕克图，言我于正月，自俄侬游牧，思近汛界，依我皇上威灵，而闻厄鲁特渐近，避之至乌尔呼纳河。今厄鲁特不知其何往，我兵微不敌，两尚书驻军洮濑河，今将至军前听调遣。马迪促其前进，仍遣劳章等，侦噶尔丹，至博尔济河。有马济者，泽卜尊丹巴属下人，自厄鲁特逃归。问之曰，噶尔丹于五月初三日，率兵渡乌尔扎河，将袭昆都伦博硕克图、车臣汗及土谢图汗。其兵四营，号四万，实不过三万耳。又将请兵于鄂罗斯，会攻喀尔喀。上曰，似此，则阿喇尼等兵尚少，宜发科尔沁十旗预备之兵二千，及禁军每佐领护军一名，前往。其令议政王大臣议。寻议覆，兵宜速发，应令理藩院遣官乘驿前往科尔沁。于前所调遣预备兵内，选发二千及台吉、都统、副都统各二员，佐领、骁骑校各八员，赍四月粮，速赴阿喇尼军前，其统辖是军者，伏候皇上特简。其八旗满洲、蒙古前锋二百名，每佐领护军一名，每翼副都统一员、前锋参领一员、前锋侍卫署参领一员、前锋校署侍卫二员，每旗护军参领一员、护军校署参领七员，其每翼所派副都统一员，亦伏候皇上特简。得旨，科尔沁兵，令土谢图亲王沙津率之。左翼四旗，居远难待，令沙津王，尽所有兵，率之先往。其四旗兵，随后进发。再令喀喇沁杜楞郡王扎什旗分发兵五百，以扎什率之。两翁牛特旗分发兵四百，以杜楞郡王毕礼衮达赖率之。两巴林旗分发兵四百，以额驸阿拉布坦率之，俱赴阿喇尼军前。其禁军，令副都统噶尔玛、罗满色率之。每翼汉军兵一百名，带炮前去。满洲、蒙古、汉军各佐领，出骆驼一头运粮。

（卷 146）

康熙二十九年六月壬申（十三日，1690.7.18）

谕议政王大臣等曰，顷闻厄鲁特穷困，沿克鲁伦河下流而来。其遣人谕科尔沁、巴林、翁牛特兵，速赴阿喇尼所。遣员外郎铁图，往谕两乌朱穆秦、两蒿齐忒、两阿霸垓、两苏尼特八旗，除前所发之兵外，自王以下有愿效力者，速赴阿喇尼所。令铁图视其启行，令学士布彦图，催督前军驻汛界，不时至军前探听。

我禁军及火炮，俱速令前往。再发八旗前锋二百名，每佐领护军二名，预备以待。噶尔丹来市易者，有阿卜都喇额尔克寨桑等，尚在归化城，理藩院其遣官往谕，言噶尔丹且至，尔等毋妄动，行且有所差遣，其集人畜以待。

（卷 146）

康熙二十九年六月戊寅（十九日，1690.7.24）

尚书阿喇尼等奏报，侦探厄鲁特兵，驻扎克鲁伦之阿尔滩额墨尔地方，臣等欲待大兵而行，恐厄鲁特兵追蹑昆都伦博硕克图，沿乌尔顺河，至喀尔喀河地方。乌尔顺河，距喀尔喀河甚近，喀尔喀河，距汛界仅一日程。臣军若往波衣尔之地，虑反出其后，以此竟赴波衣尔之南，他奔他什海以御之。奏至。上谕曰，噶尔丹踰枯伦波衣尔深入，事关紧要，理宜预备。王沙津如未起行，令率所调科尔沁兵，往前年纪尔他布等驻防之地备之。若沙津已起行，著达尔汉亲王班第，率兵往备之。其敖汉、土默特贝勒厄尔德木图、公乌忒巴喇等旗兵之未调者，令往备达尔脑儿。前所派出每佐领禁兵二名，作速遣行，再于每佐领下，应派护军骁骑各五名，预备以待。其以阿喇尼奏，速檄额赫纳知之。著议政王大臣集议。寻议，应如敕谕，令理藩院，遣官驰驿前往。上曰，蒙古兵令携两月行粮。其敖汉、奈曼、科尔沁、土默特兵，令贝勒厄尔德木图、公乌忒巴喇统之。其率科尔沁兵，往纪尔他布驻防之地。令内大臣苏尔达，率前次将校，乘驿前往。其再发之军，每佐领拨护军五名、骁骑三名、包衣佐领兵，亦照此派发。令都统宗室喇克达、彭春、护军统领苗齐纳、杨岱、副都统扎木素、海澜、塞赫、康喀喇统之。其副都统迈图署为前锋统领前去，再派出汉军都统公舅舅佟国纲、都统诺迈。凡派发火器营兵之事，令彼请旨。再派诸王从征，军行日期，交钦天监选择。令前所拨兵，轻装于初旬速，其辎重，令每翼留官校押往。寻命和硕康亲王杰书，多罗恪慎郡王岳希，从征。

（卷 146）

康熙二十九年六月癸未（二十四日，1690.7.29）

乌朱穆秦额尔德尼贝勒博木布疏报，六月十四日，厄鲁特至乌尔会河东乌兰之地，臣属人民，多被劫掠。臣遣护卫额克济尔往视，见噶尔丹之弟憨都台吉，送之至噶尔丹所，谓曰，我攻我仇喀尔喀耳，不敢犯中华界。闻尚书阿喇尼率兵而北，何故，泽卜尊丹巴、土谢图汗、车臣汗皆在何地。额克济尔以不知对。奏入。上谕曰，噶尔丹已至乌尔会河，军宜速出。其军中无火器者，与禁军前所发兵及盛京兵，俱应增发。令议政王大臣，速行详议。寻议，应于马场催取马匹。公苏努之兵，仍于初一日起行。前所发之前锋护军，携见马于初二日发。后派之前锋护军、骁骑，于初三日俱发，令各都统一员、护军统领一员、副都统一员率之，至边外水草宽衍之地驻候。诸王军于初四日起行。直隶巡抚、天津镇、三屯营协标下火器兵，再发一千，并发宣化府镇标兵一千，藤牌兵一千，俱令宣府总兵官许盛率之，与诸王同发。京城兵，每佐领，应增派护军二名，每旗护军参领一员，每参领护军校署护军参领一员，每翼副都统一员。八旗火器营兵，增发一千，所增发护军及火器营官兵，俱护驾而行。至盛京兵，增发二千，令将军及副都统统之，吉林乌喇兵二千，将军亲率之。俱令赴科尔沁达尔汉亲王军前，与前所发盛京兵会。遣兵部官乘驿往，再取巡捕三营马八百，给与军士。京城大兵，陆续遣发，皇上亲统大军，相继而行。理藩院檄谕四十九旗，令各备兵，分汛哨探，并檄阿喇尼、额赫纳、阿南达等军知之。奏入。上谕曰，后所发护军各二名，令都统阿席坦、副都统那秦、希禅率之。俟朕启行后续发，至副都统噶尔玛等，所领兵并炮，令内大臣阿密达往统之。不时侦探奏报，以候朕至。总兵官许盛，既带操练藤牌军一千名，其标兵可选六百，出张家口，令前锋参领索柱巴图鲁引之，由岱阴达巴汉之路，往赴阿密达军前。其直隶巡抚，天津镇标兵一千，令三屯营副将师帝宾率之，随诸王而行，俱携两月粮。巡捕营马八百匹，给火器营兵。比闻驿站废弛，令直隶巡抚于成龙整理。其绿旗候选军官、武进士、举人及林兴珠等革职官员，有愿効力者，令与火器营兵同行。如有劳绩，酌量擢用。其晓谕之。都统彭春、护军统领杨岱、副都统塞赫，于初二日起行。都统喇克达、护军统领苗齐纳、副都统海澜，于初三日起行。未几，许盛已行，复令回宣府听调。

（卷 146）

康熙二十九年六月甲申（二十五日，1690.7.30）

上将出师，遣使赐噶尔丹敕曰，朕统御宇内，怀柔万邦，惟愿率土生民，咸得其所，相与协和，无分中外。夫兵，凶器，战，危事，互相仇怨，无有已时，非计也。故遣尚书阿喇尼、散秩大臣吴巴锡、扎萨克大喇嘛阿齐图绰尔济、一等侍卫阿南达传谕，令罢兵息战。尔回奏云，圣主施仁抚育，令共相协和，以享康泰，我亦与焉，伏愿指示安乐之策。闻圣上将尽驱出喀尔喀之人，不胜欢忭，不敢以杀我弟多尔济扎卜为憾，所奏甚明。今乃闻尔复兴兵伐喀尔喀，故遣尚书阿喇尼，防境内之不靖者。今乌朱穆秦遣使至尔所，尔言中华与我一道同轨，我不敢犯界内地方，而又阑入汛界，掠乌朱穆秦人畜，是背前言而隳旧好也。且朕前所遣伊拉古克三胡土克图等，至今不归，尔诚何意耶。今遣员外郎阿尔必特祜、笪赖，赍敕谕尔，尔尚可以改图。尔既入边，我诸部王及贝勒、台吉等，行且兴兵击尔，故亦遣来使止之，恤尔至矣，其速给还所掠，归我使人，尔其明白回奏。是日，即以遣使谕噶尔丹事，檄知诸军。

（卷 146）

康熙二十九年六月丁亥（二十八日，1690.8.2）

时噶尔丹沿喀尔喀河而进，追及昆都伦博硕克图。昆都伦不能御，仅以身免。阿喇尼等闻噶尔丹驻兵索约尔济河，连夜率兵往袭之，至则噶尔丹已向乌尔会河去矣。具疏以闻，上命阿喇尼等，仍蹑厄鲁特后，侦其所至奏报。额赫纳等军到，且勿与战，俟达尔汉亲王班第兵、盛京乌喇满洲兵齐集，同夹击之。如噶尔丹溃败，令阿喇尼等穷追，便宜行事。檄诸军量马力疾行，齐会形胜之地，以俟禁军。

（卷 146）

康熙二十九年六月戊子（二十九日，1690.8.3）

谕议政王大臣等曰，康亲王杰书、恪慎郡王岳希、副都统海笃、牛尼有率前所发骁骑，每佐领各一名，于初二日起行，出张家口，屯归化城。如大同兵可用，听王等随宜调遣。其厄鲁特贸易人马匹，托言乘用，尽收之。直隶巡抚率兵一千，驻遵化。西安将军尼雅翰、副都统巴赛、柏天郁率满洲兵二千、汉军兵一千，屯宁夏。其宁夏绿旗兵，亦令预备。

尚书阿喇尼等奏报，与厄鲁特战于乌尔会河地方。厄鲁特兵二万余，掠乌朱穆秦男女牲畜辎重徐行，溯水上流游牧，臣等侦知之。分兵二队，乘夜往袭。二十一日昧爽，于乌尔会河地方，及其营，令所选蒙古勇士二百余攻之。令喀尔喀兵五百，驱其所掠，未及战，诸扎萨克及喀尔喀兵，争取其子女牲畜，阵动不能止，遂退。厄鲁特分两翼，阵而立，我军次队继进，厄鲁特发鸟枪，军退。前队兵及喀尔喀兵复进，喀尔喀畏其鸟枪，先却，诸扎萨克兵力薄，亦退。厄鲁特增兵，从山上绕出我左右，我军因火器营未至，不能进，遂敛归，驻鄂尔折伊图，以俟诸军。上以示议政王大臣，寻部议，阿喇尼、纪尔他布等，违命轻战，以致失利，俱应革职。同往官员，俱革职。得旨，阿喇尼、纪尔他布，俱革去议政，降四级调用。纪尔他布仍留佐领。余如议。

时噶尔丹归我使商南多尔济，以其情陈奏。上起满丕为理藩院郎中，鄂齐理为员外郎，往谕噶尔丹。命之曰，尔等往谕噶尔丹，据商南多尔济来奏，言尚书阿喇尼等不请旨而即击汝，非本朝意也。阿喇尼防守地方，汝阑入汛界，肆行劫掠，职寄所关，不得不战。皇上恐诸扎萨克击汝，前已遣使谕止之，今又遣我等来谕。商南多尔济奏汝言与中华一道同轨，我但索土谢图汗、泽卜尊丹巴而已，至边境之内，不敢纤芥犯。而我尚书阿喇尼等，遽加以兵，甚为过当。其以此晓谕之。

（卷 146）

康熙二十九年七月戊戌（九日，1690.8.13）

谕内大臣舅舅佟国维等曰，朕夜来思及一事，方欲传谕，适诺木齐岱来奏苏尔达之语，与朕意相符。朕观噶尔丹退回二宿之地，似欲潜逃，如俟京城大兵至，始追之，恐不及。闻盛京乌喇兵，俱已起行，十日内即到矣。其令阿密达全军及公苏努军中，视有壮马者选出，即简出征大臣一员，统领而往，沿途择水草善地，克期到彼。如噶尔丹欲逃，即行追剿，无失机会。若彼来迎敌，则我军切勿急行，以待大兵。姑遣使往谕之曰，汝阑入我汛界，尚书阿喇尼等不得不迎战，汝向与天朝修贡通好，此来追喀尔喀耳，今喀尔喀劫夺我外藩，肆行悖乱，亦与我朝相失。圣上特遣和硕裕亲王及皇子来，与汝申明礼法，自兹以往，永定盟好。汝不闻前者我朝出兵至鄂罗斯，以礼和好，不战而归乎，汝其谨俟王及皇子之至。如此往复遣使，以羁縻之。大兵可俟阿喇尼等，所有扎萨克兵及阿南达兵，其马既不堪用，著阿南达，亲押火器，速往与盛京乌喇、科尔沁兵会。阿南达所留之兵，著一人管辖，驻于见居之地，不时探报。苏努等所余之兵，尾此军后，联络坐台哨探。其令议政王大臣集议。寻议，上谕已极周详，其统领此军之大臣及管辖阿南达所留兵之人员，恭候特简。上曰，著索额图统领，偕阿密达先往。令阿密达及苏尔达，参酌而行。索额图、阿密达前去，则携前锋参领石图与俱，并量选前锋兵带往。至则视其情形，如彼能待，则俟大军而行。不能待，则遣人羁縻之。必不得已，则明谕之曰，圣上遣皇兄及皇子，与汝相见，非恶意也，汝乃不俟而去，非汝之不轨乎。虽圣上戒勿战，我不汝贷也。往复数四，度盛京乌喇诸扎萨克兵且至，力足以胜，即便宜行事。如彼奔逃已远，不便往追，则速奏，以便撤兵。苏努及阿密达之军，俱令苏努率之而往。除阿南达等押炮及马壮者前去外，其马不堪者，酌留。令副都统扎木素、噶尔玛领之，驻阿喇尼等原驻之地，探噶尔丹声息及额赫纳军情，不时报闻。并防御就近地方，作恶肆行之人。其查努喀、朱尔素，亦酌量带往调用。索额图取皇子允禔厩马百匹，乘以前去。

（卷 147）

康熙二十九年七月壬辰（三日，1690.8.7）

副都统噶尔玛疏言，臣率兵往会阿喇尼等，六月二十七日至阿霸垓，闻前军已与噶尔丹交锋，乃遣人探两尚书所在往会之，以兵力单弱，便宜于附近调察哈尔左翼四旗兵，每旗百名以行，越二日，与阿密达军会于冈阿。得旨，前已调发察哈尔兵八百，左翼兵无庸再调。今抚远大将军将出塞，应令阿密达等暂驻冈阿，侦明苏努军行实信，与之齐赴克勒，以候大将军至，如闻厄鲁特内向，即回与大军合，其檄知之。

（卷 147）

康熙二十九年七月丙申（七日，1690.8.11）

内大臣苏尔达疏言，臣于六月三十日至科尔沁，见达尔汉亲王班第，驻图思噶尔图山，兵到者仅半，喀喇沁、阿霸垓、奈曼、两土默特兵亦未到，臣俱移文，及檄盛京兵，促其前来，俟到日，整饬军伍进发。奏至，命议政王大臣集议，其恭亲王兵应否停止，一并议奏。寻议，苏尔达去时，敕谕甚悉，其恭亲王兵且勿去，但令预备，前已檄王沙津等，姑勿与厄鲁特战，以俟大兵。今苏尔达等，亦应俟诸军齐集，遣人约大将军兵，协力以进。得旨，恭亲王兵可勿备，余如所议，其令裕亲王，及参赞大臣等知之。

（卷 147）

康熙二十九年七月壬寅（十三日，1690.8.17）

噶尔丹遣达尔汉格隆奏言，喀尔喀，吾雠也。因追彼阑入汛界，向在中华皇帝道法之中，不敢妄行。上因赐来使筵宴，赏赉。令赍敕归谕之，敕曰，据尔使人达尔汉格隆陈奏，具见敬慎悃诚。朕统御天下，重信义而贱欺诳。前以七旗喀尔喀，彼此构怨，与达赖喇嘛共议，遣大臣谕和。不意左翼兴兵妄动，朕弗之直也。后喀尔喀为尔所败，匍匐来归。朕念普济众生之意，赐以米粮牲畜，所全活者无算。喀尔喀何利于朕，而施恩若是，皆朕不忍生民之颠沛故耳。是年出盟，方分别七旗曲直，昭雪扎萨克图汗之事，欲仍前设立右翼。议未及定，尔兵已至，乘虚骤入，褫守汛界者衣服，出言不逊，朕亦不深责。六月二十五日，遣员外郎阿尔必特祜等问故，而阿喇尼等在边，以尔公然阑入汛界，守边责重，不能容忍，遽与尔战，朕甚非之。六月二十九日，复遣郎中满丕，赍敕谕尔及商南多尔济，归取行粮而已，岂有正事尚未议定，即可言执土谢图汗、泽卜尊丹巴以畀汝乎，此皆使臣设计脱身而为此言也。汝谓与达赖喇嘛，道法为一，则当怜念众生，同心以安喀尔喀，令七旗同享安乐，以仰副朕意。乃反肆杀戮，拆人妻子，离人骨肉，阑入汛界，掠及四佐领之人。揆之道法，可若是行乎，恐达赖喇嘛未必使汝为此也。西宁报至，闻策妄阿喇布坦以汝罪告之达赖喇嘛，将兴兵伐汝。夫兴戎，非美事也。朕且将与达赖喇嘛共议调和，而闻汝已驻兵乌尔会河，故朕遣和硕裕亲王及皇子大臣，量发满兵而往，非讨汝也，欲定议耳。前者遣大臣往鄂罗斯议事，亦发兵往，议毕而回，汝所夙知也。为汝计，其听达赖喇嘛言，罢兵息战，各享安乐，既合众心，亦易毕事。如仍以前事为辞，妄行劫掠，则隳败名教，自汝始矣。

谕理藩院，索额图等行与苏尔达会，尔衙门即遣司官一员，偕噶尔丹使人达尔汉格隆等，从喜峰口，至索额图等军前。如索额图等，以使人为可遣归，则遣之。如不可，则留之。

抚远大将军和硕裕亲王福全等疏言，厄鲁特今至奇尔萨布喇克之地，于盛京乌喇、科尔沁调兵之处不相涉，盖稍在内矣。索额图等若仍赴苏尔达所，似觉迂曲。然已近巴林，臣等欲使索额图等，勿赴科尔沁，而驻军巴林，以待臣。臣等当选马疾行，尾随索额图而进。尚书阿喇尼等疏言，噶尔丹距臣军所驻西喇西巴尔台仅一日程。又侍卫阿南达率察哈尔兵五百及运米土默特兵二百，已至臣所。并巴林、翁牛特兵八百，共一千五百名，臣等率之。已与内大臣阿密达军会，两军止三千余耳。势力单薄，请且驻朱尔亨布喇克等处，整兵以待禁军。奏入，上谕，速檄索额图至巴林，候裕亲王。王等亦不必选马疾行，率全军赴巴林。并令人追苏努兵之分行者，齐赴巴林。其阿密达、阿喇尼等兵，速令内向，至我大军去路以待。又前所发五旗每佐领护军二名，令恭亲王领之，踰二日起行，王其约束军士，所过毋践禾稼。

（卷 147）

康熙二十九年七月癸卯（十四日，1690.8.18）

谕都统瓦岱等曰，据关保奏，噶尔丹于六月二十七日，遣发其使人及我拨什库，次日潜师遁去。般第、苏尔达等，遣人屣视之，噶尔丹兵果已北去。朕之欲幸此军者，以躬近行间，便指示也。今噶尔丹虽退，而喀尔喀方且横行，劫掠驿递及诸扎萨克马畜衣服，乘此大兵集会，朕乃亲往视师，以靖喀尔喀之肆。俾知所畏忌，事可一举而定也。

（卷 147）

康熙二十九年七月丁未（十八日，1690.8.22）

内大臣阿密达疏言，是月十五日，济隆胡土克图之拉木扎木巴，同伊拉古克三胡土克图之尼隆格隆等，来至臣所。告曰，噶尔丹言，我自入汛界，秋毫无犯，皇帝亦惠我币帛敕书，甚大德也。今乃闻侍卫阿南达率兵，及诸路军云集。又闻有内大臣且至，土谢图汗之子噶尔旦台吉，亦在军中。夫执鼠之尾，尚噬其手，今虽临以十万众，亦何惧之有。臣等答之曰，奉命防边，上意勿与厄鲁特战也，我宁敢违旨乎。阿南达等久已赴京，噶尔旦台吉不知所往。拉木扎木巴又曰，噶尔丹博硕克图汗言，两胡土克图及商南多尔济来，事已定议，将于次日遣奏。而是夜两尚书来袭我，入我兄子营，杀及子女，不战者如是乎。臣等答之曰，厄鲁特阑入汛界，掠我乌朱穆秦，两尚书不得已与之战。今圣上特遣皇兄、皇子来，与噶尔丹定议，我等亦将内徙矣。臣因遣郎中哈尔吉卜、少卿把图，与其使人偕行。臣又闻其从者曰，十五日，噶尔丹引兵内进，屯于西巴尔台矣。奏至，上命示议政大臣。

（卷 147）

康熙二十九年七月甲寅（二十五日，1690.8.29）

先是，上谕裕亲王等曰，今兵渐与敌近，斥堠宜严明。噶尔丹处，应作何羁縻，以待盛京乌喇、科尔沁之兵，王等其遗之牛羊，以老其锐气，疑其士卒。商南多尔济谙晰情形，可与商也。至是，抚远大将军和硕裕亲王福全奏言，臣随遣济隆胡土克图及噶尔丹之使，偕骁骑校克实图、原任员外郎笪赖，遗以羊百头、牛二十头，持臣及皇子书。语之曰，我与汝协护黄教，和好有年。今汝追喀尔喀，入我汛界，圣上特命我等，论决此事，永久和好。今汝使人言我汗已敬遵达赖喇嘛之谕，夫讲信修礼，所关重大。此役既就，则一切皆宜矣。今将于何地会议，以决大事，因遣书之便，以牛羊为馈赠。臣等不知诸军至何地，可待则待之。如不可待，则量力而进耳。

（卷 147）

康熙二十九年八月庚申（二日，1690.9.4）

先是，上遣阿尔必特祜等，赴索额图军前，使于噶尔丹。至是，索额图疏言，阿尔必特祜等归，偕济隆胡土克图使人拉木扎木巴、噶尔丹使人尊多伊格苏尔至营。问其情由，阿尔必特祜等，述噶尔丹之言曰，所有情事，已同满丕等遣使上奏，不复具疏。但以书问王与皇子内大臣安，请遵商南多尔济，所传明旨，以土谢图汗、泽卜尊丹巴畀我。述济隆之言曰，达赖喇嘛所以遣我者，为圣上与噶尔丹，向来和好，急欲定此大事，以早复命耳。此事非王及皇子内大臣亲身就我，或我亲身来面议，不能定也。又视来人形状，甚觉仓皇，有窥探大军意。厄鲁特见至乌兰滚地方，觅山林深堑，倚险结营。又闻其祭旗诵经，距我军仅四十里，报闻。

（卷 148）

康熙二十九年八月辛酉（三日，1690.9.5）

抚远大将军和硕裕亲王福全等疏报，七月二十九日，臣等闻厄鲁特屯于乌兰布通，即整列队伍。八月初一日黎明前进，日中见敌，设鹿角枪炮，列兵徐进。未时，临敌，发枪炮击之。至山下，见厄鲁特于林内隔河高岸相拒，横卧骆驼，以为障蔽。自未时交战，至掌灯时，左翼由山腰捲入，大败之，斩杀甚多。右翼进击，为河崖淖泥所阻，回至原处而立。本欲尽灭余贼，但昏夜地险，收兵徐退。其噶尔丹死于乱兵与否，俟后查明另奏。得旨，嘉奖，下部议叙。

抚远大将军和硕裕亲王福全等疏言，八月初一日，击败噶尔丹，薄暮收军。次日，即前进剿杀余寇。见噶尔丹据险坚拒，故使我将士暂息。而噶尔丹适遣伊拉古克三胡土克图来，复理前说，请以土谢图汗、泽卜尊丹巴畀之。且云，一二日内，济隆胡土克图即来讲礼修好。臣等悉遵圣谕，数噶尔丹前后逆恶而遣之矣。初四日，济隆果率其弟子七十余人来，言博硕克图汗，信伊拉古克三及商南多尔济之言，深入汛界，部下无知，抢掠人畜，皆大非理。圣上乃一统宇宙之主，博硕克图汗不过小部头目，何敢妄行。但因索其仇土谢图汗及泽卜尊丹巴，致有此误。彼今亦无索土谢图汗之意，但祈圣上慨允，以泽卜尊丹巴遣送其师达赖喇嘛，荣光莫大矣。臣等谓之曰，土谢图汗、泽卜尊丹巴即有罪愆，圣上自加罪责，岂有因噶尔丹之言，遂遣送达赖喇嘛之理。且汝往来行说，能保噶尔丹不乘间奔逸，掠我境内人民乎。济隆言，王及诸大臣仰体圣上仁心，休征罢战，彼焉敢行劫，亦断不远去。臣等谓之曰，汝虽保噶尔丹不敢妄行，但我各路兵分行进剿，遇厄鲁特即行掩击，必然之势也。今我等仰体皇上好生，许汝所请，当发印文，檄各路领军诸王大臣，暂止勿击。随给济隆等蟒袍，先遣其弟子驰报噶尔丹。臣等思噶尔丹，乃狡诈之人，虽不可全信，但战之次日，屡遣人来，必多窘迫。臣等欲即进剿，则厄鲁特据险坚拒，俟其往来讲解，以待盛京、乌喇、科尔沁诸军之至，齐行夹击。如有可除之机，断不误也。上命议政大臣集议。寻议，大将军王等，既大败厄鲁特，乃不即行剿灭。明知济隆行说，以误我军，而故听之，岂不坐失事机。请敕大将军王等，作速追剿。得旨，出征诸王大臣，当同心效力，大将军王与皇子失误机宜，众大臣不正言抗阻。军律甚明，归时断不姑宥。此役所关甚钜，今科尔沁、乌喇、盛京之兵，初四五间可至达尔脑尔矣。若又失机会，不进逼之，王与大臣等，此行何所事耶。

（卷 148）

康熙二十九年八月癸酉（十五日，1690.9.17）

先是，抚远大将军和硕裕亲王福全等疏言，噶尔丹迫于追袭，自什拉穆楞河载水，横度大碛山，连夜遁走于刚阿恼尔。臣等欲追，而马力不能前进。又恐噶尔丹去远，因与济隆胡土克图约，使噶尔丹近我而止，以定礼好。遣侍卫吴丹、护军参领塞尔济等，偕济隆往谕之。至是，裕亲王等又疏言，吴丹、塞尔济，与济隆带噶尔丹使人达尔汉格隆、西达额尔克寨桑，持书至，告曰，噶尔丹跪于威灵佛前，稽首誓曰，若违此书，惟佛鉴之。其书词云，达赖喇嘛明鉴，遣济隆额尔德尼来，责以礼法。今倘蒙皇上惠好，则自此不敢犯喀尔喀，谨以印文为验。臣等阅书，未载誓词。仍遣济隆等归，开谕噶尔丹，增书誓词，许其归好。奏入，上命议政王大臣集议。寻议，噶尔丹乃极狡诈之人，屡遣人以立誓为词。今又劫掠克西克腾之三佐领矣。誓好不可深信，苏尔达等军已到，应立行剿灭。但王等亲在军中，事皆目击，应准所奏，命噶尔丹坚誓而释之。王等仍率大军驻彼，探噶尔丹出边远去实音。令苏尔达军照常防守，从之。

（卷 148）

康熙二十九年八月丙子（十八日，1690.9.20）

抚远大将军和硕裕亲王福全等疏言，十一日，遣伊拉古克三赴噶尔丹。十五日，赍噶尔丹奏章还。其词曰，伏蒙照鉴下情，普使安全，正在欢忭，伊拉古克三来，谕以礼法事，永图至信，理所宜然。未知如何可以赞襄王事，伏冀至仁皇帝鉴察，谨上书为永远不绝之信誓云。又伊拉古克三云，噶尔丹顶佛像设誓曰，我自恃理直，追索土谢图汗、泽卜尊丹巴，而深入汛界，置佛天于前，而不以己之罪为罪，可乎。佛天以仁恕为心，圣上即佛天也，乞鉴宥我罪，凡有谕旨，谨遵行之。今往界上，视水草善地，无人之处，驻扎候旨。寻又据济隆持噶尔丹誓书来，且述噶尔丹之言曰，我蒙王及皇子大臣见怜，我正欢忭，伊拉古克三来，谕以永远归好之意，我思倚皇上以为生，今往界外，驻候圣旨。臣等思噶尔丹军败力穷，观其语，不敢抗拒皇上天威，吁请宽宥，有倚我求生之意。虽不可深信，既恭顺奏请，伏祈睿裁。奏至，命议政大臣集议。寻议，噶尔丹不敢抗拒天威，设誓请罪。既献誓书，适符皇上好生之心，请准所誓，令出边候旨。再檄裕亲王、内大臣苏尔达等，仍俟噶尔丹出边，另行请旨撤兵。上许之。随遣侍郎额尔贺图等，同伊拉古克三赍敕往谕噶尔丹。敕曰，朕统御宇内，率土人民，皆欲使得其所，虽穷壤异域之民，亦必抚育，各享安乐，此本愿也。前者喀尔喀为尔所败，来归于朕。朕以天下之人，皆在朕覆育之中，扶衰济困，乃元后当行之事，故受而育之。并非利七旗喀尔喀之土地，况朕兴灭继绝之意，非啻喀尔喀为然，诸穷困来归者，一体抚而养之，是亦谕尔敕中所有也。尔厄鲁特、喀尔喀两相构怨，何所底止，必至涂炭。朕与达赖喇嘛仁爱为心，特欲使尔两国和好罢战，共享安乐。达赖喇嘛遣济隆胡土克图，朕遣伊拉古克三胡土克图、商南多尔济往赴尔所，尔乃违达赖喇嘛之教及朕之旨，以追喀尔喀为名，率兵入我边汛，行劫乌朱穆秦。朕虽闻之，尚未深信。我朝用兵，越险阻，踰山海，以辟疆土，抗拒者诛之而已。无有他人入犯我境者，尔噶尔丹博硕克图岂不知之。后闻汝深入骚扰，朕仍念尔向来职贡通好，是以遣和硕裕亲王及皇子等，授之以兵，与汝共议，非令讨汝也。尔众先动，我兵始举。是战之后，王及大臣奏请再战，而朕止之。盛京、乌喇、科尔沁军又请与战，朕又以待尔回奏而止之。今尔以誓书来请罪求和，王及大臣体达赖喇嘛及朕好生之素心，按兵不行追杀。尔今率尔兵出界而居，不得擅犯我属下部落喀尔喀一人一畜，亦不得有一人与众部落往来通使。尔倘有窘迫，奏闻于朕，朕必如前旨抚养，断不念尔旧愆。若再违誓言，妄行劫夺生事，朕厉兵秣马，见俱整备，必务穷讨，断不终止。

（卷 148）

康熙二十九年十月甲申（二十七日，1690.11.27）

时噶尔丹败遁出汛界，伊拉古克三胡土克图、侍郎额尔贺图等，赍敕追及之。噶尔丹具疏谢罪，疏曰，向以一道同轨，通使请安，贸易往来，间因喀尔喀变乱，使人失词，遂生小衅。两胡土克图来，宣布谕旨，使归于好，神圣垂慈，不胜欢忭。嗣以远来粮畜匮乏，妄行获戾。而伊拉古克三胡土克图传旨，使全礼法，仍归和好，既已加恩，又许陈情，心甚喜悦。惟有钦遵谕旨，奉行不违而已。上谕大学士等曰，大将军裕亲王兵，著撤回。及防守遵化州绿旗兵，亦著各归本汛。

（卷 149）

康熙二十九年十一月甲辰（十七日，1690.12.17）

达赖喇嘛率西海诸台吉及噶尔丹等，具疏请上尊号。命议政王大臣会议。王大臣等议从所请，纳其贡物。上谕曰，朕统御宇内，冀中外人民，咸无戕贼，共享升平。是以前闻喀尔喀七旗兄弟不睦，特遣使于达赖喇嘛欲使归好。达赖喇嘛遣噶尔旦西勒图，朕遣尚书阿喇尼前往，而伊等所行，不能仰体朕心及达赖喇嘛之意。虽已和喀尔喀七旗，而喀尔喀与厄鲁特相仇之故，实从此起。后闻交恶兴戎，即遣使于达赖喇嘛。达赖喇嘛遣齐缉克他赖堪布，朕遣阿齐图绰尔济、学士拜礼等，止彼相攻。乃伊等不行宣谕止之，听其纵，喀尔喀遂为所败。朕不忍坐视，复遣使达赖喇嘛，相与同定两国之好。达赖喇嘛遣济隆胡土克图，朕遣伊拉古克三胡土克图往说之，讵意两人见噶尔丹，不行谕止，与之偕行，阑入汛界，抢夺人畜。朕出兵问罪，而两人又不为谕止，立视其战。我军不得已而击之，致厄鲁特大败，远遁请罪。朕与达赖喇嘛期于抚育众生，而使臣故违意旨，遂至于此。如能使厄鲁特、喀尔喀两国和好，朕尚欲加达赖喇嘛嘉号，此皆任事行人，不能仰副朕心。是以喀尔喀残破，厄鲁特丧败，朕心甚为隐痛，有何可贺而受尊号乎。其以是晓谕达赖喇嘛、诸汗、众台吉来使，贡礼贺物，其并发还。

（卷 149）

康熙二十九年十一月己酉（二十二日，1690.12.22）

多罗信郡王鄂扎等奏言，皇上深虑噶尔丹奸狡，此役不行剿除，必贻后患。多派精兵，尽发火器，以裕亲王福全为大将军，王大臣为参赞，指授方略，务期尽灭根株。乃福全等调度乖方，既经战胜，不能乘机剿灭。收兵又不鸣笳，贼败不行追杀，反行文禁止苏尔达等进兵，以致穷寇遁逃，殊误军机。且未经请旨，率兵擅回哈吗尔岭内，应将裕亲王福全、恭亲王常宁、简亲王雅布俱革去王爵，福全撤去三佐领。内大臣公舅舅佟国维、内大臣索额图、明珠、阿密达俱革职。都统公彭春、前锋统领班达尔沙、护军统领杨岱、苗齐纳俱解任。都统宗室苏努、喇克达、都统阿席坦、诺迈俱不准叙功。内大臣苏尔达、费扬古、都统希福、副都统塞赫、罗满色俱罚俸一年。散秩大臣查努喀革职。奏入，得旨，噶尔丹于乌兰布通，为我军击败遁走，而领兵诸王大臣，不复追杀，反信济隆胡土克图议好之诳词，遣人语内大臣苏尔达等，令盛京、乌喇诸路兵，勿与之战。是以噶尔丹奔窜，过盛京、乌喇、科尔沁军营，竟不邀击，纵之使去。其时苏尔达欲羁縻噶尔丹，与土谢图亲王沙津、达尔汉亲王班第等公同商议，选遣公主之子阿拉善下人鄂漆尔及郭尔罗斯台吉吴尔图纳苏图旗下佐领祈他迈往，令噶尔丹且止，将与之会语。噶尔丹不少留，仓皇宵遁。如使苏尔达等邀击之，则噶尔丹可以就擒矣。伊等不战，乃大误也。福全等俱应依议治罪，但此举已击败厄鲁特兵，噶尔丹远遁。诸王大臣概从宽免革，福全、常宁罢议政，与雅布俱罚俸三年，福全撤去三佐领。佟国维、索额图、明珠、苏努、喇克达、阿锡坦、诺迈俱罢议政，与阿密达、彭春、班达尔沙、杨岱、苗齐纳各降四级留任。苏尔达、费扬古、希福俱免罚俸，塞赫、罗满色俱罚俸一年。查努喀著革职，火器营左翼战功，照常议叙。寻兵部议叙，以火器营官兵及左翼交战将士，为头等军功。从之。

（卷 149）

康熙三十年　辛未　1691年

康熙三十年正月壬子（二十六日，1691.2.23）

谕大学士等，闻噶尔丹劫掠墨尔根济农、巴图尔额尔克济农，向青海而去。著将陕西西安兵，酌留守城外，其余兵丁，命将军亲率之。川陕督标绿旗兵，命总督亲率之。宁夏镇标兵，命总兵官亲率之，俱于宁夏备噶尔丹。致仕勇略将军赵良栋，见在宁夏，熟习军务，令与将军总督，酌议行事。又谕，宣府、大同兵，虽未尝攻战，而两次出边，修整器械，亦已劳矣。今又令将军等，于有事时，便宜率之而行。宜加恩赉，每兵著赏银四两。

（卷150）

康熙三十年二月戊午（二日，1691.3.1）

策妄阿喇布坦及阿奴等，遣使达尔汉囊素奏与噶尔丹交恶始末。理藩院以闻。上命厚加恩赐而遣之，并令郎中桑额护其行。其使人起行之先，令见噶尔丹来使，告以故。

（卷150）

康熙三十年二月丁卯（十一日，1691.3.10）

谕大学士伊桑阿、阿兰泰、尚书马齐、班迪等，侍卫阿南达来奏，噶尔丹去年败走以来，日以北徙，人畜屡毙，劫掠无所获。近者噶尔丹，亲率兵来劫喀尔喀，至阿尔哈赖地方，又无所得，皆徒步而返，困敝已极。今应于见在此地噶尔丹使人内，拨发数人，令巴扎尔赍敕，乘驿与之同往噶尔丹所。至巴图尔额尔克济农、墨尔根济农、善巴额尔克戴青处，各遣官一员，令伊等皆内徙，远置哨探。再语伊拉古克三胡土克图，令明告噶尔丹使人云，汝辈厄鲁特之人，从噶尔丹而行，失其生计。主上怜之，故遣汝等，传谕噶尔丹，若降，当厚加恩养。若上果念汝等厄鲁特前恶，则不令策妄阿喇布坦使人见汝等矣。巴图尔额尔克济农遣二郎保去。墨尔根济农、善巴额尔克戴青，著与阿南达议，亦遣向日往来相识之人去。

赐噶尔丹敕曰，朕为天下一统主，务使四海之内，人民咸获其所，以享太平。虽向与本朝抗拒之国，如穷迫来归，必拯而养之，无不使得其所者。喀尔喀向曾与本朝交战，穷而来归，朕并不念前罪，受而抚养之。朕济困继绝之心，不但于喀尔喀为然也，诸国有穷迫来归者，朕之抚养，皆与此同。前已有旨谕汝矣。今闻喀尔喀逃来人等言，汝厄鲁特牲畜已尽，无以为食，极其穷困，人被疾疫，死亡相继。朕重念天下率土人民之命，闻此困敝，有不恻然轸念者乎。况前已致谕于达赖喇嘛，言噶尔丹如不得已而来归，朕亦受而养之，使之得所。今果穷困无食，不能归故土，其移近边汛，朕当厚加恩赐。如决计入降，益从优抚养，断不至失所。此朕俯视率土人民一体之实心，勿贰勿疑。汝亦曾誓不侵扰喀尔喀，况我军已在在设备矣。若朕果有蹙汝困穷之事，则不使策妄阿喇布坦使人见汝之人。如此情事，汝使亦皆知之。自此以后，汝之人无所劫夺，不能归故土，众庶益至死亡，虽悔莫及。汝当熟筹之，其定计具本来奏。

（卷 150）

康熙三十年三月庚子（十四日，1691.4.12）

先是，理藩院题，臣等与内大臣阿尔迪等议，应于上都河、额尔屯河，两间七溪之地会阅。先期遣人调集左翼喀尔喀诸王，前至上都土尔根伊扎尔交界之地。右翼喀尔喀诸王，前至上都黑棚交界之地，以待。上命大学士，与兵部大臣集议。至是，议覆，喀尔喀等在两处会集，应遣大臣分道先往，各令所在地方蒙古，驻于会阅七溪百里以外议事。驾至之前，檄令前来。其喀尔喀等，已传谕于四月十五日，来会于期约之地。驾发日期，并请于命下之日，谕众知之。奏入，得旨，四月十二日启行。前行大臣，如何差遣，喀尔喀等，如何分别，何地安插，喀尔喀作何坐次。又前有噶尔丹之警，备发之兵颇多。今噶尔丹远去，其兵应减。尔等会同满洲九卿詹事科道定议。寻议覆，喀尔喀遇乱离散，先后来降，皇上不忍坐视伊等灭亡，安插汛界内外，赈给米谷牲畜，各令得所。又将车臣汗人等，编列旗队矣。应俟会阅既毕，视汛界四周，暂令游牧。至厄鲁特事定后，仍遣往土喇、俄依等处安插。前所发八旗兵，今应减去，率每佐领护军四名、前锋全队、汉军火器营兵而往。上三旗兵丁随驾，下五旗兵丁出独石口，赴御营。至张家口所备兵，应俟驾发之后，令将军瓦岱等率领，支两月粮，马驮轻炮，出张家口，往正白、镶白察哈尔游牧之地，随其水草，在彼游牧。会阅既毕，如何措置，该部再行请旨。至会阅之地，应备器物，俱令各该部院奏遣前行。奏入，得旨，如议。左翼，著马齐、布彦图、额尔贺图、西拉、纪尔他布往，右翼，著班迪、索诺和、文达、达虎、阿喇尼往。

（卷 150）

康熙三十年五月戊子（三日，1691.5.30）

谕喀尔喀汗济农台吉等，朕承天命，统御万方，惟思率土人民，咸得其所，安生乐业，不致沦于灭亡，中外同观，罔有殊别。前尔七旗喀尔喀等，本皆兄弟，乃互相争夺，吞噬人民，以致不睦。朕因此故，曾特遣大臣，往莅会所，令尔等各相和协。而土谢图汗等自食誓言，不遵约会已定之议，起衅用兵。致为厄鲁特噶尔丹博硕克图所败，丧其国土。汗台吉等不能保聚所属人民，其人民亦不能各保妻子，纷纷溃散来求归附。尔等当此困穷至极之际，倘朕之众扎萨克等，各行收取，尔喀尔喀早已无遗类矣。朕好生之心，本于天性，不忍视尔等之灭亡，给地安置。复屡予牲畜糗粮以资赡养汗台吉仍留如故。车臣汗仍令承袭。又因尔等互相偷夺，故于各处添设管辖扎萨克，以便稽察。且念尔等素无法纪，故颁示定例，令各遵行。自古以来，未有如朕拯救爱养，若此者也。朕既加爱养，更欲令尔等苏息繁育，用是亲临训谕，大行赏赉会同之时，见尔等倾心感戴，故将尔等与朕四十九旗一例编设，其名号亦与四十九旗同，以示朕一体仁爱之意。土谢图汗、车臣汗名号，俱著仍旧存留。扎萨克图汗无辜被杀，且所属人民离散困苦已极，深为可悯者，著将伊亲弟策妄扎卜封为和硕亲王。其扎萨克之墨尔根济农古禄西希、扎萨克之昆都伦博硕克图滚卜、扎萨克之信顺额尔克戴青诺颜善巴、扎萨克之台吉色冷阿海、扎萨克之额尔德尼济农盆楚克喇布坦，伊等原系旧扎萨克，著去其济农诺颜之名，皆封为多罗郡王台吉。噶尔旦系土谢图汗之长子，且从枯伦白尔齐尔期会以后，屡来朝贡，著封为多罗郡王。车臣汗之叔、扎萨克额尔德尼济农纳穆扎尔，虽系新扎萨克，而劝车臣汗领十万众归顺，又身为之倡奏请照四十九旗一例，殊为可嘉，著照旧扎萨克例，去其济农之名，封为多罗郡王。车臣汗之族叔，扎萨克额尔克台吉车布登，当征厄鲁特之际，效力行走，侦探信息，以马匹助用，于事不致有误，著授为多罗贝勒。台吉西第西里，土谢图汗之亲弟，且所属甚众，同土谢图汗归顺，著授为多罗贝勒。车臣汗之叔祖车臣济农、车卜登达莱济农阿南达、额尔德尼济农布达扎卜、伊尔登诺颜达礼、车臣汗之叔伊尔登济农盆苏克皆去其济农之名，授为固山贝子。白苏特之察罕巴尔诺颜博贝布扎，虽系新扎萨克，当在喀尔喀地方时，曾奏喀尔喀日后必败，败时我来投归天朝，后喀尔喀国败，即践前言归顺，殊为可嘉，亦著授为固山贝子。洪俄尔戴青之佐理固山事台吉汉都，归顺在众人之先，效力行间被创，著授为镇国公。土谢图汗之同族台吉苏泰伊尔登，额尔克戴青诺颜善巴之同族，台吉托多额尔得尼等诚心归顺效力行间，此二人亦著授为镇国公。此外在事台吉与众台吉等著该部一一察明具奏，各与以应得品级。自今以往，尔等体朕爱养之恩，各守法度，力行恭顺。如此，则尔等生计渐蕃，福及子孙，世世被泽。若违法妄行，则尔等生计既坏，且国法具在，凡事必依所犯之法治罪，特谕。

（卷 151）

康熙三十年六月乙卯（一日，1691.6.26）

谕大学士等，喀尔喀、厄鲁特谕和之举，朕与达赖喇嘛同行之。今喀尔喀已安插得所，应遣使赍敕于达赖喇嘛，使人所关紧要，商南多尔济既病，著丹巴色尔济去谕达赖喇嘛。敕曰，朕统御寰区，以仁育为本，抚养是先。虽末陲异域之民有困穷而归命者，必受而养之，使各得其所。尔喇嘛奉行佛法，广度众生而救苦难，其心亦犹是也。前以七旗喀尔喀兄弟内相侵夺，外与厄鲁特交兵。朕与尔喇嘛谕令罢兵归好。后噶尔丹又追侵土谢图汗、泽卜尊丹巴胡土克图，杀夺喀尔喀之人。朕遣伊拉古克三胡土克图，尔喇嘛遣济隆胡土克图，往谕噶尔丹，尔使人不能仰副朕与尔之心。噶尔丹称兵大举，杀掠喀尔喀，深入我边汛之内，朕稍发兵以问其故，反与我兵拒战，至于大败，乘夜远遁。此彼来犯我，非朕往伐之也。彼所行违朕与尔好生善念，自救穷困而已，喀尔喀土谢图汗、车臣汗、诸济农、诸颜、台吉决志内附，朕既已受而养之。于本年四月，躬亲大阅，喀尔喀之汗、济农、诺颜、台吉等皆执臣礼跪而稽颡，谆请与四十九旗同列。朕设大宴厚赐之，照四十九旗，编为旗队，给地安插。土谢图汗自以妄举兴戎，陈情请罪，朕发众喀尔喀议之，皆言加彼之罪，则于我众无光，朕是以宥免其罪。仍留土谢图汗、车臣汗之号。又念扎萨克图汗被杀冤痛，属下裔民散亡，可矜授其亲弟策妄扎卜为和硕亲王。其余各分等级授以郡王、贝勒、贝子、公、台吉之衔，明其法度，昭其典章矣。尔喇嘛普济生灵，向以喀尔喀国破为忧，今已安措得所，遣谕尔喇嘛知之，尔喇嘛闻此必大欢喜也。其左翼之喀尔喀无复可议，至右翼扎萨克图汗属下人等被虏散亡，有在尔喇嘛所者，亦有在他处者。尔喇嘛普济生灵，必能查明，发归原主也。今厄鲁特人等屡有归降，闻噶尔丹穷困已极，无食而饥，于此可见噶尔丹之获罪于天矣。未必不往归尔喇嘛，若果往归，作何措置，惟尔喇嘛裁之。噶尔丹遁去之时，曾立誓而去，倘违誓而稍犯我喀尔喀降人，朕必发大兵分路前进，务期剿灭之。其时地方遥远，不及遣人赍敕于尔喇嘛，亦未可定。是以预遣教习唐古特文喇嘛丹巴色尔济，谕尔知之。

（卷 152）

康熙三十年七月甲申（一日，1691.7.25）

奉差兵部郎中格什等疏言，臣等至宁夏会同将军尼雅翰等，率领西安满兵全军，总兵官一员领绿旗官兵四千，往追巴图尔额尔克济农。副都统柏天郁、总兵官冯德昌等率兵出大威口，追及巴图尔额尔克济农于阿里浑乌素之地。再三谕令迁移，巴图尔额尔克济农不从，旋即遁去。臣等随报将军，将军分兵为三队追之。至西喇布里图，将宿臣等言当乘夜追及诛之，次日往追则难及矣。将军不听，次日追三十余里，第三日至库克布里图，度不能及，遂率兵还。臣等度巴图尔额尔克济农必西去，臣格什往甘州等处地方，臣二郎保往凉州等处地方，探视巴图尔额尔克济农驻牧之地。奏入，上命刑部侍郎迈涂前往察审。寻迈涂审取口供具奏，下部议。兵部议覆，将军尼雅翰稽迟怯懦，失误军机，应革去将军，并掩沙喇哈番，不准折赎，鞭一百。副都统柏天郁革去副都统。郎中格什、员外郎二郎保俱革职。总督葛思泰系封疆重臣，部檄到日，应即会同将军尼雅翰等，速议使巴图尔额尔克济农不致遁逃，始为称职。乃迟误军机，遣大臣往讯，始云曾谏将军尼雅翰，巧饰具奏，殊为不合，应将葛思泰降二级调用。得旨，柏天郁、葛思泰俱降五级留任。将军尼雅翰著逮至京监候绞。格什、二郎保革职。尼雅翰等所率往官兵，令总督葛思泰暂辖，驻扎宁夏。

（卷 152）

康熙三十年闰七月丙辰（三日，1691.8.26）

四川陕西总督葛思泰疏报，臣差甘肃副将陈祚昌等哨探至昌宁湖，有巴图尔额尔克济农之弟博际遣亲信喇嘛格隆等来言，素蒙皇恩，不敢背负，今请在昌宁湖牧马。陈祚昌度其将往西海，借名牧马缓我军机，随将格隆等监禁，一面报臣及总兵官。甘肃总兵官柯彩调遣游击李士达等，领官兵四路进剿，大败蒙古兵，杀五百余人，博际遁走，追蹑百余里，所获牲畜器械无算，生擒蒙古十五人。并前监禁之格隆额林臣、索诺木等皆斩之。下部议叙。

（卷 152）

康熙三十年九月丁卯（十六日，1691.11.5）

先是，以噶尔丹败遁及立誓请罪始末，遣伊什格隆赍敕往谕达赖喇嘛。至是，达赖喇嘛遣使德木本尔囊素至，疏言前者敬遵谕旨，曾遣噶尔旦西勒图往和喀尔喀、厄鲁特。因彼构兵不已，复遣济隆谕和，济隆回报，言喀尔喀、厄鲁特俱听从立誓矣。及见皇上敕谕内，有噶尔丹为大兵所败，认罪立誓之旨，始知噶尔丹不听训饬，是以至此。此地所遣人员，无知无识，伏乞宽宥。德木本尔囊素又述达赖喇嘛口奏云，喀尔喀、厄鲁特交战之前，土谢图汗、噶尔丹等遣使于西海台吉，各请助兵，达赖台吉来告于我。我谓喀尔喀、厄鲁特等和睦，我则喜悦，不愿有所偏助也。四川打箭炉地方，令西海扎什巴图尔台吉领兵驻防，非有异念，今俱已撤归矣。上以达赖喇嘛向来恭顺，噶尔丹事，必其使臣及属下人通同蒙蔽，非达赖喇嘛意。因赐敕谕之，敕曰，朕统御宇内，以爱育黎庶为本，务使万邦共享安乐。前闻喀尔喀厄鲁特交恶相攻，屡遣使于尔喇嘛，以和两国。尔喇嘛从来奉命不违，敬顺而行，亦屡遣喇嘛说和。奉差喇嘛诸人，若能仰体朕与尔好生之意，尽心行事，则喀尔喀、厄鲁特和好，早息战争矣，但尔近侍与济隆胡土克图等皆有私意，不体朕与尔之心。济隆胡土克图，身在噶尔丹营中，并不说和噶尔丹，藉追喀尔喀为名，阑入边汛，劫掠乌朱穆秦。又不劝阻，且噶尔丹与我军交战，济隆张盖于山顶观之。而报尔以为竭力说和，听从立誓。济隆之去，朕面谕以告尔喇嘛之言，亦不行传谕。以前项事情揆之未必由济隆一人之意，亦尔近侍之人，通同贪利而欺蔽尔，徇庇噶尔丹之所致也。尔岂有如是之心乎。朕灼见与尔喇嘛无涉，是以朕不责汝。朕向来惟以实心待尔，故将若辈行事，违朕与尔之意，遣敕谕尔知之。至噶尔丹乞兵于达赖台吉而不许，驻防四川打箭炉之兵尽撤，已具悉所奏矣。

（卷 153）

康熙三十年十月庚寅（九日，1691.11.28）

四川、陕西总督葛思泰疏报，前因谢尔素地方番人为盗，擅发弓箭，射死参将朱震等，部议，令臣发兵剿杀，随密饬西宁总兵官李芳述，酌带官兵驰赴谢尔素地方，八月二十七日在棋子山杀死贼番六百余名，生擒三十名，将为首之华木尔加等审明正法，下所司知之。

（卷 153）

康熙三十年十月丁未（二十六日，1691.12.15）

先是，遣侍读学士达虎等，赍敕颁赏策妄阿喇布坦、阿奴等。归至嘉峪关外，被阿奇罗卜臧等劫去马驼盔甲等物。兵部檄令甘肃提督孙思克发兵征讨。至是，孙思克疏言，阿奇罗卜臧经臣遣发官兵征讨，斩杀四百余人，获马驼牛羊千计，下所司知之。

（卷 153）

康熙三十一年　壬申　1692 年

康熙三十一年三月乙丑（十六日，1692.5.1）

先是，上谕大学士等，顷有喀尔喀杜楞逃来，言彼向在巴图尔额尔克济农之弟博跻所，博跻经我兵掩杀，徒步逃去，至伊巴赖之地，遇巴图尔额尔克济农属下祁齐克台吉等，博跻取彼马匹及粮糗，往觅其兄，食尽困极，自相窃夺，见在额济内地方。额济内之地，距嘉峪关四日程，目下西安大兵正往戍宁夏，可令侍卫阿南达携杜楞至宁夏，会同将军马喇、提督孙思克及总兵官等详议，确探声息。如巴图尔额尔克济农所居果近嘉峪关，二郎保、格什见在彼地，可即遣伊等前往招抚，如抗拒不降，即选发满洲绿旗兵剿除之。至是，阿南达等疏报，巴图尔额尔克济农降。上谕议政大臣等曰，览侍卫阿南达等奏报，巴图尔额尔克济农已降，将遣其子来朝，但其人未可深信，或时序不宜，马匹羸瘦，不得已而降，令其子来朝，往返之际，马匹休息，又复逋逃，亦未可定，将军马喇、提督孙思克既身与相近，目击情形宜乘此机会，共商徙入内地之策，断不可纵使复逸。寻马喇等疏至，言巴图尔额尔克济农属下人共二千二百余口，绝粮穷困已极，揆其情形，必不复逃。上命理藩院遣官一员至宁夏，令巴图尔额尔克济农少携仆从，乘驿而来，沿途酌拨绿旗兵递送，俟朝见后遣归。后巴图尔额尔克济农率其子云木春台吉来朝，优赉遣之。

（卷 154）

康熙三十一年三月戊寅（二十九日，1692.5.14）

达赖喇嘛、班禅胡土克图遣使进贡。赏赉如例。

（卷 154）

康熙三十一年六月己丑（十一日，1692.7.24）

先是，遣内阁侍读海三岱往西宁，迁归降之罗卜藏赛音台吉暂驻宁夏边外。至是，理藩院题，据海三岱报称，罗卜藏赛音台吉已至宁夏边外，应遣臣衙门官一员，将罗卜藏赛音台吉及其子女属裔，自宁夏驿送至鄂尔多斯，自鄂尔多斯驿送归化城附近安插，到日再议授职。从之。

（卷 155）

康熙三十一年六月癸卯（二十五日，1692.8.7）

甘肃提督孙思克疏言，台吉憨都既与巴图尔额尔克济农一同来降，又与罗卜藏额林臣、祁齐克等潜谋逃亡，欲赴策妄阿喇布坦所，随发官兵追剿，至库勒图地方，憨都远遁，杀其所属四十余人，擒获男妇马驼等。祁齐克自称台吉，同谋逃遁，应正法，阵擒四十三人，随祁齐克之九人亦应正法。其妻子应否解京，所获马驼器械等物，应否赏给有功官役，请旨定夺。下部议。寻议覆，祁齐克宜正法，宥其从人，妻子解京，其驼马等物，赏给有功将士。得旨，祁齐克著免死，其妻子亦免解京，令与巴图尔额尔克济农完聚，余如议。

（卷 155）

康熙三十一年七月壬戌（十五日，1692.8.22）

先是，伊拉古克三胡土克图请自察罕托灰迁其父吴巴什及弟子往居松阿喇布贝勒地方。上不许，令迁归化城。寻伊拉古克三以其父病故，奏请安葬，上遣理藩院笔帖式常寿偕往。至是，常寿报云，伊拉古克三渡黄河岔逸去，理藩院以闻。上命大学士等议奏。随议覆，伊拉古克三曾授总领喇嘛班第之职，豢养已深，理宜效力图报，而竟逃去，大干法纪。或逃往达赖喇嘛处，或逃往青海处，俱未可定。应檄甘肃提督孙思克详探，如遇彼，即行拿解。如抗拒，即行剿杀。青海诸台吉，亦应遣文谕旨。从之。

（卷 155）

康熙三十一年九月戊申（二日，1692.10.11）

甘肃提督孙思克疏言，员外郎马迪奉旨差往策妄阿喇布坦，臣标下守备高天福、千总马惟恒及兵三十名护行。今据肃州总兵官潘育龙报称，向导蒙古巴素归报，马迪等行至哈密地方，距城五六里许，驻扎有噶尔丹属下蒙古五百许，杀马迪等尽劫马、驼、行李而去。执原任郎中格什、守备高天福、千总马惟恒，并受伤未受伤兵共二十四人到哈密城，据报以闻。

（卷 156）

康熙三十一年九月乙丑（十九日，1692.10.28）

厄鲁特噶尔丹遣使额尔德尼绰尔济请安进贡。疏言，前为泽卜尊丹巴、土谢图汗之故，陈奏三言，乞以一言为定，初意即欲仰请弘仁，发回七旗于故土，因地方既远，粮骑不足，且未归之前，凡所留辎重，俱被策妄阿喇布坦劫去，诸物无存。今惟恃达赖喇嘛之恩，得以安集。谨将从前迟久之处遣使陈奏，请敕裁断。上谕大学士等曰，览噶尔丹奏，词语恭顺，询诸来使，亦无他故。今备兵而无所用，似乎徒劳士卒。然噶尔丹非可信之人，如不之备，万一有事，又贻后悔，应备与否，尔等与议政诸臣会议具奏。大学士等议覆，噶尔丹必无他故，然备兵不过略费钱粮，并无所劳苦也。倘有警报，自此出兵，不若自大同前行甚便，此军似仍预备大同为宜。至京城前所预备之兵，亦仍应预备，后增拨护军二名，应请停止。得旨，遣备大同每佐领护军七名内减去一名，留于京城预备兵内后增拨护军二名，著停止。寻敕谕噶尔丹曰，朕抚驭天下，惟欲率土无事，各享安乐，原不欲兴戎耀武，荼毒生民。今尔疏称为泽卜尊丹巴土谢图汗之故，上奏三言乞以一言为定，并请发回七旗于故土。前者尔喀尔喀、厄鲁特交恶相攻，朕念两国皆奉贡之邦，不忍坐视黎民涂炭，遣使于达赖喇嘛，令屡谕尔等和好。尔不奉朕旨及达赖喇嘛之言，戕伐喀尔喀七旗，喀尔喀人等纷纷离散，各无衣食，皆来归朕求生。然尔违朕之旨，朕并未尝介意，乃尔复以追喀尔喀为名，深入我边徼直至乌兰布通地方。及发兵问故，尔兵辄先攘臂，我军始与之战，尔大败窘迫，跪于威灵佛前誓不犯中华皇帝属下喀尔喀以及众民，印文誓书见在见证，济隆胡土克图亦在。及伊拉古克三胡土克图往尔处，尔顶礼达赖喇嘛所遗佛像而设誓曰，我断不违旨矣，前者深入边境，已自知罪。佛在此，而敢不以我罪为罪乎。圣上即佛天也，乞姑宥我所奏亦甚明，朕以尔誓言为信，遂止各路军马不使穷追，此亦尔所灼知也。喀尔喀人等窘迫来归，若不收养，则皆至死地。是以朕亲出阅，安插近边，给粮米畜产以活之。今尚穷困未苏，死亡殆尽，或一旗仅存数人。喀尔喀并无粮畜，如遣回故土，谁养之乎。且喀尔喀人等肯明知饥饿而归死乎。前以养喀尔喀之故，曾敕达赖喇嘛遣谕尔等，达赖喇嘛亦甚喜，奏言，喀尔喀如此穷饿，博施惠养与佛慈悲同行，闻之不胜欢忭。博硕克图，原当从济隆之言，而竟不从大君，宜责而诛之，乃俯怜众生有如赤子，复垂恩宥。今以其疏发汝。汝其视之。若达赖喇嘛致书于尔，或有异言，尔亦陈奏可也。前闻策妄阿喇布坦与汝不睦，流言未审虚实，是以遣学士达祜等往问。策妄阿喇布坦请朕加恩，故遣员外郎马迪等往颁恩赐，并不欲败尔事而遣之也。所差马迪，既为尔之人所害，敕书见在尔所，尔视之，自不谬也。今嘉峪关报称马迪同行之人名巴素者，归告曰，我等八月十一日行至哈密，有厄鲁特噶尔丹属下图克齐哈什哈、哈尔海达颜额尔克两人为首，率兵五百许，夺去员外郎马迪等马驼行李，戕害员外郎马迪及笔帖式、拨什库等，其他兵卒，亦有被掠者，亦有留于哈密者。从来争战之国，无害往来使人之理。乌兰布通地方，尔虽与我军拒战，然前所遣使人察罕古英寨桑、阿卜都赖额尔克寨桑等千有余人，俱遣大臣，送出境外，归还于尔。果宜加害则尔目下所遣使人，朕即不许归，何不可乎。尔前所奏言朕许以泽卜尊丹巴、土谢图汗畀尔，此小人欲自脱其身，而有此言耳。果有此旨，岂不早谕尔乎。况执来降之人以畀雠人，有是理乎。前亦尝以此谕尔矣。今尔背弃誓言，索我降人喀尔喀，害我奉差策妄阿喇布坦之使臣马迪诸人，以此观之，是尔阳奉达赖喇嘛之言，而阴违达赖喇嘛之命，全弃誓言，生事起衅，彰彰明矣。达赖喇嘛曾令尔犯我使臣，索我降人乎。况喀尔喀人等，朕已养之数年，方且俟其生聚，将择可居之地安插之，尔如此背誓生事，本应不纳尔使逐之归去。但念尔使，皆系小人，必至困迫，是以放入，仍使贡献市易，今将尔背誓及尔人害我使臣之事，详开敕中，发尔使沙哈孙巴克绰尔般赍往。其余，俟市易毕遣归。其即查明害我使臣之事及尔欲陈之言，具疏与见在羁留之人，一并奏遣，朕当熟筹一策焉。以上情事已颁谕达赖喇嘛矣。

敕谕达赖喇嘛曰，朕奉承天命，统驭万邦，惟以人民得所为至愿，是以率土有邦，无不恪恭来享，亦无不遵朕诏旨。尔喇嘛领奉佛法，济度众生，西域蒙古，亦遵奉尔喇嘛之教。朕与尔往来通使，历年已久。是以喀尔喀、厄鲁特之事，朕多与尔喇嘛闻之。前闻厄鲁特、喀尔喀交恶相攻，朕遣使于尔喇嘛，欲与尔共息其争，使相和好。尔即欣然发使，同往噶尔丹所，不啻三四矣。噶尔丹竟不遵我谕和之旨，而破喀尔喀，以致喀尔喀穷极流亡，无衣无食，匍匐归朕以求活。然朕犹未尝因拒命之故，有恶于噶尔丹。其后，噶尔丹复借追喀尔喀为名，深入我边境，直至乌兰布通。及发兵问故，噶尔丹兵又先犯我颜行，我军始与之战，噶尔丹大败，不得已跪誓于威灵佛前，谓永不犯中华皇帝属下喀尔喀，以及众民，誓书印文具在见证，济隆胡土克图亦在。迨伊拉古克三胡土克图前往，噶尔丹顶礼尔喇嘛所遗佛像而誓曰，我断不复违旨矣。深入边界，实我之罪，佛在此，敢不自服乎。圣上即佛天地，乞终宥我。所奏甚明，朕以噶尔丹誓言为信，止各路军马不使穷追，此亦噶尔丹之所明知也，以敕谕尔喇嘛不啻数次矣。喀尔喀人等困极来归，若不收养，则皆死亡。是以朕亲出阅，安插近边，给粮畜以养之。今尚穷困未苏仅有七旗之名，死亡殆尽，有一旗仅存数人者。喀尔喀并无骑无粮，倘遣归故土，其谁养之，岂有明知饥饿，而肯就死地者乎。前以赈济喀尔喀之故，曾敕谕尔喇嘛，亦遣谕噶尔丹。尔喇嘛亦甚喜，言喀尔喀如彼穷饿，全而活之，真佛之慈悲也，闻之不胜欢忭。博硕克图原应从济隆之言，而竟不从，大君宜责而诛之。乃俯恤众生，有如赤子，仍加恩宥。尔奏尚在，今噶尔丹违弃誓言，云为泽卜尊丹巴、土谢图汗之故，上奏三言乞以一言为定，发回七旗于故土。又前闻策妄阿喇布坦，与噶尔丹不睦，流传之言，未审虚实，故遣学士达祜等往问其故。策妄阿喇布坦请朕加恩勿绝，乃遣员外马迪等，往颁恩赐，并非欲败噶尔丹之事也。今嘉峪关报有员外郎马迪同行之人，名巴素者，归告曰，我等八月十一日至哈密，有厄鲁特噶尔丹属下图克齐哈什哈、哈尔海达颜额尔克两人为首。率兵五百许，夺员外郎马迪之马驼行李器械，戕害员外郎马迪及笔帖式、拨什库等，其他人等，亦有被擒者，亦有留于哈密者。从来战争之国无害往来使人之理，乌兰布通地方，噶尔丹虽与我军拒战，而噶尔丹所遣使人察罕古英寨桑、阿卜都赖额尔克寨桑等千有余人，俱命大臣送之出境，遣归噶尔丹。且喀尔喀人等，朕方欲养之数年，待其生聚，择可居之地安插之。噶尔丹背弃誓言，奏索我措置已毕之泽卜尊丹巴、土谢图汗，又将遣往策妄阿喇布坦之使臣戕害。以此观之，诚反覆奸顽之徒也。已将彼罪，备开敕内，付其贡使赍往，令彼覆奏。噶尔丹阳奉尔言，肆为欺罔，阴则不从尔言，不奉尔教，生事妄行，彰彰明甚，不知尔意以为何如。今以噶尔丹生事，朕秣马厉兵，治具已毕，俟噶尔丹回奏，以决一策。特以此故，命伊什格隆赍敕谕尔知之。

（卷 156）

康熙三十一年九月丁卯（二十一日，1692.10.30）

厄鲁特噶尔丹遣使进贡。赏赍如例。

（卷 156）

康熙三十一年十一月丁卯（二十二日，1692.12.29）

噶尔丹之使厄尔德尼绰尔济、色卜登额尔克白克等，挟噶尔丹书札，散布内属蒙古。上闻之，赐噶尔丹敕，令来使赍归。敕曰，朕统驭万邦，惟愿天下之民共享升平，无生事，无作乱，兼容并包，诚心抚恤。残刻之事，素所不为。诸国远人，诚能恭顺职贡，不改其常，朕益加爱惜，施恩不绝。若阳奉阴违，狡诈百出者，朕未尝不知，亦不究竟，每从宽教诫，冀其改悔自新。是以中外之人，无不归诚向化，虽极隐密之事，必来奏闻，无敢欺蔽。今尔所遣奉贡使人持尔书来与朕属下蒙古，告以尔语，皆以奏闻于朕，朕尽知之矣。此等谲诈，止自欺取祸而已，何能欺人。且朕属下蒙古，皆世受豢养厚恩，岂能负朕而堕汝计乎。据尔书云，为宗喀巴之法而行，朕不得不将护持宗喀巴之法为之宣布。本朝兴龙之际，延召达赖喇嘛至京，此天下之所共知也。康熙八年达赖喇嘛疏称，前蒙皇上惠赐臣敕印，仗一统大君之仁慈，平治土伯特国三部落，而红帽帕克木取两族之人而去，请将伊等还归于噶尔马。朕即降旨，特遣官取红帽帕克木发还。康熙十三年达赖喇嘛疏称，巴忒马三宝瓦巴克什之经，请敕谕中国僧俗，勿得诵习。朕即降敕，禁止僧俗，概不许诵习。康熙十八年达赖喇嘛疏称，谨将平治汉人、土伯特、蒙古之要略，奏请睿览，其奏尚在。盖达赖喇嘛深知朕护持宗喀巴之法，故凡事直陈无隐，历年通使不绝。尔喀尔喀、厄鲁特之人，阳则诳言为宗喀巴之法、达赖喇嘛之教而行，阴则违之。率土皆知，尔前者败于乌兰布通之时，汝属下人皆惊惧而谤尔，俱请降朕。朕素无离间害人之意，是以准尔誓书，训尔等以依常安处，勿怀异心。此伊拉古克三胡土克图所深知也。至于策妄阿喇布坦，虽闻与尔不协，朕但恤其贫苦加之以恩而已，未尝使与尔交恶也。此皆至实之情，朕思尔断无此等谲诈之事，必尔下人及尔使人欺尔而离间之耳，然若辈如此行事，岂使尔善全之意乎，尔当熟计之。朕凡有所闻见，即与宣说，向无隐讳特开始末，降敕谕尔知之。

（卷 157）

康熙三十二年　癸酉　1693 年

康熙三十二年正月丙午（二日，1693.2.6）

谕大学士等，闻厄鲁特噶尔丹无所得食，困迫已极，仰食于其所属番人，而有来哈密之信。哈密于我边塞相去最近，可发宁夏驻防满兵，令往甘肃提督孙思克处为之预备。孙思克所辖官兵，亦当令其整顿预备。此外本省附近地方官兵，有宜调发预备者，令孙思克一面调发，一面奏闻。又贝子察汗巴尔之弟班第自青海来时，由大草滩于边内行来，遇伊拉古克三胡土克图亦由边内而往，如此潜行来往，边塞官员何以不复稽察耶。此亦当移檄孙思克，边塞官员令其严加戒饬。尔等会同兵部，密议以闻。

（卷 158）

康熙三十二年二月壬午（八日，1693.3.14）

理藩院题，员外郎马迪等中途为噶尔丹人所害，策妄阿喇布坦立遣沙克海喇图等来奏。上赐策妄阿喇布坦敕曰，朕统驭寰区，抚绥万国，中外一体，果能始终効顺，则宠赉频加，尔策妄阿喇布坦僻处穷荒，立心诚恳，贡献方物，问安之使，不绝于道，是以屡遣达虎、马迪等加尔恩赐。马迪等中途被害，尔即遣使奏闻，朕深嘉之。今全受尔所贡物，因尔使沙克海喇图等归，赐尔以御用彩缎十端，尔所密奏诸情事，朕已悉之矣。

（卷 158）

巴图尔额尔克济农以前因逃遁，人民失散，奏请查归。得旨，巴图尔额尔克济农失散之人，可令所司查归之。

（卷 158）

康熙三十二年二月己丑（十五日，1693.3.21）

达赖喇嘛疏言，彭楚克格隆、达木奔尔囊素等赍到恩赐，不胜欢忭，上谕之意，臣已明晓。屡欲使喀尔喀、厄鲁特修好，而生灵合有灾眚，弗能和协。济隆胡土克图不克尽力，虽有小愆，仍求大君宽宥。巴图尔额尔克济农，倘许安插于西海，可以保无盗贼，而教之遵行法度。皇上各项差员，遇旧时驻牧之人，忽生乱端，皆难辨晰，伏祈鉴宥。蒙遣济隆胡土克图于噶尔丹，谕彼遵誓，但厄鲁特大半附策妄阿喇布坦，虽谕以修好，若厄鲁特不从，而生乱端，则西海大小土伯特力有不支，伏祈鉴而察之。至打箭炉等处地方，在汉人与土伯特之间，奉皇上敕旨云，土伯特行商者无用其止之。是以土伯特仍照前行汉人地方，虽有妄为之事，如发蒙古前往，恐不当圣心，是以未经遣发。以上情事俱已口陈于彭素克喇嘛，乞仍前颁赐温谕。奏至，敕谕达赖喇嘛曰，朕统御宇内，抚绥万邦，好恶不偏，凡出令行政，务本公诚，以为惩劝。前者济隆胡土克图违旨偾事，已发敕谕尔喇嘛知之。今尔喇嘛疏言济隆胡土克图不能尽力，虽有小愆，仍望大君宽宥。向为喀尔喀、厄鲁特之事，尔喇嘛节次遣使，皆不能体尔喇嘛之意，后又遣济隆胡土克图，亦不能体尔喇嘛之意，反与噶尔丹偕行，杀掠喀尔喀，入汛界劫取牲畜，所行凶悖，以致厄鲁特、喀尔喀残破，人多死亡，穷困至极。凡奉使行人不悖旨而成事，则赏以劝之，违旨而败事则罚以惩之，国家一定之大法也。如或不然，则善人何以为劝，恶人何以为惩乎。至巴图尔额尔克济农前以困穷而来归朕，朕优恤之，使居贺兰山，俾得其所。乃忘朕豢养之恩，妄生猜贰，四处奔窜，今穷而复归，朕又宥其前愆，安插之矣。并无欲得其利，欲用其力之心也。今尔言巴图尔额尔克济农安插西海，即可以无盗贼，亦可教之遵行法度。尔喇嘛何不即拨人夫，乘便迁巴图尔额尔克济农种类，尽至西海安插之乎。尔喇嘛又言皇上各项差员，遇旧时驻牧之人，忽生乱端，皆难辨晰，伏乞鉴宥。又言厄鲁特大半附策妄阿喇布坦，虽谕以修好，若厄鲁特不从而生乱端，则西海大小土伯特力有不支，伏祈鉴而察之。朕遣使于尔喇嘛，往来不绝途中，无一舛错。尔喇嘛属下人近边而居，历年已久，亦从未尝启衅生事。况策妄阿喇布坦目下并无妄为之事，何所见而悬拟之乎。苟有此等事端，其时自有从公裁度之处。尔喇嘛又奏打箭炉交市之事，殆欲屯戍之意也，今天下太平，并无一事，尔喇嘛与我朝往来通使历有年所，何嫌何疑。尔喇嘛如设立驻防，我内地必量增戍守，中外俱劳，况我内地兵丁约束甚严，非奉朕旨何敢私出边境。尔喇嘛但须严禁属下，不使妄行有何衅之可开，戍兵之设，似无用也。特此遣大喇嘛垂喇克格隆、根敦林辰格隆往谕。

（卷158）

康熙三十二年五月丁巳（十四日，1693.6.17）

先是，以戕害员外郎马迪事，降敕诘问噶尔丹。至是，噶尔丹遣使赍奏陈情，上命发敕，令彼使人赍回敕曰，朕躬膺天命，抚绥万邦，凡恭顺之国，无不加恩，以示奖劝。其有未孚者，亦必曲加优容，以匡正其非，使归于善。前者朕遣员外郎马迪等于策妄阿喇布坦，为尔属下土克齐哈什哈、哈尔海达颜额尔克所害，敕汝查奏。今尔疏言，非但皇帝之使臣不宜尔也，向来小国使臣亦无杀害之事。敕使因遇罗卜藏林辰、憨都、滚布扎卜，是以见杀。其名土克齐哈什哈、哈尔海达颜额尔克之人，虽在其内，但原遣与哈密通问，非自我教之行劫也。害使臣者乃罗卜藏林辰等，见在塔尔纳齐纳尔地方，伊等情由，想皇上早已洞鉴之矣。诸凡大小罪过，总祈皇帝如天之度，兼容并包。尔于朕敕未到之前，护送使臣同行之格什等，至嘉峪关，奏其情事，朕甚嘉许。但尔既已立盟修好，则害我使臣之土克齐哈什哈、哈尔海达颜额尔克等当即擒拿治罪，以戒后来横行之人。尔疏又言，乌尔会地方两尚书击我，倘其事有成，将欲置我等于不堪。我等亦知非皇帝之旨其时已吁奏矣。尔前者借追喀尔喀为名，犯我汛界，掠我人民，尚书阿喇尼等因巡汛界遇之，彼凛遵国法，率汛界蒙古兵与战，并非内地所遣之兵，然此乃尔未誓以前事。尔既誓以后，不得复执此以为言。又前者尔于乌兰布通地方，首顶达赖喇嘛之佛，誓不再违圣旨。又跪于威灵佛之前，誓不再犯中华皇帝属下之喀尔喀，以及众民。尔今疏言昔当济隆胡土克图、内大臣吴丹、塞尔济之前跪告曰，请将泽卜尊丹巴、土谢图汗两人，于所奏三言中以一言为定，逐出七旗，归于故土，则皇帝覆育之蒙古，再不为非矣。今亦不敢异于从前，有所诳奏，尔誓书印文犹在，并无此等语。尔奏此言，与誓书原辞，自相悖谬。且朕安集喀尔喀之事，已檄知达赖喇嘛，并敕谕尔矣。达赖喇嘛甚喜，奏喀尔喀如彼饥困，全加爱养，同佛慈悲，闻之不胜欢忭，诚抚恤众生如赤子也，其疏前已示尔，尔亦当详睹之矣。日者达赖喇嘛因与喀尔喀泽卜尊丹巴胡土克图、土谢图汗、车臣汗诸台吉，俱相隔数年，未遣使通问，今特遣其弟子绰木巴喀巴、额木齐往问。朕恐行路羁迟，特遣官驰驿往送。以此观之，达赖喇嘛以喀尔喀等向为护法主，加恩之意彰彰明矣。尔今违誓，仍索泽卜尊丹巴胡土克图、土谢图汗等，岂合达赖喇嘛之意乎。况近今达赖喇嘛奏言，倘厄鲁特不从，复生乱端，西海大小土伯特，力有不支，伏祈鉴而察之。达赖喇嘛与我朝往来通使，多历年所西海诸台吉不违朕旨，恭顺奉贡，若厄鲁特人等稍犯达赖喇嘛地方，及西海地方，朕即立加征讨断，不吁也。前者尔败于乌兰布通归时，人畜多死，极其窘迫，沿途委弃器械而去，朕巡视汛界大臣，直蹑尔后，皆目击之。今闻尔地乏食，穷困已极，尔邻近国土，皆与尔为仇，策妄阿喇布坦又与尔不睦，从来诸国之人穷迫归朕者，养育皆如一体。如尔穷迫来降，前敕谕中已许活尔，可即徙至近边，当加厚恩抚养，毋疑毋畏。至喀尔喀札木巴拉臧布胡土克图，乃此地败坏释教之罪人，逃在尔所，如果有用，则留之。不尔，可即发回。今颁缎十疋，付尔使沙哈孙白克绰尔奔下赍往。

（卷 159）

康熙三十二年九月己酉（八日，1693.10.7）

昭武将军郎谈疏言，现擒哈密回子云，噶尔丹属畜牛羊已尽，捕鱼为生，噶尔丹在乌郎坞耕种。臣意将马秣肥，来春直临和卜多，索其同哈密国人戕害使臣之土克齐哈什哈、哈尔海达颜额尔克等。彼既起衅，当乘机而行。噶尔丹如不迎敌，遁入深林，则穷追之。即不获其身，而散其族属，误其农田。大兵回经哈密，杀散噶尔丹供赋之回子，刈其禾苗，毁噶尔丹所恃以为常产者，彼自穷困矣。奏至，命议政王大臣会议。寻议，前噶尔丹战于乌兰布通退回之时，誓不复扰我边境，近以钦差颁赏员外郎马迪等被害，噶尔丹不及与知，乃其种类所为，已遣使请罪。蒙上宽宥，赐以敕书。目下噶尔丹，并无逼近边塞之衅，将军郎谈所奏，应无庸议。但檄将军郎谈、孙思克，遣才能者远行侦探。如获噶尔丹实音，具奏请旨。其现擒哈密八人，令将军给以糗粮遣归。得旨，此事所关甚大。郎谈等身在行间，必有所见，进则易于奏功，亦未可定。倘有可乘之便，此机亦不可失。兹军行之期尚早，当遣护军统领苏丹、侍郎席尔达，会同总督佛伦往与郎谈、博霁、孙思克等，将可进不可进与当进当守之事，详议回奏。寻苏丹等往会议，闻噶尔丹有离和卜多之信，且目下噶尔丹人力单薄，马畜鲜少，断不与大兵抗拒。今率兵征剿，粮饷关系重大。噶尔丹游牧为生，无一定之巢穴，所请来春直临和卜多之奏，宜罢之。哈密回子向来纳赋于噶尔丹等蒙古，历有年所，非自今创始也。盖此等蒙古，多有纳赋之番人，今以纳赋于噶尔丹之故，遽兴兵击散，非所以仰体皇上如天好生之至仁也。既议罢征噶尔丹，则所称杀散哈密回子，刈其禾苗之语，当不必议。但将噶尔丹之事，付将军孙思克遣绿旗材干人员，不时远探声息。其回子八人，禁在甘州。哈密者，乃诸使之通衢也，宜令放归，并将皇上好生至德，大书告示，付此回子等持往，谕其头目，仍给此回子等粮骑。从之。

（卷 160）

康熙三十二年十月戊寅（八日，1693.11.5）

达赖喇嘛、班禅胡土克图遣使表贡方物。赏赉如例。

（卷 160）

康熙三十二年十二月辛未（二日，1693.12.28）

达赖喇嘛疏言，为喀尔喀、厄鲁特事奉到敕旨，并伊锡格隆所传口谕，闻之不胜欢忭。诸凡蒙古皆奉贡天朝之国，而厄鲁特不听训诫，近害敕使。又噶尔丹博硕克图汗，以三事陈奏，其见责于圣明极当。但臣已年迈，国事大半第巴主之，已在睿照中，即第巴向亦仰体圣意，实心行事。目前现遵旨而行，倘臣意有所未及，力有所未到，伏祈时颁训谕。又令伊锡格隆口奏云，吾国之事，皆第巴为主，乞皇上给印封之，以为光宠。又第巴令口奏云，愿缴玉印，乞给以金印。得旨，此事颇大，著议政王大臣等会议以闻。寻议，达赖喇嘛自颁给册印，受封以来，恭顺职贡有年。今以其身已老，国事皆第巴主之，乞封第巴，授之印信，以光宠之，为之恳请。而第巴又戴皇上恩眷，诚心乞请金印，应如所请。又按此玉印，乃明朝给阐化王之印，今第巴既已缴还，应付所司。从之。

（卷 161）

康熙三十二年十二月庚寅（二十一日，1694.1.16）

先是，上谕理藩院，闻喀尔喀公西卜退哈坦巴图尔，纳木札尔陀音、扎萨克台吉阿里雅、阿尔萨兰卫寨桑等，自克鲁伦前徙，已至俄尔浑、图喇矣。其和托挥特之根敦戴青不与众喀尔喀同来，在色棱额地方。今厄鲁特未必不动，而若辈不知，游行牧放，恐猝遇厄鲁特，可著尚书班迪往谕根敦戴青，并西卜退哈坦巴图尔等，俱令内移。不得越克鲁伦巴颜乌兰游牧。未行，根敦戴青使至。得旨，根敦戴青既有使来，应发檄付来使携归。著理藩院议奏，寻议，喀尔喀和托挥特根敦戴青疏言，未年，札尔布奈、扎萨克图汗等，使臣继臣伯之缺，置之右翼。寅年，噶尔丹西勒图泽卜尊丹巴胡土克图、理藩院尚书、喀尔喀两汗，授臣为扎萨克。卯年，与济喇克卫征哈什哈交战，败之。巳年，与车臣诺颜交战败之，往御噶尔丹。虽不之值，曾杀察罕台吉以及众兵。与厄尔坤交战，击斩之。诺木齐台吉等叛击取其半，丹津陀音之子札郎阿、伊尔札海台吉等叛还，复击而取之。其他族类及我属裔，并众饥人，俱已收集。我部落叛入鄂罗斯者，亦掠取以归。缘历年征伐，是以有误请安。查库伦白尔齐尔之地，原任尚书阿喇尼等，前此会阅曾授根敦戴青为扎萨克。今根敦戴青未来，其扎萨克之处姑不议，俟彼亲至，应授何秩、安插何地，另议奏闻。来使达尔汉诺颜塔布囊言根敦戴青在杭爱，今既诚心遣使请安进贡，当移文谕之。其文略曰，前者众喀尔喀穷困来降，皇帝受之，俱依品级加封，编为旗分佐领，拨给地方，使各得其所矣。惟尔根敦戴青独留在后。圣上闻之，常念尔近厄鲁特游牧，恐为彼所侵害，特将此故遣大臣谕尔，已皆点出。今达尔汉诺颜塔布囊至，以尔疏陈奏，圣上方知尔与车臣诺颜交战，堵御噶尔丹，击杀察罕台吉巴尔坤等，征讨诺木齐台吉等之事，大加奖许。今尔仍在杭爱游牧，不知有厄鲁特侵害可虑之事否，是以檄尔，或尔仍在杭爱，并无可虞，或即欲内迁，可速备文来报。且尔既诚心奉贡，似宜亲来，请皇上起居，我等职在所司，特檄谕尔。此文应用臣衙门印信，令来使赍往。又闻公西卜退哈坦巴图尔等在土喇等地方，土喇乃厄鲁特行路，若无妨碍，宜各于游牧之地，远设侦探，加意防御。臣等亦备印文谕之。奏入，从之。

（卷 161）

康熙三十二年十二月戊戌（二十九日，1694.1.24）

赐朝正外藩科尔沁、乌朱穆秦、喀尔喀、厄鲁特、土默特、郭尔罗斯、扎鲁特、翁牛特、扎赖特、四子部落、毛明安、阿霸哈纳、鄂尔多斯、巴林、奈曼、王、贝勒、贝子、公、台吉、塔布囊等及内大臣、大学士、上三旗都统、副都统、侍卫等宴。

（卷 161）

康熙三十三年　甲戌　1694 年

康熙三十三年正月庚申（二十二日，1694.2.15）

振武将军甘肃提督孙思克疏言，蒙古头目博济闻伊兄巴图尔额尔克济农投降，蒙恩安插宁夏贺兰山，今亦率其属下男妇一百一十余人来降，求与伊兄同居。上命理藩院，遣官一员，送博济等，至巴图尔额尔克济农所，令其完聚。

（卷 162）

康熙三十三年正月乙丑（二十七日，1694.2.20）

谕大学士等，四川陕西总督佛伦请修黄城尔旧城，朕览其所进地图，黄城尔地方实属紧要。自甘州至西宁道里遥远，若自黄城尔至西宁其路甚近，三日可达，令官兵驻防，甚为有益。青海居住台吉等，曾以为此地，乃伊等地方，恳请给还。朕亲政时，谕辅政诸臣，此系大草滩地方，与我朝最为要地，断不可给，故至今隶我版图。凡遣往西边官员复命者，朕常询问地方形势，亦尝详阅舆图，故于边疆要地，无不记忆。此处驻防兵丁事属紧要。著该督会同提督等详议具奏。

九卿议覆，四川陕西总督佛伦疏言，臣奉旨查阅三边，查陕西自肃镇、嘉峪关北边，以至宁夏贺兰山起处，俱系土筑边墙。自贺兰山之胜金关起，至贺兰山尽之平罗营，原无边墙，以山为界。自平罗营以至延绥汛地之黄甫川，亦系土筑边墙。至于甘肃、凉庄一带南山，原无边墙，俱系铲山掘壕为陡岸作界，其间陡岸壕堑，甚多残缺。又肃、甘、凉等处南山及宁夏之贺兰山隘口，原有石垒木榨堵塞，年久倒废，人可越度。又西宁镇汛之西石硖、镇海、西川一带，原有边墙。其南山直抵河州，北山直抵庄浪，原无边墙，皆系铲山为界，亦有年久颓倒，可以越度者，或平坦无迹者。三边墙垣，历年久远，坍坏已多，若不亟为修理，必致倒废。但三边延长辽远，不能刻期修理，勒限完工，请于每年渐次修补。今提镇及专城之副将、参将、游击等，量给步战守兵工食，督其修理各隘口应堵石垒木榨之处，亦令提镇等酌量堵塞。其倒坏边墙、沙淤壕堑，应令兵丁修挖。俱应如所请，从之。

（卷 162）

康熙三十三年正月丁卯（二十九日，1694.2.22）

厄鲁特巴图尔额尔克济农来朝进贡。赏赉如例。

（卷 162）

康熙三十三年二月丙寅（二十八日，1694.4.22）

谕大学士等，今值暮春草生之时，噶尔丹与策妄阿喇布坦互相攻战，或至近吾边境，亦未可定。著简选西安满洲兵一千五百名，令将军博霁亲帅之，敕书到日，速赴振武将军孙思克处预备，若有边警，与孙思克商酌而行。昭武将军郎谈等所帅之兵，仍暂驻宁夏。孙思克等，若有所征行，待其传檄，即时趋赴，共相商酌以行。

（卷 162）

康熙三十三年四月辛卯（二十四日，1694.5.17）

理藩院员外郎二郎保疏报，厄鲁特台吉巴拜，系四厄鲁特内杜尔伯特大台吉达赖之孙，与其兄子齐克宗来归。得旨，巴拜等习居边外，若来内地居住，难以为生，著理藩院遣官送至喀喇沁，令扎什王抚养之。

（卷 163）

康熙三十三年四月丙申（二十九日，1694.5.22）

赐第巴金印，印文曰，掌瓦赤喇旦喇达赖喇嘛教弘宣佛法王布忒达阿白迪之印。

（卷 163）

康熙三十三年五月戊戌（二十四日，1694.6.24）

安北将军伯费扬古疏言，噶尔丹使人纳木喀喇克巴喇木扎木巴喇嘛等，率二千余人称请安进贡，臣即遣发官兵，迎问实情。据噶尔丹使人言，我等实来请皇上万安。查其人数，则有男子五百余，妇女僮仆千余。上曰，噶尔丹使人，著止于归化城。遣满丕往谕之曰，尔等阳为修好，潜留人为细作，各处窥探。是以止尔等于归化城，问尔来意，视尔奏章再议。其前此流寓归化城，有纳秦和硕齐等皆横行不法。著交与来使。

（卷 163）

康熙三十三年闰五月壬申（六日，1694.7.1）

理藩院题，噶尔丹所遣奸细赛特，与回回国汗阿卜都里什特所遣奸细沙和卓及阿卜都来额尔克寨桑所留奸细伊巴里木他斯、顾尔马哈穆特、库尔班，应令原审官刑部郎中苏尔特、理藩院主事常明，带往归化城，会同安北将军伯费扬古，当噶尔丹使人前正法，其余在此正法。得旨，赛特等不必押往归化城，著即于此地正法。

（卷 163）

康熙三十三年闰五月丁丑（十一日，1694.7.6）

奉差往谕噶尔丹侍郎满丕以噶尔丹疏回奏。上赐噶尔丹敕曰，朕承天命，统御万邦。凡恭顺者，奖劝以示优恤。若谲诈者，亦必匡正其非，使归于善而止。尔噶尔丹，于乌兰布通之地，为我兵所击，溃败而走。于时即可破尔矣，朕轸念尔向来通贡，不忍遽灭，不使穷追，停止各路进剿之兵，遣内大臣吴丹等出使于尔。尔在威灵佛前坚誓，永不敢犯，印文誓书犹在也。朕谓尔不背盟，许尔使照常往来，待尔无异意，此情已屡经敕谕，不必一一悉数。今阅尔奏，欲依达赖喇嘛使人前所定之议，请将泽卜尊丹巴胡土克图、土谢图汗畀尔，按尔前奏内，有索泽卜尊丹巴胡土克图、土谢图汗，三言内以一言为定，将七旗发回故土，已蒙许畀以泽卜尊丹巴胡土克图、土谢图汗之语，想此乃小人欲自脱其身而为此言尔，果有此旨，岂有不授尔敕者乎。执来归之人，以畀其仇，可乎。敕谕甚明，何尝不解尔奏内之言，尔亦未尝不解敕内之言，然皆乌兰布通战前之事，誓后不得复引以为辞。况尔违朕前旨及达赖喇嘛之令，伐喀尔喀，致喀尔喀等穷迫来降。朕赐之银米牲畜，以为养赡，达赖喇嘛闻之甚喜，奏言惠济喀尔喀，真如我佛慈悲，噶尔丹者，大君所当责而诛之者也，而俯恤众生，有如赤子，复加宽宥。达赖喇嘛此奏，前已并敕谕发尔矣。即安插喀尔喀之事亦敕尔知之矣，倘尔噶尔丹为喀尔喀所败而来归命，朕亦当受而养之，断不擒以畀喀尔喀也，此即朕万邦一体之意。朕从来降敕与尔，俱布至诚，今尔不将马迪被害之故回奏覆旨，又将前者跪顶威灵佛之誓付之不论，徒以使臣喇嘛为辞，又将达赖喇嘛与朕处置已毕之事屡屡翻覆，包藏祸心，以图构衅，遣回子于内地，为奸宄侦探以此观之，则尔外奉宗喀巴之法，而实入回回之教，不欲朕扶助宗喀巴并达赖喇嘛之法，彰彰明矣。尔所行之事，蒙古皆知之，反侧如是，朕已秣马厉兵，但视尔举动耳。尔又请沛如海之仁，赐银五六万两，原谕谓近朕之前来请，则加恩赉，且许之互市，尔皆不副朕旨，岂有赐银之理。尔奏内又云，扎木巴儿藏布言欲往西方。我向不拦阻往西方之人，夫扎木巴儿藏布者，坏达赖喇嘛之教，行事悖乱，尔知而故留，不即发回，是亦已矣。至尔所遣回子奸细，未识尔知而遣之，抑尔种类中潜为之也，今已将尔使人所留奸细内顾尔马哈穆特一人活之，令归报尔，余皆正国法矣，此事若尔果不知，尔种类潜为之，则此等坏事之人，不可复留，可将此人并顾尔马哈穆特，即于尔地正法。虽然，尔厄鲁特、喀尔喀之事，朕与达赖喇嘛始终教诲，发敕遣使不少矣，尔不依誓书，索喀尔喀不已，且又以不解我言语为辞，是虽发敕遣使，终无了期，朕反覆思维，不得不会阅以定之。此会也，遣他人亦终无用，必须尔亲来与朕面议，方可定也。且以此情事敕谕达赖喇嘛，尔如遵朕旨，可速奏定会阅之日与期约之地，其遣奏时，须尔丹济拉、丹津俄木布两人内遣一人来，其他微贱之人不能洞晓。如尔难于会阅，则当如前誓，不复及喀尔喀之事，速诛害马迪之人，具奏请罪，则仍许尔使往来互市，如仍执迷不悟，欲行诡谲，则永绝尔使贸易，尔覆奏未到，虽有使来，亦不许入。尔现来之使，本当不许市易，但回子事或者尔原不知，故权使市易，并与前所留纳秦和硕齐同遣出境。达赖喇嘛处，亦以此敕谕之矣。今以谕尔敕书，付尔使纳木喀喇克、巴喇木扎巴、诺颜和卓赍往。

（卷 163）

康熙三十三年七月癸酉（七日，1694.8.27）

谕领侍卫内大臣等，尚书班迪等疏言，和托挥特之根敦戴青，遣二十八往探噶尔丹消息。行十日，遇厄鲁特两人，杀其一，擒其一，回诣根敦戴青所，五日而至。根敦戴青以所擒厄鲁特之人，皇上或有所询问，故奏闻遣来，班迪等遇之，询问具奏。问所擒厄鲁特色楞供云，噶尔丹于去年春冬间，二次遣人窥根敦戴青所居处，今年正月，来于库克朔东杭几尔查克地方居住等语，根敦戴青闻噶尔丹移营近彼前进，遂亦向内移营于土喇之西卜退哈滩巴图尔处。观噶尔丹之前进情形，当是图根敦戴青而来，不遇，则随其踪迹而求之，来至土喇一带地方，抢掠边境之喀尔喀，亦未可定。今时会既佳，马复肥壮，可调宁夏、归化城及右卫之兵，循克鲁伦河，于土喇等处往寻西卜退哈滩巴图尔，探彼情形消息，若果噶尔丹来近土喇，扰害喀尔喀，我军有可乘之机，将军等相度而行，倘我师未至之先，彼已过而前进，则从后袭之。赵良栋谙习军务，郎谈前往时，可与之偕行，令赵良栋率宁夏火器营兵二百人，宁夏兵即携宁夏之米，归化城与右卫之兵即携湖滩河朔之米，此时机会甚便，断不可失。尔等与议政大臣会议以闻，擒来之厄鲁特，亦详问之。寻议覆，发大兵至土喇等处，圣谕至当，应遵奉而行，右卫大臣应留何人，费扬古、郎谈、希福三人中，应以何人为将军统领，伏候上裁。得旨，右卫护军三名著全发，所留之兵酌留官员主之，诸大臣尽行，归化城都统副都统著费扬古斟酌带往，宁夏近归化城，令郎设兵速赴湖滩河朔支米，随费扬古、希福军后而行，费扬古、希福等兵及时支米，作速起行，费扬古乃领侍卫内大臣，著授为将军，郎谈、希福仍留将军印，协谋而行，至原任尚书阿喇尼，谙练蒙古事，亦令前往，率蒙古兵，为大军前哨，牧养遗失马匹。侍郎满丕，甚有效力之心，近虽在服中，亦令往理驿务，与阿喇尼协力行事。

（卷 164）

康熙三十三年八月癸卯（八日，1694.9.26）

兵部议覆，四川陕西总督佛伦疏言，臣前疏请复黄城尔旧城，安设弁兵，控扼雪山稽察往来奸宄。奉旨会同提督，确议具奏。今据甘肃提督孙思克等咨云，黄城尔地方逼近雪山，天气寒冷难于耕种，粮草无出，修筑城垣，工程浩大，应暂请停止。至于大黄山、大草滩之要路，在大马营地方，原设守备兵力单薄，应将守备裁去，改设游击一员，千总、把总各一员，马步兵五百名，驻守大马营。仍令永固城副将兼辖，肃州总兵官统辖，并于大阿博墩东西筑墩台，拨兵瞭望。其唐家沙沟，应令永昌副将派千把总各一员，统领马步兵轮流驻防。至北边硖口等处，亦应添设把总一员、马兵三十名，驻扎定羌庙，令硖口守备管辖。俱应如所请。从之。

（卷 164）

康熙三十三年八月丁未（十二日，1694.9.30）

兵部议覆，四川陕西总督佛伦疏言，肃州镇标马兵尚少，应添二百名，再将步兵四百名，改为马兵，共马兵二千四百名，步兵八百名分为四营，添设游击一员，守备一员，千总二员，把总四员。甘州提标应添设火器兵五百名，西宁镇逼近青海亦应添火器兵五百名。北川营逼近雪山，应添马兵七十名，设游击一员，添千总、把总各一员。镇海堡步兵九十名，应改为马兵。西大通地方把总一员，应改为千总，添马兵二十名。西宁之老鸦堡，凉州之武胜、岔口等堡，各将本堡步兵十名，改为马兵。俱应如所请。从之。

（卷 164）

康熙三十三年九月乙酉（二十日，1694.11.7）

巴图尔额尔克济农疏言，前者鄂齐尔图汗时，臣曾进贡往来，自噶尔丹执鄂齐尔图汗，臣率族众，居青海数年，后归圣化蒙恩不可胜计，曾两次遣使，中途遇害，俱不得达。臣之族类，困穷已极，臣今愿往指授地方，编为参领佐领，驰驱效力。得旨，巴图尔额尔克济农甚为可悯，但达赖喇嘛奏请安插于彼青海地方，姑允其说。现令达赖喇嘛有使人至，俟使至日，当另有旨。

（卷 165）

康熙三十三年十二月甲辰（十一日，1695.1.25）

达赖喇嘛、班禅胡土克图遣使进贡。赏赉如例。

（卷 165）

康熙三十四年　乙亥　1695 年

康熙三十四年二月乙卯（二十三日，1695.4.6）

厄鲁特噶尔丹遣使他西兰和卓请安入贡，并疏言，皇帝敕谕赐物，不胜欢忭，文内深意，虽不尽晓，奉有是则加恩，非亦曲宥之旨，始敢以后先情事，历为上陈。使臣马迪被害之事，不获详知，难于覆奏。扎木巴尔臧布胡土克图早已遁去，所云约地会盟之事，未便擅定，俟后再行奏闻，欲遣丹津俄木布、丹济拉往觐，所需赀力，多则仓卒难办，少则为路甚遥，是以陈情上奏，回子所行之事，实不知情。伏念皇帝恩养四十九旗蒙古及四厄鲁特不啻赤子，是以咸享安乐，奈泽卜尊丹巴及土谢图汗二人，背皇帝之旨，藐宗喀巴之法与达赖喇嘛之教，以致诸蒙古尽皆败坏。请将喀尔喀七旗发回故土，泽卜尊丹巴及土谢图汗二人，亦仍照前奏。奏上，上赐敕，谕噶尔丹曰，去岁谕尔敕内，诸凡开示甚晰，朕俯念中外，咸在怀抱，尔厄鲁特与喀尔喀仇杀相寻，日无宁息，心实伤之，且思尔等皆职贡之国，朕一概秉公，举无偏庇。后喀尔喀穷迫来归，朕乃收抚，以全其生命，此亦朕矜恤群生之至意也。尔噶尔丹不遵朕言，亦自失其生理而已，于我四十九旗蒙古何败坏之有，今尔纵戕害使臣马迪之人，不正法请罪，乃巧饰诳奏。是尔违朕之旨，迷惑回子之教，坏宗喀巴与达赖喇嘛之法明甚。朕是以遣回尔使，不令进边，嗣后若仍怙非不悛，蔑视前谕，尔永勿上疏，遣使贸易。特谕。

（卷 166）

康熙三十四年四月庚子（九日，1695.5.21）

理藩院题，达赖喇嘛及第巴皆遣使奏请勿革噶尔丹策妄阿喇布坦汗号，并加恩赐敕印，其西海等处一带地方所置戍兵，请撤回。上谕大学士等，第巴乃外藩人，何敢奏请撤我朝兵戍，此特为噶尔丹计耳。我之守戍，乃以噶尔丹阑入吾土之故，向者噶尔丹败，已将就擒，因彼之济隆胡土克图来言，噶尔丹乞降，始得亡命。今噶尔丹仍索喀尔喀未已，则我朝既不当罢戍，亦且当备师。如噶尔丹来，即行剿灭，倘悔过乞降，亦无有不抚之之理，尔等可会同理藩院侍郎满丕，备檄晓谕达赖喇嘛及第巴知之。

（卷 166）

康熙三十四年四月癸卯（十二日，1695.5.24）

理藩院奏，喀尔喀台吉车臣吴尔占，以噶尔丹情形来报曰，去年噶尔丹居于孔圭济达浑，耕于乌兰昆，收歉各半。其弓箭手千余人，稍有驼马，绝无牛羊掘土中所产物以食。杜噶尔阿喇布坦居于察罕色浑，耕于扎巴罕哈萨克图，亦收成一半，其生计稍胜噶尔丹，策妄阿喇布坦尚未与噶尔丹通使。伊拉古克三胡土克图仍在噶尔丹处，并无举动声息。去岁八月间，闻京师发兵，往赴根敦戴青，彼以为率之来讨，故集兵为备，置哨侦探，迨后无声信，始撤回哨卒。报闻。

（卷 166）

康熙三十四年四月甲辰（十三日，1695.5.25）

遣御史钟申保、内齐陀音胡土克图赍敕往召班禅胡土克图。

（卷 166）

康熙三十四年四月己未（二十八日，1695.6.9）

谕大学士等，闻外藩扎萨克人等，或有私随我朝遣赴达赖喇嘛处之使臣而去者，或有同达赖喇嘛使人前来，不返故土，竟自留于归化城各扎萨克处者。噶尔丹乃狡诈之人，其各处安插奸细，侦探声息之事显然败露，犹自不服，巧饰上奏，或令其属下喇嘛潜随达赖喇嘛之使人，前来侦探反间，亦未可定。嗣后宜严行禁止。理藩院议覆，达赖喇嘛来使所带之人，宜永行禁止，不许存留。上谕侍郎满丕等，达赖喇嘛来使所带之人，若概行禁止，则外藩蒙古，不得私行贸易，其心不服。达赖喇嘛之人往来已久，不必限定来使所带人数。但来人有达赖喇嘛印信者纳之，如无印信，则非系达赖喇嘛之人，即不纳。如此议定，则不禁而自绝，蒙古亦皆心服矣。寻理藩院议覆，达赖喇嘛及诸扎萨克之往来使人，令其各给与符验。从之。

（卷166）

康熙三十四年六月甲午（四日，1695.7.14）

又谕领侍卫内大臣苏尔达等，闻噶尔丹将从嘉峪关外，过哈密之南昆都伦及额济内河，往投达赖喇嘛，应遣干员往探，若果噶尔丹于此取道，此机断不可失，应即行剿灭。著副都统阿南达作速前往，会同将军博霁、孙思克、提督李林隆等，公议确探，择便以行。李林隆可选标兵一二百名速往甘州，商酌行事。兵部即檄将军提督等知之。

（卷167）

康熙三十四年七月壬午（二十二日，1695.8.31）

噶尔丹遣使梅寨桑、布拉特和卓等上疏曰，使臣马迪被害之故，前经屡次覆奏，无可另行陈奏之处。至于会盟，难自定夺，奏闻皇帝，若遣丹济拉，丹津俄木布往觐，固所愿也，但正在贫乏，难以遣行。至泽卜尊丹巴胡土克图、土谢图汗、七旗喀尔喀之事，前经奏请，乞准行。前内大臣吴丹存日，曾与济隆胡土克图议定，乞如议行，行商回子使人，向常来往请安，是以使往贸易，又达赖喇嘛之事渐次兴隆，使四十九旗蒙古、四厄鲁特，各在其地同享安乐，乞照前行。奏入，命议政大臣议。议曰，据噶尔丹使人梅寨桑等言，噶尔丹今岁未尝耕种，马匹烙印，收集猎户，游牧塔米儿之地，意欲掠取根敦戴青，顺克鲁伦下流，侵车臣汗、科尔沁之西。此言虽不足深信，亦不可竟以为虚，应檄黑龙江将军萨布素加意哨探，归化城将军费扬古处，前已有侍郎满丕前往，应令相机行事，目下遣尚书班迪探听声息，俟到后，令根敦戴青等入内游牧，使其远设汛哨，探信奏报。

噶尔丹使人梅寨桑，应仍遣归，不必降敕，将原疏发回。奏上，得旨，著仍撰敕，交来使赍回。敕曰，今春谕尔敕书，实为明显，兹览尔奏，仍以不晓文义，巧为饰说，是尔故违朕旨也。且尔历来陈奏，皆云行达赖喇嘛之教，今春遣尔使归后，达赖喇嘛及第巴，有疏以宽尔罪仍留汗号为请，且云遵谕和之旨，特遣赖楞堪卜、达尔汉温卜前赴尔处等语。今尔来使梅寨桑等，言尔游牧于塔米儿之地，东向以行，尔之所为，必欲异于达赖喇嘛、第巴之言者，是为遵其教乎，是为不遵乎。以此观之，尔口虽云不悖达赖喇嘛之教，而竟不遵行明矣。今尔既东向前来，应仍会阅，庶于事有定，不然，纵复遣官布告，终属无成，其奏请会阅，可令丹济拉、丹津俄木布二人赍来，倘执故见，不遵朕言，嗣后永勿上疏通使。

（卷 167）

康熙三十四年七月乙酉（二十五日，1695.9.3）

谕领侍卫内大臣苏尔达等，据将军伯费扬古报，所差哨探塞冷特尔，至塔米儿以内济拉马台山，遇厄鲁特二十许人，互发枪矢而回。正与梅寨桑所称噶尔丹来至塔米儿地方之语相符。此不可以不备，著派盛京兵二千，宁古塔兵一千，以备仓猝。黑龙江兵，著将军萨布素酌拨预备，盛京人员乏粮，倘有兵兴之事，著以盛京仓粮计日支给。京城派出之兵，亦著预备整齐。如噶尔丹不来，只在土喇左近窃伏，或发大兵，今冬进剿，或肥秣马匹，来春往征，尔等公同详议以闻。寻议，我兵不必趋赴土喇，但俟噶尔丹前来，则一举殄灭，倘噶尔丹竟逡巡不进，只窃据土喇，应俟得实信，当作何行事，再为奏请。从之。

（卷 167）

康熙三十四年八月辛亥（二十二日，1695.9.29）

遣使赍敕往谕噶尔丹曰，尚书班迪于八月二十二日奏报，尔拥兵来西卜退哈滩巴图尔及纳木扎尔陀音等所居近地，肆行掠害，前尔自乌兰布通败窜时，于内大臣吴丹前跪礼威灵佛像，誓不再侵中华皇帝之喀尔喀与众生灵。尔之印文誓书，昭昭具在，且尔每有奏疏，自谓遵行达赖喇嘛之教，乃于朕与达赖喇嘛议结之事，屡生衅端，蔑弃誓言，是尔于其教，名奉实违。尔今来必有意，应备奏陈，朕自有裁夺。此兵果尔亲帅与否，差五品官阿尔必特祜前往确询。特谕。

（卷 168）

康熙三十四年十一月戊辰（十日，1695.12.15）

厄鲁特阿穆呼朗等四人自巴颜乌兰来降，言噶尔丹向踞和卜多地方，本年二月至八月，于克鲁伦河源处屯聚，掠得纳木札尔陀音牲畜，于巴颜乌兰作度冬计，兵有六千。策妄阿喇布坦见驻厄轮哈必尔哈之地，与噶尔丹仍前不睦，绝不通使。再噶尔丹竟欲举兵内入，因伊拉古克三胡土克图以路远劝止。上嘉其来归，授阿穆呼朗等三品官，归并上三旗，给田产衣食等物。

（卷 169）

康熙三十四年十一月乙亥（十七日，1695.12.22）

先是，上命副都统阿南达、将伊拉古克三胡土克图、僧徒卫征喇嘛等，交将军伯费扬古查明具奏。至是，陆续解至京师，理藩院同三法司会审。伊拉古克三胡土克图所遣罗卜臧、端鲁卜等，往卫征喇嘛家探信，来为奸细煽惑蒙古之心，卫征喇嘛等与伊拉古克三胡土克图交通信息，意欲迎噶尔丹之兵是实，皆应立斩。其卫征喇嘛徒众皆应鞭责，交与盛京大喇嘛安插。议入。得旨，此奏暂存之。

（卷 169）

康熙三十四年十一月戊子（三十日，1696.1.4）

先是，遣五品官阿尔必特祜，赍敕往讯噶尔丹。至是，阿尔必特祜归，以噶尔丹奏章至。其疏曰，蒙降敕书，不胜欢忭。辛未年来，草美兽蕃，乘便有行，想皇上亦鉴悉之矣。念与蒙古疆界相近，恐有妄行，故为之禁止，遣人一队遗书道意。而纳木扎尔陀音等，反以为往攻，弃其牲畜而去，至所云掠喀尔喀之事，乃我界上行人所劫，我不之知。至达赖喇嘛所差济隆胡土克图与内大臣吴丹等所定之议，前经节次上奏，伏乞仍照前奏加恩，虽有罪愆，亦乞宽宥，果若有理。乞降温旨，不胜欣悦。奏入。得旨，此奏暂存之，勿与敕谕。

（卷 169）

康熙三十四年十二月丁酉（九日，1696.1.13）

先是，命刑部尚书图纳赴陕，会集将军、总督、巡抚、提督、总兵官等，于庄浪要地，议西路进剿事。至是，图纳等疏言，陕西一路进兵，使出镇彝，由黑河、托赖河交流处，取昆都伦而进，选熟识路径蒙古为向导。但我军进讨，粮糗俱系亲携，倘事起卒然，接战之兵分力必多，请于万名兵外，益以绿旗兵三千，以一总兵官统领，尾大军之后而进，遇寇猝至，以便守护辎重。至我兵深入，恐附近蒙古乘虚煽摇。宜酌调固原提标官兵为之防御，再檄青海诸台吉与策妄阿喇布坦，及吐鲁番等，使知罪在噶尔丹，与众无预。至内地多巴，系市贾集场，恐噶尔丹使人潜居窥伺，应令地方官不时严察。从之。

（卷 169）

康熙三十四年十二月己亥（十一日，1696.1.15）

振武将军孙思克疏言，西宁总兵官韩弼留守地方，其宁夏总兵官殷化行、凉州总兵官董大成、肃州总兵官潘育龙、贵州威宁总兵官唐希顺、陕西延绥镇游击祁朝祥，俱请令从征，下议政大臣等议。寻议覆，应如所请带往。至尚书图纳所议，随大军绿旗兵三千，亦于四总兵官内酌拨统领。从之。

（卷 169）

康熙三十五年　丙子　1696 年

康熙三十五年甲戌（十七日，1696.2.19）

汉大学士九卿科道等疏言，皇上文德诞敷，武功丕显，前者三逆负恩，察哈尔作乱，赖皇上运用神谋，皆立时授首。又平台湾，以为郡县，数十年间，凡亘古声教所未及者，无不来享来王，乃噶尔丹狡焉小丑，反覆靡常，皇上赫然震怒，命加天讨，机宜措置，断自宸衷，遣发诸路精锐之师，分道并进，天戈所指，诛之决矣。顾西路大兵，已特敕抚远大将军伯费扬古为帅，而将军舒恕、博霁、孙思克等，又率三秦满汉大兵协剿，惟中路将军未蒙简命，窃意睿谟深远，将欲亲统貔貅，扫清朔漠，臣等愚陋之见，窃以皇上为百神之所凭依，四海苍生之所倚赖，似不必以此稽诛小寇躬临壁垒，伏冀皇上特简中路大将军一人，令统大兵，与诸路并剿，如虑道里远隔，一切进止机宜调度为难，或驻跸近边指授方略，则诸路大军自可祗奉成命，立奏肤功。奏入，得旨，朕临御以来，日以爱养兵民为念，未尝轻于用兵，远事征讨，方今宇内无事。惟厄鲁特噶尔丹，违背约誓，恣行狂逞，侵掠我臣服之喀尔喀，恐渐致边民不得休息，故特遣各路大兵，分道并进，务期剿荡，为塞外生民除患。向年乌兰布通之役，朕以策诱噶尔丹入，距京师仅七百里许，大兵已经击败，乃竟中贼计，致噶尔丹遁走，彼时因朕躬违和，未得亲至其地，失此机会，至今犹以为憾。噶尔丹窜伏巴颜乌兰地方，相距未甚辽远，以是不惮勤劳，亲莅边外，相机行事，此贼既灭，则中外宁谧，可无他虞，假使及今不除，日后设防，兵民益多扰累，所奏已知之。

（卷 170）

康熙三十五年二月己亥（十三日，1696.3.15）

厄鲁特策妄阿喇布坦遣使囊素等请安进贡，又奏噶尔丹奸恶，乞遣还回子归已。上赐以敕书，敕曰，朕为万国元后，惟以率土乂安，咸享乐利为心，其能体朕覆载之怀，敬慎自持者，朕必爱恤教育之，其或不循分谊，包藏祸心，悖安和之理者，朕必惩创匡正之，此朕统御寰区，为人君之大道也。今尔策妄阿喇布坦遣使请安，贡献方物，又以噶尔丹奸诈为所侵凌，与尔有不共戴天之仇，披沥情实，赍奏入告，诚心求恤，朕为一统万邦之主，有不眷尔诚心效顺之人乎。查尔所奏回子之事，今噶尔丹处虽无回子前来贸易，此后或来，朕必交该部查明，发尔所请发往，尔尚永怀敬顺，朕将洊加恩赐焉。前噶尔丹猖獗横行，阑入乌兰布通之时，朕遣偏师大败之，欲即穷追，将尽歼矣。而噶尔丹乃长跪于达赖喇嘛所遣威灵佛前而誓曰，不敢复侵中华皇帝之喀尔喀与众人民，载书加印，姑免其诛灭而纵之。朕殊不喜征诛，今噶尔丹悖弃誓言，戕我赉尔之使，劫喀尔喀之人，阻止班禅胡土克图之来。今又至巴颜乌兰，动摇我人民，内怀诡诈，欲行祸乱，其迹显然。朕为一统万邦之主，何得不加创艾，是以发三路大军诛讨，凡罪皆在噶尔丹，他无与也。但三路大军甚众，声灵赫濯，恐边外之民不无震惊，尔其遍谕尔之属众，以至吐鲁番诸处，各令照常安居，勿致惊溃。特遣内阁侍读常明，理藩院司务英武为使，赐尔花缎二十匹，银茶桶、茶盆各一具，狐腋、蟒袍一袭，貂帽一项，玲珑鞓带一围，皮靴、蟒袜各一对，尔如有所欲言，其遣人偕使臣来奏。

（卷 171）

康熙三十五年二月甲辰（十八日，1696.3.20）

谕礼部、兵部，朕统御中外，念切抚绥，惟务休养民生，未尝远事征讨，比年以来，海宇昇平，闾阎乐业，四方固已无事，独厄鲁特噶尔丹，荒裔狡寇，肆逞凶顽。自乌兰布通败遁之后，不自悔祸，仍行狂逞，悖天虐众，违蔑誓言，侵掠我臣服之喀尔喀，潜入巴颜乌兰之地，心怀叵测，逆状已彰。乘其窜伏近边，自应及时扑剿，倘目今不行剪灭，恐致异日沿边防戍，益累兵民，声罪迅讨，事不容已，用是遣发各路大兵，分道并进，朕特躬莅边外，相机行事，以众击寡，以正诛逆，天意人谋，无不允协，此寇一殄，则边尘荡涤，疆圉辑宁，内安外攘，实在此举。告祭天地、宗庙、社稷，并一切应行事宜，著察例详议具奏。

（卷 171）

康熙三十五年二月戊申（二十二日，1696.3.24）

先是，遣御史钟申保等往召班禅胡土克图，至是，偕达赖喇嘛等使人至西宁。先以达赖喇嘛、达赖汗疏奏内称，以皇上宠召之意宣告班禅，但伊未曾出痘，不能趋赴。其班禅胡土克图亦疏言，皇上宠召，理应趋赴，但国俗大忌痘疹，不能上副皇上之意。又第巴疏言，噶尔丹闻召班禅之信，遣人阻班禅胡土克图勿行，班禅遂不果行。章下所司，命达赖喇嘛等使人来京。

（卷 171）

康熙三十五年五月癸酉（十八日，1696.6.17）

抚远大将军伯费扬古遣副都统阿南达奏捷，疏言，五月十三日，臣军正向昭莫多，前遣屣探之布达等至特勒尔济口，见厄鲁特踪迹，遣人来报，臣等即令署前锋统领硕代，副都统阿南达、阿迪等，率前锋挑之，因厄鲁特势众，硕代等且射且却，诱至大军，将及昭莫多，臣等令将军孙思克率绿旗官兵居中，京城、西安满洲、汉军官兵，察哈尔诸扎萨克蒙古，就东方山之高处，右卫满洲、汉军官兵，大同总兵官康调元绿旗官兵，喀尔喀扎萨克，就西方沿河布阵，谨遵圣上预授之策，令官兵皆步行，噶尔丹率贼万许，向前逆战，官兵奋勇，自未至酉，击噶尔丹而大败之，分行追逐，至特勒尔济口，剿杀三十余里，斩首二千余级，生擒百余人，俘获子女、驼马、牛羊、兵器、什物无算。得旨，嘉奖，下部从优议叙。

（卷 173）

上问阿南达交战情形，阿南达奏曰，伯费扬古恐涉夸张，故于疏内皆约略言之，其实交战处，斩贼三千余级，其余被创逃窜，死于山谷中者，尸骸枕藉，生获数百人，杀噶尔丹之妻阿奴及贼之渠首甚众，惟噶尔丹引数骑逃出，其零星逃散之贼，投降大将军马思喀者千余人。据降人言，噶尔丹遁时，部众多出怨言噶尔丹云，我初不欲来克鲁伦地方，为达赖喇嘛煽惑而来，是达赖喇嘛陷我，我又陷尔众人矣。上问曰，西路大兵，若如前约，于四月二十四日至土喇，二十七日至巴颜乌兰，则更当何如。阿南达奏曰，诚若是，则贼无一得脱矣。上顾诸大臣曰，师行绝域，即奏肤功，皆上天眷佑，应先行叩谢，乃于行宫南门外设香案，亲率诸皇子、王、大臣官员及外藩王行礼，大学士伊桑阿、张玉书恭捧诸王、大臣、文武官员庆贺表入奏。上曰，朕为中外生民之主，绥辑海宇，爱养元元，惟以率土乂安为念，厄鲁特噶尔丹，扰乱边塞，心怀狡谋，逆天虐民，不容不行剿灭。朕亲率大军，远出塞外，声讨有罪，噶尔丹闻风遁走，希图幸脱，适与西路大兵相遇，大将军伯费扬古等奋勇力战，大败贼众，擒斩无算，尽获其人口牲畜，从此边境宁谧，不烦远事征讨，四海苍生，可共享昇平之福，朕心深切喜悦。于是诸皇子在幔城内，诸王及文武大小官员、外藩王、台吉，在幔城外，行庆贺礼。

（卷 173）

康熙三十五年五月丁丑（二十二日，1696.6.21）

谕领侍卫内大臣、大学士等，速行文抚远大将军伯费扬古、平北大将军马思喀，著遍谕我兵，及扎萨克蒙古、喀尔喀善巴王等王、贝勒、贝子所属人，并投诚厄鲁特等，将达赖喇嘛、班禅胡土克图、第巴交通噶尔丹之文，或唐古特字，或蒙古字，俱查明收取，交一晓事贤能官，作速驰驿送至御营。事件不可遗漏。

（卷173）

康熙三十五年六月乙酉（一日，1696.6.29）

命理藩院檄青海萨楚墨尔根台吉等，谕以噶尔丹败逃，及达赖喇嘛已死九年，第巴匿之，假其言诳诱噶尔丹作乱之故，令探听噶尔丹声息，倘彼西走，即行擒解，至噶尔丹女，嫁于博硕克图济农之子，并噶尔丹之人在青海者，悉令执送。

（卷174）

康熙三十五年六月癸丑（二十九日，1696.7.27）

达赖喇嘛使人戈尼尔罗卜赃帕克巴格隆等，奉谕自西宁至京，上命领侍卫内大臣索额图、大学士伊桑阿传谕曰，噶尔丹败于乌兰布通，遁走之时，首顶威灵佛像设誓云，不但圣上属下人民，即喀尔喀降人以外，再不敢复犯矣，去年又背誓至克鲁伦地方，残害喀尔喀，掠我降人纳木扎尔陀音，于是朕亲统大军往讨，噶尔丹惧而奔遁，适遇我防御之兵，诛杀过当，噶尔丹率数人逃窜，余者尽降，厄鲁特遂灭。厄鲁特降人告曰，达赖喇嘛久已脱缁矣。天下蒙古皆尊奉达赖喇嘛，如达赖喇嘛身故，理宜报闻诸护法主，以班禅主喇嘛之教，继宗喀巴之道法，乃匿达赖喇嘛之丧，指达赖喇嘛之名，唆诱噶尔丹，朕屡遣使问之，第巴皆不使与达赖喇嘛相见，伪居高楼之上以示之。第巴原系达赖喇嘛下管事人，朕优擢之，封为土伯特国王，乃阳奉宗喀巴之道法，阴与噶尔丹比，欺达赖喇嘛、班禅，而坏宗喀巴之法，前遣济隆胡土克图至噶尔丹所，为噶尔丹诵经，选择战日，朕为众生往召班禅，沮而不遣。朕无责达赖喇嘛、达赖汗、青海诸台吉之意，朕今遣使于达赖喇嘛，果达赖喇嘛尚在，则面见朕使臣，晓谕噶尔丹遵朕旨行，朕凡事俱略无介意，若仍诳我使人，不令相见，断不轻止。至噶尔丹之誓，济隆胡土克图等见在其地，问之岂有谬乎。今将遣使往彼，其来人或欲全归，或欲数人先归，尔等可询明，随其意遣之。

（卷 174）

康熙三十五年七月戊午（四日，1696.8.1）

侍郎西拉奏，臣遵旨问降人丹巴哈什哈，噶尔丹当往何处。丹巴哈什哈等曰，我等以为噶尔丹必往投达赖喇嘛，所以不他往者，昔鄂齐尔图车臣汗之子噶尔旦木巴之女阿海，原与策妄阿喇布坦议婚。噶尔丹自取之，又杀策妄阿喇布坦之弟索诺木喇布坦。策妄阿喇布坦因率兵五千而逃，后噶尔丹往乌兰布通，策妄阿喇布坦尽收噶尔丹之妻子人民而去，是策妄阿喇布坦所不可往也。若图尔胡特之阿玉奇所，有仇人鄂齐尔图车臣汗之弟在，道既遥远，而阿玉奇之女又嫁策妄阿喇布坦，是阿玉奇所亦不可往也。噶尔丹与鄂罗斯，差人贸易而已，原不相好。往鄂罗斯之路，有洪郭垒及罕二道，罕之路，有明安特、忒棱古特诸人在，俱系仇人，是鄂罗斯亦不可往也。噶尔丹向达赖喇嘛之去路，哈密虽系仇人，有噶尔丹属下回子在，青海左侧有番子二千家在，青海诸台吉，亦不沮之。如得到达赖喇嘛地方，则噶尔丹与第巴甚好，且噶尔丹于为喇嘛时，居班禅胡土克图所，谓唐古特国之托卜察一城人，乃噶尔丹前生尹咱胡土克图时之徒也，故使为属下，有征赋之人在，沿途可得马匹、糗粮，而无沮之之人。丹济拉、丹津鄂木布如与噶尔丹同在一处，断不相离，必偕往达赖喇嘛处。圣上今遣人率兵追讨噶尔丹，但收离散者问之，自得噶尔丹去向实音。报闻。

（卷 174）

康熙三十五年七月甲子（十日，1696.8.7）

谕署理藩院事户部尚书马齐，噶尔丹为我大兵击败，今已无所往矣。阿南达见在西宁，应令率巴图尔额尔克济农之兵，驻扎布隆吉尔等处堵御，如得噶尔丹父子实音，即擒而诛之，可速檄行。

（卷 174）

康熙三十五年七月壬申（十八日，1696.8.15）

理藩院奏，副都统阿南达咨称，奉旨令阿南达率巴图尔额尔克济农之兵驻扎额济内、古喇奈、昆都伦、布隆吉尔等处，侦探噶尔丹父子声息。但昆都伦、布隆吉尔两间相去有千余里，巴图尔额尔克济农兵少，恐难擒噶尔丹，乞面请训旨，钦遵而行。得旨，向者伯费扬古、阿南达所奏，俱云噶尔丹所率不及三十人，逃入林中，故令阿南达率巴图尔额尔克济农兵，以御其往投青海，今竟与原奏不合，阿南达不必来请训旨，著即遵前谕速往。

（卷 174）

康熙三十五年七月甲戌（二十日，1696.8.17）

彭素克格隆赍敕往谕噶尔丹回奏，臣与中书阿必达，于五月初九日往寻噶尔丹踪迹，十二日至滚噶牢台，见无厄鲁特形影，臣令阿必达携疲马先回，以此情事奏闻皇上。臣独追噶尔丹至特勒尔济地方，遇厄鲁特千许人，擒臣至俄尔坤河，臣夜间乘隙逃出，向内而行，于六月初七日到特勒尔济河，遇喀尔喀阿里雅扎萨克阿尔萨阑卫寨桑，彼言我等奉大将军令，至憨山、昭莫多地方，收集逃溃之贼，擒得厄鲁特男妇一百六十余口，今于其中择三十人解送京师，尔可率之同行。二十九日到克勒河朔，见侍读学士喇锡，言皇上命我等率七台吉兵往追噶尔丹，并探尔信息，臣以行事告之，喇锡使人送臣，及厄鲁特被俘三十人入汛界，见大将军伯费扬古。大将军言，如许人同行，则程途耽误，当择数人带去，遂使厄鲁特卓礼克图达尔汉、巴克什津巴、卓礼克图等六人，与臣偕来。上命卓礼克图、津巴等归谕噶尔丹，遣理藩院官一员带至汛界，在附近旗分酌凑坐马口粮，拨乡导指路前往。

（卷 174）

上谕议政大臣等，大将军伯费扬古，应令自科图移驻善巴王汛界。因出侍读学士喇锡、大将军伯费扬古疏，命议政大臣集议。寻议，侍读学士喇锡疏言，厄鲁特额图格来降，云噶尔丹战败奔窜，到他米尔之台库勒地方，遣人收集丹津阿拉布坦、丹济拉、丹津鄂木布等，伊拉古克三胡土克图亦往与之合，大略兵有五千余，牛羊甚少，无庐帐者多，议欲往翁金一路，或瀚海四围有居人，掠得牲畜如根敦戴青逸去，暂且偷生，或往哈密，如哈密仍前和好，则资其糗粮，以度今冬，如哈密与之反颜，即攻而取之，以为根基，议既定，六月二十八日，自他米尔向翁金起程，阅三日，我等逃出，又六月二十日，达赖喇嘛使人鄂木布来，亦随噶尔丹而行，又因住他米尔地方二十余日，马已渐肥，闻根敦戴青，在塞棱格云。又大将军伯费扬古等疏言，黑龙江将军萨布素，于七月十六日已率兵到科图，臣等遵旨正拟领兵回京，得侍读学士喇锡之报，知噶尔丹欲往翁金一路，已自他米尔起程，是以臣等率官兵住科图候旨。今应令大将军伯费扬古，亲身沿边而往，酌调善巴王及附近旗分兵，驻扎边汛，噶尔丹前来，即迎剿之。其与大将军同处之兵，将军孙思克、博霁俱令来京，余总兵等官，俱令率兵回汛。上曰，此乃大将军伯费扬古未完之事，著率萨布素兵五百，酌取蒙古兵，往善巴王边汛诸地方侦探声息，噶尔丹或在翁金，或有过去之信，相机迎剿，著将军萨布素率所余兵五百驻扎科图，如有厄鲁特来降，令其收纳。

（卷 174）

康熙三十五年八月甲申（一日，1696.8.27）

先是，上命员外二郎保赍敕往谕青海诸台吉，至是，二郎保奏言，臣至青海之察罕托罗海地方，以部发印文，示达赖喇嘛所遣管理青海事善巴陵堪布，又告以击败噶尔丹之事，堪布言，此事大，我不得独主其议，俟青海诸台吉同来会盟，定议再覆。七月初八日，扎什巴图尔等三十一台吉俱到盟所，以檄文授之。扎什巴图尔言，噶尔丹杀我鄂齐尔图汗，取我属裔，与我亦有仇，但噶尔丹之女嫁博硕克图济农之子，乃告之于达赖喇嘛而结姻者，我等俱达赖喇嘛之徒，俟启闻达赖喇嘛，视其言何如，遵依而行，非可任我等之意覆奏。上命议政大臣等会议。寻议，应令扎什巴图尔等，将达赖喇嘛作何定夺之处，备文覆部，并将此等情由，增入达赖喇嘛敕谕内。从之。

（卷 175）

康熙三十五年八月癸巳（十日，1696.9.5）

议政大臣等议奏，郎中满都，密报降人回回国王阿卜都里什特言，昔年为噶尔丹所诱，被执十四年，今噶尔丹败，始得脱身来归，近闻噶尔丹在古尔班塔米尔台库鲁地方，度其困穷，不能久居，必往青海。往青海有哈密、吐鲁番、叶尔钦三路，而哈密与嘉峪关相近，有天朝大兵，叶尔钦有我回回兵二万许在彼，皆未必敢往，恐当往吐鲁番，我愿留子于此，亲往吐鲁番，以圣上威德，宣谕属下众回子，又策妄阿喇布坦所居博罗塔喇，与吐鲁番相近，往与合谋，擒噶尔丹，以报受辱之仇。应令理藩院遣官往召阿卜都里什特至京，加之恩赐，再遣官送出嘉峪关。得旨，著遣官召阿卜都里什特及其子额尔克苏尔唐赴京，可传谕云，来京之后，俱一同遣归。

（卷 175）

康熙三十五年八月甲午（十一日，1696.9.6）

命大喇嘛晋巴扎木素、德木齐索诺木臧布、主事保住，同达赖喇嘛使人，赍敕往谕达赖喇嘛、达赖汗、班禅、第巴及策妄阿喇布坦。敕谕达赖喇嘛曰，朕统御寰区，以生成为务，尊崇佛教，以道律为本，故特往召班禅，将以化导悖乱，中外礼法归一也。尔喇嘛想已将朕深眷之心，宣告班禅，但第巴与噶尔丹朋比，恐吓班禅，言噶尔丹兵将要而杀之，不遣之行。先是乌兰布通之役，遣济隆胡土克图，为噶尔丹诵经，择战日，及噶尔丹败，又诱我军讲和，遂使噶尔丹得以远遁。朕知喇嘛断不作此举动，明系第巴指喇嘛之名而为之也。至噶尔丹大败于乌兰布通之时，顶尔所给威灵佛像于首，誓不复犯归降圣朝之喀尔喀，乃去岁背誓，至克鲁伦内青城地方，掠纳木扎尔陀音。朕数遣使问故，而怙恶不悛，不见我使，敢行无礼，朕乃震怒调兵，亲统六师，近逼噶尔丹，彼犹不知，朕不忍遽加诛灭，矜怜众生死亡，谕噶尔丹会盟以议喀尔喀之事，差长史多禅、中书阿必达赍敕，且遣所擒厄鲁特生还，晓以我兵各处堵截之事，噶尔丹犹敢抗拒。朕又遣彭素克格隆等问故，而竟不遣归，朕沿克鲁伦而上，以探使人声息，噶尔丹不能抗朕之威，弃其庐帐、器械、什物，遁至特勒尔济地方，遇我堵御西路大将军伯费扬古兵，一战而披靡大败，临阵阿奴等亦被杀，斩有名寨桑等甚多，共杀厄鲁特二千余，其丹巴哈什哈、察罕西达尔哈什哈等皆来降，尽获其马驼、牛羊，噶尔丹弃其佛像、经籍以及各色物件，仅携二十许人逃入林中。朕留喀尔喀兵，务索噶尔丹，执而诛之。噶尔丹背盟，凶恶已极，以致绝灭，此喇嘛来使亲身灼见者也。至降人厄鲁特言，达赖喇嘛卜云，噶尔丹东行吉，此种指使噶尔丹及阻止班禅之事，皆第巴目无尔达赖喇嘛之所为也，朕明知之，朕不以尔事之有无介意，是以别降旨于第巴，兹为灭噶尔丹告捷礼，以噶尔丹佩刀一，阿奴之佛像一，佩符一，特遣使赍往，并发伴敕礼缎十疋。又朕尝遣员外二郎保，往谕青海扎什巴图尔等台吉云，如有噶尔丹之人在尔等地方，执之解来。据二郎保报称，青海扎什巴图尔等三十一台吉，俱到盟所，已将檄文遍给诸台吉，扎什巴图尔邀臣至其庐，彼言我青海诸台吉，近边居住六十余年，未尝生一事，噶尔丹杀我鄂齐尔图汗，取我属裔，于我亦有仇，但噶尔丹之女嫁博硕克图济农之子，乃启闻西方而结姻者也，我等俱达赖喇嘛之徒，凡事皆启闻西方，彼地之言何如，则遵而行之，不得据我等之意覆奏。故檄扎什巴图尔等，遣人于达赖喇嘛后，作何定夺，速备文知会理藩院，为此谕达赖喇嘛知之，其扎什巴图尔台吉等蒙古原文并发。敕谕班禅胡土克图曰，朕抚御万邦，无分中外，一视同仁，尊崇佛教，以道法归一为要务，今以达赖喇嘛已老，尔胡土克图道法不二，勤修不倦，诵经行善，特往召尔胡土克图，朕将与尔同化导悖乱，使中外道法归一，而第巴心怀嫉妒，与噶尔丹朋比，恐吓尔胡土克图，言噶尔丹兵将要而杀之，阻不使行。先是乌兰布通之用兵也，第巴亦指达赖喇嘛之名，遣济隆胡土克图，为噶尔丹诵经，且择战日，及噶尔丹败后，又诡言讲和，以误我军，使噶尔丹得以远遁，朕已别有敕谕第巴，指出第巴种种助噶尔丹之事，及阻尔不行之举。当噶尔丹大败于乌兰布通之时，顶达赖喇嘛所授威灵佛于首，誓不复侵归降圣朝之喀尔喀矣。去岁背誓，至克鲁伦内青城地方，掠喀尔喀纳木扎尔陀音。朕屡遣使问故，而彼怙恶不悛，不见我使，辄行无礼。朕乃震怒调兵，亲统六师近逼噶尔丹，彼尚不知，朕犹不忍遽灭之，谕彼姑来会盟，定议喀尔喀之事，使长史多禅、中书阿必达等赍敕，释所擒厄鲁特生还，晓以我兵各处堵截之事，噶尔丹犹敢抗拒，朕又遣彭素克格隆等问故，竟不遣归，朕于是循克鲁伦而上，噶尔丹不能抗朕之威，弃其庐釜、器械、什物，遁至特勒尔济地方，遇朕所遣西路大将军伯费扬古之兵，一战而披靡大败，临阵阿奴等亦被杀，斩有名寨桑无算，共杀厄鲁特有二千余，其丹巴哈什哈、察罕西达尔哈什哈等人俱来降，尽获其马驼、牛羊，噶尔丹尽弃其佛像、经籍，以至各色物件，仅率二十许人遁入林中，朕留喀尔喀兵，务索噶尔丹擒而杀之。噶尔丹背盟，凶恶已极，至于永灭，特遣使谕知，并发伴敕礼币八端。敕谕达赖汗曰，朕钦崇佛教，总持道法，但皈道法之人则嘉之，悖道法之人则惩之，尔自顾实汗以来，同心专尚宗喀巴之道，与本朝和协，至尔汗之身，益诚信恪守成规。顷者噶尔丹，阳护宗喀巴之佛教，阴主悖逆之邪行，诈传达赖喇嘛之语，遍地兴戎，杀掠喀尔喀，毁坏道法，而第巴反从中怂恿，乌兰布通之役，遣有玷僧规之济隆胡土克图为之诵经，且择战日，及噶尔丹败后，又借讲和，以误我军，使噶尔丹得以远遁，后又指称达赖喇嘛言东行吉，种种煽诱，噶尔丹遂敢背誓，至土喇、克鲁伦等处，劫夺我纳木扎尔陀音，朕始亲率大兵讨，分路剿灭之。夫第巴者，乃达赖喇嘛下司事之人，理应笃敬道法，今反不遵达赖喇嘛而欺凌众人，是以朕别有旨，深加责让。惟尔汗不背前规，朕使往时，依然敬待，每对使款接时，豫以噶尔丹之事密使闻之，朕灼知尔始终不渝，甚坚且笃，凡败坏道法，煽惑噶尔丹者，汗殆知之也。至青海诸台吉，亦与之无涉，是以特遣使以示褒善贬恶之意，并发伴敕礼币八端。敕谕第巴曰，朕崇道法而爱众生，故实心以护道法者，加之眷祐，阴诱人以坏道法者，加之罪谴，尔第巴原系达赖喇嘛下司事之人，因尔不违达赖喇嘛之语，辅助道法，朕是以优封尔为土伯特国王，今观尔阳则奉宗喀巴之教，阴则与噶尔丹朋比，欺达赖喇嘛、班禅胡土克图，而坏宗喀巴之教。先是，尔以久故之达赖喇嘛诈称尚存，遣济隆胡土克图至噶尔丹所，乌兰布通之役为噶尔丹诵经，且择战日，及噶尔丹败，又以讲和为词贻误我军，使噶尔丹得以远遁。朕为众生，遣人往召班禅胡土克图，尔又诳吓班禅胡土克图，谓噶尔丹将要而杀之，而不遣行。青海博硕克图济农潜与噶尔丹结姻，往来通使，而尔又不举发，如噶尔丹、博硕克图济农无尔之言，有相与为姻者乎。噶尔丹信尔唆诱之言，故不遵朕之旨，昔噶尔丹在乌兰布通大败而走之时，首顶威灵佛立誓，乃背弃誓言，去年至克鲁伦左侧，掠我喀尔喀降人，朕特遣员外阿尔必特祐为使，问其事因，乃噶尔丹不即见我使臣，敢行无礼，继又遣侍卫克什图、笔帖式萨哈连等为使，仍前不见，遣归，其后又遣主事保住为使，亦如此遣归，是以朕大震怒，调集各路兵马，亲统六师，近逼噶尔丹，即欲率大兵剿灭之，又不忍众生横罹锋镝，特遣长史多禅、中书阿必达为使，赍敕往谕噶尔丹曰，朕将与汝会好言定议喀尔喀之事，尔勿疑惧，朕断不欺罔人也，不意厄鲁特噶尔丹仍凶恶不已，又遣彭素克格隆赍敕，特问其故，仍未遣归，朕正待所遣使臣声息，溯克鲁伦而上，噶尔丹畏朕之威，弃其子女、庐釜而遁至特勒尔济地方，遇西路大将军伯费扬古等大兵，噶尔丹即来拒战，大兵乃进击之，噶尔丹不得旋踵，遂大败，阵斩阿奴，并斩沙津车臣寨桑、古英寨桑、孔郭罗额尔克寨桑、根敦寨桑、俄尔古克图卜新寨桑、额尔克台吉楚呼拉格隆，厄鲁特人二千余被杀，回回国王阿卜都里什特、厄鲁特台吉憨都塞冷扎卜、梅寨桑、马穆古英寨桑、巴图尔台吉、顾禄默尔根台吉、额林辰哈什哈、古英吴巴什笔车齐等，及厄鲁特二千余人皆来降，尽获其子女、驼马、牛羊、庐帐，噶尔丹仅率二十许人而遁，丹巴哈什哈、察罕西达尔哈什哈等来降。博硕克图济农遣往噶尔丹使人罗垒厄木齐等被擒，皆言达赖喇嘛殁已九年矣。达赖喇嘛者，乃至大普慧喇嘛，本朝为护法之主，交往六十余年，则其讣音即当奏闻于朕，尔乃匿而欺众，倚噶尔丹以兴戎，其罪甚大。降人丹巴哈什哈又告曰，噶尔丹闻上亲统六师，已到克鲁伦，遁走之时语众人曰，我来此克鲁伦，非吾意欲深入也，奉达赖喇嘛之旨云，东行吉，我是以深入，盖达赖喇嘛杀我，而我杀尔众矣。朕思达赖喇嘛若存，决无此等事，明系达赖喇嘛亡后，尔私指达赖喇嘛诳噶尔丹也，尔之所行为道法乎，抑为已行诈乎。朕乃养育众生之元后，彰善瘅恶，断然不爽，尔果改过，仍思遵宗喀巴之道，奏明达赖喇嘛已故始末，尊奉班禅胡土克图，使主喇嘛之教，应朕之召，遣之使来，执济隆胡土克图以畀我，解青海博硕克图济农所娶噶尔丹之女，朕仍前待尔以优渥之礼，不然，数者或缺其一，朕必问尔诡诈，欺达赖喇嘛、班禅胡土克图，助噶尔丹之罪，发云南、四川、陕西等处大兵，如破噶尔丹之例，或朕亲行讨尔，或遣诸王大臣讨尔。尔向对朕使言，四厄鲁特为尔护法之主，尔其召四厄鲁特助尔，朕将观其如何助尔也，尔其速办此事，及正月星速来奏，否则后悔无及矣，为此特遣使臣往谕，并发伴敕礼币六端。谕策妄阿喇布坦曰，朕统御寰区，遐迩一体，仁育万民，皆欲使之共享安乐，朕躬为一统之主，怀保万方，奖善良，惩凶恶，未尝或爽。先是，尔陈奏噶尔丹之狡诈，与侵害尔之实情，诚心恳请眷恤，朕嘉尔恭顺，全受尔之贡献，且以噶尔丹狂悖不靖，阑入乌兰布通，为朕偏师所败，跪誓于威灵佛前，后又背誓，害我使臣，掠喀尔喀，阻止班禅胡土克图之来，又至巴颜乌兰，将为祸乱，其意显露，因发三路大兵，剿杀噶尔丹，诸事降敕详谕矣。朕亲统中路大兵，近逼噶尔丹，即欲率大兵剿灭之，又不忍众生横罹锋镝，是以暂停扑剿，遣谕噶尔丹，使来会盟，定议喀尔喀之事，尔勿疑惧，朕躬俟使臣覆奏，溯克鲁伦而上，噶尔丹闻之，心胆俱裂，弃其子女、庐帐、釜铛、什物遁去，遇朕所遣西路大将军伯费扬古之兵，于特勒尔济之地，噶尔丹即来战，大兵乃进击之，噶尔丹不得旋踵，遂大败，斩噶尔丹之妻阿奴，及厄鲁特二千余人，丹巴哈什哈、察罕西达尔哈什哈等人二千余俱降，尽获其人口、马驼、牛羊、庐帐、什物，噶尔丹、丹济拉、丹津鄂木布、阿拉布坦等纷纷溃遁。噶尔丹今已困穷矣，尔向诚心肫笃，请安进贡，不绝于道，与噶尔丹有不共戴天之仇，噶尔丹穷凶极恶，不可留于人世，一刻尚存，即为生民之不利，务必剿除，以安厄鲁特蒙古之生。今或流行尔属下厄鲁特地方，或奔往哈密地方，如生擒噶尔丹，则擒之来杀之，则以其首来，如此则尔向来恭顺之心益著，而朕眷顾之恩益无穷矣。至于达赖喇嘛、班禅胡土克图、达赖汗、第巴等皆有敕谕之，并以其藁发尔知之。主事保住奏请训旨，上谕之曰，如第巴托言达赖喇嘛坐禅，不使相见，尔等取其根据，决绝而归，如遣班禅来，则先奏闻，众厄鲁特有来降者，俱携之来。如第巴又言达赖喇嘛将使垂中为之卜，尔但诘之云，垂中所祷祀者，惟达赖喇嘛耳，达赖喇嘛犹有问垂中而行之理乎，至达赖喇嘛身故果实，则言使班禅主喇嘛之教。尔务索济隆胡土克图而来，如第巴以杀济隆革喇嘛为疑，尔则极口保之，如不遣济隆来，尔则谓第巴曰，尔为一人而违圣上之旨，圣上岂轻已乎。尔在彼，如遇策妄阿喇布坦之使，尔以噶尔丹前后诸事详告之，言我圣上无诛噶尔丹之意，至今犹使将军留大兵以招抚之。尔事毕，即星速辞归，不得久留。

（卷 175）

康熙三十五年九月辛酉（八日，1696.10.3）

谕户部尚书马齐、兵部尚书开音布等，噶尔丹窘迫已极，近朕差阿南达，以巴图尔额尔克济农之兵堵御其外，恐噶尔丹乘虚行劫巴图尔额尔克济农，尔两部檄总兵官王化行，如噶尔丹往彼处，即率兵往援，并谕巴图尔额尔克济农知之。

（卷 176）

康熙三十五年九月癸亥（十日，1696.10.5）

理藩院议覆四川巡抚于养志疏言，臣遵旨会同乌思藏喇嘛营官等，查踏打箭炉地界，自明季至今，原系内土司所辖之地，宜入版图。但番人藉茶度生，居处年久，且达赖喇嘛曾经启奏，皇恩准行，应仍使贸易。番人之事，应行文达赖喇嘛，使晓谕营官，遵行管理，关系土司之事，著土司管理，勿致生事。至打箭炉四交界之地，该抚细查报部，编入一统志可也。从之。

（卷 176）

康熙三十五年九月乙丑（十二日，1696.10.7）

侍读学士喇锡疏言，据厄鲁特降人吴默赫墨尔根寨桑等言，我向为丹津鄂木布护卫，丹津鄂木布为噶尔丹所追，料力不能敌，遂分散其众，往投策妄阿喇布坦，阿喇布坦亦自往空奎扎巴喀居住，不预噶尔丹之事，目下噶尔丹人止千余，马驼亦甚少，今天时渐寒，大半无居无食，噶尔丹必不能保有其下人，殆必散尽矣。报闻。

（卷 176）

副都统阿南达疏言，臣遵奉皇上成算，已于布隆吉尔及昆都伦、额济内诸处，各遣官率兵驻扎哨探。窃思坐哨之人，若至嘉峪关、肃州等处来报而后趋赴，恐噶尔丹已过有失机会，若臣亲至布隆吉尔之都尔白儿济形势地方，乃两边哨卒递报之路，但仅率巴图尔额尔克济农等设哨所余兵一百五十人以往，为力甚薄，因与提督李林隆共议，增绿旗兵四百，子母炮二十门，臣亲率之，于九月初三日自肃州起行矣。报闻。

（卷 176）

康熙三十五年九月戊辰（十五日，1696.10.10）

刑部尚书图纳等奏报，噶尔丹纳贡之西赖古尔黄番黑番人等，及噶尔丹所遣督催番人贡物之厄鲁特达尔汉寨桑卜尔奇等，共七千四百余名，俱倾心投顺。但督催贡物者，系噶尔丹所属之人，不便令居原地，已委官解京。其西赖古尔黄番黑番人口众多，难以迁移，应将边外往居者，俱令迁移边内。下所司知之。

（卷 176）

康熙三十五年十月辛丑（十八日，1696.11.12）

谕议政大臣等，噶尔丹窘迫已极，必亡命走哈密，著檄孙思克率所部兵赴肃州，至副都统阿南达处豫备，著将军博霁于西安兵内未行者选二千名，亦赴阿南达处，会同孙思克，探噶尔丹往哈密声息，即行剿灭。

（卷 177）

副都统阿南达疏言，臣令噶尔亶多尔济哨卒拜格往谕噶尔亶多尔济，言皇上待汝，比众不同，将抚育汝，汝反逃去，与巴图尔额尔克济农擅去游牧，其时尔年小，不能禁止下人，圣上亦灼知之，不深责尔也。后噶尔亶多尔济遣人来告曰，皇上怜我祖鄂齐尔图车臣汗使我与巴图尔额尔克济农，接壤而居予之牧地。因巴图尔额尔克济农擅自游牧，我亦与之同往及皇上敕旨到日我年方幼我母一妇人，不能回奏，每思此情何以得达。今祈副都统，将我奏事之人，一同带往。臣语之曰，厄鲁特人不可信。果欲遣使当于十月二十日遣人再到肃州。报闻。

（卷 177）

康熙三十五年十月癸卯（二十日，1696.11.14）

厄鲁特降人桑扎卜等言，噶尔丹于九月二十二日从枯伦百尔齐尔向哈密而去。上谕议政大臣等，今噶尔丹已向哈密前去，当来此机会，作速剿灭，大同见有备养马匹，著大兵即由内地前往，倘有不堪疲马，即易彼汛地绿旗兵之马前行。再速檄学士朱都纳，将伊解来马七千，闻旨即便驻扎，自彼地方支取草料，加意饲养，此前去大兵，不论何处相遇，即乘此马匹而去。使一章京陪鄂欣速至阿南达处，倘噶尔丹在大兵未到之前已到哈密，著阿南达等勿失机会。尔等集议具奏。寻议，大同有前锋八百，枪手护军一千，应令前往哈密，其朱都纳、阿南达处，应行文令遵谕而行。上曰，另有商夺，奏摺暂存，速檄朱都纳，将伊解来马，闻旨之地即便驻扎，用心饲养。

（卷 177）

康熙三十五年十月甲辰（二十一日，1696.11.15）

先是，昭莫多之捷，有厄鲁特曼济受伤被擒，至是曼济以其妻子在噶尔丹所，求归，上命遣之至大将军处，偕阿旺丹津赍敕文谕噶尔丹、丹济拉等。敕曰，皇帝敕谕噶尔丹、丹济拉等，朕统御天下，要以中外一体为务，往者乌兰布通之役，尔等虽经败北，朕尚欲与尔等会约，以定喀尔喀之事，故使命屡颁，尔等乃违弃誓言，抢掠纳木扎尔陀音，竟至克鲁伦地方，朕亲率师，欲与尔会同定议，遣使申谕，尔复狐疑不信，不亲见朕使，及朕至克鲁伦，尔遂望风奔溃，遇朕西路之兵，尔先犯我颜行，遂至丧师败衄，尽弃驼马、牛羊、子女、庐帐、什物，尔众寨桑、台吉等接踵来降，丹济拉、格垒沽英车陵奔等寨桑十五人亦愿归服，遣察罕哈什哈来陈奏悃诚，朕已面谕遣还。今朕又亲率六师远莅于此，且各处调兵邀截，尔等妻子马畜诸物俱已散亡，衣食已尽，势迫无归，况时渐严寒，朕不忍尔属下厄鲁特妻子相失，穷困冻饿而死，特遣谕招抚，今重复降敕，尔等若悔前愆，俯首向化，朕一体加恩抚恤，俾各得所，尔部下厄鲁特，亦得妻子完聚，咸获生全，朕断不念尔旧恶。况尔部落人内，有被我军所俘，其父母妻子尚在尔处，不忍分离，愿归故土者，朕皆恩赉，赐之坐骑糗粮，即令遣归，使其骨肉完聚，其欲内附不愿归者，朕皆富贵之，各得生养。尔部人曼济重伤，为我军所擒，今曼济言其妻子尚在尔处，因欲告归，朕是以给之恩赏，赐以坐骑糗粮，使赍敕遣回尔地，尔等思尚能自存，有能收养尔等之人否，其熟筹之。今已无所归，尔等可速领余众，抒诚归顺，朕必令尔等家富身荣，各遂生养。惜此厄鲁特如许生灵，被尔驱迫，至于此极，今若又不觉悟，听信匪言，则后悔莫追矣。尔其勿疑勿惧，特谕。

（卷 177）

康熙三十五年十一月戊午（五日，1696.11.29）

议政大臣奏，员外郎二郎保报称，阿玉奇台吉发兵一千，以塞尔济札卜寨桑领之，策妄阿喇布坦发兵一千，以楚呼郎寨桑领之，额尔克巴图尔台吉亲率兵千许，俱会集于阿尔台以内土鲁图地方驻扎，四面设哨，如遇噶尔丹，即执而杀之，如或生擒，即行解送。又达赖喇嘛使人尼麻唐胡土克图、卓磨龙堪布、丹巴囊素，达赖汗之使人寨桑及喀尔喀泽卜尊丹巴胡土克图在西方之喀尊等，共一百七十余人，在十一月望间可到西宁边口，到日即欲进京奏请圣安，访其消息，为青海诸台吉之事而来，其行甚急，如到西宁边口，或特差人驰驿护送来京，或照伊等常例行走，俟部奏明，移文到日，以便遵行。应拨理藩院官一员，乘驿速至西宁，将尼麻唐等暂行留住，问明来意，如有奏章，即著赍来，若应令进口，则遣人往召，不则即行遣归。并行文二郎保，不时探听阿玉奇台吉、策妄阿喇布坦等备兵出行声息。上曰，差遣司官，必致迟误，著行文二郎保，亲身问明来奏。

（卷 178）

康熙三十五年十一月庚午（十七日，1696.12.11）

抚远大将军伯费扬古奏言，王善巴差长史伊白根来报，噶尔丹使所属格垒沽英等二十人来请纳款，已知会侍郎满丕等，令亲身至厄鲁特来人处，或有奏章，取来验视，如无奏章，问明速报。上命议政大臣等，速檄大将军伯费扬古，将格垒沽英本身及一仆人，拨官一员，星速乘驿押来，本朝所差厄鲁特津巴等，如与伊等同至，则俱令前来，其余厄鲁特暂留枯卜地方，如有奏章，即著赍至，格垒沽英寨桑等如未到伯费扬古处，著遣从别路而来，毋使窥见营垒，亦不得令见伯费扬古。

（卷 178）

副都统阿南达奏，十一月初七日，哨卒来报，见有飞尘，臣率兵往邀其来路，因彼已过，追至百有余里，于素尔河边皆拘之，系达赖喇嘛使人达尔汉鄂木布，青海博硕克图济农使人阿尔达尔寨桑，彭素克台吉使人寨桑和硕齐，又问其所往，言我等通问于噶尔丹，今自噶尔丹所归去，见有噶尔丹使人与我等同归。查噶尔丹使人喇克巴彭楚克格隆等男妇子女五十余人，噶尔丹族侄顾孟多尔济及男妇子女三十余人，又卓里克图等男妇子女十余人，臣亲率兵为殿，悉押至肃州，交鸿胪寺绥黑图，遣达尔汉鄂木布前往外，余俱拘禁肃州候旨，其噶尔丹嘱托达赖喇嘛照看伊子塞卜腾巴尔珠尔书一并呈奏。上以示议政诸臣。

（卷 178）

康熙三十五年十一月壬午（二十九日，1696.12.23）

封厄鲁特巴图尔额尔克济农为多罗贝勒。

（卷 178）

康熙三十五年十二月甲申（二日，1696.12.25）

厄鲁特车陵、伊拉古克三胡土克图遣使投诚，命理藩院檄谕招抚之。

（卷 178）

康熙三十五年十二月己亥（十七日，1697.1.9）

授青海额尔德尼台吉纳木扎尔土谢图戴青封号。

（卷 178）

青海额尔德尼台吉纳木扎尔，奏请给黄草滩地方捕猎游牧，上以黄草滩已属内地，不准给。

（卷 178）

康熙三十六年　丁丑　1697 年

康熙三十六年正月庚午（十八日，1697.2.9）

谕抚远大将军伯费扬古，得驻扎肃州副都统阿南达疏报，擒噶尔丹之子塞卜腾巴尔珠尔于哈密之地，时当灯节，众蒙古及投诚厄鲁特，皆齐集畅春园西门，其疏一到，众皆大悦，尔独居边塞，不得在朕左右，殊深轸念，故抄阿南达报文，发尔知之，并赐胙肉、鹿尾、关东鱼等物，即如与尔相见，朕躬安，尔无恙否，噶尔丹作何料理不失机会，朕与诸臣议定后，另有旨。特谕。

（卷 179）

康熙三十六年二月戊子（七日，1697.2.27）

副都统阿南达疏报，自哈密擒获厄鲁特土克齐哈什哈，并其妻子女共四口，由驿递解京，命议政大臣议奏。寻议，土克齐哈什哈系害使臣马迪之首犯，相应将土克齐哈什哈并其子扎卜立决，其妻女给马迪之家为奴。得旨，土克齐哈什哈之子扎卜著免死，亦给马迪之家为奴，余依议。

（卷 180）

谕大学士伊桑阿，据员外郎阿尔必特祜疏言，达赖喇嘛另有一疏，并口奏三语，据来使尼麻唐胡土克图云，达赖喇嘛、第巴曾嘱，不得妄与他人，俟见圣上，方许呈览。今朕亲临边境，著阿尔必特祜，将尼麻唐胡土克图及卓尔磨隆堪布减其从役，驰驿带来。

（卷 180）

康熙三十六年二月己丑（八日，1697.2.28）

奉差达赖喇嘛理藩院主事保住，回至庄浪疏言，臣于十一月二十二日到乌斯藏，奉圣旨一一晓谕第巴。第巴奏言，臣庸流末品，臣正思仰答皇恩，焉敢违圣旨而附逆贼噶尔丹乎。况臣之荣显安乐，皆皇上所赐，臣苟背皇上而向他人，必当寿数夭折，总之谨遵圣旨而外，更无异词至上谕四事。第巴回奏云，皇上圣明，先知达赖喇嘛明岁出定，遣两喇嘛前来识认，臣心甚喜，温春喇嘛向与达赖喇嘛同居十年，令伊识认，自能立辨，此两喇嘛，俟至达赖喇嘛出定，验明回奏，其时众疑自释。至前者皇上遣内齐陀音胡土克图等召班禅胡土克图时，自达赖喇嘛及臣等皆遣使劝令赴京，彼初亦愿往，后因来使口出恫喝过激之言，遂云不往，迨使臣归后，噶尔丹之使始至，臣并不借噶尔丹巧辩，即班禅胡土克图亦岂肯听噶尔丹之言乎，皇上必欲班禅赴京，臣焉敢违旨，当启闻达赖喇嘛，必谕令班禅约定赴京之年，交后去之喇嘛晋巴扎木素奏明，其时作何加恩遣使，总祈睿鉴。至济隆胡土克图，于乌兰布通之役不遵圣旨，致事未成，反在噶尔丹与尚书阿喇尼交战后，怂恿噶尔丹，贺之以白首帕，故臣籍没其家产，迁之于喀木地方，今欲遣之与钦差赴京，所在辽远，往返须两三月，恐为日迟久，在皇上好生之心，于济隆胡土克图必不加诛罚，臣当委婉引来，与晋巴扎木素同往，以副圣意。至博硕克图济农与噶尔丹结姻之事，在喀尔喀、厄鲁特未交恶之前，阿奴尚在策妄阿喇布坦之际即已结姻，其余臣虽不敢保，而青海八台吉俱达赖喇嘛弟子，但愿为皇上效力，并无二心，臣可保其不背皇上也，皇上仁爱天下黎民有如赤子，噶尔丹之女已嫁博硕克图济农之子，免送京师，不致夫妇离散，此臣所祷而求之者也。我土伯特人不谙礼法，止以无知获罪，臣未尝知而故犯也，即有无知之罪，乞钦差奏明皇上，伏祈宽宥，仍赐温旨等语。遂于十二月初十日，以覆奏本章，交臣起程而归，臣今至庄浪，先将第巴奏答情由，具本由驿递驰奏外，其第巴覆疏，并贺灭噶尔丹表，使人囊素楚奈，臣亲身随后带来到京。又喇嘛晋巴扎木素等疏言，前者奉旨，谓臣等二人素识达赖喇嘛，著验明回奏，而第巴又谓达赖喇嘛前身见在是实，尔等可看明回奏，窃思皇上遣委之事尚未明晰，如何可弃之而去，是以臣等公议，将给达赖喇嘛敕书，赏赉诸物不曾颁给，俟达赖喇嘛出定时验明，再归复命，故特留此。上报闻，且以示议政诸臣。

（卷 180）

康熙三十六年二月辛卯（十日，1697.3.2）

谕大学士伊桑阿，今欲遣大臣一员，携青海扎什巴图尔台吉之使鄂木布，博硕克图济农之使罗垒额木齐，博硕克图济农之族子额尔德尼台吉属下纳木喀、拉木扎巴等往青海，谕令其台吉等来觐，著都统杜思噶尔，台吉阿拉卜滩、德木楚克，并少卿萨尔徒去。

（卷 180）

康熙三十六年二月壬辰（十一日，1697.3.3）

议政大臣等议覆，副都统阿南达疏言，噶尔亶多尔济至臣所告曰，我寨桑阿昭赴京，蒙皇上俯念我祖鄂齐尔图车臣汗，降以温纶，我不胜欢跃，噶尔丹乃杀我祖父不共戴天之仇，我力虽不能报复，今幸天兵剿荡，我愿率领所部从大军效力，事毕赴京，叩谢皇恩。应如所请。从之。

（卷 180）

康熙三十六年二月癸巳（十二日，1697.3.4）

副都统阿南达报解噶尔丹之子塞卜腾巴尔珠尔等，并噶尔丹所差往哈密取粮之鄂木克图哈什哈等二人，及噶尔丹送与桑克拉什胡土克图等书四封，于二月初三日起程赴御营。上谕议政大臣等曰，前既阵斩噶尔丹之妻阿奴喀屯，今又生擒其子，贼之本根已斩，噶尔丹虽各处偷生，其年老迈，能延几何，其子为我所获，是乃天之所赐也。凡用兵之道，要在乘机，噶尔丹穷迫已极，宜乘此际，速行剿灭，断不可缓。朕今亲临宁夏，相度机宜，调遣军士，贼闻之必魂魄俱丧，其部属亦必张皇，而别部蒙古闻朕亲临宁夏，各欲见功，扼噶尔丹而图之，彼若不自尽，亦必为人擒献，克成大事，正在此举。又谕曰，朕亲历行间，塞外情形，知之甚悉，自古以来，所谓难以用兵者是也，其地不毛，间或无水，至瀚海等砂碛地方，运粮尤苦，而雨水之际，樵爨颇难，区画不周，岂可妄动，朕今亲临宁夏，凡有可用兵之地，必详察行道水草，全备马驼、粮糗等物，然后起程，稍有可疑，虽诸臣劝行，朕亦不允也。

（卷 180）

一等侍卫米依奏，前噶尔丹以臣充使，率回子一千五百人，来至汛界地方，侍郎满丕止臣不许前进，差臣赍敕书回噶尔丹处，此项回子一千五百人，俱往投青海，后噶尔丹遣人至扎什巴图尔台吉处，令其收留此项回子，勿使往皇上及图尔胡特、策妄阿喇布坦处，今皇上招集噶尔丹属下之人，此项回子原系臣带来之人，臣愿随前往青海大臣，将回子等收来。上允之。

（卷 180）

命给巴图尔额尔克济农所收属裔口粮，拨兵护送至贺兰山。

（卷 180）

康熙三十六年二月甲午（十三日，1697.3.5）

议政大臣等议覆，西宁坐哨员外郎二郎保疏言，阿齐滚布巴图尔台吉，遣图卜新寨桑马木特来请圣安，并言青海诸台吉听从我台吉之言，如蒙圣上加以恩纶，我台吉遵依而行，自即归降矣。查招抚青海诸台吉，已经派遣大臣，今应令来使图卜新寨桑马木特随奉差大臣前往，另颁谕旨与阿齐滚布巴图尔台吉，令与奉差大臣，共商相机招抚。从之。

（卷 180）

康熙三十六年二月丁酉（十六日，1697.3.8）

谕内大臣等著，传旨与贝勒松阿喇布，今噶尔丹已将成擒，其子塞卜腾巴尔珠尔已被获，近闻噶尔丹在萨克萨特呼里克之南格隔特哈朗古特地方，众仅四五百人，又青海诸台吉俱降，见有人来请安，朕今亲临宁夏，著将右翼三旗贝勒、公、台吉等兵，共派二千，以备调遣，尔蒙古装载骆驼，监管牧放，素能习练，可豫备以待，俟朕到宁夏，应从何路前进，候旨行。著侍卫绰克图前去，传谕左翼王、贝勒、贝子、台吉等，毋以朕往宁夏，间道前来请安，尔等有能效力者，往贝勒松阿喇布处伺候，以听指挥。

（卷 180）

康熙三十六年二月壬寅（二十一日，1697.3.13）

奉差达赖喇嘛理藩院主事保住回至御营，以第巴疏呈奏。上以示议政大臣等曰，第巴之疏，尔等意以为何如。议政大臣等奏曰，第巴差尼麻唐胡土克图面奏，今尚未到，应俟伊到日，再行议奏。上曰，朕意与尔等之意不同，朕阅经史，塞外蒙古多与中国抗衡，自汉唐宋至明，历代俱被其害，而克宣威蒙古，并令归心如我朝者，未之有也，夫兵者凶器，圣人不得已而用之，譬之人身疮疡，方用针灸，若肌肤无恙，而妄寻苦楚，可乎，治天下之道亦然，乱则声讨，治则抚绥，理之自然也。自古以来，好勤远略者，国家元气，罔不亏损，是以朕意惟以不生事为贵。达赖喇嘛，蒙古等尊之如佛，第巴者，即代达赖喇嘛理事之人，噶尔丹叛逆，皆第巴之故，因朕遣主事保住，严颁谕旨，第巴悚惧，悉遵朕谕，奏辞甚恭，自陈乞怜，畏罪矢誓，此亦敬谨之至矣。至达赖喇嘛身故，朕已悉知，今第巴云，遣尼麻唐胡土克图前来，代彼密陈其情，想尼麻唐胡土克图到后，必奏明达赖喇嘛已经身故，恳朕为伊等掩饰，达赖喇嘛与我朝交往，六十余年并未有隙，第巴既如此奏恳，事亦可行，即此可以宽宥其罪，允其所请，第巴必感恩，而众蒙古亦欢悦矣。诸臣奏曰，圣算至神，非臣等所及。

（卷 180）

康熙三十六年三月丁巳（六日，1697.3.28）

议政大臣等议覆，哈密额贝杜拉达尔汉白克疏言，臣遣子郭帕白克擒噶尔丹子塞卜腾巴尔珠尔，必为四部厄鲁特所仇，其中左翼之怨尤深。臣哈密微弱，所尤惧者策妄阿喇布坦也。请敕理藩院移文青海诸台吉及策妄阿喇布坦，谕以哈密既已归诚，勿得侵扰，应如所请。从之。

（卷 181）

谕议政大臣等，朕至宁夏后，方调甘肃兵前行，似乎少迟。此时噶尔丹穷极之际，西安满兵二千、甘肃绿旗兵一千，俱久在甘肃，马亦肥矣。机会不可失，宜速进萨克萨特呼里克之地，搜剿噶尔丹。此满汉兵各带百日粮，嘉峪关至萨克萨特呼里克地方甚近，不必运粮。如噶尔丹已遁，此军计粮而归，各赏银十两。此外，另有当行当奏之事，孙思克、博霁、阿南达等公议具奏。其哈密擒献之俄摩克图哈什哈，遣至伊等军中，倘有可行之机，即行进剿。如噶尔丹已远遁，则差俄摩克图哈什哈往谕之，言我军非来征讨，实来招抚，尔可速降。至遣宁夏兵，驻郭多里巴尔哈孙地方，备御之事，当檄将军孙思克知之。

（卷 181）

康熙三十六年三月戊午（七日，1697.3.29）

抚远大将军伯费扬古疏报，厄鲁特达喇什等率男妇一百余人来降，将达喇什解赴御营，其余男妇，俱送交归化城副都统阿第处。上命示议政大臣。

（卷 181）

议政大臣等议覆、振武将军孙思克疏言，臣奉命率兵一千，与满兵一路进剿，但遇敌交战，则营中辎重不可不守，请再拨兵五百名，倘遇敌交战时，以此兵守营。应如所请。从之。

（卷 181）

康熙三十六年三月甲子（十三日，1697.4.4）

副都统阿南达奏报，哈密额贝杜拉达尔汉白克，解到滚占之妻奴浑达喇所使之人厄鲁特恩克达尔汉寨桑，据云，噶尔丹自被圣上击败以来，并无粮食，难以为生，故滚占之妻奴浑达喇去岁八月间离噶尔丹，采捕禽兽度命，欲投青海，差至哈密乞粮，是以被执解来。上以示议政诸臣。

（卷 181）

康熙三十六年三月乙丑（十四日，1697.4.5）

阿南达又奏言，喀尔喀毕力克图寨桑等，背恩逃去，谕降不从，反来拒战，及至击败，仍向青海而去。今将前后所擒巴尔达等男妇子女四十三口驿解前来。上命议政诸臣会议。寻议，应将见获四十三口内男子正法，子女俱赏给擒获效力蒙古绿旗官兵，俟获毕力克图寨桑之日再议。从之。

（卷 181）

康熙三十六年三月庚午（十九日，1697.4.10）

抚远大将军伯费扬古，解送来降厄鲁特罗卜臧汪扎尔格楚尔、阿旺拉卜滩班第等至御营，并据称噶尔丹尚在萨克萨特呼里克居住，天使博什希、闻寿等二月初一日到，十五日见噶尔丹，在噶尔丹附近居住者，有丹济拉、阿拉尔拜等属下共百户。上宣谕议政大臣。

（卷 181）

尼麻唐胡土克图等至行在，以第巴奏章密奏，上随将彼奏章，及所献达赖喇嘛之像，于原封之外，面同伊等加封，押以钤记，而谕之曰，朕数年来，久知达赖喇嘛已故，若达赖喇嘛尚存，则僧巴陈布胡土克图、噶尔丹西勒图齐七克达赖堪布、济隆胡土克图等断不如此妄行，喀尔喀、厄鲁特亦不致破坏，故朕降旨切责之，令第巴输诚吐实，密以奏朕，朕亦为之密藏也。

（卷 181）

康熙三十六年三月辛未（二十日，1697.4.11）

谕领侍卫内大臣索额图、内大臣明珠、大学士伊桑阿，前者朕以达赖喇嘛身故已久，第巴隐之，附和噶尔丹行事，故差保住严诘第巴，预料第巴必自陈达赖喇嘛已故，乞为彼隐讳，向亦曾与尔等言之，今彼差尼麻唐胡土克图至，果密奏达赖喇嘛身故已十六年，再生之小达赖喇嘛已十五岁，乞皇上暂隐之，勿闻于众，与朕昔语尔等之言略无少异。又谕曰，保住尚有未完之事，著与尼麻唐胡土克图同往。

（卷 181）

赐达赖喇嘛使人尼麻唐胡土克图等漆鞍、羊裘、蟒袍、布帛、白金等物有差。

（卷 181）

康熙三十六年三月壬申（二十一日，1697.4.12）

理藩院题，尼麻唐胡土克图、罗卜臧凯尊囊素等，赍到达赖汗庆贺击败噶尔丹一疏，及第巴二疏，并所献礼物，请旨。上以第巴二疏，命议政大臣等议奏。寻议覆，第巴疏言达赖喇嘛避忌坐禅，丑年出定，令尼麻唐胡土克图密奏，已奉圣谕，应不议外。又疏言，蒙召班禅胡土克图，今当遵旨，问明班禅胡土克图，或即令赴京，或另日前往，定议再奏，应令将班禅胡土克图赴京年月，徐徐定议具奏。又言，请俟后拘解济隆胡土克图，伏乞皇上留其身命，但济隆胡土克图系达赖喇嘛遣和喀尔喀、厄鲁特之人，乃竟不知解，反导噶尔丹入境，与我军交战，情罪可恶，前已有旨，不诛济隆胡土克图，然务必解送来京。又言，噶尔丹女或令离异与否，伏候圣裁，噶尔丹抗君逆贼，其女断不得留于青海，务令解送来京。又言，臣以无知，或有违圣意之事，伏乞宽宥，今当谨遵圣旨，竭力自效，祈俯念达赖喇嘛，锡以温纶，应如所请，遣使颁谕。从之。

（卷 181）

康熙三十六年三月癸酉（二十二日，1697.4.13）

振武将军孙思克疏言，奉旨令臣等乘噶尔丹穷困之时，带百日口粮，速往萨克萨特呼里克一带地方进剿，但马匹未能齐备，求敕兵部，不论何项马匹，速解甘州，臣等即一面起程，一面奏闻。上谕，机会不可失，孙思克、博霁等兵，著即取伊附近绿旗兵之马，如可不误，即令起行，一面奏闻，如不能得，则扣粮减兵，即取所减兵之马，驮粮而行。自宁夏进剿之兵，朕意不过二千，或二千五百，伊等如谓减兵则寡而难行，著一处驻扎，止令宁夏之兵进剿。

（卷 181）

康熙三十六年三月甲戌（二十三日，1697.4.14）

抚远大将军伯费扬古奏报，自厄鲁特处逃出滚济、鄂尔斋图二人来降，言系喀尔喀扎萨克图汗属下人，于倭罗会湖地方与厄鲁特交战，掳在丹津阿喇布坦处，并言笔帖式合色、长史马尼图，于正月十八日到丹津阿喇布坦处，我等二十三日逃来时尚未相见，我等来时，丹津阿喇布坦在布颜图河，不知将何所往，闻噶尔丹在萨克萨特呼里克，丹津鄂木布出洪郭罗矣，不知何往，丹津阿喇布坦等捕兽度日，如不获兽，杀驼马为食，下人嗟怨，言皇上于西方处处屯兵，尽执噶尔丹所差使人，我厄鲁特今无路可行矣。奏至，上报闻，且以示议政诸臣。

（卷 181）

康熙三十六年三月庚辰（二十九日，1697.4.20）

抚远大将军伯费扬古疏报，出使噶尔丹之员外郎博什希、笔帖式閰寿，同噶尔丹使人喇木扎卜、丹济拉使人罗卜臧等，并格垒沽英及其妻子十三口，俱到边哨，先以博什希奏摺驿送进呈。博什希等摺奏云，正月二十九日，距噶尔丹所居萨克萨特呼里克以内二日之程，抵台吉吴思塔处，止臣等毋前，次日格垒沽英往告噶尔丹，二月初二日，噶尔丹使绰什希巴图尔来，先领敕书，十四日，绰什希巴图尔来请相见，次日，日落时噶尔丹至野外，坐岩上，令臣等远坐，使二人夹臣膝，坐两旁，不令近前，迭相传语。噶尔丹曰，我闻皇上沛此恩纶，不胜欣藉，自今圣上凡有所谕，惟遵旨以行而已，我之言已在疏内，我之意已语我使人，使人到日当口奏也，语毕，乘马而去。丹济拉遣其下常达里来，言蒙圣恩口授格垒沽英以谕臣之旨，即欲遵行，奈噶尔丹疑臣，不复差遣，臣是以将中心欲奏之言，俱告之格垒沽英矣，今不便请钦差相见。是日，绰什希巴图尔率拉木扎卜来云，昨派格垒沽英为使，彼挈其妻子潜逃，是以另派拉木扎卜代之，奏疏及一应言语，俱在是人。臣博什希等于二十五日，自萨克萨特呼里克起程，途遇自京前去之察哈代，言我与吴尔占扎卜之母、达尔扎哈什哈之妻子同行，至中途被劫，将吴尔占扎卜之母等劫去，我捧敕书步行，已授噶尔丹，吴尔占扎卜之母等遇噶尔丹属下阿尔拜家人，送噶尔丹处，已交还吴尔占扎卜矣，其达尔扎哈什哈之妻子家人，亦交吴尔占扎卜暂养。又途遇自京前去之曼济，言我于正月初二日见噶尔丹，授以敕书，噶尔丹问圣上之兵如何，我对曰，不知其数，兵甚多，并言丹巴哈什哈、察罕什达尔哈什哈已授职为内大臣，在京沙克珠木亦为内大臣，随驾而行，众厄鲁特俱加爱养，有离散之人各处寻觅，皇上亲视配合，噶尔丹默然无言。一日，噶尔丹至诺颜格隆家，丹济拉阿巴、吴尔占扎卜俱在坐饮酒，吴尔占扎卜谓噶尔丹曰，我辈自去年冬，以萨克萨特呼里克兽多，故居于此，今兽已骇散矣，如往降圣上则往近之，如不降当另图一策，首鼠两端，而待毙乎，且尔欲扶法门之教，致四厄鲁特、七旗喀尔喀已略尽矣，尔国已破，父子夫妻离散，究无补于法门之教，反造罪业而已，噶尔丹默无一言。所有人丁共三百余，其他俱各捕猎远去，马甚少，膘甚瘦，视噶尔丹情状，大约不降，丹济拉有欲降之意。又吴尔占扎卜之母归谓噶尔丹曰，彼国大兵多，富而且盛，中华皇帝乃活佛也，敌人母子遣使完聚，尔等从前亦曾闻有是否，其余非常之举，言之不尽。阿旺丹津言，奉旨差我使于伊拉古克三胡土克图，故不往噶尔丹所居地方，又不知伊拉古克三胡土克图所在，是以与曼济同归，于是带诸人同行。三月初九日，至哈密图布拉克地方，遇格垒沽英，言我见噶尔丹，述中华皇帝口传之旨云，尔以追喀尔喀之故而来犯我，尔之理曲，我之理直，故天佑我而击败尔，尔虽为我敌，而朕不以击败尔为喜，尔今无所往矣，此天之下，君无大于朕者，如倚朕为生，必得生路，尔果来归，朕则宽尔之罪，宠荣养育，尔虽欲不降，朕岂于尔漫然而已乎。宣谕毕，噶尔丹默然无语问我曰，中华皇帝大略何如，我对曰，尔降，则不夺尔汗号，待以宠荣，使众人咸得生路。丹济拉引我于无人之地，问曰，中华皇帝亦曾道及我乎，我言中华皇帝不时向我言，尔丹济拉貌伟材长，丹济拉言，我曾谓噶尔丹当降已一二次，而不听吾言，其状亦疑我，尔试言之，如降，则我为使而往，视丹济拉情状，有欲降之意。我在噶尔丹处六日，亦自竭力劝谕，而噶尔丹实无降意，仍遣我同使，我思噶尔丹一无实意，而我又充使来诳，可乎，是以携我妻子六十余口，马百余匹，骆驼四十余头，来归圣上，及到什鲁特地方，伊拉古克三胡土克图亲率百余人，猝然掩至，我身及妻，三子一幼孙，共十三口，带马三匹，骆驼一头而出，我媳及其余人，马驼什物，俱被劫去，我右肩背下，洞中鸟枪伤。臣今带格垒沽英及其子吴巴什、察哈代、曼济等，分作二起，星驰前来，为此谨奏。上谕议政大臣等曰，博什希等，已归至边哨，先具本奏言，格垒沽英携其妻子来降，噶尔丹亦遣使来，俟伊等到时，问明噶尔丹或降或他去，方可进兵，今速檄孙思克、博霁，止其进兵，俟事明，檄知而行。

（卷 181）

遣理藩院主事保住、署主事萨哈连赍敕往谕第巴，偕尼麻唐胡土克图同行。敕曰，朕临御天下，统理万邦，溥播仁恩，惩创乱逆，其诚心恭顺者，必加奖赖焉，尔布特达阿卜地，前与噶尔丹同谋，凡事必徇厄鲁特而行，济隆胡土克图败乃公事，尔坚留不遣，其时朕谓达赖喇嘛若在，断不至此，故严加诘责，兹尔奏言，圣上严旨下颁，心甚忧惧，今惟钦遵圣谕，随力报效，倘轸念达赖喇嘛，乞降温纶，谆切奏请，尔既知过引罪，朕岂不念达赖喇嘛通使修礼，历有年所乎，且朕若不加眷恤，尔土伯特国岂得安其生耶。其济隆胡土克图，乃达赖喇嘛所特遣以合喀尔喀、厄鲁特之好者也，彼竟不使喀尔喀、厄鲁特和好，反导厄鲁特入我境内，与我军交战，情罪甚为可恶，务必擒解，彼之身命，朕俱准尔所请，宽而宥之。其班禅胡土克图应于何年月日来朝，尔从容定期具奏。至噶尔丹与朕抗，我师大克之，凶恶逆贼，情罪重大，其女断不许留于青海，尔必解来，若不解送，则罪归于尔矣。如噶尔丹果悔罪来归，其时另有处分。今尼麻唐胡土克图至，将尔奏请之言，俱已密奏朕前，朕亦密有谕旨，朕之素怀，惟愿率土之人，咸跻雍和，共享安乐，断不容摘发隐私，倾人家国，嗣后尔宜益加恭顺，勿违朕旨，朕尽弃尔前罪，嘉惠如初，如此，则尔土人民，大蒙利赖，尔之荣贵，可获长享矣。为此特遣正使理藩院主事保住，副使署主事萨哈连，以降敕例，赐币六端。保住等请训旨，上谕之曰，尔等到后，待第巴勿如从前举动，宜加和婉，授敕毕，尔等仍前作礼进币，但谓第巴曰，皇上统领大兵，已临宁夏，因前事四款，尔皆遵旨，皇上大悦，故不进兵，至尔尼麻唐胡土克图来，密陈达赖喇嘛出定之事，上皆知之矣，亦有密旨谕尼麻唐胡土克图矣，此事，除皇上与尼麻唐胡土克图、卓尔磨隆堪布及御前侍卫拉锡四人外，余皆不知也，自此以后，皇上一应谕旨，尔惟敬奉而行，则皇上愈眷顾尔矣，况达赖喇嘛讲信修礼，已历六十年，有不念及者乎。且谓尔务使谛穆胡土克图与我等同赴京，上将使之诵经，如服水土，则令驻锡，如不相宜，亦即遣还，较尼麻唐胡土克图更加优待。再口宣旨云，噶尔丹之子及其属下大臣，以至部伍，皇上俱收而纳之矣。至尔等前往，可于扎什巴图尔台吉处，取谙地里之乡导而去，既到西方，归来之时，可于第巴处取驿马乘归，上项事情，尔等备文，用部印带往，至喇嘛津巴扎木素等，尔等即携之而归。

（卷 181）

康熙三十六年闰三月辛巳（一日，1697.4.21）

先是，尼麻唐胡土克图以第巴语密奏达赖喇嘛没已十六年，小达赖喇嘛生，今年十五，因欲俟相合年岁，始闻之天朝皇帝及众施主。故定于今年十月二十五日，方出定放参，若于他处，俱令以达赖喇嘛出定相告，未尝明悉其故。上以第巴既输诚密奏，亦暂为秘之，欲俟十月初旬宣示内外四十九旗及喀尔喀诸处。至是，奉使策妄阿喇布坦处司务英古归，奏云，臣赍部文至策妄阿喇布坦处，彼大喜，即遵旨领兵来剿噶尔丹，行二十里，至萨克萨特呼里克。有达赖喇嘛使人达尔汉厄木齐来言，达赖喇嘛身故已十有六年，小达赖喇嘛已十五岁，尔等各居其地，不得兴兵。策妄阿喇布坦遂按兵而退，臣知其不能复行，亦还。达赖喇嘛已故，西北诸人皆已闻之。又副都统阿南达疏言，噶尔亶多尔济遣人来告达赖喇嘛、第巴遣人致书于我云，谕青海诸首领，俱于正月二十八日，在察罕托落海地方会盟，缮修器械。可令尔属下人，亦缮修器械，务如期必到盟会之地。我以向不与彼盟会是以不往。上命议政大臣等集议。寻议覆，第巴无故令青海诸台吉缮修器械，又约从来未与盟会之噶尔亶多尔济，其意叵测。且策妄阿喇布坦亲领兵往剿噶尔丹之时，第巴遣人撤回，以此观之，第巴仍党噶尔丹而诳我，其迹显然。恐第巴以彼所居辽远，谓我不知其诡计，应令所司详列此情，令尼麻唐胡土克图及主事保住等询明第巴来奏。从之。

（卷 182）

副都统阿南达奏言，臣所遣驻哈密之家人海喇图解送来降之厄鲁特津巴车尔贝来，据云，噶尔丹谓我受皇帝敕书，以为叛彼，曾被拘执。正月初一日，彼遣十五人屣觅塞卜腾巴尔珠尔，以我授之，带至瀚海，止给马一匹，弃之而去，我于是步行向哈密而来。我来时，噶尔丹仍在格格忒哈郎古忒地方，兵不过五六百名，马驼之外并无牛羊。又曾遣哈什往探洪郭罗人等情形，尚未归来，其势似必向洪郭罗阿济尔汗等处而去，此两处未知焉往。臣思噶尔丹之兵，不过五六百，所乘马驼外，并无他畜，正急遽扰乱之际。皇上睿谟周至，曾谕臣相机进兵，臣料其断不能出皇上庙谟之外，不胜欣跃，臣见驻扎布隆吉尔地方，俟孙思克、博霁兵到后，即竭力进征，以图报效。随驿解津巴车尔贝前来。上命示议政大臣。

（卷 182）

理藩院奏，副都统阿南达咨言厄鲁特台吉滚布察罕带属下人一百二十五口来降，报闻。

（卷 182）

副都统阿南达奏言，策妄阿喇布坦咨称阅来文已备晰，倘彼从此过，必不使之脱去，已遣阿玉什之子臧济扎卜率兵二万起行矣。又备文开明诸事原由，差诺海赍送尔矣。闻噶尔丹仍在格格忒哈郎古忒，其他俱无食四散，我欲探明噶尔丹去向，已留下兵马一枝，因我游牧地方近于白帽，故先已回去。奏入，上以示议政诸臣。

（卷 182）

康熙三十六年闰三月癸未（三日，1697.4.23）

副都统阿南达疏言，额贝杜拉达尔汉白克呈称，策妄阿喇布坦谓我降归皇上，又以我擒献其种类，因而大怒，拘我使人，倘致兴戎，不可无虞。疏入，下议政大臣等集议。寻议覆，前额贝杜拉达尔汉白克来降，恐策妄阿喇布坦及青海诸台吉侵扰，已经檄令各严禁其下人，勿得侵扰哈密矣。请以此谕知额贝杜拉达尔汉白克，如策妄阿喇布坦索取尔处所擒之人，不得擅发。从之。

（卷 182）

康熙三十六年闰三月甲申（四日，1697.4.24）

抚远大将军伯费扬古疏言，噶尔丹下诺尔布寨桑、族兄额林辰哈什哈等共十三口来降，言噶尔丹、丹济拉原在萨克萨特呼里克。今丹济拉移往齐察兰，去噶尔丹所居之地，有两日程。上以示议政大臣，并令吴达禅、拉锡问丹济拉与噶尔丹离散之故，额林辰哈什哈言，丹济拉因挞噶尔丹近侍额木齐，是以离散。

（卷 182）

康熙三十六年闰三月乙酉（五日，1697.4.25）

召回奉使第巴主事保住等至，上谕之曰，朕遣尔等传致第巴敕文及口谕，俱无庸更改。但以第巴致书于噶尔亶多尔济及差人阻止策妄阿喇布坦之兵，又英古归奏达赖喇嘛身故之事，俱已传播，是以追回尔等，问之尼麻唐。又第巴所献达赖喇嘛像及奏章，朕于原封上，在伊等前加封，今著此地诸喇嘛同尼麻唐拆视，乃泥塑达赖喇嘛之像，其头已断，此项情由，尔等可宣问第巴，并将转生之小达赖喇嘛看明回奏。达赖喇嘛身故，策妄阿喇布坦诸人已悉闻之，可将此项始末，凡途中所遇之人，皆晓谕之。

（卷 182）

命理藩院遣官将默尔根绰尔济以下喇嘛等，俱传集旃檀寺，拿丹木巴塞尔济，并其徒，俱禁理藩院中，并查此十六年差赴西域之喇嘛，逐一取供来奏。

（卷 182）

康熙三十六年闰三月庚寅（十日，1697.4.30）

先是，遣笔帖式合色、长史马尼图等，赍敕往抚厄鲁特台吉丹津阿喇布坦、丹津鄂木布。至是，抚远大将军伯费扬古奏言，侍郎满丕咨称出差厄鲁特合色、马尼图还，言至布颜图郭尔河见丹津阿喇布坦，授以敕书。丹津阿喇布坦答言，圣上敕书内令我及丹津鄂木布不得与噶尔丹同处，我仰遵圣谕，移往策妄阿喇布坦交界居住，同丹津鄂木布候旨。随各遣使人，偕合色、马尼图前来。上谕议政大臣曰，著将丹津阿喇布坦使人等送往侍郎满丕处，于彼地所留人内听彼酌带二十许人而往，其马驼干粮等物给足遣之。

（卷 182）

康熙三十六年闰三月辛卯（十一日，1697.5.1）

理藩院侍郎满丕疏言，厄鲁特扎木素等来降，言我等三月初三日在萨克萨特呼里克时，忽一日晚似有炮声，雾弥瀚海，噶尔丹营中扰乱，俱言满洲兵近逼矣，遂迁至哈萨克图哈喇阿济尔罕地方。正扰乱之时，我等逃出。又丹济拉离噶尔丹，另迁于什尔哈戈地方，噶尔丹遣人两次召之，丹济拉不至。又遣人于杜哈尔阿喇布坦处，杜哈尔阿喇布坦夺取其马畜，所去之人步行而归。又噶尔丹闻西路有阿南达兵防守，根敦戴青满兵已围取洪郭罗口，不知所往，在阿尔台四围游行，欲往阿尔台之阳，则山险而无野兽。欲往额黑阿喇尔，则畏杜哈尔阿喇布坦。据此，将扎木素同格垒沽英、曼济及其妻子并马驼什物，俱交驿站递送至归化城，发副都统阿迪安插。奏至，上命示议政诸臣。

（卷 182）

康熙三十六年闰三月壬辰（十二日，1697.5.2）

奉差噶尔丹博什希及其使人喇木扎卜至，赍到噶尔丹疏言，奉到敕书，及使人格垒沽英口传谕旨，不胜欢忭，但属下人为大兵所败，四处离散，正欲遣格垒沽英前往密奏，而彼忽逃亡，是以遣喇木扎卜前往口奏。喇木扎卜奏曰，噶尔丹言，圣旨云，汝不能自活，则率众来降，我居无庐，山无骑，食无粮，我属下丹津阿喇布坦、杜尔伯特之车陵、滚占之子车陵多尔济，俱不能自活，散去捕兽，不及招集伊等，咨问其意，俟集问之后，再行另奏。缘皇上有恤臣之旨，是以臣属下人归投皇上者甚多，伏乞发还臣所，并乞圣上加恩赐于失所之人，以活其命。上曰，汝欲归乎，抑留此地乎。喇木扎卜奏曰，臣有心告请而来，今臣之妻子俱在此地，臣他无所往。上谕内大臣等，大兵起行之前，当遣人招抚噶尔丹、丹济拉，此差不必遣本朝之人，前与塞卜腾巴尔珠尔同擒者，有噶尔丹乳母之子丹济扎卜，再拨愿往之厄鲁特人赍敕而往，一面遣使，一面进兵。达赖喇嘛身故已十有六年矣，第巴指达赖喇嘛之语以诳噶尔丹，彼信其诳，自言为达赖喇嘛之教而恣肆横行，以此等事明开敕内，照样刊刻多印，付丹济扎卜等遍行传示，并遣使谕策妄阿喇布坦，令乘此机会，亦兴兵剿灭之。敕谕噶尔丹曰，去冬命尔早降，则予以富贵，给以资产，眷顾煦育之，即尔所属厄鲁特之众，亦各得见其妻子，遂其生业，故遣使偕格垒沽英往宣敕旨，今使者喇木扎卜至，览尔所奏，谓未明朕旨，观尔辞意，一无真实，而请给还来奔之厄鲁特，岂惟厄鲁特之众，虽尔子塞卜腾巴尔珠尔及尔乳母，俱已被获，今皆豢养，与徽特和硕齐同居，尔若来归，即令尔子与尔相聚，否则尔有何功，遂还尔厄鲁特之众，尔欲归降，应及早来，若不归顺，徒迁延时日，何益。况达赖喇嘛已故，朕亦知之，曾严敕第巴，第巴又遣尼麻唐胡土克图上表来贺捷，且奏称达赖喇嘛已没十六年，其转生之胡必尔汉年已十五岁，则尔之指称达赖喇嘛，以为护法，欺诳众人者已显露矣。尔所欲逃匿之地，厄鲁特来降者多，朕已悉知，即使遁入洪郭罗险固之地，诸路皆可进剿，尔困迫若此，尚何力拒守，即今已无归所矣，今岁即不擒汝，来岁当复发兵追讨，必不中辍，汝其详审之，故遣丹济扎卜、察罕代、舒鲁等赍旨特谕。敕谕丹济拉曰，朕为天下元后，善善恶恶，乃不易之至理也，去岁遣格垒沽英等归，敕内开载尔名，复使格垒沽英传谕，今格垒沽英等来，尔之辞意，皆已备陈，尔今能致噶尔丹来降，必当封为贝勒，畀以殊荣，如不能致，尔一身归顺，亦能不失富贵，况尔以下之人先降者，皆释其罪，显荣优养，尔应悉闻，已往之过，概不介意。尔曾密奏，若宥臣罪，臣请投降，故特专赐敕旨，尽宥前罪，敕到其速降，朕为大君，岂改成命。特谕。敕谕厄鲁特之台吉寨桑哈什哈并其众人曰，朕为分中外，皆欲其各安生理，乐育昇平，至于诛戮征伐，原非本怀，尔厄鲁特等附从噶尔丹，所在侵掠，虽有所得于人，而已之祖父战死，妻孥被掠者，亦云众矣，今所余之人，不被创受伤者甚鲜，死亡之余，其存几何，因从噶尔丹之故，以至穷迫无归，困苦已极，屡颁谕旨，命噶尔丹前来归顺，则凡尔厄鲁特之众，朕必俱加养育，使之各得其所，乃噶尔丹怙恶不悛，并不以尔众为念，不思归顺，他日兵临，则尔众难免俘戮，故特谕厄鲁特之众，尔若能各携族属妻子来降者，朕皆养育，使得其所，前所降者，已加豢养，尔众亦当闻之矣。特谕。

（卷 182）

遣工部侍郎常绶等赍敕谕策妄阿喇布坦曰，尔历来请安纳贡，克恭克顺，朕亦加眷顾，恩施频及，噶尔丹奸诡性成，虽彼至戚，靡不嫉害，即将厄鲁特之四部，喀尔喀之七旗，致令破亡分裂，又以追袭泽卜尊丹巴、土谢图汗等为名，侵我边境，屡扰不已。朕因于去岁数道遣兵，亲和征剿，直抵克鲁伦、土喇地方，大破噶尔丹，阵斩甚众，其妻亦被诛戮，冬间，复遣兵西出哈密地方，获其子塞卜腾巴尔珠尔等，今穷迫已极，所属大小寨桑哈什哈等，相继来降者不绝，其余附从之人及寨桑等，流离逃散，俱欲投顺，密报前来，今噶尔丹仅余孑身，率领数人，随处飘遁，尔当亦闻之矣。尔前奏称，噶尔丹若近逼我土，必竭力擒剿，又言随圣上指示，效力尽瘁等语。噶尔丹凶恶已极，有如魑魅，断不可留，今数道遣发大兵搜讨，夫噶尔丹与尔素有深雠，乘其困迫，应起兵复雠进剿。且达赖喇嘛久故，第巴诈饰其尚在之状，故严饬第巴，而第巴大惧，遣尼麻唐胡土克图来言，达赖喇嘛亡故已十六年，其再生胡必尔汉已十五岁，据实陈奏，则噶尔丹所称护达赖喇嘛之法者，其为欺诳众人也明矣。欲尔明悉，故特遣工部侍郎常绶，内阁侍读学士伊道、侍卫克什图等，赍敕谕尔，且加恩赐，赏彩紦十端。特谕。

（卷 182）

先是，抚远大将军伯费扬古疏报，伊拉古克三胡土克图欲往黄河两岸盗马，请发兵防御。至是，命散秩大臣巴当阿、护军统领孙渣齐、散秩大臣策旺诺尔布、护军统领图席希等，各率官兵，赍四十日粮，分两路往擒之。

（卷 182）

遣厄鲁特恩克归，招抚滚占之妻奴浑达喇及其子车陵多尔济，又命理藩院行文，谕之曰，尔之恩克，自哈密城擒解前来，今遣往尔所，尔等如欲降，当即前来，断不可与噶尔丹和好，毋以尔夫曾与我军交锋被创为惧，朕非欲得尔之人众也。若欲奔策妄阿喇布坦，可即前往，朕不之罪，若欲奔青海，则我军见在西路，朕赐尔文持往，令彼放行。

（卷 182）

康熙三十六年闰三月癸巳（十三日，1697.5.3）

谕行在兵部，护军统领鄂克济哈驻居宁夏，著将见在厄鲁特男妇子女三十八口交鄂克济哈，伊等食物照常给养，嗣后厄鲁特由此路来者，俱令鄂克济哈收养于宁夏，其来降及各处，解来厄鲁特，著鄂克济哈报明男妇子女人名，新从噶尔丹处来及紧要人，开明年貌数目，送赴行在，提取某人，据所指名字解送，至鄂克济哈处抚养之厄鲁特应送归何处，俟敕下遵行。

（卷 182）

命厄鲁特降人格垒沽英为散秩大臣，其子吴巴什，为一等侍卫。

（卷 182）

康熙三十六年闰三月戊戌（十八日，1697.5.8）

喇嘛商南多尔济等疏言，前奉上谕，青海众台吉何时入朝，何人前来，尔等作速奏闻。今青海四姓厄鲁特诸台吉，愿觐圣上，阿喇卜坦等及西宁属下回子头目，业已起行矣。其达尔寺掌教垂臧胡土克图、温都孙寺掌教达赖绰尔济喇嘛，及十三寺院之囊素通事等，并厄鲁特人众，皆愿来朝。又扎什巴图尔台吉言，我此地厄尔德尼巴图尔台吉，素行甚高，众台吉凡事皆推之以为长，故我劝其前来，乞圣上加恩，比和硕特一姓之台吉。又青台吉遣伊子罗卜臧入觐，扎什巴图尔台吉，请遣使进贡。又原属噶尔丹之人，有姓徽特之色棱厄尔克台吉出逃来归，又有姓徽特之五六岁童子，及噶尔丹之兄赵特巴巴图尔之子，姓钟阿尔名塞卜腾扎尔车臣戴青，不得亲往，此外更无有名之人往居青海者。奏入，上命议政大臣集议。寻议，行文商南多尔济，除先奏来朝台吉不议外，著见欲来朝为首之人，将胡土克图喇嘛，及留守地方台吉之子弟，自行酌量分别，伊等行时，率之俱来。从之。

（卷 182）

康熙三十六年闰三月辛丑（十一日，1697.5.11）

扬威将军觉罗舒恕奏言，侍郎满丕送到来降厄鲁特罗卜臧格素尔及其弟达什夫妇。据云，我等虽隶噶尔丹下，实乃喀尔喀也，今自什尔哈地方乘马五匹逃出，闻噶尔丹在萨克萨特呼里克游行，其左右有诺颜格隆、阿喇尔拜率百余人，吴思塔台吉率百余人，丹济拉阿巴、丹济拉婿拉思伦、博罗齐率三百余人，吴尔占扎卜、色棱车陵布木等率百余人，各先后散行，驼马每人止一匹，亦有无马者，并无牛羊，捕兽为食，不得兽则杀马驼为食。又闻滚占之妻、察罕古英寨桑、塔尔寨桑等所居名波尔哈，至丹济拉，原与噶尔丹同处，日夜不离，近因丹济拉挞噶尔丹近侍额木齐，自此分离，噶尔丹不言往栖之地，我等不得而知。伊拉古克三胡土克图去冬在古尔班赛堪，今不知其所在，杜哈尔丹津阿喇布坦去冬在布颜图郭尔河，丹津鄂木布进洪郭罗后，又出洪郭罗矣。据格素尔语如此，兹先驿送达什前来。报闻。

（卷 182）

康熙三十六年闰三月乙巳（十五日，1697.5.15）

奉差青海诸台吉多罗额驸阿喇卜坦、台吉德木楚克回奏曰，臣等钦遵圣训，谕青海扎什巴图尔、博硕克图济农等诸台吉，咸愿服从圣化，请于四月来朝。上谕议政大臣等，青海诸台吉来朝，若于口外受之，恐于典礼不备，且伊等于四月起程，正遇塞内炎热，著在九、十月间朝于京师。

（卷182）

康熙三十六年四月壬子（三日，1697.5.22）

谕议政大臣等，自宁夏往拿伊拉古克三胡土克图之西安兵，回日著仍赴宁夏，其由西路往拿伊拉古克三胡土克图之西安兵、绿旗兵回日，著俱留甘州，护军统领图席希等回日，著乘驿赶来。

（卷183）

康熙三十六年四月甲寅（五日，1697.5.24）

谕大学士伊桑阿，四川总兵官马子云欲率回子袭噶尔丹之后，回子生性无义，曾三擒其主以献噶尔丹，其兵岂可用乎。本朝之兵，所向无敌，若有事时，已不可胜用矣，安用外国之兵。古来用外国兵鲜有善者，宋用金兵灭辽，复用元兵灭金，金既灭，元遂灭宋，此其明验也。初，噶尔丹并吞吐鲁番、叶尔钦、萨马尔汉、哈萨克等千余部落，本朝并不之问。当厄鲁特与喀尔喀战时，本朝若助厄鲁特，今如何能破噶尔丹乎。噶尔丹既克喀尔喀，直侵内地，朕始领兵剿灭。前定海总兵官蓝理曾请率所属藤牌兵进剿，沙漠地寒冰冻，与南方迥别，藤牌兵虽强，夏尚可用，自八月以至三月，岂但交战，即藤牌亦不能执，此皆人地不相宜，所谓纸上谈兵者也。马子云粗鄙不识大义，可晓示之。

谕议政大臣等，今诸事俱毕，惟噶尔丹仅存，各处逃窜，大兵前进搜剿，不久旋师，路必由此，当逐站致米，师回乏粮者以米给之。来降之厄鲁特、青海来朝之台吉等俱由此来，米粮马匹已留于此，则驻此而理事者尤为紧要。朕本欲驻此，亲理其事，但天下事大，是以回銮，著留领侍卫内大臣索额图并都统阿席坦、噶尔玛、王永誉、护军统领苏昜、副都统巴赛等于此。

（卷183）

康熙三十六年四月丙辰（七日，1697.5.26）

扬威将军觉罗舒恕疏言，厄鲁特俄尔遮图、祈齐克来降，据云，噶尔丹留我捕兽，以供其女钟齐海。三月十一日，到阿察阿穆塔台地方，我乘夜逃来。来时噶尔丹曾遣人约丹济拉会于阿察阿穆塔台一同屯扎，后商往厄黑阿喇儿西北游牧。噶尔丹下人但捕兽为食，困窘已极，特此奏闻，报闻。

（卷 183）

康熙三十六年四月丁巳（八日，1697.5.27）

扬威将军觉罗舒恕疏言，厄鲁特丹木巴扎木素来降，据云，我于三月十五日，自阿察阿穆塔台处来归，闻噶尔丹、诺颜格隆、阿喇尔拜、丹济拉、阿巴拉尔孙、吴尔占扎卜、色楞、车陵布木、吴思塔等俱会于阿察阿穆塔台。次日将过楚呼里，渡瀚海而去，不知其何往。噶尔丹之人，不过五六百，马骆各有一二匹，每日杀马而食。噶尔丹之子塞卜腾巴尔珠尔被擒，噶尔丹未曾闻知，特此奏闻，报闻。

（卷 183）

康熙三十六年四月甲子（十五日，1697.6.3）

抚远大将军伯费扬古疏报，康熙三十六年四月初九日，臣等至萨奇尔巴尔哈孙地方，厄鲁特丹济拉等遣齐奇尔寨桑等九人来告曰，闰三月十三日，噶尔丹至阿察阿穆塔台地方，饮药自尽。丹济拉、诺颜格隆、丹济拉之壻拉思伦，携噶尔丹尸骸及噶尔丹之女钟齐海，共率三百户来归。丹济拉因马疲瘠，又无粮糗，是以住于巴雅恩都尔地方候旨。其吴尔占扎卜、色稜、阿巴、塔尔、阿喇尔拜、额尔德尼、吴尔扎忒喇嘛等，带二百户投策妄阿喇布坦而去。额尔德尼寨桑、吴思塔台吉、博罗齐寨桑和硕齐、车林奔寨桑等，带二百户投丹津鄂木布而去。除将齐奇尔寨桑等九人驰送行在外，臣等于十三日，统领大军前往丹济拉所住巴雅恩都尔地方，即押丹济拉等前来。如其心怀反复，即行剿灭。上谕，今噶尔丹已死，其属下三百余户带噶尔丹之尸、噶尔丹之女来降，著大将军伯费扬古精选带去之兵，往觅丹济拉所在，押护前来，余兵遣回。黑龙江兵路远，亦遣回。费扬古所统之兵既足，阿南达一路兵，亦令撤回。遍檄商南多尔济、杜思噶尔及众扎萨克俱令知悉，于成龙等所运之米亦令停止。

（卷 183）

康熙三十六年四月丁卯（十八日，1697.6.6）

丹济拉使人齐奇尔寨桑至奏曰，噶尔丹闰三月十三日身死，即于是日焚其尸，携噶尔丹之女钟齐海及诺颜格隆、拉思纶、程贝臧布、尼尔巴、噶卜楚陈奔，自阿察阿穆塔台起程，宿十站，到巴雅恩都尔候旨而行。见在右翼壮丁四百，共人口千余，每丁各有马一匹，共骆驼一百五十头，此外并无他物。上曰，据奏噶尔丹尸已焚，著大将军驿递其骨速来。齐奇尔寨桑应令乘驿发至大将军军前，或先遣彼即赴丹济拉所，或同大兵带往。大将军身临边地，听其酌行。

赐厄鲁特齐奇尔寨桑蟒袍褂带。

（卷 183）

康熙三十六年四月甲戌（二十五日，1697.6.13）

厄鲁特降人诺尔布寨桑等以剿灭噶尔丹，奏请行庆贺礼。上谕之曰，往者噶尔丹以追逐喀尔喀为名，直入我扎萨克乌兰布通地方，故朕命裕亲王及皇长子率师往剿之，噶尔丹大败，使济隆胡土克图往复陈说，自今以往，不敢再犯边陲。噶尔丹头顶威灵佛以誓，此尔众所共闻者也。嗣后，无故过土喇，潜处巴颜乌阑地方，掠我臣服之纳木查尔拖音。故朕亲率六师，声罪致讨，然犹不忍遂加诛灭，再四遣使谕以和好，而噶尔丹怙恶不悛，朕故整师进剿，噶尔丹不能当我军威，惊溃奔逃，遇我西路大兵奋击，大败之。此皆噶尔丹违天背盟，以致祸患及身，国随以亡。朕但思扫除残暴，拯救群生，诚悃恳恳，求符天理，故大军所向，无水之方，灵泉觱沸，不毛之地，瑞草蕃滋，山川效灵，百神显佑。闻噶尔丹所至之处，必有烈风暴雨，灾异频逢，惊闻我军之来，寝食俱废，反复思维，无计能逃，穷急仰药而亡。由此观之，天可违乎，其助顺恶逆，亦显然矣。夫与朕为敌者，惟噶尔丹而已，与众何涉。不惟噶尔丹在日，尔等降者必加恩抚恤，即今噶尔丹已死，凡有降者，朕亦如尔辈恩育，岂忍异视耶。然噶尔丹之灭，朕之大小官员当奏请庆贺，尔辈素皆受恩于噶尔丹之人，不当奏请。

（卷 183）

康熙三十六年四月丙子（二十七日，1697.6.15）

抚远大将军伯费扬古疏言，厄鲁特车陵台吉并属下龚格厄尔克率部众百许人及其妻孥来降，报闻。

（卷 183）

康熙三十六年四月丁丑（二十八日，1697.6.16）

散秩大臣巴当阿、护军统领图席希等疏言，臣等至恩克所逃洪郭罗地方，并不见伊拉古克三胡土克图踪迹，闻其向祁齐希纳洪郭罗阿济而汉去矣。是以臣等各从原路还师，报闻。

（卷 183）

护军统领鄂克济哈疏言，厄鲁特滚木察罕等率其家属来降。上命送至张家口。

（卷 183）

康熙三十六年五月壬午（三日，1697.6.21）

副都统阿南达疏言，臣等率兵于四月十八日至巴尔库尔，哨探者报云，丹济拉已起行，不在屯扎之地。乃问逃来之杜喇尔，据称我未出逃之前，丹济拉与众议时，皆言我等或暂栖巴尔库尔，不则往投圣上。丹济拉言，我等不便久居巴尔库尔，当乘人未觉之先，急从噶斯渡瀚海，将噶尔丹骸骨及钟齐海，送至达赖喇嘛所，吾心尽矣。是以臣等至彼营地视之，行迹似向布克达额冷哈巴尔罕而去。臣等急向瀚海南，竟趣噶斯口以御之，十九日自巴尔库尔起行矣。上命议政大臣等议。寻议覆，前者大将军伯费扬古遣散秩大臣丹巴哈什哈至丹济拉所，令其来降，已作蒙古书用印发去矣。又齐奇尔寨桑来奏曰，丹济拉言尔往投圣上，此处四围皆我仇人，如久住巴雅恩都尔，倘人知之，未必不来侵犯，故我于瀚海四围处处留踪，如我离巴雅恩都尔而他往，我必埋书于此而去。尔往奏圣上归来，若我不在此，则觅得我所埋之书，便知我所在矣。曾以此言密语我，人无知者。又问厄鲁特降人格垒沽英，言噶尔丹身存之日，曾集众寨桑商其所往，一无可去，而止今丹济拉以寡弱之众游行数月，欲往达赖喇嘛所，料其必无是事，此正合齐奇尔寨桑处处留迹之言，逃人杜喇尔不知，故言欲向达赖喇嘛而去，应将目下大将军伯费扬古疏抄发阿南达等知悉。从之。

（卷 183）

赐厄鲁特投诚台吉等马匹有差。

（卷 183）

康熙三十六年五月甲申（五日，1697.6.23）

抚远大将军伯费扬古疏报，厄鲁特鄂里哈之子车陵率其属七十余户，男妇共二百五十许来降。得旨，将车陵遣赴御营，其属下人等令解至张家口，交监养厄鲁特官员，一同安插。

（卷 183）

康熙三十六年五月庚寅（十一日，1697.6.29）

抚远大将军伯费扬古疏言，都统硕鼐送到厄鲁特吴兰等三人，禀称我等系伊拉古克三胡土克图下逃出之人，去年九月伊拉古克三胡土克图已离噶尔丹，采稆为食，至伊克敖拉等处度冬。今年三月，自纳默黑图雅苏图向西游牧，其下人口共有三百许，向萨克萨特呼里克而去。是以臣等率领大兵，照常前进。一面拨兵，交昭武将军马思喀同参赞都统侯巴浑德、都统齐世、都统前锋统领硕鼐、都统石文英，往追伊拉古克三胡土克图，务期剿灭，即遣降人吴兰在马思喀军中引路。上以示议政大臣。

（卷 183）

康熙三十六年五月癸卯（二十四日，1697.7.12）

礼部题，平定噶尔丹武功告成，臣等详稽典礼，应遣官祭告天地、太庙、社稷、永陵、福陵、昭陵、暂安奉殿、孝陵、仁孝皇后、孝昭皇后、孝懿皇后陵及岳镇海渎、历代陵寝阙里，并加上徽号，命史馆诸臣编辑平定北寇方略，昭示无极。上曰，喀尔喀、厄鲁特原皆纳贡之国，因其交相不睦，屡谕和好，乃仍构衅致起兵争。噶尔丹曾破回子中之萨马拉罕、布哈尔、哈萨克、布鲁特、叶尔钦、哈思哈尔、赛拉木、吐鲁番、哈密诸国，其所攻取降服者一千二百余城，乃习于战斗之国也。喀尔喀焉能抵敌，是以七旗数十万众，一岁之中丧亡略尽，喀尔喀之汗、诺颜、台吉等知朕豢养蒙古夙有厚恩，悉皆款塞来归。其时若不允其内附，恩养得所，必皆沦入于厄鲁特，则尔时噶尔丹之势力不言可知矣。允其内附而恩养之，噶尔丹必假此衅端，与我朝构难，凡此情事，皆经熟筹，受纳喀尔喀非漫然而为之也。噶尔丹假索取喀尔喀为名，遂犯我边境，尚书阿喇尼帅蒙古兵，逆战于乌尔会之地，我师大北。噶尔丹乘势，遂直抵乌兰布通，距京师未及七百里，斯时诸王大臣及国家谙悉军务之人，不在行间者少矣。适朕躬以违和还京，左翼军虽能胜敌，而右翼军不能制胜，大臣而下以至军士阵亡被创者甚众，噶尔丹亦自知其无济，归路遭罹瘟疫，得还科卜多者不过数千人耳。当是时，即豫知其势虽大损，必复称兵报怨。六年以来，乌兰布通之役，时廑朕怀，因是训练军旅，咨访形势，正经理武备之时，噶尔丹果复举兵，寇掠喀尔喀之纳木扎尔托音于克鲁伦之地，朕思此贼不可以寻常寇盗视之，诏武臣三品以上咸陈灭贼方略，会同详议，举朝皆以为难。其言贼当讨灭者不过四人，朕以为此贼断当亟图，遂昭宣大义，祭告于天地、宗庙、社稷之灵，克成厥勋。倘事或未成，则受喀尔喀之内附，致厄鲁特之兵争，糜中国之脂膏，事朔荒之边塞，穷兵黩武，其名恐未能免矣。今我师所至，上天佑助，无水之地，而灵泉涌出，不毛之地，而庶草蕃芜，事悉称意者，此皆国家之福，将士之劳所致也，今西北永远宁谧，其不致蒙咎者即幸矣。自今以往，务益殚励精，始终如一，治安之日，愈求治安，其祭告诸典礼俱依议行，徽号不必上。

和硕显亲王丹臻等疏言，皇上圣德神功，超越千古，臣下私衷请崇加尊号，以光钜典，未蒙俞允。臣等钦惟十余年以来，皇上永清四海，手致太平。下台湾，歼灭察哈尔，定鄂罗斯，收喀尔喀，从古未经服属之疆土，悉隶版图，其梗化于朔漠以外者，独厄鲁特噶尔丹耳。今噶尔丹又复剿灭，其同族之青海台吉皆刻期来朝。又素臣服于厄鲁特之哈密诸回人，亦皆输诚效命，治化之隆，蔑以加矣。昔年三逆荡平，群臣请崇上尊号，奉旨不允。及收服喀尔喀，又经上请，亦未允行。于时，廷臣再疏陈奏，曾有谕旨，以噶尔丹尚未扑灭，命将原本收贮阁中。兹噶尔丹既灭，群臣遭遇昌时，欣睹盛事，合词上吁，实出至诚，仰乞皇上曲鉴下情，特赐俞允，臣等幸甚，天下臣民幸甚。得旨，所奏已悉，著仍遵前旨行。

（卷 183）

康熙三十六年六月甲子（十六日，1697.8.2）

副都统阿南达疏言，臣等遣台吉云楚木、西安前锋署总尉吴通保、游击杨奇、张当知等率兵五百名，前往堵噶斯口。臣等因俟散秩大臣丹巴声息，缓行至色尔腾地方，遇噶尔亶多尔济使人俄济通问于策妄阿喇布坦，而还言丹济拉已遣人往策妄阿喇布坦处通好，见住吉木色地方，待其使回。观此丹济拉往附策妄阿喇布坦是实，臣等在此俟丹济拉无益，欲撤噶斯口兵起行而回。上谕，丹济拉往投策妄阿喇布坦是实，著阿南达等军俱回，阿南达量率兵马，暂往布隆吉尔等处，探听声息。再檄阿南达遣人同噶尔亶多尔济之人、哈密回子之人，往策妄阿喇布坦处宣谕朕旨，再将阿南达疏及遣使之故檄内大臣索额图大将军伯费扬古、将军马思喀等，从鄂尔多斯驿路而回侍郎满丕亦著回来，著侍郎安布禄率察哈尔兵每旗十名将领二员至满丕所居驻扎将军舒恕亦著回来。今大兵既撤，前所带四月粮，又令备两月粮米多余，留令于成龙等同大兵运至船站，收囤鄂尔多斯达赖布喇克地方，交鄂尔多斯王、贝勒等，拨兵看守，支给留驻船站之大臣台吉等官兵。

（卷 184）

康熙三十六年六月戊寅（三十日，1697.8.16）

先是，抚远大将军伯费扬古疏言，散秩大臣丹巴等至巴雅恩都尔，并无丹济拉踪迹，因遣阿玉什等，赍臣所发丹济拉书，往追丹济拉。又将军马思喀等咨言伊拉古克三胡土克图自所宿磨海图郭尔已去，七八日不能追及。得旨，前者遣内大臣策旺诺尔布、散秩大臣巴当阿，两路往擒伊拉古克三胡土克图，缘兵马粮饷扣数发去，是以指地疾往，限日立归，此马思喀之所灼知也。伯费扬古遣马思喀时，所发官兵太多，是以重滞，不能追及伊拉古克三胡土克图。昨丹木巴哈什哈归，朕亦知其势，断不能获伊拉古克三胡土克图，曾谕议政诸臣，今果如朕所谕矣。著檄索额图、阿南达知之。至是，大将军伯费扬古会同马思喀疏言，散秩大臣丹巴等直至楚库尔戈必，并无丹济拉踪迹，大兵直至磨海图郭尔，不能追及伊拉古克三胡土克图，目下大兵似可即回，但赵山、思格色差往招抚丹津阿拉布坦、丹津鄂木布已将四十日矣。今军食尚足，且察罕诺尔等处水草又佳，是以臣等共商将官兵移进环察罕诺尔住二十日，以养马畜，而候赵山等声息。此间若招致厄鲁特，则收之押护而来，若二十日内，无声息，则臣等率领官兵起程而回。至达尔汉亲王诺内、喀尔喀亲王善巴及贝勒公台吉等因无事故，皆遣回。前以察哈尔八旗官兵马瘦，奉旨留于守米之地，伊等吁请效力前来，今无事亦遣回，报闻。

（卷 184）

康熙三十六年七月辛巳（三日，1697.8.19）

理藩院疏言，臣等会同大学士阿兰泰、尚书马齐，遵旨往旃檀寺召，集默尔根绰尔济各寺庙喇嘛，一一取供。查丹巴色尔济、阿齐图格隆、巴咱尔喇木扎木巴俱系大喇嘛，奉皇上差遣往达赖喇嘛处，乃知其已故，而谓之尚在，通同第巴诳奏，殊为可恶。应将丹巴色尔济、阿齐图绰尔济、巴咱尔喇木扎木巴拟绞，监候秋后处决，家产人口入官。以丹巴色尔济、巴咱尔喇木扎木巴之徒交默尔根绰尔济，安置京城各寺庙。以阿齐图格隆之徒交归化城彭苏克喇嘛，安置彼处寺庙。得旨，丹巴色尔济从宽免死，革去住持大喇嘛，抄没家产，单身发往盛京，任栖一庙。阿齐图格隆各处差遣效力，从宽免死，并抄没革去住持大喇嘛，准其住本庙。巴咱尔喇木扎木巴，亦从宽免死，并抄没革去大喇嘛，余如议。

（卷 184）

康熙三十六年七月甲申（六日，1697.8.22）

理藩院题，喀尔喀土谢图汗请以其祖母族人厄鲁特托尔果特阿玉什等之子孙四十余台吉请安进贡，应不准行。得旨，台吉卫寨桑龚格俄波、俄钦车卜登、三都卜，俱如土谢图汗奏请，准其请安进贡，余如议。

（卷184）

康熙三十六年七月丙戌（八日，1697.8.24）

先是，抚远大将军伯费扬古疏言，臣感冒伤寒，更兼体弱，不能率兵前行。得旨，伯费扬古不必候大兵，著即归，马思喀既见蒿祝后，率大兵养马，徐行而归。寻谕抚远大将军伯费扬古览奏，朕衷不胜隐恻，今噶尔丹既死，诸事俱毕，兵亦当撤，所遗丹济拉、吴尔占扎卜、伊拉古克三胡土克图数人，所往何处，有确闻之时，发檄取之，当即解来。目下尔所到察罕诺尔，距边哨有几许远，朕即拨医人食物给驿遣往。朕此谕到，速将尔病势如何来奏。至是，伯费扬古疏奏谢恩，并言臣于六月二十三日以官兵交将军马思喀，臣仗皇上福泽，病已少愈，身命可以无碍，但腰腿犹痛，不能起立，养病前行，量力图归。庶瞻仰天颜之前，可冀臣病全痊，颜色复旧。疏入，报闻。

（卷184）

康熙三十六年七月丁酉（十九日，1697.9.2）

上御太和殿，王以下文武各官以平定朔漠并太和殿告成，上表行庆贺礼，颁诏天下。诏曰，朕君临天下，早夜孳孳，勤求治理，惟恐一夫不获其所，初未尝有歧视中外，轻事兵戎，远伐异域之事。厄鲁特噶尔丹向与七旗喀尔喀同奉职贡，嗣因两国交郄构兵，喀尔喀汗等为所败衄，叩关内附，噶尔丹乃借辞追击，闯入我边境，恣行狂逞。朕屡颁敕谕，令其悔悟自新，而狡寇不知省悟，益肆鸱张，其逆谋不测，实有偪处近塞，窥伺内地之渐。朕思此寇包藏祸心，倘不即行扑灭，则异日必缘边设防，重滋民困，何如及时声讨，立靖根株。于是昭告天地、宗庙、社稷，躬统禁旅，不惮勤劳，三出塞外，去年夏贼踞克鲁伦河，自度力不能抗，仓皇宵遁，朕亲追至土喇河，适西路大兵遮截其后，击败之于昭莫多，贼势大挫。冬月复驻跸鄂尔多斯，收抚其降众，遏绝其外援，而贼益困蹙。机会所在，刻不可失，遂以今年春西巡边境，从宁夏出塞，遣发大兵两路进剿，而青海、乌斯藏人等皆先后输诚自效，哈密国人又俘献噶尔丹之子于行在。噶尔丹穷迫已极，一闻大兵压境，计无复之，随于阿察阿穆塔台地方，饮药自尽。揆诸料敌成谋，适相符合，自此寇气尽涤，边圉永安。而朕为民除害，不得已而用兵之意，亦可晓然共谕于天下臣民矣。武功告成之会，正太和殿鼎建工竣，巍焕方新，临御伊始，协气集于九重，观瞻肃于万国，是用覃敷庆泽，以上答郊庙、社稷之灵，下协中外人心之望于戏懋武功而敷文德，聿臻熙皞之风建宸极而巩皇图，永庆平成之治。诞告中外，咸使闻知。

（卷 184）

康熙三十六年八月辛酉（十四日，1697.9.28）

副都统阿南达疏报，臣差护军校阿奇纳，自色尔腾前去，令从布隆吉尔重整所设驿站，将留贮之米，运至长马尔地方。六月二十六日阿奇纳至噶尔亶多尔济所居西欣木地方驿站。噶尔亶多尔济亲率二三十人至阿奇纳所，夺马驼，杀从仆二人，执阿奇纳，行三日至布隆吉尔，方遣回。臣即率兵追噶尔亶多尔济，至布隆吉尔哈喇乌苏地方。又据坐塘拨什库边代报称，噶尔亶多尔济逃去时，其属下人经过本驿，夺五驿之马，骆驼而去。又因丹济拉来降，先遣齐奇尔寨桑前来，噶尔亶多尔济遇之，亦执之而行，留于者尔浑台地方而去。臣因丹济拉来，恐彼恰遇噶尔亶多尔济，故遣夸兰大卫赫纳等，选满洲绿旗兵共四百名，以追噶尔亶多尔济，迎丹济拉。至噶尔亶多尔济属下见在招降人内，有应取来者，与我军一齐带至肃州，交孙思克、博霁解往。招降吴能巴图尔等共一百九十口、辉特台吉罗卜臧属人共八百口、其喇嘛阿喇木扎木巴阿喇木班共三百口，交台吉俄木布额尔德尼等，由边外徐行，致之贺兰山等处候旨。上谕，噶尔亶多尔济，乃诚心降附之人，去岁使人来，重加恩赐，断不逃遁。但伊等以耕为业，今弃其田禾，忽然逃去，必有不得已之情。著理藩院行文将军孙思克、博霁等，务必详察明白具奏。驿站关系重大，应行文将军孙思克等，将被劫驿站作速添补马匹，不得误事。至策妄阿喇布坦处，亦应将噶尔亶多尔济逃去之事发敕谕之。谕策妄阿喇布坦曰，噶尔亶多尔济率其属众诚心来降，安插耕种。今忽留其下人，尽弃田苗逃去，其去必有不得已之情。朕于噶尔亶多尔济略无责备之意，伊系鄂齐尔图车臣汗之孙，倘往尔地欲居于彼，可收之，好加抚养。如欲归来即行遣回，朕于此降旨，令收噶尔亶多尔济遗留人等，特谕。

（卷 185）

康熙三十六年九月癸未（六日，1697.10.20）

副都统阿南达疏言，据回子额贝杜拉达尔汉白克报称，厄鲁特丹济拉率家属七十九人来降，于六月十五日至哈密城，求请面圣。随遣长子郭帕白克送丹济拉，已于六月二十八日启行。上以丹济拉，向系名族，授为散秩大臣。其子多尔济塞卜腾授为一等侍卫，俱安插张家口外，编入察哈尔旗分佐领，其属下人，酌可用者披甲，给以钱粮。

（卷 185）

康熙三十六年九月甲申（七日，1697.10.21）

厄鲁特台吉丹济拉至御营，上命之进见，大学士阿兰泰及郎中阿尔法引丹济拉入，上独坐毡帷内，远屏左右，并令阿兰泰、阿尔法出。独留丹济拉语良久。丹济拉出，惊谓诸大臣曰，我乃叛逆罪人，穷困始来归命，乃皇上略不致疑，尽屏左右，召我入见，且蒙恩授我显爵。乃知圣主至勇至仁，如此令我诚心感戴，永不敢有异心矣。上随召阿兰泰入，谕曰，尔等偕丹济拉入者，盖以防不测也。尔等所见虽是，朕思凡人无不可以诚感。丹济拉虽来降其心不无疑畏，朕推诚如此，伊必感激，喜出望外，断无妄动之事。且伊倘妄动，数百人，朕亦不以为意，况一人乎。朕令尔等俱出，不留毡帷内者，欲使丹济拉之不疑也。

（卷 185）

康熙三十六年九月丁未（三十日，1697.11.13）

理藩院题，请将巴图尔额尔克济农所有壮丁编为佐领，另为一扎萨克，铸给印信，明年令移至乌喇忒附近之地居住。上曰，若将巴图尔额尔克济农移住近地，则沿边别部蒙古甚多，岂可尽移乎。蒙古事，在治之得其道，不在地之远近。著停其迁移，其编佐领为扎萨克给印信，俱依议。

（卷 185）

康熙三十六年十月己酉（二日，1697.11.15）

哈密额贝杜拉达尔汉白克疏言，臣既擒塞卜腾巴尔珠尔，并噶尔丹属下诸人，厄鲁特必不悦臣，而哈密又素弱，用是危惧，伏乞庇而安之。且臣所畏者策妄阿喇布坦也，祈皇上降敕，使勿害臣，给臣敕印，俾有恃以无恐，以保我疆土。且使叶尔钦、吐鲁番等闻之，必共欣羡，各思向往。更恳移回子屯于肃州，凡朝觐往来，俱自肃州乘驿，使臣地声息，得时至圣上之前。下议政大臣等议。寻议覆，额贝杜拉诚心向化，擒噶尔丹之子及属下人来献，殊为可嘉，应议叙以示鼓励，额贝杜拉授为一等部长，伊子郭帕白克、白奇白克授二等部长，分编旗队。并令伊子郭帕白克，率一百人住扎肃州。应给额贝杜拉管辖哈密国印，遣理藩院郎中布尔赛奔玺前往，分编旗队。又请给纛及请安进贡使人，俱自肃州乘驿，应如所请。得旨，依议，纛用红。有应报闻之事，准十五人乘驿。

（卷 185）

康熙三十六年十月乙卯（八日，1697.11.21）

理藩院题，厄鲁特丹津鄂木布使彭楚克车陈白克、阿儿达尔鄂木布奏称，欲往策妄阿喇布坦处。但丹津鄂木布向与策妄阿喇布坦不合，应遣人招之使来，此奏未可凭信。上允之。差罗卜臧丹巴赍敕前往，敕曰，朕前闻尔与噶尔丹分拆游行，故差合色、马尼图捧敕谕以来降，必使富贵，优加恩养。尔如同丹津阿拉布坦往归策妄阿喇布坦，朕亦不究，著明白覆奏。如两无所归，欲于额黑阿喇尔洪郭罗等处，据险窜伏，朕断不容，必刻期破之。尔使人诺颜格隆臧布、额尔克俄木布、阿旺达什等来奏云，倘噶尔丹至我近地，我必擒而杀之，归降圣朝。又以敕书使诺颜格隆臧布赍去，谕尔虽不能擒杀噶尔丹，而身率属下来降，亦必使之富贵，而优养之，毋疑毋阻。今尔竟不往归策妄阿喇布坦，仍另自游行，岂因尔向与策妄阿喇布坦不睦，有归噶尔丹之事，故不便复归策妄阿喇布坦乎。今噶尔丹身死国亡，生擒其子塞卜腾巴尔珠尔，又擒伊拉古克三胡土克图。今尔不速来，渐至日久，则尔生计亦渐迫，若尔率属下星速来降，朕必加以厚恩优待爱养。目下丹济拉、车陵等来降，俱使得所而爱养之。尔亦当闻之详矣。今轸念尔无所归，生计窘迫，欲使得所之意，尔当筹之，速来归降，毋贻后悔。为此特遣尔幼时服役识认之人罗卜臧丹巴赍敕往谕。

（卷 185）

康熙三十六年十月丁巳（十日，1697.11.23）

理藩院题，厄鲁特巴图尔额尔克济农应授何职，于何处住牧。得旨，巴图尔额尔克济农授以贝勒，另为一扎萨克给与印信，约其属下人丁，分编佐领，住贺兰山。

（卷 185）

康熙三十六年十月癸亥（十六日，1697.11.29）

先是，差工部侍郎常绶等，赍敕往谕策妄阿喇布坦。至是，还，疏言，六月十五日臣等至策妄阿喇布坦所，授以敕书、赐物，谓之曰，尔昔有擒斩噶尔丹之奏，今噶尔丹虽死，而丹济拉乃同逆之人，近至尔地，尔当擒之，并噶尔丹男女及其骸骨畀我。伊拉古克三胡土克图，乃本朝人，得罪逃归噶尔丹，凡百祸端，皆此人兴之，亦当执之与我。策妄阿喇布坦言，丹济拉已遁至中国，不必言矣。钟齐海无知之女，噶尔丹已灰之骨，不便相付。臣等再三索取，竟不之与。续执伊拉古克三胡土克图、其弟托博克、孟克里、噶尔丹之子车陵三鲁卜、其母布林、乳母察罕及程贝臧布等，交付臣等。又达尔札纳亲哈什哈之妻色稜达什诉于臣等曰，圣上使我与丈夫完聚，故与吴尔占札卜之母一齐发放，今闻丈夫自哈密擒解御前，乞带我去，与我丈夫完聚。臣等亦携之而来。车稜三鲁卜在途出痘而死。问伊拉古克三胡土克图，供曰，仰负皇恩，罹此大罪，我复何辞等语。谨此奏明。上命议政大臣会议。寻议覆，伊拉古克三胡土克图、孟克里、托博克应凌迟处死。程贝臧布、伊拉古克三胡土克图之徒罗卜臧多尔济应斩，妇人布林、察罕交该部安置。得旨，伊拉古克三胡土克图、孟克里、托博克俱凌迟处死，程贝臧布暂缓决，有要言问之，令取来罗卜臧多尔济随其师行，与彼无涉，著免死，余如议。议政大臣又奏曰，先是侍卫巴布希、津木巴遇伊拉古克三胡土克图劫掠之时，托博克与皮裘马匹，使巴布希等归。得旨，问托博克果实则宥之。寻解伊拉古克三胡土克图等到京，集诸王以下蒙古王、文武大臣官员、喇嘛等于黄寺，磔诛伊拉古克三胡土克图、孟克里。问托博克给巴布希等袭马是实，免其死。

（卷 185）

康熙三十六年十一月癸卯（二十七日，1698.1.8）

上御保和殿，青海扎什巴图尔台吉、土谢图戴青那木扎尔额尔德尼台吉、盆楚克台吉等来朝。行礼毕，命喇嘛商南多尔济，引近御座前，上谕扎什巴图尔曰，尔父顾实汗，自太宗文皇帝至今进贡请安，输诚已久，今至尔身，往来不绝。朕至宁夏时，遣大臣等至尔处，尔等即欲来陛见，朕又恐天暑，尔等未便，故云俟秋凉时来朝。尔已年高，远涉至此，殊可嘉尚。又谕曰，朕并非威慑尔等，前来不过欲令天下生灵，各得其所，朕之尊不在尔等之来否，所望尔等各遂安全，克副朕好生之至意耳。

赐青海扎什巴图尔台吉等数珠、袍褂、银币、鞍马有差。

（卷 186）

康熙三十六年十二月乙卯（九日，1698.1.20）

议政大臣等奏，大将军公费扬古遣将军马思喀等，追伊拉古克三胡土克图，不及而归。又随军羊只，不委贤能将领，小心牧养，以致疲损。且为兵丁给米事，诏旨下颁，不行宣谕诸军，应将马思喀议政大臣、领侍卫内大臣、管满洲火器营大臣、内务府总管、佐领加一级、尽行革去。巴浑德、齐世、硕鼐不急往追擒伊拉古克三胡土克图，而随军羊只，又致疲损。应将巴浑德革去议政大臣、都统、管满洲火器营大臣，并加二级，以候上朝。齐世革去议政大臣、都统，并加一级，以佐领上朝。硕鼐革去议政大臣、都统、管满洲火器营大臣，并加二级，留前锋统领任。议政大臣护军统领嵩祝，将随军羊只，不小心交付，以致疲损，又不提醒将军马思喀，将谕旨传谕诸军，应削去加一级，罚俸一年。户部署总尉米里布诈称将军之令，短给官兵羊只，应革职，拟绞监候，秋后处决。户部署总尉班布尔善改换前供，顺口抵饰，应革职，枷号三个月，鞭一百不准折赎。正黄旗护军参领禅步、骁骑参领桑哥、正红旗骁骑参领长命、护军参领一等阿达哈哈番又一拖沙喇哈番加二级伊德浑，镶蓝旗骁骑参领三等阿思哈尼哈番佐领加一级席积浑，镶黄旗前锋参领特古思、正黄旗前锋侍卫署参领阿哈占、正白旗前锋参领毕扬古里、侍卫博福齐、正红旗前锋参领赫雅图、侍卫索尔孙、镶白旗前锋参领阿玉什、侍卫黑硕紫、镶红旗前锋参领柯卜朔、正蓝旗前锋参领托合齐、侍卫浑达礼、镶蓝旗前锋参领喀尔吉山等口供不实，附和巴浑德等俱应降三级调用，有加级者准抵销。伊德浑既附和巴浑德等，又求额纳布换其原供，应革职，将所袭世职与应袭之人承袭。得旨，马思喀办内务府事尚好，革去议政大臣、领侍卫内大臣、管满洲火器营大臣，从宽留其内务府大臣佐领。巴浑德革去加二级，仍降三级，从宽留任。齐世革去加一级，仍降四级，从宽留任。硕鼐革去加二级，从宽留任。此案内官员等惟奉行耳，其实皆在主之者，伊德浑革职，从宽留任，禅步等从宽免其调用，各带所降之级留任，米里布依拟处绞监候，秋后处决，班布尔善不准折赎，枷号三个月，鞭一百，余依议。

（卷 186）

康熙三十六年十二月庚午（二十四日，1698.2.4）

上大阅于玉泉山西南，列红衣大炮，火器马步鸟枪军士及前锋护军骁骑分翼排列。上躬擐甲胄，登玉泉山，御黄幄，诸军鸣螺击鼓齐进金鸣众止，如是者九，第十次枪炮齐发，收军归阵，队伍精严，旗帜显赫。时来朝之青海台吉扎什巴图尔等皆相顾战栗，惊叹曰，天朝军威精严坚锐，如是可畏也。我辈生长沙漠穷荒，不惟目未经见，即耳亦未曾闻军威如此所向，又何敌弗克乎。上阅毕，树候亲射，发五矢皆中，次命十五善射并硬弓侍卫等射，射毕，赐八旗官兵牛羊。

（卷 186）

康熙三十六年十二月丙子（三十日，1698.2.10）

赐朝正外藩鄂尔多斯、喀尔喀、阿霸垓、土默特、乌朱穆秦、科尔沁、喀喇沁、巴林、敖汉、阿霸哈纳、厄鲁特，王、贝勒、贝子、公、台吉等，并内大臣大学士、上三旗都统、副都统、侍卫等宴。

（卷 186）

康熙三十七年　戊寅　1698 年

康熙三十七年正月辛巳（五日，1698.2.15）

议政大臣等题，厄鲁特扎什巴图尔台吉，乃青海台吉之统领，与土谢图戴青纳木扎尔额尔德尼台吉、彭楚克台吉等率其所属，诚心归化，当封何爵，伏候上裁。得旨，封扎什巴图尔为亲王，土谢图戴青纳木扎尔额尔德尼为贝勒，彭楚克为贝子。

（卷 187）

康熙三十七年正月庚寅（十四日，1698.2.24）

以上元节，赐外藩喀尔喀、鄂尔多斯、阿霸垓、土默特、乌珠穆秦、科尔沁、喀喇沁、巴林、敖汉、厄鲁特、阿霸哈纳，诸王、贝勒、贝子、公、台吉等，及内大臣、大学士，上三旗都统、副都统、侍卫等宴。

（卷 187）

策妄阿喇布坦遣彭苏克喇木扎木巴、多尔济寨桑等进贡，并疏言，第巴将达赖喇嘛圆寂之事匿而不宣，斥正传之圣徒班禅，自尊其身，有玷道法，诈称达赖喇嘛之言，以混乱七旗喀尔喀、四厄鲁特，好事乐祸，正未有已，祈皇上睿鉴，俾法门之教无玷，使众生争自濯磨。上召彭苏克喇木扎木巴、多尔济寨桑至前，问以疏参第巴之故。奏曰，圣主曾谕云，凡有衷情，不必疑忌，悉皆奏闻，今者第巴监禁班禅，不使人见，奉事红帽两喇嘛名德尔端、多尔济扎卜者，诡称即见世达赖喇嘛化身，其行不端，有乖道法，台吉是以参奏。上谕之曰，休息兵戎，令宇内昇平，始云道法。若以护法为辞，必生衅端，如尔等虽招抚回子，曾灭其教，亦能令其皈依佛法，跪拜喇嘛否。今天下太平之时，惟令各行其道。若强之使合，断不可行，四十九旗扎萨克蒙古等，迄今六十余年，朕视如一家。初喀尔喀、厄鲁特构兵时，朕曾谕达赖喇嘛，令从彼处遣人往解，朕亦于此处命大臣等前往谕之，使其相和，不意达赖喇嘛之使竟偏向厄鲁特，彼时朕即知达赖喇嘛当已物故矣，若彼尚存，决不为此。第巴之构衅噶尔丹，人尽知之，又假托达赖喇嘛之言，请将泽卜尊丹巴胡土克图、土谢图汗，执之以畀噶尔丹，今者泽卜尊丹巴胡土克图、土谢图汗，亲身皆在此处。前土谢图汗于鄂罗海诺尔地方为噶尔丹所败，彼时曾遣一寨桑来奏云，臣等系历来进贡请安之国，若蒙主上怜惜收育，我等即投顺前来等语。今不但泽卜尊丹巴胡土克图、土谢图汗等，即七旗之喀尔喀数万蒙古归顺前来，朕皆收养，离散者使之完聚，待毙者使之生全，令其各得恒业，至于泽卜尊丹巴胡土克图、土谢图汗，朕皆待以优礼，未尝有替。众蒙古以第巴为达赖喇嘛传戒之人，皆缄口不敢议，朕曾以敕谕往责第巴，彼甚心服，具疏认罪，朕因宥之，嗣后第巴若改前行，敬奉班禅、达赖喇嘛则已，若仍怙终不悛，朕不但不宽贷第巴，即其亲密之青海台吉等，朕亦不轻恕也。前者，青海台吉等，闻朕出师宁夏之信，尽皆震动，游牧移营而去，今者青海台吉等以噶尔丹平定，亲来庆贺，伊等并无过端，朕岂肯加兵，朕统驭天下，总愿宇内群生，咸获安堵，岂有使尔两国生衅之理，凡事惟期安静而已。

（卷 187）

康熙三十七年正月辛丑（二十五日，1698.3.7）

谕大学士等，青海厄鲁特亲王扎什巴图尔等遣还时，此处给与马驼，遣司官送往，总督吴赫速赴宁夏，量拨马驼，俟伊等至宁夏时，即应付遣之，其自京师乘往宁夏之马驼，交与送往之官，于草生时，在察罕掩海地方牧养数日，从塞外游牧而来，若草未生，则暂于彼处饲之，俟草生，加意牧养带回。

（卷 187）

康熙三十七年二月壬子（七日，1698.3.18）

以征噶尔丹功议叙，封厄鲁特贝勒巴图尔额尔克济农子云木春为辅国公。

（卷 187）

理藩院题，振武将军孙思克解到厄鲁特憨都，及其妻女男妇共十人。据憨都云，我系杜哈尔阿喇布坦亲兄，噶尔丹族侄，乌兰布通之战，与噶尔丹同败于王师，往投策妄阿喇布坦，将我拘禁七年，尽取我属裔，后噶尔丹败于昭莫多，我兄子滚楚克率四十户人投策妄阿喇布坦，策妄阿喇布坦乃释我，交与滚楚克，我率属下百余户人内向逃来，至斋力纳木地方，因雪大不能行，故尽留众人，至巴尔库尔地方，为郭帕白克所执，送振武将军孙思克解部。得旨，憨都远来归朕，殊可怜悯，著授为台吉，附镶黄旗察哈尔佐领中安插。

（卷 187）

康熙三十七年二月丙辰（十一，1698.3.22）

上回銮，驻跸五台县，时厄鲁特亲王扎什巴图尔等随驾巡幸，至是遣还，扎什巴图尔等以受恩深重，感激叩辞而去。

（卷 187）

康熙三十七年三月戊寅（三日，1698.4.13）

命内阁侍读学士伊道等，赍敕往谕策妄阿喇布坦曰，览尔疏言，第巴掩匿达赖喇嘛圆寂之事，斥班禅而自尊，有玷道法。好事如此，恐祸正无已。又尔所遣彭苏克喇木扎木巴、多尔济寨桑等，口奏尔之言云，第巴监禁班禅，不使人见，奉事红帽两喇嘛，名德尔端、多尔济扎卜者，即见世达赖喇嘛化身，亦以是两喇嘛之言，谓之达赖喇嘛而已，并非班禅之言，是以可疑。第巴坏法门之教，罪不可容，本朝与达赖喇嘛交往七十余年，第巴原系达赖喇嘛执事下人，因轸念达赖喇嘛，欲使扶持道法，是以优封为土伯特国王，乃以久故之达赖喇嘛诈称尚存以欺众，唆噶尔丹兴戎，所行不轨。今又奏称俟班禅胡土克图往觐之时奏明，而又不遣班禅，且致书求尔勿遣，观此，其情已极昭著矣。尔所奏良是，尔抒实情，思为法门之教，班禅胡土克图之事，而劾奏第巴，朕深许之，为此特差内阁侍读学士伊道、近御侍卫拉锡、二等侍卫克什图、内阁侍读常明、三等侍卫津巴为使，以伴敕例，赐御用彩缎十端。

（卷 187）

康熙三十七年三月壬辰（十七日，1698.4.27）

以投诚厄鲁特散秩大臣诺尔布一佐领，丹津阿拉布坦属人一佐领，隶镶黄旗察哈尔旗分，散秩大臣达木巴一佐领，一等侍卫多尔济塞卜腾一佐领，隶正黄旗察哈尔旗分，散秩大臣车陵一佐领，二品官巴拜一佐领隶正白旗察哈尔旗分，散秩大臣沙克朱穆一佐领，隶正红旗察哈尔旗分，二等侍卫鄂嫩巴图尔一佐领隶镶白旗察哈尔旗分，三等侍卫吴巴什一佐领，隶镶红旗察哈尔旗分，三品官卜尔器一佐领，隶正蓝旗察哈尔旗分，一等侍卫韩都一佐领，隶镶蓝旗察哈尔旗分，每佐领各设前锋二名，亲军二名，护军十七名，拨什库六名，骁骑二十四名，跟随兵一名，俱照其族属分编。

（卷 187）

康熙三十七年四月癸亥（十九日，1698.5.28）

理藩院奏，策妄阿拉布坦疏言，臣之与哈萨克构兵，非得已也。昔噶尔丹擒哈萨克头克汗之子以畀达赖喇嘛，故头克使人乞臣关说，求还其子，与彼完聚。臣乃使人于达赖喇嘛，索得头克之子，拨五百人护送归之，头克反尽杀臣五百人，后又杀臣属下吴尔赫德巴图尔台吉，掠取其人民，续又掠我吴梁海百余户人。臣妻父阿毓奇以其女归臣，使妻兄三济札布送臣之妻，彼又要战于路。去岁秋，臣商人自鄂罗斯归，彼又掠之。哈萨克屡来犯臣，有如许过恶，臣是以兴兵而往，恐圣上谓臣喜事好兵，故陈此自白。又丹津鄂木布听谗，与噶尔丹同杀其兄索诺木阿拉布坦，后臣与噶尔丹分散，各自游行，丹津鄂木布又偕阿奴喀屯往就噶尔丹，今穷迫而后来归，臣若使彼逸居，恐又听谗害臣，臣是以拘而禁之。为此遣使阿布都拉厄尔克寨桑、萨木坦达尔汉鄂母布等奏闻。上命示议政大臣。

（卷 188）

康熙三十七年六月戊午（十五日，1698.7.22）

议政大臣等奏，第巴疏言，济隆胡土克图向日通使，因初到厄鲁特地方，不能成功，实出无可奈何，今济隆胡土克图有疾，是以略至迟延，此时前去，心殊忧虑，祈如谕旨，勿致伤其身命，鉴宥遣回等语。查第巴以久故之达赖喇嘛诈称尚在，差济隆胡土克图于噶尔丹所，乌兰布通之役，济隆胡土克图为噶尔丹诵经，择日交战，又噶尔丹与尚书阿喇尼交兵之时，济隆胡土克图献噶尔丹手帕，济隆胡土克图情罪甚大，理当立斩，但康熙三十六年三月谕第巴旨内，有宽宥其身命之语，请将济隆胡土克图并其弟子，发正阳门东城下龙泉庵，交步军统领及近庙官兵看守，该部酌量支给饮食，第巴请遣回济隆胡土克图之语，无庸议。又班禅胡土克图疏言，前差内齐陀音宣皇上敕旨，召臣入京，达赖喇嘛、第巴亦曾遣使相促，但臣所学者浅，不能为功于道法，且未出痘疹，是以不往，并非第巴沮止等语。查员外郎保住已赍敕往使于班禅胡土克图，此所奏亦无庸议。从之。

（卷 188）

康熙三十七年七月庚子（二十八日，1698.9.2）

议政王大臣等议奏，噶尔丹者，乃逆天负恩之贼也，俟侍读学士喇锡取其骸骨到京后，应照吴三桂粉骨扬灰例，捣为细末，抛散通衢。塞卜腾巴儿珠尔乃逆贼噶尔丹子，不当存留，应立斩枭示，差理藩院司官一员，乘驿将首级往示四十九旗、喀尔喀各扎萨克，至塞卜腾巴儿珠尔乳母之夫徽特和硕齐，亦应处斩。程贝臧布前因有要言质讯，奉旨暂且停决，兹事已毕，亦应处斩。得旨，徽特和硕齐当免，程贝臧布当诛，此事俟朕回銮可也。喇锡到日，著单身驰驿，趋赴行在。

（卷 189）

康熙三十七年八月壬寅（一日，1698.10.4）

先是，上遣内阁侍读学士喇锡等，赍敕往谕策妄阿喇布坦曰，尔与尔叔噶尔丹分离以来，诚心恭顺，聘贡不绝，朕亦不时加恩遣问，噶尔丹逆天，违背朕旨，今永灭矣。其属下大寨桑诸喇嘛，俱已来降。止丹济拉、吴尔占扎卜数人茫无所归，流行而已。近者副都统阿南达报称，丹济拉携其子多尔济塞卜腾、拉思伦等来降，噶尔丹之尸，噶尔丹之女钟齐海，程贝臧布之妻及其稚子诺颜格隆，俱被尔所遣堪都等截留，伊拉古克三胡土克图往投尔所，吴尔占扎卜、色棱阿巴等尔已擒之，阿喇尔拜自缢死，车陵布木往投丹津鄂木布，此项人等，皆党恶之人，不可一日容者也，若在尔地，亦不利于尔，故特遣敕谕尔，朕旨一到，尔立刻一并查拏，及噶尔丹之尸与其女钟齐海，同朕使臣，差人护解，如此，则尔始终恭顺之心确著，亦得长沐朕之恩宠于无穷矣，倘若隐匿不行擒解，不但尔历年之恭顺皆虚，即尔贸易之人，亦永不许通行矣。以上情事，亦已明谕，恐尔使人不能全记告尔，特遣内阁侍读学士喇锡、理藩院司务英古赍敕往谕，以伴敕例，赐彩缎十端。至是，策妄阿喇布坦以云端格隆充使，同喇锡等来献噶尔丹骸骨，喇锡等奏闻，上命喇锡等带噶尔丹骸骨置京城外悬挂示众。

（卷 189）

理藩院奏，策妄阿喇布坦疏言，噶尔亶多尔济逃来，往回子所居库察城，被挥特人等所杀，其下人俱四散，噶尔亶多尔济之母率寨桑数人向西而去矣。噶尔丹之尸、钟齐海、吴尔占扎卜等之事，前已曾奏请，今奉圣旨，特遣使臣来，是以将噶尔丹骸骨遣发，至钟齐海及吴尔占扎卜等寨桑，请以畀我，厄鲁特降人在中国者，仍请鉴恤。上命议政王大臣等议奏。寻议，厄鲁特降人俱系噶尔丹属下，噶尔丹逆天违旨，毒害生灵，皇上亲统六师，三临绝塞，讨而灭之，俘其属众，招之使来者有之，陆续来降者亦有之，并非策妄阿喇布坦之人，其奏请仍加眷恤之处无庸议。噶尔亶多尔济往回子所居库察城而被杀，亦无庸议。至策妄阿喇布坦，虽献噶尔丹骸骨来，而钟齐海者，乃噶尔丹之女，吴尔占扎卜等相助噶尔丹作恶，此辈不便容留策妄阿喇布坦处，应令将噶尔丹之女钟齐海、吴尔占扎卜、色棱阿巴、车棱布木、诺颜格隆等人，仍遵前旨擒拏，差人起解。从之。

（卷 189）

康熙三十七年九月癸未（十二日，1698.10.15）

先是，上遣内阁侍读学士伊道等，赍敕往谕策妄阿喇布坦。至是，策妄阿喇布坦以诺颜格隆、厄尔巴噶卜楚付伊道等，遣使滚楚克等覆奏。上命议政大臣议奏。寻议，厄鲁特来降之人，原皆噶尔丹属下之人，并非策妄阿喇布坦之人，所奏加眷恤之处，仍无庸议。策妄阿喇布坦恳切请留吴尔占扎卜、阿巴色棱等人，应停解吴尔占扎卜等，留给策妄阿喇布坦。至钟齐海者，乃叛逆噶尔丹之女也，不许容留于策妄阿喇布坦处，务令解来。又策妄阿喇布坦疏言，第巴凡事越理而行，前经具奏，今仍不改，查第巴钦遵上谕，拟于来年三月遣发班禅来京，策妄阿喇布坦所奏之处，无庸议。从之。

（卷 190）

谕策妄阿喇布坦敕曰，朕抚养亿兆，凡恭顺竭诚者，必厚待加恩，前以吴尔占扎卜、阿巴色棱等辈，皆助噶尔丹之人，恐留于尔地，又复作乱，亦未可定，故命尔解来，今尔疏言，吴尔占扎卜、阿巴色棱等，非臣所应分之人，但臣人力甚少，而哈萨克等人又皆与臣为难，臣得伊等可以助力，据实陈情，朕矜尔谆恳之意，许停解吴尔占扎卜、阿巴色棱矣。至钟齐海，尔疏言于尔为妹，乞皇上垂怜，即以畀臣，但钟齐海乃噶尔丹亲女，不得与他人为比，此断不许留于尔地，务必差人解来，如此，则许尔照常通使行商，尔若仍不肯解来，尔不得复通使矣。至厄鲁特来降朕者，原皆噶尔丹属下人，噶尔丹违朕之旨，毒害生灵，朕亲率兵剿灭，其属众有俘获而来者，有陆续归降者，并非尔之人，所奏不准行。又尔疏言，第巴自臣前次奏后，闻其凡事背理而行，中国亦常洞鉴之矣，朕已严敕第巴，使遣班禅，第巴钦遵朕旨奏覆，于来年三月遣班禅来，尔之所奏，朕已知之。特谕。

（卷 190）

康熙三十七年十月乙巳（四日，1698.11.6）

先是，上亲征朔漠，荡平厄鲁特噶尔丹，诸王大臣等，请立碑太学，以垂万世。至是，御制碑文曰，惟天尽所覆，海内外日月所出入之区，悉以畀予一人，自践阼迄今，蚤夜殚思，休养生息，冀臻熙皞，以克副维皇大德好生之意，庶几疆域无事，得以偃兵息民。迺厄鲁特噶尔丹，阻险北陲，困此一方人，既荼毒塞外，辄狡焉肆其凶逆，犯我边鄙，虐我臣服，人用弗宁，夫荡寇所以息民，攘外所以安内，边寇不除，则吾民不安，此神人所共愤，天讨所必加，岂惮一人之劳，弗贻天下之逸，于是断自朕心，躬临朔漠，欲使悔而革心，故每许以不杀，彼怙终不悛，我师三出绝塞，朕皆亲御以行，深入不毛，屡涉寒暑，劳苦艰难，与偏裨士卒共之，迨彼狂授首，胁从归诚，荒裔之长，来享阙下，西北万里，灌燧销锋，中外乂谧。惟朕不得已用兵以安民，既告厥成事，乃蠲释眚灾，洁事禋望，为亿兆期昇平之福，而廷臣请纪功太学，垂示来兹，朕劳心于邦本，尝欲以文德化成天下，顾兹武略，廷臣佥谓所以建威消萌，宜昭斯绩于有永也。朕不获辞，考之礼，王制有曰，天子将出征，受成于学，出征执有罪，反释奠于学，以讯馘告。而泮宫之诗，亦曰，矫矫虎臣，在泮献馘。又礼，王师大献，则奏凯乐，大司乐掌其事。则是古者文事武事为一，折冲之用，具在樽俎之间，故受成献馘，一归于学，此文武之盛制也。朕向意于三代，故斯举也，出则告于神祇，归而遣祀阙里，兹允廷臣之请，犹礼先师以告克之遗意，而于六经之指为相符合也。爰取思乐、泮水之义，为诗以铭之，以见取乱侮亡之师，在朕有不得已而用之之实，或者不戾于古帝王伐罪安民之意云尔。铭曰：巍巍先圣，万世之师。敬信爱人，治平所基。煌煌圣言，文武道一。礼乐征伐，自天子出。朕临域中，逾兹三纪。尝见羹墙，寤寐永矢。下念民瘼，上承帝谓。四海无外，尽隶侯尉。维彼凶丑，渎乱典常。既梗声教，遂窥我疆。譬之于农，患在螟螣。秉畀不施，将害稼穑。度彼游魂，险远是怙。震以德威，可往而取。朕志先定，龟筮其依。属车万乘，建以龙旂。祝融驂鸾，风伯戒途。宜旸而旸，利我樵苏。大野水涸，川渎效灵。泉忽自涌，其甘如醽。设为犄角，一出其西，一出其东，中自将之。绝域无人，兽群受掩。五日穷迫，彼狂走险。大歼于路，波血其孥，剪其党孽，俘彼卒徒。众乌昼号，单马宵遁。恐久驻师，重为民困。慎固戍守。还辕于京。自夏徂冬，雨雪其零。载驰载驱，我行再至。蠢兹穷寇，昏惑不悔。我边我氓，以休以助。爰宁其居。爰复其赋。藩落老稚，斯恬斯嬉。岁晏来归，春与之期。春风飘翩，扬我旌旆。我今于迈，如涉我郊。言秣我马，狼居胥山。登高以眺，闵彼弹丸。天降凶罚，孤雏就羁。三驾三捷。封狼舆尸。既腊枭獍。既狝豺貙。大漠西北，解甲弃殳。振旅凯入，泽沛郊卜，明禋肆赦，用迓景福。昔我往矣，在泮饮酒。陈师鞠旅，誓屈群丑。今我来思，在泮献功。有赫颂声，文轨来同。采芹采藻，颂兴东鲁。车攻马同，亦镌石鼓。师在安民，非出得已。古人有作，昭示此旨。缅惟虞廷，诞敷文德。圣如先师，战慎必克。惟兵宜戢。惟德乃绥。亿万斯年，视此铭词。

（卷 190）

命勒察罕七罗碑文曰：康熙三十五年岁次丙子四月丙戌朔十三日戊戌，大清皇帝征讨厄鲁特噶尔丹，将六军过此，御笔勒铭。惟天所覆，皆吾赤子，绥靖边陲，殄灭蛇豕，山泽效灵，草蕃泉旨，羽卫斯经，贞石用纪。

（卷 190）

命勒拖诺山碑文曰：康熙三十五年岁次丙子五月丙辰朔十二日丁卯，大清皇帝征讨厄鲁特噶尔丹，驻跸拖诺山，御笔勒铭。瀚海荡荡，胪朐泱泱，亲御六师，我武维扬，震雷霆威，耆日月光，剪厥凶丑，安定遐荒。

（卷 190）

命勒昭莫多碑文曰：康熙三十五年岁次丙子五月丙辰朔十三日戊辰，大清皇帝征讨厄鲁特噶尔丹，大兵邀击于昭莫多之地，尽歼贼众，御笔勒铭。天心洪佑，翦逆摧凶，困兽西窜，膏我军锋，一鼓而歼，漠庭遂空，磨崖刻石，丕振武功。

（卷 190）

命勒狼居胥山碑文曰：康熙三十六年岁次丁丑四月庚戌朔，大清皇帝讨灭厄鲁特噶尔丹，驻跸狼居胥山，御笔勒铭。登狼居胥，溯大河曲，遐播德威，以绥荒服，殄寇宁人，义正仁育，绝域来同，敷天永福。

（卷 190）

康熙三十七年十一月丙申（二十六日，1698.12.27）

理藩院题，张嘉胡土克图、纳木扎尔格隆等违旨叩见第巴，俱应拟绞。得旨，张嘉胡土克图著从宽免绞，革其胡土克图之号。纳木扎尔格隆，亦从宽免绞，充发盛京。

（卷 191）

康熙三十七年十一月丁酉（二十七日，1698.12.28）

又谕曰，前谕西宁茶马五千匹，自边外送三千至京，此地需马不甚紧要，送二千足矣。闻南省驻防军士，马匹甚艰，其余三千，送至荆州、江宁、杭州三处各一千给散军士。此马由内地行，值稼穑时必践踏民田，著及时遣部院贤能官，赴彼领取起行，沿途牧养，尽心护送，各至所派之处，交该将军。

（卷 191）

康熙三十七年十二月庚午（三十日，1699.1.30）

赐朝王正外藩乌朱穆秦、巴林、鄂尔多斯、阿霸哈纳、蒿齐忒、阿霸垓、毛明安、苏尼特、喀喇沁、吴喇忒、厄鲁特、喀尔喀、郭尔罗斯、扎鲁特、土默特、克西克腾、科尔沁、奈曼、敖汉、翁牛特、四子部落、阿禄科尔沁、归化城、哈密，诸王、贝勒、贝子、公、台吉等，及内大臣、大学士、上三旗都统副都统、侍卫等宴。

（卷 191）

康熙三十八年　己卯　1699 年

康熙三十八年正月甲申（十四日，1699.2.13）

以上元节，赐外藩喀尔喀、乌朱穆秦、巴林、鄂尔多斯、蒿齐忒、阿霸垓、苏尼特、毛明安、阿霸哈纳、喀喇沁、吴喇忒、厄鲁特、郭尔罗斯、扎鲁特、土默特、克西克腾、科尔沁、奈曼、敖汉、翁牛特、四子部落、阿禄科尔沁、扎赖特、哈密，王、贝勒、贝子、公、台吉等，及内大臣、大学士、侍卫等宴。

（卷 192）

康熙三十八年二月丁未（七日，1699.3.8）

扈从大臣等会议，商南多尔济等奏请禁止第巴遣人贸易，应如所请。上谕曰，前扎海、保柱等来奏，第巴与达赖汗曾会同商议，以为今年乃班禅胡土克图本命之岁，不便前去，请俟来岁三月遣之。而阿南达等以为此系推诿之言，欲遣二郎保、户木德同彼前去，催令速来，并驳其奏章。朕思阿南达之谋，亦失之轻率。即使二郎保等前去，能令班禅胡土克图速来耶，第巴以匿其奏章，禁其贸易，藉为口实。彼所属之人皆赖贸易为生，朕为天下主，何必以班禅胡土克图之故，泥于小见，禁其贸易，绝其生计乎。第巴既称来岁使班禅胡土克图前来，且待至三月，如仍不遣来，则曲在彼矣。我朝惟图理直，凡事豫为斟酌，然后行之，亦不为迟。朕已遣扎海等作速回京，传谕尚书班迪，令其移文阿南达等，倘第巴有奏章前来，即行转奏，毋得拦阻。商南多尔济等并不计此，即请禁止第巴贸易之人，殊为未当。尔等准其议，亦失之矣。寻班禅胡土克图以未出痘疹，不敢赴京，奏请鉴恤。从之。

（卷 192）

康熙三十八年四月丁未（八日，1699.5.7）

升四川陕西督标中军副将张岳，为陕西西宁总兵官。

（卷 193）

康熙三十八年五月丁亥（十九日，1699.6.16）

四川巡抚于养志疏报，打箭炉原系内地土司边界，自康熙三十五年勘明地界以来，甚属相安。今因化林坪接壤西域，设汛添兵，乃擦道等处蛮沓忽生狡变。事关边情，理应文武会商，而提臣岳昇龙刚愎自用，并不使臣与闻，遽行调遣官兵，阻遏商旅，禁绝茶米，以致军民惶惑。得旨，此本内事情，亦著罗察等一并察审具奏。

（卷 193）

康熙三十八年七月庚辰（十三日，1699.8.8）

四川提督岳昇龙疏言，打箭炉原系本朝版图，竟被乌思藏强行侵占。康熙三十五年，钦差兵部郎中金图等会同四川巡抚于养志查勘后，仍霸踞如初，吞占蛮地数千里，侵夺番民数万户。又在木鸦私造铳炮，屯聚粮草。臣因化林营兵单汛广，移参将驻防。不意彼处喋吧昌侧集烈等擅发蛮兵数千，占住河东擦道、若仪等堡，不放客商来往。臣一面禁阻茶烟米布，一面密遣臣标中营守备李成瑛，带领官兵五百名，前往化林营贴防。臣已备咨督抚会商。乃抚臣于养志私遣笔帖式额尔济图等往来调停，不使臣与闻，并擅止臣所遣防兵，益见私通外番情迹。得旨，此所奏所情，亦著罗察等一并察审具奏。

（卷 194）

康熙三十八年十二月甲午（三十日，1700.1.18）

赐朝正外藩科尔沁、翁牛特、阿禄科尔沁、喀尔喀、蒿齐忒、阿霸垓、扎鲁特、乌朱穆泰、巴林、鄂尔多斯、郭尔罗斯、毛明安、敖汉、喀喇沁、阿霸哈纳、扎赖特、厄鲁特，诸王、贝勒、贝子、公、台吉及内大臣、大学士、上三旗都统、侍卫等宴。

（卷 196）

康熙三十九年　庚辰　1700 年

康熙三十九年正月戊申（十四日，1700.3.4）

以上元节，赐外藩科尔沁、翁牛特、阿禄科尔沁、喀尔喀、阿霸垓、阿霸哈纳、四子部落、巴林、鄂尔多斯、蒿齐忒、乌朱穆秦、土默特、扎鲁特、郭尔罗斯、毛明安、苏尼特、敖汉、奈曼、喀喇沁、扎赖特、厄鲁特，王、贝勒、贝子、公、额驸、台吉及内大臣、大学士、侍卫等宴。

（卷 197）

康熙三十九年三月庚子（七日，1700.4.25）

又会题，工部右侍郎罗察等奏审原任四川巡抚于养志疏参提督岳昇龙一案。查岳昇龙系边疆大臣，应勤任事务，报答皇上超拔之恩，乃向革职土司高一柱面言，我用摺子启奏，令尔戴罪护理，希图酬谢。又给银与阎国耀等建州贩盐。又因茶马之事，指称部内使用，令属员议凑银两。四月初十日发兵，至十四、十五日始移咨督抚。将伊瘦马交属员，勒取价值。又取各营官随身兵粮，多寡不等。俱玷职任，应革职。所取兵粮、马价及家人一百五十名不当差，游击韦元鼎等家下不当差之粮，俱交该部照数追入官。阎国耀等违禁贩盐，应拟杖。其余诸款俱虚，应无庸议。至打箭炉，系版图内地，达赖喇嘛妄求炉河东嘉庆地方，殊为不合。但已于岳昇龙参于养志案内请敕第巴，亦无庸议。得旨，岳昇龙著革职。余依议。

（卷 198）

康熙三十九年六月辛卯（二十八日，1700.8.14）

敕谕第巴等曰，边境向有定处，尔纵放营官喋吧昌侧集烈，将四川打箭炉内土司蛇蜡喳吧居住地方恃强尽行霸占，渐次侵踞河东乌泥、若泥、凡州三处，潜有窥伺嘉庆擦道之意。又因内土司蛇蜡喳吧漏言，遂致于死。种种狂悖，实难宽假。川陕总督席尔达已经具题。据此，岂非尔私示所属人等侵犯边境生事，边境地方岂可让与寸地，此等事情，尔俱违悖妄行。敕旨一到，将渐次侵占打箭炉及版图内土司地方俱著退还，打死内土司蛇蜡喳吧之营官，即拏解送。不然，生事之罪，归与尔身，彼时悔之不及矣。

（卷 199）

康熙三十九年七月乙未（四日，1700.8.18）

理藩院题，商南多尔济等所奏策妄阿喇布坦，遣人往青海台吉处等事，毋庸议。上曰，此事目前观之虽属甚小，将来大有关系。该部拟以毋庸议，倘青海台吉等遣人以所奏闻事问商南多尔济，则商南多尔济何以答之。策妄阿喇布坦人甚狡猾，其口称往征第巴，或因力不及而虚张声势，或欲往征，以此问曾往彼处侍郎常绶等，再行具奏。

（卷 200）

康熙三十九年七月庚子（九日，1700.8.23）

大学士等遵旨，以商南多尔济等所奏青海事宜问侍郎常绶、侍读学士伊道、郎中常明等回奏。上曰，此事稍觉迟延，方奏到日，即为行文甚好，青海台吉亦属失算，何以先将已意泄漏，但将来使照常款待礼遣，断不敢构衅，今以朕计之，亦尚无妨。朕巡幸蒙古之地颇多，凡事朕皆熟悉，策妄阿喇布坦人虽狡猾，但由博罗塔拉至土伯特，必经哈拉乌苏等艰险之处，路径甚恶，断不能往伐，何也，策妄阿喇布坦素行奸恶，故其附近哈萨克、布鲁特诸部，皆相仇雠，欲悉军大举，则路既难行，且无留护其妻孥者，若兵单力弱，断难成事，惟有奋激而行，妻孥与俱，幸而有济则已，无济，则有归附土伯特之谋而已，然策妄阿喇布坦奏书之意，特张虚声，欲观青海之动静耳，亦未必果欲争战也。观古赵充国所议五事良是，应宜留意。

（卷 200）

康熙三十九年十月丁亥（二十八日，1700.12.8）

理藩院题，哈密扎萨克额贝杜拉达尔汉白克呈称，我属下六七十人，往甘州交易，甚属有益，嗣后乞令我哈密人往各处交易勿禁。查先经额贝杜拉达尔汉白克题，将伊哈密人分一半驻扎肃州，年年朝觐报信，不致有误，已经准行，应行令甘肃巡抚提镇，嗣后哈密回子来甘肃等处交易，须验明印文，令其交易弗禁。又称侦得策妄阿喇布坦处，哈撒克、布鲁特合兵，欲征哈思噶尔，已经题报，嗣后侦得信息，应令奏闻。从之。

（卷 201）

康熙三十九年十一月庚寅（二日，1700.12.11）

理藩院题，鄂尔斋图哈滩巴图尔自青海移置宁夏，议给人口粮粮，牛马刍豆。上谕大学士等曰，著照所议行。数年以来，宇内昇平，惟西陲陕西、甘肃，常有差遣之事，出边人员，地方官皆协助供应，所以陕西、甘肃官吏驿站，甚为艰苦，著差户部右侍郎温达前往，将沿途驿站查视，若有敝坏者，会同地方官增添拨给，其供应出边人员等物，议定额数以闻。

（卷 202）

康熙三十九年十二月戊子（三十日，1701.2.7）

赐朝正外藩乌朱穆秦、苏尼特、蒿齐忒、鄂尔多斯、喀尔喀、扎鲁特、毛明安、科尔沁、翁牛特、阿霸垓、土默特、郭尔罗斯、四子部落、喀喇沁、厄鲁特、杜尔伯特、巴林、阿霸哈纳、吴喇忒、敖汉、扎赖特、奈曼、克西克腾、阿禄科尔沁，王、贝勒、贝子、公、台吉、额驸、公主之孙、塔布囊等，及内大臣大学士、侍卫等宴。

（卷 202）

康熙四十年　辛巳　1701 年

康熙四十年正月壬寅（十四日，1701.2.21）

以上元节赐外藩乌朱穆秦、苏尼特、蒿齐忒、鄂尔多斯、喀尔喀、扎鲁特、科尔沁、毛明安、翁牛特、土默特、杜尔伯持、厄鲁特、阿霸垓、喀喇沁，王、贝勒、贝子、公、台吉等，及内大臣大学士、侍卫等宴。

（卷 203）

康熙四十年正月戊午（三十日，1701.3.9）

青海厄鲁特台吉戴青和硕齐察罕丹津率部归附，封为多罗贝勒。

（卷 203）

康熙四十年二月丙戌（二十八日，1701.4.6）

四川提督唐希顺疏报，正月十三日，臣抵打箭炉，有商民、喇嘛、番民等归顺。又有木鸦头目错王端柱等首先归顺。今来附者共一万二千余户，赏给银币、鞍马，令其各回安业，下部知之。

（卷 203）

唐希顺又疏参，化林营参将李麟进兵打箭炉之时，规避畏缩，违误军机。又前于昭莫多与噶尔丹对敌时，以无甲推诿不战。上谕大学士等曰，李麟人材壮健，马步射俱优，系朕简用之人，打箭炉未复之前，李麟曾呈报总督席尔达云，应分兵三路进取打箭炉，席尔达据以具奏，今载在打箭炉捷书内甚明。今唐希顺题参李麟，于进攻打箭炉时，规避误机，又追言康熙三十五年在昭莫多对敌时，李麟以无甲自诿不前。向与公费扬古同往西路出兵者，其内并未闻有无甲不战之人，岂有已经遇敌以无甲自诿而不战之理。原任提督李镇鼎，与唐希顺素不相能。李麟或系李镇鼎提拔之人，或与李镇鼎有关亲谊，以是挟仇题参，亦未可定。李麟不必拏问，著交与总督席尔达察议具奏。

（卷 203）

康熙四十年三月癸卯（十六日，1701.4.23）

兵部议覆，奉差山西陕西查驿，户部右侍郎温达疏言，臣遵旨查勘西陲驿站马匹。自大同府至保德州、花马池及肃州、凉州、西宁、庄浪、兰州等处各驿马匹，除选择膘肥善驰者烙印外其疲瘦者俱行文各该抚换补，并令时加严察该管官侵蚀等弊立行参处应如所题从之。

（卷 203）

康熙四十年十一月癸卯（二十日，1701.12.19）

厄鲁特策妄阿喇布坦，遣使进贡。宴赉如例。

（卷 205）

康熙四十一年　壬午　1702年

康熙四十一年正月丙午（二十四日，1702.2.20）

命喇嘛达木巴色尔济、郎中舒图、员外铁图等往打箭炉地方监督贸易。谕曰，尔等至彼，即将奉差情由移文第巴，须文辞明悉，令彼速遣大喇嘛来监督贸易。倘若迟滞，将我等撤回，永远不得贸易矣。侍郎满丕督师彼处，与尔等事各不同，务各勤尔事。其番人最贪，见小利便喜，税银不取于彼，就我国商人征之，不可专以税额为事，若立意取盈，商贾不至，与禁止何异，此项钱粮不多，勿以此注念，须图好名，稍有优处，人即称颂。至彼处，当熟谙地方情形，有应奏之事即行具奏。又谕达木巴色尔济曰，尔移文第巴，其辞须云，尔等务遵旨行事，不得有违，不但于尔等有益，即我喇嘛亦受福庇，倘若有违，不但无益尔等，即我喇嘛亦无益处。达木巴色尔济奏曰，臣职系副教习喇嘛，彼土人不知，若有扎萨克字样，彼方知率教。上谕郎中舒图等曰，喇嘛可赐以扎萨克名。达木巴色尔济又奏曰，倘第巴不将厄尔德尼济农解至，则臣不令其人贸易，济隆胡土克图与青海人众系我朝之人，令其照常贸易。上曰，俱令照常贸易。

（卷 207）

理藩院题，青海贝勒纳木扎尔厄尔德尼，请于大草滩等处游牧，议不准行。上曰，贝勒所请亦是，彼处诚难居住，该部应议贺兰山等处水草茂盛，准其游牧，竟不准行，亦属不合，但其疏请大草滩地方游牧，此系内地人民杂处，岂可令伊等居住，虽四十九旗蒙古，从未有令内地游牧者，该部若如此议，伊等亦难于再请矣。

（卷 207）

康熙四十一年十二月壬寅（二十六日，1703.2.11）

厄鲁特丹津阿拉布坦来朝，上御保和殿，理藩院官引见，行礼毕，召入殿内宝座前，上谕曰，昔厄鲁特归降我朝，未有率人如尔之众者，尔既倾心归向，甚属可嘉，朕所用避风石数珠，最利风疾，今以赐尔。又谕曰，今尔厄鲁特，国虽破灭，从公论之，前喀尔喀与厄鲁特互相构难，朕常以喀尔喀为非，以尔为是。但噶尔丹乘喀尔喀之衅，来侵我境，是以国破，朕之灭噶尔丹者，以其侵犯我境，非为征喀尔喀之故也。丹津阿拉布坦叩首奏曰，诚如圣谕，臣等厄鲁特，生于绝域，如禽兽无知，昔犯天朝，今每一思及，心胆俱裂。上曰，尔厄鲁特，为人多疑，朕亲率师至克鲁伦，屡遣使谕噶尔丹归降，彼不肯从，故至交战失利，其时设若归款，朕亦即已，前厄鲁特来归者，朕有授以大臣之职，尔等尚不之信，有言此必是计，后定诛戮，今厄鲁特为大臣者见在，已养至十年，计耶非耶，至于喀尔喀，人材庸劣，不及尔厄鲁特，厄鲁特来归者，虽未遇从政立功，其扈从巡哨，亦甚尽力，今观尔体貌健壮，他日得力可知，念尔远涉劳乏，且善调摄，暇日更与尔言也。命赐宴，并赐貂皮、袍褂、银币、鞍马等物，封为多罗郡王，令于洪郭尔阿济尔罕地方游牧。

（卷 210）

康熙四十二年　癸未　1703 年

康熙四十二年八月丁亥（十四日，1703.9.24）

厄鲁特台吉达颜、喀尔喀土谢图汗厄尔德尼阿海多尔济等来朝。

（卷 213）

康熙四十二年九月壬申（二十九日，1703.11.8）

厄鲁特多罗郡王丹津阿拉布坦故，遣官致祭。

（卷 213）

康熙四十二年十月壬午（十日，1703.11.18）

以厄鲁特故多罗郡王丹津阿拉布坦子策灵旺布袭爵。

（卷 213）

康熙四十二年十一月丙辰（十五日，1703.12.22）

青海和硕亲王扎什巴图尔、鄂尔多斯多罗郡王董罗布、松阿喇布、多罗贝勒纳木扎尔额尔德尼、厄鲁特多罗贝勒巴图尔额尔克济农、喀尔喀台吉哈嘛尔戴青、青海台吉盆苏克等来朝。

（卷 214）

康熙四十二年十一月己未（十八日，1703.12.25）

上幸西安府城外教场，阅西安驻防八旗满洲、汉军及绿旗官兵军容，火器前锋，马步兵丁，俱擐甲，各按队伍列阵毕。上率诸皇子及内大臣、侍卫等，俱擐甲乘骑，遍阅之。青海和硕亲王扎什巴图尔等、鄂尔多斯多罗郡王董罗布等、厄鲁特多罗贝勒巴图尔额尔克济农等、喀尔喀台吉哈嘛尔戴青等随圣驾后，窥见官兵整齐，队伍森严，甲胄鲜明，无不互相叹异。奏曰，臣等但知禁兵精练，天下无敌。未知外省之兵，亦皆如此，自当亿万年永享承平之庆。上阅兵毕，回黄幄前，率诸皇子，及善射侍卫等擐甲射。上亲射二次，发矢皆中。诸蒙古王、贝勒、台吉等，及地方官吏兵丁，无不欢呼称颂。上以将军博霁训练官兵有方，即解櫜鞬，开弓矢赐之。又赐总督觉罗华显、巡抚鄂海櫜鞬弓矢。上御教场箭亭，赐陕西官兵及蒙古诸王、贝勒、台吉等宴。上召原任将军佛尼勒之子俄伦特近前曰，尔父效力行间，尔亦由兵丁效力以至协领。因此亲赐饮，表异于众。又以镶蓝旗协领莘泰，由步军效力，以至协领。并副将康泰、韩忠俱人材矫健，皆召至阶上，令侍卫等饮之。众谢恩毕。上回行宫。

（卷 214）

封达赖汗之弟青海台吉盆苏克为多罗贝勒。

（卷 214）

康熙四十二年十一月庚申（十九日，1703.12.26）

赐青海和硕亲王扎什巴图尔等、鄂尔多斯多罗郡王董罗布等、厄鲁特多罗贝勒巴图尔额尔克济农等、喀尔喀台吉哈嘛尔戴青等，及地方大臣官员，宴于行宫前。

（卷 214）

康熙四十二年十二月庚子（二十九日，1704.2.4）

赐朝正外藩科尔沁、敖汉、奈曼、翁牛特、蒿齐忒、喀尔喀、扎赖特、阿霸垓、厄鲁特、吴喇忒、鄂尔多斯，王、贝勒、贝子、公及内大臣、大学士、侍卫等宴。

（卷 214）

康熙四十三年　甲申　1704年

康熙四十三年正月甲寅（十四日，1704.2.18）

以上元节，赐外藩科尔沁、敖汉、奈曼、翁牛特、蒿齐忒、喀尔喀、扎赖特、阿霸垓、阿霸哈纳、吴喇忒、厄鲁特、鄂尔多斯，王、贝勒、贝子、公、台吉等，及内大臣、大学士、侍卫等宴。

（卷215）

康熙四十三年九月丁卯（三十日，1704.10.28）

先是，上遣侍卫拉锡等，探视河源，谕之曰，黄河之源，虽名古尔班索罗谟，其实发源之处，从来无人到过。尔等务须直穷其源，明白察视其河流至何处入雪山边内。凡经流等处，宜详阅之。至是，拉锡等回奏，臣等遵旨，于四月初四日自京起程，五月十三日至青海，十四日至呼呼布拉克，贝勒色卜腾札尔同臣等起程前行。六月初七日至星宿海之东，有泽名鄂陵，周围三百余里。初八日至鄂陵西，又有泽名札陵，周围三百余里。鄂陵之西、札陵之东，相隔三十里。初九日至星宿海，蒙古名鄂敦塔拉。登山之至高者，视之，星宿海之源，小泉万亿，不可胜数，周围群山，蒙古名为库尔滚，即昆仑也。南有山，名古尔班吐尔哈。西南有山，名布胡珠尔黑。西有山，名巴尔布哈。北有山，名阿克塔因七奇。东北有山，名乌兰杜石。古尔班吐尔哈山下诸泉，西藩国名为噶尔马塘。巴尔布哈山下诸泉，名为噶尔马春穆朗。阿克塔因七奇山下诸泉，名为噶尔马沁尼。三山之泉，流出三支河，即古尔班索罗谟也。三河东流，入札陵泽，自札陵泽一支流入鄂陵泽。自鄂陵流出，乃黄河也。除此，他山之泉与平地之泉流为小河者，不可胜数，尽归黄河东下。臣等自星宿海，于六月十一日回程，向东南行二日，登哈尔吉山，见黄河东流，至呼呼托罗海山，又南流绕撒除克山之南，又北流至巴尔托罗海山之南。次日，至冰山之西，其山最高，云雾蔽之。蒙古言，此山长三百余里，有九高峰自古至今未见冰消，终日云雾蔽之，常雨雪，一月中三四日晴而已。自此回行，十六日至席拉库特尔之地。又向南行，过僧库里高岭，行百余里，至黄河岸，见黄河自巴尔托罗海山向东北流，于归德堡之北、达喀山之南，从两山陕中流入兰州。自京至星宿海共七千六百余里，宁夏之西有松山。至星宿海，天气渐低，地势渐高，人气闭塞，故多喘息。谨绘图呈览，报闻。

（卷217）

康熙四十三年十二月乙未（二十九日，1705.1.24）

朝正外藩、乌朱穆秦、喀喇沁、科尔沁、翁牛特、蒿齐忒、杜尔伯特、喀尔喀、鄂尔多斯、阿霸垓、厄鲁特、巴林，诸王、贝勒、贝子、公、台吉等，及内大臣、大学士、侍卫等宴。

（卷218）

康熙四十四年　乙酉　1705年

康熙四十四年正月己酉（十四日，1705.2.7）

以上元节，赐外藩乌朱穆秦、喀喇沁、科尔沁、翁牛特、蒿齐忒、杜尔伯特、喀尔喀、鄂尔多斯、阿霸垓、厄鲁特、巴林，王、贝勒、贝子公台吉及内大臣、大学士、侍卫等宴。

（卷218）

康熙四十四年二月壬申（八日，1705.3.2）

青海厄鲁特多罗贝勒阿奇滚布巴图尔故，遣官致祭。

（卷219）

康熙四十四年闰四月戊戌（五日，1705.5.27）

青海厄鲁特多罗贝勒盆苏克遣使进贡。赏赉如例。

（卷220）

康熙四十四年五月辛未（九日，1705.6.29）

青海多罗郡王达赖戴青故，遣官致祭。

（卷 221）

康熙四十四年五月辛巳（十九日，1705.7.9）

以陕西西安右翼副都统殷泰，为西宁总兵官。

（卷 221）

康熙四十四年七月庚辰（十九日，1705.9.6）

以青海故多罗郡王达赖戴青子额尔克、多罗贝勒阿奇滚布巴图尔子额德尼厄尔克，俱袭爵。

（卷 221）

康熙四十四年八月庚申（二十九日，1705.10.16）

上自博洛和屯启行，阅各处孳生马牛羊群，及编入左翼四旗察哈尔，巴尔虎，厄鲁特，各蒙古生业。于是察哈尔、巴尔虎、厄鲁特诸蒙古皆列庐帐，携妇子，捧羊酪等物，跪于道侧迎驾。察哈尔蒙古奏曰，累世受皇上天高地厚之恩，马与牛羊，皆得繁息，男女老少，俱享安乐于盛世。巴尔虎蒙古奏曰，我等系绝域微末之人，蒙皇上收恤养育，又无差徭，今各得其所矣。厄鲁特蒙古奏曰，我等原系负罪不赦之人，蒙皇上如天好生，特为免死，又霈洪恩，编入旗伍，安插牧地，赐以牲口，五六年间，牲口繁息，生计丰饶，隆恩如此，不能仰报于万一也。是日，上驻跸诺海河朔。

（卷 222）

康熙四十四年八月辛酉（三十日，1705.10.17）

上阅察哈尔、巴尔虎、厄鲁特诸蒙古牧群及太仆寺马群。是日，驻跸他奔拖罗海地。

（卷 222）

康熙四十四年九月乙丑（四日，1705.10.21）

赐牧群察哈尔、巴尔虎、厄鲁特等银币布疋有差。

（卷 222）

康熙四十四年十一月辛酉（一日，1705.12.16）

授散秩大臣丹济拉为扎萨克辅国公，驰驿前往推河策零旺布居处之地驻扎，同内阁侍读学士殷扎纳探听策妄阿喇布坦信息，如有举动，调附近喀尔喀兵马，以防御之。

（卷 223）

康熙四十四年十二月己未（五日，1706.1.19）

赐朝正外藩科尔沁、翁牛特、奈曼、阿霸垓、蒿齐忒、扎鲁特、喀尔喀、敖汉、巴林、鄂尔多斯、喀喇沁、吴喇忒、厄鲁特，王、贝勒、贝子、公、台吉及内大臣、大学士、侍卫等宴。

（卷 223）

康熙四十五年　丙戌　1706 年

康熙四十五年正月癸酉（十四日，1706.2.26）

以上元节，赐外藩科尔沁、翁牛特、奈曼、阿霸垓、蒿齐忒、扎鲁特、喀尔喀、敖汉、巴林、鄂尔多斯、喀喇沁、吴喇忒、厄鲁特，王、贝勒、贝子、公、台吉及内大臣、大学士、侍卫等宴。

（卷 224）

康熙四十五年二月辛丑（十二日，1706.3.26）

先是，擒厄鲁特噶尔丹之子塞卜腾巴尔珠尔至京，上赦其罪，授一等侍卫。至是，命阿达哈哈番觉罗长泰之女，照镇国公女例授为乡君妻之，授塞卜腾巴尔珠尔为镇国公婿。

（卷 224）

康熙四十五年二月壬子（二十三日，1706.4.6）

青海固山贝子彭苏克故，遣官致祭。

（卷 224）

康熙四十五年六月甲寅（二十八日，1706.8.6）

工部议覆，四川巡抚能泰疏言，泸河安乐地方建铁索桥告成，请移化林营沈村防守千总一员，兵一百名镇守，应如所请。上谕大学士等曰，往达赖喇嘛地方，途中铁索桥甚多，是以安乐地方亦如彼处建铁索桥，然此处之桥与云南铁索桥不同，云南地方于两石崖贯铁索建桥，极其坚固。今安乐地方立石柱贯铁索为桥，久之恐未必坚固耳。其移兵防守之处，著照该抚所请行。

（卷 225）

康熙四十五年七月癸酉（十八日，1706.8.25）

青海多罗郡王额尔克巴尔都尔故，遣官致祭。

（卷 226）

康熙四十五年十月乙巳（二十一日，1706.11.25）

谕大学士等，前遣护军统领席柱等，往擒假达赖喇嘛及第巴妻子时，诸皇子及诸大臣俱言，一假达赖喇嘛擒之何为，朕意以众蒙古俱倾心皈向达赖喇嘛，此虽系假达赖喇嘛，而有达赖喇嘛之名，众蒙古皆服之，倘不以朝命遣人往擒，若为策妄阿喇布坦迎去，则西域蒙古皆向策妄阿喇布坦矣，故特遣席柱等前去。席柱等方到其地，策妄阿喇布坦果令人来迎，以此观之，若非遣人前往，则假达赖喇嘛必已归策妄阿喇布坦矣。至西域回子及蒙古，今衰弱已极，欲取之亦甚易，但并其地不足以耕种，得其人不足以驱使，且见今伊等已俱恪守法度，是以不取，此等情事，汉大学士及九卿等想俱未深悉，尔等可将朕谕示之。

（卷 227）

康熙四十五年十月丙午（二十二日，1706.11.26）

谕大学士等，昔日达赖喇嘛存日，六十年来，塞外不生一事，俱各安静，即此可知其素行之不凡矣。后达赖喇嘛身故，第巴虽隐讳不言，然观其启奏之辞，非昔日达赖喇嘛语气，朕是以知其已故，遣使细访，乃尽得欺诈之状。自达赖喇嘛故后，第巴遂教噶尔丹各处妄行生事矣。

（卷 227）

康熙四十五年十二月丁亥（三日，1707.1.6）

先是，达赖喇嘛身故，第巴匿其事，构使喀尔喀、厄鲁特互相仇杀，扰害生灵，又立假达赖喇嘛以惑众人，且曾毒拉藏，因其未死，后复逐之，是以拉藏蓄恨兴兵，执第巴而杀之，陈奏假达赖喇嘛情由，爰命护军统领席柱、学士舒兰为使，往封拉藏为翊法恭顺汗，令拘假达赖喇嘛赴京，拉藏以为执送假达赖喇嘛，则众喇嘛必至离散，不从，席柱等奏闻，上谕诸大臣曰，拉藏今虽不从，后必自执之来献。至是，驻扎西宁喇嘛商南多尔济，果报拉藏起解假达赖喇嘛赴京，一如圣算，众皆惊异。

（卷 227）

康熙四十五年十二月庚戌（二十六日，1707.1.29）

理藩院题，驻扎西宁喇嘛商南多尔济报称，拉藏送来假达赖喇嘛，行至西宁口外病故，假达赖喇嘛行事悖乱，今既在途病故，应行文商南多尔济，将其尸骸抛弃。从之。

（卷 227）

康熙四十六年　丁亥　1707 年

康熙四十六年正月乙亥（二十一日，1707.2.23）

理藩院题，青海多罗郡王额尔克巴尔都尔故，其子盆苏克旺扎尔应袭爵，查伊封册内并无世袭字样，相应请旨。得旨，盆苏克旺扎尔著袭封为多罗贝勒。

（卷 228）

康熙四十六年四月庚戌（二十八日，1707.5.29）

上谕大学士马齐等曰，甘肃提督员缺，甚为紧要，吴洪为总兵官、副都统时，声名俱佳，今任提督患病是实。观西宁总兵官殷泰，材健人优，从军十余次，身经二十余战，被创数处，口齿为鸟枪中伤，马步箭俱精，而汉文亦通。自任总兵官以来，边外蒙古、内地人民无不称颂，且久居西土，地方事情亦皆谙练，著升为甘肃提督。又谕曰，朕召福建提督吴英入语良久，见其为人笃实，深得大体，而心中明达，朕语及海寇，吴英奏，云海寇断不至蔓延，苟至蔓延，则任臣等何用，然亦不能使不为小寇也。海中与城郭不同，城郭有里甲易查，寇盗无所栖止，海乃汪洋之水，贼乘一小舟到处藏匿，难以缉获，然而为盗者，大都皆系商贩本利亏折，不得已而为之者多，此即可谓之海寇乎。所奏之言，深中窾要，且效力年久，著加授将军衔。又提督中王世臣、岳昇龙、潘育龙为人俱优，惜皆年老矣。

（卷 229）

康熙四十六年六月己亥（十八日，1707.7.17）

苏尼特多罗贝勒苏泰、贺兰山厄鲁特多罗贝勒巴图尔额尔克济农和洛礼故，俱遣官致祭。

（卷 230）

康熙四十六年七月辛未（二十一日，1707.8.18）

以厄鲁特罗卜臧西喇卜为散秩大臣。

（卷 230）

康熙四十七年　戊子　1708 年

康熙四十七年正月壬戌（十四日，1708.2.4）

以上元节，赐外藩科尔沁、翁牛特、蒿齐忒、扎鲁特、乌朱穆秦、土默特、喀喇沁、巴林、阿霸垓、喀尔喀、青海、郭尔罗斯、毛明安、敖汉、阿禄科尔沁，王、贝勒、贝子、公、台吉等，及内大臣、大学士、侍卫等宴。

（卷 232）

康熙四十七年五月乙酉（十日，1708.6.27）

以青海故多罗贝勒盆苏克子博硕克图戴青阿拉布坦鄂木布袭爵。

（卷 233）

康熙四十七年五月壬寅（二十七日，1708.7.14）

厄鲁特辅国公丹济拉等来朝。

（卷 233）

康熙四十七年七月癸未（九日，1708.8.24）

《御制亲征平定朔漠方略序》，其文曰：朕祗承天眷，懋绍祖宗丕基，为亿兆生民主，薄海内外，皆吾赤子，虽越在边徼荒服之地，倘有一隅之弗宁，一夫之弗获，不忍恝然视也。西北塞外喀尔喀七旗，与厄鲁特四部落，并号雄藩，同奉职贡，非一日矣，不意有厄鲁特噶尔丹者，赋性凶残，中怀狡诈，戕贼其兄弟，兼并四部，蚕食邻封，其势日张，其志益侈。朕初闻厄鲁特与喀尔喀交恶，随遣亲近大臣，颁赏赉以和解之，迨其后兴兵构怨，又命大臣晓譬利害，谕令息争，乃噶尔丹抗旨狂逞，致喀尔喀为所溃败，叩关乞援，朕收抚之，置诸边内，资给饩牵，始皆得所，而噶尔丹犹修郄如故，所在侵陵，忽阑入我乌兰布通之地，朕授钺亲王大臣，问罪声讨，大师克捷，未即殄除，时贼仓皇宵遁，深惧我军之穷追，投牒指誓，因而释之。假使噶尔丹能自此悔祸改图，则虽至今存可也，夫何转瞬渝盟，包藏不轨，窥伺我斥堠，摇惑我外藩，潜夺我纳木扎尔陀音，肆虐不止，朕深念此寇断宜速灭，于是整饬士马，备峙粮糗，决策亲征，而贼之纵迹飘忽无常，又虑其兵至远飏，兵退复入，乃授密画于科尔沁王沙津，令其遣使诱贼，约至近地，旋调发盛京诸路军御东路，分遣一军截西路，朕躬统六师从中路入，比行近贼巢，噶尔丹不敢抗我颜行，闻风奔窜，朕遂亲率前锋军并日追击，贼穷蹙已极，尽弃其子女辎重而遁，会与我西路师遇，大败其军，噶尔丹仅以数人跳身走。嗣是朕再驾而至鄂尔多斯，三驾而至狼居胥山麓，宣威布惠，兼用互施，招徕其党羽，遏绝其归路，其寨桑等接踵向附，其子复为我擒，贼自料势不能逭，遂尔仰药授首，所亲信丹济喇等，亦相继乞降，二十余年狡悍陆梁之劲寇，曾不二载，悉皆草薙禽狝，而大业克就矣。夫烈焰弗戢，必将燎原，积寇一日不除，则疆圉一日不靖，方亲征之初举也，在廷诸臣，多持异议，狃于目前之计者，谓凶锋挫衄，无足深忧，惮于征缮之烦者，谓大漠游魂，难以就缚，不知除恶务尽，制胜在谋，历观汉唐宋之已事，往往罢敝中国之力，而不能成廓清边塞之功，良由经理失宜，而歼锄之不早也。朕既远鉴前辙，复追维乌兰布通之失，故不避寒暑艰辛，亲莅穷边，三勤薄伐，惟是逆形已著，然后徂征，怙恶不悛，然后搂讨，身先士卒则栉风沐雨，而人皆忘劳，指画军储则转饷馈师，而人争用命，茂草茁于荒碛，流泉溢于沙陀，万里经行，安如枕席，非邀神祐，曷繇臻此。易曰，天之所助者顺也，人之所助者信也。朕仰凭天道，俯惬人情，以万不得已而用兵之意，乘刻不容缓而灭寇之机，立拯边境之毒痡，永底中原于清晏，昭告郊庙，适契成谋，使非虑出万全，可轻言师旅哉。兹前后用兵本末，具载卷中，览是编者，尚能喻朕心焉。

（卷 233）

康熙四十七年七月乙酉（十一日，1708.8.26）

厄鲁特辅国公茅海来朝。

（卷 233）

康熙四十七年八月丁巳（十四日，1708.9.27）

厄鲁特扎萨克辅国公丹济拉故，遣官致祭。

（卷 233）

康熙四十八年　乙丑　1709 年

康熙四十八年正月丙戌（十四日，1709.2.23）

以上元节，赐外藩科尔沁、乌朱穆秦、翁牛特、阿霸垓、蒿齐忒、土默特、杜尔伯特、巴林、喀尔喀、喀喇沁、敖汉、毛明安、扎鲁特、厄鲁特、阿霸哈纳，王、贝勒、贝子、公、台吉及内大臣、大学士、侍卫等宴。

（卷 236）

康熙四十八年正月己亥（二十七日，1709.3.8）

先是，拉臧立波克塔胡必尔汗为达赖喇嘛，青海众台吉等未办虚实，彼此争论讦奏，上命内阁学士拉都浑，率青海众台吉之使人赴西藏看验。至是，拉都浑回奏，臣遵旨会同青海众台吉之使前往西藏，至噶木地方，见拉臧问以所立达赖喇嘛情由，据云前将假达赖喇嘛解京时，曾奉谕旨令寻真达赖喇嘛，今访闻得波克塔胡必尔汗系真达赖喇嘛，亦不能信，又问班禅胡土克图，据云波克塔胡必尔汗实系达赖喇嘛，我始为之安置禅榻，非敢专擅。奏入，命议政大臣等议。寻议，拉臧所立达赖喇嘛，既问之班禅胡土克图，确知真实，应毋庸议，但达赖喇嘛例有封号，今波克塔胡必尔汗年幼，请再阅数年，始议给封。又青海众台吉等与拉臧不睦，西藏事务不便令拉臧独理，应遣官一员，前往西藏，协同拉臧办理事务。得旨，依议，其管理西藏事务，著侍郎赫寿去。

（卷 236）

康熙四十八年二月壬子（十一日，1709.3.21）

以厄鲁特故多罗贝勒巴图尔额尔克济农和罗礼子额驸阿宝袭爵。

（卷 236）

康熙四十八年八月壬寅（四日，1709.9.7）

鄂尔多斯固山贝子拉希扎木素、乌朱穆秦辅国公滚布扎卜、郭尔罗斯镇国公巴图、和托挥特辅国公博贝、厄鲁特扎萨克辅国公多尔济色卜腾等来朝。

（卷 238）

康熙四十八年八月丁卯（二十九，1709.10.2）

厄鲁特多罗郡王策零旺布等来朝。

（卷 238）

康熙四十八年九月丙子（九日，1709.10.11）

赐来朝科尔沁、乌朱穆秦、喀尔喀、厄鲁特、鄂尔多斯、阿霸垓、阿禄科尔沁、扎赖特、苏尼特、郭尔罗斯、四子部落、阿霸哈纳、扎鲁特、土默特、敖汉、奈曼、蒿齐忒，王、贝勒、贝子、额驸、公、台吉等衣帽银两缎疋有差。

（卷 239）

康熙四十九年　庚寅　1710 年

康熙四十九年正月庚辰（十四日，1710.2.12）

以上元节，赐外藩乌朱穆秦、科尔沁、敖汉、蒿齐忒、喀喇沁、土默特、杜尔伯特、鄂尔多斯、巴林、吴喇忒、郭尔罗斯、喀尔喀、翁牛特、阿霸垓、厄鲁特、苏尼特、毛明安、阿霸哈纳，王、贝勒、贝子、额驸、公、台吉，及内大臣、大学士、侍卫等宴。

（卷 241）

康熙四十九年三月戊寅（十三日，1710.4.11）

议政大臣等议，拉藏及班禅胡土克图、西藏诸寺喇嘛等，会同管理西藏事务侍郎赫寿，疏请颁赐波克塔胡必尔汗以达赖喇嘛之封号。查波克塔胡必尔汗因年幼，奉旨俟数年后授封，今既熟谙经典，为青海诸众所重，应如所请，给以印册，封为六世达赖喇嘛。从之。

（卷 241）

康熙四十九年七月庚寅（二十七日，1710.8.17）

兵部议覆，四川提督岳昇龙疏言，川省宁番卫界逼近番地，本年二月内有番贼闯入宁番卫，肆行抢劫，该汛游击周玉麟率领官兵前往追缉，被伤身死。事系封疆，臣请亲历边境，或剿或抚，相机而行，绥靖地方，应如所请。得旨，依议巡抚年羹尧亦著前去。

（卷 242）

康熙四十九年闰七月庚申（二十七日，1710.9.20）

谕九卿等，自赵申乔参俞益谟之后，为督抚者，每每苛求武弁。武弁非读书之人，但披坚执锐，用命杀敌而已。地方文官，多有火耗银两，武弁绝无所得。然于兵丁能效力者，必量加赏劝，庶军士尽皆鼓舞，遇敌肯前若毫无赏劝，何以使人乐为之用乎。昔人云，重赏之下，必有勇夫，今文官生当太平但知以成法苛求武弁，总不为武弁一筹画之。昔三藩变时，张勇、王进宝、赵良栋、孙思克等戮力为国扫除逆寇，亦因朕倚任恩深，帑饷繁多，犒赏无缺，故士卒听其指麾，用命效死，乃能成功，武弁虽不可纵之使骄，亦不可摧之使弱。我朝武弁，历来并未骄纵，若挫辱之，使气渐颓，则所关甚大。总督殷泰系穷兵出身，历加擢用，至西宁总兵官，朕谕陕西督抚等，助以银两，犒赏士卒，是以殷泰得展舒其志，今湖广提督员缺，尔等知总兵官内有才守兼长者，即行举出。如总兵官内无人，副将内设有之，亦行举出。副将内无人，即于文武官员内有确知其可用者，亦行举出。

（卷 243）

康熙四十九年八月丙子（十四日，1710.10.6）

喀尔喀辅国公克塞克来朝。青海多罗贝勒那穆扎尔厄尔德尼故，遣官致祭。

（卷 243）

康熙四十九年十一月庚子（十日，1710.12.29）

四川提督岳昇龙疏言，臣遵旨率领官兵进剿生番，于闰七月内擒获贼首罗都等，交抚臣年羹尧审拟。其瓦都、月落口等处生番，俱已投诚，惟瓦尾、白宿等处生番，倚恃险阻，潜匿不出，臣遍行搜探，相机一并剿抚。上谕大学士等曰，岳昇龙效力，殊属可嘉，巡抚年羹尧系与提督岳升龙同往剿抚之人、乃畏避不行前往，著明白回奏。

（卷 244）

康熙五十年　辛卯　1711 年

康熙五十年正月癸卯（十四日，1711.3.2）

以上元节，赐外藩阿霸垓、鄂尔多斯、敖汉、科尔沁、毛明安、喀尔喀、厄鲁特、杜尔伯特、阿霸哈纳、乌朱穆秦、扎鲁特、郭尔罗斯、巴林、蒿齐忒，王、贝勒、贝子、公、台吉，及内大臣、大学士、侍卫等宴。

（卷 245）

康熙五十年正月壬子（二十三日，1711.3.11）

达赖喇嘛、拉藏汗遣使进贡。赏赉如例。

（卷 245）

以故青海多罗贝勒额尔德尼那木扎尔子罗卜臧察罕，袭爵。

（卷 245）

康熙五十年三月庚寅（一日，1711.4.18）

上幸畅春园，诸王、贝勒、贝子、公、大学士、九卿、文武大小官员及生监百姓等奏称，圣德茂膺景运，敷天庆际昌辰，恳请诞受鸿称，用光盛典，允惬舆情事，伏念皇上励精图治，宵衣旰食之勤劳，虽在廷诸臣日侍左右，而至德之渊微未能窥测，惟是揆文奋武，手定太平，以守成而兼开创之勋，则凡中外臣民，无不共睹，令综考舆图所载，东至朝鲜、琉球、暹罗，南至于交趾，西至于青海、乌思藏诸域，北至于喀尔喀、厄鲁特、鄂罗斯诸部，以及哈密番彝之族，使鹿使犬之区，皆岁时朝贡，输诚恐后，声教之远，孰有媲隆于今日者，此惟我皇上以至仁为心，以如天好生为德，自察哈尔之剪灭，三逆之削平，所诛止属元憝，而胁从尽皆宽释，台湾既克，不罪其负固之久，而仍酌予以禄位，喀尔喀与厄鲁特修郄构兵，喀尔喀举国内附，则受而恩抚爵赏之，厄鲁特逆天抗命，则三出塞以亲讨之，而且歼除至少，生全至多，则知五十年以来，敷天率土，所以优游乐育，获享昇平之福者，无非至仁好生之念所涵濡而长养者也。

（卷 245）

康熙五十年四月戊寅（二十日，1711.6.5）

吏部议覆，四川巡抚年羹尧奉旨剿抚番人，并未前往，今回奏疏称，因提臣岳昇龙将生番之首恶罗都等三人已经拏获，臣故中道回署，自行认罪。应将年羹尧照规避例革职。得旨，年羹尧著革职，从宽留任。

（卷 246）

康熙五十年八月戊辰（十一，1711.9.23）

厄鲁特多罗郡王车零旺布来朝。

（卷 247）

康熙五十年九月己丑（三日，1711.10.14）

赐来朝翁牛特、阿霸垓、喀喇沁、乌朱穆秦、苏尼特、阿霸哈纳、喀尔喀、科尔沁、扎鲁特、鄂尔多斯、蒿齐忒、厄鲁特、吴喇忒，王、贝勒、贝子、额驸、公、台吉等，鞍马缎疋银两有差。

（卷 247）

康熙五十年九月甲寅（二十八日，1711.11.8）

以西安左翼副都统王以谦为陕西西宁总兵官。

（卷 248）

康熙五十一年　壬辰　1712 年

康熙五十一年三月丙戌（三日，1712.4.8）

青海辅国公索诺穆达世故，遣官致祭。

（卷 249）

康熙五十一年八月癸丑（二日，1712.9.2）

喀尔喀辅国公汪札尔、车木楚克纳木札尔，厄鲁特多罗贝勒和硕额驸阿宝等来朝。

（卷 250）

康熙五十一年八月戊午（七日，1712.9.7）

喀尔喀多罗郡王和硕额驸敦多布多尔济，青海多罗贝勒塞布藤扎尔、多罗贝勒罗卜藏察罕、贝子车臣戴青罗卜藏达尔渣等来朝。

（卷 250）

康熙五十一年九月庚寅（十日，1712.10.9）

赐来朝科尔沁、乌朱穆秦、喀尔喀、厄鲁特、鄂尔多斯、阿霸垓、阿禄科尔沁、苏尼特、扎鲁特、土默特、敖汉、喀喇沁、翁牛特、巴林、青海、哈密、蒿齐忒，王、贝勒、贝子、额驸、公、台吉等，鞍马缎疋银两有差。

（卷 251）

康熙五十一年十二月戊寅（二十九，1713.1.25）

赐朝正外藩，科尔沁、乌朱穆秦、奈曼、翁牛特、蒿齐忒、扎鲁特、杜尔伯特、阿霸哈纳、郭尔罗斯、喀尔喀、阿霸垓、敖汉、巴林、毛明安、阿禄科尔沁、厄鲁特，诸王、贝勒、贝子、公、台吉及内大臣、大学士、侍卫等宴。

（卷 251）

康熙五十二年　癸巳　1713 年

康熙五十二年正月壬辰（十四日，1713.2.8）

以上元节，赐外藩科尔沁、乌朱穆秦、奈曼、翁牛特、蒿齐忒、扎鲁特、杜尔伯特、苏尼特、郭尔罗斯、喀尔喀、喀喇沁、阿霸垓、敖汉、巴林、毛明安、厄鲁特，王、贝勒、贝子、公、台吉等，及内大臣、大学士、侍卫等宴。

（卷 252）

康熙五十二年正月戊申（三十日，1713.2.24）

谕理藩院，班禅胡土克图，为人安静，熟谙经典，勤修贡职，初终不倦，甚属可嘉。著照封达赖喇嘛之例，给以印册，封为班禅额尔得尼。

（卷 253）

康熙五十二年二月丁丑（二十九日，1713.3.25）

厄鲁特辅国公云木春故，遣官致祭。

（卷 253）

康熙五十二年四月乙亥（二十八日，1713.5.22）

钦天监题，据理藩院开送厄鲁特贝勒阿宝，辉特公罗卜臧，喀尔喀六十五旗，哈密扎萨克额敏，厄鲁特王车零旺布，公多尔济色卜腾，茅海等职名，依新图推算，其所居地名共十七处，应增入历内，刊刻颁行。得旨，枯伦鄂莫、奇栖格纳孔俄罗阿济尔汉，此二处，著裁去，余依议。

（卷 254）

康熙五十二年五月庚寅（七日，1713.6.6）

西藏拉藏汗遣使进贡。赏赉如例。

（卷 255）

康熙五十二年七月丁巳（十二日，1713.9.1）

厄鲁特多罗郡王车零旺布等来朝。

（卷 255）

康熙五十二年七月甲子（十九日，1713.9.8）

厄鲁特多罗贝勒额驸阿宝来朝。

（卷 255）

《清实录》青海蒙古族史料辑录

天命 天聪 崇德 顺治 康熙 雍正年间

青格力 整理

下

民族出版社

中国社会科学院历史研究所内陆欧亚研究中心
青海蒙古研究会海北分会　合办

康熙五十三年　甲午　1714 年

康熙五十三年正月甲子（二十二日，1714.3.7）

以故青海厄鲁特辅国公索讷木达西子诺尔布盆楚克，袭爵。

（卷 258）

康熙五十三年正月戊辰（二十六日，1714.3.11）

西藏达赖喇嘛、拉藏汗，遣使进贡。赏赉如例。

（卷 258）

康熙五十三年二月乙酉（十三日，1714.3.28）

以厄鲁特故辅国公云木春子罗卜臧达尔扎，袭爵。

（卷）

康熙五十三年三月丁卯（二十六日，1714.5.9）

西藏班禅胡土克图遣使进贡。赏赉如例。

（卷 258）

康熙五十三年六月乙亥（五日，1714.7.16）

谕领侍卫内大臣等曰，朕想拉藏汗一子前往策妄阿拉布坦处娶亲，一子见在青海地方驻扎，在策妄阿喇布坦处娶亲之子，策妄阿喇布坦若托辞爱壻，留住数年，不令之归。再如驻扎青海之子，朕复怜爱留住，伊处总无人矣，岂不孤危，况拉藏汗年近六十，自当为其身计，伊之人少，土伯特人甚多，而又秉性凶恶，可保常无事乎。拉藏汗将凶恶第巴杀死，朕加褒奖，封为扶教恭顺汗，伊真倾心内向，不但朕知之，即各处人亦皆知之。但厄鲁特秉性猜疑，又甚疎忽，倘或事出不测，朕虽怜伊，伊虽倚朕，此间地方甚远，相隔万里，救之不及，事后徒贻悔耳，即朕亦无法也。朕此想甚属远大，伊亦系晓事之人，若不深谋防范，断乎不可，朕为拉藏汗，时常留意。

（卷 259）

康熙五十三年七月乙丑（二十六日，1714.9.4）

厄鲁特辅国公多尔济色卜腾来朝。

（卷 259）

康熙五十三年九月乙丑（二十七日，1714.11.3）

青海厄鲁特亲王扎什巴图尔故，遣官致祭。

（卷 260）

康熙五十三年十二月丁酉（二十九日，1715.2.3）

赐朝正外藩科尔沁、乌朱穆秦、蒿齐忒、喀喇沁、鄂尔多斯、土默特、杜尔伯特、敖汉、翁牛特、毛明安、喀尔喀、厄鲁特、巴林、阿霸垓、苏尼特，王、贝勒、贝子、公、台吉及内大臣、大学士、侍卫等宴。

（卷 261）

康熙五十四年　乙未　1715 年

康熙五十四年正月辛亥（十四日，1715.2.17）

以上元节，赐外藩乌朱穆秦、蒿齐忒、科尔沁、喀喇沁、鄂尔多斯、土默特、克西克腾、敖汉、翁牛特、毛明安、喀尔喀、厄鲁特、巴林、阿霸哈纳、苏尼特，王、贝勒、贝子、公、台吉等，及内大臣、大学士、侍卫等宴。

（卷 262）

康熙五十四年三月壬子（十六日，1715.4.19）

理藩院遵旨议覆，蒙古被雪，损伤牲畜，吴喇忒等十四旗缺食之人，酌量速运附近粮米，散给两月，其三吴喇忒、毛明安、喀尔喀贝勒詹达古米此五旗，应将湖滩河朔存仓米石散给，其四子部落、二苏尼特此三旗，应将张家口存仓米石散给，其二阿霸垓、二蒿齐忒、二阿霸哈纳此六旗，应将唐三营存仓米石散给，其米石派八旗佐领下，官驼运往。户部、理藩院各派司官一员，会同该扎萨克等查明散赈。又察哈尔八旗，缺食人等，户、兵二部各派官会同察哈尔统领等，将各该旗存仓米石算至秋收酌量散赈。得旨，所派官员带领八旗兵丁，骆驼前去，若驼有倒毙，运米不到，失落抛散，必致误事，著户部尚书穆和伦前去查看。又喀尔喀、厄鲁特蒙古侍卫、执事人等，亦著派往。

（卷 262）

康熙五十四年四月辛未（六日，1715.5.8）

理藩院题，先经青海右翼贝勒戴青和硕齐察汉丹津等奏称，里塘地方新出胡必尔汗，实系达赖喇嘛转世，恳求册封，其从前班禅胡土克图及拉藏汗题请安置禅榻之胡必尔汗是假等语，蒙皇上睿鉴，以伊等俱顾实汗子孙，欲使共相和睦，若将此胡必尔汗留住青海，恐其弟兄内或起争端，特遣侍卫阿齐图等前往谕令，将里塘之胡必尔汗送京亲看，又遣主事众佛保往班禅处，问此胡必尔汗之真假，续经戴青和硕齐等奏请，俟来秋送至京师，奉旨，著将里塘胡必尔汗暂于西宁口内寺庙居住。今侍卫阿齐图疏言，主事众佛保自班禅处回，据班禅称里塘胡必尔汗是假，而戴青和硕齐等坚求亲往班禅处问其真假，应令阿齐图等传集青海两翼诸贝勒、台吉等，于会盟处宣示皇上仁爱之意，及班禅送来印文，令将胡必尔汗送至红山寺居住。从之。

（卷 263）

康熙五十四年四月己卯（十四日，1715.5.16）

甘肃提督师懿德疏报，四月初二日，哈密扎萨克达尔汉白克额敏咨言，厄鲁特策妄阿喇布坦遣兵至其北境，侵掠五寨，初三日又咨言，贼兵于三月二十五日抵哈密城下，臣檄肃州总兵官路振声领兵先赴哈密，臣俟出厂马调到，即亲身往救。得旨，策妄阿喇布坦遣兵侵掠哈密，肃州总兵官已领兵往救，应再发西安满洲兵三千，总督标下营兵二千，甘肃提督标下兵亦酌量派出，星急前去救应，再行文青海左翼及喀尔喀扎萨克等，各令防备，著议政大臣会同理藩院大臣速议具奏。议政大臣等随遵旨议覆，西安满洲兵，令将军席柱与副都统一员带领，总督标下兵，令副将一员带领，甘肃提督亦令带领标下兵，俱于文到三日内启行，兵马钱粮，令西安巡抚永泰沿途料理，此三处兵，应派大臣一员前往调遣，选厄鲁特、巴尔虎大臣侍卫官员等带至军前，以备侦探贼踪之用。西宁、嘉峪关两路各设驿站，派笔帖式坐台，西宁、青海等处事务，令侍卫阿齐图等暂驻西宁料理，青海左翼与哈密相近，贝子阿拉布朱儿与噶斯路相近，西宁及四川松潘俱与青海相近，皆应行文，各令整备，现今甘肃兵丁俱调出口，应调凉州兵一半，至甘肃要路防守。再策妄阿喇布坦现侵哈密，未必不至喀尔喀地方，应派大臣一员，前往传谕喀尔喀，并厄鲁特王策零旺布、公多尔济色卜腾、茅海、辉特公罗卜藏等，各令预备。得旨，依议。今总兵官路振声，现率标兵前往，路振声系谙练行间之人，朕所稔知，如策妄阿喇布坦兵少，此兵足以制之，彼若拥众而来，我兵似觉不足，必须详加筹画，相机而行，著速行文提督。至尔等所议三处兵派一大臣总统调度，此兵乃西安将军所管之兵，将军亲往，不便又令大臣管辖，应派一能办事大臣，与将军公同商酌而行，著吏部尚书富宁安驰驿前往。派新满洲侍卫十员前往效力，现派法脑著随富宁安前去，祁里德原系大臣，著授为散秩大臣，驰驿前往，推河亦派新满洲侍卫前往，著将呢牙韩楚、娄徵额派出随去，厄鲁特、巴尔虎侍卫官员，亦令挑选带往。

（卷 263）

康熙五十四年四月庚辰（十五日，1715.5.17）

谕议政大臣等，策妄阿喇布坦作何举动，虽不得知其实，其到我哈密地方，便不可为虚，若彼倾国而来，势有万余，我一总兵之力，微有不足，不可不预为周备也。应著右卫兵即刻预备，八旗察哈尔、厄鲁特、巴尔虎兵内挑选千名，发往归化城，如用右卫兵时，令其一同前往，鄂尔多斯及厄鲁特阿宝额驸之兵，亦应令预备，一同前去，著详议具奏。议政大臣等随遵旨议覆，右卫兵应选三千名，令将军费扬固预备，八旗察哈尔、厄鲁特、巴尔虎之兵选千名，令总管铿特、傅尔丹、常济保、阿礼浑管领，速往归化城。如用右卫之兵，一并遣往，右卫、察哈尔兵给与六月食米钱粮，鄂尔多斯兵派二千名，令王董罗布、贝勒甘珠尔管领，厄鲁特贝勒额驸阿宝兵五百名，归化城、土默特两旗兵一千名，令都统新泰、副都统齐式预备，令将军费扬固统领兵马事务，再派大臣一员，与将军费扬固同行，商议管理。得旨，现有将军费扬固，且不必派大臣，若嗣后有事，著都统新泰为将军参赞，余依议。

（卷 263）

康熙五十四年四月甲申（十九日，1715.5.21）

甘肃提督师懿德疏报，驻防哈密游击潘至善、笔帖式常保住等，于三月二十六日率领官兵二百余人，同哈密白克额敏，击败策妄阿喇布坦兵于哈密，贼退驻城南二十里外。得旨，官兵甚少，辄奋往争先，杀退二千余贼，深为可嘉，所有在事及受伤阵亡官兵、哈密兵，应行赐恤之处，该部速议具奏。寻兵部议覆，应遣臣部司官，及理藩院司官各一员，于甘肃巡抚处领帑银一万五千两，前往哈密，赏赐白克额敏、游击潘至善以下，及在阵阵亡受伤兵丁等，事定日，其应议叙及加恩兵丁处，一并议奏。从之。

（卷 263）

谕议政大臣等，泽卜尊丹巴胡土克图处，著派贤能司官一员，驰驿前往，谕以策妄阿喇布坦二千兵前来，被哈密回子额敏并游击潘至善等，领二百绿旗兵尽行击败，杀九十人，生擒三人，再令胡土克图速遣人前往策妄阿喇布坦处去云，中国至圣皇帝大沛仁恩，欲天下共享太平，尔无故发兵，被驻扎哈密二百绿旗兵及哈密回子尽行击败，今既败北，如何度日，何不速遣使至皇帝前，跪请伏罪，尔若不如此恳求，必加天讨，众生灵亦遭涂炭，现在满洲、蒙古、汉人，并喀尔喀、厄鲁特各处兵，俱已整备，我系出家人，但为众生怜惜性命，兼念旧好，差人指示，尔当作速跪请伏罪，无贻后悔等语，撰写呈览，具奏发往。

（卷 263）

康熙五十四年四月丁亥（二十二日，1715.5.24）

谕议政大臣等，著派黑龙江兵五百名，并打牲索伦、打虎儿兵五百名，三处喀喇沁兵一千名，每人各带长枪鸟枪，其黑龙江及打牲索伦、打虎儿兵，著从口外往归化城去，喀喇沁兵，著乘自有马匹从本处起程，其口粮，到湖滩河朔再支领仓米，倘粮不足，著支领唐三营仓米，于八旗出厂马匹内，给喀喇沁兵每人马二匹，如同归化城，察哈尔并右卫预备之兵发往推河地方驻扎，则不拘何处，俱可去得，著议奏。议政大臣等随遵旨议覆，右卫、察哈尔、归化城之兵已经预备，应令将军费扬固，于咨文到日，率领起程，现在所调黑龙江、索伦、打虎儿、喀喇沁兵，令其陆续往推河地方，其厄鲁特额驸阿宝及鄂尔多斯兵，亦令至推河，俱听将军费扬固调遣。得旨，喀喇沁兵，著格勒尔带往，侍卫色楞，授为副都统前去，黑龙江兵，著副都统白济带往，索伦、打虎儿兵，著总管布珠，并哈忒虎之子衣里布带往。

（卷263）

康熙五十四年四月己丑（二十四日，1715.5.26）

谕议政大臣等，朕经历军务年久，且曾亲统大兵出塞征讨，凡行兵机务，靡不周知，今欲用兵，兵非不敷，但虑路远，运饷殊难，诚能挽输无误，令全军得至策妄阿喇布坦之地，朕心始慰，此兵多系从前在昭莫多、乌兰布通屡经对敌之兵，且人人怀报效之志，若策妄阿喇布坦来战，不论何地，制胜有余，再若由噶斯路进兵一万，赴伊里河源，抵彼巢穴，由哈密、吐鲁番进兵一万，由喀尔喀进兵一万，前至博克达额伦哈必尔汉地方，如此三路进剿，料必成功，但其间进止，又在临时相机而行，未可预定，尔等虽未身历军旅，既为国家大臣，于议此等要事时，当详审筹度，务合机宜，非可视同泛常也。

（卷263）

康熙五十四年四月甲午（二十九日，1715.5.31）

肃州总兵官路振声疏报，臣领兵兼程前往哈密，于本月十二日至额尔特木尔地方，去哈密百二十里，据哨探人来报云，哈密人闻天兵来援，老幼欢悦，策妄阿喇布坦兵闻信，已于初七日遁去。疏入，报闻。

（卷263）

谕兵部，游击潘至善率领绿旗兵二百人，击败策妄阿喇布坦二千余众，当此承平日久，兵革休息时，乃仓猝间能如此奋勇直前，殊为可嘉，前虽谕令赏给，朕心犹为未足，今再加恩，将此二百名兵丁，各给与把总劄付，其中阵亡兵丁十余人，亦给与把总劄付，准伊妻子食俸，著速议具奏。寻兵部议覆，游击潘至善等，俱应越等升用。从之。

（卷263）

谕议政大臣等，著遣侍卫一人，速往谕喀喇沁，此进剿兵丁，路途遥远，可俟料理齐备启行，其调来黑龙江、索伦、打虎儿等兵，可将策妄阿喇布坦兵战败遁去情形传谕之，祁里德处亦遣司官一人往谕，令众喀尔喀知之，厄鲁特额驸阿宝、辉特公罗卜藏兵，即著此司官差人往谕，令其前往哈密驻扎。

（卷263）

康熙五十四年四月乙未（三十日，1715.6.1）

皇三子和硕诚亲王允祉、皇四子和硕雍亲王胤禛入见，上筹及西边用兵之计，皇四子和硕雍亲王奏曰，当日天兵诛殛噶尔丹时，即应将策妄阿喇布坦一同剿灭，因伊畏罪慑服，备极恭顺，是以特赐生全，今乃渐渐狂悖，居心险诈，背负圣恩，种种不恭，至于侵扰我哈密，干犯王章，于国法难以宽贷，自当用兵扑灭，以彰天讨。上深然之。

（卷263）

谕议政大臣等，军中粮务，甚属紧要，前剿噶尔丹时，曾由两路运米至翁金河，乃已经熟识之地，而推河与翁金甚近，又从前两路所运之米，至回军时尚未用完，度今所用钱粮，最多不过三四百万，可以足用，著户部动支正帑运送，军务乃系大事，著遣司官二员，分往富宁安，祁里德处，令公同商议。策安阿喇布坦兵已大败而去，今若三路进兵，或即行进剿，或前逼近彼处，遣使招降，著富宁安，与将军、提督、总兵官、祁里德与喀尔喀汗、王、台吉等，各详议具奏。喀尔喀汗、王、台吉等，若自度兵力可以进剿，固善，或再助以我兵，及黑龙江、索伦、打虎儿兵更为妥当。再西安甘肃巡抚处，著将河东盐课银四五十万解往。

（卷 263）

又谕，噶斯口著先派满洲、绿旗兵各一千前往驻防，令富宁安就随去官员内，拣一人率领前往。

（卷 263）

康熙五十四年五月乙酉（十四日，1715.6.15）

甘肃提督师懿德疏言，臣领兵至西吉木地方，据总兵官路振声报称，策妄阿喇布坦兵已远遁，随行令路振声暂驻哈密候旨，并撤回凉州官兵，臣亦领兵暂回肃州，续将擒获之厄鲁特解送京师外，今路振声因哈密地方无牧马之处，可以驻扎，领兵去哈密一日之程，移驻塔尔那秦地方有水草处，臣思贼虽逃遁，而哈密势属孤单，应令路振声等暂驻塔尔那秦地方，候旨遵行。近奉旨，著吏部尚书富宁安、西安将军督抚等，率领满洲、绿旗官兵前往救援，臣于五月初一日自肃州往甘州，以备会议军务。报闻。

（卷 263）

康熙五十四年五月壬子（十七日，1715.6.18）

议政大臣等奏，遵旨讯被擒厄鲁特满济，据称我本图尔古特人，我阿玉奇汗之子三济扎布，当年与父有隙，率一万人投策妄阿喇布坦，策妄阿喇布坦擒三济扎布，送还图尔古特，尽留我等万人，分给伊属下寨桑等。其来侵哈密之故，曾闻年老准噶尔人言，去年喀尔喀擒我处阿尔泰打牲一人，杀一人，又我处贸易之人，为哈密人阻截，以此欲蹂躏哈密，使之残困。其人众，每一部落有千五百户，约共三万人，其征赋俱无定规，凡有所需，一切向属下敛取，人皆疲敝，自和朔特、图尔古特、辉特、杜尔伯特台吉属人外，策妄阿喇布坦十四部落之人无不怨之。去年雪深三尺余，其所居伊里等地方，牲畜尽毙，其子往攻安箭地方之布鲁特，被杀者五百人，回时又多染疾而死。再我图尔古特一万余人，俱愁苦度日，各有恋土之心，常思乘变奔回本地，或来归天朝。其来侵哈密，众人皆言策妄阿喇布坦不知自量，轻犯天朝，若大兵来讨，何以待之，妖孽已现，犹不耕食安生，甚无谓也。奏入，得旨，策妄阿喇布坦处，著遣使分两路赍谕旨前往，将喀尔喀所获之厄鲁特，著随哈密路使臣去，哈密所获之厄鲁特，著随喀尔喀路使臣去。

（卷 263）

康熙五十四年五月癸丑（十八日，1715.6.19）

上以谕策妄阿喇布坦敕书示议政大臣等曰，朕经历军事甚多，今观满济所言，策妄阿喇布坦情势，与朕所预料者相合，乘彼人马疲弱之时，应两路兴兵，扼要驻扎，遣使往谕。

（卷 263）

康熙五十四年五月乙卯（二十日，1715.6.21）

遣原任员外郎保住，由喀尔喀路，蓝翎克什图由哈密路，各赍谕旨往策妄阿喇布坦处。谕曰，去年尔众擅掠我喀尔喀之人，故喀尔喀巡哨之兵追逐，杀尔打牲一人，擒一人而归，我哈密之往吐鲁番贸易者，因尔亦不令回，故从吐鲁番处行文与尔，不知曾到与否，今尔无故领兵二千，侵我哈密，为我兵二百人所败而遁，今我兵已四路云集，断难中止。从前尔虽狂妄启奏，朕为天下主，无不宽容，况尔曾奏云，令我等喀尔喀、厄鲁特、青海之众皆复旧业，以安人众，尔今可令和朔特、图尔古特、辉特之人俱回原处，与伊兄弟完聚，其在我处之辉特，朕亦令回原处完聚，于阿拉克山居住。拉藏汗之子，尔可速送还拉藏，尔只领准噶尔之众，僻在额尔齐斯居住则已。再前给尔准噶尔之众，本我所应有之人，彼等亦不愿属尔处，尔之人心离异，各为身计，不但众人皆知，即尔亦自知之，尔果欲起兵，此等人朕皆当收养，谁不欲享太平，乃肯为尔冒死耶。况我用兵，并无掩袭，尔常自以为强，可亲身前来会盟定议，不然，恐尔又诡称使臣不能尽达尔言也，前尔屡奏，所遣使人中途为人阻隔，朕因遣使约尔来会。尔又恳奏，户口无几，原不足数，且僻在一隅，若相近边境，有可效力之处，情愿报效，今何无端食言，侵我哈密，若不来会盟，断无了期。兵兴之际，受伤生齿必多，尔若畏惧不来，则尔向称欲安人众之言，皆为虚伪，朕必亲征，或令王大臣等领兵直抵尔巢穴，必不容尔信口支吾也，尔其定意，即于所遣使臣回时具奏。

（卷 263）

赐擒送厄鲁特之哈密佐领色珀尔等蟒袍银缎衣服等物。

（卷 263）

康熙五十四年五月戊午（二十三日，1715.6.24）

谕议政大臣等，策妄阿喇布坦无故侵我哈密，今大兵进讨，应行文晓谕鄂罗斯边界地方楚库拜姓城之头目，令其加意防守边界，如有策妄阿喇布坦之人投向尔处，即宜收留，授内阁侍读品级图礼琛，从前往图尔古特时路经鄂罗斯，熟识彼处头目，可著前往。

（卷 263）

议政大臣等遵旨议奏，前调西安满洲、绿旗兵五千，已各遣一千驻噶斯口扼要外，余兵止有三千，及甘肃提标兵现回甘肃，由哈密进发之兵稍觉单弱，应拨甘肃提标兵三千，凉州、固原、宁夏兵各二千，遣官率领前进，著席柱、富宁安统领，其支给兵丁粮米，应将肃州等处米二万石运至哈密，其运米骡马，令动正项钱粮，在西安、甘肃等处采买，如不足数，则在青海等处采买。如遇冬天，驱至甘肃等处喂养。进兵时令其使用，兵丁行粮，将米及牛羊兼给，令甘肃巡抚绰奇随大兵料理。得旨，固原、宁夏兵，著董大成、吴坤率领前进，甘凉兵，著师懿德率领前进，余依议。

（卷 263）

康熙五十四年五月己未（二十四日，1715.6.25）

议政大臣等议奏，据哈密佐领色珀尔称，策妄阿喇布坦兵骤至城北，我数村庄田不得耕种，今官兵在西喇胡卢苏太地方驻扎，若移在北边托河齐哲克得里等处，我等人俱得安心耕种，应令总兵官路振声，将兵移驻托河齐哲克得里等处形势地方，在巴尔度尔等要路口，安设汛界哨探。从之。

（卷 263）

康熙五十四年六月甲戌（十日，1715.7.10）

西安将军席柱、吏部尚书富宁安遵旨议奏，吐鲁番与哈密接壤，且系策妄阿喇布坦咽喉要地，不可不先取，沿途安站运米之事，应于布隆吉尔、巴尔库尔两处各设兵五百名，大兵喂养马匹五十日，于七月二十日起程，八月十五日前后至巴尔库尔地方，休养马匹数日，从哈密之北大山后乌兰乌苏路进兵，九月初五六日间到皮千吐鲁番地方越山，近临吐鲁番城池，相机剿抚，平定吐鲁番后，招安素尔通等处回子，一面通知哈萨克、布鲁特，不但吐鲁番易取，即策妄阿喇布坦亲来亦可剿灭，吐鲁番既平，再相机进剿策妄阿喇布坦。奏入，上谕议政大臣等曰，览富宁安、席柱所奏今年进兵取吐鲁番等语，若在甘肃等处将马匹喂养肥壮，于九月间方取吐鲁番，则时值冬令，且伊地方太近，不如仍照原议，明年前进为当。祁里德处信息亦应等候，再策妄阿喇布坦曾有秋天兵至哈密之语，总兵官路振声之兵止有一千，力量单弱，西安之兵既在甘肃等处喂养马匹，著将甘肃提标营兵二千添发路振声处。

（卷 263）

康熙五十四年六月丙子（十二日，1715.7.12）

议政大臣等议覆，吏部尚书富宁安疏言，臣遵旨派满洲、绿旗兵各一千，令銮仪卫銮仪使董大成总统前往噶斯口，查前经奉旨，令董大成、吴坤带领固原、宁夏官兵，应将董大成撤回，令将军席柱派西安副都统噶尔璧前往。得旨，董大成既已派往，不必撤回。

（卷 264）

康熙五十四年六月戊寅（十四日，1715.7.14）

议政大臣等议覆，甘肃提督师懿德疏言，吏部尚书富宁安、西安将军席柱等，奉命前至甘州，与臣等公议，除派往噶斯路防守之满洲兵、督标绿旗兵各一千外，其进剿时，派满洲兵二千，督标绿旗兵一千，臣标兵二千，火器营兵五百，凉州镇标马兵一千，宁夏镇标马兵一千，肃州镇标马兵一千，火器营兵五百，其各镇标派出之兵，所需乘骑及运米马匹，俱向各镇取给，臣标马步兵二千五百，共需马五千二百五十匹，除将现存马匹给与外，尚不足二千匹，请将宁夏、凉州等镇标下马协助，但臣所属各营，俱沿边要路，营马不便空悬，请于料理军务之大臣处支取钱粮，购买补足。应如所请。得旨，依议，现今需用紧急，收取各营马匹，时价必致腾贵，其补给价值，务使兵丁得沾实惠，令其速补。

（卷 264）

议政大臣等议覆，西安将军席柱疏言，运米马匹，请在甘肃等处喂养五十日，于七月二十间出口，八月十五前后至巴尔库尔。恐口外至八月间草将干黄，且马匹喂养五十日，亦未甚肥，今塞草方茂，应令将军席柱等，停其在甘肃喂养，除将师懿德提标下二千兵，添往驻防哈密总兵官路振声军前外，其余兵丁俱令挨次出口，由布隆吉尔、塔尔那秦至巴尔库尔等地方，择好水草处，酌量分驻，其运送哈密之米，令巡抚绰奇兼用车辆运载，自嘉峪关尾大兵后，直至巴尔库尔，兵部、理藩院各遣章京一员，于甘肃等州县，调取人马，安设台站，派出部院衙门笔帖式坐台。从之。

（卷 264）

康熙五十四年七月甲午（一日，1715.7.30）

谕议政大臣等，近和托辉特公博贝，奏请招抚吴梁海，及策妄阿喇布坦所属厄鲁特杜尔伯特丹津一千户人，若伊等抗拒不服，即行攻取等语。似此动作，以彰声势，甚是，其间设有不睦，致相仇敌，闻博贝之兵前往，以为大军将至，纷纷扰乱，便可得彼真信，虽策妄阿喇布坦兵来救援，地方亦远，更有阿尔泰岭之雪拦阻，不能前进矣。又据博贝奏，臣有兵一千五百，度已足用，若圣意以为尚应添兵，则有根敦扎萨克罗卜藏所属翁科特兵，扎萨克济纳米达兵，扎萨克台吉阿里雅兵，俱善于攻战，可以破敌，将此三扎萨克兵添给，足矣。著照博贝所请，将三扎萨克兵添给博贝，带领前去，遣人往吴梁海处，以好言招抚，若不归顺，逃入树林深密处，亦无关紧要，相机行事可也。至杜尔伯特丹津处，应再探其情实，或抚或剿，博贝领兵前往时，若有策妄阿喇布坦兵向我喀尔喀直冲前来，即著尾其后以牵制之。杜尔伯特丹津与厄鲁特散秩大臣车领为弟兄，可令车领遣一亲信人写给书信，尔等将现在所议之事发与博贝，或派章京，或笔帖式飞驰发往，并带车领人同去，即随博贝兵一齐进发。

（卷 264）

康熙五十四年七月戊午（二十五日，1715.8.23）

议政大臣等议覆，肃州总兵官路振声疏言，奉部文令臣移驻哈密城后托河齐哲克得里等处，查此地即哈密第三堡西北之沙枣泉，其地湿热，马难肥壮，沙枣泉西北九十里，有山名为无克克岭，其山下即巴尔库尔地方，山上远了甚明，臣领兵移营，于此要路驻扎，其余山峡小径，俱拨兵防护，俟额驸阿宝、辉特公罗卜藏等兵到日，于巴尔库尔地方再议驻扎之处。应如所请。从之。

（卷 264）

康熙五十四年八月乙丑（二日，1715.8.30）

议政大臣等议覆，四川陕西总督鄂海疏言，甘肃存仓米麦，及现在采买米石，尽足配给兵丁，又庄浪、西宁、巩昌三处有旧贮粟米四万余石，将此米运送三万石至甘州，与甘肃存仓之麦，陆续运至军前，相兼支给，军需有余。若从邻省运送，路远费多，请行停止。应如所请。从之。

（卷 265）

又议奏，前令西安甘肃巡抚俱随军料理粮饷，今年既不进兵，应令一人前往军前办事，一人驻扎肃州，料理一切粮饷事务，俟明年进兵时，一同随军料理。从之。

（卷 265）

康熙五十四年八月壬辰（二十九日，1715.9.26）

銮仪卫銮仪使董大成疏报，臣于六月二十二日领兵从肃州出嘉峪关，自嘉峪关至噶斯口三千余里，行至常马尔河，因山水暴发，所有运米牲口，及兵丁所乘马匹，多致伤损倒毙，今于八月十二日抵噶斯口。得旨，自边上至噶斯口一千七百里，曾经阿南达奏过，今董大成何以又称有三千余里，噶斯口路径甚窄，策妄阿喇布坦断不由彼行走，今正寒冷之时，著董大成将噶斯口迤内放火烧荒，领兵回赴肃州。

（卷 265）

康熙五十四年九月癸巳（一日，1715.9.29）

谕议政大臣等，今年既不进兵，令富宁安回至肃州料理一应军务钱粮，俟明年进兵时，再令前去。

（卷 265）

康熙五十四年九月庚子（八日，1715.10.4）

议政大臣等议奏，厄鲁特贝勒额驸阿宝，先经奉旨为将军费扬固、散秩大臣祁里德参赞，今阿宝等兵既令归将军席柱等军伍，应令阿宝为席柱等参赞。从之。

（卷 265）

康熙五十四年九月己酉（十七日，1715.10.13）

和托辉特公博贝疏报，招抚吴梁海，已经归顺。大学士等奏曰，四年前，吴梁海头目和罗尔迈，为我哨兵擒获，皇上宽恩不杀，又加重赏遣回，以此感恩，早欲投顺，但于妻子艰于携带，恐为厄鲁特所追，故迟延至今，顷闻策妄阿喇布坦侵犯哈密之信，已先遣子胡洛虎纳等前来输诚，适博贝兵到，吴梁海即时归顺，此皆由皇上之恩，沦肌浃髓，故不发一矢而远人向化如此。上曰，前吴三桂遣猓猓数万到平凉，助王辅臣与我军对敌，后来归顺，诸大臣皆欲杀之，朕谓何以杀为，归顺即良民矣，悉加恩宥，发回原籍，后进四川至保宁，贼又欲率伊等与我军对敌，猓猓头目陆道清云，我等虽无知识，前蒙圣主不杀之恩，岂忍对敌，即登山去，平贼之后，伊等方下山引导我军，极其效力。再攻取尼布潮、雅克萨城之时，鄂罗斯数千人，诸大臣亦欲尽杀之，朕从宽遣回，西洋国闻之，皆云攻其城而遣回其人，亘古未有。今吴梁海归顺，固自然之理也。

（卷 265）

康熙五十四年九月辛酉（二十九日，1715.10.25）

议政大臣等议覆，西安将军席柱、吏部尚书富宁安疏报，策妄阿喇布坦属下特木尔、白克木忒等首先投诚，应赏赉袍帽等物，归并八旗蒙古佐领下为兵，给与粮饷产业妻室。从之。

（卷 265）

又议覆，西安将军席柱、吏部尚书富宁安疏言，臣等于六月二十九日，自甘州率领头队官兵起程，于八月十八日至巴尔库尔，阅视地方形势，除总兵官路振声已于吴尔图等地方设立哨探外，所有吴图布拉克、库勒墨图、搜济等处，俱添设哨探。再巴尔库尔东西两边俱系大谷，地方宽长，且水草甚好，已令见到之兵，自巴尔库尔接连立营，安设斥堠，俟兵丁全到，于巴尔库尔东边一百里尽处奎苏地方遍立营盘。应将席柱等所奏无庸另议外，查前哈密白克额敏曾报称，策妄阿喇布坦欲于秋时复来哈密，见今投顺之厄鲁特人特木尔等亦言，策妄阿喇布坦传令治办器械，预备行粮，不许属下人私骑骟马，凡有人问，但云向哈萨克地方出兵，今大兵见于巴尔库尔一路、阿尔泰一路整备，正欲策妄阿喇布坦前来，然哨探之地最属紧要，应令将军席柱等严加防范，不时巡查。从之。

（卷 265）

又议覆，侍卫阿齐图等疏言，臣等至会盟处，传集青海两翼诸贝勒、台吉等，宣谕皇上仁爱之意，贝勒色卜腾扎尔等，皆言应遵旨将胡必尔汗送至西宁口内，而贝勒戴青和硕齐等仍诿云，胡必尔汗年幼，未出痧痘，且今年不宜出行等语。应行文阿齐图暂驻西宁，探其信息。从之。

（卷 265）

康熙五十四年十月戊辰（六日，1715.11.1）

銮仪卫銮仪使董大成疏言，臣至噶斯口巡查，并无来往人迹，噶斯地方三面雪山，中有一线水草，皆系芦苇，其大路在得布特里地方，西南走藏，东南走青海、西宁、大通河，半月即到永固城，西北走柴旦木、吐鲁番等处，乃策妄阿喇布坦出入咽喉要路。又据夸兰大吴通保等各报兵丁两月口粮已完，运米官又不能全运至噶斯地方，是以臣于九月十一日移驻得布特里地方。得旨，董大成已有旨著回肃州，到后著勒限驰驿来京，其官兵交尚书富宁安统辖。

（卷 265）

康熙五十四年十一月癸巳（一日，1715.11.26）

吏部尚书富宁安疏报，奉旨命臣回赴肃州，料理军务粮饷，臣于九月二十四日自巴尔库尔地方起程，于十月十四日至肃州。报闻。

（卷 266）

康熙五十四年十二月丙寅（四日，1715.12.29）

议政大臣等议覆，吏部尚书富宁安疏言，今将噶斯一路官兵撤回肃州，牧养马匹。但肃州地方窄狭，二千兵丁，不能尽容。且从他处运送草豆，又烦费钱粮。而甘州地方宽敞，民房甚多。仓内既有存贮麦豆。且于附近地方，买送草束亦便。今令西安满洲兵一千名，驻扎肃州。督标绿旗兵一千名，驻扎甘州。各令加谨约束，勿致生事扰民。应如所请。从之。

（卷 266）

康熙五十四年十二月壬午（二十日，1716.1.14）

议政大臣等议覆，侍卫阿齐图疏言，据青海贝勒色卜腾扎尔来称，贝勒察罕丹津等，因去年胡必尔汗之事，贝勒阿喇布坦鄂木布、盆苏克汪扎尔、色卜腾扎尔、台吉达颜、苏尔杂等遵旨不与同心，今欲与罗卜臧丹津等盟誓，先攻取五家，将胡必尔汗送往西地，请会同西宁总兵官王以谦，严整兵马，预为之备。查去年里塘地方新出胡必尔汗以来，皇上睿鉴洞撤，此胡必尔汗若在彼处，则青海诸台吉兄弟必致互相争竞，特降敕旨，遣侍卫阿齐图等前往调取，欲其彼此和睦，今察罕丹津欲将胡必尔汗送往西地，恐色卜腾扎尔等尾击其后，遂欲先攻伊等，亦未可定，应派出西安满洲兵一千，命大臣一员统领前往西宁，并令总兵官王以谦派标兵三千预备，若察罕丹津果肆猖狂，即领兵征剿，或色卜腾扎尔等被攻来奔，即收入边内安插。再察罕丹津所居地方，去松潘止四五日程，应令四川提督康泰、松藩总兵官程正李预备兵马，如有送胡必尔汗西往之信，即从后追剿。得旨，依议，著护军统领晏布前往。

（卷 266）

康熙五十五年　丙申　1716 年

康熙五十五年正月乙酉（十八日，1716.2.10）

谕尚书富宁安、将军席柱等，朕意撤回噶斯口驻扎之兵，倘策妄阿喇布坦闻知，发兵从噶斯路来袭我兵之后，亦未可定，仍令新满洲侍卫及厄鲁特侍卫等前往侦探。

（卷 267）

康熙五十五年正月辛酉（三十日，1716.2.22）

议政大臣等奏，将军席柱先以兵丁米粮不能接济具奏，续据尚书富宁安奏称，将现在运到之六千五百余石米麦，于冬季给散兵丁尚有余剩，但席柱以米粮不能接济为辞，既已行文富宁安，作速运送，又不俟富宁安回文，即以米粮不能接济遽尔奏闻，殊属不合，俟军务完日，应将席柱查议。现今大兵驻扎巴尔库尔，与哈密之额敏相近，应令席柱将额敏所有之米粮牲畜，给与兵丁接济，俟将运到之米偿，还牛羊折银偿。还至于粮饷，甚属紧要，应照富宁安所奏，用山西、陕西小车三千辆，每辆用车夫三名，自嘉峪关至哈密，安设十二台，每台各分车二百五十辆，令其陆续转运，此台应令巡抚绰奇前往安设。至阿尔泰一路，军中现有预备骆驼羊只，喀尔喀地方购买尚属容易，应行文都统穆赛等，将骆驼三千只，羊十万只，陆续出阿济汛界，送至巴尔库尔，交付席柱，以羊给兵丁作为口粮，骆驼于运米使用。得旨，依议速行。

（卷 267）

康熙五十五年二月乙丑（四日，1716.2.26）

谕议政大臣等，巴尔库尔、科布多、乌兰古木等处种地之事，甚属紧要，若种地得收，则诸事俱易，著会议具奏。寻议，开垦田地，现今公傅尔丹等，带领土默特人一千，前往乌兰古木等处耕种，所需牛种田器，应交都统穆赛等动支正项钱粮，购买发往，至军前赎罪人员内，有愿耕种者，亦准其耕种，俟收成后将米数奏闻议叙。再先经尚书富宁安奏称，哈密所属布鲁尔、图呼鲁克接壤之处，并巴尔库尔、杜尔博尔金地方、哈喇乌苏及西吉木、达里图、布隆吉尔附近之上浦下浦等处，俱可耕种，应各令派人耕种，给与口粮牛种，再兵丁内有愿耕种者，亦令耕种，俟收成后将米数奏闻议叙。至尚书富宁安现驻扎肃州，应将肃州附近之西吉木、达里图、布隆吉尔等处，交与富宁安酌量耕种，图呼鲁克、杜尔博尔金、哈喇乌苏等处耕种之事，派大臣一员管理。得上，依议，著副都统苏尔德前往管理。

（卷 267）

康熙五十五年二月庚午（九日，1716.3.2）

谕将军席柱、提督师懿德、总兵官路振声、额驸阿宝等，尔等出兵日久，策妄阿喇布坦处并无信息，今值春令，遣侍卫满泰阅视营伍汛界，西安满洲兵、陕西绿旗兵因系同城，所以甚和，尔等亦宜和睦为是。

（卷 267）

康熙五十五年三月辛丑（十日，1716.4.2）

谕议政大臣等，差往策妄阿喇布坦处之克什图、保住，并泽卜尊丹巴胡土克图之使人楚杨托音，及策妄阿喇布坦差至泽卜尊丹巴胡土克图处之使人潘提忠内等来京，朕询问策妄阿喇布坦情形，皆已悉知，策妄阿喇布坦乃巨猾奸诡之人，甚属无耻，以朕之使臣非系使臣，旨意非系谕旨，是部文等语，今尔诸大臣等，向克什图、保住等详询策妄阿喇布坦情形，将克什图、保住及楚杨托音、潘提忠内等一同遣往，其作何遣往之处，尔等会同副都统以上，并九卿大臣，各陈所见详议。再传谕汉大臣等，从前但以兵粮牲畜路远难到为念，今祁里德处粮米现乘有二千余石，而西路之米亦皆陆续运到，两处之米委属充裕，无容计虑。朕从前中路出兵时，曾于沿途按站留米，令煮粥以养赡营中困乏之步行跟役并贸易人等，大有裨益，今两路进兵之站，亦应照此行。将军席柱胸中毫无主见，一应军务粮饷俱将军之责，伊云我但统领兵丁，运米之事与我无涉，粮到我即行等语，可见席柱无将军之才，此处亦著确议。再总兵官路振声，一闻侵犯哈密，即领兵往救，且闻伊爱养标下兵丁，甚属出力。路振声著授为参赞。据策阿喇布坦奏，恳遣使一贤能大员等语，克什图、保住，出使策妄阿喇布坦处所已经数次，今加伊等大衔前去，即系大员矣。再凡为使臣者，果能一体同心，于事方克有济，若内有不睦，互相掣肘，彼此言语矛盾，一有差失，则无益于事，伊等有不合处，即当明言为是。再派出在京一人，偕克什图、保住前去，此处亦著会议。书谕旨时，令克什图、保住等面看缮写，伊等俱以为宜，其再明示诸大臣。我两路兵马牲畜粮米，一应俱已齐备，两处军中，业已种地，收获可期，此番使臣，到策妄阿喇布坦处，得其确实情形，即将大兵逐渐进至伊地，告以会讲遣往，并非进剿之兵，亦无不可也。

（卷 267）

康熙五十五年三月癸卯（十二日，1716.4.4）

吏部尚书富宁安疏言，贝子阿喇布珠尔及诺颜绰尔济等居住之色尔腾等处，达颜台吉属下之台吉等居住之柴旦木等处，俱通噶斯口之察罕齐老图地方，请令新满洲二等侍卫俄木巴里、厄鲁特一等侍卫达克巴臧布等，驻扎色尔腾、柴旦木等处形胜之地侦探。从之。

（卷 267）

康熙五十五年三月癸丑（二十二日，1716.4.14）

图尔胡特贝子阿喇布珠尔奏请军前效力。上谕议政大臣等曰，阿喇布珠尔所居之处，与噶斯口甚近，伊既奏请往军前效力，著带领伊属下兵丁五百名，于青草发时，前往噶斯口防守，设有策妄阿喇布坦往来之人，令其擒送，并行令青海台吉达颜、贝勒盆苏克汪扎尔亦派兵百名，协同防守。

（卷 267）

康熙五十五年三月丙辰（二十五日，1716.4.17）

原任西安将军席柱等疏言，臣等遵旨会议，将庸懦不堪西安满洲兵二百名，督标马兵五百名，固原将军标下马步兵一千一百名，甘肃提标马步兵七百名，肃州镇标马步兵三百名，凉州镇标马步兵一千一百名，宁夏镇标马步兵一千一百名撤回，派该管官员陆续各回本营，巴尔库尔现在驻扎兵丁，除派出种地五百名外，尚有满洲、绿旗兵丁七千五百名，尽可足用。得旨，噶斯口撤回之满洲兵丁一千名，绿旗兵一千名，现在肃州养马俱已肥壮，于青草盛时发往巴尔库尔，再派绿旗兵三千名预备之处，著行文富宁安，令其速为料理。

（卷 267）

康熙五十五年三月戊午（二十七日，1716.4.19）

九卿等议覆贵州巡抚刘荫枢题请缓图北征一疏。查刘荫枢本不知兵，且远在天末，未悉边界情形，妄为陈请，应交与该部议处。得旨，策妄阿喇布坦无知蠢动，侵扰我哈密，应发大兵，即行殄灭，但朕好生为念，不忍骤加剿除，因备兵边地，遣使宣谕，俟其悔罪自新，为中外生灵计其万全，措置之际，必筹其前后，虑及久远，防微杜渐，始合机宜，自策妄阿喇布坦侵扰哈密以来，朕从容与大小臣工公同商酌，办理军务，并未尝有逞一己之怒形诸声色，及统兵亲剿之处，刘荫枢听信讹传邸抄，妄行具奏，以为分清边界便可毕事，如策妄阿喇布坦乘间窃发，边民能保不受害乎，刘荫枢尚未衰迈，著乘驿前赴军前，尽心周阅，矢公详议具奏。

（卷 267）

康熙五十五年闰三月壬戌（二日，1716.4.23）

兵部题，前阿南达奏称，自边界至噶斯口，一千七百里。今銮仪使董大成，奏称自嘉峪关至噶斯口，三千余里。董大成误信协领吴通宝导引，不由阿南达所行之路，绕道纡行，以致兵丁劳苦，马匹损伤。应将董大成革退銮仪使。从之。

（卷 268）

康熙五十五年闰三月己卯（十九日，1716.5.10）

议政大臣等议覆，侍卫阿齐图疏言，青海台吉等初言将胡必尔汗送往红山寺，继又请将胡必尔汗送往宗喀巴寺，始终推诿，不令起程，自奉旨令护军统领晏布统兵驻扎西宁，四川提督康泰、松潘总兵官程正李等整兵豫备，复屡次晓谕青海台吉等，伊等果尔恐惧，于三月十五日，将胡必尔汗送至宗喀巴寺居住，但青海二翼台吉今虽和睦，恐不能久，请将罗卜臧丹津、察罕丹津、达颜管理右翼事务额尔得尼厄尔克托克托奈、阿喇布坦鄂木布管理左翼事务，再派大臣，同郎中长受，主事巴特麻至青海盟，令其永远和睦。应如所请。得旨，依议，著公策旺诺尔布、侍卫布达理前往。

（卷 268）

康熙五十五年闰三月庚辰（二十日，1716.5.11）

谕议政大臣等，前令西宁驻扎之晏布往噶斯口防守，今派晏布令代将军席柱，可将西宁驻扎之西安满洲兵选五百名，令侍卫阿齐图、护军参领钦第由，统往噶斯口形胜之地防守，见在胡必尔汗之事俱已就绪，其四川、松潘等处豫备兵丁著撤回。

（卷 268）

议政大臣等议覆，尚书富宁安疏言，巴尔库尔兵丁庸懦不堪者已撤回五千名，遵旨将噶斯口撤回之满洲、绿旗兵二千名，于四月内发往巴尔库尔外，其豫备绿旗兵三千名，请将西宁镇标下马兵一千名、火器营步兵五百名，凉州镇标下马兵七百名、火器营步兵三百名，甘肃提标马兵三百名、火器营步兵二百名派出，并派副将等官豫备调遣，其应给骑驮之马，将甘肃等处营马派给。应如所请。得旨，西宁地方关系甚要，见将西宁之兵派出五百名，同阿齐图前往，则西宁兵丁不必再派，著仍于固原宁夏兵丁内，选择派出，余如议。

（卷 268）

康熙五十五年四月戊戌（九日，1716.5.29）

谕议政大臣等，两路兵驻扎已久，军中哨探之事甚属紧要，倘有疎忽，致策妄阿喇布坦之人在边境私自往来，则大有关系，其严加防范之处，著速议具奏。寻议，各防守处，派能干弁员不时巡查，若策妄阿喇布坦之人有归顺前来者，作速解送来京，其私行往来者，即行拘执。从之。

（卷 268）

康熙五十五年六月己酉（二十三日，1716.8.10）

达赖喇嘛、班禅胡土克图、拉藏汗遣使进贡。赏赉如例。

（卷 269）

康熙五十五年六月壬子（二十四日，1716.8.11）

议政大臣等议覆，尚书富宁安疏言，布隆吉尔等处所种田禾，俱可丰收，应造仓廒，并收贮农器房屋，请派官豫为修理。应如所请。从之。

（卷 269）

康熙五十五年七月辛未（十四日，1716.8.30）

侍卫阿齐图疏言，臣于六月初六日到察罕乌苏地方，据台吉达赖等言，察罕乌苏地方水草既好，地亦宽阔，宜于驻兵，若策妄阿喇布坦使人到青海，必由此路，若往西藏，必由察罕托灰之路，此两路设兵防守，则噶斯口以内更无可行之路。再自噶斯口过打布孙瀚海，有地名噶顺，可进色尔腾地方，此处亦当设兵防守，臣遣人往视噶斯口，果无可以驻兵之处，今将兵分为四营，驻扎察罕乌苏，令护军参领钦第由等领兵驻扎噶顺，设汛防守。报闻。

（卷 269）

康熙五十五年七月壬午（二十五日，1716.9.10）

厄鲁特多罗郡王车零旺布来朝。

（卷 269）

康熙五十五年七月丁亥（三十日，1716.9.15）

吏部尚书富宁安疏言，臣遵旨于达里图等处耕种，田苗茂盛，丰收可期，但军需莫要于粮米，臣复细访，自嘉峪关至达里图，可垦之地尚多，肃州之北口外金塔寺地方亦可耕种，请于八月间，臣亲往遍行踏勘，会同巡抚绰奇招民耕种外，再令甘肃、陕西文武大臣及地方官捐输耕种，无论官民，有愿以己力耕种者，亦令前往耕种，俟收获之后，人民渐集，请设立卫所，于边疆大有裨益。得旨，著议政大臣、九卿、詹事、科道会议具奏。寻议，相应令富宁安会同督抚等同往踏勘，详议具奏。上谕议政大臣等曰，踏勘垦种地方，及设立卫所之事，令富宁安会同督抚踏勘之议不合，富宁安系驻扎肃州管理军务之人，不宜派往，著巡抚绰奇，将可以垦种地方前往勘明，会同富宁安确议具奏。

（卷 269）

康熙五十五年十月癸巳（七日，1716.11.20）

谕户部，朕统一寰宇，无分中外，皆欲久安长治共乐升平，宵旰孜孜五十余年未尝顷刻去怀也。策妄阿喇布坦前曾频行请安，遣使来往，近忽狂悖，侵扰哈密，哈密已经编置佐领，即与内地无异，若不遣发师旅，置之不问，断乎不可，故特征兵备边，一切飞刍挽粟，悉支正项，毫无累及闾阎，然而行军置驿，及诸凡挽运，皆由边境。今岁山陕二省，虽年岁丰收，喜登大有，但边民效力转输，在所宜恤，兹特大沛恩膏，将山西属前卫，右卫、大同、怀仁、马邑、朔州、保德等州县卫，陕西属府谷、神木、安塞、绥德、米脂、安定、吴堡、保安、榆林、保宁、常乐、双山、鱼河、归德、向水、波罗、怀远、威武、清平、山丹、高台、古浪、庄浪、西宁、肃镇、宁夏、左屯、中屯、平罗、中卫、灵宁、平凉、固原、镇戎、西安、庆阳、阜城、甜水、河州、兰州、洮州等州县卫所堡，康熙五十六年额征银八万六千一百两零，粮米、豆、谷三十一万七千七百二十五石零，草二百七十六万五千九百束零，通行蠲免，并将从前积年逋欠，亦悉与蠲除。谕旨到日，该督抚即遍行张示，使遐陬僻壤，莫不周知，仍严饬所司实心奉行，以副朕加厚边民至意，其或阳奉阴违，泽不下究该督抚题参，从重治罪，尔部即遵谕行。

（卷 270）

康熙五十五年十月丁酉（十一日，1716.11.24）

议政大臣等议覆，吏部尚书富宁安疏言，巡抚绰奇前往勘阅肃州迤北地方，可以开垦之处甚多，酌量河水灌溉，金塔寺地方可种二百石籽种，自嘉峪关至西吉木地方可种一百三十石籽种，达里图地方可种一千一百余石籽种，方成子等处地方可种五百余石籽种。臣查今岁西吉木、达里图、布隆吉尔三处耕种共收粮一万四千余石，布隆吉尔系沙土之地，明年应停其耕种，至西吉木、达里图及金塔寺等处地方，请动正项钱粮，派官招民耕种。应如所请。从之。

（卷 270）

康熙五十五年十月丙午（二十日，1716.12.3）

侍卫阿齐图疏报，策妄阿喇布坦贼徒来马厂偷盗马匹，官兵击败，贼徒遁去，臣随遣官兵，会同驻扎噶顺汛界之护军参领钦第由追缉踪迹，始知贼由山后过沙喇，于欲来盗马之时，先执青海台吉罗卜臧丹济布而去。报闻。

（卷 270）

康熙五十五年十月丁未（二十一日，1716.12.4）

谕议政大臣等，策妄阿喇布坦赋性狡诈，知我兵在巴尔库尔、阿尔泰等处防守严密，若探听噶斯口兵势单弱，由噶斯口来犯，侵扰青海，亦未可定，不可不预为防备，朕意派西安满洲兵及督标兵二千名，著护理西安将军印务总督额伦特带往西宁预备，知策妄阿喇布坦由噶斯口来犯，著西宁预备之兵与青海左翼台吉等会合，提督康泰带领四川之兵与右翼台吉等会合，两路协守，策妄阿喇布坦断不敢来犯，倘由嘉峪关外及布隆吉尔等处，以彼微弱之卒，惊我大兵之后，亦未可定，著行文富宁安，令选兵一千名预为防备，朕意以为策妄阿喇布坦知祁里德之兵，今值冬秀雨雪之时决不前进，或由公博贝之后，以微弱之卒潜来惊扰，亦未可定，著行文晓谕，尔等速议具奏。寻议，钦遵上谕各行预备外，应行令西宁总兵官王以谦，拨派西宁绿旗兵二千名预备，王以谦非谙练军务之人，应令固原提督潘育龙，将伊标下副将参将等官员内，有彼素知熟练军旅者派出数员，遣往西宁，听尚书富宁安、侍卫阿齐图调遣，至主事巴特麻，熟练青海之事，令与提督康泰一同协理事务，再西宁驻扎之郎中长受，亦熟练青海之事，令与总督额伦特会同商议，不时侦探，倘有调遣之处，将贝勒盆苏克汪扎尔等兵，酌量调遣护军参领钦第由已经进追贼徒，若请接续之兵，令阿齐图等，即调遣西宁预备之兵前进。从之。

（卷 270）

康熙五十五年十一月辛酉（五日，1716.12.18）

谕议政大臣等，朕综理军务年久，经历甚多，且曾亲统大兵，安定边塞，众议欲于明岁进兵，又虑路远，粮米难运，其见不可谓非，但大兵进剿策妄阿喇布坦，势不能当，必致逃避，明年著暂停进兵，加意耕种，将粮饷马匹预备整齐，后年再行进兵，其盛京、宁古塔兵丁照旧发往，京城之兵著暂停止。策妄阿喇布坦词虽卑逊，竟遣人盗我噶斯口兵丁之马，我兵岂可坐守，著将孔格扎布罕兵内拣选精骑，由阿尔泰作三四路袭击，巴尔库尔兵内拣选精骑，作两路袭击，此袭击之兵，遇可击之处即行袭击，可取则取，应退则退，相机而行，袭击后仍回驻兵处，策妄阿喇布坦地方必然震动，其余党或有变端，以致逃亡，亦未可定，我兵如此一举，其道路地势，皆可悉知，将此询满汉大臣，若仍欲明岁进剿，尔等将原议具奏。寻议，明年应暂停进剿，令孔格札布罕之兵移近汛界驻扎，加意耕种，然我兵与其坐守，不如两路派兵袭击，至所派兵丁数目，由何路袭击，及派领兵官员，应令军中大臣酌议奏闻。从之。

（卷 270）

康熙五十五年十二月丙午（二十日，1717.2.1）

谕侍卫郎泰等曰，尔等往谕尚书富宁安明岁暂停进兵之故，朕亲加筹度，复命议政大臣等详议，已降旨于两路出征大臣矣，遣兵袭击之处，尔等与富宁安、彼处大臣，及公傅尔丹，并厄鲁特、喀尔喀王、贝勒、贝子、公等，会同详议具奏。至厄鲁特等甚属狡诈，指称投诚，或潜来侵犯，亦未可定，此处，应加意防范，如果实心率众来投，将彼为首之人解送来京，其余令在克鲁伦河地方游牧，交与左翼喀尔喀扎萨克等酌量安插。所遣袭击兵丁，将擒获贼犯释放一二人，告彼云，汝辈盗窃中国马匹，所以边上驻扎之兵并未候旨，即行追剿前进，今朝廷深悯汝辈，降旨不许肆行杀戮，因此各回汛界。再传谕公博贝，此处正伊效力之所，著益加勤慎，厄鲁特、喀尔喀公内，亦有身材壮健者，著将和托辉特等处兵派出，一同前往袭击，如此，则策妄阿喇布坦情形自然显露矣。然军机事务，临期酌量，难以预揣，惟在领兵大臣善为筹度耳，尔等会同定议后，速行奏闻。

（卷 270）

先是，散秩大臣祁里德疏言，巴尔库尔之兵若前进，必易得吐鲁番，乘势即可攻取朱尔土斯地方，相应选兵一万六千，分为两路，一由布拉罕河，一由额伦哈必尔汉前进，兵丁食用，驻扎与行走无异，必于明年进兵，始为有益。至是，上谕议政大臣等，祁里德奏请明年必宜进兵，意见亦是，在祁里德，必有确见之处，或一应粮饷马匹俱已齐备，有易于成功之机会，亦未可定，著阿喇衲与郎泰、保住同往祁里德处，会同众喀尔喀王、贝勒、贝子、公等，并军中大臣，一同详议，议定后，阿喇衲等再往巴尔库尔军前，会同彼处大臣详议，倘明年进兵之处稍有迟疑，即照朕从前谕旨，将袭击之处，详议具奏。

（卷 270）

康熙五十五年十二月乙卯（二十九日，1717.2.10）

谕理藩院，青海已故亲王扎什巴图尔，自效顺以来，一心向化，伊子罗卜藏丹津人材亦优，著封为亲王，其台吉达颜系达赖巴图尔之孙，为人诚实，感朕深恩，实心办事，甚属勤劳，著封为贝勒，台吉巴尔珠尔阿喇布坦、喇扎卜阿喇布坦，俱著封为贝子，台吉丹津，著封为辅国公，察罕丹津之婿台吉阿喇布坦格勒克，著封为一等台吉。

（卷 270）

赐朝正外藩科尔沁、翁牛特、奈曼、喀尔喀、土默特、扎鲁特、巴林、郭尔罗斯、乌朱穆秦、蒿齐忒、喀喇沁、青海、阿禄科尔沁、毛明安，王、贝勒、贝子、公、台吉等，及内大臣、大学士、侍卫等宴。

（卷 270）

康熙五十六年　丁酉　1717 年

康熙五十六年正月己巳（十四日，1717.2.24）

以上元节，赐外藩科尔沁、翁牛特、奈曼、喀尔喀、土默特、扎鲁特、巴林、郭尔罗斯、乌朱穆秦、蒿齐忒、喀喇沁、青海、阿禄科尔沁、毛明安、克西克腾，王、贝勒、贝子、公、台吉等，及内大臣、大学士侍卫等宴。

（卷 271）

康熙五十六年正月壬申（十七日，1717.2.27）

谕议政大臣等，据青海多罗贝勒达颜奏称，噶斯路兵势单弱，应添兵驻扎，所奏甚是，添兵之处，尔等议奏。寻议，噶斯路驻扎兵止一千名，似觉稍弱，应将西安兵二千名，及西宁镇标兵一千名，添派噶斯路驻扎，此四千兵，应分为两班更换行走，换班时令兵丁各带口粮，以省挽运之费，其一切驻扎设哨及分兵防守之处，应令领兵侍卫阿齐图详议具奏。得旨，依议，噶斯路军前，现令止阿齐图一人，著侍卫霍善前往阿齐图处，一切军务，公同商酌而行，再著石匣副将赵坤、河间副将卜应奎，前往管领换班绿旗兵丁。

（卷 271）

康熙五十六年二月甲午（九日，1717.3.21）

赐来朝随围青海亲王罗卜藏丹津，多罗贝勒厄尔德尼额尔克托克托鼐、达颜、固山贝子阿喇布坦、公丹津、扎萨克台吉阿拉卜滩、洛勒克等袍帽有差。

（卷 271）

康熙五十六年三月甲子（九日，1717.4.20）

吏部尚书富宁安疏报，巴尔库尔一路兵拣选八千五百名，分为两路，前往袭击策妄阿喇布坦边界乌鲁木齐、吐鲁番等处。得旨，军务关系紧要，著将尚书富宁安授为将军，给与印信，其署理西安将军事务总督喀伦特，现在西宁驻扎，彼处事件无多，著额伦特前往驻兵之处，与富宁安会同商议料理，总兵官王以谦系旗人，曾历任西安副都统，彼处又有郎中长受，将驻扎西宁之西安满洲兵、绿旗兵，令王以谦、长受管辖，肃州地方甚属紧要，延绥总兵官李耀，停其前往穆赛等处，令将伊所带之兵，前赴肃州驻扎看守。今既遣兵前往袭击策妄阿喇布坦之汛界地方，其留后接应及紧要形势之地安营看守，接运粮饷等事，关系重大，富宁安、额伦特二人内，著一人带领袭击之兵前去，留一人料理事务。若吐鲁番地方可取则取，将伊处米石充作口粮食用，遂以彼力协同看守，倘力稍单弱，有由厄伦哈毕尔汉一路所进五千之兵，即将此兵酌量调往，并力看守。过冬之时，运送米粮，牧放马匹，及防敌人之潜劫袭后等处，务须详加筹画。看守吐鲁番之兵，不可撤回，别路袭击之兵，作何张大军势，著两路大臣公同确议，在于要紧适中之处暂行驻扎，若易取而难守，则仍照前议，令其袭击而回，乌鲁木齐、布娄儿、布喇罕、厄伦哈毕尔汉四路之兵，亦令袭击而回。此等军务，万里之外，不便请旨遵行，此处亦难遥度指示，令军中大臣等酌量详议，作速遣人知会阿尔泰路之大臣等，互相约定日期，相机而行。著议政大臣、都统满汉大臣等，各抒己见，详议具奏。

（卷 271）

康熙五十六年三月丁丑（二十二日，1717.5.3）

谕议政大臣等，若大兵前进，宜攻取吐鲁番，或招抚之，即与哈密相类，尽入国家版图，既入版图，不得不善为保护，若袭击之兵势觉单弱，或策妄阿喇布坦拥众而来，救援吐鲁番，或吐鲁番等更变，彼时不能看守，则得而复失，关系甚大，著军中大臣详加筹画，如有难处之势，仍照前议，袭击回来为是。又军务应相机而行，若此兵袭击，能使策妄阿喇布坦军中内乱，分散来归，则竟行袭击，不必请旨。将此训旨，晓谕军中大臣。

（卷 271）

康熙五十六年三月戊寅（二十三日，1717.5.4）

议政大臣等议，尚书富宁安进兵之处，如吐鲁番易于攻取看守，即令其攻取，若有难于攻取看守之处，仍照前谕袭击而回。得旨，依议。军前革职效力之人甚多，伊等俱系小人，如伪造浮言，摇动众心，应加严禁，总兵官李耀带领驻扎肃州之兵，令富宁安酌量调遣，巴尔库尔一路，授富宁安为将军，给与靖逆将军印，阿尔泰一路，授公傅尔丹为将军，给与振武将军印，祁里德授为协理将军，令都统穆赛率阿尔泰兵三千出汛界，于三路要紧适中地方，以备应援，其袭击之兵，两路应互相约会，路远者先行，路近者接续起程，俱于七月前进兵，乘秋季而回，马匹方可过冬，著郎泰、满泰、克什图、保住等，将朕旨传示两路将军。

（卷 271）

康熙五十六年四月戊子（四日，1717.5.14）

议政大臣等议覆，一等侍卫霍善疏言，噶斯路驻扎官兵，从前议分两班更换行走，春季换班之兵，带八阅月口粮，冬季换班之兵，带四阅月口粮，臣查西宁至插罕乌苏，计程四十日，往返行走，得八十日，其春季换班之兵，虽带八阅月口粮，扣去沿途往返日期，止余一百六十日口粮，冬季换班之兵，虽带四阅月口粮，扣去沿途往返日期，止余四十日口粮，噶斯地方甚紧要，看守兵丁不可一日空缺，又兵丁往返行走，十月以后，沿途不得水草，马匹难养，臣请将换班之兵，每年一次一调，自西宁赴汛兵丁，令五月起程，六月至插罕乌苏，其插罕乌苏回汛兵丁，于换班兵到后即行起程，令七月内回至西宁，每年如此更换，止添给八十日口粮，而防守之兵，更无一日空缺，又兵丁往返在夏秋之时，沿途水草可以供用，于养马有益。应如所请。从之。

（卷 272）

康熙五十六年六月己亥（十六日，1717.7.24）

议政大臣等议覆，靖逆将军富宁安，疏请袭击之兵停其进吐鲁番，臣等将从前所派之兵，八千五百名分为三队，前往乌鲁木齐袭击，头队兵令散秩大臣阿喇衲等带领，二队兵臣自行带领，三队兵令都统晏布等带领，各携六十日口粮，以次前进。查伊儿布尔地方，为策妄阿喇布坦设立汛界，即令头队之散秩大臣阿喇衲等，于兵丁内挑选五百人，夜行昼伏，前往擒其守汛之人，又调延绥总兵官李耀，尾大军之后，于色毕忒、乌兰乌苏等紧要地方设立营寨，驻扎防守，恐李耀标下兵少，再于巴尔库尔兵内派五百名，协力预备。其进兵缘由，曾令侍卫折尔德等往报阿尔泰一路将军，约会前进，据阿尔泰将军公傅尔丹等咨称，伊等奏将原派兵丁由布娄儿、布喇罕、额伦哈必尔汉三路进发，但巴尔库尔三队兵马今往袭击乌鲁木齐、则伊等，所派额伦哈必尔汉之兵应停其发往，将此兵添派布娄儿、布喇罕两路兵内，与巴尔库尔进兵之期一同进发，亦带六十日口粮，令至厄尔齐斯河、乌图等处，相机袭击。应如该将军所奏。得旨，从前议进兵时，带四十日口粮，不令深入，今又议带六十日口粮，深入袭击，时渐寒冷，兵回时，恐马匹疲瘦，应令于何处过冬，并进兵道路多有与吐鲁番相通之处，应作何防备之处，著再行详议具奏。寻议，巴尔库尔、阿尔泰两路进兵，应照原议，止带四十日口粮，前至乌鲁木齐、及厄尔齐斯河、乌图等处，应击则击，应取则取，有不便袭击之处，仍将兵整队而回，其总兵官李耀之兵尚恐单弱，应再添派五百名，尾后策应，凡进兵道路与吐鲁番有相通之处，遵旨行文领兵将军加意防守，其回兵之时，马匹过冬，作何喂养，亦令将军等详加商酌而行。从之。

（卷 272）

康熙五十六年七月辛未（十九日，1717.8.25）

靖逆将军富宁安疏报，臣等将兵分为三队，于六月二十六日由巴尔库尔进发，今散秩大臣阿喇衲等领兵一千三百有余为头队，往击厄鲁特边境，擒其生口，臣统大兵尾其后，于七月初四日将至阿克他斯地方。据阿喇衲报称，我等领兵前进，夜行昼伏，初三日至乌兰乌苏地方，拏获策妄阿喇布坦哨兵二人，一名阿筹拉克，一名推扎布，此二人理应解京，但伊等所识路径甚多，臣等现率兵前往袭击，暂用为向道，俟前途更有拏获之人，将此二人赍圣训遣回本处宣谕，或用后获者赍圣训遣回本处宣谕，此二人解京之处，俟臣等至乌鲁木齐擒贼后，酌量而行。得旨，朕年日增，血气渐衰，故此事迟疑至今，如当朕少壮时，早已成功矣。然朕以老年之人，筹画调遣，无不符合者，此即军机之吉兆也，初兆既吉，终无不吉矣。此疏著示诸皇子及众大臣。

（卷 273）

康熙五十六年七月壬申（二十日，1717.8.26）

上召理藩院尚书赫寿、侍郎特古忒、协理理藩院事一等侍卫色楞等人。谕曰，鄂罗斯尼布潮城头目争逃人之事，部议非矣。此并非为逃人，特借此来通交易耳，将军托留，即宜驳回，今尔等当代托留作文云，尔边城头目因欲交易，故以争逃人为名，借以行私，原系小事，乃尔所呈之文，辄写两国讲和以来等大言。由此观之，尔惟知图利，以交易为重也。前尔察罕汗之臣噶噶林呈文云，我察罕汗交易之外，凡一应物件，无我印记者，概不交易等语。又前两国议定疆界后，因定议喀尔喀事，曾行文于察罕汗。今十余年，未尝回文，和议在先，喀尔喀之事在后，尔何得妄言及此。且喀尔喀之人，既入尔鄂罗斯后，泽卜尊丹巴胡土克图、土谢图汗将金、银、缎匹等物赎回，尔乃称将所卖之人已死，欺诳尔察罕汗。若察罕汗索人，尔能以骸骨示之乎。尔边方头目，任意行私之处，我皆深知，我大国待尔交易来使数百人，俱令乘驿送至京城，留住数月，给以廪食、饲喂马匹，诸事应付，所费钱粮甚多。圣主此恩，尔自宜感戴，倘我国如是多人，到尔地方久住，所食所乘，如此烦扰，尔其何以堪。我乃圣朝镇守北藩等处将军，尔乃边塞一小头目，如有察罕汗之言、噶噶林之文始听，若尔头目之言，我皆不听。此后察罕汗之言，噶噶林之文，呈于大部，我亦将尔行私之处，行文知会于噶噶林。因此将尔带来货物，不许交易，一并驳回。尔等可会同将此文交与托留，发往鄂罗斯。又谕赫寿曰，尔可以己意作一劝谕书，送于拉藏汗云，蒙皇上之恩，将我补授理藩院尚书，昔时曾到尔处，汗甚爱敬，我念彼此相好之情，尽我之心，作书相告。顷者统领驻扎巴尔库尔地方兵丁将军富宁安等，率先锋兵问罪于策妄阿喇布坦之境，拏获策妄阿喇布坦哨兵厄鲁特阿筹拉克、推扎布二人，问之云。策妄阿喇布坦仍住伊本处，与鄂罗斯、哈萨克、布娄尔皆为仇敌，拉藏之子聚策妄阿喇布坦之女三年，已经生子，达赖喇嘛、班禅及拉藏之使，俱在策妄阿喇布坦处，闻卜穆之子策零敦多卜、托布齐、都噶尔、参都克等率六千兵，去年往阿里克处助拉藏汗征卜鲁克巴，至今未回，以此思之，策妄阿喇布坦之奸狡，甚不可信，或助尔征卜鲁克巴，或侵尔以取西边地方，俱未可定。再顷者尔呈部之文，有部中若不料理，我等除力争之外，别无他法等语。由此观之，尔或欲侵载青和硕齐、罗卜臧丹津，以引导策妄阿喇布坦之兵，亦未可定，尔诚受我主之封，食我主之禄，而侵我边疆之贝勒，我四川等处所有三万兵丁，与贝勒戴青和硕齐同在一处，又岂有坐视尔临挪磨浑武巴什、穆鲁斯乌苏等处，侵青海之理乎。至彼时，我兵助戴青和硕齐与尔交战，我虽有禁止之文，亦无及矣。将此作书可也。

（卷 273）

大学士马齐奏，观将军富宁安所奏，袭击之兵前进，直至策妄阿喇布坦边境，擒其哨兵。不出皇上睿算之中，今伊等必共相惊恐，此后捷音自应相继而至矣。上谕曰，策妄阿喇布坦之人皆乌合之众，其心不一，我大兵一到，即或降或散，朕经理军务已久，每事慎重，所以用袭击之兵，刘荫枢并不知此意，听传闻之言，即劝朕息怒休兵，用兵之事，如此妄奏可乎，伊不过用此空言作文章而已，无知之徒即由此互相传播。从来遇贼迎降，即此等空言作文之辈，流贼李自成进京之际，明文臣迎降，称颂李自成奏表云，迈汤武而无渐德，比尧舜而多武功，本朝兵至，复降本朝。逆贼吴三桂叛时，贵州巡抚曹申吉降，而提督李本深亦降，四川巡抚罗森降，而提督郑化蛟亦降，王师至，箪食壶浆迎之，贼兵至亦箪食壶浆迎之，诚可耻也。又谕曰，吴三桂叛时，朕方二十岁，朕理兵事，吴三桂闻之曰，年方幼稚，何能如此乎，吴三桂在长沙时，伊坐于城上，笑曰，看我婿败满洲之兵，著夏国相领兵与我兵交战，硕鼐率数百人奋然败之，杀至城下，夏国相背负三箭而逃，吴三桂见之，谓满洲兵仍如此之勇也，此等事，皆在伊左右之人归降后所奏闻者。又谕曰，蒙古等感戴本国之恩，忘身以奉事者甚众，当索约尔济河地方，与噶尔丹交战时，阿禄科尔沁之董牛忒台吉自战场出，谓众曰，我等受皇恩甚深，若稍退缩，有何面目以见圣颜乎，率伊属兵三百名复进，皆殁，此内祁里德族中数人，亦战殁，朕甚悯之。近日绿旗武官亦好，游击潘至善驻防哈密，策妄阿喇布坦二千兵来侵，潘至善率伊属兵二百名即行击败，临阵时，潘至善奋然一手持刀，一手执弓，笑曰，是我等报皇上之日也。哈密回子及被获厄鲁特等，无不言潘至善汉人而有勇如此，为之极口称赞。顷者，总督满保摺奏，自旅顺口逃去之贼，从浙江而来，福建游击郑勤领兵追及，跳上贼船，或斩或擒。绿旗武官感朕之恩，皆有捐生敢死之心。朕虑其奋勇太过，或致有伤，殊以为念耳。

（卷 273）

康熙五十六年七月癸酉（二十一日，1717.8.27）

靖逆将军富宁安疏言，臣等自乌鲁木齐回兵，向毕留图而来，路遇厄鲁特兵三百余人尾我兵后，臣随即整兵迎剿，贼众不支，败奔深山。此战灰特台吉扎穆毕首先奋勇，以枪刺贼，贼坠马被擒，又复前追，适贼回放鸟枪，中扎穆毕之胸而死。得旨，扎穆毕首先奋勇剿贼，以致阵亡，甚属可嘉，著追封辅国公，以其子承袭。

（卷 273）

康熙五十六年七月戊寅（二十六日，1717.9.1）

靖逆将军富宁安疏报，臣等领袭击之兵，于七月初十日至乌鲁木齐地方，拏获回子探问准噶尔消息，随于十一日整兵前进，至通俄巴锡地方，分派队伍，搜查山林，拏获回子男妇幼童共一百六十九名，并获驼马牛羊等物甚多，将乌鲁木齐、赛音他拉、毛他拉等处耕种地亩，俱行践踏，于十二日将兵撤回。得旨，著议政大臣议奏。

（卷 273）

康熙五十六年八月壬午（一日，1717.9.5）

先是，靖逆将军富宁安疏报，拏获回子阿都呼里供称，策妄阿喇布坦令伊寨桑都噶尔、参都克、策零敦多布、托布齐等带领六千兵，于去年十一月，由阿里克路往西进发，或前去征拉藏，或帮助拉藏之处，我知得不甚明白等语。疏入，得旨，策妄阿喇布坦由阿里克地方发兵一事，虽虚实未知，朕意料之，甚属可恶，策妄阿喇布坦先曾向泽卜尊丹巴胡土克图之使者云，拉藏汗系嗜酒无用之人，不足介意，羁留其子，并留达赖喇嘛、班禅之使，不令前去，今此兵或征取拉藏，收取西边地方，或帮助拉藏，侵犯青海，俱未可定，若系征取拉藏，其兵于去年十一月前往，今已成仇，我兵欲救援拉藏，恐地方遥远，策妄阿喇布坦之兵若帮助拉藏，同来侵犯青海，则不可不备兵，协助迎剿。现今巴尔库尔，有富宁安、阿喇衲等，一应军务，俱已谙练，行兵甚易，应将额伦特撤回，仍驻扎西宁，将协助兵丁，与青海之人一同豫备，著议政大臣等议奏。至是议覆，圣谕甚是周详，应令署理将军总督额伦特速往西宁，料理军务粮饷，西宁总兵官王以谦、侍读学士查礼浑等在松潘豫备，提督康泰、主事巴特麻等，时密遣人往青海地方侦探信息，若得实信，一面速行奏闻，一面彼此知会，各相机而行，驻扎噶斯之侍卫阿齐图、霍善等，加意固防，探其踪迹。从之。

（卷 273）

康熙五十六年八月乙酉（四日，1717.9.8）

振武将军公傅尔丹疏言，臣等派袭击之兵分队前进，公博贝统兵，于六月二十九日至博罗布尔哈苏地方，见有贼踪，随即追斩厄鲁特五人，生擒四人，投顺者十六人，额驸吴尔衮、都统穆赛，令喀尔喀台吉盆楚克及娄徵额等分路寻探，并无贼踪，随于七月十七日回兵。疏入，报闻。

（卷 273）

康熙五十六年八月丙申（十五日，1717.9.19）

谕议政大臣等，三路袭击军兵，俱遵朕指示，成功整旅而还，其将军、蒙古王、贝勒、贝子、公台吉等，及武职大臣、官员以下军兵以上，俱到极边之处回来，凡地方远近，道路平险，水草多少，以至敌人情形，大略悉知，著逐一缮摺奏闻。再今将军兵作何料理之处，令将军、蒙古王、贝勒、贝子、公、台吉等，及武职大臣、官员各抒已见具奏，并行文将军富宁安、傅尔丹等，三路之兵俱已回来，或敌人侵犯哨汛，偷窃抢夺，事未可定，我军应作何防范，著详议以闻。寻会议，自逆贼策妄阿喇布坦起衅以来，一应军务，皆系皇上睿虑周详，豫行指授，将军大臣等发兵三路袭击，俘获策妄阿喇布坦部落厄鲁特回子，多得马驼牛羊等物，将伊所种田禾尽行践躏，贼不能当我军锐气，惊骇逃窜，今三路袭击兵，俱各成功旋师，行令将军富宁安、傅尔丹等，将伊等所属之兵，及鄂尔多斯、右卫、西安、绿旗兵丁内，有怯弱者拣出编队，或应遣回原处，速行奏闻，从之。

（卷 273）

康熙五十六年八月丁未（二十六日，1717.9.30）

议政大臣等议覆，西宁驻扎侍读学士查礼浑等疏报，据西边拉藏汗咨文云，策妄阿喇布坦遣兵，于七月初四日掠其纳克禅边内波木宝一部人众，且言又令策零敦多卜领兵万人，前来征取拉藏等语，我兵不可不豫为防备，应令松潘、西宁兵丁，出口安营。得旨，依议，但地方辽远，俟信息到时始行调兵，恐或不及，可派荆州满洲兵二千名发往成都，派太原满洲兵五百名发往西安。

（卷 273）

康熙五十六年九月壬子（一日，1717.10.5）

差往青海诺尔布、色楞、布达理等请训旨。上谕曰，尔等俱往来青海，路途已熟，所以派往，今拉藏若能败策妄阿喇布坦之兵，信到即可调回尔等，倘拉藏被策妄阿喇布坦所败，尔等即与青海台吉等协力征讨，明白晓谕，务令合而为一，使伊等绝无猜疑，不致生变，方善。或拉藏与策妄阿喇布坦之兵会合，欲征戴青和硕齐，须谕知青海众台吉等云，策妄阿喇布坦与我大军为敌，今拉藏与之合一，是显为仇敌，圣主始终仁爱，保护顾实汗之子孙直至于今，实系圣主天高地厚之恩，此时正当奋发报效，与我并力而行，甚易易也。今四川、西宁等处，边界之兵有十万，见在又调荆州满兵二千，在成都豫备，调太原等处满兵，在西宁豫备，我兵实不可胜用。将此情亦明白谕知戴青和硕齐，策妄阿喇布坦之兵先侵拉藏，方去图谋达赖喇嘛，必以此告知，再将军额伦特才略过人，尔等凡事一体同心，若有闻见，务必公同商议而行。

（卷 274）

康熙五十六年九月癸酉（二十二日，1717.10.26）

四川陕西总督鄂海疏言，西宁镇标官兵，因前往噶斯路驻防借领六个月俸饷，若照数扣除，各兵无以自给，请将已换班回西宁官兵，每季扣除一月，仍留两月粮饷，给本兵赡养，再见今驻防噶斯路官兵，亦每季将两月粮饷解送军前，给散本兵，留一月粮饷赡养伊等家口，俟换班回西宁之日，陆续扣还。得旨，噶斯路换班回来，并见往驻防官兵，所借粮饷，著暂停扣除，俟功成事竣，作为朕所赏赐，如不成功，照该督所题扣除，其行月粮饷送至军前，并存留赡养家口之处，著照该督所题给放。该部知之。

（卷 274）

康熙五十六年十月丙申（十六日，1717.11.18）

厄鲁特多罗郡王额驸策零旺卜之母故，赐银五百两。

（卷 274）

康熙五十六年十月癸卯（二十三日，1717.11.25）

先是，四川巡抚年羹尧疏报，松潘兵噪回成都后，臣委提督中军参将杨尽信率马兵二百，步兵三百，赴松潘细察兵情，有断不为提臣康泰所用之势，万一领兵出口，难保不蹈前辙，或令臣前往松潘协同料理，或简亲信大臣，领兵驻扎。伏祈皇上批示遵行，上留中未发。至是，命副都统法喇前往四川，会同年羹尧料理军需。

（卷 274）

康熙五十六年十月甲辰（二十四日，1717.11.26）

谕议政大臣等，派往西安豫备骁骑兵丁每佐领三名，三名内火器营兵丁一名，此火器营兵丁，著护军统领胡锡图，带领前往甘州驻扎。

（卷 274）

康熙五十六年十月乙巳（二十五日，1717.11.27）

先是，上谕靖逆将军富宁安等，今年袭击回驻兵丁内，有残疾者，应查出拨还原汛，并将兵拨补发往之处，尔等速议具奏。至是，富宁安等疏言，巴尔库尔见在官兵内，残疾之人甚少，又于来年进兵，此时撤兵，稍有关系，请停止兵丁撤回原汛。从之。

（卷 274）

谕议政大臣等，见在西边用兵之处，与云南及打箭炉地方，通路相通，应预为防备，著都统和礼前往云南，护军统领温普前往打箭炉，各带护军参领及侍卫、部员二人，即行驰驿前往。

（卷 274）

青海亲王罗卜藏丹津疏报，策妄阿喇布坦属下策零敦多布等，领兵三千来西藏，欲灭拉藏汗，拉藏整兵迎敌，交战数次，两无胜负。策零敦多布等之兵自远路冲雪前来，士卒冻馁，马驼倒毙，沿途食人犬，俱徒步而行。三千兵内，厄鲁特之兵少，吴梁海之兵多，到者只二千五百，其余五百兵丁，皆疲极不能同到。疏入，上谕议政大臣等曰，西藏之地，达赖喇嘛所蓄粮饷颇多，器械亦备，且西藏人众守法，今策妄阿喇布坦无故欲毁教占藏，众人岂肯容伊，且策零敦多布等之兵，疲敝已极，除阵亡病死外，未必满二千，又安能取得拉藏城池，但策零敦多布等自分攻取，则兵力不支，撤兵而回，亦无生路。或因情急，恣行侵掠，亦未可定，不可不知意防备，尔等其确议具奏。寻议，著青海台吉等速行领兵前往，令内大臣公策旺诺尔布、将军额伦特、侍卫阿齐图等，统兵驻扎青海形胜之地，松潘之兵亦令驻扎形胜之地，以便哨探，万一有事，彼此相助，相机而行，并速行文，著将军富宁安等知悉。从之。

（卷 274）

康熙五十六年十一月甲戌（二十四日，1717.12.26）

上以甘肃提督师懿德议不可进兵一摺，示满汉大学士、学士九卿、詹事科道等，谕曰，此事彼处督抚不奏，师懿德独奏，亦是仿刘荫枢之意，且将师懿德等留京。用兵之事，原要机谋，非拘执不通者所能办理，当中路出兵时，人云地寒马瘦，到彼处马匹必致冻死，又包衣大力言粮饷未到，难以前进，朕即止之云，此中机谋，非尔等所知，如再妄言，即律以军法，朕来时祭告天地、宗庙，必见噶尔丹方回，又与伯费扬古约两路合兵，今不前进，如何先回，朕亲率大兵，深入敌境，算在必胜也。噶尔丹使人来，朕留营中七日，谕来使云，不见噶尔丹，必不轻回，鼓兵前进，差人往视噶尔丹，已遁去二日，再差人往视，已尽弃庐帐器械远遁矣，朕乃回兵。今策妄阿喇布坦本属小丑，不足为虑，但怙恶不悛，侵陵哈密，前曾以二百人败其二千余人矣，今因其移兵到藏，道路甚远，又无接应，自去年十月起行，今年七月方到，过三层冰山，噶斯等处实为难行，然彼既可以到藏，我兵即可以到彼处，兵亦不用多，二百余人便可破之矣。人奏彼处雪深八尺，兵不可住，今李先复系汉人，自阿尔泰口外来，气色甚好，云途中并不见有病人，是边外水土原可居住，故复议明岁三四月出兵，用兵惟以安宁百姓，保护地方为先，故各省督抚奏摺来，俱批先固内地紧要，不可听小抄以惑人心。

（卷 275）

康熙五十七年　戊戌　1718 年

康熙五十七年正月戊辰（十九日，1718.2.18）

议政大臣等议覆，侍卫查什，遵旨将松潘等处兵马应否撤回之处，前问察罕丹津，据察罕丹津回奏云，大兵前往西边，策妄阿喇布坦，必不敢前来，现今天寒草枯，马匹难行，军兵亦甚劳苦，不若将四川松潘之兵撤回原所，牧养马匹，休息士卒等语。查现今兵丁驻扎之阿尔锡巴尔锡地方，离口不远，应行文副都统宁古礼、总兵官路振扬，将兵马撤回松潘口内附近地方驻扎，仍令不时差人至青海探听消息。从之。

（卷 277）

康熙五十七年正月壬申（二十三日，1718.2.22）

谕议政大臣等，去年朕欲拨一大臣在甘州驻扎办理军务，今额伦特既在西宁，诸事可以无虞，且自有军机以来，凡事朕皆预为筹画，调度，后亦无不相符者，近经将军富宁安奏请兵饷，朕已下旨赏给银二十五万两，今提督师懿德奏请撤兵，此银付之空处，不知朕于军机事务，并不惜钱粮，已动用过数百万两矣。又甘肃等处绿旗兵丁自出兵以来，曾赏过马匹钱粮口粮，并给在家之妻子米粮，此等恩泽，曾否均沾，其间有无克扣，尚未明晰，如兵丁之在家妻子，未沾恩泽，朕心亦不能安，朕思固原地方，提督潘育龙，乃年久之将军，诸事谙练，自可无虞，其甘州地方，甚属紧要，须派大员在彼驻扎，查明此等事务，且所处既近，可以互相应援，尤为有益，又派满洲兵一千名，喂养马匹肥壮，春间天暖，不令由口外前去，著令由内地到肃州驻扎。寻议政大臣等，开列大臣职名具奏。得旨，著派侍郎色尔图前往，宁夏总兵官范时捷，著署理甘肃提督事务，亦令前往甘州偕色尔图一同办理，其宁夏总兵官员缺，令范时捷举伊所知之贤能副将护理。

（卷 277）

康熙五十七年正月乙亥（二十六日，1718.2.25）

议政大臣等议覆，总督额伦特等疏报，据拉藏使人胡喇奇云，从前与策妄阿喇布坦之兵交战，曾斩获伊众二百余人，策零敦多卜及准噶尔等因不服水土，遍身浮肿，今拉藏现在布达拉地方固守，达赖喇嘛、班禅额尔得尼俱同在一处，令我赍疏往奏圣主。又大喇嘛刍尔齐木藏布拉木渣木巴奏称，我等自刚谛沙回至拉萨，拉藏告云，策妄阿喇布坦令策零敦多卜等率兵六千余人，至净科尔庭山内，踞守险要，来与我战，夜间越岭而来，复踞住达穆地方等语。又侍卫阿齐图等疏报，据拉藏使人胡喇奇云，拉藏、苏尔扎前与策妄阿喇布坦之兵交战，杀获甚众，今拉藏、苏尔扎俱自达穆，已至招中等语。应行令侍卫阿齐图、总督额伦特等加谨设防，作速预备，远探贼情，相机进剿。得旨，依议速行。

（卷 277）

康熙五十七年二月戊子（九日，1718.3.10）

议政大臣等议覆，陕西西宁总兵官王以谦疏言，往噶斯换班兵丁，在镇标所属内派往，实属不敷等语。应于都统胡锡图带往兵丁，及固原、凉州所备绿旗兵丁内，均匀派拨前往西宁。得旨，噶斯一路兵丁换班，现有总督额伦特、公策旺诺尔布、侍卫阿齐图等在彼处，著行文令伊等定议具奏。

（卷 277）

甘肃巡抚绰奇疏报，金塔寺地方安插民人三十五户，西吉木地方安插民人二百七十户，达里图安插民人五百三十户，锡拉谷尔安插民人一百六户，俱经盖造房屋，分拨居住，耕种地亩收粮。报闻。

（卷 277）

康熙五十七年二月己丑（十日，1718.3.11）

议政大臣等议覆，靖逆将军富宁安疏言，西吉木设立赤斤卫，达里图设立靖逆卫，各添设卫守备一员，锡拉谷尔设立柳沟所，添设守御所千总一员，再添设同知、通判各一员，兼管二卫一所，其驻防兵丁，武职官员，令肃州镇管辖，卫所官员，令肃州道员管辖。应如所请。从之。

（卷 277）

康熙五十七年二月庚寅（十一日，1718.3.12）

议政大臣等议覆，据拉藏奏称，臣世受圣主洪恩，不意恶逆策妄阿喇布坦发兵六千，与我土伯特兵交战两月，虽并无胜负，而敌兵复又入招，臣现在率兵守护招地，但土伯特兵少，甚属可虑，若将喀木危藏之地被伊踞去，将使黄教殄灭，为此恳求皇上圣鉴，速发救兵并青海之兵，即来策应等语。查拉藏系顾实汗后裔，维持黄教，今恳求救援，应令西宁、松潘、打箭炉、噶斯等处，各预备兵马，并土司杨如松属下兵丁一同前往。现今青海王、台吉等派兵六千，在正月初十日起程，但非有满洲兵丁不可，应令侍卫色楞、侍读学士查礼浑，在西宁满洲兵内选二百名，绿旗兵内选二百名，及土司之兵一千，带至青海地方，会同青海王、台吉等，商酌行事，其青海王、台吉等，发兵去后，伊等家口无人看守，应行文公策旺诺尔布、总督额伦特，与青海王、台吉等妥议，于屯兵形胜之处，用心守护。从之。

（卷 277）

康熙五十七年二月壬辰（十三日，1718.3.14）

议政大臣等议覆，振武将军公傅尔丹等，奏请两路大兵进剿之处。得旨，尔等议欲两路进剿，但闻策妄阿喇布坦遣策零敦多卜等，前往西藏之时，曾有令伊等翦灭拉藏，即在藏驻扎，彼复身至西藏，再攻取危藏巴尔喀木之人等语。虽其虚实未可悬定，而传闻拉藏有阵亡之信，若策妄阿喇布坦果带妻子前往西藏而去，我国两路大军即至伊里地方，恐属徒然，朕意今即令色楞统率军兵征剿西藏，稍俟此军消息，本年暂停进剿，此皆有关军机粮饷，尔等再议具奏。

（卷 277）

康熙五十七年二月己酉（三十日，1718.3.31）

陕西凉州总兵官康海疏言，主红番萨马喇木扎木巴等闻知拉藏被伤，不无恐怖，又据贝勒罗布藏亦遣人呈称其事，臣所巡南山一带地方，大通河相离百十余里，即通青海、西藏、噶斯之要路，扁都口、酸茨河、宽沟等处边隘亦关紧要，宜加防守，臣令所属兵丁，在城喂养马匹，倘有用处，听候调遣，臣与督臣会商，安抚防备。报闻。

（卷 277）

康熙五十七年三月辛酉（十二日，1718.4.12）

谕议政大臣等，侍卫色楞等既统兵进征西藏，沿路汛守，防护哨探，以及单身行走，认识路径等事，甚有关系，曾令侍卫打克巴藏布将侍卫等酌量派往，再于都统胡锡图所带兵丁内，将惯习行走，汉仗好之新满洲及乌拉齐、索伦拣选几名，即于彼处，发往色楞军前。

（卷 278）

康熙五十七年三月癸亥（十四日，1718.4.14）

总督额伦特疏言，先经议政大臣等议，据侍卫色楞奏称，唐古特人众，趁其计虑未定，统领大兵前进穆鲁乌苏地方驻扎，贼众必不敢轻扰青海之界，则青海人心俱定，爰遣人侦探贼情，如易于攻取，相机进剿，若无实信，将汛界远设，严加防守。但色楞所统满洲、绿旗、土司之兵，及自西宁调往之兵，止二千四百名，数少力弱，应将额伦特等处所有绿旗兵二千添派前往，其总督额伦特、公策旺诺尔布等备守青海之众，即令随后助威至噶顺、古木二处地方无兵驻扎，应将都统胡锡图带领之兵一千，令到彼处分派驻扎，等因到臣。臣查西宁抵藏共有三路，一为珠尔垦，一为库库塞，一为拜图，除珠尔垦路狭难行外，其余两路，俱可进兵，应令侍卫色楞等，率领原派满洲、绿旗及各土司，与青海之兵从一路前进，臣自率领现在波罗和硕调来西宁之录旗兵二千，以及绰克来那木查尔等所派唐古特之兵一万，亦从一路前进，若贼众一路迎敌，则我师又有一路，可以直取藏地，攻其后尾，若贼众两路迎敌，彼势既分，亦无难于翦灭。再经议政大臣等议奏，策妄阿喇布坦侦知我师欲取西藏，或从噶斯一路潜有兵来，亦未可定，应行文侍卫阿齐图防守噶斯，令侍卫等侦探贼人消息，以便传报等语。臣查都统胡锡图带来兵丁之马匹，来自京城，未经久息，难以出口，现有西宁之西安满洲兵二百名，督标兵三百名，喂养马匹肥硕可用，又自固原发往西宁之兵一千内，选用五百名，地方既近，马匹亦肥，再于都统胡锡图所领兵丁内，派拨一千名，拣选马匹，带往侍卫阿齐图等处，补其疲瘦残缺，在噶顺、古木、噶斯等地方，或看守驻扎，或相机行走，其于军务大有裨益。又内大臣公策旺诺尔布疏言，先经议政大臣等议，照依侍卫色楞所请，令臣与总督额伦特、都统胡锡图在噶顺、古木等地方分兵驻扎，但青海之事，既有彼二人，无烦计虑，臣愿随进剿兵丁稍图报效。得旨，朕阅额伦特、策旺诺尔布陆续所奏，伊等并未相商，各自陈奏，此处既难议断，而彼处难遵守，此一人云，我如此具奏奉行，彼一人云，我如彼具奏奉行，事务舛错，不能画一，伊等俱系大臣，理应会商妥协，况相隔不甚辽远，嗣后一应事务，著伊等同意相商，定议举行。

（卷 278）

康熙五十七年三月丙寅（十五日，1718.4.15）

四川巡抚年羹尧疏言，打箭炉地方外通西域，内皆高山峻岭，实为天设之险。皇上救援西藏，令护军统领温普带领满兵五百，赴炉驻扎，臣以炉地素不产米，山路险远，粮运为难，动支库银，买米一万石，遴选人员，先运六千石抵炉，余米收贮雅州，如有需用，再行酌运，所需草料，亦委官采买运送支给。自此源源买运，必不迟误军需。得旨，据奏相机购买米石草料，委官设法，陆续运至打箭炉。年羹尧甚为实心效力，殊属可嘉，著复还原职。

（卷 278）

康熙五十七年三月乙亥（二十六日，1718.4.26）

议政大臣等议覆，振武将军傅尔丹疏言，奉旨今年大兵，暂停进剿，姑俟色楞信息，但今进剿军兵俱各齐备，与其闲住，请仍照去年前往袭击，以惊扰贼界，振扬军威，今选满洲、蒙古、汉兵九千，喀尔喀兵三千，共一万二千，臣与祁里德各领兵六千，分作两路，裹带五月口粮，于五月内起程，其余剩兵丁，留都统穆赛、副都统罗察管辖，令于汛界形胜之处驻扎防范。又据靖逆将军富宁安疏言，去年七月臣等自巴尔库尔领兵至乌鲁木齐地方，蚊蝱甚多，时令亦热，讯问就获之厄鲁特等，诉称夏日达什等众觅寒凉之处，于遮尔集斯地方游牧居处，至收获之时仍回乌鲁木齐过冬，请将本年袭击之兵照去年准备，计值达什回时前往袭击，臣带领军兵七千，裹带四十日口粮，于闰八月起程除乌兰乌苏、集拉麻泰等处，留兵三千驻扎外，其四千军兵，减轻什物，昼夜趱行，至乌鲁木齐等处，袭取贼境人畜，钤束而回。查两路军兵袭击，实扬我军威，使贼界震慑，自应约定日期，以便彼此应援，今起程之期不符，口粮之数各异，应行文两路将军等，速行商搉，定议而行。从之。

（卷 278）

康熙五十七年四月辛巳（三日，1718.5.2）

议政大臣等议覆，侍卫阿齐图疏报，臣统兵至柴旦木地方，于正月初二日，遇见伊打木扎布等，带领拉藏子苏尔扎之妻自招败回，告称准噶尔兵来至达穆地方，与我土伯特兵交战数次，彼此伤损甚多，去年十月三十日，厄鲁特之噶隆沙克都尔扎布叛归准噶尔，将小招献降，我土伯特兵众解散，台吉那木扎尔等在布达拉北城开门投顺，准噶尔兵众拥入，十一月初一日，苏尔扎率兵三十人冲围而出，被其擒获，拉藏被围身亡，我等逃奔而来等语。今西藏已失，苏尔扎之妻等投恳垂救，应行文总督额伦特、郎中长受，即给伊马匹口粮，仍令在波罗冲可克旧处暂为安插。从之。

（卷 278）

康熙五十七年五月丁巳（九日，1718.6.7）

总督额伦特疏报，四月初五日，拏获策零敦多卜之使人罗卜臧等八人，讯称伊等自去年正月由特儿斯起程，十月至布搭拉地方，本月二十八日夜攻取大招、小招，次日围住布搭拉，杀害拉藏，将伊幼子及所属寨桑等，送往策妄阿喇布坦处，伊子苏尔扎遁走，为土伯特擒获，拘达赖喇嘛于扎克布里庙，班禅仍住拉锡伦布等语，将使人罗卜臧等交主事奈曼代，沿途防护，解往京城。报闻。

（卷 279）

康熙五十七年五月戊午（十日，1718.6.8）

侍卫阿齐图疏奏，苏尔扎之妻与从前属下人等现在一处，若可以糊口，听其自为生理，若不能糊口，请令青海寨桑等酌量养济。得旨，据奏，苏尔扎妻既云我系妇人，属下人等不能养育，且恐他人欺压，亦未可定，著翰林院侍读学士桦色领银一千两，前往波罗冲可克地方给与苏尔扎之妻，令其办理生业，且朕差官照看伊等，必无有敢行欺压之人矣。

（卷 279）

康熙五十七年五月壬申（二十四日，1718.6.22）

议政大臣等议覆，都统法喇等疏言，打箭炉之外地名里塘，向系拉藏所辖，而里塘之外为巴塘，近闻策零敦多卜暗通密信与里塘营官喇嘛，诱伊归藏，臣等恐被其摇惑，是以行咨员外郎巴特麻等，速往宣布圣主威德，今已辑服。续据里塘之喇嘛格隆阿旺拉木喀云，准噶尔五百人已至叉木多地方，现今里塘有察罕丹津所遣之寨桑居住，与准噶尔暗自通谋。又据护军统领温普密信云，窥探堪布之心，尚在未定，理应准备。臣等酌议，飞咨温普，在打箭炉挑选满兵一百名，令前锋参领伍林帕等带领，再选绿旗马兵一百名，鸟枪兵三百名，令化林协副将赵弘基等率领，一同前往里塘弹压，相机擒剿。又闻自里塘以外直至西藏，敬信胡必尔汗有如神明，今胡必尔汗生长里塘，其父现在西宁之宗喀巴庙，应传谕其父，令伊遣人转谕营官喇嘛及居民人等，使知驻兵里塘，乃圣主保护胡必尔汗之本乡，不使贼人惊扰，并无他故，则里塘、巴塘便为川省边隘等语。查里塘距打箭炉甚近，叉木多地方距里塘亦不甚远。应如所奏。即派前锋参领伍林帕等看守里塘，侦探信息，并晓谕察罕丹津所遣之寨桑，告以准噶尔之残虐，致干天讨，叉义木多地方果有准噶尔之兵前来，令伍林帕等详加计算，即便酌量行事。从之。

（卷 279）

康熙五十七年六月壬午（五日，1718.7.2）

议政大臣等议奏，据靖逆将军富宁安奏称，臣一路之兵，择于七月二十一日，臣亲率领起程，裹带行粮，袭击至乌鲁木齐，收回等语。又据振武将军公傅尔丹等奏称，乌图河、泊克萨里等处，并无策妄阿喇布坦之人，若由布喇罕一路袭击，倘不深入，贼众或未必就擒，不如由布娄儿一路直至额尔齐斯河，逼近贼界，可行袭击，臣择七月十三日，由汛界起程等语。但近将策零敦多卜差往青海台吉等处之使者带来，著伊传旨晓谕策妄阿喇布坦，令其差人回奏。今泽卜尊丹巴胡土克图遣往策妄阿喇布坦之使者楚扬托音回称，策妄阿喇布坦自言大国皇帝宽洪如海，恕我之非，去年边境领兵之将军等不行具奏，统兵三路前来，蒙圣主洪恩，随颁谕旨，将兵撤回，甚属欢慰等语。应将今年袭击之兵暂行停止，俟伊回奏，视伊情形，如有不顺，明年再行进剿，应行文两路将军，喂养马匹，整理器械，又须预防其奸诈，将汛界加谨防守。从之。

（卷 279）

康熙五十七年六月甲午（十七日，1718.7.14）

议政大臣等议覆，侍卫色楞密奏，臣近接总督额伦特书信内云，奉旨差渣布往察罕丹津处，令伊遣人将准噶尔之兵诱来，俟所遣之人回信，然后进兵，臣愚以为准噶尔残害西藏，彼处人民悬望我师，如望云霓，岂能刻缓，况闻准噶尔兵众散处无纪，伊等伎俩不过暮夜袭营、偷盗马匹而已，臣所统兵丁二千有余，器械坚锐，马肥饷足，今于五月十三日已至穆鲁斯乌苏地方，值今河水浅涸，策鞭可渡，又探得距此五百里，现有准噶尔之哨兵，正当乘此机会，剿灭贼人，收复藏地，若复驻留，以俟额伦特兵到，恐需迟时日，口粮告罄，进退两难，臣故不能延待，随即陆续进兵。观此所奏甚是，应令色楞沿途小心，相机行事，再行文额伦特等，亦作速进兵策应。从之。

（卷 279）

康熙五十七年六月辛丑（二十四日，1718.7.21）

兵部议覆，四川巡抚年羹尧奏言，里塘地方，今因拉藏被害无所统属，臣等飞咨护军统领温普等速选满、汉官兵前赴里塘驻防，请设驿站，以速军机，自打箭炉以至里塘，应添十站，每站设马六匹，照打箭炉养马之例，倍付草料，另拨银两支给。应如所请。从之。

（卷 279）

康熙五十七年七月己未（十二日，1718.8.8）

兵部等衙门议覆，四川巡抚年羹尧等疏言，喇嘛鄂穆布年扎卜向住墨里庙，系阿王滚住克之弟子。原任提督岳昇龙剿抚打箭炉之时，阿王滚住克曾献墨里地方，岳昇龙恐系拉藏所属，未准。今拉藏已被准噶尔之兵杀害，而鄂穆布年扎卜将所属墨里地方诚心投顺，应收纳给印，于建昌边境地方有益。应如所请。从之。

（卷 280）

康熙五十七年七月壬戌（十五日，1718.8.11）

总督额伦特疏报，臣先经与侍卫色楞商议，穆鲁斯乌苏河水方涨，未易过渡。探知多伦鄂罗木地方，有七义河可渡。色楞统兵先去，臣于此间择水草好处，稍息兵马，随后趱行。六月十八日，臣统兵自穆鲁斯乌苏起程，至图尔哈图地方驻扎，见河水虽深，中流甚缓，因制造皮船，于三日内，兵马齐渡。至七义河处，根寻色楞，并无兵马渡河踪迹。路遇运米回子达尔汉白克告云，运米未到之先，遣人寻向色楞，通知其人自七义河过去，六日杳无消息。近闻色楞自拜图地方前往等语。但自七义河至拜图，山岭险峻，无路可通，若将兵马调回，改趋拜图之路，往返须二十余日，势难与色楞同路。臣于六月二十四日，自七义河向库库塞一路进兵，沿途整肃行伍，远设哨探。若与贼兵相遇，则奋力剿灭，若前至博克沙克地方，遇见色楞之兵，则会同前进。报闻。

（卷 280）

康熙五十七年七月甲子（十七日，1718.8.13）

厄鲁特多罗郡王额驸策零旺布、和硕额驸色卜腾等来朝。

（卷 280）

康熙五十七年八月庚寅（十四日，1718.9.8）

先是，四川巡抚年羹尧疏言，川省地居边远，内有土司番人聚处，外与青海、西藏接壤，最为紧要。虽经设有提镇，而选取兵丁，别省人多，本地人少，以致心意不同，难于训练，见今驻扎成都之荆州满洲兵丁，与民甚是相安。请将此满洲兵丁，酌量留于成都。省城西门外空地造房，可驻兵一千。若添设副都统一员管辖，再将章京等官照兵数量选留驻，则边疆既可宣威，内地亦资防守。第今正值用兵之时，应将此事暂缓。其修葺城墙，盖造兵丁住房之处，理应预为料理。得旨，年羹尧欲于四川地方，设立满洲兵丁，似属甚是。著议政大臣等，会议面奏，至是议覆，川省设防满洲兵丁一千，恐不敷于调遣防守，应再添六百名，俟军务毕时，令巡抚年羹尧会同副都统宁古礼，将见在四川驻防之二千荆州满洲兵丁内，照数拨派。二旗合设协领一员，每旗各设佐领二员、拖沙喇哈番品级章京各二员、骁骑校各二员，留驻四川。再添设副都统一员管辖。其盖造兵丁住房等项，交年羹尧预为料理。从之。

（卷 280）

康熙五十七年八月壬辰（十六日，1718.9.10）

厄鲁特和硕额驸色卜腾旺布、苏尼特多罗贝勒西礼来朝。

（卷 280）

康熙五十七年闰八月丙午（一日，1718.9.24）

总督额伦特疏报，七月十六日，臣等自门赞西里克起程，至齐诺郭尔地方安营，十七日四更时分，贼兵冲逼营盘，臣即遣游击王汝载等率兵进击，贼众大败，贼人又自东自南齐进，臣亲统弁兵，与贼对敌，枪炮并发，自寅至巳，贼败下山坡，臣等追击十余里，见贼兵多而官兵少，四面山沟俱有可通之路，恐有埋伏，未曾穷追，所获被伤一贼，讯称贼酋托布齐、杜喀儿二人，率兵四千，由喀喇乌苏河西小路而来，臣既移咨公策旺诺尔布，统兵速来接应，臣仍相度机宜，渡过喀喇乌苏前往狼腊岭，若与色楞相遇，则会兵前进，倘不相值，再随机而行。得旨，据奏大败厄鲁特贼兵，伤杀甚多等语。额伦特率领兵丁颇少，直抵从古未到之绝域，奋勇直前，建立肤功，殊非寻常军功可比，见今赏赉军前人等家属外，事定后著从优议叙。

（卷 281）

侍卫色楞疏报，唐古特人等原系达赖喇嘛所属之人，自去年被厄鲁特贼众夺其牲畜，掳其妇女，扰害难堪，是以昼夜悬望大兵救援，一闻大军前至，莫不欢跃投诚，为首台吉卓里克图之子博音马松、台吉丹津绰音达克等率众来降，但臣未知额伦特由何路进兵，因将新满洲侍卫诸里尔达等派出，令投诚之沙克扎寨桑为向导，前往侦探额伦特信息，今已得回文，臣在喀喇乌苏候伊来到，合兵一处，前进达穆地方。下所司知之。

（卷 281）

康熙五十七年闰八月丁未（二日，1718.9.25）

侍卫色楞疏报，七月二十日，臣等统兵至喀喇乌苏安营，二十一日，随据新降台吉博音马松等报称，见在厄鲁特贼人在伊地方勒索口粮，谋击我兵，臣即率领满洲绿旗兵丁，分列三队前往截杀，贼众冲抵，我师分道夹击，连败之，夺其三处山梁，贼兵窜走，臣随统兵追杀二十里，斩戮贼兵二百余人，受伤者甚众。得旨，该部从优议叙。

（卷 281）

康熙五十七年九月己卯（四日，1718.10.27）

谕议政大臣等，在噶斯一路驻扎之阿齐图等，带领兵丁一千，业已进藏，所剩兵丁一千，有西安之佐领禅播等带领，驻扎柴旦木地方，今届秋时，探知策零敦多卜等设兵处，便可发大兵进剿，若谓彼兵趁冬雪之际，轻兵来至噶斯一路，惊扰青海，而遽将进取西藏之兵撤回噶斯，则彼且谓得计，亦未可定，朕意驻扎肃州之总兵官李耀汉仗好，今闲住肃州，若令李耀带领兵丁前赴噶斯，今冬在彼防守，似有裨益，尔等公同确议具奏。寻议覆，噶斯地方甚属紧要，若止添拨李耀之兵五百名，为数尚少，见今西宁驻扎兵多，应将都统阿尔纳带至西宁之满洲兵八百余名发往柴旦木地方驻扎，给与鸟枪火器等物，甚为得用。其副都统唐色患病留在西宁，俟病痊听调外，令都统阿尔纳至柴旦木地方，统辖满洲、绿旗兵丁，与总兵官李耀、护军参领神保公同商议行事，则防守之兵既增兵势，而此方水草良便，马匹亦可过冬。又穆鲁斯乌苏之地，除副都统宗查布等之兵外，更无兵驻扎其间，所设各站兵数尚少，不无盗窃马匹，以及断截文郎之事，且陆续解送大兵粮饷，亦属可虑，应将甘肃抚标鸟枪步兵六百八十名派往，除古木一站另有土司兵三百名驻防外，其余十七站，各添设兵丁四十名，以资防守。从之。

（卷 281）

康熙五十七年九月己丑（十四日，1718.11.6）

理藩院议奏，青海贝勒戴青和硕齐察罕丹津等来朝请安，应照例赏赉鞍马银币。得旨，察罕丹津当人心疑惧之际委身效顺，甚属可嘉，著封为多罗郡王。

（卷 281）

康熙五十七年九月己亥（二十四日，1718.11.16）

议政大臣等议覆，侍郎海寿疏言，臣与将军富宁安，新旧开垦都尔白尔津、土呼鲁克地方，以及回子扎萨克额敏所种之塔尔那沁地方，种过籽粒所余青稞，各令本处修理旧仓，加谨收贮看守，已行文巡抚噶什图、绰奇，令充兵粮，其郎中苏赫等急公耕种，请约计所交谷石之多寡，量予议叙。应如所请。从之。

（卷 281）

康熙五十七年十月庚申（十六日，1718.12.7）

先是，议政大臣等奏请派出之兵，由何路发往。奉旨，往西安一路为第一起，往宁夏一路为第二起，往宣府、大同、神木、榆林沿边一路为第三起，如此三路前去，则易于应付草束。至是，奏请出兵日期。上命护军统领吴世巴、委署护军统领噶尔弼带领第一起兵，于十一月十五日起程驻扎庄浪，副都统宗室赫石亨、宝色带领第二起兵，于十一月二十九日起程，驻扎甘州，抚远大将军允禵带领第三起兵，于十二月十二日起程，驻扎西宁，各于驻扎处喂养马匹。

（卷 281）

康熙五十七年十月甲子（二十日，1718.12.11）

谕议政大臣等，四川巡抚年羹尧自军兴以来，办事明敏，又能度量。西去进剿之兵，会同青海公丹仲之人运食物、米粮接济，殊属可嘉。从前四川地方，亦曾设总督。年羹尧系巡抚，止理民事，无督兵责任，见今军机紧要，将年羹尧授为四川总督。如明年大兵前进，则由松潘一路进发，而在成都驻扎之满洲兵，止有二千，为数甚少。将荆州之满洲兵，再派一千前往成都驻扎预备。此满洲兵，俱令都统法喇管辖。所派一千兵之缺，著挑选余丁一千名，令其披甲充补。

（卷 281）

康熙五十七年十月甲戌（三十日，1718.12.21）

都统延信等疏言，八月二十一日，土司杨如松率领兵丁五百名解送粮饷，至穆鲁期乌苏地方，陡遇准噶尔贼人，将千把总三名、兵丁四十八名伤害，杨如松等冲突而出，今具呈情愿效力行走。又土司陆华龄、祁显邦率伊土兵前赴军前，经今数月，俱受圣主隆恩，何敢徒食钱粮，求指示效力行走。因令杨如松驻扎那兰撒兰地方，陆华龄等，驻扎古木地方查拏贼寇，其被贼伤害之千把总及兵丁，俟查明议奏。从之。

（卷 281）

都统和礼等疏言，据鹤丽总兵官赵坤报称，闰八月初四日，有碟巴达节属下之彭蹴达儿，及伊跟随之人九名，潜至中甸贸易，碟巴达节系投顺策妄阿喇布坦，委为藏内副王之人，是以将彭蹴达儿拘住看守，请示作何发落等语。臣等随令该镇小心看守外，特疏奏闻。得旨，彭蹴达儿著解来京。

（卷 281）

康熙五十七年十一月己丑（十五日，1719.1.5）

上以进剿策妄阿喇布坦大兵起程，御太和殿排设卤簿前进。其出征之王等以下俱戎服，其不出征之王、贝勒等以下俱蟒服以从。上亲诣堂子行礼，次鸣角，祭旗纛，礼毕回宫。

（卷 282）

康熙五十七年十二月壬子（十日，1719.1.29）

户部议覆，陕西总督鄂海疏言，西宁等处驻扎大兵，所需米豆关系紧要，若临时采买，恐米价腾贵，请于平巩、宁夏等处各仓所贮粮石，拨米四万石，豌豆六万石，运至兰州、庄浪，以备军需。应如所请。从之。

（卷 282）

康熙五十七年十二月乙卯（十二日，1719.1.31）

抚远大将军允禵率兵起程，上命内阁大臣颁给大将军敕印于太和殿，其出征之王、贝子、公等以下俱戎服，齐集太和殿前，其不出征之王、贝勒、贝子、公，并二品以上大臣等俱蟒服，齐集午门外，大将军允禵上殿，跪受敕印，谢恩行礼毕，随敕印出午门，乘骑出天安门，由德胜门前往，诸王、贝勒、贝子、公等，并二品以上大臣，俱送至列兵处，大将军允禵望阙叩首行礼，肃队而行。

（卷 282）

康熙五十八年　己亥　1719 年

康熙五十八年正月癸卯（三十日，1719.3.20）

先是，额驸吴尔衮有母丧，召回料理丧事，至是，仍命往军前，谕曰，今年大兵既不前进，若发兵袭击，则策妄阿喇布坦情形自露，著派盛京、乌喇、察哈尔、索伦、喀喇沁及内地喀尔喀兵一万，自前年进兵处往彼袭击，出兵时，不必派厄鲁特王策零旺布、公多尔济色卜腾之人，又前欲令盛京三千兵越过巴尔库尔地方，今暂行停止，此次袭击之兵，令六月发往，及秋而回，倘今年不便袭击，来年另为筹度，尔到傅尔丹处详议后，即差人到巴尔库尔将军处，会议具奏。

（卷 283）

康熙五十八年二月乙卯（十二日，1719.4.1）

谕内阁学士蒋廷锡，皇舆全览图，朕费三十余年心力，始得告成，山脉水道，俱与禹贡相合，尔将此全图并分省之图，与九卿细看，倘有不合之处，九卿有知者，即便指出，看过后面奏。寻九卿奏称，从来舆图地记，往往前后相沿，传闻傅会，虽有成书，终难考信，或山川经络不分，或州县方隅易位，自古至今，迄无定论。我皇上以生知之圣，殚格致之功，分命使臣测量极度，极高差一度，为地距二百里，昼夜之长短，节气之先后，日食之分秒时刻，都邑之远近方位，皆于是乎定，天道地道，兼而有之，从来兴图所未有也。南北两大干，一干自昆仑东北，历西番境，至兴安岭，达于盛京，南折入朝鲜境入海，一干自昆仑东南，历云、贵、广西、湖广、江西境，或东或北，折至闽、浙入海。凡两干以南以北之水，大则名川灵渎，小则泉涧溪潭，莫不顺山脉以分流，随地形而转下，萦回盘带，刻镂绣错，而寻源溯委，条贯井然，从来舆图所未有也。关门塞口，海汛江防，村堡戍台，驿亭津镇，其间扼冲据险，环卫交通，荒远不遗，纤悉毕载，星罗棋布，栉比鳞次，从来舆图所未有也。东南东北，皆际海为界，西南西北，直达番回诸部，以至瑶池阿耨绝域之国，黄流黑水发源之地，皆琛赆所宾贡，版舆所隶属，举其土壤，惊为创见之名，溯厥道途，即可按程而至，以六合为疆索，以八方为门户，幅员该广，靡远弗届，从来舆图所未有也。皇上精求博考，积三十年之心力，核亿万里之山河，收寰宇于尺寸之中，画形胜于几席之上，臣等荷蒙皇上教思不倦，得以瞻仰披寻，昔曾经过之区，宛然阡陌，素所未历之境，不啻乡间，而于禹贡所书，古今图志所传，平日有迷莫指，有惑莫祛者，一旦豁然贯通，涣然冰释此诚开辟方员之至宝，混一区夏之钜观，昭揭日月，而万世不刊者也。谨将原图恭缴，伏求颁赐。得旨，图著颁发。

（卷 283）

康熙五十八年二月戊午（十五日，1719.4.4）

青海多罗贝勒达颜故，遣官致祭。

（卷 283）

康熙五十八年二月壬戌（十九日，1719.4.8）

靖逆将军富宁安遵旨议覆，乌兰乌苏四面皆山，地方狭隘，不便修城多驻兵丁，有库库车尔地方，周围辽阔，离乌兰乌苏不远，应在库库车尔左近有水草之处，修筑城池，驻兵二千名，派大臣二员管理，鄂龙吉、噶顺、喀桃等处俱修筑堡子，各驻兵一千名，每处各派大臣一员管理，约洛图、乌兰乌虎尔渣图二处，离噶顺、喀桃不远，亦修筑堡子，各驻兵五百名，库尔麦图地方亦修筑堡子，驻兵三百名，俱令侍卫，及副将等官管理。以上诸处俱不产木料，应修筑土堡，每堡相间之处，修筑烽墩，酌量安兵，令其了远，传送信息，其库库车尔等处，与巴尔库尔相间有三百里，应酌量派兵，在见设汛界之敖什希搜济等处安营，以为应兵，大兵照常驻扎巴尔库尔。自吴尔图海毕尔汗一路至库库车尔、鄂龙吉，共安设六站，臣亲身带领大臣侍卫，前往库库车尔等处，将何处可以修筑城堡烽墩，如何展设汛界，安设台站，并牧放牲畜之处，遂一详视后，一面修筑城堡烽墩，一面令兵驻扎。下议政大臣知之。

（卷 283）

康熙五十八年二月辛未（二十八，1719.4.17）

议政大臣等议覆，都统法喇等疏言，里塘地方与打箭炉甚近，若遣官招抚，自当归顺，巴塘民心，亦与里塘相似，遣官一员，先至里塘，宣示威德，彼若倾心向化，即令开造地方户口清册。继至巴塘，亦照此行，若有观望不前者，于青草发时，以兵临之，必不敢相抗，应挑选成都满兵五百名令协领等带领，绿旗提标兵一千名，化林永宁兵五百名，令永宁副将等带领一同深入。虽巴塘以外，亦可传檄而定，若叉木多地方，亦来归顺，则离藏甚近，甚会兵取藏之处，一面知会西宁、云南领兵大臣，仍一面星夜请旨。应如所奏。令法喇领兵赴打箭泸驻驻扎，遣人招抚，如观望不前，令法喇留兵在打箭炉，带领官兵前进，攻取里塘、巴塘，即驻扎巴塘，其护军统领温普，应调取回京。成都既有满洲兵丁，应自京城派大臣一员前往成都，令其管领。得旨，军前大臣甚多，著派护军统领噶尔弼，就彼驰驿，作速前赴四川，与年羹尧一同办理军务。法喇离打箭炉切近，即令领兵前往。余依议。

（卷 283）

康熙五十八年二月癸酉（三十日，1719.4.19）

议政大臣等议覆，都统法喇疏言，蒙古地方及西藏人民，皆藉茶养生，贼人即踞藏地，非茶断难久居，我皇上悯念青海与里塘、巴塘人众非茶难以度日，将作何定数，分晰禁止之处，令臣等详议，臣等思唐古忒之人，亦皆为贼所迫胁，难禁其养主之物，但松潘一路茶价甚贱，青海一带积茶必多，应暂行严禁，俟其恳请时，再酌定数目，令其买运，至打箭炉外，最近者为里塘，遣官招抚，令营官造其所管番寨户口清册，酌量定数，许其买运，巴塘以外，亦照此例，其打箭炉一路，当视番情之向背，分别通禁。应如所奏。从之。

（卷 283）

康熙五十八年三月辛巳（八日，1719.4.27）

谕议政大臣等，四川总督年羹尧奏，据西藏之第巴大克咱报称，策零敦多卜等将被截取藏之五百名兵丁，自巴尔喀木一路送来，其或确实送来，或借送来之便，相度地势，探听信息，俱未可定，不可不预为防备。此所请甚是，尔等详议具奏。寻议，年羹尧奏请亲身领兵前往，加详防备，但四川通省事件，并松潘、打箭炉两路军务钱粮，甚属紧要，年羹尧不便前往，现已议令都统法喇，于青草发时，领兵前往，招抚里塘、巴塘，倘若送来之信确实，应派兵五百名，令道员高其佩前往，会合法喇之兵，相机而行，倘借此窥探内地情形，设计抗拒，令即行剿灭，设或送来之信是虚，著高其佩将所领兵带回。从之。

（卷 283）

康熙五十八年三月乙未（二十二日，1719.5.11）

议政大臣等议覆，抚远大将军允禵，疏参吏部侍郎色尔图，奉旨料理西宁兵饷，并不实心办事，任意迟延推诿，纵令家人与笔帖式载通包揽运米之事，通同扣克银两，将满洲、绿旗兵丁苛刻，情殊可恶，请将色尔图等严审确拟。再色尔图亏空甚多，粮饷事关紧要，伏乞另派贤能大臣一员，前来办理。应如所奏。将色尔图严审定拟，见今巴尔库尔，有巡抚绰奇、噶什图二人，应将噶什图调赴西宁，办理粮饷事务，噶什图所办之事，令前往种地之侍郎海寿兼管。从之。

（卷 283）

康熙五十八年三月庚子（二十七日，1719.5.16）

封青海贝勒察罕丹津为多罗郡王。

（卷 283）

康熙五十八年四月乙巳（三日，1719.5.21）

议政大臣等议覆，抚远大将军允禵疏言，据都统延信等称，准噶尔与青海之人联姻已经多年，大将军若领兵出口外，我兵所出之多寡，青海人等一知，则准噶尔之人，即得闻知矣。今年暂且停兵不进，则口外驻扎似可不必，又据自喀喇乌苏回来之参将述明等称，准噶尔贼众虽与我兵交战，亦甚畏惧，甚土伯特之人为贼所迫，虽与我兵对敌，俱将鸟枪举高放过，当贼之背后，则向我等营中放空枪，揆此，则可知土伯特之人实心感戴皇恩，今既扬称三十万大兵进剿，差使前往，大事可成，谨将伊等报明之处，奏闻请旨。查都统延信等既称大兵不必出口，应令在西宁驻扎，至于作何料理驻扎，以及留兵若干，所留官兵马匹于何处牧放等事，俱令大将军酌量而行。从之。

（卷 284）

康熙五十八年四月壬戌（二十日，1719.6.7）

议政大臣等议覆，靖逆将军富宁安疏言，自巴尔库尔至哈密，每站俱安设马匹，自哈密以外之那秦起至布隆吉尔之间，伊托忒、巴尔楚忒等十处俱系瀚海，是以每站安设骆驼，递送事件。从前自策妄阿喇布坦处来投顺之人，及伊所差之使人送往京师时，将巴尔库尔台站内马匹送至哈密，又自额敏处拨取马匹送至布隆吉尔，方乘驿马送至京城，嗣后陆续投顺人多，或再有差来使人，巴尔库尔驿马及额敏之马必不敷供应，请行令甘肃巡抚绰奇，在预备安站马内，拨送一百三十匹，于巴尔库尔之站添马五十匹，哈密之站添马八十匹，不令应付一切事件，止酌给自策妄阿喇布坦处来投顺之人，及差来使人乘骑。应如所请。从之。

（卷 284）

康熙五十八年四月戊辰（二十六日，1719.6.13）

议政大臣等议覆，抚远大将军允禵疏言，臣遵旨不出口外，驻扎西宁，相机而行，将每佐领下鸟枪护军各一名，令公策旺诺尔布带领，驻扎凉州每佐领下护军各一名，令副都统宝色带领，驻扎宁夏之喀喇沁等处蒙古兵，令都统楚宗带领，俱到索落木驻扎，将庄浪驻扎每佐领下马兵各一名，令都统汪悟礼、副都统伊礼布带领，凉州所剩每佐领下鸟枪马兵各一名，令副都统宗室赫世亨、宗查布带领，俱到波罗和邵驻扎，以之宣扬声势，再将宗室等分派，令平郡王讷尔素，公诺音托和、揆慧，简亲王之子永谦，镇国将军敬顺、苏尔臣，奉恩将军华玢，闲散宗室吴尔浑等，前往波罗和邵驻扎，此各路兵马，俱令于四月尽间起程，于九月内进口喂马。自阿什罕之站起，前至索落木，安十五站，每站各设马二十匹，自索落木之旁通柴旦木之路，安五站，应各设马十五匹，每站派设固原之绿旗兵各十名，青海之兵亦各派设十名，再据策旺诺尔布称，若调取青海之兵六百名，在军营左近驻扎，则于巡守并汛界之差遣等事，甚有裨益，是以行令青海首领，于伊等两翼各派兵三百名，将兰州所剩护军一百二十九名，马兵八百七十一名，俱调赴西宁驻扎。查见今既调兵赴口外驻扎，则汛界巡守之事甚要，应将所调青海之六百名兵，令在汛界巡守之处，不时小心防守，仍令扬言，大兵目下两路进剿。从之。

（卷 284）

议政大臣等议覆，甘肃巡抚绰奇疏言，见在甘凉喂养之四千九百骆驼，暂且不用。令喂养骆驼官员等，带领兵丁择水草佳处牧放，其购买之一千六百余骆驼，随到即分与牧放骆驼之官员等，令其牧放。再甘、凉所喂之马骡，并驻扎甘州之山西一千步兵所带马驼，见今既无使用之处，亦令其出青，于文到日停给草料应如所请。从之。

（卷 284）

康熙五十八年五月辛卯（十九日，1719.7.6）

议政大臣等议覆，差往西吉木等三处，定设疆界之理藩院员外郎巴福寿疏报，臣将厄鲁特贝子阿拉布坦，并伊所属之台吉阿尔萨郎，贝勒额尔得尼额尔克所属之寨桑库鲁克，贝子车臣所属之护卫车臣藏布等传齐，会同西吉木等三处官员，将设立疆界情由示知。据贝子阿拉布坦等称，青海人等荷蒙圣恩，焉敢吝惜兵民耕种之地土，但于可以耕种之地外，留我等游牧处所，并所属人等种地之处足矣。臣查西吉木等三处种地之所，原系锡拉果尔蒙古人等游牧地方，蒙古不曾种地，而兵民业已耕种，所有空地，蒙古人等照常游牧，其达里图地方，有车臣贝勒属下人等，与兵民遵循水道，相杂耕种，因西吉木之水源，俱系淖泥草墩之地，不甚耕种，是以蒙古人等于此游牧，循水之下流，兵民与贝勒额尔得尼额尔克，以及贝子阿拉布坦属下人等，业已在水之两岸交错种地，遂会同地方官员，并台吉、寨桑等，将兵民蒙古人等见今交错耕种地边，立号为界，不令逾越。应行令巴福寿，将伊所设之疆界，交明巡抚绰奇而回。从之。

（卷 284）

康熙五十八年六月甲辰（三日，1719.7.19）

议政大臣等议覆，振武将军傅尔丹等疏言，臣等遵旨，差贝勒丹津多尔济等，前往会同将军富宁安等公议，巴尔库尔并阿尔泰两路官兵之马畜军器口粮俱已敷用，今年进兵袭击，毫无迟滞，但见今业已差人到策妄阿喇布坦处，俟使臣回日，如策妄阿喇布坦仍前巧饰推托，即于来年两路约会进剿，今岁可暂停袭击。查两路兵马驻扎有年，前岁进往袭击，未得深入，今年虽差使臣前往，应乘兵丁马匹肥壮，人力整齐，会议袭击，但今时候已迟，应令停其袭击，行文与两路将军，预备来年进剿。从之。

（卷 284）

康熙五十八年六月丁未（六日，1719.7.22）

四川总督年羹尧疏报，探得西海各部落，近因贝勒达颜病故，各有吞并之意，又闻策零敦多卜见令左哨头目春木盆尔，带六百余兵，过喀喇乌苏河前往青海，又闻发兵八千来藏，已至业尔根克里野地方。臣思自藏至打箭炉，南路险远，北路平近，里塘见有大兵，南路可以无虞，惟北路宜预为之防，臣等已调兵防守中渡河口，又酌调提标兵丁，于打箭炉附近地方驻扎，防守霍耳一路。报闻。

（卷 284）

康熙五十八年六月丁巳（十日，1719.7.26）

议政大臣等议覆，都统法喇等疏言，臣等遵旨将绿旗兵，令副将岳钟琪带领先行，臣亲领满洲兵至打箭炉。据副将岳钟琪等称，一到里塘，即将达哇拉木渣木巴、第巴色布腾阿住等传齐安抚，伊等出言抗拒，不给人口数目，因擒拏达哇拉木渣木巴、第巴色布腾阿住，并跟随之人。臣等随讯问伊等领兵前来，窃视我兵形势情由，俱各承认，理应奏请正法。但伊所调之蛮人众多，迟则恐生事端，故将达哇拉木渣木巴等七人俱已正法。随安慰里塘所属地方，并宣谕巴尔喀木等处。又令副将岳钟琪领绿旗兵一千名，进取巴塘。查都统法喇前进招抚巴塘，招抚后，即驻扎巴塘防守，不可不发兵接应。应行令护军统领噶尔弼，并总督年羹尧，将见在打箭炉之满洲、绿旗兵内，酌量添发法喇处，见在成都之满洲兵内，酌量派往打箭炉驻扎。至巴塘离云南中甸不远，应行令都统武格，侦探准噶尔之信，酌量带兵接应。松潘离打箭炉亦不远，应行令副都统宁古礼等，亦侦探准噶尔之信，酌量领兵援应。从之。

（卷 284）

康熙五十八年六月壬戌（二十一日，1719.8.6）

四川总督年羹尧、护军统领噶尔弼疏报，探得策零敦多卜领兵六千，止有二千系准噶尔之人，余皆迫胁而来者，再同领兵之三济，行事轻躁，与策零敦多卜不相和睦，又有郭莽喇嘛，系策零敦多卜之弟，策零敦多卜调夫修理布达拉城池，有欲为藏王，率众归附之意，臣等遥揣其情，策零敦多卜深知策妄阿喇布坦之残忍，又与三济不和，恐难保全，此亦必有之情，似可密谕策零敦多卜，速来归顺，使守西藏，令除三济以自效。报闻。

（卷 284）

议政大臣等议覆，四川总督年羹尧、护军统领噶尔弼疏报，据副将岳钟琪等称，里塘就抚之后，即遣人至巴塘，招抚及领兵行至巴塘所属立登三木巴地方，前差往招抚之人带领喀木布第巴所遣之人来迎，情愿归顺，遂准其投诚，并令喀木布第巴开明户口数目，俟大兵一至巴塘，即来亲递。查巴塘既称已经招抚，应行令都统法喇，仍驻扎巴塘看守。从之。

（卷 284）

康熙五十八年六月乙丑（二十四日，1719.8.9）

抚远大将军允禵疏报，公策旺诺尔布等，将出西藏而来之扎穆扬善木巴等送至西宁，遂询据扎穆扬善木巴等称，策零敦多卜、三济等领兵驻扎在藏，闻得三济于三月间回策妄阿喇布坦处去，再策零敦多卜闻大兵分路进剿，恐不能支，欲于五月间遁回。报闻。

（卷 284）

康熙五十八年七月乙未（二十四日，1719.9.8）

议政大臣等议覆，抚远大将军允禵疏言，办理军饷之原任侍郎色尔图等扣克军粮，应将色尔图照失误军机律拟斩，笔帖式戴通拟绞。俱解部监候，秋后处决，应如所拟。得旨，色尔图依拟应斩，戴通依拟应绞，俱仍锁禁西宁，遇有苦差之处差遣。

（卷 285）

又议覆，抚远大将军允禵疏言，原任都统胡锡图带兵来时，沿途索诈官吏，骚扰百姓，进藏之时，人马伤损，回时不亲自率领兵丁，先行进口，应将胡锡图枷号鞭责，解送京城完结，应如所拟。得旨，胡锡图仍锁禁西宁，遇有效力之处，发往效力。

（卷 285）

康熙五十八年七月己亥（二十八日，1719.9.12）

议政大臣等议覆，四川总督年羹尧疏报，松潘总兵官路振扬等，令守备周瑛领兵出口，于巡查边界之便，令其招抚铁布生番，而阿念塘恶番不遵劝谕，且复抗拒，射伤差去之人。守备周瑛即奋勇率兵而进，杀二百余贼，生擒五十余人，并获马匹等物。查该督先将周瑛，题补漳腊营游击，业已准其补授，其擒获之五十余人，俟审明具题，到日再议。所得之马匹等物，令其赏给绿旗兵丁。从之。

（卷 285）

康熙五十八年九月庚午（一日，1719.10.13）

以青海故多罗贝勒达颜子汪楚克阿拉布滩、喀尔喀故多罗贝勒准对子噶尔桑各袭爵。

（卷 285）

康熙五十八年九月甲戌（五日，1719.10.17）

议政大臣等议覆，四川总督年羹尧、护军统领噶尔弼疏言，据差往巴塘知府迟维台等称，乍了、叉木道、嚓哇三处胡土克图罗布藏那木扎尔等欲来归顺，将伊等所属喇嘛、民人等户口，会造总册投递。因差郎中鄂赖、游击黄喜林等持银牌、茶、缎、轻骑前往三处晓谕、犒赏外，复令详察三处形势回报。应行令年羹尧等，俟差去之郎中鄂赖等一到，将彼处情形并所得一应信息即速奏闻。从之。

（卷 285）

康熙五十八年九月乙未（二十六，1719.11.7）

谕议政大臣等，此次差往西边胡毕图等前来，回称策零敦多卜等，及土伯特众喇嘛民人，俱言在西宁见有新胡必尔汗，实系达赖喇嘛之胡必尔汗，天朝圣主将新胡必尔汗安置在达赖喇嘛禅榻上座，广施法教，实与众人相望之意允协，且土伯特处时有瘴气，厄鲁特之子孙不能滋生，多生疾病，有何贪恋之处，惟恳天朝圣主将法教速为广施，观此情形，似乎易结。今将新胡必尔汗封为达赖喇嘛，给与册印，于明年青草发时送往藏地，令登达赖喇嘛之座，送往时，著大臣带满洲兵一千名，蒙古兵一千名，土番兵二千名，绿旗马兵一千名，步兵一千名前去，其行粮牲畜接续之处，令大将军办理。再由巴尔喀木，带四川满洲兵一千名，绿旗兵一千名，土番兵酌量派往，其行粮牲畜接续之处，令年羹尧办理。青海王、贝勒、贝子、公等亦带领属兵，或一万，或五六千，送往前去，策零敦多卜等若实为法教，自必俟达赖喇嘛登禅榻后然后前去，若不行等候遁走，即为无耻之贼。此行大将军带领兵马，在梭罗木周围水草佳处驻扎，兼令其照管青海家属，四川兵二千名出口驻扎，兼照管王察罕丹津行装，事关甚大，将此旨传谕大将军处，令伊等公同确议具奏。又青海王、台吉等，令大将军传集一处晓谕，唐古特国内达赖喇嘛班禅法教，原系尔祖上设立，今策妄阿喇布坦无故将拉藏杀害，令寺庙喇嘛各自散去，将众鄂里格一路截断，令达赖喇嘛禅榻空虚，从前尔将此新胡必尔汗称为达赖喇嘛之胡必尔汗，若安置在达赖喇嘛禅榻，为法教广施之事，我等愿舍命效力，业经保奏，土伯特之喇嘛民人，及阿木岛地方喇嘛等，俱亦称为达喇嘛之胡必尔汗，皇上将此胡必尔汗特封为达喇喇嘛，于明年一同送往藏地，令登禅榻，将法教广施，放开众鄂里格一路，令其贩卖茶布，此正宜效力之时，尔等应各带兵丁，与送去之大臣会同一处前去，尔等之意如何，令伊等各陈己意，会盟画一具奏，俟会盟完时，令都统延信、楚宗、公策旺诺尔布、侍读学士常授等，由固关前来京师具奏。

（卷 285）

康熙五十八年十月丙午（七日，1719.11.18）

刑部等衙门议覆，查办理西宁军饷陕西巡抚噶什图、题参李锡等七人借欠库银一案，李锡系拟立决之犯，李廷臣系拟斩监候之犯，白澄、张育徽系拟绞监候之犯，佟国勷、祖业弘系革职之人，武廷适系致仕之人，俱奉旨发往军前效力赎罪。反推诿事故，借军需银六万六百余两，今又呈称力竭不能应付，以致迟误军务，殊属可恶，应将李锡等从重治罪，但西宁见在用兵，李锡等仍留彼处效力行走，如仍前不悛，照原拟取来京城正法。佟国勷、祖业弘、武廷适另行议罪外，其所借库银，行令各该旗督抚查明伊等家产，作速变价偿还，如有隐匿，将承查大臣各官，一并从重治罪。从之。

（卷 286）

康熙五十八年十月乙丑（二十六日，1719.12.7）

议政大臣等议覆，靖逆将军富宁安遵旨覆奏，查杜尔博尔金，因离营近，是以将历年所收之谷，派令满洲、蒙古、绿旗官兵，以己力运至营中，并未动用钱粮雇运，图呼鲁克康熙五十五六七等年官种所收之谷，俱用官驼轮流运至营中，亦未动用钱粮雇运。至运送图呼鲁克所种之青稞，原应将脚价雇运到营，但图呼鲁克处所系旷野之地，难以雇觅夫骡车辆，兼之支放兵丁青稞需用紧急，因将图呼鲁克应雇运之三千一百九石青稞，用官驼运送至营，将驼台应运之三千余石之谷，照依运送图呼鲁克青稞之脚价雇运至营。再查主事达理等，捐种青稞一千八百十六石，理应以己力运送到营，乃止交送哈密仓内，仍动用钱粮七千二百余两雇运到营，应交与侍郎海寿，著落主事达理等照数追取，令在运粮等项事务使用。又查自哈密来巴尔库尔之路已成通衢，聚集之人亦多，应将自哈密雇运到营脚价，每石减银五钱，给银三两五钱，额敏在塔尔那秦所种青稞，运至哈密脚价，每石减银三钱，给银一两七钱，又自哈密运送至营，亦每石减银五钱，给银三两五钱，共减银四千四百两有奇，见应给脚价银三万九百两有奇，请令甘肃巡抚绰奇，照数速行解送，交与侍郎海寿，将哈密收贮裹带之粮七千九百五十石，并额敏在塔尔那秦所种之青稞六百八石，雇运至营。其在图呼鲁克、塔尔那秦等处，捐种人等应交之谷，著侍郎海寿，令捐种人等以己力运送至营。应如所请。从之。

（卷 286）

康熙五十八年十一月癸酉（五日，1719.12.15）

户部议覆，四川总督年羹尧疏言，里塘、巴塘，地居荒服。大兵一抵其地。堪木布第巴，率众来归。请自康熙五十九年为始，愿输纳钱粮。其钱粮即在军前支用，免入川省额赋。俟西藏平定，另行请旨定夺。应如所请。从之。

（卷 286）

康熙五十八年十二月庚戌（十四日，1720.1.23）

都统武格等疏报，臣等于十月初一日抵中甸，查离中甸一日程途有扎杂一口，两日程途，有奔杂拉渡口，曾令前锋参领曼丕、侍卫张柱等往视。回称扎杂口乃通西之路，奔杂拉渡口乃通金沙江之渡口。此二口俱系通西最要之路，臣等将驻扎中甸之二百名绿旗兵内，每口派兵二十名，令其防守外，臣等遍视石鼓、剑川、永北等处之处，前赴云南省城，与地方官会商，令行陈奏。报闻。

（卷 286）

康熙五十八年十二月丙辰（十八日，1720.1.27）

议政大臣、军前召至大臣、九卿等公同议奏进藏一事。得旨，此议尚未周详，只议西地进兵，并未议及阿尔泰、巴尔库尔两路之兵，两路兵会合取吐鲁番，若乌鲁木齐难以堵塞看守，应将两路之兵会合袭击，或各减骑进入震慑，从呼尔拉之处袭击，则彼必畏惧，自然弃此牧放牲畜之处而去，再闻知西地大兵进剿，并两路兵袭击，不但惊惶无措，亦且首尾不能相顾矣。额驸阿宝所属厄鲁特兵五百名，察哈尔兵四百名，令带往取藏，此柴旦木所有之兵，亦令前往取藏，大将军留驻穆鲁乌苏三千兵内，令派兵一千前进，大将军处之兵若少，将京师每佐领下派出护军二名，马兵一名，于二月内起程，前往西宁。今新胡必尔汗奏称，各处俱有禅床，皆可安设，若为我兴兵，实关系众生。此或是新胡必尔汗之意，或是青海台吉等，畏惧策妄阿喇布坦，密嘱新胡必尔汗奏，亦难预知，倘新胡必尔汗与青海台吉等意同，此新胡必尔汗不可送往，青海台吉等若无此意，必将新胡必尔汗送往，安设禅床，广施法教，令土伯特之众诚心归向，则策零敦多卜自畏势逃遁，我师进藏定立法教之后，或留兵一二千暂行看守，或久住，则土伯特之众即如我兵，纵策妄阿喇布坦、策零敦多卜发兵前来，伊系劳苦之兵，我则安逸之兵，即可剿灭。朕意如此，事关重大，不可急迫，从容周详定议为是。今若照众大臣议，惟行看守，自西宁至四川、云南、内外土番，杂居一处，西藏之人皆系土番，伊等俱是一类，倘藏地被策零敦多卜占据，则藏兵即是彼之兵丁，而边疆土番岂能保全，尔等暂且看守之议，不合，著另行周详定议具奏。

（卷 286）

康熙五十八年十二月庚申（二十二日，1720.1.31）

谕议政大臣等，古北口、宣化二镇，兵丁壮健，著每处各派兵五百名发往西宁。尔等议奏。寻议，将古北、宣化二镇兵各派五百名。古北口之兵，令副将韩良辅带往，宣化之兵，令副将陈栋带往。俱于二月内起程前往西宁。从之。

（卷 286）

康熙五十八年十二月辛酉（二十三日，1720.2.1）

谕户部，朕惟治天下之要务，首以乂安民生为先，故自御极以来，于闾阎疾苦，无不博咨广询，涣敷休泽。其有动民力之处，尤恻然轸念，刻不能忘，盖六十年如一日也。比年因策妄阿喇布坦狂逞跳梁，兴兵征剿，远历边陲，其沿边数处，师旅屯驻，一切虽皆支用正项钱粮，而协办转输，行赍运送之事，民力劳瘁，朕心时切悯念。曾将陕西、甘肃所属，康熙五十八年额征地丁银一百八十八万两零，历年旧欠银四万两零，特沛恩纶，悉行蠲免。而沿边各州县卫所，军行既多飞挽之劳，办赋复滋催科之扰，若非格外加恩，小民恐致失业，所有沿边一带，陕西所属府谷、神木、安塞、绥德、米脂、安定、吴堡、保安、榆林、保宁、常乐、双山、鱼河、归德、向水、波罗、怀远、威武、清平、葭州、龙川、镇靖、镇罗、宁塞、靖边、柳树涧、安边、砖井、定边、饶阳、水堡、高家堡，甘肃所属山丹、高台、古浪、庄浪、西宁、肃镇，宁夏左屯、中屯、平罗、中卫、灵州、宁州、平凉卫、固原州、镇戎、西安、阜城、甜水、河州、兰州、洮州，宁夏前卫、平凉县、固原卫、河州卫、兰州卫、庆阳、凉州卫、永昌卫、镇番卫、甘州左卫、左卫、肃州卫、镇彝所等，六十六州县卫所堡，康熙五十九年钱粮米豆草束俱宜蠲免，但目今系有军务之时，除米豆草束外，将康熙五十九年额征银九万八千一百两零，尽行蠲免。尔部行文该督抚，通行晓谕，实心奉行，务俾均沾德惠，以副朕曲轸边民之至意，倘或借端科派，泽不下究。该督抚严察指参，从重治罪。尔部即遵。谕行。

（卷 286）

议政大臣，军前召至大臣，九卿等遵旨议覆，送往新胡必尔汗兵八千为势稍弱，应再添兵四千，令额驸阿宝亲身带厄鲁特兵五百名，副都统常龄带察哈尔兵四百名同往，其柴旦木驻防之都统阿尔纳处二千兵内，派一千五百名，令侍卫阿齐图等带领前往，大将军留驻穆鲁斯乌苏三千兵内，拨派一千六百名，此进藏之兵共一万二千名，派大臣一员，授为将军，给与印敕，令其统理。新胡必尔汗封为达赖喇嘛，应给印敕名号等项，令各该处议奏。都统延信、楚宗、公策旺诺尔布、侍读学士常授等回时，令与大将军商酌，青海台吉等若实心送去，即将新胡必尔汗与兵马一同前往，若俟事定之日送去，令暂住滚穆布木庙内，先遣大兵将藏地攻取，令阿宝所领之五百兵，并察哈尔四百兵，满汉二千兵，青海二千兵，俱驻扎看守。再令都统法喇等酌量带兵，由巴尔喀木一路前进，噶尔弼、年羹尧亦派兵二千名，发往法喇军前，都统武格带往兵内，挑选满兵一千，绿旗兵二千满兵，令都统武格、副都统吴纳哈统领，绿旗兵令总兵官赵坤、马会伯统领，前往与法喇之兵会合，应于何日起程，何地会合之处，令大将军咨行商酌，约会一同前进再将阿尔泰二万兵内，挑选一万五千令裹带三月口粮，于六月下旬，自布喇罕、布鲁尔两处前进，若策妄阿喇布坦不行防备，即深入袭击，若知觉防备，将兵速行带回。巴尔库尔一万三千内，挑选一万，令三千兵轻骑袭击吐鲁番，二千兵轻骑袭击乌鲁木齐，所余五千兵，令其徐徐前进，接济袭击乌鲁木齐之后，此袭击之兵，俱令裹带两月口粮，于七月初旬，与阿尔泰之兵约定前进。其袭击之兵及驻扎之兵，令何人统领，进藏之兵，于军前大臣内派何人为将军，及西宁等处提督总兵官内，将何人派往之处，伏候谕旨。得旨，此议甚详，事务关系重大，著行令大将军等，与青海台吉等，公同定议具奏。

（卷 286）

康熙五十八年十二月壬戌（二十四日，1720.2.2）

议政大臣等遵旨议奏，京城满洲兵，每佐领派鸟枪护军一名，护军一名，鸟枪马兵一名，派护军统领一员，副都统二员统领，每旗派护军参领一员。每翼派鸟枪护军参领一员。骁骑营之火器营，各派参领一员，委为夸兰大，前往西宁。所派大臣官员支给五年俸银，兵丁支给二年钱粮，令其置办，将骁骑营兵作一起，令副都统一员统领，护军作一起，令护军统领一员、副都统一员统领，俱于明岁二月内起程。再查从前曾令山西大同、平阳等处绿旗步兵一千名，在甘州预备，今派一万二千兵进藏，明岁若送达赖喇嘛登禅榻，即令此一千步兵前往看守。从之。

（卷 286）

康熙五十九年　庚子　1720 年

康熙五十九年正月壬申（五日，1720.2.12）

谕议大臣等曰，再出征乌兰布通时，阿密达因天晚撤兵，云皇上必不以撤兵故，遂杀我等，将兵撤退，索额图、明珠选勇士数百人，近身防护，勇士云，挑选我辈，原拟或战或追，讵意止令防护，共生忿怨。后中路出兵时，令大臣官员等会议进兵之处，众皆谓不可，独朕与费扬古以兵为可进，决意进兵，及至科图地方，众皆不欲前发，大臣等劝朕撤兵，朕谕以祭告天地、太庙、社稷，亲统兵前来，不见贼踪，如何骤行撤去，不允所请将兵前进，噶尔丹闻我兵威，甚是惊惧，鼠窜而去，朕选兵令马思喀为将军，尾追噶尔丹，又遇西路兵攻击，大败之，朕将中路初次运到之米，遣明珠速送至费扬古军前，二次米亦即令续送，三次米内，朕但留十八日口粮，余俱送西路军前，是以西路兵丁未至饥馑，得保全而回，彼时若轻信大臣等言，中道撤兵，则两路兵丁，安得立功奏凯耶。今观领兵大臣官员等，祇为保身之计，不以国事为重，内存私意，彼此争论不和，又向兵丁等沽名市恩，多取口粮，及不能驮载，至于抛弃，全无珍惜之意，如此居心行事可乎。朕之满洲兵，俱极精练，全在领兵者，将国家之事专心办理，不图安逸，赏罚严明，则断无错误。进兵西藏时，色楞不候众人，独自前往，额伦特亦随后追至，为国家奋不顾身，虽至失机，岂可论伊等进兵太速乎。今策旺诺尔布系差往策应之兵，而迟延不前，虽伊所统兵丁善全而归，伊属下之兵固然感念，于国事有何裨益，惟西路阵亡兵丁，朕甚为怜悯，当分别加恩。至大臣官员等，在部院衙门亦能清廉自守，右行军大事，又非仅清廉自守者能胜任也。朕年少时，每于讲武练兵等事，违命者必惩以法，内外大小，悉知儆惕，由此观之，训练之事，不可疏忽也。兹众喀尔喀及青海等，俱服朕之风化，而策妄阿喇布坦之人，霸占藏地，毁其寺庙，散其番僧，青海台吉理应弃命忘身，奋勇致讨，乃伊等口称维持黄教，却无实心效力之人策零敦多卜领兵在藏，以我兵隔远，不能往救，朕思伊等兵步行一年有余，忍饥带馁，尚能到藏，我兵顾不能至乎，今满汉大臣，咸谓不必进兵，朕意此时不进兵安藏，贼寇无所忌惮，或煽惑沿边诸番部，将作何处置耶，故特谕尔等，安藏大兵，决宜前进。

（卷 287）

康熙五十九年正月丁酉（三十日，1720.3.8）

命抚远大将军允禵，率前锋统领弘曙，移驻穆鲁斯乌苏，管理进藏军务粮饷。

（卷 287）

授都统宗室延信为平逆将军，率兵进藏，以公策旺诺尔布、副都统阿琳宝、额驸阿宝、随印侍读学士常授、提督马见伯、总兵官李麟参赞军务。

（卷 287）

调西安将军宗查布驻防西宁，平郡王讷尔素驻防古木等地方。

（卷 287）

调出征和硕裕亲王保泰子广善、和硕简亲王雅尔江阿子永谦、固山贝子鲁宾、护国将军敬顺，回京。从抚远大将军允禵请也。

（卷 287）

康熙五十九年二月癸丑（十六日，1720.3.24）

谕大学士等曰，总督年羹尧，自军兴以来，尽心效力，训练川兵，甚是整齐，可速行文与年羹尧，令伊带领兵丁进藏，授为将军，如有能署理总督事务，于地方不致生事者，令年羹尧奏闻署理，如地方紧要，不得署理之人，著护军统领噶尔弼为将军，带领云南、四川两处兵马前进，定西将军印速行送往。寻年羹尧覆奏，四川总督印务一时无可署理之人，定西将军之印请交与噶尔弼管理，授为将军，率领兵丁进藏，并调都统法喇于打箭炉地方，驻扎防守。从之。

（卷 287）

先是，抚远大将军允禵覆奏，臣遵旨传集青海王、台吉等，会议进兵安藏，及送新胡必尔汗往藏之事，其青海王、台吉等皆同心协力，情愿派兵随征，并请封新胡必尔汗，掌持黄教。至是，命封新胡必尔汗为弘法觉众第六世达赖喇嘛，派满汉官兵及青海之兵送往西藏，其四十九旗扎萨克，并喀尔喀泽卜尊丹巴胡土克图等，亦令遣使会送。

（卷 287）

康熙五十九年二月甲子（二十七，1720.4.5）

议政大臣等议覆，云南贵州总督蒋陈锡疏言，中甸地方原系云南丽江土府所属，吴逆背叛时割赂西藏，今巴塘、里塘虽经四川招抚，而中甸一带距蜀甚远，附滇最近，尚有钱粮在丽江完纳，非四川旧属也。兹据丽江土知府木兴详报，中甸等处番目及喇嘛营官，到丽江投诚，愿仍归云南管辖，应如所请。将附近中甸地方及巴塘、里塘，仍归丽江土府管辖。从之。

（卷 287）

康熙五十九年三月己丑（二十二日，1720.4.29）

都统武格疏言，云南一路满汉官兵，奉调赴巴尔喀木地方，与将军噶尔弼会兵进藏，臣等于二月十二日自云南启行，又丽江土知府木兴告请效力，臣挑选土兵五百名，令木兴之子带领随征。报闻。

（卷 287）

云南提督张谷贞疏言，驻扎云南满洲兵及鹤丽、永北、二镇绿旗兵，见经都统武格等，挑选三千名率领进藏，臣查云南之丽江、中甸，一带地方为西藏通衢，最系紧要，臣请亲率官兵于丽江、中甸适中之处驻扎防守。从之。

（卷 287）

康熙五十九年三月丙申（二十九日，1720.5.6）

靖逆将军富宁安疏言，今岁议发大兵进剿西藏，其阿尔泰、巴尔库尔两路兵，亦约会前进，袭击准噶尔边境之地，使贼人扰乱，可以相机行事，臣请率兵三千，从乌鲁木齐一路前往，分兵四千，由吐鲁番一路前往，其领兵大臣，请旨派遣。又两路进兵之后，另派兵三千，随后策应，其余存留之兵，请暂交副都统雅图、侍郎海寿等管理。得旨，交与议政。寻议政大臣等议覆，将军富宁安奏请派兵袭击之处。应如所。其袭击吐鲁番一路兵，令散秩大臣阿喇衲，统领前进。从之。

（卷 287）

征西将军祁里德疏言，阿尔泰一路官兵，臣请领七千人，从布娄尔一路前进，将军傅尔丹领八千人，从布喇罕一路前进，袭击准噶尔边境之地，其余兵丁，请另派大臣统领。得旨，交与议政。寻议政大臣等议覆，将军祁里德奏请派兵袭击之处，应如所奏。其存留之兵，应令将军颜寿、都统穆赛等统领，择形胜地方驻扎防守。从之。

（卷 287）

康熙五十九年四月壬寅（六日，1720.5.12）

议政大臣等议覆，四川总督年羹尧疏言，巴塘、里塘地方，近经云贵督臣蒋陈锡奏请归丽江土知府管辖。臣查巴塘、里塘向为西藏侵占，臣宣示圣主恩威。招抚投顺，虽归蜀归滇，莫非王土。但四川见在用兵，一切运粮调遣之事，道经巴塘、里塘，关系紧要，拨归土司，则呼之不应，移咨滇省，则往返迟延，请仍归四川管辖，有济军务。又准都统武格咨称，云南进藏兵丁须接运三月口粮，云南山高路狭，艰于运送，请以四川所运之米支给，查滇、蜀两省俱各进兵，而蜀省进兵七千，滇省进兵三千，多寡悬殊，恐蜀省所运之粮不足供滇省之用，应如年羹尧所奏，行文云南督、抚，将云南进藏兵粮速行趱运，如武格等所领之兵与噶尔弼兵会后，或云南运米未到，仍暂拨四川余粮支给，即于云南所运米内照数补还，其巴塘、里塘地方应暂归四川统辖，俟事平之日，再照原议，改隶云南。从之。

（卷 287）

康熙五十九年六月癸卯（八日，1720.7.12）

靖逆将军富宁安、振武将军傅尔丹、征西将军祁里德等疏报，巴尔库尔、阿尔泰两路驻兵之处，雨水调和，马匹肥壮，又进击策妄阿喇布坦边境，侦探沿途皆有水草，应遵照原议，巴尔库尔兵于七月初一日起程，阿尔泰兵，于六月十六日起程前进。报闻。

（卷 288）

康熙五十九年八月甲辰（十日，1720.9.11）

靖逆将军富宁安疏言，臣于七月初一日率袭击兵七千启行，初二日驻叟集地方，臣将此兵内选精兵一千，轻骑前进至乌尔图地方，昼伏夜行，初六日黎明进兵乌兰乌苏之源，乌兰乌苏之口及托和穆图等处，并无贼哨，四面搜捕，亦无踪迹，初七日驻兵乌兰乌苏口内，是晚派一等侍卫哲尔德等，领兵前赴阿克塔斯，派二等侍卫克什图、一等侍卫阿玉锡等，领兵前赴伊尔布尔和韶，分击贼哨。濒行时，臣嘱哲尔德等，乌兰乌苏与阿克塔斯相距七十里，与伊尔布尔和韶相距百余里，尔等至阿克塔斯相近处，即行潜伏，约计克什图之兵至伊尔布尔和韶时，尔等始行往击，慎勿急于进兵，使伊尔布尔和韶之贼预先知觉。又嘱克什图等，尔等沿瀚海边界前进，于天未明时，即抵伊尔布尔和韶围击贼哨。臣率署前锋统领法瑙、副都统常寿等，随后前进。初八日，侍卫哲尔德等击阿克塔斯贼哨，贼众畏我兵势，望风而走，我兵急往追捕，擒获一贼，余贼入深山中逃散。侍卫克什图等击伊尔布尔和韶贼哨，见贼之马匹在谷内营边牧放，阿玉锡带领十余骑入谷，夺贼马百余匹而回，贼以我兵掩至，据高山绝险之处，藏身树石中，放枪拒敌，克什图等率兵夺勇追击，阿玉锡冲入贼中，刺杀三人，众官兵等共杀贼三十余人，生擒二十四人，所获马匹器械等物，臣即分给效力官兵等。其贼哨头目杜尔伯特台吉垂木拍尔见被擒获，宜即解送京师，因垂木拍尔身带重伤，暂送巴尔库尔，交付副都统雅图，俟回兵时，再将垂木拍尔解送京师，其余擒获之贼，应否全送京师，请旨定夺。得旨，将军富宁安围击贼哨，生擒贼二十余人，著行文副都统雅图，派兵送来京师，沿途严加看守，勿致逃亡，其垂木拍尔暂停起解，俟疮痍愈后，再行解京。

（卷 288）

康熙五十九年八月癸丑（十九日 1720.9.20）

征西将军祁里德疏言，臣率领官兵前往袭击，恐厄鲁特、吴梁海等随我兵之尾，要截后路，另派兵一千二百人，留阿保喀布沁地方，追寻厄鲁特往来之人，及山谷中设伏之吴梁海等踪迹，陆续擒厄鲁特、吴梁海等共四百余人。又七月二十九日，臣领兵自铿额尔河前进，探知厄尔［鲁］特寨桑色布腾等，率贼众赴铿额尔河，据山守险，臣遣人招降，贼恃险拒敌，我师派分两道，奋力夹击之，贼众大败，奔驻山麓，至次日，复遣人往谕，宣布圣主威德，寨桑色布腾等率二千余人来降，所获马驼牛羊共万有余只，其寨桑色布腾等，俟回兵之日，另派官兵护送京师。得旨，此次擒获之人，及投降之寨桑色布腾等，派官兵解送时，著喀尔喀协济，先送至归化城，将其中头目数人驿送至京，其余吴梁海之人，交与公博贝等，设法护视，勿致逃窜。

（卷 288）

康熙五十九年八月甲子（三十日，1720.10.1）

靖逆将军富宁安疏言，散秩大臣阿喇衲等，于七月初八日进兵齐克塔木地方，遇贼兵设立营寨，击破之，擒杀二十余人，贼众悉降。初十日，至皮禅城，有回子兵守城拒敌，官兵进击，擒回子一人，复遗归，令晓谕众回子等，我师为征剿策妄阿喇布坦而来，与伊等无涉，若速行归顺，即免屠戮，否则进兵破城，后悔无及，是日，皮禅城回子头目，率三百余人来降。十三日，大兵至吐鲁番地方，吐鲁番之阿克苏尔坦，及总管头目沙克扎拍尔等，俱率众迎降，共获鸟枪五百五十杆，驼四十只，马五百匹，阿喇衲等于七月十六日，带沙克扎拍尔等及官兵凯旋。得旨，将军富宁安所奏，著抄发京城，传诸王、满汉大臣等，公同看阅。

（卷 288）

康熙五十九年九月壬申（八日，1720.10.9）

靖逆将军富宁安疏言，臣于七月十八日至乌鲁木齐，贼人并未设哨，随遣满汉官兵，遍行搜寻，亦无踪迹，有乌鲁木齐及哈西哈等处地方逃出回子陆续投降，臣询以策妄阿喇布坦之信，据称伊等系哈密属下人，为贼兵掳掠而来，本月十一日，贼目彻格尔得自伊尔布尔和韶奔回，通知信息云，皇上大兵已至伊尔布尔和韶，将台吉吹音拍尔所领之兵尽行剿杀，故乌鲁木齐有吹音拍尔所属之人，及附近地方厄鲁特之人，俱各震惊奔窜，伊等得乘间逃出，即来投顺，又称乌鲁木齐地方今年甚旱，牲畜倒毙甚多，臣遣人细加侦探，与回子之言无异。其阿喇衲袭击吐鲁番兵，先于七月二十四日回至乌兰乌苏，臣所领兵，于八月初二日亦回至乌兰乌苏，初三日合兵凯还，初十日抵巴尔库尔。得旨，交与议政。

（卷 289）

康熙五十九年九月戊寅（十四日，1720.10.15）

云南贵州总督蒋陈锡，云南巡抚甘国璧以都统武格、将军噶尔弼从义木多起行，拨用四川、云南二省粮饷，具摺陈奏。得旨，蒋陈锡、甘国璧皆系地方大臣，云南进藏之兵，各项粮饷应预先料理，如期运送。今蒋陈锡、甘国璧于粮饷之事并不留心料理，几至迟误。及大兵进藏之后，伊等方以运送米粮之事缮摺奏闻。四川之米若不到，云南之兵，从何就食，蒋陈锡、甘国璧显然有误军机，俱著革职，令自备口粮，运米进藏。若迟误不能抵藏，即行正法。其云南贵州总督事务，著贵州提督张文焕署理，云南巡抚事务，著贵州布政使杨名时署理，贵州提督事务，著河南南阳总兵官张致署理。南阳总兵官事务，著河南巡抚杨宗义于本省副将内拣选一人题请署理。伊等俱著速行赴任。

（卷 289）

康熙五十九年九月壬午（十八日，1720.10.19）

振武将军傅尔丹疏言，臣领袭击官兵，至格尔厄尔格地方，有厄鲁特之人，闻大兵即至，委弃帐房等物，四路逃散。臣等分兵进剿，于七月二十一日追及之，共杀贼二百余人，擒寨桑贝肯等百余人，招降三百余人，并获马驼器械等物。又探知乌兰呼集尔地方，为厄鲁特屯聚耕种之所。臣亲督官兵践踏其地，并将贼所积粮草焚毁一空，整队而回，贼乘我师之尾，潜踪来犯，我师截击之，贼复败遁，请将寨桑贝肯等，解送京师。得旨，将军傅尔丹所奏，著抄发京城，传诸王文武大臣，公同看阅。

（卷 289）

康熙五十九年十月庚戌（十七日，1720.11.16）

定西将军噶尔弼疏报，臣等领兵至拉里地方，探知吹穆品尔寨桑，带领贼兵二千六百人，由章米尔戎一路来拒我师，臣等议乘其不备，先取墨朱工喀地方，于八月初四日，臣率满汉官兵自拉里前进，王师所至，望风响应，随有朱贡之胡土克图献地来降，次日进取墨朱工喀，赏赉第巴头目，安辑民人，臣遣千总赵儒等往谕第巴达克杂来降，又喇嘛钟科尔头目亦陆续来降，臣等随令第巴达克杂聚集皮船，于八月二十二日渡河，复令侍卫讷秦等率领官兵，分为三队，二十三日五鼓时分起程，进取西藏，传西藏之大小第巴头目，并各寺庙喇嘛聚集一处，宣示圣主拯救西藏民人至意，随将达赖喇嘛仓库尽行封闭，西藏附近重地扎立营寨，拨兵固守，截准噶尔之往来行人，及运粮要路。随据三庙之坎布，将各庙所有准噶尔之喇嘛，共一百一人擒献，内有为首喇嘛五人，据第巴达克杂及三庙坎布等首告，彼皆策零敦多卜授为总管之喇嘛，于是将此五名喇嘛即行斩首，其余九十六名准噶尔之喇嘛尽行监禁。得旨，噶尔弼等遵朕指授，率领官兵，历从古用兵未到之绝域，各加奋励，克取藏地，将准噶尔人等信用之逆恶番僧五人正法，抚绥唐古特、土伯特人民，甚属可嘉，在事将军以下，兵丁以上，俱著从优议叙。

（卷 289）

谕兵部，朕惟国家绥乂地方，爱养兵民，实系紧要，朕自临御以来，夙兴夜寐，无时不以军民生计为念，比年策妄阿喇布坦蠢动跋扈，侵我哈密，歼及拉藏，占取藏地，骚扰土伯特、唐古特人民，再吐鲁番之人，皆近四川、云南一带边境居住，准噶尔人等若将吐鲁番侵取，又将土伯特、唐古特人民煽惑，侵犯青海，不但难于应援，亦且难于取藏，是以调四川、云南满汉官兵，由拉里前发，西路大兵，由青海进藏，官兵俱感朕豢养之恩，遵朕指授，各加奋励，直抵险远绝域，克取藏地，殊堪轸念，应大沛恩泽，四川、云南满汉官兵，从前所领俸饷，俱著免其扣取，仍遣堂官将取藏之四川、云南官兵，每人赏银十两，即给本人妻子，以示朕轸恤官兵劳苦之至意，尔部即遵谕行。

（卷 289）

康熙五十九年十月乙卯（二十二日，1720.11.21）

抚远大将军允禵疏报，平逆将军延信等，率领大兵，于八月十五日驻扎卜克河地方。是夜，策零敦多卜等率众来犯，击败之，夺其马匹器械，十九日自卜克河起程，二十日驻扎齐嫩郭尔地方。三更时，有贼兵二千余人来袭我师，我师严整备御，贼众久持，不能抵敌，遂奔北，二十一日自齐嫩郭尔起程，二十二日驻扎绰马喇地方。是夜五更，又有贼兵千余劫营，因营中四面哨兵，枪炮矢石齐发，贼兵被伤身死者甚多，余贼皆望风而遁，延信等随率领汉官兵，于九月初八日自达穆地方起程，送新封达赖喇嘛进藏，其从前达赖喇嘛博克达不便留住藏地，应发回京师。得旨，前遣大兵进藏，议政大臣及九卿等俱称藏地遥远，路途险恶，且有瘴气，不能遽至，宜固守边疆，朕以准噶尔人等见今占取藏地，骚扰土伯特、唐古特人民，再吐鲁番之人，皆近云南、四川一带边境居住，若将吐鲁番侵取，又鼓动土伯特、唐古特人众侵犯青海，彼时既难于应援，亦且不能取藏，朕决意独断，著靖逆将军富宁安、振武将军傅尔丹、征西将军祁里德，管领两路官兵，前往策妄阿喇布坦边境，惊扰袭击，又遣定西将军噶尔弼，领云南四川满汉官兵，由拉里前进，平逆将军延信，领西路官兵，由青海前进，又遣大将军总领大兵，驻扎穆鲁斯乌苏，调遣官兵，办理粮饷，伊等俱各加奋励，两路袭击之兵，至策妄阿喇布坦边境，屡次大胜，剿杀贼兵，擒获人畜，招抚数千准噶尔人众，兹览大将军奏，延信等三次将策零敦多卜杀败，贼兵逃窜，殊属可嘉，在事将军以下，兵丁以上，俱著从优议叙。

（卷 289）

康熙五十九年十月丁巳（二十四日，1720.11.23）

靖逆将军富宁安疏言，今岁阿尔泰、巴尔库尔两路官兵，袭击策妄阿喇布坦边境，将军延信等进兵安藏，各遵皇上指授，大振军威，贼人闻之，心胆俱碎，或因窘迫之故遣使投降，诈为缓兵之计，亦未可定，臣愚以为贼性奸诡，即使投降，不足为信，请乘胜于来年大举进剿。查见在巴尔库尔之兵，及固原甘肃等处预备驻扎之兵，不下一万七千，请于此内派选精兵八千名，由额伦哈必尔汉一路前进，六千名由吐鲁番阿尔会一路前进，酌带三月口粮，其安设驿站之事，交巡抚绰奇预行料理。又巴尔库尔之草厂胜于各处，所有安台运米驼马，及调遣兵丁驼马，若早至巴尔库尔牧放三月，则驼马肥壮，有益军务，其来年进兵之期，作何策应之处，臣再与阿尔泰一路大臣会议奏闻。得旨，交与议政。寻议政大臣议，应如将军富宁安所奏，来年大兵进剿，一切军务宜预行齐备，至进兵之时，或直捣贼巢，或扼据形胜，须临期相机而行，其大将军所领兵内，应再派三千名，添发富宁安处，并行文与阿尔泰一路将军，伊等之兵作何会合前进，亦令详议奏闻。得旨，此事著行文允禵，及富宁安、傅尔丹、祁里德等，将来年进兵之处，互相商酌，详加定议具奏。

（卷 289）

康熙五十九年十月辛酉（二十八日，1720.11.27）

议政大臣等议覆，抚远大将军允禵疏言，八月二十三日，官兵进藏之后，探知策零敦多卜等贼兵已自克里野一路遁去，请将驻守噶斯、［德］布特尔之兵，及驻防青海土兵，均行撤回，应如所请。但策零敦多卜等性甚奸狡，虽已经逃遁，或乘隙侵扰青海地方，亦未可定，应令大将军仍派兵二千，驻扎于青海相近形胜之地，侦探防守。从之。

（卷 289）

康熙五十九年十一月丙子（十三日，1720.12.13）

议政大臣等议覆，四川总督年羹尧疏言，里塘、巴塘为蜀省出兵运道，奉旨听蜀省管辖。乃云南丽江土知府木兴于巴塘所属之喇皮等处，节次遣人吓令归滇，以致番人恐惧，见在四川续运之米粮雇募人夫，不敢前进。八月二十日木兴带领蛮兵前至喇皮，因番目巴桑以已归四川为词，即被杀死。又示威番蛮，勒令归己。以致番蛮欲图报复，各思构兵，巴塘之运路遂阻。木兴狂悖生衅，杀良阻运，请革职，拏禁云南省城，俟西藏既平，严审究拟。查平藏大兵尚未入口，应将年羹尧参木兴生衅阻运之处存案，俟藏兵旋日，差京城大臣一员前往审理。从之。

（卷290）

康熙五十九年十一月辛巳（十八日，1720.12.18）

谕大学士、学士、九卿等，朕于地理从幼留心，凡古今山川名号，无论边徼遐荒，必详考图籍，广询方言，务得其正，故遣使臣至昆仑西番诸处，凡大江、黄河、黑水、金沙、澜沧诸水发源之地，皆目击详求，载入舆图。今大兵得藏，边外诸番悉心归化，三藏、阿里之地俱入版图，其山川名号番汉异同，当于此时考证明核，庶可传信于后。大概中国诸大水皆发于东南诺莫浑乌巴西大干内外，其源委可得而缕析也。黄河之源出西宁外枯尔坤山之东，众泉涣散，不可胜数，望之灿如列星，蒙古谓之敖敦他拉，西番谓之梭罗木，中华谓之星宿海，是为河源，汇为萨陵、鄂陵二泽，东南行，折北，复东行，由归德堡积石关入兰州，岷江之源出于黄河之西巴颜哈拉岭七七喇哈纳，番名岷尼雅克撮，汉书所谓岷山在西徼外，江水所出是也。而禹贡导江之处，在今四川黄胜关外之乃褚山，古人谓江源与河源相近，禹贡岷山导江，乃引其流，非源也。斯言实有可据，其水自黄胜关流至灌县，分数十支，至新津县，复合而为一，东南流至叙州府，与金沙江合流。金沙工之源，自达赖喇嘛东北乌尼尹乌苏峰流出，乌尼尹乌苏峰，中华谓之乳牛山也。其水名穆鲁斯乌苏，东南流入喀木地，又经中甸，入云南塔城关，名金沙江，至丽江府，又名丽江，至永北府，会打冲河东流，经武定府入四川界，至叙州府，流入岷江，经夔州府，入湖广界，由荆州府至武昌府，与汉江合，汉江源出陕西宁羌州北嶓冢山，名漾水，东流至南郑县，为汉水，入湖广界，东南流至汉阳县汉口，合岷江。澜沧江有二源，一源于喀木之格尔几杂噶尔山，名杂褚河，一源于济鲁肯他拉，名敖母绰河，二水会于察木多庙之南，名拉克褚河，流入云南境，为澜沧江，南流至车里宣抚司，名九龙江，流入缅国。澜沧之西为喀喇乌苏，即禹贡之黑水，今云南所谓潞江也，其水自达赖喇嘛东北哈拉脑儿流出，东南流入喀木界，又东南流入怒、彝界，为怒江，入云南大塘隘，更名潞江，南流经永昌府潞江安抚司境，入缅国。潞江之西为龙川江。龙川江之源从喀木所属春多岭流出，南流入云南大塘隘，西流为龙川江，至汉龙关入缅国。此诸水在东南诺莫浑乌巴西大干之外，皆流入南海也。又，云南边境有槟榔江者，其源发自阿里之冈底斯东达木朱喀巴卜山，译言马口也，有泉流出，为雅鲁藏布江，从南折东流，经藏、危地，过日噶公噶儿城旁，合噶尔诏母伦江，又南流经公布部落地，入云南古勇州，为槟榔江，出铁壁关入缅国。而冈底斯之南，有山名郎千喀巴卜，译言象口也，有泉流出入马皮木达赖，又流入郎噶脑儿，两河之水，西流至桑南地，冈底斯之北，有山名僧格喀巴卜，译言狮子口也，有泉流出西行，亦至桑南地，二水合而南行，又折东行，至那克拉苏母多地，与冈底斯西马卜家喀巴卜山所出之水会，马卜家喀巴卜者，译言孔雀口也，其水南行，至那克拉苏母多地，会东行之水，东南流至厄纳忒可克国，为冈噶母伦江，即佛法所谓恒河也，佛国记载魏法显顺恒河入南海，至山东之渤海入口，应即此水矣。梵书言四大水出于阿耨达山，下有阿耨达池，以今考之，意即冈底斯是。唐古特称冈底斯者，犹云众山水之根，与释典之言相合。冈底斯之前，有二湖连接，土人相传为西王母瑶池，意即阿耨达池。又梵书言普陀山有三,一在厄纳忒可克之正南海中，山上有石天宫，观自在菩萨游舍，是云真普陀，一在浙江之定海县海中，为善财第二十八参观音菩萨说法处，一在土伯特，今番名布塔拉山也，亦谓观音见身之地。释氏之书本自西域，故于彼地山川亦可引以为据也。禹贡导黑水，至于三危，旧注以三危为山名，而不能其所在，朕今始考其实，三危者，犹中国之三省也，打箭炉西南，达赖喇嘛所属为危地，拉里城东南为喀木地，班禅额尔德尼所属为藏地，合三地，为三危耳。哈拉乌苏由其地入海，故曰导黑水至于三危，入于南海也。至于诸番名号虽与史传不同，而亦有可据者。今之土伯特，即唐之突厥，唐太宗时，以公主下降，公主供佛像于庙，今番人名招，招者译言如来也，其地犹有唐时中国载去佛像。明成化中，乌斯藏大宝法王来朝，辞归时，以半驾卤簿送之，遣内监护行。内监至四川边境即不能前进而返，留其仪仗于佛庙，至今往来之人多有见之，此载于明实录者。尔等将山川地名详细考明具奏。

（卷 290）

康熙五十九年十一月壬午（十九日，1720.12.19）

议政大臣等议覆，四川总督年羹尧疏言，大兵平藏之后，有随征把总哈元成回称，西宁进藏之路，瘴气独盛，见在平藏官兵俱欲从巴尔喀木一路行走。臣查凯旋之兵所带口粮，按日计之，尚属有余，不必随路接济，但恐官兵马匹回至中途必多疲乏，虽有口粮，或不能裹带而行，亦未可定，谨飞檄各处多运米粮，预备接济。应如所请。得旨，依议。年羹尧奏进藏大兵由巴尔喀木一路凯旋，朕念武格等所领满兵由云南出口进藏，今回兵时，若仍令往云南，则路途遥远，著即同四川省凯旋之兵后四川入口。其云南绿旗兵丁，著年羹尧择路近之处发往云南，西宁进藏兵，著从松潘一路行走，至松潘后，相视道里远近，或从口外前往西宁，或从口内行走，俱著年羹尧酌量办理。

（卷 290）

康熙五十九年十二月庚申（二十八日，1721.1.25）

议政大臣等议覆，振武将军傅尔丹等疏言，明年大兵进剿，请借支官兵一年俸饷，银共二十六万三千四百余两，于每季每月，将所借之银，照数扣补还项。应如所请。得旨，军兴时，需用钱粮甚多，尔等于傅尔丹奏请之处，应相度机宜，详核定议，明年果否进兵，及官兵之马匹器械曾否齐备，粮饷作何运送，将军等并未奏闻，尔等亦未议及，止议借支饷银，倘明年不进兵，至后年进兵，将再借乎，否乎，从前运到军前之米，及种地所收之粮，果否足用，又各官自备牛种交收之粮，或系空名，亦未可定，官兵惟以借饷为事，不思借无底止，则钱粮易至匮乏矣，如听信兵丁之言，预期借饷，又徼幸明年撤兵，或谓功成之日，必邀恩免，此岂将兵之道乎，尔等不加详核，罢软从议，亦属不合。军务本无年限，必详加筹度，使粮无匮乏，乃于军务有益，此本著再议具奏。寻议，傅尔丹奏请借支一年俸饷，不便即给，应行文大将军等会议，明年应否进兵，及傅尔丹一路官兵，应否借支之处，一并题明再议。从之。

（卷 290）

康熙六十年 辛丑 1721 年

康熙六十年正月丁卯（五日，1721.2.1）

议政大臣等议覆，四川总督年羹尧遵旨议奏，云南进藏绿旗兵丁，应自乍了以东之萨木墩与川兵分路而回，其自云南进藏之江宁、杭州满兵，自打箭炉回至成都，再由水路而回，其撤回之西宁满汉大兵，应令至成都喂养马匹，再自宁羌州一路回至西宁。今定西将军噶尔弼、平逆将军延信属下官兵已自藏陆续起程，应将打箭炉之满兵撤回成都。再，两路官兵一时聚集成都，若必待同行，力难照应，请将办事与管兵者留与兵马同行。如都统法喇、侍卫迈徒等无事之员，令其先期进京。俱应如所奏。其自西宁进藏之满洲兵马，赴兰州驻扎喂马，听候调用，绿旗兵丁，各回原处。从之。

（卷 291）

康熙六十年正月癸未（二十一日，1721.2.17）

抚远大将军允禵疏奏，据平逆将军延信呈报，大兵送达赖喇嘛至藏地安置，其所经过雷东喷多等处，居住喇嘛人等感激圣主再造弘恩，罔不踊跃欢欣，男女老幼，襁负来迎，见我大兵，君拥环绕，鼓奏各种乐器，合掌跪云，自准噶尔贼兵占据土伯特地方以来，父子分散，夫妇离别，掳掠诸物，以致冻馁，种种扰害，难以尽述，以为此生不能再见天日。今圣主遣师击败贼兵拯救土伯特人众，我等得脱患难，仍前永享昇平乐业之福，似此再造弘恩，何以报答，纷纷叩陈，出于至诚。疏入，报闻。

（卷 291）

康熙六十年二月己未（二十八日，172.3.25）

抚远大将军允禵疏言，西藏虽已平定，驻防尤属紧要，见今留驻彼处者，扎萨克蒙古兵五百名，额驸阿宝兵五百名，察哈尔兵五百名，云南兵三百名，四川兵一千二百名，以公策旺诺尔布总统官辖。至空布地方之第巴阿尔布巴，首先效顺，同大兵前进取藏，阿里地方之第巴康济鼐与准噶尔为仇，截夺准噶尔之人，又截准噶尔兵回路，第巴隆布奈亲身归附，应否授以职衔，伏候谕旨。得旨，第巴阿尔布巴、第巴康济鼐，著俱授为贝子，第巴隆布奈，著授为辅国公。

（卷 291）

康熙六十年二月三月己丑（二十八日，1721.4.24）

谕议政大臣等，藏地甚属紧要，见在虽有蒙古、绿旗兵三千名驻彼，但延信已将将军印信带回，并无将军统管兵马，又无满兵驻扎，不可不加筹画。云南有副都统噶什所领满兵一千，著派五百名，并四川歇息之绿旗兵五百名发往。速行文延信，令其前往藏地，延信及云南、四川兵到藏后，如彼地食物米粮稀少，可将喀喇沁、翁牛特兵撤回。西宁公策旺诺尔布仍驻彼处。著议奏。寻议政大臣等议覆，留驻云南之江宁、杭州满兵，应令都统武格、副都统吴纳哈领兵五百名，仍从云南进藏之路前进。四川歇息之绿旗兵，应令总督年羹尧、将军噶尔弼派总兵官副将二员领五百名，仍从打箭炉前进。将军延信停其前往西宁，令带将军印回至四川，带领四川兵进藏，总统驻扎。得旨，依议。前令原任云南总督蒋陈锡、巡抚甘国壁接应进藏兵粮饷赎罪效力，若尚未去，令与此兵同往，如已赴藏地，令应付此兵粮饷效力。

（卷 291）

康熙六十年三月庚寅（二十九日，1721.4.25）

抚远大将军允禵疏言，据三路将军报称，各路之马驼粮饷，俱甚充足，器械俱已齐备，官兵各思奋力进剿，值策妄阿喇布坦人心惶惑，恐惧震动之时，乘此进兵，可以直捣其巢穴，扫荡无遗。得旨，著议政大臣、满汉九卿詹事科道，会同详议具奏。寻议，将靖逆将军富宁安之兵，调在乌兰乌苏地方驻扎捍御，富宁安所领兵内，派七千名，交散秩大臣阿喇、甘肃提督路振声，由乌兰乌苏一路前进，取吐鲁番，既得之后，令富宁安于阿喇衲所领兵酌量派出，严加防守，但进取吐鲁番兵马微少，应于振武将军傅尔丹处选兵三千，拨过富宁安一路，振武将军傅尔丹、征西将军祁里德，各于本处驻扎预备，再于祁里德所属兵内，派三千名前往以收取策妄阿喇布坦及吴梁海等逃窜之人，倘若无人，即行撤回，合兵一处，设或此际策妄阿喇布坦内变起衅，或有逃来归顺之人，得策妄阿喇布坦确信，三路将军相机即约大兵前进，可以捣其巢穴矣。得旨，议政大臣等所议甚是，朕意亦如此筹算，将此行文与大将军，令三路将军各行定议具奏。

（卷 291）

康熙六十年四月壬寅（十二日，1721.5.7）

青海厄鲁特固山贝子车臣戴青罗卜臧达尔扎、辅国公罗卜臧达尔济故，各遣官致祭。

（卷 292）

康熙六十年四月辛亥（二十一日，1721.5.16）

议政大臣等议覆，征西将军祁里德等疏言，副都统鄂三带领兵丁出乌兰古木汛界，收抚吴梁海之人甚众。查吴梁海俱系游牧之人，不便久住军前，应送至巴颜诸尔克地方居住。再两处将军自去年回兵之后，并未将策妄阿喇布坦地方信息报知，今年进取吐鲁番，探听策妄阿喇布坦地方信息，甚属紧要，乘此雪消草长之时，应令官兵收复吴梁海逃散之众，并于汛界地方探听信息。从之。

（卷 292）

康熙六十年五月壬戌（二日，1721.5.27）

议政大臣等议覆，抚远大将军允禵疏言，驻扎巴尔库尔之兵，征取吐鲁番，其策妄阿喇布坦之人，必然震恐，逐渐投顺来归。但甘州肃州等处之满洲绿旗兵，见俱拨往巴尔库尔。应将臣处所有之兵，带进甘州肃州驻扎，为其声援。查肃州地方褊小，甘州稍觉广阔。应令大将军允禵，带领见在西宁所有之兵，前赴甘州驻扎办理调遣之事至西宁地方。紧要应派大臣一员。驻扎管理得旨依议著大将军允禵，派一要紧大臣，驻扎西宁管理。

（卷 292）

康熙六十年五月甲子（四日，1721.5.29）

靖逆将军富宁安疏言，奉旨令臣派兵驻扎乌兰乌苏，进取吐鲁番，并令臣定议具奏，今议得乌兰乌苏地方狭小，难以驻扎大兵，有伊尔布尔和韶地方，距乌兰乌苏百有余里，水草既佳，形势亦险要可据，萨尔海又通吐鲁番之路，高处可以远望，大兵应于其地驻扎，伊尔布尔和韶地方量留马匹，其余马匹，俱于乌兰乌苏、色必忒地方，另派官兵牧放。至进取吐鲁番之兵，应照议政大臣所议，派出七千名，但今已议将阿尔泰一路之兵拨三千名至巴尔库尔，如有机会，可以自吐鲁番进剿，请于阿尔泰所拨之兵内，再派一千名，共八千名，交与散秩大臣阿喇衲及提督路振声带领前往，进取吐鲁番，再派带领京城三千兵之副都统一员，领阿尔泰兵前来之大臣一员，见在巴尔库尔之西安副都统一员，总兵官一员同往，俱令阿喇衲统领。从之。

（卷 292）

康熙六十年五月丙子（十六日，1721.6.10）

土默特多罗达尔汉贝勒和硕额驸阿喇卜坦、厄鲁特和硕额驸色卜腾旺布来朝。

（卷 292）

康熙六十年五月甲申（二十四日，1721.6.18）

抚远大将军允禵疏言，奉旨派大臣一员驻扎西宁办事，查西安将军宗查布，前曾调驻西宁，再侍读学士常授，办青海事业已有年，其可否派驻之处，请旨定夺。得旨，常授著授理藩院额外侍郎，驻扎西宁办事，宗查布著赴大将军允禵处，听候调遣。

（卷 292）

西藏达赖喇嘛、土伯特贝子阿尔布巴、公隆布奈遣使进贡。赏赉如例。

（卷 292）

康熙六十年五月乙酉（二十五日，1721.6.19）

谕大学士等，陕西总督鄂海著办理军粮饷，四川总督年羹尧著兼理四川陕西总督事务，原任侍郎革职色尔图，著署理四川巡抚事务，皆驰驿速赴行。

（卷 292）

康熙六十年五月庚寅（三十日，1721.6.24）

谕议政大臣等，大将军允禵明年欲行进兵，或今年冬季策妄阿喇布坦处废败事出，有机会可乘，亦未可定，应令副都统穆克登，将黑龙江船厂之新满洲、索伦、打虎儿官兵，拣选五百名，和托辉特公博贝子之弟台吉图巴，于伊兵内酌量派出几人，再喀尔喀贝勒丹金多尔济拣选伊属下兵丁，吴梁海扎萨克台吉托穆克带伊属下兵丁，俱赴巴尔库尔军前预备调遣，著速议具奏。寻议，黑龙江船厂之新满洲、索伦、打虎儿官兵，应令穆克登带领前去，喀尔喀兵丁，应令贝勒丹金多尔济带领前去。从之。

（卷 292）

康熙六十年六月辛卯（一日，1721.6.25）

四川、陕西总督年羹尧陛辞，赐弓矢等物。

（卷 293）

康熙六十年六月甲午（四日，1721.6.28）

议政大臣等议覆，征西将军祁里德等疏言，新收抚吴梁海之二千五百三十一口、应派满洲兵三百名，喀尔喀兵四百名，送至巴颜诸尔克地方居住，再令车臣汗等旗分，派兵三百名，并派台吉一员，副台吉二员，协同驻扎防守。应如所请。从之。

（卷 293）

康熙六十年六月丙申（六日，1721.6.30）

谕宗人府，平逆将军延信，朕亲伯之孙，朕之侄也。此番统领满洲、蒙古、绿旗兵丁，过自古未到之烟瘴恶水、无人居住之绝域，歼灭丑类，平定藏地，允称不辱宗支，克展勇略，深属可嘉，著封为辅国公。

（卷 293）

议政大臣等议覆，抚远大将军允禵疏言，臣今赴甘州将西宁所有兵丁带去，请将自西宁进藏回来之满洲兵丁，调赴西宁驻扎。查从前曾奉谕旨，自西宁随平逆将军延信进藏撤回之满洲官兵，俱令回京，则此项满洲兵丁应即回京。请于驻扎凉州喂马之披甲内量拨数百名，在西宁驻扎，即令侍郎常授管理。从之。

（卷 293）

康熙六十年六月戊戌（八日，1721.7.2）

靖逆将军富宁安疏言，吐鲁番归顺回人阿喇布坦等诉称，见今各城潜有回人，约有五百余口，情愿归顺，应即派兵前往收抚，但他哈尔齐、哈拉沙尔等处，与吐鲁番不甚相远，闻大兵到后，回人必尽来投，诚若今居住吐鲁番等城，不得不派兵看守，而运送粮食，甚属艰难，因此未发兵收抚。报闻。

（卷 293）

康熙六十年六月壬子（二十二日，1721.7.16）

议政大臣等议覆，西安将军宗查布疏言，臣遵旨赴抚远大将军允禵处，但见今西安左翼满洲副都统常寿，汉军副都统邓奇章俱在巴尔库尔军前，右翼满洲副都统员缺，尚未补授。汉军副都统班岱，年老患病，请差大臣一员前赴西安管理将军印务。查西安右翼满洲副都统员缺已经补授，驻扎西宁办事副都统觉罗伊礼布应以将军印务交与伊礼布署理。再班岱既系年老患病，应调回来京。从之。

（卷 293）

康熙六十年六月乙卯（二十五日，1721.7.19）

靖逆将军富宁安等摺奏，吐鲁番回人阿里穆和涿等诉称，策妄阿喇布坦将众回人迁往哈喇沙尔地方，众回人相率逃回，有准噶尔之人来追，众回人并力杀退，见在鲁克齐穆地方驻扎，共议以拖克拖麻穆忒为头目，差我等前来，祈请速救。臣等议，众回人仰慕仁化，情愿来归，应即遣兵收纳，但策妄阿喇布坦未灭，将吐鲁番回人收纳，势必屯兵守护，但恐粮运艰难，是以不曾遣兵收纳。上谕议政大臣等曰，据富宁安奏称，策妄阿喇布坦将吐鲁番回人拖克拖麻穆忒等迁往哈喇沙尔地方，中途逃回，在鲁克齐穆地方驻扎等语。见今归顺之回人与准噶尔之人争斗，将准噶尔之人杀害，取甲来献，观此情形，策妄阿喇布坦似略无报复之意，或伊同党内有不睦，亦不可定，此机不可轻失，朕意策妄阿喇布坦将伊等不能迁往哈喇沙尔，又不能护卫准噶尔之人，足见万不能敌我兵，今收复吐鲁番，若不看守，则策妄阿喇布坦处归顺之人，以及来使逃人，有回人居中，倘行杀掠，此路必致阻隔，尔等速议行文富宁安，派绿旗兵一千名，察哈尔、厄鲁特、蒙古、回兵一千名，前赴吐鲁番，收纳归降回人，照看驻扎，将归顺之人及来使逃人往内解送之处，牢设哨汛。令回人归降于我，与厄鲁特世成仇敌，即系我民，其巴尔库尔相距吐鲁番止六百里，为途不远，如果策妄阿喇布坦率众侵扰，我兵前去救援不迟，著富宁安预行转饬回人等，于我军尚未抵境之时，若有策妄阿喇布坦处来使逃人，万勿隐匿侵犯，即行解送，著议奏。寻议，回人头目拖克拖麻穆忒等来归，应遣兵防护，行文富宁安等钦遵谕旨施行，其蒙古、回兵，令辉特公巴济，察哈尔之兵，将巴尔库尔侍卫阿玉锡著为副都统，与侍卫克什图一同带领前往，绿旗马步兵，令富宁安处所有总兵官拣选一员带领前往，再令散秩大臣阿喇衲统辖前往，至所需米粮作何运送之处，令富宁安等酌议料理。从之。

（卷 293）

康熙六十年闰六月辛未（十二日，1721.8.4）

谕议政大臣等，得今年归顺之厄鲁特回子之信，及西边归顺之厄鲁特信息，知从前策妄阿喇布坦地方甚是震动，但去冬至今，策妄阿喇布坦移驻伊里地方，未得确信，倘策妄阿喇布坦处果有变乱，机会断不可失，著行文将军富宁安、傅尔丹、祁里德等，用心侦探确实信息具奏。

（卷 293）

康熙六十年闰六月庚辰（二十一日，1721.8.13）

议政大臣等议覆，抚远大将军允禵疏言，据靖逆将军富宁安报称，和尔博斯厄穆齐寨桑，带领五百名厄鲁特兵丁，将回人围困，彼此互有杀伤，若遣兵前往救援，厄鲁特必然逃窜，回人祈请留兵看守，但少留兵，则无益于事，多留兵，则粮运艰难，不留兵，则鲁克齐穆地方见有回人万余口，势必随入内地，不知收抚，则旋师之后，恐厄鲁特又来侵扰，欲竟收留，又无粮给食，屯驻哈密则地方狭小，扎萨克额敏亦不能养赡多人，移至布隆吉尔、达里图等处安置，则瀚海行走艰难，所需粮食亦繁，因此再三筹画，未敢遽行遣兵救援。臣即行文富宁安，收抚回人之事，蒙皇上睿鉴，令发兵二千名前往吐鲁番，谕旨到日，即行派兵速往，视紧要隘口形势之处，俱设立汛哨，严加防守，其运送米粮之处，巡抚绰奇，已经料理。查大将军允禵奏称，已经行文将军富宁安。应如所奏。再令统领官兵前往之散秩大臣阿喇衲，将所得信息报与富宁安，知有当救援之处，令富宁安酌量救援。从之。

（卷 293）

康熙六十年七月丙申（七日，1721.8.29）

议政大臣等议覆，靖逆将军富宁安疏言，臣遵旨派兵二千看守吐鲁番地方，令散秩大臣阿喇衲统领前往，又乌兰乌苏以内有阔舍图、色必忒等处，系赴吐鲁番之隘口，且与瀚海交界，臣另派署前锋统领法瑙等率兵一千，于阔舍图等处据守要害，又恐贼众由瀚海后路来袭法瑙等所屯之兵，查阔舍图以内俄龙吉地方，亦属扼要，应于俄龙吉再设哨兵二百名，令侍卫哲尔德率领前往，眺望侦探，如有变动之处，臣请亲率大兵，乘机进剿。应如所奏。从之。

（卷 293）

康熙六十年七月壬子（二十三日，1721.9.14）

喀尔喀固山贝子达济、阿霸垓辅国公德木楚克、鄂尔多斯台吉鄂钦、四子部落台吉甘珠尔、厄鲁特散秩大臣车零等来朝。

（卷 293）

康熙六十年八月戊辰（十日，1721.9.30）

以故厄鲁特辅国公罗卜臧达尔济之兄沙毕多尔济袭爵。

（卷 294）

康熙六十年八月戊子（三十日，1721.10.20）

赐来朝科尔沁、喀喇沁、喀尔喀、阿霸垓、鄂尔多斯、四子部落、厄鲁特、翁牛特、郭尔罗斯、敖汉、土默特、蒿齐忒、阿禄科尔沁、阿霸哈纳，王、贝勒、贝子、公、台吉等，银币鞍马有差。

（卷 294）

康熙六十年九月甲午（六日，1721.10.26）

四川陕西总督年羹尧疏报，定西将军噶尔弼领兵赴藏，行至泸定桥地方，患病不能前进。得旨，噶尔弼患病，调养尚需时日，其将军印，著赍付公策旺诺尔布署理，额驸阿宝、都统武格，俱著参赞军务。

（卷 294）

康熙六十年九月戊戌（十日，1721.10.30）

征西将军祁里德疏言，臣遵旨令参赞副都统鄂三派遣官兵，往阿尔泰哈道里等处，若遇厄鲁特吴梁海，即行擒解，或得信息，亦行速报，又遣和托辉特公博贝属下察胡赖等，往红郭垒哈撒儿渣儿图拉等处，探取策妄阿喇布坦信息。据参赞副都统鄂三所遣官兵回称，前往哨探，并无行人踪迹，据察胡赖等回称，询问红郭垒哈撒儿渣儿图拉居住之人，言策妄阿喇布坦已死，其子噶尔丹策零，收聚伊属下之厄鲁特，及居住阿尔泰之吴梁海等，不知迁徙何处，臣随复遣察胡赖等往探实信，如此信果确，即行文将军富宁安、傅尔丹等，同领大兵，乘机进剿。疏入，上谕议政大臣等曰，上年策妄阿喇布坦将伊边界之人收去，又将吐鲁番回人移往哈喇沙尔，其阿尔泰、乌鲁木齐等处无一哨汛，因其寂然以处，遂有策妄阿喇布坦身死之信，然不可据以为实也。览将军祁里德奏，策妄阿喇布坦若果身死，则机不可失，请预备进兵，尔等行文大将军及靖逆将军富宁安等，今岁将吐鲁番坚守为要。又阿尔泰、吐鲁番一带汛地，均宜加意防守，冬令雪降草枯之际，不可贪功轻进，且将兵丁马匹，一应什物，整齐备办，以俟来年大举征剿。此旨，著即行抄录，传谕军前大臣等知之。

（卷 294）

康熙六十年九月癸丑（二十五日，1721.11.14）

议政大臣等议覆，靖逆将军富宁安疏言，据散秩大臣阿喇衲报称，九月初八日，探知策妄阿喇布坦遣人犯吐鲁番城，随派侍卫克什图等领兵迎战，阿喇衲亲率官兵尾后策应，行至中途，见有二千余贼与克什图之兵列阵对垒，因将所领策应之兵分为三队，奋力冲杀，贼众不能抵敌，败入林中，官兵追剿入林，贼复弃骑步战，我师枪炮齐发擒杀贼兵百有余人，获军器马匹甚多，贼众奔逃，我师追捕数十里，因时已薄暮，不便深入，仍派公巴济等率兵五百，埋伏林中，侦探防守，余兵撤回。查吐鲁番地方，恐有贼兵窥伺，先经奉旨添兵驻扎，今果符圣算，克奏捷功，臣请于阔舍图驻兵之处，再增派五百兵，俄隆吉驻兵之处，再增派三百兵，防贼人由瀚海一路，犯我哨汛，又阔舍图、俄隆吉与阿尔泰一路甚近，倘遇有事，亦便于接应调遣。臣前因阿喇衲报，今冬雨雪之时欲进兵袭击，故疏请移驻伊尔布尔和韶为之声援，今贼人败遁，尽知我师在吐鲁番等处，则边境地方必恐惧防备，不宜袭击，阿喇衲今冬进兵之处，应暂令停止，臣仍统兵驻巴尔库尔，俟来年大举进剿。应如所奏。从之。

（卷 294）

康熙六十年九月丁巳（二十九日，1721.11.18）

授统兵驻扎吐鲁番散秩大臣阿喇衲为协理将军。

（卷 294）

蒙古王、贝勒、贝子、公、台吉及吐伯特酋长等奏，西藏平定，请于招地建立丰碑，以纪盛烈，昭垂万世。上允所请，御制碑文曰，昔者，太宗文皇帝之崇德七年，班禅额尔德尼、达赖喇嘛、顾实汗，谓东土有圣人出，特遣使自人迹不至之区，经雠敌之国，阅数年始达盛京，至今八十载，同行善事，俱为施主，颇极安宁。后达赖喇嘛之殁，第巴隐匿不奏者十有六年，任意妄行，拉藏灭之，复兴其法，因而允从拉藏，青海群众公同之请，中间策妄阿喇布坦妄生事端，动准噶尔之众，肆行奸诈，灭坏达赖喇嘛，并废第五辈达赖之塔，辱蔑班禅，毁坏寺庙，杀戮喇嘛，名为兴法而实灭之，且欲窃据土伯特国，朕以其所为非法，爰命皇子为大将军，又遣朕子孙等，调发满洲、蒙古绿旗兵各数万，历烟瘴之地，士马安然而至，贼众三次乘夜盗营，我兵奋力击杀，贼皆丧胆远遁，一矢不发，平定西藏，振兴法教，赐今胡必尔汗册印，封为第六辈达赖喇嘛，安置禅榻，抚绥土伯特僧俗人众，各复生业。于是文武臣工，咸谓王师西讨，历瘴疠险远之区，曾未半载，辄建殊勋，实从古所未有，而诸蒙古部落及土伯特酋长，亦合词奏曰，皇帝勇略神武，超越往代，天兵所临，邪魔扫荡，复兴蒙古向所尊奉法教，坎麻藏卫等部人众，咸得拔离汤火，乐土安居，如此盛德大业，非臣下颂扬所能宣罄，请赐御制碑文，镌勒招地，以垂永久。朕何功焉，而群众勤请不已，爰纪斯文，立石西藏，俾中外知达赖喇嘛等三朝恭顺之诚，诸部落累世崇奉法教之意，朕之此举，所以除逆抚顺，绥众兴教云尔。

（卷 294）

议政大臣等议奏，据驻扎西藏额驸阿宝移称，青海索罗木地方之西，有郭罗克部落唐古特等，肆行劫掠往来行人，曾将驻扎索罗木兵马匹盗窃而去，查郭罗克地方，与归附我朝之多隆汗地方相近，应行令多隆汗晓谕伊等，嗣后宜遵守法度，不得仍前肆行，倘伊等不遵训谕，请即发兵前往，将首恶之人惩治，令多隆汗于伊属下之人，拣选有才干者，使为郭罗克部落之首，则西宁、青海等处往来使人及商贩之人，俱获安静。应如所请。得旨，额驸阿宝请将郭罗克部落惩治，所言甚当，郭罗克地方近四川松潘一路，与多隆汗接壤，应行文总督年羹尧、提督岳钟琪等，著向多隆汗处详询郭罗克地方形势若何，发兵进剿用力几何，如易于攻取，即令岳钟琪带领松潘兵进剿，倘地险势众，应酌量派遣满洲、蒙古兵丁及附近之察罕丹津处，亦令派兵协助，前往进剿。著大将军允禵、侍郎常授、总督年羹尧、提督岳钟琪，会同定议而行。

（卷 294）

康熙六十年十月癸亥（六日，1721.11.24）

议政大臣议覆，四川陕西总督年羹尧疏言，郭罗克各寨有隘口三处，俱属险峻，利用步卒，不宜骑兵，若多调官兵，恐口外传闻，使贼得潜为准备，不如以番攻番，量遣官兵带领，较为便易。臣向知郭罗克附近之地，如杂谷等处土司土目，亦皆恨其肆恶，愿出兵助剿。臣自陛辞回任，即与提臣岳钟琪商议，遣官约会杂谷土司等。据称，宜及时进剿，恐冬天雨雪冻阻难行，适据额驸阿宝移文，奉旨命臣与岳钟琪酌量进剿机宜，臣遵即移咨提臣，令速赴松潘，选领镇兵出口，并督率土兵前进。其西宁满洲兵及青海蒙古等兵，不必再行调遣。应如所奏。从之。

（卷 295）

康熙六十年十月丙寅（九日，1721.11.27）

命理藩院侍郎常授、甘肃按察使巴袭，管理西宁柴旦木等处军饷事务。

（卷 295）

议政大臣等议覆，抚远大将军允禵疏言，贼厄鲁特侵犯屡吐鲁番，为我兵所败鼠窜而去，来年不可不大举进剿，尽行翦灭。但事关重大，请容臣轻装赴京。恭请训旨。应如所请。得旨，大将军允禵，令其来京，将印交与平郡王讷尔素。此际若策妄阿喇布坦属下，有自相离溃，率众来归者，则大将军停止来京，可速赴肃州。将军祁里德，亦令来京，将印交与都统图拉。将军傅尔丹军前之前锋统领丁寿，护军统领觉罗涂拉，为令将伊等事务交明来京。将军富宁安，亦令于军中派一可托大臣来京。俱于年内到京，以便指示来年大举进剿方略。

（卷 295）

康熙六十年十月丁亥（三十日，1721.12.18）

西藏达赖喇嘛、班禅胡土克图遣使请安进贡。赏赉如例。

（卷 295）

康熙六十年十二月壬申（十六日，1722.2.1）

四川提督岳钟琪疏报，剿抚郭罗克番人，俱已平定。得旨，据岳钟琪奏，贼番伏兵千余突出对敌，被我土兵连败数阵，逃奔过河，复攻取下郭罗克之吉宜卡等二十一寨，杀死贼番甚多，连夜进兵，直抵中郭罗克之纳务等寨，贼番犹敢对敌，我兵奋不顾身，自卯至酉，连克一十九寨，斩杀三百余级，擒获贼首酸他尔蚌、索布六戈，复亲督官兵抵上郭罗克之押六等寨，正欲攻取，该寨头目旦增等将首恶假磕并为从格罗等二十二名绑缚献出，率领阖寨男妇老幼叩头求饶，只将为从贼番尽行正法，首恶酸他尔蚌、索布六戈、假磕解送等语。殊属可嘉，在事官兵，著议叙具奏。

（卷 295）

康熙六十年十二月乙酉（二十九日，1722.2.14）

赐胡正外藩科尔沁、敖汉、鄂尔多斯、扎鲁特、乌朱穆秦、阿禄科尔沁、苏尼特、喀喇沁、巴林、喀尔喀、阿霸垓、翁牛特、土默特、厄鲁特、克西克腾，王、贝勒、贝子、公、台吉等，及内大臣、大学士、侍卫等宴。

（卷 295）

康熙六十一年　壬寅　1722 年

康熙六十一年正月庚子（十四日，1722.3.1）

以上元节赐外藩科尔沁、敖汉、鄂尔多斯、扎鲁特、乌朱穆秦、阿禄科尔沁、苏尼特、喀喇沁巴林、喀尔喀、阿霸垓、翁牛特、土默特、厄鲁特、克西克腾，王、贝勒、贝子、公、台吉等，及内大臣、大学士、侍卫等宴。

（卷 296）

谕议政大臣等，策妄阿喇布坦之兵，屡被我师击败，死伤颇多，策零敦多卜等贼众亦大半死亡，弃藏窜走，仍回伊里地方，固守三岭，若我满洲兵至，则舍命交战，势有不敌，又思逃避他所，希图存活，此等情形，了然可睹。朕数日来细加寻绎，伊里山蹊险隘，我朝大兵，虽欲今年进剿，倘为三岭阻隔，迟延时日，或策妄阿喇布坦战败，带领妻子逃往，则我师应否追剿，不可不详加定议。今策妄阿喇布坦之伎俩悉已深知，策妄阿喇布坦亦稔知天朝兵威所加，势必不能自存，但此时遽遣使向策妄阿喇布坦处招抚，彼不知我宽仁之意，反以为不能取彼，复生他心，亦未可定，尔等可议写发往策妄阿喇布坦之书，著泽卜尊丹巴胡土克图选派好喇嘛为使，作速差往，其差往之人过阿济岭，由吐鲁番一路前往，不久可到，彼处信息情形，亦即得闻知。如胡土克图之使者善为晓谕，策妄阿喇布坦畏惧天讨，将拉藏妻子家属并从前被掳之人送来请罪，诚心投顺，永不敢侵犯边隅，如此，可另行商酌，倘策妄阿喇布坦已死，或伊处内变生乱，除向天朝投奔外，彼将焉往，则我兵进发，亦不可缓，即一面进兵，一面差使，亦无耽搁之处。今各路兵丁，或向伊里前进，或于吐鲁番固守，渐近乌鲁木齐等处驻扎营寨，相机而行，或几路前往袭击，以及大兵粮饷作何运到之处，著议政大臣，军前调回将军大臣，会同核议妥确具奏。寻议，臣等伏读上谕，周详深远，令泽卜尊丹巴胡土克图差人向策妄阿喇布坦处说抚，且可得彼处情形确信，谨将交与胡土克图发往策妄阿喇布坦之书缮写呈览后，令胡土克图派好喇嘛赍往，觇彼信息，彼果诚心归顺，即报明驻扎吐鲁番协理将军阿喇衲相机行事。至于大兵向伊里前进，事关重大，未敢悬议，似宜暂行停止，其在吐鲁番驻兵固守，或进乌鲁木齐等处树立营寨，应行令将军富宁安、阿喇衲等遵行外，并将牧放牲口，耕种地亩，修造城池处所，及巡防汛界，接运粮饷之事，一并详加核议具奏。但自吐鲁番往哈拉沙尔地方共有两路，或系沙漠水少之地，或系山峦险隘之区，若前进袭击，所需兵丁几何，粮饷作何接运，亦令富宁安、阿喇衲等查明定议具奏。现今巴尔库尔所有绿旗步兵五千名，应令发往吐鲁番，筑城种地驻防，此五千兵，限即整理起程，其一应军粮农器，交与将军富宁安、总督年羹尧、巡抚绰奇办理发往。得旨，依议，其向伊里进兵之事，议令暂停，姑待机会行事，此议甚是，其绿旗步兵五千名，议令发往吐鲁番，亦甚是，巴尔库尔距吐鲁番不远，催趱行走，六七日可到，但绿旗兵丁每二人共驮马一匹，所驮乾粮俱于此马驮载，若有倒毙，势必用他马分驮，惟恐负重，以致马匹多损，汉人不能喂养马匹，著将此绿旗兵丁乾粮，俱于官马驮载，另分队伍，派人管辖挽送。再交与泽卜尊丹巴胡土克图发往策妄阿喇布坦之书，词句稍繁，俟朕删改发往。

（卷 296）

康熙六十一年二月壬申（十七日，1722.4.2）

协理将军阿喇衲疏言，臣等遵奉谕旨，令将贼人形势难易之处缮摺密奏。臣观贼人，进退虽熟，踪迹甚轻，虽有鸟枪，而火药铅子甚少，我兵炮位鸟枪全备，火药铅子充裕，此胜贼者一也。贼人虽有枪戟，而弓箭甚少，我兵锋刃铦利，弓马精强，此胜贼者二也。贼众临阵易败，惟恃乘空侵掠，我兵部伍整齐，无隙可乘，此胜贼者三也。贼众所恃，夜间偷马为计，我兵马厂有备，彼不能入，此胜贼者四也。贼众游牧前来我地，似若轻便，我兵一入其驻扎之处，伊等为妻子牲口所累，各相顾恋，不能齐心迎战，此胜贼者五也。从此直至伊里，捣其巢穴，并无难处，惟是贼人路径甚多，俱可通我兵驻扎处之后尾，不拘何路，贼若前来，一夜即到，我兵远设汛界，或被拦截，反致不得信息，即现在所种吐鲁番地亩，亦防其践扰，今大兵或前移于乌鲁木齐驻扎，臣等亦前移吐鲁番，布列周近地方驻扎，彼此接应，则敌人无路可绕，而所种地亩亦无可虞。臣等公同丈量吐鲁番周近地方，验看方向，绘图呈览，若为进兵之计，则可分为三路其阿尔泰一路之兵，由和布多沿河地方，越厄尔齐斯河前进，巴尔库尔一路之兵，由乌鲁木齐前进，吐鲁番一路之兵，由阿拉挥口越那拉特岭前进，每路可用兵一万五千，若贼人三路来迎，则势分而易败，若一路来迎，则我一路之兵，与彼拒战，其两路之兵，直抵其妻子存扎之处，彼必不能兼顾，且其所恃窄隘者三岭，然可以步行而上，非比栈道之难也。彼所恃资生者，牛羊与牛羊之乳，若举众聚集一处，水草易罄，牲口难存势必各自谋生，纷然离散，一散之后，不能复强，非有固结之情也，是乘此时而剿灭之，亦甚易耳。但时日未能预定，米粮速宜接济，今岁吐鲁番所种地亩，不能望其多收，若米粮未即运到，不若暂将各处官兵撤回，于哈密、阿尔泰新修城内驻扎，聚积米粮，操演兵丁，俟贼人内变，以便剿灭，似于钱粮民力，均有裨益。又将军祁里德疏言，策妄阿喇布坦夸虚妄之词，集乌合之众，天兵一至，即行逃窜，若我兵照从前预备，整理马匹，持四月口粮，由吐鲁番、乌鲁木齐、翟儿山前山后四路，约定日期同进，则军威震叠，彼必不能抵敌，或即归顺，或各逃散，策妄阿喇布坦无计远遁，或逃入阿拉克山内，必为我擒矣。倘以伊里路远，我兵有越险之劳，不若俟伊内变，可以直取，臣请将阿尔泰两路官兵，前移伊尔布尔河朔一带地方，会合巴尔库尔一路之兵，喂养马匹给足口粮，预备驻扎，以俟机会。又或以贼人窜处穷边，暂停天讨，以恤生灵，臣请于现在驻扎等处，整肃兵马，耕种地亩，以为久驻之计。得旨，著交与议政大臣议奏。寻议覆，协理将军阿喇衲申奏之处，甚详细得理，将军祁里德所见，亦复相同，但近经泽卜尊丹巴胡土克图，既差使往策妄阿喇布坦去讫，应俟彼回音再行定夺。其大兵前至乌鲁木齐，坚立营寨，修城种地，可否驻扎防守之处，行令将军富宁安、阿喇衲作速定议具奏。其阿尔泰一路军兵，今年在伊尔布尔河朔喂养马匹，俟来年由乌鲁木齐分四路进兵之处，应如将军祁里德所奏。得旨，此事著发往京城，令在京议政会议。

（卷 296）

康熙六十一年二月己卯（二十四日，1722.4.9）

议政大臣等遵旨会议将军阿喇衲、祁里德所奏，随围诸王、大臣所议俱已详尽，见今吐鲁番驻兵种地，多积米粮，甚属紧要，蒙圣恩赏给吐鲁番种地人等牛羊，又令哈密回人等一并垦种，于军务愈有裨益，惟是种地之处，或恐策妄阿喇布坦潜来侵犯，不可不严行防守，应行令将军阿喇衲等，酌量马兵在彼看守地亩，兼备擒剿贼众，但军务关系重大，圣主睿算，悉合机宜，伏乞指训。上谕议政大臣等，今年大兵前进，驻扎乌鲁木齐地方，尔等佥虑米粮不能接济，或致迟误，彼时撤兵不可，驻兵不可，似有烦难之处，朕亦虑及，但我兵预备数载，去年曾议进兵而竟不果，今年若再驻扎不进，则策妄阿喇布坦得以休息一年，从此或生他志，不如乘此预备之兵，仍照从前令阿尔泰、巴尔库尔两路兵丁照常袭击，前进至乌鲁木齐地方，两兵会合，如策妄阿喇布坦果有兵来，正可剿灭，若畏惧不敢前来，即将我兵收回，各往本处驻扎，如此每年袭击，惊扰贼众，彼或生内变，亦未可定，尔等会同酌议具奏。寻议覆，巴尔库尔一路之兵由乌鲁木齐进击，路近易于往返，阿尔泰一路之兵亦进击至乌鲁木齐，其间沙漠间隔，共有二千七八百里，路途遥远，往回或有迟滞之虞，况贼众侦知我兵，克取吐鲁番，俱已窜匿伊里地方，俟伊内变，统兵前进，尤为易取，至于马匹口粮等项，现在行文将军富宁安等，俟查明定议具奏之日再议。得旨，我兵连年预备，若今年进兵，甚属从容，今尔等既称口粮可虑，著依议行。

（卷 296）

康熙六十一年四月戊午（四日，1722.5.18）

议政大臣等议覆，靖逆将军富宁安疏言，嘉峪关外，布隆吉尔之西，古所谓瓜州、沙州、燉煌郡之处，而蒙古人呼为库库沙克沙，昔曾建筑城池，屯兵耕种，至今旧址尚存，田土广阔，宜于牧放马畜，兼有河水，若于此处屯田，驻扎绿旗兵三四千名，设总兵官一员管辖，则通党色尔腾之路，既可控扼，而于诸处遣用，俱属有益。应行文将军富宁安，会同总督年羹尧、提督路振声，将派往官兵造城屯田之处，确议奏闻。从之。

（卷 297）

康熙六十一年四月辛酉（七日，1722.5.21）

达赖喇嘛及土伯特贝子阿尔布巴、公隆布柰等遣使进贡。赏赉如例。

（卷 297）

康熙六十一年五月己丑（五日，1722.6.18）

议政大臣等议覆，靖逆将军富宁安疏言，臣遵旨将巴尔库尔官兵内，查明年老病废、不能效力之官员七人，护军披甲二百二十五名，察哈尔兵一百八十名，即在此员内设立头目，管辖遣回，其吐鲁番、科舍图、俄隆吉等处及巴尔库尔，尚驻兵丁共二万一千一百名，请将遣回兵丁之缺停其顶补。应如所请。从之。

（卷 297）

康熙六十一年五月癸巳（九日，1722.6.22）

议政大臣等议覆，靖逆将军富宁安疏言，臣接准部咨，今岁大兵移驻乌鲁木齐地方，粮饷马畜能否备办，来年大兵进剿，马畜口粮能否接济，其阿尔泰遣往官兵一万二千名以及随役，自十月起支给粮米，若不敷用应作何增运之处，令臣与总督年羹尧、巡抚绰奇会同定议具奏，臣身在军营，相机而行，未敢擅离，因移咨总督年羹尧、巡抚绰奇，速行定议。康熙五十四、五十五两年，臣在肃州办饷，除按月支给官兵外，又备进剿裹带随运之粮二万一千余石运贮军前，自去年三月，运到军粮缺少，因令道员王全臣将原贮之粮通融散给，又给与吐鲁番官兵羊只，继而运到之粮愈少，臣又令王全臣采买米粮青稞等项，并将银两折算配给，是以自去秋以至今夏，不致贻误。见今巴尔库尔、吐鲁番、科舍图、俄隆吉等四处所有满洲、蒙古、绿旗官兵共二万一千一百名，计算随役共三万三千四百九十名，每月需粮六千六百九十余石，自阿尔泰遣往官兵一万二千名，计算随役约二万五千名，每月需粮五千石，今年巴尔库尔耕种青稞，用过籽粒二千石，至秋成，或可获粮二万石，吐鲁番新垦地亩所获粮数，难以预定，今支给吐鲁番官兵粮米，自五月以来使不能接济，臣因移咨协理将军阿喇衲，乘回人所种地亩成熟，于六月初旬催其收获，借给官兵，俟米粮运到时，照数给还，或将我兵在吐鲁番种获之粮补给，似此酌量设法，庶可接济无误。应如将军富宁安所奏，令伊酌量设法办理，惟是吐鲁番种地之处，不可不严为防守，前经议政议遣步兵五千名至彼防守，今年若进兵至乌鲁木齐，今将军等酌留官兵看守田亩，若不进兵，则看守田亩之兵不可无马，应令将军等将马兵酌量派留，照看田地，兼备剿戮潜来侵犯之贼，其米粮足用与否，亦令将军富宁安查明议奏。从之。

（卷 297）

康熙六十一年五月辛丑（十七日，1722.6.30）

封青海故多罗贝勒罔楚克阿拉卜坦弟达锡策零为固山贝子。

（卷 297）

康熙六十一年五月己酉（二十五日，1722.7.8）

议政大臣等议覆，四川陕西总督年羹尧疏言，康熙五十四年，西陲用兵，原任提督师懿德奏请，将固原、延安、兴汉及西安城守营武弁，马步兵丁共派拨二千名驻扎甘肃沿山一带地方，历七载有余未经出口，今边口关隘，各已驻兵，而甘州又有自京遣往之满洲兵与直隶山西绿旗兵丁驻防，其驻甘肃之固原、延安、兴汉、西安等处绿旗官兵，别无调遣，恳令各回本汛。应如所请。从之。

（卷 297）

康熙六十一年七月戊子（五日，1722.8.16）

议政大臣等议覆，靖逆将军富宁安疏言，先经臣将青稞糜米籽种运送吐鲁番处，分给兵丁播种，今据大定总兵官张弘印呈称，回人之田，俱于正月栽种，青稞糜子已得滋长，我兵种植既已逾期，见今苗禾又复被旱，又据协理将军阿喇衲呈称，籽种到日已迟，未及播种，俱充作官兵口粮支给等语。臣思回人所种之粮成熟，可催令刈割，借给我官兵，俟粮米运到偿还，但须至八月，方能收获，未收以前，不可不预为给与，吐鲁番所有官兵，应给粮米六分，青稞麦子四分，今运到者尽属粮米，除照常运送六分外，其青稞麦子四分，应交与潼商道王全臣购买麦面配给。应如所奏，令将军富宁安速行料理。再四川陕西总督年羹尧、甘肃巡抚绰奇疏称，吐鲁番之兵驻扎甚远，不比巴尔库尔之尚近，请乘此炎热草盛之时，将粮米多为起运，广行积贮，应速行文总督年羹尧等，将伊等起运之粮，星夜催趱，无致贻误。从之。

（卷 298）

康熙六十一年七月乙未（十二日，1722.8.23）

议政大臣等议覆，靖逆将军富宁安疏言，先因大举进剿，应将裹带随运之粮，备贮二万二千余石，运送军营，但见今按月支给官兵之粮，亦应乘时运赴，若两项一并挽运，脚价银两一并全给，不特糜费繁多，仍恐承运官员将来扣追溢领之饷不能即得，日后亦难开销，见今巴尔库尔牧放驼只既皆肥壮，又于喀尔喀地方采买之驼，牧至八月亦皆丰肥，若将此驼运送米粮，亦属甚便，臣一面具奏，一面行文川陕总督年羹尧，乘此炎热草盛之时，除将按月支给官兵之粮照常速运军营外，其进剿裹带随运之粮另行分晰，交与运米官员量减脚价，其南路运至哈密，北路运至特呼里克地方，遣官看守，臣俟年羹尧移文到日，派拨官兵带领驼只，前赴哈密、特呼里克地方，驮运粮米送至军营收贮。俱应如所奏。从之。

（卷 298）

康熙六十一年七月丙申（十三日，1722.8.24）

吏部议覆，定西将军噶尔弼进藏人员，应分别效力轻重议叙，其一等，以应升之缺加一等即用，二等，以应升之缺即用，三等，见任官员以应升之缺先用，候补候选者以应得之缺先用。从之。

（卷 298）

康熙六十一年七月丁酉（十四日，1722.8.25）

议政大臣等议覆，征西将军祁里德疏言，臣先经移咨都统图拉等，令其速谕总理屯种事务之苏永祖，赴乌兰古木等处平治田亩，开浚沟渠，乘时速行播种。又派委署前锋统领卜柱，及扎萨克台吉根敦等，统兵一千名，前赴乌兰古木一带，验看形势，设立营伍，以便防守。随据苏永祖呈称，乌兰古木一带地土肥饶，水泉虽少，尽可引溉，今农事已毕，若撤军回入大营过冬，俟来春再往，或致迟滞，不如将此屯种五百名之官兵，即于乌兰古木等处，坚立营伍屯扎，加谨防守，乘农事既毕，引水地中结冻，俟来春冻开，及时播种，可以加增地亩。又据扎萨克台吉根敦等回称，自喀尔奇喇之巴晏鄂博处起，至搭拉托罗海止，共二百五十余里，已设哨汛七处等语。臣与都统图拉等一同酌议，照苏永祖所请，将屯种之官兵冬季停其撤回，即于乌兰古木等处驻扎，牧放马畜，惟是屯种之处俱在哨汛之外，贼人闻知，乘隙侵扰，亦未可定，请再派满洲官兵及乌喇、索伦、科尔沁、喀喇沁、喀尔喀之官兵五百名亦于乌兰古木等处屯扎，坚立营伍，彼此应援。此二营各拨子母炮四位，派大臣一员，管辖官兵，不时巡查，见有散秩大臣殷扎那具呈愿往，应令伊前往效力。俱应如所请。得旨，殷扎那不堪，著都统图拉前往屯守。

（卷 298）

康熙六十一年七月壬寅（十九日，1722.8.30）

议政大臣等议覆，四川陕西总督年羹尧疏言，据西藏驻扎之喇嘛楚尔齐木臧布及西藏办事之知府石如金等呈称，在藏官兵不睦，因公策旺诺尔布软弱，副都统常龄、侍读学士满都、员外郎巴特麻等任意生事，除将原文缄封呈览外，若大兵不可即撤，应令满都、巴特麻自备行粮，由西宁口外撤回，若大兵撤回，应将官员留藏侦探信息，沿途仍安设驿站，递送公文，并于义木多设兵声援，以安达赖喇嘛等众。查西藏被贼扰害，蒙圣主独断发兵征剿，今藏地已定，土伯特、唐古特等俱得拯救。留兵防守，乃年羹尧听信喇嘛及知府微员捏造之语，阻挠毁谤将军大人官员擅奏撤兵，冒昧已极，应将年羹尧严加议处。得旨，侍读学士满都、员外郎巴特麻与知府石如金、喇嘛楚尔齐木臧布，俱著由西宁一路前来。满都员缺，著署理西安市政使事塔琳往藏跟随将军印务效力，其在藏驻扎之四川绿旗兵丁恐其生事，著署理巡抚事务色尔图进藏管辖，在彼驻扎。色尔图、塔琳著年羹尧速行文，令其驰驿前往，四川巡抚员缺，朕另行补授，至西安布政使事务，著年羹尧举伊所知之人令其署理，员外郎巴特麻员缺，行文大将军将彼处章京拨派一员，即令速行进藏与公策旺诺尔布一同办事。

（卷 298）

康熙六十一年七月壬子（二十九日，1722.9.9）

议政大臣等议覆，靖逆将军富宁安疏言，臣准部咨，见今大兵移驻乌鲁木齐地方，其各营军器整齐，及马匹能否足用之处，令臣查验具奏。今据都统睦森、副都统萨尔禅、智勇、甘肃提督路振声等回称，伊等所属护军、骁骑、绿旗兵丁，一应军器马匹俱各完足，无致贻误等语。又据副都统英柱、常寿等呈称，从前袭击吐鲁番等处，马驼稍有疲损，因以俸饷借抵，购买补足，预备进剿，今二年有余，汛防差使马驼，又不无少亏，仍于见支行粮外借给库银，买补马驼，此所借之库银，于将来应给行粮内，按月坐扣清完等语。臣请允其所呈，借给官兵银十二万六千九百九十五两，令其买补缺额马驼。应如富宁安所请，令陕西巡抚噶什图如数解送军营，暂行收贮，俟大兵进剿，准其借与购补马驼，其存留之官兵，停其借给，照常收贮。从之。

（卷 298）

康熙六十一年九月乙酉（三日，1722.10.12）

谕议政大臣等，从前曾有以朕每年出口行围，劳苦军士条奏者，不知国家承平虽久，岂可遂忘武备，前噶尔丹攻破喀尔喀，并侵扰我内地扎萨克至乌兰布通，朕亲统大兵征讨，噶尔丹败走，后又侵犯克鲁伦，朕统兵三路并进，至昭莫多剿灭之，今策妄阿喇布坦无端侵犯哈密地方，朕征发阿尔泰及巴尔库尔两路兵进剿，策妄阿喇布坦闻之，心胆俱碎，乃遣策零敦多卜等潜往西藏劫掠，毁坏寺庙，土伯特地方已被残蠹，朕又遣大兵前往击败策零敦多卜等，复取西藏，救土伯特于水火之中，我兵直抵西藏，立功绝域，此皆因朕平时不忘武备，勤于训练之所致也，若听信从前条奏之言，惮于劳苦，不加训练，又何能远至万里之外而灭贼立功乎。尔等诸臣，咸宜知之。

（卷 299）

康熙六十一年九月戊子（六日，1722.10.15）

议政大臣等议覆，署理四川巡抚色尔图疏言，从前平定西藏，留兵防守，自打箭炉至拉里，曾将四川绿旗、土司番兵共留三千五百余名，挽运粮饷，今解藏钱粮，可敷二三年之用，且藏地可以采买米粮，不必多人挽运，但自打箭炉至拉里设有六十六站，不可无兵防守。臣通计各站酌量驻兵，并将土司番兵亦添入数内，一同驻扎，共需兵一千九百名，其余兵丁一千六百名若行撤回，则钱粮亦可节省。应如所请。从之。

（卷 299）

康熙六十一年十月辛未（十九日，1722.12.7）

征西将军祁里德疏言，据总理种地事务苏永祖呈称，和布多、乌兰古木、特里等处可种地亩，乘时和暖，俱已开垦，其坤都伦河等处，可种地亩，亦俱开垦，今年所种麦子，得有数倍，明年可以添种地亩，惟是农器恐不敷用，乞早行发给等语。除将所得麦子磨面，差侍读学士阿礼等谨赍呈览外，其不敷所用之农器，请交与大同府知府预备。得旨，据所奏在和布多，乌兰古木等处开垦耕种，因土沃水裕，今年所得麦子，一倍收有六倍，爰请明年添种千石，及询问赍呈麦面之阿礼等，据云和布多、乌兰古木地方广阔，开垦之处颇多，原系厄鲁特等耕种好地，今应将歉收之毛岱察罕叟尔等处耕种人力，移至和布多、乌兰古木耕种，可以多收。再种地所用犁锄铧子锹镢等器，每年给发不少，何以一年之间即俱损坏，铧锄锹镢俱系铁器，军前或难于备办，犁系木器，何地蔑有，若随伊所请，概行给发，路途遥远，著人送往，颇费钱粮。再军前种地人员，禀报所收粮数，一倍得有数倍等语，甚不明晰，应照内地，或一亩一晌，收得米石若干，如此禀报，方得明晰。其和布多、乌兰古木地方添种田亩，所给犁锄锹镢等物之处，著议政大臣详加议奏。寻议覆，军前粮米甚属紧要，多种地亩，则多得积贮，今将军祁里德奏称，今年麦子多收，应令明年于和布多、乌兰古木，并坤都伦河等处，可以耕种之地，将今年所收粮米作为籽粒多加耕种，倘有不敷，令将鄂尔赍图杲尔等处所收粮米，给与增种，其毛岱察罕叟尔所种地亩歉收，应将所需耕种人力器具，俱移至和布多、乌兰古木地方耕种，其毛岱察罕叟尔之地，分给充发罪人，令其开垦。至于铧锄锹镢，俱系铁器，该部行文山西巡抚速令制造，雇觅驼只，交侍读学士阿礼等带往，秋收之后，加谨收存，所用之犁，军前有木可造，令伊等自行办用。再行文将军傅尔丹等，将此开垦田地，俱令丈量顷亩，计算给过之籽粒，秋收之米石开明详报。见今和布多、乌兰古木地方，有种地兵丁及驻扎兵丁五百名，值农务暇时，应令多伐木料聚积，以便修理大城及房屋仓廪。从之。

（卷 299）

雍正元年　癸卯　1723 年

雍正元年九月丁丑（一日，1723.9.29）

上在位六十一年，寿六十有九。上受天明命，作君作师，湛恩浃人心，治化翔域外。至诚无息，等皇古之万八千年。大德曰生，溥仁恩者六十一载。荡荡乎，浩浩乎。功德之隆盛，弥纶蟠际。盖穆清之表，不言而成化，必赖有圣人出焉。为之财成，为之辅相。参三才之极，立万物之命。凡礼乐刑政，纪纲法度，举措协于刚柔，旦明通于穹昊。此圣德之所以合天也。朝廷清明，寰宇熙皞。四时叙，风雨和。泰阶平，景庆见，绵绵翼翼，裕久安长治之基。此圣心之所以弘运也。以言乎文，则经天纬地。麟麟炳炳，奎章宸翰，彪映星云。而逊志敏求，尤寒暑不辍。手定六经，旁通百氏。望杏坛而止辇，跻朱子以升堂。增庠序之额，广春秋之榜。苗猺之秀，亦许操觚。诸贤之裔，胥为博士。宋儒周邵二程张朱，称之曰子而不名。古今崇文治者，斯时称独盛矣。右文之世，或少武功。上智勇天锡，圣武布昭。当三逆蠢动，蹂躏百姓。上从容镇定，简师命将。庙算如神，天戈所指，藁街授首。滇黔楚蜀闽粤之地，生民得安衽席。至于平台湾，定察哈尔部，拔雅克萨城，尽鄂罗斯边界，归我版图，六飞三征朔漠，而噶尔丹顿销余烬。因班禅归诚，而定藏地。安西域之众，制胜方略，皆密承于九重，古未之有也。无思而无不通曰圣人。上于载籍，一经流览，即得其奥旨，文武章疏陈奏，凡地方利弊，及诸臣隐微心曲，虽千里万里之遥，了若指掌。至于验宿海，识江源，以黄钟辨雷声，以钱影喻蒙气，泰山为长白之分支，瀚海为洪荒之泽国，别方音于地界，占物性于天时，累黍必考纵横，温泉必徵色味，皆皇古制作之所未备，群圣论列之所未详。洪范曰睿作圣，斯诚通乎微而妙应不穷也。知人则哲，古帝为难。上于内外大小臣工，必亲加鉴别，因能授任，简厥修，进厥良，不惟其官，惟其人，或异数甄擢者，非清操苦志，必奇猷殊绩，至若折冲之才，介胄之士，表其寸长，述其劳勩，所司或未尽知也。恭己之容，虽燕闲亵御，言笑不苟，临黼扆，亲百官，蔼然春和，而衣冠瞻视，尊严肃穆之象，胥凛凛焉。性爱俭素，衣常浣濯，尚方供御，不贵珍异。虽威德所播，共球琛赆，波委云集，重违远人之意，一再寓目而已。御苑宫室，舟航器皿，纯素无藻绘，巡幸所至，不需民间丝粟，其俭以惜物如此，宽大之恩，遍逮臣庶。左右有过，必原其情，新进之士，有未娴奏对者，辄笑而容之。隆冬则流遣宽期，盛暑则囹圄弛禁。谳狱一上，必重加矜恤，以求其生。迟回郑重，每以此意诏勉臣下焉。中和之性，含弘之度，一日万几，纵容就理，不遗纤悉，而处之若无事，未尝有苛刻急迫之色，盖惇大成裕，所以贻万年昇平之景祚也。显谟承烈，恢三朝之弘绪，问寝视膳，备两宫之孝养，佳时圣节，省方避暑，往往于翠辇龙艑之侧，扶掖承欢，称觞介寿，尽诚致爱。他如祷疾视医药，徒步趋山陵，大孝永慕，无踰于此。敬天尊祖，斋明祓濯，郊坛荐琮璧，宗庙奉尊彝，恪勤以将，俨肃进退，敬谨之至，数十年如一日也。任贤不贰，去邪不疑，自王公大臣，下逮黎庶，罔不示之以诚，圣谕十六条，台省箴，训饬士子文，及起居记载，片词数语，皆奉渊衷诚意以出之，四海之内，颂如天，颂如日，若家喻而户晓之也。招携怀远，咸以信孚，如朝鲜、西域、鄂罗斯、喀尔喀、丹济拉等，或攘其外患，或锡之名号，或晓以威福，谕旨所到，悉欢呼抃舞，委贽恐后，猗欤盛哉。鸿功莫殚，至德难名，集帝王之大成，迈群圣而首出。林林总总，登春台，游化宇，日用饮食而不自知，斯则圣人之大也。然圣人以仁育万物，何尝一日自暇逸哉。未明求衣，中宵警枕，勤仁政也，虚怀纳言，博采众论，广仁心也，好生之德，周于法外，明刑之仁也，祁寒暑雨，深念民隐，爱养之仁也，岁蠲租数百万,一方水旱，即躬亲步祷，发帑发粟，俾人人得所，恤灾之仁也。治淮黄，筑六坝，修太行堤，障沁河诸水之下流，疏永定子牙两河之潴洩，捍民之患，而仁被于泽国。兵戈偃息，士无疮痍，复遣大吏，周视而锡赉之，恤营伍之苦，而仁及其室家，布帛菽粟，尊礼高年，仙醴修馐，饫彼黄发，斯又养老之仁，传为旷典矣。仁主在上，六十余年，丰功懋德，汪濊如江河，布濩如雨露，士敦诗礼，民安耕凿，萑苻夜息，桁杨书静，行旅歌于涂，商贾嬉于市，即梯山航海，沐日浴月之乡，欣欣蒸蒸，无远弗届，及龙驭升遐，虽幽川邃谷，童叟妇女，莫不悲号奔走，若失怙恃，盖上之至圣至仁，凡含生之类，沦浃肌髓，中心哀慕，靡有止极，诗书史册所纪，上下古今，功德之景烁，历祚之长久，天心之协应，运会之昌隆。至矣哉，洵未有加于此者矣。

（卷 300）

世宗宪皇帝实录（雍正朝）

康熙六十一年　壬寅　1722 年

康熙六十一年十二月己卯（二十八日，1723.2.3）

谕总理事务王大臣等，噶斯遣兵驻扎，特为防范策妄阿喇布坦之人侵犯青海。今噶斯一路，官兵无事，可将驻扎年久之人撤回。其新往官兵内，验看汉仗好者，移至巴尔库尔效力。再量留兵丁，驻防噶斯一路之处，尔等详议具奏。寻议，噶斯现有满洲、绿旗兵共一千六百八十七名，应行文将军宗查布，令其挑选满洲、绿旗兵五百名，暂于噶斯一路驻扎防守。其余兵丁，俱撤回原处。贝勒色卜腾扎尔、盆苏克汪扎尔、达颜之子达锡策零驻守处，既与噶斯相近，伊等兵丁，亦令预备。如有用兵之处，与青海、西宁等处兵丁，一并调遣。从之。

（卷 2）

雍正元年　癸卯　1723 年

雍正元年正月壬辰（十二日，1723.2.16）

谕总理事务王大臣、议政大臣等，青海台吉策零董洛卜，著封为贝勒。自西陲用兵以来，青海之王以下台吉以上，各著劳绩。皇考曾降旨，俟凯旋之日，再行计功。今青海王、台吉等，历年效绩，作何加封施恩之处，察明议叙具奏。

（卷 3）

雍正元年正月丙午（二十六日，1723.3.2）

策妄阿喇布坦使臣垂纳木喀等朝见。上命都统拉锡、理藩院尚书特古忒传谕曰，尔国台吉，在我圣祖皇考时，虽有微劳，亦多罪戾。乃无故侵我哈密，发兵往招，杀害拉藏，毁坏佛教，惟天子统御万邦，理宜兴师问罪。我圣祖皇考至仁如天，但令陈兵边境，俟其深悔前非，即加恩宽宥，并无意于殄灭尔国也。其后泽卜尊丹巴胡土克图为策妄阿喇布坦再三求赦。我圣祖皇考追念旧日微劳，又曲鉴胡土克图老人恳款之意，允其所奏，令遣使往谕。待其伏罪自陈，即降恩旨。今圣祖皇考升遐，朕缵承大宝。胡土克图老人远来，再为奏请。是以复遣使于尔，若尔台吉即遣亲信之人，诚恳陈辞，朕即宽宥，以宁尔土宇。若冥顽不灵，仍构兵端，亦可明言其意。如欲广我圣祖皇考之仁恩，惟尔台吉。欲振我圣祖皇考之武烈，亦惟尔台吉。朕仰承丕绪，行我军威，尔台吉讵不稔知。今胡土克图大喇嘛又已圆寂，从此亦无有为尔台吉奏请者矣。可作速定夺来奏，若仍前支吾，则兵由尔起，无与于朕也。尔非专使，故不与尔敕书，尔其谨识朕言，一一往谕。

（卷 3）

雍正元年二月壬子（二日，1723.3.8）

谕各路将军等，策妄阿喇布坦无故起衅，用兵八载，兵丁甚属劳苦。从前虽将老弱者撤回，今又历一二年矣。夫兵不务多，惟在精耳。须将实堪效力者，存留足用，裕其粮饷，方有裨益。现今尔等各处兵丁，不拘满洲、蒙古、汉人，择其精练者，存留军营，其年老残废者，于今年青草之时令其各回本处。

（卷 4）

雍正元年二月丙辰（六日，1723.3.12）

命驻柴旦木将军宗查布往署大将军延信军营效力。都统宗室西伦图往柴旦木办理撤兵事务。

（卷 4）

雍正元年二月乙亥（二十五日，1723.3.31）

总理事务王大臣等遵旨议覆，自西陲用兵以来青海王、台吉等，俱各效力，应酌加封赏。亲王罗卜藏丹津应加俸银二百两、缎五疋。郡王戴青和硕齐察罕丹津应封为亲王。贝勒额尔得尼厄尔克托克托奈应封为郡王。贝子巴尔珠尔阿喇布坦、墨尔根戴青拉查卜应封为贝勒。辅国公噶尔旦达锡、敦多卜达锡应封为镇国公。吹拉克诺木齐亦应封为贝勒。其贝勒阿尔布坦温布应加俸银一百两。公诺尔布彭苏克应加俸银五十两。此外领兵进藏以及驻防噶斯柴旦木人员，应行文该将军查明具奏，分别加赏。从之。

（卷 4）

追封青海贝子丹忠为郡王，遣官致祭，赐银二百两，以其领兵进藏，著有劳绩也。

（卷 4）

雍正元年三月甲申（五日，1723.4.9）

谕总理事务王大臣等，在藏之兵或撤回或于通藏之路驻扎及西宁所余官兵撤回之处，集议以闻。寻议，西藏地方因策妄阿喇布坦妄行扰乱，用申天讨。平藏之后，留兵防护。恐屯扎日久，唐古特等供应繁费。应将驻藏官兵，尽行撤回。察哈尔及额驸阿宝之兵丁，应令公策旺诺尔布、都统武格、阿宝等统领，由西宁路遣回。阿宝在军营年久，应令伊与策旺诺尔布等一并来京。其江宁杭州兵丁，令副都统吴纳哈带领，由云南遣回。四川绿旗兵丁，令副将李现光带领，由打箭炉遣回。至两路适中之乂木多，系通藏大路，应于四川绿旗兵内挑选一千驻防。应令总督年羹尧于川陕总兵、副将内拣选管辖。再阿里地方，甚属紧要。今康济鼐亲身赴藏同隆布奈等料理藏地。其阿里地方，无人办事，应交康济鼐派出效力之人奏闻赏与职衔，协助防守。再查西宁有绿旗兵六千，防守地方，已属足用。其都统汪悟礼带领京师之兵，应尽行撤回。得旨，额驸阿宝令其带领兵马，前往游牧地方。休息数日，再令来京。

（卷 5）

雍正元年三月丁酉（十八日，1723.4.22）

达赖喇嘛遣使达旺堪布等表进方物，优赉之。

（卷5）

雍正元年五月庚辰（二日，1723.6.4）

命都统宗室西伦图拣选西宁绿旗鸟枪兵五百名，并柴旦木兵丁，带往察罕托罗海地方驻扎。

（卷7）

雍正元年五月庚子（二十二日，1723.6.24）

谕总理事务王大臣等，青海台吉，兄弟不睦。傥边境有事，大将军延信驻扎甘州，相隔遥远，朕特将一切事务，俱降旨交年羹尧办理。若有调遣军兵、动用粮饷之处，著防边办饷大臣及川陕云南督抚提镇等，俱照年羹尧办理。边疆事务，断不可贻误，并传谕大将军延信知之。

（卷7）

雍正元年六月壬戌（十五日，1723.7.16）

署抚远大将军贝子延信折奏，据青海郡王额尔得尼厄尔克托克托柰来称，罗卜藏丹津等领兵来侵，率兵交战四次，属下人多阵亡，其余亦行逃散，又将牲畜劫掠。今率妻子来投，乞赐救援等语，臣令伊等暂住苏油口内。奏入。报闻。

（卷8）

雍正元年六月甲子（十七日，1723.7.18）

署抚远大将军贝子延信折奏，青海公噶尔丹达锡来至甘州，据称率弟台吉鄂齐尔、台吉阿旺达克巴，领兵与贝勒阿尔布坦温布等相拒，我兵败散，贼人肆行抢夺，来投进口等语，臣已令噶尔丹达锡暂与伊叔额尔得尼厄尔克托克托奈同居。奏入，报闻。

（卷8）

雍正元年六月戊辰（二十一日，1723.7.22）

命青海已故贝子丹忠家口及属下人员，回居原游牧之地，令亲王察罕丹津管辖。其属下寨桑等，素著勤劳，俟秋凉时，来京加赏。

（卷 8）

雍正元年七月己卯（二日，1723.8.2）

谕驻扎西宁办青海事务兵部左侍郎常寿，据贝子延信奏报，亲王罗卜藏丹津、贝勒盆苏克汪扎尔等率兵四千，抢夺王额尔得尼厄尔克托克托奈等，尔宜遣人劝阻，令其和好。若罗卜藏丹津借此侵犯边塞，则不可不加惩治。此事或尔亲往和解，或遣贤能官员、喇嘛等往彼和解。尔悉心筹划，与年羹尧商酌而行。

（卷 9）

雍正元年七月丙戌（九日，1723.8.9）

工部议覆，川陕总督年羹尧疏奏，布隆吉尔地方北连哈密，西接沙州，去嘉峪关约五百余里，请建城一座，屯兵驻守，则柳沟、赤金始得屏捍。应如所请。从之。

（卷 9）

雍正元年七月己丑（十二日，1723.8.12）

谕署抚远大将军贝子延信，尔移书与额尔得尼厄尔克托克托奈等，称钦奉谕旨。青海台吉，皆系顾实汗之嫡孙。自我朝太宗皇帝时，顾实汗与达赖喇嘛和好，恭顺效力，至今百年。蒙我皇考施以恩宠，加封名号，普加庇护。后经策妄阿喇布坦败坏黄教，围困西藏，杀害拉藏，且复谋侵尔等。于是我皇考遣发大兵，同尔等送达赖喇嘛至藏，振兴黄教。今罗卜藏丹津无故称兵，以王等不入伊党自相侵害。朕仰体皇考眷念顾实汗子孙之意，其罪未明，尚不忍即加征讨。已遣侍郎常寿，往问罗卜藏丹津所行情事。若罗卜藏丹津知罪悔过，朕当定其是非，和解尔众，仍令尔兄弟照旧居住青海。如果罗卜藏丹津不遵朕旨，侵犯边塞，岂可不遣兵征剿。今王之属下人等，尽被抢掳，穷困投至甘州。朕闻之不胜恻然。特遣郎中通智，办给王公并属下人等廪饩牲畜，令从丰厚。王等在彼安居，不须忧虑。朕断不使尔等稍有拮据也。可如是往谕，并译蒙古文发往。

（卷9）

雍正元年八月庚午（二十三日，1723.9.22）

命往青海侍郎常寿折奏，臣于七月二十二日抵亲王罗卜藏丹津驻牧之沙拉图地方，恭宣谕旨，令伊等兄弟罢兵和睦。据罗卜藏丹津诉称，戴青和硕齐察罕丹津、额尔得尼厄尔克托克托奈欲霸占招地，捏言我遣使准噶尔，欲同策妄阿喇布坦背叛，以为谗害，是以众台吉等不服，会盟兴兵，并备言戴青和硕齐等过恶，拟于数日起程渡河，与决胜负。臣察其情形，势难和好。后据察罕丹津诉称，罗卜藏丹津兴兵逐额尔得尼厄尔克托克托奈于内地，今勒令众台吉，聚兵于巴尔托罗海处，意欲独占西招青海地方。其兵大约不过一万二三千名，其党率多勒从。若渡河前来，定即力拒等语。又据众蒙古告称，罗卜藏丹津勒令众等，呼伊为达赖混台吉，其余台吉，俱令呼旧日名号，一概不许称呼王、贝勒、贝子、公封号。细揣其意，先灭额尔得尼厄尔克托克托奈，再灭察罕丹津，独占青海，会同众台吉，奏请赏伊汗号，驻占招地，遥管青海，显然可见。至问遣往准噶尔处使人音信，据云，准噶尔以青海人等不足凭信，又云，准噶尔兵丁已至噶斯口前，九月内可至青海等语。今将臣所见情形与罗卜藏丹津所呈蒙古字，奏章二本，并与臣蒙古字书一封密奏。得旨，此事甚大，行在总理事务王大臣、议政大臣详议，并发往在京之总理事务王大臣、议政大臣等，详议具奏。

（卷10）

雍正元年八月甲戌（二十七日，1723.9.26）

总理事务王大臣等遵旨议奏，罗卜藏丹津久怀异志，纠众盟誓。皇上念伊祖顾实汗恭谨效顺，不即加罪。特遣侍郎常寿谕以利害，前往和解。罗卜藏丹津并不听常寿之言，欲与戴青和硕齐察罕丹津交战。又冀望汗名号，又私称伊为达赖混台吉，殊属背逆。现今伊欲往察罕丹津处争战，应调遣西宁之兵，俟罗卜藏丹津渡黄河时，于渡口邀截其后。至松潘兵丁，请令提督岳钟琪带领前往，就近应援，以张声势。其西路军务，应行文年羹尧，详加定议办理。从之。

驻扎西宁侍郎常寿折奏，亲王戴青和硕齐察罕丹津领兵与罗卜藏丹津相持，势难抵敌，率妻子属人一百四十余名，来至河州老鸦关外。臣即令其进边居住，其余人众，令伊寨桑管束边外防守要隘。奏入。报闻。

（卷 10）

雍正元年九月己丑（十三日，1723.10.11）

谕川陕总督年羹尧、侍郎常寿奏报，亲王罗卜藏丹津攻王察罕丹津，已渡黄河，肆行猖狂。或遣使与策妄阿喇布坦期约作乱，或欲窥取西藏，皆事所必有。军务宜预先筹度，尔宜将西宁、松潘、甘州等处军兵整备，务期剿灭。罗卜藏丹津自夏间作乱以来，人马疲乏。若不乘此时击之，迟延日久，则贼人得以蓄养气力。尔其尽心筹划，克奏肤功。

（卷 11）

雍正元年十月辛卯（十五日，1723.10.13）

又谕，目今策妄阿喇布坦甚属恭顺，我兵在外已久，著将阿尔泰兵丁如何撤回，永固疆圉，应驻兵若干，驻扎何处，或作戍兵迭更，或令永远驻防，应将何处兵丁移驻，尔等可详加确议具奏。再吐鲁番、巴尔库尔、布隆吉尔等处兵丁，俱着照此行。

（卷 11）

雍正元年十月戊申（二日，1723.10.30.）

谕兵部，据川陕总督年羹尧奏称，青海罗卜藏丹津恣肆猖狂，臣领兵于九月二十日自甘州起程，十月初间至西宁，相机行事等语。总督年羹尧既往西宁，办理军务，其调遣弁兵之任，甚属紧要，须给大将军印信，以专执掌。著将贝勒延信护理之抚远大将军印，即从彼处送至西宁，交与总督年羹尧。其贝勒延信现有防守甘州沿边等处事务，将库内现存将军印信，著该部请旨颁发一颗送给。寻议，应将平逆将军印信，送给贝勒延信。从之。

敕谕抚远大将军年羹尧，我朝自创业以来，皆效法列祖用兵纪律，无往不施仁德。孟子云，仁者无敌。统兵者之大义，莫要于此。罗卜藏丹津系青海一台吉，自伊祖顾实汗以后，敬谨恭顺，请安进贡。至扎什巴图尔台吉，慕圣祖仁皇帝德化，叩觐天颜。蒙圣祖仁皇帝念及顾实汗，从前敬谨恭顺，晋封扎什巴图尔为亲王，迭沛隆恩。及病故后，令伊子罗卜藏丹津袭封，罗卜藏丹津宜仰体宠眷，效法祖父，敬奉法纪。乃妄逞强梁，弟兄骨肉自相仇敌。欺陵亲王戴青和硕齐察罕丹津、郡王额尔得尼厄尔克托克托奈等，恣行倡乱。朕甫闻其事，即遣侍郎常寿前往，令伊等讲和修睦。罗卜藏丹津等宜遵朕旨，式好无尤。乃肆意称兵，侵袭亲王戴青和硕齐察罕丹津、郡王额尔得尼厄尔克托克托奈等，杀戮抄掠，以至察罕丹津等情急投入内境。显负朕恩，悖逆天常，扰害生灵，诛戮不可少缓。故加天讨，遣发大兵，声伐罗卜藏丹津。朕欲拯救西域生灵，大张天威，特命尔为抚远大将军，统领满洲、蒙古、绿旗大兵，一切事宜，尔与苏丹、岳钟琪、常寿等酌定方略，公同计议而行。勿当事会而致失机宜，勿恃兵强而轻视逆寇。密侦远探，罔或疏虞。各路大兵暨蒙古兵丁，听尔调遣。凡遇有警，即遣发官兵，应援扑剿，防备诈降。如罗卜藏丹津敢于抗拒，即行剿灭。其党内亦有惧罗卜藏丹津之势，胁从而行者，伊等果悔罪来归，即行宽宥。有能擒斩罗卜藏丹津来归者，分别具奏。有情急来归者，加意抚恤。其不抗拒者，毋加杀戮。须严禁兵将，凡经过地方，勿得骚扰百姓，勿离人父子夫妇，勿淫人妇女，勿掘人坟墓。降附者，勿得侵取其物，勿拆毁庐舍祠宇，勿扰害庙内番僧，副朕戡乱靖逆之意。官兵或临阵退缩，贻误军机，尔会同商议。官员以下，即以军法从事示众。官兵犯小过者，径行处治。勿泯没官兵功绩，勿宽纵违犯之人，赏罚务极严明。尔酌量调遣各路大兵，将罗卜藏丹津歼剿廓清，安靖边圉。斯称委任，尔务宜殚竭心力，早奏肤功。钦哉，故敕。

（卷12）

雍正元年十月壬戌（十六日，1723.11.13）

抚远大将军年羹尧折奏，西藏撤回额驸阿宝所领蒙古兵丁、马匹、军器皆不堪用。且阿宝身有残疾，应令回原处。定西将军公策旺诺尔布带领之察哈尔兵，汉仗俱好。将察哈尔兵拣留四百名，交都统武格管辖，其余交策旺诺尔布带领起程。再都统西伦图现驻于东郭尔庙，甚属无益。伊所领京城兵在外日久，马匹、器械，俱已缺乏，交侍卫班领阿齐图带领发回。西伦图汉仗犹好，请留军前，管辖察哈尔前锋兵。西宁现在满洲兵无几，应令署西安将军公普照派鸟枪骁骑四百名、前锋一百名，交副都统觉罗伊礼布带领，速赴西宁。再用兵不可无参赞大臣，前锋统领苏丹，经事颇多，岳钟琪总统绿旗、土司兵丁，请授为参赞大臣。至青海之事，并请侍郎常寿、一等侍卫达鼐参议。奏入。报闻。

（卷 12）

雍正元年十月丁卯（二十一日，1723.11.18）

抚远大将军年羹尧折奏，青海罗卜藏丹津等聚集各台吉，肆行边外。臣已札令乂木多总兵官周瑛率兵截其往藏之路。但罗卜藏丹津急即遁至穆鲁乌苏等处，亦未可定。臣令靖逆将军富宁安调都统穆森往吐鲁番驻防。调吐鲁番驻防副将军阿喇衲带领满洲、蒙古、绿旗兵二千名，由噶斯一路，前往截杀。若罗卜藏丹津实心恭顺，即将此二千名，暂驻布隆吉尔。再查布隆吉尔地方驻防兵甚少，四围皆系厄鲁特，喇布坦巴苏泰每令伊属下人截夺台站马驼。应令绿旗兵二千名，调往布隆吉尔，交参将孙继宗管辖。若用兵，即令率所管兵丁，剿灭喇布坦巴苏泰，与副将军阿喇衲会合，共截罗卜藏丹津。如此贼人不能脱逃，而布隆吉尔地方亦甚坚固。奏入。报闻。

（卷 12）

雍正元年十月癸酉（二十七日，1723.11.24）

抚远大将军年羹尧折奏，十月十九日，贼人来侵镇海堡。臣令都统武格率察哈尔兵、西安满洲兵援救。二十日，厄鲁特兵二千名、番贼一千余人围堡。二十一日至二十三等日，贼人陆续添兵，日夜转战。臣将前锋统领苏丹所领兵丁，交参将宋可进等，带领军前效力满洲、绿旗官员，于二十五日前往援救。贼众六千余人或据堡前之山，或在谷中埋伏。我兵分队奋攻，炮伤贼人甚多，贼人败走。镇海堡内满洲、察哈尔、绿旗兵齐出截杀。贼人四散逃去，共杀伤厄鲁特六百余人。我军阵亡五人，被伤六人。再多巴之囊素阿旺丹津从前叛归卜藏丹津，今为我兵擒获，理应正法。但军务未完，暂行监禁。奏入。报闻。

（卷 12）

雍正元年十一月戊寅（二日，1723.11.29）

总理事务王大臣等议覆，抚远大将军年羹尧奏称，罗卜藏丹津率兵四五千名，进攻西宁之南川口。因守口兵少，贼人冲入。防守兵见贼势众，即据申中堡，贼人围堡。堡内囊素潜与贼通，欲凿墙而入。守备马有仁等奋力抵御。臣令参将宋可进、游击元继尹等率领弁兵往援。贼人迎战，我兵内外夹攻。歼杀厄鲁特番兵九十余名，贼人败遁。因申中堡囊素助贼攻战，尽皆杀灭。所获贼人器械马匹，俱赏给兵丁外，我兵阵亡七人，随加赏恤。俟各处调齐兵丁，臣即见机剿灭。但甘州兵少力弱，查喀尔喀厄尔得尼王各扎萨克，离甘州甚近，乞调蒙古兵三千名，协驻甘州，以壮军威等语。查喀尔喀厄尔得尼王各扎萨克兵丁，调往甘州，虽属近便，但冬令严寒，喀尔喀等散处遥远，应停其调遣。请就近派鄂尔多斯兵五千名，令副都统花色等带领。归化城土默特兵五百名，令副都统查克旦等带领。大同镇兵一千名，总兵官马觌伯带领，前往甘州。其马觌伯员缺，查永北镇总兵官马会伯现在京师，应着驰驿往赴大同署理。从之。

（卷 13）

雍正元年十一月癸未（七日，1723.12.4）

抚远大将军年羹尧折奏，据随侍郎常寿之千总马超群等回称，常寿于初九日至罗卜藏丹津所驻巴颜布拉克地方。罗卜藏丹津云，是月十五日，我等在察罕托罗海地方会盟再议，十七日行至和尔地方。薄暮时，忽有二三千贼人突至，将侍郎常寿及辎重劫去。笔帖式多尔济愤贼陵辱，拔刀自刎等语。常寿现被禁堪布庙中。奏入。报闻。

（卷 13）

雍正元年十一月丙戌（十日，1723.12.7）

抚远大将军年羹尧折奏，北川新城有逆贼二千余据住。游击马成辅击杀逆贼甚众。臣令副将王嵩、参将宋可进等带领兵丁三千往援。贼据山抵拒，我兵奋力攻击，破贼六营，贼遂败走。再庄浪为河西五府总路，东西两山俱番人游牧之地。此内谢尔苏一伙最强，厄尔布一伙助其行恶。贼恃山高林密，以为巢穴。其地最险者，系棋子山、茨尔沟二处。臣调集凉州兵二千、土司鲁华龄兵一千、各处乡兵一千，令凉州总兵官杨尽信、凉庄道蒋洞管领，四面夹攻，斩贼人数百级，俘获其妻子。番贼奔入铁保城，生擒厄尔布、贼首鲁木受等二人及谢尔苏贼首坎柱等六人，俱已审明正法。臣见余贼无几，将兵调回西宁。守备王福晋、把总陈昌及兵丁二十余人阵亡，其被伤人，数俟查明详报。得旨，据奏，侵犯西宁之南川、西川镇海堡、北川等处逆贼厄鲁特罗卜藏丹津，被官兵协力奋攻，剿杀殆尽。贼众堕瞻逃窜，并将庄浪等处截路行劫之贼番，击败擒获。大将军年羹尧调遣指授，官兵俱各夺勇，实心效力，殊属可嘉。此次立功报效，阵亡受伤官兵，俱著注册。俟事平之日，该部从优议叙。

（卷 13）

雍正元年十一月丁亥（十一日，1723.12.8）

抚远大将军年羹尧折奏，西宁、北川、上北塔、下北塔二处蒙古、回子占地数百里，丁众粮裕，素怀异志。臣令千总马忠孝前往下北塔，将所有三十村庄回目锡拉墨尔根等俱已招抚。马忠孝等又带领兵一千名，往剿上北塔贼众，擒获头目阿布多吴园厄尔克喀等，即行正法。其余回人，俱已招抚。马忠孝等，请俟大兵凯旋议叙。奏入。报闻。

抚远大将军年羹尧折奏，察罕丹津在河州居住，罗卜藏丹津欲行劫掳，臣令少卿花善带领察罕丹津妻子并伊属下人等，移至兰州居住。奏入。报闻。

（卷 13）

雍正元年十一月辛卯（十五日，1723.12.12）

谕理藩院，据大将军年羹尧奏称，青海台吉索诺木达什在布隆吉尔地方，由罗卜藏丹津处脱身来归等语。向者索诺木达什，尽忠效力，乃被叛贼罗卜藏丹津诱擒，今闻伊已来归，良慰朕怀。索诺木达什先与驻扎柴旦木地方之官兵一处效力，继又往西藏军前，竭诚报国，深属可嘉。特沛殊恩，著封为贝子。给与上等产业，加意抚绥。并著大将军传谕，俾知朕意。

（卷 13）

雍正元年十一月癸巳（十七日，1723.12.14）

抚远大将军年羹尧折奏，厄鲁特、番子贼众在新城堡等处往来劫夺。据陆续报称，守备李国强、外委冯光永俱阵亡。把总李孝身受重伤，兵民俱被掳掠。臣调西宁总兵官黄喜林等领兵前往征剿罗卜藏察罕等贼，共杀伤奇嘉寺逆贼五百余名、喇嘛番子一千余人，获贼头目七名，器械、驼马牛羊无算。因时值寒冷，臣令黄喜林等撤兵至西宁。奏入。报闻。

（卷 13）

雍正元年十一月己亥（二十三日，1723.12.20）

抚远大将军年羹尧条奏进剿青海事宜，一预备进剿兵丁。请将陕西督标西安、固原、宁夏、四川、甘州、大同、榆林、土默特、鄂尔多斯、巴尔库尔、吐鲁番等处兵丁共挑选一万九千名，令提督岳钟琪等分领，从西宁、松潘、甘州、布隆吉尔四路进剿。一防守边口土司兵二千名及西安满兵五百名，留守西宁各边口。陕西抚标兵五百名防守永昌。西安满兵五百名防守甘州。其布隆吉尔旧有兵一千名，应仍留驻防。至副将张成龙，现领兵五百防守巴塘，其里塘止驻兵二百。请将四川抚标兵三百名增派防守。再令署松潘镇副将张英、副都统黑色领兵一千五百名，出松潘口，在黄胜关驻扎。云南提督郝玉麟领兵二千名，驻扎乂木多。则罗卜藏丹津等断不敢前往巴尔喀木等处。一购买马驼。臣在陕西买马一千匹，甚不敷用，请令在归化城、张家口采买。或将太仆寺、上都、打布孙脑儿孳生马匹解送三千匹，巴尔库尔挑送驼二千。再于甘、凉、肃州等处采买一千五百。则兵丁进剿之时，可无贻误。一贮备军粮。臣在西安，虑青海有事，已预买米六万石，将来自不致有误。一精炼火器。请将景山制造之火药，每驼以一百八十斤计算，赏给一百驼。于明年正月内解送西宁。得旨，总理事务王大臣、议政大臣会议具奏。寻议，大将军年羹尧所奏进剿贼寇、调遣兵马、坚守隘口，备足粮饷等款，均应如所请。其所请马数外，再增一千匹解送。至火药，于所请额数外，增送一倍。再行文郝玉麟，即由中甸带兵前往义木多驻扎。其中甸地方，应令总督高其倬简选总兵官一员，带兵五百名，前往驻扎。从之。

（卷 13）

雍正元年十一月壬寅（二十六日，1723.12.23）

谕总理事务王大臣等，抚远大将军年羹尧，进剿罗卜藏丹津，将巴尔库尔、吐鲁番兵调往五千名。朕恐巴尔库尔兵力单弱，著于振武将军傅尔丹军营兵丁内拨派二千名，令前锋统领丁寿、都统艮敦带领，于明年二月内前往巴尔库尔驻扎。

总理事务王大臣等议奏，将军傅尔丹处兵丁既派往巴尔库尔、阿尔泰地方，未免兵少。傥有调遣，应将祁里德所领之兵共合一处，归一人总统，恭候钦点。得旨，两处将军傥有合行处，著傅尔丹总统，祁里德令在参赞上行走。

（卷 13）

雍正元年十二月戊申（三日，1723.12.29）

议叙军前效力蒙古人等功，封厄鲁特多罗贝勒额驸阿宝为多罗郡王，台吉沙毕多尔济为固山贝子，喀喇沁一等塔布囊噶尔马色楞、扎萨克一等台吉沙克都尔扎布俱为辅国公。余各升赏有差。

（卷 14）

雍正元年十二月癸丑（八日，1724.1.3）

抚远大将军年羹尧奏，王察罕丹津属下厄尔克扎尔固齐、阿尔塔尔和硕齐、拉布木三人，将罗卜藏丹津看守伊等贼兵杀散，带领一千余户口来投。贝勒色卜腾扎尔带领青海左翼公册零之弟台吉巴尔珠尔等妻子并属下人二千余口来投。臣即宣谕皇仁，赦其被胁从逆之罪，安插于西川口外。奏入。报闻。

（卷14）

雍正元年十二月丙辰（十一日，1724.1.6）

抚远大将军年羹尧折奏，察罕丹津之婿喇卜坦寨桑巴图等属下一千四百余户及丹忠属下七百余户俱从罗卜藏丹津处脱逃来投，仍令往原处居住。奏入。报闻。

（卷 14）

雍正元年十二月戊午（十三日，1724.1.8）

抚远大将军年羹尧折奏，墨尔根戴青拉查卜之子察罕喇卜坦、旺舒克喇卜坦二人，率众来投云，我父墨尔根戴青拉查卜闻大兵前来，逃往巴尔喀木地方。再堪布诺门汗亦率属人来投。查墨尔根戴青拉查卜与罗卜藏丹津并力抢掠察罕丹津，情属可恶。已令察罕喇卜坦，遣人唤回伊父。俟到日，审明请旨。堪布诺门汗系边口内塔儿寺喇嘛，乃察罕丹津亲侄。唆令罗卜藏丹津叛逆，又令伊等喇嘛与我兵交战。虽势穷来投，情难姑恕。到日臣即行正法。奏入。报闻。

（卷 14）

雍正元年十二月辛酉（十六日，1724.1.11）

抚远大将军年羹尧摺奏，贼人来侵布隆吉尔地方，参将孙继宗、游击孙超节领兵往迎。遇贼三千余人，正交战时，副将潘之善引兵继至，并力奋击，杀贼甚众，所获器械无算。奏入，报闻。

（卷 14）

雍正元年十二月癸酉（二十八日，1724.1.23）

抚远大将军年羹尧摺奏，西宁一带番贼俱经剿灭，惟南川口外郭密九部肆行截抢。臣广行招抚，只有沙克都尔阿拉布坦率三部来投，具余部落，仍行恣肆。其呈库、活尔贾二部暴戾尤甚。岳钟琪带来瓦斯杂谷之兵，熟习山路，臣前令岳钟琪在归德堡，将上寺东策布、下寺东策布之助恶贼番，剿抚兼施，已俱安插，即移师进剿郭密番贼，搜捕贼穴，将呈库一部攻杀殆尽，活尔贾等部，首恶已诛，其余尽皆投降。奏入，报闻。

（卷14）

雍正二年 甲辰 1724年

雍正二年正月丁丑（二日，1724.1.27）

抚远大将军年羹尧折奏，十二月十三日，罗卜藏丹津送侍郎常寿回营，并呈奏章一函。笔帖式多尔济，被贼掠去，仗义捐躯，请施恩优恤，以示鼓励。得旨，侍郎常寿，乃简任西宁办理青海事务之员，伊并不将罗卜藏丹津谋叛情形奏闻。一切军务，悉推诿于年羹尧。又擅弃西宁，轻往青海，为罗卜藏丹津所获及罗卜藏丹津将伊释放，复腼颜生还，溺职已甚。著将常寿拏解西安监禁。至笔帖式多尔济，被贼擒获，不屈身死，甚属可嘉，著交部照殉节例议叙。仍著大将军年羹尧，照例予祭。

（卷15）

雍正二年正月戊寅（三日，1724.1.28）

谕抚远大将军年羹尧，朕前曾降旨，罗卜藏丹津被困时，必将常寿送回请罪，今果将常寿送回矣。罗卜藏丹津从此又以甘言巧恳，阻滞吾兵，亦未可定。罗卜藏丹津乃辜负国恩，与吾兵对敌之叛贼，国法断不可宥。不得因伊曾封王爵，稍存疑虑。再与罗卜藏丹津同谋之王、贝勒、贝子、公等，既经背叛，其爵即宜削除。伊等或来归顺，或被擒获，不必更论其先曾封爵。但论其行事之轻重，可宽者从宽，应治罪者治罪，办理奏闻。

（卷15）

雍正二年正月甲申（九日，1724.2.3）

谕理藩院，西海逆贼罗卜藏丹津一事，喇嘛等理宜将叛乱之人善言开导，令其和辑，不致起事，戕害生命，是为维持佛教。如其不能，亦应呈明该将军等，各自闭户安居。岂意反助西海悖逆之人，竟纠合数千喇嘛，手持兵刃，公然抗拒官兵。及至溃败，犹不降顺，入庙固守，以致追杀覆灭。有玷佛教甚矣。钦惟太宗文皇帝时，第五辈达赖喇嘛遣使入觐，极为恭顺。及世祖章皇帝时，将第五辈达赖喇嘛延至京师，封为瓦齐拉达喇达赖喇嘛，蒙被殊礼。百年以来，法教兴隆，皆我朝之恩赐也。前者准噶尔寇犯招地，杀戮僧徒，拆毁寺庙，圣祖仁皇帝遣发大军，恢复招地。俾达赖喇嘛，重安法座，佛教复兴。如此隆恩，喇嘛并不感激，反助悖逆之人，凶恶已极。于佛门之教尚可谓遵受奉行者乎。将朕此旨遍谕各处寺庙喇嘛，并住居蒙古扎萨克处之大小喇嘛等知之。

（卷 15）

雍正二年正月辛卯（十六日，1724.2.10）

谕兵部，副将孙继宗领兵在布隆吉尔等处，同游击潘之善大败青海逆贼，孙继宗著赏给总兵官职衔，俟有陕西总兵官缺出题补。

（卷 15）

雍正二年正月甲午（十九日，1724.2.13）

抚远大将军年羹尧折奏，张家胡土克图之胡必尔汗原住西宁东北郭隆寺，属下喇嘛甚多，素与罗卜藏丹津、阿尔布坦温布和好。本年正月，郭隆寺众喇嘛忽聚兵操演，臣随给示禁止。而寺内喇嘛传令东山一带番人，约于是月十一日齐集拒战。臣见反形已露，急宜剿灭，随遣提督岳钟琪会同前锋统领苏丹、副都统觉罗伊礼布等，统兵进剿。尚未至郭隆寺，而贼众已于十二日驻营哈拉直沟迎敌。我军直前奋击，斩贼数千，据其三岭，毁其十寨。副将宋可进、总兵官吴正安、黄喜林等，各有斩获。随沿途毁其七寨，焚其房屋七十余所，次日抵郭隆寺。寺外山谷间，伏贼千余人，皆逃入洞内。我兵施放枪炮，复聚薪纵火，贼俱熏死。计前后杀伤贼众共六千余名，随毁郭隆寺，并究张家胡土克图之胡必尔汗消息。众喇嘛已预先携往大通河西杂隆地方，臣即将达克玛胡土克图正法。此次效力弁兵及阵亡受伤者，俟查明咨部。得旨，效力官兵，俟事竣议叙。其劳绩尤著之官弁，俱著加衔二等。

（卷 15）

雍正二年二月壬子（八日，1724.3.2）

抚远大将军年羹尧折奏，青海贝勒罗卜藏察罕、贝子济克济扎布、台吉滚布色卜腾、纳汉伊席、罗卜藏察罕之母率领伊等妻子及贝勒策凌敦多卜之姊，投至西宁。随酌给茶叶、大麦等项，仍令往口外驻扎讫。臣思罗卜藏丹津欲威胁懦弱，以益兵力。众人尚在游移，若不乘机派兵前往，则来投之人，势难保全。臣令提督岳钟琪、总兵官吴正安、黄喜林、侍卫达鼐、副将王嵩、宋可进、纪成斌等领兵六千名，分二路进剿。前锋统领苏丹，留于西宁军营办事。奏入。报闻。

（卷16）

雍正二年二月戊午（十四日，1724.3.8）

谕总理事务王大臣等，青海之事，不日告竣。而策妄阿喇布坦亦属恭顺。其撤回各路之兵及固守地方之事，应预行定议。额驸策凌、贝勒博贝，俱在阿尔泰驻扎年久，地方情形，皆所悉知。现皆在京，可详询阿尔泰一路兵丁如何撤回及驻防兵丁应于何处安设之处，确议具奏。寻议，策妄阿喇布坦，于伊使垂纳木喀去后，中心悦服，遣使诚恳前来，甚属恭顺。然永固边陲之策，宜预为筹画。查阿尔泰一路，振武将军传尔丹军前，现在兵丁共三千八十二名。征西将军祁里德军前，现在兵丁共六千九十八名。俱应撤回各本处。查先奉圣祖仁皇帝谕旨，喀尔喀边疆系与策妄阿喇布坦及鄂罗斯接壤，交将军及喀尔喀王等会议。茂岱察罕叟尔、扎克拜达里克两处，俱系紧要形势地方，相应驻兵。已经盖造城两座。后以乌兰古木地方，广阔丰腴，可以屯田。于是又遣哨兵，于彼种地修城屯驻。但乌兰古木直抵阿尔泰山前，与茂岱察罕叟尔、扎克拜达里克及喀尔喀游牧处，相隔千里，应停其在乌兰古木驻兵，仍于茂岱察罕叟尔，扎克拜达里克两处，派京城满洲兵二千名防守，四年一换。蒙古兵两千名，永远屯驻。满洲兵请于京城佐领内选派一千七百四十二名，其不足兵丁，于八旗汉军炮手内，均派充补。蒙古兵请于八旗游牧察哈尔佐领内挑选一千名。再于右卫佐领内挑选七百名。其不足兵丁，请于归化城土默特佐领内酌派充补。此四千兵，应派将军一员、副都统一员。统领将军在察罕叟尔驻扎，副都统在扎克拜达里克驻扎。应铸给驻防茂岱察罕叟尔等处地方将军印信。其察哈尔、右卫、归化城蒙古兵二千名，俱设总管等管辖，于两城左近游牧驻扎。至阿尔泰军前，现有喀尔喀扎萨克兵二千名，应暂行存留，交与王丹津多尔济、额驸策凌、贝勒博贝等，统领调遣。丹津多尔济，应铸给管辖喀尔喀左翼兵丁副将军印信。策凌，应铸给管辖喀尔喀中路兵丁副将军印信。博贝，应铸给管辖喀尔喀右翼兵丁副将军印信。军营一应器械盔甲，交与兵部、工部制给。俸饷、马驼等项，按员令户部支赏。京城满洲兵，于明年四月内起身，令将军、副都统带领出张家口，由中路行走。察哈尔、右卫、归化城兵，令总管等带领，各随其便，游牧前去。至茂岱察罕叟尔、扎克拜达里克两处，地亩丰腴，应俟将军到彼，派兵耕种。并令官商范毓馪等挽运米石，备支给口粮之用。其屯种事务，奏派大臣一员，铸给办理茂岱察罕叟尔、扎克拜达里克两处兵饷关防，俟四年与将军一同更换。再阿尔泰两路兵内，令傅尔丹挑留五千名，暂行驻扎。其余今岁七八月间，令征西将军祁里德统领撤回，并将征西将军印敕带缴。至阿尔泰现在所设军台，俱系僻路，且瀚海辽阔，水草不佳。查张家口抵朱尔辉、翁机、推河甚近，水草亦佳，应遣大臣一员，将台站那[挪]移安设。庶于驿站人员、牲畜，俱有裨益矣。得旨，尔等所议，令傅尔丹处暂留兵五千名，阿尔泰既有喀尔喀之兵，著留四千名。余依议。并行文大将军年羹尧知之。

抚远大将军年羹尧折奏，据岳钟琪报称，二月初八日领兵出口，闻巴尔珠尔阿喇布坦在乌兰博尔克地方，即分兵三路进剿。及至其地，贼人已经逃遁。遂令总兵官吴正安率兵由北路，总兵官黄喜林、副将宋可进率兵由中路，岳钟琪、侍卫达鼐，率兵由南路，往追贼人。副将王嵩、纪成斌等，各率兵搜山，岳钟琪追至伊克哈尔吉地方，阿尔布坦温布逃入哈尔吉山中。我兵进山，遂擒获阿尔布坦温布。黄喜林擒获巴尔珠尔阿喇布坦并其叔伊克喇布坦。今追剿贼首罗卜藏丹津，不可迟延。即携擒获之阿喇布坦等三贼进剿，并收抚逃散部落。奏入。报闻。

（卷 16）

雍正二年二月甲子（二十日，1724.3.14）

抚远大将军年羹尧折奏，罗卜藏丹津背叛，阿冈部落贼番每探报内地信息，臣令凉庄道蒋洞等，率兵四路进剿。擒斩人口牲畜无算，即将贼首阿冈囊苏正法。得旨，蒋洞著加按察使衔。

（卷 16）

雍正二年二月丙寅（二十二日，1724.3.16）

云贵总督高其倬疏报，中甸地方，原系丽江所属，后为青海占去，领逆贼罗卜藏丹津伪扎。臣遵旨令提臣郝玉麟、带兵驻扎中甸。其番夷人等，随即投缴伪扎，归诚纳土。现在详细安抚，清理疆界。得旨，郝玉麟遵旨，率兵至中甸，扬威驻扎，宣布德意。中甸番夷头目，欢忭感激，率众三千五百户、男妇一万七千五百名、喇嘛一千十四人，投诚纳土。高其倬复遣官安抚，殊属可嘉。俟青海事竣之日，议叙具奏。

抚远大将军年羹尧折奏，据岳钟琪报称，二月十四日领兵至席尔哈色地方。知吹拉克诺木齐现在天城察罕哈达居住。因即派兵前往，擒获男妇、牲畜甚多。吹拉克诺木齐于十四日带三百余人，乘夜遁往噶斯地方。其属下都喇尔寨桑及扎锡敦多卜之母，带领属下人口、马匹逃遁，被台吉盆苏克汪扎尔等擒获投献，即赏给伊等缎匹银两，令带领蒙古兵五百名，往噶斯一路，追擒吹拉克诺木齐。并令守备刘廷彦等带兵同往。再访得罗卜藏丹津仍在原处居住。大兵务于十九日至伊所住地方进剿。奏入。报闻。

（卷 16）

雍正二年二月丁卯（二十三日，1724.3.17）

抚远大将军年羹尧折奏，据凉庄道蒋洞报称，石门寺喇嘛浑囊苏山丹等所属多卜藏、马贾等部落，从前佯称归顺，潜与谢尔苏、厄尔布二部落逃散人等，倚石门寺为巢穴，肆行劫掠等语。臣随令蒋洞率领绿旗土司及民兵分为五路进发，至石门寺，奋勇齐击，杀死喇嘛番贼六百余人，搜寺得盔甲五十余副，刀枪撒袋等物甚多，因即将寺焚毁，收兵而还。奏入，报闻。

（卷 16）

雍正二年二月癸酉（二十九日，1724.3.23）

抚远大将军年羹尧折奏，楚克赖纳木扎尔率伊子策凌敦多卜及属下一千余户前来投顺。臣赏给茶叶、大麦等物，仍令往伊克乌兰和卲等处，照旧居住。奏入。报闻。

（卷 16）

雍正二年三月癸未（九日，1724.4.2）

抚远大将军川陕总督年羹尧奏报，二月初八日遣奋威将军岳钟琪率大军往剿青海逆贼罗卜藏丹津，由布尔哈屯直抵贼巢额母讷布隆吉地方，分兵一千往北路柴旦木，预截贼众逃往噶斯要路。岳钟琪率兵从南路尾追二十日，探知贼众逃往乌兰穆和儿地方。及至其地，贼众复逃往柴旦木地方，又分兵一千追逐，大军随后沿途进击。擒获罗卜藏丹津之母阿尔太喀屯及其妹夫克勒克济农藏巴吉査等，并男女、牛羊无数。二十二日至柴旦木。罗卜藏丹津带二百余人，逃窜潜匿。随分兵至乌兰白克地方，擒获吹拉克诺木齐扎锡敦多卜，并男女、驼马无算。其助乱之八台吉等，亦并擒获。现今罗卜藏丹津之母及贼党阿尔布坦温布等八人及归降之盆苏克汪扎尔等四人，俱解送军前，青海部落悉经平定。奏入。报闻。

（卷 17）

雍正二年三月甲申（十日，1724.4.3）

谕总理事务王大臣等，青海逆贼罗卜藏丹津之事，大将军年羹尧、奋威将军岳钟琪以及兵丁皆奋勇杀贼。于十五日内，即能将逆贼剿灭平定，殊为可嘉。年羹尧，著授为一等公。再赏一精奇尼哈番。岳钟琪，著授为三等公。凡效力官兵，俱加优恩策勋外，著户部动用钱粮二十万两，送至大将军年羹尧处，分别官兵效力等次赏给，以示格外加恩之意。

（卷 17）

雍正二年三月丁亥（十三日，1724.4.6）

裕亲王保泰等遵旨议覆，平定青海，应照平定吴逆、噶尔丹之例，遣官告祭天、地、宗庙、社稷、永陵、福陵、昭陵，暂安奉殿、孝陵、孝东陵、景陵，并奉先殿。得旨，是。

命内阁学士鄂赖自藏至西宁，办理蒙古事务。

（卷 17）

雍正二年三月壬辰（十八日，1724.4.11）

敕谕准噶尔台吉策妄阿喇布坦，尔前者无故侵扰我哈密疆界，罪在不赦。皇考圣意，止令于边地防守，虽各路发兵，原无剿灭准噶尔之意也。其后泽卜尊丹巴胡土克图为尔奏恳皇考，欲施恩宽宥。所以遣使楚杨托音等谕尔。前年尔所遣使垂纳木喀布厓等，至泽卜尊丹巴胡土克图处，转至总督年羹尧军前，送至京师。朕定尔平生功罪，开示大义，面谕遣回。今尔深省前非，归诚请罪，遣使根顿，同楚杨托音前来，奏辞恭顺，得遂皇考初心，朕意嘉悦。尔奏称惟祈休养生灵、阐扬正教为第一要务等语。尔台吉不过准噶尔一部落之主，尚欲休养生灵、阐扬正教，何况朕为四海臣民之主，普天之下皆朕土，率土之滨皆朕臣乎。用是特遣御前总管京城喇嘛班第、副扎萨克大喇嘛达尔汉楚杨托音、内阁学士众佛保、副都统扎锡、喇嘛锡拉卜格春等宣谕，若台吉果欲辑宁尔国，尚其诚一乃心，与朕所遣大臣等，申定疆圻，诸事循理妥议，归于和顺，朕必施恩轸念，永加眷顾。仍前通市，使命往来。尔台吉诚能以鲜终为戒，其必惟和惟顺，无贰无疑，披沥悃忱以期永好，不特克协于朕休养生灵至意。尔台吉游牧地方，亦永永无虞，安居乐业矣。特此谕示，并赐各色缎二十七疋，尔其祗承。

抚远大将军年羹尧折奏，据副将军阿喇衲报称，阿拉布坦苏巴泰等截路抢夺，宜行歼除。臣令总兵官孙继宗、喀尔喀扎萨克通摩克等，率兵进剿。至哈拉脑儿，知阿拉布坦苏巴泰等逃往阿禄巴尔虎，即进兵追至推墨尔地方，贼人拒敌，被官兵击败，尽弃牛羊，止率妻子逃去。奏入。报闻。

（卷 17）

雍正二年三月丙申（二十二日，1724.4.15）

以青海平定，遣官告祭天、地、宗庙、社稷、奉先殿。

（卷 17）

抚远大将军年羹尧，遵旨议奏防守边口八款，一大兵在巴尔库尔、吐鲁番地方驻扎日久，今策妄阿喇布坦恭顺遣使，虽事属未完，而兵可暂撤。臣请于巴尔库尔、吐鲁番兵丁内选满洲、蒙古、绿旗兵，暂于巴尔库尔驻扎二千名，吐鲁番驻扎一千五百名。再令绿旗兵二千名，驻扎哈密地方。其余兵丁，俱撤回原处。一布隆吉尔筑城，原为驻兵防守疆界。臣请于布隆吉尔令总兵一员统兵五千名驻扎，分为五营。其游守千把等官，照例增设。沙州离伊孙察罕齐老图之口相近，地方紧要。应分一营官兵驻扎。其哈密地方窄隘，容兵甚少，应俟巴尔库尔、吐鲁番驻防兵丁撤回后，派出镇标游击一员、千总一员、把总二员、兵五百名防守，每年轮班派往。其驻兵新城，乞钦定嘉名，以垂永久。一布隆吉尔出嘉峪关五百余里，口外募兵，一时难得。现有甘、凉、肃三州应撤回之兵丁，请即令驻扎其地，其眷口俱官给路费送往。遇有兵丁缺出，由该营余丁内挑选充补。一布隆吉尔驻扎官兵，俸饷若由内地运往，于钱粮殊多糜费。查从前赤金卫、柳沟所等处，曾募人种地。今应于每营派余丁二百名，每人官给牛二只、籽种四石、口粮三石。第二年再给半分。至第三年但给半分籽种。过三年后，不必再给此项地亩，即作伊等恒产。不论米麦青稞收粮三石，以为兵丁月饷。一布隆吉尔、沙州民间事务，不可不设文官管理。赤金、靖逆二卫，旧设通判、同知，应留通判一员，兼管二卫。另于布隆吉尔增设卫守备一员，沙州增设卫千总一员，令专管种地事务。其靖逆卫同知，令移驻布隆吉尔，均属肃州道统辖。一肃州总兵官四营，共有兵三千二百名。肃州在口内，布隆吉尔既有大兵驻扎，其肃州兵丁，于口外分守台站。事件甚少，应将肃州镇标兵，拨出一营八百名，归入布隆吉尔。再将柳沟所兵一百名，靖逆卫兵一百名，俱拨入布隆吉尔兵丁数内。靖逆卫设都司一员，赤金卫、柳沟所各设千总一员，俱属布隆吉尔总兵管辖。一布隆吉尔、沙州，原系蒙古地方，赤金卫、柳沟所，亦曾为伊等游牧之所。因大兵在外，我兵种地驻扎。若大兵撤后，仍令伊等游牧行走，必至争竞生事。查布隆吉尔南山内，空地甚多，应派大臣一员，带领贤能章京，分地令其居住，庶内外地界分明。一宁夏地阔田肥，原设总兵官驻扎，遇哈密有事，将满洲兵由内派往，路途遥远，甚属无益。宁夏贺兰山之外，离哈密不甚遥远，宜于宁夏令满洲兵驻防。其驻兵若干及官员数目，俟西宁事完，臣亲加审视，详细定议，再行奏闻。得旨，此事甚巨，着议政大臣等各抒己见，详加定议具奏。寻议，抚远大将军年羹尧八款，分晰详明，俱应如所请。从之。

（卷 17）

雍正二年三月辛丑（二十七日，1724.4.20）

礼部议覆，青海构逆，天兵往剿，为期二旬，悉经平定，边陲安辑，大军凯旋，应如诸王大臣所请，皇上择日升殿，行庆贺礼。得旨，此次平定青海，实由我皇考简用将帅之得宜，豢养弁兵之有素，伊等感恩效力，克奏肤功，此皆谟烈贻留，岂可为朕有乎。朕缵承前烈，守而弗违，应行典礼，勉从所请，俟告祭陵寝后，择日具奏。

（卷 17）

雍正二年三月癸卯（二十九日，1724.4.22）

抚远大将军年羹尧折奏，据侍卫达鼐报称，三月初三日，与副将纪成斌等搜寻罗卜藏丹津属人。探得夹木灿堪布喇嘛在布代山后藏匿。恐由西藏一路逃遁，遣人往调。台吉济木巴等派蒙古兵，往西藏邀截。即率兵前进至梭罗木地方，夹木灿堪布等拒战败遁，我兵随后剿杀。济木巴台吉等抄路迎贼，将夹木灿堪布、垂扎木素二人擒斩枭首，送至军营。奏入。报闻。

（卷 17）

雍正二年四月乙巳（二日，1724.4.24）

以青海平定，遣官告祭暂安奉殿、孝陵、孝东陵、景陵。

（卷 18）

叙平定青海功，除已授大将军年羹尧为一等公、将军岳钟琪为三等公外，授参赞苏丹、总兵官宋可进为三等阿达哈哈番，总兵官黄喜林为二等阿达哈哈番，按察使王景灏、总兵官周瑛、副将王嵩、纪成斌为拜他喇布勒哈番，提督郝玉麟、总兵官武正安为拖沙喇哈番。以侍卫达鼐为副都统，授拜他喇布勒哈番。其余有功将士，各升赏有差。

（卷 18）

雍正二年四月己酉（六日，1724.4.28）

以青海平定，遣官告祭永陵、福陵、昭陵。

（卷 18）

雍正二年三月戊午（十五日，1724.5.7）

以青海平定功成，上御太和殿，诸王、贝勒、贝子、公、文武官员上表，行庆贺礼。

抚远大将军年羹尧折奏，侍卫达鼐、副将纪成斌等领兵前往布哈色布苏地方，擒获阿布济车陈台吉。再喀尔喀扎萨克沙尔都台吉前来投顺。奏入。报闻。

（卷 18）

雍正二年四月癸亥（二十日，1724.5.12）

总理事务王大臣议奏，青海大捷，应献俘于太庙，恭请皇上临御午门受俘。得旨，平定青海，实乃皇考留贻之功，故捷音到日，恭告景陵，今造逆首恶吹拉克诺木齐、阿尔布坦温布、藏巴札布等三人槛送来京，朕令议献俘太庙之礼，以慰列祖在天之灵，诸王大臣等，乃议请受俘，归功于朕，非朕本意也，可否只行献俘，不行受俘之礼，诸王大臣等再察典礼具奏。寻议，出师凯旋，执获丑类，献于庙社，即受俘于廷，历代行之，大典攸昭，应请允行。从之。

（卷 18）

雍正二年四月丁卯（二十四日，1724.5.16）

抚远大将军年羹尧折奏，河州口外铁布等寨番人皆系青海所属，劫掳道路，恣意妄行，臣派遣署河州副将岳超龙等，带兵进剿，攻取四十一寨，剿服三十七寨，杀伤番贼二千一百余名，擒获人口牲畜无算，皆赏给官兵。奏入。报闻。

（卷18）

雍正二年闰四月癸未（十日，1724.6.1）

以平定青海所获叛逆俘囚吹拉克诺木齐、阿尔布坦温布、藏巴札布三人，解送至京，行献俘礼。遣官告祭太庙社稷。

（卷19）

雍正二年闰四月丙戌（十三日，1724.6.4）

王以下文武百官齐集午门前，设卤簿，鸣金鼓，上御午门楼前楹，升宝座，受俘，兵部官率解俘将校，将平定青海所获叛逆俘囚吹拉克诺木齐、阿尔布坦温布、藏巴札布三人，白练系颈，跪伏，兵部堂官奏，所获俘囚，谨献阙下，上命交刑部，于是刑部官领旨，兵部官引俘押出，王以下文武各官行礼毕，上回宫。是日，赐解俘官各蟒缎、朝衣、帽靴，加赏银百两，兵丁各赏银二十两。

（卷19）

雍正二年五月庚申（十八日，1724.7.8）

抚远大将军年羹尧奏报，庄浪之谢尔苏部落番人首倡为恶，擅据桌子山、棋子山。又凉州南崇寺之沙马拉木扎木巴等与蒙古通连。去年曾抢掠新城、张义等堡。再郭隆寺、郭莽寺逃出之喇嘛，煽惑西宁之纳朱公寺、朝天堂、加尔多寺番人，与庄浪番贼串通，并不归顺。臣与奋威将军岳钟琪及在西宁大臣等商议，派绿旗、土司兵，共分十一路，于四月十五日由西宁进发。后据岳钟琪等陆续报称，纳朱公寺喇嘛番人俱经投顺，即于朝天堂添设小张家胡土克图居住。至加尔多等番人，派副将纪成斌、张玉、总兵黄喜林等，分兵四路，直抵贼穴，杀贼数百。其余死于沟河者甚多，寺亦焚毁。又据游击马忠孝、王大勋等杀贼于和石沟。游击王序吉、范世雄败贼于石门口。凉庄道蒋洞歼贼于喜逢堡。而前锋统领苏丹率兵至旁伯拉夏口，番人假称来投，察其情形可疑，令人侦探。则众贼伏匿放枪，遂率官兵，直抵贼穴，杀贼甚众。又凉庄道蒋洞搜剿棋子山，破贼于巴洞沟。土司鲁华龄杀贼于天王沟。前后被剿殆尽，其为首谢尔苏之番贼阿旺策凌，被先密寺喇嘛擒获解送。岳钟琪又领兵至镇羌，探得贼人俱在木茂山，即派员率兵截阻，杀贼甚众。其余贼人，竟弃妻子逃去。随留总兵官宋可进、凉庄道蒋洞统率绿旗、土司民兵五千名，暂驻防守。又守备马光在宽沟地方杀贼二十余人，众俱逃散。再查先密寺番人，顺逆无常，且与棋子山贼穴相连，恐后日复聚贼生事，是以令伊等喇嘛番众，俱移于加尔多寺之外居住。其先密寺，即行焚毁。此次阵亡受伤绿旗、土司官兵及所抚番人户口数目，俟查明造册，另行咨部。奏入。得旨，桌子山、棋子山番贼，甚属凶顽，倚恃地方危险，屡行劫掠。大将军年羹尧，筹画调遣，令奋威将军岳钟琪等统率官兵进剿。于山险林密之处，奋战五十余日，尽行剿灭，黾勉效力，克奏肤功，永靖边塞，甚属可嘉。此次勋绩，著将大将军年羹尧及岳钟琪等弁兵，俱从优议叙。

（卷 20）

布隆吉尔副将军阿喇衲患病，以署固原提督噶尔弼署理布隆吉尔副将军。军前立黄旗蒙古都统苏丹署理陕西固原提督。

（卷 20）

雍正二年五月壬戌（二十日，1724.7.10）

又谕，自西陲逆贼罗卜藏丹津等背弃国恩，招集同恶，残其骨肉，侵犯边城，朕命年羹尧揆度机宜，指麾将士，犁庭扫漠，迅奏肤功。惟逆贼犯塞之初，边民略被骚扰。克敌之后，居民安堵，不知有兵。且士马有饱腾之欢，闾阎无转运之苦。支用钱粮，一无糜费。昨因野番掠劫成性，出没无常。又令奋威将军岳钟琪领兵搜捕余孽。将士用命，于深山林木之中，转战五十余日，俱已荡平。从此锋镝永清，疆圉开拓。今具奏善后事宜十三条，又定禁约青海十二事，运筹周密，措置精详，朕心嘉悦之。至其所奏善后诸事，皆合机宜。惟新辟地方，宜广屯种。而欲令五省有罪之人，发往开垦。恐此等之人，未必习于耕种。又无室家，可以羁留。于边塞之处，少当留意耳。尔等一并悉心妥议具奏。

（卷 20）

雍正二年五月戊辰（二十六日，1724.7.16）

总理事务王大臣等，遵旨议覆，抚远大将军年羹尧条奏青海善后事宜十三条。一、奏称青海各部落人等，宜分别功罪，以加赏罚也。从前罗卜藏丹津侵犯内地时，贝勒色卜腾扎尔及贼人侵犯西川南川时，尝报信息，并未出兵协助，即首先投诚，并引策凌诺尔布、罗卜臧察罕等来投。台吉噶尔丹戴青始终未助贼人，且与贝勒盆苏克汪扎尔力战吹拉克诺木齐，又随大兵出口，亦为效力。扎萨克阿喇布坦系察罕丹津之婿，随大将军进剿效力，均应请加封爵，以示鼓励。应如所请。色卜腾扎尔晋封郡王。噶尔丹戴青封为固山贝子。阿喇布坦封为辅国公。又奏称俘获之诺颜格隆，乃图尔古特台吉，今已为喇嘛，随提督岳钟琪在军前效力。贝勒盆苏克汪扎尔从前虽助逆贼，后知悔过投诚，擒贼赎罪，应与投诚之公策凌诺尔布，留其原封之爵，以示宽大。应如所请，各复伊等原爵。又奏称辅国公罗卜藏察罕、台吉济济克扎布虽经投顺，从前与贝子阿喇布坦、巴尔朱尔、阿喇布坦，扰乱内地，请革爵为民。贝勒策凌敦多卜、贝子拉查卜虽经投诚，但久助逆贼，应降其所封之爵，以示惩戒。应如所请。罗卜藏察罕、济济克扎布革爵为民。策凌敦多卜降为固山贝子，拉查卜降为镇国公。一、奏称青海部落，宜分别游牧居住也。请照依内扎萨克编为佐领，以申约束。每百户编一佐领，其不满百户者，为半佐领，将该管台吉俱授为扎萨克，于伊等弟兄内拣选，授为协理台吉。每扎萨克俱设协领、副协领、参领各一员。每佐领俱设佐领、骁骑校各一员、领催四名。其一旗有十佐领以上者，添设副协领一员、佐领两员，酌添参领一员。傥蒙俞允，请将一等侍卫副都统达鼐，暂留办理。其每年会盟，奏选老成恭顺之人，委充盟长，不准妄行私推，以致生事滋扰。均应如所请。一、奏称朝贡交易，宜按期定地也。请自雍正三年起，于诸王、台吉内派定人数，令其自备马驼，由边外赴京，请安进贡。青海诸王、贝勒，应分作三班，三年一次，九年一周。其与内地之人互相交易之处，则定以每年二月、八月二次交易，俱以边外为集。臣选得西宁西川边外有那拉萨拉地方，请指定为集，不准擅移。届期仍令总兵官饬委营弁领兵督守。如有擅进边墙者，即行惩治。应如所请。但各蒙古需用茶叶、布、面等物，交易之期过远，必致穷乏，应令四季交易。又奏称罗卜藏丹津所属垂寨桑，系首先归顺之人，应令于松潘口外驻牧，授为土百户职衔。丹忠部下寨桑噶、隆色卜腾达什等，率领数百余人，赴松潘投顺，现驻潘州，应给以千户、百户文凭。均应如所请。一、奏称喀尔喀、厄鲁特之四部落，宜不属青海也。查伊等原非被掳之人，今青海诸王、台吉内之投降者，咸归仁化。助逆者，俱已被擒。而喀尔喀内有随大兵投降者，宜乘此军威远振，将不愿为青海属人之喀尔喀等，照青海例，编旗分为佐领，添设扎萨克等，分驻剿灭逆贼之旧地。其情愿归本处者，听其自便。则青海之势可分，而喀尔喀台吉等，无不感恩报效。应如所请。一、奏称西番人等，宜属内地管辖也。查陕西之甘州、凉州、庄浪、西宁、河州、四川之松潘、打箭炉、里塘、巴塘，云南之中甸等处，皆系西番人等居住牧养之地。自明以来，失其抚治之道，或为喇嘛耕地，或为青海属人，交纳租税，惟知有蒙古，而不知有厅卫营伍官员。今西番人等，尽归仁化，即系内地之良民，应相度地方，添设卫所，以便抚治。将番人心服之头目，给与土司千百户、土司巡检等职衔分管，仍令附近道厅及添设卫所官员管辖。其应纳粮草，较从前数目，请略为减少，以示宽大。至近边居住帐房、逐水草游牧者，仍准伊等照旧游牧。均应如所请。一、奏称青海等处，宜加约束也。查青海巴尔、喀木、藏危，乃唐古特四大部落顾实汗据占此地。以青海地面宽大，可以牧养牲畜。喀木地方人众粮多，遂将伊子孙分居此二处，伊则在青海游牧居住。喀木地方为伊等纳贡。藏危二处，从前原施舍为达赖喇嘛、班禅喇嘛香火，今因青海叛逆，取此一带地方，交四川、云南官员管理。达赖喇嘛，向差人赴打箭炉贸易，每驮向乂木多、乍了、巴塘、里塘居住喇嘛索取银两不等。名为鞍租。至打箭炉，始行纳税。请饬达赖喇嘛等，不准收受鞍租，并饬打箭炉收税官员，亦免其纳税。再每年请赏给达赖喇嘛茶叶五千斤，班禅喇嘛减半赏给。均应如所请。一、奏称喇嘛庙宇，宜定例稽察也。查西宁各庙喇嘛，多者二三千，少者五六百，遂成藏污纳垢之地。番民纳喇嘛租税，与纳贡无异。而喇嘛复私藏盔甲器械。前罗卜藏丹津侵犯时，喇嘛等带领番民，与大兵抗衡。今臣于塔儿寺喇嘛内之老成者，拣选三百名，给与大将军印信执照，谕令学习清规，请嗣后定例。寺庙之房，不得过二百间。喇嘛多者三百人，少者十数人，仍每年稽察二次，令首领喇嘛，出具甘结存档。至番民之粮，应俱交地方官管理，每年量各庙用度给发。再加给喇嘛衣服银两，庶可分别其贤否，地方官得以稽察。均应如所请。一、奏称陕西边防宜严界限也。查边外自黄河入中国之处，至于河州、西宁、兰州、中卫、宁夏、榆林、庄浪、甘州等，其间水草甚佳，林麓茂密，乃弃此不守，以致蒙古等占据大草滩之地，将常宁湖为牧厂，是以各处相通，竟无阻碍。请于西宁之北川边外上下白塔之处，自巴尔托海至扁都口一带地方，创修边墙，筑建城堡。则西番人等肆行据攘之区，悉成内地。又肃州之西桃赉河、常马尔鄂敦他拉等处，俱膏腴之地，应令民人耕种。布隆吉尔地方修城驻兵之后，可渐至富饶。至宁夏险地，无过于贺兰山。顾实汗之诸孙及额附阿宝等，向俱在山后居住游牧，今竟移至山前。请令阿宝等，严饬所属，仍照前在贺兰山后居住游牧。则山前营盘水、长流水等处，俱为内地。均应如所请。一、奏称甘州等处，宜添设官弁也。查甘州、西宁，疆界相连，应于此二处设立营汛。至于青海巴尔处盐池，自古原系内地，后竟弃为塞外。蒙古等至西藏噶斯等处，必于此处经过，应速取回。于新设边内大通河设立总兵一员、兵三千名，管辖中左右三营。于大通南边设立参将一员、兵八百名。大通北边设立游击一员、兵八百名。盐池地方设立副将一员及左右都司二营、兵一千六百名。四川边外单噶尔斯地方移镇海营参将驻扎，兵一千名。再拉科、闇门等处各设守备一员、兵二百五十名。恒铃子地方移南川守备驻扎兵五百名。南川旧营留千总一员、兵一百名。至西宁地方，宜改设同知，移西宁通判，驻扎盐池，令其办理税务。再河州保安堡应设游击一员、千把总各一员、兵四百名。归德堡应添设把总一员、兵二百名，俱隶西宁总兵、道员管辖。则蒙古等不敢觊觎，番民等亦有所依伏。均应如所请。一、奏称打箭炉等处，亦宜添设官弁也。查青海既已平定，应将巴尔、喀木处人等，悉行收集。除罗隆宗之东乂木多乍了地方俱隶胡土克图管辖外，其余番众头目等，俱应给与印信执照，与内地土司一体保障。打箭炉之外，木雅吉达地方应设总兵游守千把等官、兵二千名。雅龙江中渡处设守备一员、千总二员、兵五百名。里塘、巴塘之吹音等处设守备一员、兵二百名。里塘地处四冲，应设副将一员、都司一员、兵一千二百名。鄂洛地方各路咽喉，应设参将一员、兵六百名。巴塘系形胜要地，应设游击一员、兵五百名。宗都地当云南孔道，应设参将一员、兵一千名，俱令新设之总兵统辖，以为云南、四川，两省声援。又青海所属左格等处番人，应亟移于内地。再阿巴之土司头目墨丹住等，带兵进剿，屡次建功，应给与安抚司职衔，不隶青海管辖。又黄胜关外潘州旧城，应设游击一员、兵六百名。河巴地方山河围绕，应设副将一员、都司一员、兵一千五百名。黄河两边渡口应设守备一员、兵三百名，悉隶松潘总兵统辖。里塘添设同知一员，令其管理兵粮，收纳番民贡赋。则南至滇省，北至陕省，俱可援助。均应如所请。一、奏称边地弁兵，宜归并裁汰也。查西宁地方，设立总兵，留兵四千，即可敷用，应裁五百名，归并于大通镇属甘、凉、庄浪等处。其余营汛兵丁，可裁一千名。宁夏既添驻满兵，其绿旗兵丁，亦可裁汰一千，改为四营，将后营游守千把等员，补入大通镇标。四川重庆、川北二镇，应改设副将都司守备千把等员，裁汰总兵官二员、游击六员。遵义、夔州两协游击各二员，亦行裁汰。化林副将一员、额兵一千名，应改为游击一员，留兵五百名。均应如所请。一、奏称边内地方，宜开垦屯种也。查西宁边墙内，俱属可耕之田。布隆吉尔地方现在修筑城垣，请将直隶、山西、河南、山东、陕西五省军罪人犯，尽行发往大通、布隆吉尔等处，令其开垦。查西宁本处人民与驻大通三千兵丁之子弟亲戚，情愿往种者，正不乏人。大通河地方不必发遣犯人。惟布隆吉尔地方远居边外，愿去之人甚少。应如所请。行文刑部并直隶、山西、河南、山东、陕西五省，佥妻军犯内，除盗贼外，有能种地者，即发往布隆吉尔地方。令地方官，动支正项钱粮，买给牛具籽种。三年后，照例起科。一、奏称番人部落，宜加抚绥也。今兵事已竣，臣应遵旨回西安，办理三省事务。暂令奋威将军岳钟琪驻扎西宁，留兵四千名，听其管束。其抚远大将军印信，现今策妄阿喇布坦遣使请罪，应俟撤回各路将军时，臣即行恭缴，收贮内库。再甘州地方，黄番各部落，乘此军威，收聚抚绥，亦可抵御青海。臣同岳钟琪会商，俟七八月马匹肥壮时，亲率兵丁，由西宁口外到甘州地方，招抚番民。均应如所请。至年羹尧奏请禁约青海十二事。一、朝见进贡定有限期，一、不准自称盟长，一、番子、唐古特人等不许扰累，一、喀尔喀、辉特、图尔古特部落不许青海占为属下，一、编设佐领不可抗违，一、内外贸易定地限时。以上六事，臣等已于善后事宜内议定。其余六事，一、背负恩泽必行剿灭。一、内地差遣官员不论品级大小，若捧谕旨，王公等俱行跪接，其余相见，俱行宾主礼。一、恪守分地不许强占。一、差员商贾往过不许抢掠。一、父没不许娶继母及强娶兄弟之妇。一、察罕诺门汗喇嘛庙内不可妄聚议事。均应如所请。得旨，所议甚属周详，依议。

（卷 20）

雍正二年六月乙酉（二十六日，1724.8.2）

礼部题，请撰拟平定青海碑文，勒石国学，颁发直省，以昭功德。碑文曰，我国家受天眷命，抚临八极，日月所照，罔不臣顺。遐迩乂安，兆人蒙福。乃有罗卜藏丹津者，其先世顾实汗自国初稽首归命。当时使臣建议，畀以驻牧之地，其居杂番羌，密近甘凉。我皇考圣祖仁皇帝睿虑深远，每廑于怀，既亲御六师，平定朔漠。威灵所加，青海部落札什巴图尔等震詟承命。圣祖仁皇帝因沛殊恩，封为亲王，兄弟八人，咸锡爵禄，羁縻包容，示以宽大。而狼心枭性，不可以德义化。三十年来，包藏异志。朕绍登宝位，优之锡赉，荣其封号，尚冀革心，缉宁部众。而罗卜藏丹津昏谬狂悖，同党吹拉克诺木齐、阿尔布坦温布、藏巴札布等，实为元恶。谓国家方宏浩荡之恩，不设严密之备，诞敢首造逆谋，迫胁番羌，侵犯边城，反状彰露，用不可释于天诛。遂命川陕总督太保公年羹尧为抚远大将军，声罪致讨。以雍正元年十月，师出塞，自冬涉春，屡破其众。凡同叛之部落，戈铤所指，应时摧败。招降数十万众，又降其贝勒、贝子、公、台吉等二十余人，朕犹闵其蠢愚，若悔祸思愆，束手来归，尚可全宥。而怙恶不悛，负险抗违，乃决翦灭之计。以方略密付大将军年羹尧，调度军谋，简稽将士。用四川提督岳钟琪为奋威将军，于仲春初旬，祃牙徂征，分道深入，捣其窟穴，电扫风驰，搜剔岩阻。贼徒仓皇糜溃，穷蹙失据。罗卜藏丹津之母及谋逆渠魁，悉就俘执。擒获贼众累万，牲畜军械，不可数计。贼首逃遁，我师逾险穷追，获其辎重人口殆尽。罗卜藏丹津孑身易服，窜匿荒山，残喘待毙。自二月八日至二十有二日，仅旬有五日，军士无久役之劳，内地无转输之费，克奏肤功，永清西徼。三月之朔，奏凯旋旅，铙鼓喧轰，士众欣喜。四月十有二日，以倡逆之吹拉克诺木齐等三人，献俘庙社，受俘之日，臣民称庆。伏念圣祖仁皇帝威灵震于遐方，福庆流于奕叶，用克张皇六师，殄灭狂贼。行间将士，亦由感激湛恩厚泽，为朕踊跃用命。斯役也，芟夷凶悖，绥靖番羌，俾烽燧永息。中外人民，胥享安阜。实成先志，以懋有丕绩。廷臣上言，稽古典礼，出征而受成于学，所以定兵谋也。献馘而释奠于学，所以告凯捷也。宜刊诸珉石，揭于太学，用昭示于无极。遂为之铭曰，天有雷霆，圣作弧矢。辅仁而行，威远宁迩。维此青海，种类实繁。锡之茅土，列在藩垣。被我宠光，位崇禄富。负其阻遐，祸心潜构。恭惟圣祖，虑远智周。睠念荒服，绥抚怀柔。朔野既清，西陲攸震。爵号洊加，示之恩信。如何凶狡，造谋逆天。鼓动昏憝，寇侵于边。惟彼有罪，自干天罚。桓桓虎貔，爰张九伐。王师即路，冬雪初零。日耀组练，雷响鼙钲。蠢兹不顺，敢逆戎旅。奋张螳臂，以当齐斧。止如山岳，疾如雨风。我战则克，贼垒其空。彼昏终迷，曾不悔戾。当翦而灭，斯焉决计。厉兵简将，往捣其巢。逾历嵚岖，坦若坰郊。贼弃其家，我絷而获。牛马谷量，器仗山积。蹇兔失窟，何所逋逃。枯鱼游釜，假息煎熬。师以顺动，神明所福。旬日凯归，不疾而速。殪彼逆谋，悬首槁街。献俘成礼，金鼓调谐。西域所瞻，此惟雄特。天讨既申，群酋惕息。櫜戈偃革，告成辟廱。声教遐暨，万国来同。惟我圣祖，亲平大漠。巍功焕文，迈桓轶酌。流光悠久，视此铭辞。继志述事，念兹在兹。

（卷 21）

雍正二年六月乙未（二十四日，1724.8.12）

达赖喇嘛、班禅额尔得尼、喇达克汗等，遣使表贡方物。

（卷 21）

雍正二年六月丁酉（二十六日，1724.8.14）

陕西庄浪红山堡报恩寺都纲阎老藏哈板旦进贡。赏赉如例。

（卷 21）

雍正二年六月辛丑（三十日，1724.8.18）

抚远大将军年羹尧折奏，据岳钟琪报称，进剿棋子山、桌子山谢尔苏属下番贼，杀伤贼目班第马牙并贼众甚多，其余皆败奔山内。随派署总兵官宋可进、统兵进剿，贼番头目嘎住带领男妇老小共一千一百六十二口来投，已准其投服，但仍居桌子山，恐日久生事，请移于土司鲁华龄地方，令严行约束。其四川陕西绿旗土司官兵，俱已撤回。奏入。报闻。

（卷 21）

雍正二年七月庚戌（九日，1724.8.27）

班禅额尔得尼遣使来贺登极，上召见赐茶。

（卷 21）

雍正二年七月癸亥（二十二日，1724.9.9）

谕总理事务王大臣等，副将军阿喇衲在布隆吉尔病故，朕甚恻然。阿喇衲在军前效力年久，伊身原有精奇尼哈番，著再赏一拜他喇布勒哈番，并令伊子承袭，或令其弟承袭，俟阿喇衲灵柩到日议奏。再，阿喇衲遗本内请给伊父阿南达谥号，亦著赏给。

（卷 21）

雍正二年八月乙亥（五日，1724.9.21）

抚远大将军年羹尧折奏，据岳钟琪报称，副将张玉带领绿旗、土司官兵出口至归德堡，其双篷、攒都、泽盖、博拉等处番人头目，各带属下人投顺。又至萨喇地方，分兵二路进剿拉扁上下二寨，余俱就抚，照旧安插。奏入。报闻。

（卷 23）

雍正二年八月丙申（二十六日，1724.10.12）

抚远大将军年羹尧奏报，青海之事已定，从前调集驻防凉州等处西安满洲兵一千名、柴旦木调回之察哈尔兵一百名、驻扎松潘之四川满兵五百名、驻扎甘州之鄂尔多斯土默特兵一千名、驻扎山丹之大同兵一千名、驻扎布隆吉尔之满洲、蒙古、乌喇、索伦、察哈尔、厄鲁特兵二千名，俱令原管将弁，陆续统领撤回本处。奏入。报闻。

（卷 23）

雍正二年八月戊戌（二十八日，1724.10.14）

谕兵部，青海既平之后，凉州、庄浪所有贼番，以次剿抚。官兵效力，历著功勋。今大将军年羹尧等奏称乘川兵回汛之便，并将归德至松潘口外一带番族或剿或抚，悉无梗化，殊属可嘉。在事有功人员，著于剿抚桌子山之外，另行议叙。

（卷 23）

雍正二年九月辛亥（十一日，1724.10.27）

靖逆将军富宁安折奏，阿尔泰调来之盛京、乌喇、右卫、察哈尔、土默特兵二千名，交都统艮敦，自巴尔库尔起程，各回原处。奏入。报闻。

（卷 24）

雍正二年十月癸未（十三日，1724.11.28）

谕九卿詹事科道，朕惟周礼有司勋之官，凡有功者，书名太常，祭于大烝。祭法曰，以死勤事则祀之，凡以崇德报功、风励忠节也。太祖高皇帝肇造鸿图、太宗文皇帝式廓区夏、世祖章皇帝奄有万邦，自创业以至定鼎，将帅之臣，致命立功者不少。圣祖仁皇帝临御六十一年，中间歼灭三逆、永清朔漠，以及平定西藏、台湾，虽天戈所指如疾风振槁，而师旅之臣捐躯马革及守土之官见危授命者，所在多有。迩者青海荡平，西域效顺，然自用兵以来，将士奋勇前驱，亦有殁于行阵者。此皆尽忠报国之臣，朕甚嘉之，亦甚悯之，当于京城建立祠庙，春秋妥侑。其偏裨士卒，力战敌忾、舍生取义者，亦附列左右，用以褒崇大节、扬表芳徽，俾远近观听、勃然生忠义之心，于治道亦有裨益。仍令翰林官纂其籍贯、事迹，各为立传，汇成一编，垂诸永久。尔等悉心详议具奏，寻议，凡文武诸臣，临阵捐躯、守土授命以及偏裨士卒赤心报国、奋不顾身者，应令兵部详查档案，行文八旗、直省督抚将籍贯事迹详悉缮册具奏。其建祠之处，应于京城内相度地方，鸠工庀材，建立祠庙，制造牌位，恭请钦定扁额，择日悬挂，文武诸臣安设正祠，偏裨士卒牌位安设两庑。入祠日，遣官致祭，其每年春、秋二次祭祀，交太常寺备办，仍交翰林院详查史册，立传成编。从之。

（卷 25）

雍正二年十月丁亥（十七日，1724.12.2）

谕兵部，奋威将军岳钟琪具奏，副都统达鼐、阿尔什、总兵黄喜林、王嵩、孙继宗、营总苏图等统领大兵，穷追罗卜藏丹津，直至花海子，拏获丹津浑台吉及其妻子，并招抚三十三家台吉。当此口外水冻草枯之候，官兵奋勇远行，甚属可嘉。自大将军以下，著从优议叙。官兵劳苦，朕甚悯之。一切驮载辎重马驼必多损伤，著查明免其赔补。其军营马匹，如有倒毙，亦令领帑购买补数。再马兵每名赏银八两，步兵每名赏银六两，蒙古兵有随军效力者，亦著奋威将军按其行走效力等次，应如何赏给之处，确议奏闻。

（卷 25）

雍正二年十月乙未（二十五日，1724.12.10）

理藩院议覆，厄鲁特多罗郡王额驸阿宝呈称，自伊祖顾实汗归诚向附，至今百年，受圣祖仁皇帝隆恩，安居乐业。因青海兄弟，妄乱生事，致干天讨，臣等理应一并殄灭。复荷宽恩，存留游牧，臣请于青海处，赐闲旷之地居住，管理青海人等不致复萌乱心等语。查阿宝之父巴图尔额尔克济农和洛里自青海来归，封为贝勒，阿宝承袭，后于平定西藏有劳，封为郡王。应如王请。见有贝子丹忠所居之地，甚为宽大，即令阿宝驻牧，并令大将军年羹尧派员赍饷，助其移徙安插。从之。

（卷 25）

雍正二年十月丁酉（二十七日，1724.12.12）

又议覆，川陕总督年羹尧奏言，甘肃之河西各厅，自古皆为郡县至明代始改为卫所，今生齿繁庶，不减内地，宜改卫所为州、县，请改宁夏卫为宁夏府，其所属左卫，改为宁夏县，右卫改为宁朔县，中卫改为中卫县，平罗所改为平罗县，灵寿所改为灵州，宁夏中路厅，改为宁夏水利同知，西路厅应仍旧驻扎中卫，以资弹压，俱隶宁夏府管辖。西宁厅请改为西宁府，所属西宁卫改为西宁县，碾伯所改为碾伯县。西宁通判专管盐池，即为西宁盐捕通判。西宁之北川，应设一卫为大通卫，俱隶西宁府管辖。凉州厅请改为凉州府，所属凉州卫，改为武威县，镇番卫改为镇番县，永昌卫改为永昌县，古浪所改为古浪县，庄浪所改为平番县，庄浪同知经理茶务，应仍其旧，俱隶凉州府管辖。甘州厅请改为甘州府，所属左右两卫，改为张掖一县，山丹卫改为山丹县，高台所改为高台县，以肃州之镇彝所并入，俱隶甘州府管辖。其肃州卫事务，即令肃州通判管理，靖远卫事务，改归靖远厅管理，所有卫所之守备，千总及旧有大使三员，悉行裁去，均应如所请。以上四府，设知府四员，经历四员，知州一员，吏目一员，知县十四员，典史十四员，其大通卫设守备一员，张掖县添设县丞一员，至各处教职，或添设或改移，应令该督抚确查另议。从之。

（卷 25）

封厄鲁特多罗郡王和硕额驸阿宝之侄协理台吉功额喇卜坦为辅国公。

（卷 25）

雍正二年十一月戊午（十八日，1725.1.2）

达赖喇嘛及班禅额尔得尼等遣使表贺万寿圣节并贡方物。赏赉如例。

（卷 26）

雍正二年十一月庚申（二十日，1725.1.4）

赏给布隆吉尔撤回之满洲、蒙古、索伦弁兵等银两有差。

（卷 26）

雍正二年十一月乙丑（二十五日，1725.1.9）

议叙平定青海及擒获桌子山、棋子山番贼功，加大将军年羹尧一等阿思哈尼哈番世职。

（卷 26）

雍正二年十二月辛卯（二十二日，1725.2.4）

予故布隆吉尔副将军阿喇衲祭葬，谥僖恪。

（卷 27）

雍正三年　乙巳　1725 年

雍正三年二月己巳（一日，1725.3.14）

定布隆吉尔为安西镇，设总兵一员，标下五营，游击五员，守备五员，千总十员，把总二十员，兵五千名。

（卷 29）

雍正三年二月己丑（二十一日，1725.4.3）

谕抚远大将军年羹尧，据岳钟琪奏称，青海郡王额尔得尼厄尔克托克托奈所属部落穷困流离，资生窘乏。亲王戴青和硕齐、察罕丹津等所属部落，虽稍能存活，亦属贫穷。尔身为抚远大将军，凡西陲军务，调发粮饷，绥辑远人，皆尔之责。理应酌量事势缓急、人口多寡，尽心筹画办理。乃仅发银一万两赈济，此诸部落流离失所之众，岂万金所能遍给。是知尔于诸务，皆未实尽其心矣。托克托奈等遭叛贼抢夺，投命来归，全赖安插得所。俾其衣食有资，今尔既不能筹画于未然，又不克拯济其现在。如诸部落内或有一二人窘急，万难自存，潜逃远匿，窜入策妄阿喇布坦之地者，朕必重治尔罪。

（卷 29）

雍正三年二月癸巳（二十五，1725.4.7）

谕大学士等，进剿青海桌子山等处兵弁，其人材可观。技勇优长者，著将军岳钟琪拣选保奏守备二员、千总二员、把总二员、马兵四名。总兵官黄喜林、王嵩、纪成斌、宋可进、孙继宗每人保奏守备一员、千总一员、把总一员、马兵四名。文到，限三日书名报部，候旨调来，引见录用。

（卷 29）

雍正三年三月辛丑（三日，1725.4.15）

谕抚远大将军年羹尧，尔欲令康济鼐驻扎西藏，所议虽是，但康济鼐居住阿里地方，亦甚紧要，不知康济鼐情愿与否，且与阿尔布巴、隆布柰等，彼此能和睦与否，今令康济鼐为总领，带领伊属下唐古特往居西藏，阿尔布巴等倘有不服，康济鼐孤身在彼，虽欲效忠势必不能。朕意康济鼐仍兼两处往来行走，似有裨益，若令康济鼐居住西藏，伊即欲往阿里地方照管，亦不可得，此事极宜斟酌，如以康济鼐两处行走为是，康济鼐往阿里地方去后，令何人居住西藏总领办事，著会同侍郎鄂赖详慎妥议办理。寻议，康济应遵旨于招地方，阿里地方两处来往，若康济鼐往阿里地方，其招地方事务，即著贝子阿尔布巴总领办理。从之。

（卷 30）

雍正三年三月乙巳（七日，1725.4.19）

兵部议覆，川陕总督年羹尧疏言，桌子棋子等山为匪类潜匿之所，相度形势，惟他拉渡川，东通庄浪，西通刀林，又仙米寺四围之山，林木丛茂，盗贼俱由此路出没，应于他拉渡川有水之地，设立游击一员，千总一员，把总二员，马步兵五百名，请即移凉州高古城游击等员，调兵驻防。仙米寺，应设立守备把总各一员，马步兵三百名，请即移高沟堡守备，黑松堡把总，调兵驻防。应如所请。从之。

（卷 30）

雍正三年三月丁未（八日，1725.4.21）

议政王、大臣等遵旨议覆，条奏内称，查得大将军年羹尧条奏善后十三款内一款，打箭炉以外，木雅等处，共添设兵六千名，议裁四川重庆、川北二镇、化林一协，并将遵义等营，共裁汰兵三千四五百名。查化林地方，系打箭炉扼要关隘，若将所有额兵一千名，止留五百，又于此内分兵二百名，看守打箭炉，则四川之西边，兵势甚微矣。至重庆总兵官标下，额兵二千名。重庆地方，系在四川大江沿边，据湖广荆州上流，若将总兵官并兵一千名裁汰，则四川之东边，兵势甚微矣。再，川北总兵官驻扎保宁，额兵二千名，四川保宁与陕西汉中相为犄角，若将保宁总兵官，并兵一千名裁汰，则四川之北边，兵势甚微矣。在昔于两省接壤之处，相其地势，多设兵丁者，特为互相声援，且防查各省盗贼故也，古来皆以内地为重，外地为轻，则裁内地之兵安设边外，正未可以为得计。请将内地额设官兵，俱照常存留。再，打箭炉至巴塘地方九百里，将内地官兵六千名安设边外，如何使不侵扰打箭炉之土司部落，里塘、巴塘之番人，致生事端。至番地只产青稞，不产米谷。内地官兵，自来习于谷食，如何挽运米粮，盖造城屋之处，并未议议，请仍令年羹尧确议具奏。应如条奏所请，将年羹尧议裁之川北、重庆、化林、遵义、巫山、达州各处镇协，并经制官兵，仍照常设立。再，查年羹尧奏请打箭炉之外，添兵六千名，又黄胜关之外潘州等处，添兵二千四百名，兵既太多，口外拨饷不易，又恐骚扰番民，亦未可定。今川北等处兵二千五百名，既不便裁去，应将此二处所设兵丁八千四百名内，减去二千五百名，其余之五千九百名，兵丁尚多，亦应酌量裁减。应令年羹尧将裁减兵丁及挽运粮米，盖造城屋之处，分晰具题，到日再议。从之。

（卷 30）

雍正三年三月辛酉（二十三日，1725.5.5）

川陕总督年羹尧，以日月合璧，五星联珠，具本奏贺。得旨，年羹尧所奏本内，字画潦草，且将朝乾夕惕，写作夕阳朝乾。年羹尧平日非粗心办事之人，直不欲以朝乾夕惕四字，归之于朕耳。朕自临御以来，日理万机，兢兢业业，虽不敢谓乾惕之心，足以仰承天贶，然敬天勤民之心，时切于中，未尝有一时懈怠，此四海所知者。今年羹尧既不以朝乾夕惕许朕，则年羹尧青海之功，亦在朕许与不许之间而未定也。朕今降旨诘责，年羹尧必推托患病，系他人代书，夫臣子事君，必诚必敬，陈奏本章，纵系他人代书，岂有不经目之理，观此，则年羹尧自恃己功，显露不敬之意，其谬误之处，断非无心。此本发与年羹尧，令其明白回奏。

（卷 30）

雍正三年三月癸亥（二十五日，1725.5.7）

又谕，览年羹尧奏称，委赴南坪筑城之知州边鸿烈、守备孟继先，不恤番民，欲令寒冬入山砍木，且出言恐吓，以致各寨番民惊惶生事。曾经一面缮摺奏明，一面调兵剿抚等语。伊前奏摺内止称彼处原无城郭，今欲筑城驻兵，喇嘛众番等不能任意行事，是以聚众离叛，并未将边鸿烈等情由声明。朕降旨察问，伊将从前奏摺内全无之事竟称已于摺内奏明，含糊具题。或是年羹尧从前有心隐匿具题，抑或被属员欺瞒，遂尔朦混具题之处，著年羹尧明白回奏。

（卷 30）

雍正三年四月丙子（九日，1725.5.20）

谕议政王、大臣等，策妄阿喇布坦来求吐鲁番之地，曾谕将从前内附为首者，令其迁入内地。今将军穆克登奏言，吐鲁番处共有一万余人。若但迁首领数人，而不迁其所属之人，则伊等生计必致艰难。且伊所属之内，愿移入内者不下四五千人等语。朕思瓜州、沙州地方甚宽，亦必用人耕种。若有愿移者，即在此居住，给与一二年养赡，令其耕种。罗卜脑儿地方，亦照吐鲁番例，有愿移来者，亦随为首之人一并移来。不愿者，仍留本处。著议奏。寻议，归顺之回子，若再给与策妄阿喇布坦，恐致扰累，所以愿移者甚众。应令其在布隆吉尔地方、沙州、瓜州等处种地，其建立村庄养赡之处，行文将军富宁安等详议办理。再罗卜脑儿回子皆水居打鱼为生，此内有愿陆居为生者，请照吐鲁番例，一并移来。从之。

（卷 31）

雍正三年四月己卯（十二日，1725.5.23）

谕大学士等，近来年羹尧妄举胡期恒为巡抚，妄参金南瑛等员，骚扰南坪寨番民，词意支饰，含糊具奏。又将青海蒙古饥馑隐匿不报。此等事件，不可枚举。年羹尧从前不至于此，或系自恃己功，故为怠玩。或系诛戮过多，致此昏愦。如此之人，安可仍居川陕总督之任。朕观年羹尧于兵丁尚能操练，著调补浙江杭州将军。川陕总督印务，著奋威将军甘肃提督兼理巡抚事岳钟琪速赴西安署理。其抚远大将军印，著赍送来京。奋威将军印，如无用处，亦著赍送来京。

（卷31）

遣内阁学士众佛保、副都统查史等，往准噶尔，敕谕准噶尔台吉策妄阿喇布坦，前岁台吉遣使根顿陈奏，情词恭顺，朕实嘉之，曾遣使答谕，今览尔使博洛胡尔哈赍奏及口奏之词，知尔仰副朕旨，欲永息兵戈，共修和好，兴教逸民，出自诚心，朕甚欣悦，顾欲修和好，不可不计久远，议定疆界，以杜争端，乃垂久远之道也。朕去岁遣使与尔定议疆界，大概以阿尔泰山岭为界，原未实指地名，今尔奏称以唐奴山阴之克木可穆齐克地方为词，又有哈噶斯地方，系喀尔喀、厄鲁特之界，哲尔格西拉胡鲁苏地方，系会集之所，哈济尔地方，系索林齐居住等语，此尔但陈奏其故，并未执意争求，应无庸议外，今姑以科布多乌兰古木等处言之，喀尔喀、厄鲁特未构兵时，原混杂住牧，今喀尔喀西境，直抵阿尔泰山岭，筑城种地，自唐奴山阴之克木可穆齐克至博木地方，见有车零旺布博贝吴梁海居住，今定疆界，自红郭垒至阿尔泰哈道里岭，此千里内，所有巴斯库斯索罗斯、毕汉、哈屯阿尔古特阿尔、坦脑儿等处，为尔疆界，自哈道里以及克木之博木地方，为我疆界，自哈道里以南，由山岭至额尔齐斯，西边自厄隆古布拉罕、哈布塔克拜塔克，直抵乌兰乌苏、罗卜脑儿、噶斯地方，即系沙碛，应自克里野以南，定为我国疆界。朕为元后，统一寰宇，尔所请可行，无不俞允，岂为蕞尔废地，致启争论，不过欲明疆界，永结和好耳。再尔又奏称，尔使臣贸易之人，若由内地往来，途远劳苦，请由喀尔喀地方行走，朕今照尔所请，但人数不可过三百耳，嗣后惟当不渝前好，以信为本，普济苍生，尔其思之。特谕。

（卷31）

雍正三年四月己丑（二十二日，1725.6.2）

谕大学士等，朕从前将御前侍卫拣发年羹尧处，特欲其效力军前，遇有紧要事务，备其驱策，并非供伊之随从也。乃伊将朕拣发之侍卫，不用于公务，俱留伊左右使令，带至西安，以侍卫摆对，前引后随，又令侍卫为伊坠镫，是诚何心。向年圣祖时，富宁安、傅尔丹处皆有拣发侍卫，从未闻将军等将侍卫作奴隶使令也。督抚并无跪接大将军之例，伊去年来京陛见，又未带有大将军敕印，而途中令总督李维钧、巡抚范时捷等跪接，伊系征剿青海将军，青海之叛逆王台吉等则可令其下跪，至并无罪犯蒙古王等亦令下跪。阿宝系扎萨克郡王，本朝之额驸，亦竟令其下跪，伊如此僭越无知，是诚何心，著年羹尧明白回奏。

（卷 31）

雍正三年四月庚寅（二十三日，1725.6.3）

议叙平定西藏功，一等精奇尼哈番那穆渣布加一拖沙喇哈番。二等精奇尼哈番多尔济加一拖沙喇哈番归并为一等精奇尼哈番。三等阿达哈哈番卓尔和、觉罗佛保俱加一拖沙喇哈番归并为二等阿达哈哈番。拜他喇布勒哈番格勒尔图、刘保、宝色、董吉纳俱加一拖沙喇哈番世职。章京纳孙泰、德成、查代、法喀、席兰泰、乌云宝、雅起纳、阿尔善、戴寿俱授为拖沙喇哈番世职。故署护军参领傅达里、章京常寿、朱其布、护军校哲库纳俱给一拖沙喇哈番，令其子承袭。

（卷 31）

雍正三年四月丙申（二十九日，1725.6.9）

议政王、大臣等遵旨议覆，奋威将军岳钟琪折奏，查大将军年羹尧条奏内称，青海与内地之人，每年定于二、八月贸易两次，择定那拉萨拉地方，为交易之所。经议政大臣议改四季交易，已觉宽容。今查亲王察罕丹津、公拉查卜等诸台吉部落，居住黄河之东，切近河州，去松潘亦不甚远。向来原在河州、松潘两处贸易，今若止令在于那拉萨拉一处，恐不足供黄河东西两翼蒙古易卖。莫若仍令在河州、松潘贸易，终觉稳便。河州定于土门关附近之双城堡，松潘定于黄胜关之西河口。此二处地方俱有城堡房屋，地方宽阔，水草俱好，利于互市，可为永久。再查郡王额尔得尼厄尔克托克托奈、郡王色卜腾扎尔等诸台吉部落，住牧黄河西边，相近西宁，请将贸易之地，移在西宁口外丹噶尔寺。至蒙古贸易，全藉牲畜，每在六月以后，请每年不定限期，仍听不时贸易，则蒙古、商贩均获利益矣。查岳钟琪所奏，甚属周详，应如所请。从之。

（卷 31）

雍正三年五月戊申（十一日，1725.6.21）

怡亲王允祥等遵旨议覆，原任大将军年羹尧奏称，臣在西宁时，因边外波罗冲可克之盐池，青海蒙古人等运来边内贸易，西宁军民，赖食此盐。臣奏设副将一员、兵一千六百名，驻防彼处。将西宁通判移驻，管理盐务在案。见今郡王额驸阿宝移在波罗冲可克地方驻扎，官兵若仍住彼处，恐其生事，应将臣原议设立官兵驻扎盐池之处，请行停止。其管理盐务之通判，亦请裁去。应如所请。从之。

（卷 32）

雍正三年五月丙辰（十九日，1725.6.29）

理藩院奏，振武将军傅尔丹咨称，辉特台吉济克济扎卜称由锡喇他拉移游牧于伊族公巴济处，大将军年羹尧遣人看送出口即回，道途困惫，人畜散毙，恳赐轸恤。应准其与公巴济同居，俟伊属下人等俱到，再议编设佐领。得旨，辉特台吉济克济扎卜之事，年羹尧止用密折具奏，并无报部，亦无行文与将军傅尔丹及该扎萨克等。但交与章京一员，送至口上即回。将此多人致此劳苦，谬乱已极，著年羹尧明白回奏。

（卷 32）

青海贝子策凌敦多卜故，遣官致祭。

（卷 32）

雍正三年六月己丑（二十三日，1725.8.1）

谕大学士等，前据年羹尧折奏，镇海堡城外之战，我兵已将贼人杀败。城内都统武格带领满兵及察哈尔兵，开城西门，尾追贼后，抢掠物件，以致贼人折回，斫伤西安骁骑校一员、满兵一名、察哈尔兵二名。武格首先败回，又复冲突绿旗队伍，致镇海营千总与兵卒带伤者十有余人。其余行事昏愦，不知羞耻。西伦图轻浮妄言，狂叫无礼，皆军事所最忌者，臣是以即行撤回等语。朕比时即批示，令其具本参奏。随据年羹尧奏称，都统武格、西伦图本应参劾，然臣之受恩，威权太重，若再参两都统，于臣不利。伏乞暂赐优容，置之闲散之地等语。朕是以将武格、西伦图调回，令其别处效力。今据护军参领常明奏称，罗卜藏丹津侵犯康城边界时，年羹尧令臣到镇海堡送信与都统武格，武格随带西安满兵一百名、察哈尔兵三百八十名，入守镇海堡，凡四昼夜。至第五日，今升总兵之宋可进带西宁绿旗兵一千五百名来赴。臣与都统武格、参将张家翰同率在城满洲、蒙古、绿旗兵丁六百余名，出西门向城下排列，与贼战，贼即奔败。因深入贼垒交战，西安正蓝旗骁骑校署参领四哥、镶蓝旗披甲达三保阵亡。正黄旗领催署骁骑校吴泰等五六人俱数处重伤。察哈尔兵亦有阵亡及受伤者。此皆世受国恩，遇敌感愤，报效死伤之人，臣不敢隐匿，谨此奏闻等语。常明身在军前，所奏如此，与年羹尧从前所奏迥异。且年羹尧既称武格种种失律之处，彼时又不参劾。及朕令其参奏，又云臣威权太重，不便又参两都统。夫行军之道，只论功罪之当否，岂可意为轻重。且以年羹尧之擅作威福，所参岂止两都统，而至此忽又惧威权太重耶。观常明所奏，当日在事官兵奋力杀贼，有受重伤者，有阵亡者，深属可悯。武格等既无失律之罪，则效力之官兵等，应加优恤。此案功罪，不便含糊归结。著年羹尧明白回奏。

（卷 33）

雍正三年七月丙申（一日，1725.8.8）

谕大学士等，年羹尧从前题奏西藏、青海等处军功议叙文武官员，多冒滥不实，朕所深知，今特施宽大之恩，凡有军功议叙文武官员，若系年羹尧任内冒滥题奏者，无论已升未升，已授未授，俱准速行据实自首，其官职卑微、不能自达者，俱交该督抚提镇赍送，此皆出自年羹尧悖逆擅作威福之举，与伊等无干，朕皆从宽宥释，若仍隐匿不首，一经发觉，定行严加治罪。再，此等无军功者既可以效力议叙题补，则实在立功人员亦必有挟私抑遏不行议叙者，俱著将所以挟私之故详细呈首。

（卷 34）

雍正三年七月癸丑（十八日，1725.8.25）

内阁、九卿、詹事、科、道合词劾奏年羹尧欺罔悖乱各款，请加诛戮，以彰国法。得旨，年羹尧为川陕总督，贪婪放纵，网利营私本应即加处分，因伊青海之功，朕意尚欲委曲保全，故罢其总督之任，授为杭州将军，令其效力，以赎前愆，乃今事事败露，不料其欺罔悖逆之罪，至于此极，实为国法之所不宥。朕展转思维，自古帝王之不能保全功臣者，多有鸟尽弓藏之讥，然使委曲宽宥，则废典常而亏国法，将来何以示惩。此所奏乃在廷之公论，而国家赏罚大事必咨询内外大臣佥谋画一，可降旨询问各省将军督抚提镇，各秉公心，各抒己见，平情酌议，应作何处分，即速具奏。

（卷 34）

雍正三年七月辛酉（二十六日，1725.9.2）

封青海扎萨克台吉阿拉布坦为辅国公。

（卷 34）

雍正三年七月癸亥（二十八日，1725.9.4）

谕理藩院，青海和硕亲王察罕丹津疏请来京，意甚恳切。今年郡王额尔得尼厄尔克托克托奈与察罕丹津应轮班来京。来时，著侍郎鄂赖各赏银一千两。明年郡王色卜腾扎尔、贝勒盆苏克汪扎尔、贝子索诺木达什俱应轮班来京。来时王赏银一千两，贝勒赏银八百两，贝子赏银六百两。

（卷 34）

雍正三年八月丁亥（二十二日，1725.9.28）

以故青海固山贝子策凌敦多卜子丹巴袭爵。

（卷 35）

雍正三年九月己酉（十五日，1725.10.20）

谕宗人府，普照之子恒冉，现在承袭公爵，其家原不应有二公，向因普照在军前效力，尚属勤谨，且年羹尧之妻系普照兄女，朕因年羹尧青海之功，又念普照原系承袭公爵之人，是以特授为辅国公。今年羹尧如此背负朕恩，其普照之公爵，著不必承袭。

（卷 36）

雍正三年九月辛亥（十七日，1725.10.22）

议政大臣等遵旨议覆，一等侍卫副都统达鼐折奏，臣奉旨将青海人等编设旗分佐领，颁赐恩赏。准奋威将军公岳钟琪咨明，遵旨到西安，署理总督印务。其奋威将军印敕，已差官驰驿送京。西宁留驻一千兵，交臣办理军情事务。现今青海人等，感戴皇恩，守法畏惧。西宁镇标绿旗兵丁，可以调遣敷用。请将西宁留驻陕督标兵三百名、固原提标兵二百名、四川提标兵三百名、宁夏镇标兵二百名俱令撤回原处。应如所请。从之。

（卷 36）

雍正三年十一月乙未（二十五日，1725.12.5）

议政王、大臣等议覆。川陕总督岳钟琪奏称，打箭炉界外之里塘、巴塘、乍了、乂木多，云南之中甸，乂木多之外罗隆宗、嚓哇、坐尔刚、桑噶、吹宗、衮卓等部落，虽非达赖喇嘛所管地方，但罗隆宗离打箭炉甚远，若归并内地，难以遥制，应将原系内地土司所属之中甸、里塘、巴塘，再沿近之得尔格特、瓦舒、霍耳地方，俱归内地，择其头目，给与土司官衔，令其管辖，其罗隆宗等部落，请赏给达赖喇嘛管理，特遣大臣前往西藏，将赏给各部落之处，晓谕达赖喇嘛知悉。再，康济鼐、阿尔布巴既封为贝子，管理西藏事务，请令康济鼐总理，阿尔布巴协理，颁给敕谕，晓谕唐古特人等，尽令遵奉二人约束，庶免扰乱之患。至从前年羹尧奏请噶达地方设立总兵官驻扎，今若将罗隆宗等处赏给达赖喇嘛，则噶达地方设立总兵官之处请行停止。俱应如所请。得旨，画定内地疆界，给与达赖喇嘛地方晓谕番人之事，著遣副都统宗室鄂齐、学士班第、扎萨克大喇嘛格勒克绰尔济前往，会同提督周瑛，详细办理。

（卷 38）

雍正三年十一月辛酉（二十七日，1725.12.31）

巴林荣宪固伦公主、喀尔喀恪靖固伦公主、科尔沁和硕达尔汉亲王和硕额驸罗卜臧滚布妻郡主、翁牛特多罗杜楞郡王和硕额驸苍津妻郡主、巴林多罗郡王多罗额驸林穆布妻郡主、厄鲁特多罗郡王和硕额驸阿宝妻郡主、厄鲁特多罗郡王和硕额驸车零旺布妻郡主、土默特多罗达尔汉贝勒和硕额驸阿喇布坦妻郡主、科尔沁辅国公固山额驸拉锡妻郡主、科尔沁和硕额驸达尔玛达都妻郡主、喀喇沁和硕额驸纳穆赛妻郡主、巴林原爵多罗额驸纳穆宗妻郡主、喀尔喀和硕额驸根扎卜多尔济妻郡主、巴林原爵公纳木扎妻郡主、喀喇沁扎萨克一等塔布囊喀宁嘎母乡君等来京请安。

（卷 38）

雍正三年十二月甲戌（十一日，1726.1.13）

议政大臣刑部等衙门题奏，年羹尧反逆不道，欺罔贪残，罪迹昭彰，弹奏交至，案牍等邱山之积，罪恶逾溪壑之深。臣等谨将其罪案列款陈之。其大逆之罪五。一、年羹尧与静一道人邹鲁等，谋为不轨。一、将朱批谕旨，辄敢仿写进呈。一、见汪景祺西征随笔，不行参奏。一、家藏锁子甲，又私行多贮铅子。皆军需禁物。一、伪造图谶妖言。其欺罔之罪九。一、合阳用兵，致死无辜良民八百余口。奉旨查问，始奏并无伤损一人。后又止奏出六人。一、纵容私人边鸿烈等，恣行骚扰，激变番民。不即参奏。一、捏参都统武格等镇海堡失律。一、西安起身，私嘱咸宁令朱炯买人保留。一、通同赵士河作弊。将刘以堂假冒赵勋名字，赴武功县任，巧饰具奏。一、将幕宾张泰基父子、赵士河之弟赵淇及伊兄年法尧，并高之傅等共十八案，冒入军功。一、家人魏之耀，家产数十万金。年羹尧妄奏毫无受贿。一、西宁效力者，实止六十二员，册报一百零九员。一、将退役王治奇名字冒入军功，令他人顶替。选授广德州州判。其僭越之罪十六。一、出门黄土填道，官员穿补服净街。一、验看武官，用绿头牌引见。一、会府龙牌前，设床正坐。一、用鹅黄小刀荷包，擅穿四衩衣服。一、衣服俱用黄包袱。一、官员馈送，俱云恭进。一、伊子穿四团补服。一、凡与属员物件，令北向叩头谢恩。一、总督李维钧、巡抚范时捷跪道迎接，受之不辞。一、令扎萨克郡王额驸阿宝下跪。一、行文督抚，书官书名。一、进京陛见，沿途垫道叠桥，铺面俱令关闭。一、坐落公馆，墙壁俱彩画四爪龙。一、辕门鼓厅，画四爪龙，吹手穿缎蟒袍。一、私造大将军令箭。又将颁发大将军令箭烧毁。一、赏赐动至千万。提督叩头谢恩。其狂悖之罪十三。一、两次恩诏到陕，并不宣读。亦不张挂。一、奏折在内房启发，并不穿朝服大堂拜送。一、同城巡抚，不许放炮。一、勒娶蒙古贝勒七信之女为妾。一、以侍卫摆对，前引后随。又令坠镫。一、大将军印，不肯交出。一、妄称大将军所行之事，俱循照俗例而行。一、纵容家人魏之耀等，穿朝服补服，与司道提镇同坐。一、在仪征地方，违旨逗遛。一、勒令川北总兵王永吉告老。一、与行止妄乱之沈竹、戴铎结党怀欺，煽惑众听。一、袒庇私人马德仁，阻回石文焯参本。一、将本内朝干夕惕故写夕惕朝干。其专擅之罪六。一、合阳县建筑城堡，不行题请，擅发银两。一、将侍卫李峻等题请委署守备，奉旨不准题补，又不即行调回。一、擅用私票一万二千张，作引十二万道行盐。一、将奉旨停捐雍正二年俸工，仍令照旧公捐。一、拏获私盐李干胜、擅令销案。一、面嘱董玉祥，将患病守备何天宠不令照例填注军政。嘱利瓦伊钧勒令陆篆接受王允猷亏空。其贪黩之罪十八。一、题补官员，受谢仪四十余万两。一、勒索捐纳人员，额外银二十四万两。一、受赵之垣金珠等物，值银二十万两。一、取受乐户窦经荣银两。一、受宋师曾银一万两，并玉杯等物。一、遍置私人，私行盐茶。一、私占咸宁等十八处盐窝。一、取受葛继孔馈送古玩。一、受傅泽沄贿，明知亏空，不行查参。一、勒令四省效力人员，每员帮银四千两。一、受参革知府栾廷芳贿，欲带往陕省。一、将抢掠各番衣服等物，奄为已有。一、私征新抚各番雍正二年租粮。一、蒲州盘获私盐，计值一万两入已。一、差家人高四贩买马匹。一、令家人颜泰将马匹发兴安各镇，勒取重价。一、委典史朱尚文贩买木植。一、令马起龙卖茶，得银九万九千余两。其侵蚀之罪十五。一、冒销四川军需一百六十余万两，又加派银五十六万两。一、冒销西宁军需四十七万两。一、运米四万石至军前，冒销脚价四十余万两。一、侵用康熙六十年起至雍正三年俸工银十四万九千余两。一、借名建筑布隆吉尔城垣，冒销钱粮。一、隐匿夔关历年税银八万八千两，又加派军需粮规五万余两。一、将拏获私茶罚赎银四万余两入己。一、侵用河东盐政盈余捐修银五万六千余两。一、将现贮西安未运米一万石，捏称运至西宁。冒销脚价四万六千余两。一、将宁夏各卫所贮仓耗一万四千石并不题报，并留宁拴养马匹工料银一万五千两入己。一、侵用城工余剩银一万六千余两。一、买贮咸长等八县米，浮销价银一万五千余两。一、抄没塔儿寺硼砂茜草等物，私自变价一万四千余两。一、侵用纪廷诏等捐解银一万两。一、砍取桌子山木植，借称公用，存贮入己。其忌刻之罪六。一、现任职员，陵虐遣调。任用私人，夺缺委署。一、军前官兵支给口粮，不先咨明晋抚，欲致其迟误获罪。一、将绰奇会商军饷清字咨文，差赵成谎说非交代事件，欲致岳钟琪迟误军需。一、捏参程如丝贩卖私盐，杀伤多人。一、欲荐李维钧为巡抚，设计诱陷赵之垣。一、遏抑阿炳安等军功共六案。其残忍之罪四。一、出示访拏曹猪头，该县将冯猪头错解，并不覆实，即行枉杀。一、无故将笔帖式戴苏锁拏监禁。一、急欲出缺。劾参金南瑛等七员，庸劣病废。一、将台吉济克济扎卜等不善于安辑，致伊等困苦失所。以上各款，供状昭著。谨按律内，凡谋反不分已未行皆凌迟处死。又大不敬者斩，诈传诏旨者斩，大逆知情故纵隐藏者斩，官员交结紊乱朝政者斩，妻子为奴，财产入官。官吏人等，挟诈欺公，妄生异议，擅为更改，变乱成法者斩。造谶纬妖书妖言者斩，假与人官者斩，伪造茶盐引者斩，在外大小各衙门官，但有入递进呈实封公文至御前，而上司官令人于中途邀截取回者斩，侵盗钱粮入已数满三百两者斩。有一于此，法所不宥。而年羹尧所犯至九十二大罪，内外文武诸臣，合口齐声，耻同覆载。伏请皇上将年羹尧立正典刑，以申国法。其父及兄弟子孙伯叔伯叔父兄弟之子，年十六岁以上者，俱按律斩。十五岁以下及母女妻妾姊妹及子之妻妾，给付功臣之家为奴。正犯财产入官，仍将臣等审讯年羹尧恶迹，昭示中外，以为天下万世人臣反逆不道，欺罔贪残者戒。得旨，年羹尧不臣之心显然。但因丧心病狂、昏愦颠倒之所致。邹鲁乃无知小人，相与谋逆之情虽实，而事迹尚未昭著。朕念年羹尧青海之功，不忍加以极刑，著交步军统领阿齐图，令其自裁。年羹尧刚愎残逆之性，朕所夙知。其父兄之教，不但素不听从，而向来视其父兄有如草芥。年遐龄、年希尧皆属忠厚安分之人，著革职，宽免其罪。一应赏赉御笔衣服等物，俱著收回。年羹尧之子甚多，惟年富居心行事，与年羹尧相类，著立斩。其余十五岁以上之子，著发遣广西、云贵极边烟瘴之地充军。年羹尧之妻，系宗室之女，著遣还母家去。年羹尧及其子所有家赀，俱抄没入官。其现银百十万两，著发往西安，交与岳钟琪、图理琛，以补年羹尧川陕各项侵欺案件。其父兄族人，皆免其抄没。年羹尧族中有现任候补文武官者，俱著革职。年羹尧嫡亲子孙，将来长至十五岁者，皆陆续照例发遣，永不许赦回。亦不许为官，有匿养年羹尧之子孙者，以党附叛逆例治罪，著内阁明白记载。邹鲁著改为立斩，其亲弟兄子侄，著佥妻发往黑龙江，给与披甲之人为奴。其余皆从宽免。

科尔沁和硕达尔汉亲王和硕额驸罗卜藏滚布、和硕卓礼克图亲王阿尔坦格勒尔、喀尔喀扎萨克厄尔得尼毕什勒尔图汗、和硕亲王多罗额驸策旺扎布、扎萨克和硕亲王固伦额驸敦多卜多尔济、青海厄鲁特和硕亲王戴青和硕齐察罕丹津、科尔沁多罗扎萨克图郡王撒胡喇克、多罗冰图郡王伊锡班第、敖汉多罗郡王垂穆品尔、蒿齐忒多罗郡王雅穆聘尔、鄂尔多斯多罗郡王喇锡班珠尔、喀尔喀扎萨克副将军多罗郡王和硕额驸策凌、厄鲁特多罗郡王车零旺布、青海厄鲁特多罗郡王额尔得尼厄尔克托克托奈、扎鲁特多罗贝勒毕鲁瓦、乌朱穆秦多罗贝勒策卜登、阿禄科尔沁多罗贝勒汪扎尔、科尔沁多罗贝勒多尔济、巴林固山贝子扎锡纳木塔尔、翁牛特固山贝子鄂齐尔、阿霸垓固山贝子策伶东洛卜、喀尔喀固山贝子巴忒玛旺扎尔、土默特固山贝子哈穆罕巴雅斯呼朗图、喀尔喀扎萨克固山贝子策旺诺尔布、厄鲁特扎萨克固山贝子多尔济色卜腾、扎鲁特镇国公察罕伶华、翁牛特镇国公索讷木、乌朱穆秦镇国公彭苏克拉布坦、科尔沁辅国公固山额驸拉锡、辅国公乌尔呼满尔、喀尔喀辅国公通摩克、扎萨克辅国公根敦、和托辉特扎萨克辅国公沙克扎、辉特扎萨克辅国公巴济、喀尔喀扎萨克一等台吉齐妄班珠尔、达尔济雅、根敦、巴朗、班珠尔多尔济等来朝。

（卷 39）

领侍卫内大臣公马尔赛、步军统领阿齐图，恭捧谕旨，谕年羹尧，尔亦系读书之人。历观史书所载，曾有悖逆不法，如尔之甚者乎，自古不法之臣有之。然当未曾败露之先，尚皆假饰勉强，伪守臣节，如尔之公行不法，全无忌惮，古来曾有其人乎。朕待尔之恩，如天高地厚，且待尔父兄及尔子并尔阖家之恩，俱不啻天高地厚，尔扪心自思。朕之恩尚忍负乎，授尔为川陕总督，又用尔为抚远大将军，将西陲之事，全畀于尔，事事推心置腹，文官自督抚以至州县，武官自提镇以至千把，俱听尔之分别用舍。朕意以尔实心为国，断不欺罔，故尽去嫌疑，一心任用。尔乃作威作福，植党营私，如此辜恩负德，于心忍为乎。即如青海之事，朕命尔于四月间备兵，尔故意迟延，又命于八月进兵，尔复羁留不往，及朕严加催督，然后进兵，孤军冒险，几至失机。又如阿喇衲所领之兵，尔令其由噶斯地方前进，以险恶必不可行之路，令其行走，岂非欲陷害阿喇衲乎。又如尔令富宁安将骆驼三千余只从巴尔库尔送至布隆吉尔，为无用之需，岂非设计欲陷害富宁安乎。又如令岳钟琪之兵调至西宁，其经由之路，尔指令舍近就远，故意使其纡道数千里，欲使蔡珽运粮不及，岂非欲巧陷蔡珽乎。此皆国家军务大事，而尔视为儿戏，藉此以快私忿，尚得谓之有人心者乎。又如尔所奏善后十三条，于不应造城之处建议造城，于不应屯兵之处建议屯兵，并无一件有益于地方之事，为国家筹画边机，如此草率错乱，是诚何心。如青海用兵以来，尔之残杀无辜，颠倒军政等事，朕尚皆未令入于廷臣议罪之条，即就廷臣所议九十二条之内，尔应服极刑及立斩者，共三十余条，朕览之不禁堕泪。朕统御万方，必赏罚公明，方足以治天下。若如尔之悖逆不臣至此，而朕枉法宽宥，则何以彰国家之宪典，服天下之人心乎。即尔苟活人世，自思负恩悖逆至此，尚可以对天地鬼神，靦颜与世人相见乎。今宽尔殊死之罪，令尔自裁，又赦尔父兄子孙伯叔等多人死罪，此皆朕委曲矜全莫大之恩。尔非草木，虽死亦当感涕也。

（卷 39）

雍正三年十二月辛巳（十八日，1726.1.20）

铸给驻扎青海副都统达鼐总理青海番子事务关防。

（卷 39）

雍正三年十二月乙酉（二十二日，1726.1.24）

谕兵部，朕君临万方，中外一体，有功必赏，有罪必惩。初无偏党之心，亦并不存依违之见。前以罗卜藏丹津潜行悖逆，谋扰边陲，朕命将出师，用彰天讨。满洲、绿旗、汉、土官兵皆能奋勇争先，克成懋绩，论功行赏，恩所宜施。乃年羹尧以私昵人员，冒滥入册，以致绿旗官兵议叙，至今驳查未定。而土司功册，亦因之暂停。朕心深为悯念，夫土司非比内地，凡所遣调目兵，皆预定名数，按名随师，无从虚冒。其功绩等第，必当详确稽查。如四川属之瓦斯、杂谷二土司部下目兵，与三寨包坐之头目所部番兵，皆屡年效力，战功尤多。小金川土司汤鹏、陕西土司鲁华龄，于攻取桌子山时，其目兵亦能戮力用命。似此边远番众，知效忠诚。则其寸功，必宜尽录。尔部查照领兵官所报各土司功册，除各土兵已给赏赐外，其官目应各加以职衔，仍予恩赏。阵亡带伤者，照依绿旗兵丁，一体优恤，务期均沾实惠。仍将此旨，下与该管督抚提镇，转饬各土司，自兹以往，尤宜益矢忠勤，各安驻牧，严束部落，不得滋事生非。和睦族邻，不可恣行仇杀。尺地莫非王土，率土莫非王臣。悉苗种类固多，皆系朕之赤子。或有强悍不平，各土司祇宜赴该管上司陈告，岂得任意戕杀。以背朕好生保赤之念。各该土官，果能凛遵训诫，则世守职土，朕自加恩。若敢恃功骄肆，阳奉阴违，则国法具在，亦断不因今日之功赏，更从宽贷也。

（卷39）

雍正三年十二月癸巳（三十日，1726.2.1）

赐朝正外藩科尔沁、翁牛特、敖汉、喀尔喀、乌朱穆秦、阿禄科尔沁、阿霸垓、巴林、扎鲁特、吴喇忒、奈曼、苏尼特、四子部落、鄂尔多斯、喀喇沁、蒿齐忒、郭尔罗斯、厄鲁特、土默特、和托辉特、辉特、青海厄鲁特、阿霸哈纳、杜尔伯特、毛明安，王、贝勒、贝子、公、额驸、台吉、塔布囊等及内大臣、大学士、侍卫等宴。

（卷39）

雍正四年　丙午　1726年

雍正四年正月丁未（十四日，1726.2.15）

以上元节，赐外藩科尔沁、翁牛特、敖汉、喀尔喀、乌朱穆秦、阿禄科尔沁、阿霸垓、巴林、扎鲁特、吴喇忒、奈曼、苏尼特、四子部落、鄂尔多斯、喀喇沁、蒿齐忒、郭尔罗斯、厄鲁特、土默特、和托辉特、辉特、青海厄鲁特、阿霸哈纳、杜尔伯特、毛明安，王、贝勒、贝子、公、额驸、台吉、塔布囊等及内大臣、大学士、侍卫等宴。

（卷40）

雍正四年二月辛未（八日，1726.3.11）

理藩院奏青海亲王察罕丹津等起程北归日期。得旨，察罕丹津等既欲于十一日起程，著初十日至圆明园陛见。伊等俱因青海之乱，被贼抢掠。此时回去，恐牲口盘费不足，著将内库银各赏给一千两。

（卷41）

雍正四年二月甲戌（十一日，1726.3.14）

理藩院奏，厄鲁特多罗郡王额驸车零旺布、多罗贝勒色卜腾旺布、贝子茅海等请与众一体编分佐领，应遣官前往办理。得旨，此系编分佐领之事，甚属紧要，应遣大臣前往。今散秩大臣伯四格等往定阿尔泰山边界，事竣之日，即著四格从彼处前往，会同副都统花善，详议编分。寻议，郡王车零旺布、贝勒色卜腾旺布、贝子茅海俱授为扎萨克，将伊等所属厄鲁特编为四佐领。从之。

（卷41）

雍正四年三月乙未（三日，1726.4.4）

敕封青海水神为灵显青海之神。

（卷42）

青海厄鲁特扎萨克辅国公诺尔布彭苏克故，遣官致祭。

（卷 42）

雍正四年三月壬戌（三十日，1726.5.1）

大学士九卿等奏，食侍讲俸之钱名世，作诗投赠年羹尧，称功颂德，备极谄媚，且以平藏之功归美年羹尧，谓当立碑于圣祖仁皇帝平藏碑之后，甚属悖逆，应革职，交与刑部从重治罪。得旨，向来如钱名世、何焯、陈梦雷等，皆颇有文名，可惜行止不端，立身卑污，所以圣祖仁皇帝摈斥不用，置之闲散之地。而钱名世谄媚性成，作为诗词，颂扬奸恶，措词悖谬，自取罪戾。今既败露，益足以彰圣祖知人之明，但其所犯，尚不至于死，伊既以文词谄媚奸恶，为名教所不容，朕即以文词为国法，示人臣之炯戒，著将钱名世革去职衔，发回原籍，朕书名教罪人四字，令该地方官制造匾额，张挂钱名世所居之宅。且钱名世系读书之人，不知大义，廉耻荡然，凡文学正士，必深恶痛绝，共为切齿。可令在京现任官员，由举人进士出身者，仿诗人刺恶之意，各为诗文，纪其劣迹，以儆顽邪，并使天下读书人知所激劝。其所为诗文，一并汇齐，缮写进呈，俟朕览过，给付钱名世。

（卷 42）

雍正四年四月癸亥（一日，1726.5.2）

议政王、大臣等议覆，据川陕总督岳钟琪奏称，巴塘系打箭炉之门户，久入川省版图。至中甸贴近滇省，久入滇省版图。附近中甸之奔杂拉、祁宗、喇普维西等处，虽系巴塘所属之地，向归四川，而其界紧接滇省汛防，总通于阿墩子。阿墩子乃中甸之门户，请改归滇省管辖，设官防汛，与川省之里塘、打箭炉，彼此犄角，足以各收臂指，控制番民矣。应如所请。从之。

（卷 43）

雍正四年五月戊申（十七日，1726.6.16）

召入诸王大臣九卿等，谕曰，历年以来，朕之数弟，昏昧无知，不安本分，其奸伪逆乱之行，尔众大臣、从前虽略晓一二，何能尽知，尔等且不能尽知。外间小人又何由知之，伊等为人存心行事。朕因三、四十年共在一处，知之甚悉。伊等僭妄之心，悖逆之行，及其党与，于国家大有关系。阿其那等历年伤皇考之心，不孝不忠，结为党援，扰乱国家，其罪倍甚于二阿哥。从前阿其那、塞思黑、允禵、允禟等，共为党与，包藏祸心，将不守本分诡随之人，百计千方引诱交结。又将生事克乱，喇嘛、僧道、医卜、棍徒优人之属，种种贪利小人，留心收揽，重利贿买，各致死命，且在各处称扬伊等美名，串通内外奸伪之人，希图大位。有不入其党者，即妄加危言以恐吓之，故不为其所笼络，不为其所欺蒙者盖少，国家被其扰乱，人心受其蛊惑，外则与阿灵阿、鄂伦岱、苏努、七十、赫寿等乱臣结党往来，内则与皇考御前侍卫拜唐阿、太监等钻营交结，探听一切喜怒信息。若非我皇考神明圣智，心如金石，未有不为伊等诡秘之计所动摇者。伊等奸伪之计，皆我皇考所洞悉，乃穷困怀羞，凶心益逞，当皇考高年，反种种激怒，无所不至。圣躬憔悴成疾，皆阿其那等不忠不孝，奸伪结党，种种可诛之所致也。知臣子者莫如君父。我皇考因阿其那不孝不忠，恶贯满盈，深用震怒，曾谓阿其那为乱臣贼子，乃吴三桂之再世，父子之恩绝矣。此等之旨，难以尽录，皇考之旨甚明，伊等皆得罪于宗庙、社稷、皇考之人国法所当诛者也。朕即位以来，将伊等罪过，俱从宽宥，凡事教训，冀伊等解散党与，去其僭妄之心，改其悖乱之行，将阿其那封为亲王，简用重任，总理事务。阿其那仍不改其觊觎悖逆之心，奸伪之行，凡朕所交之事，俱有意欲败坏之，事事以美誉自居，欲将恶名归之于朕，其悖逆之心无少改悔处，具为朕所觉察。伊但凶心稍萌，朕即显然晓示于众，故伊计穷力绌。知其悖逆之心，奸伪之行，断不能施布，意欲朕加以诛戮，或可有玷朕名誉之万一，以泄其忿，种种扰乱，全无人臣之体，竟至在众大臣前发誓，公然诅咒，连及朕躬，举动狂悖，一至于此也。封阿其那为亲王之时，伊妻家之亲为伊贺喜，阿其那即云，何喜之有，我头不知落于何日等语。朕不知其何心而出此言，再阿其那在拘禁之处，向看守太监云，我向来在家，每餐止饭一碗，今饭加二碗，我断断不愿全尸以殁，必使见杀而后已等语。岂有身为臣子，而如此暴虐悖逆之理耶。再阿其那于皇考在日，不能承欢奉事，以叨君父之矜怜，不能保其贝勒之爵禄，不能不犯锁拏之罪，伊之乳公乳母之首领不能保，妻子不能保，家财不能保，则阿其那之才具福分，显然可知。夫阿其那以此才具福分，兼以不孝不忠，挟其奸伪之心，恣其所行之事，傥至此大位，岂能上安宗庙、社稷，报答祖父之恩，泽被生民之众哉。果系诚心为大清国之人，未必愿阿其那位登大宝也。至塞思黑乃系痴肥臃肿，矫揉妄作，粗率狂谬，卑污无耻之人，皇考从前不比之于人，数弟兄辈亦将伊戏谑轻视，即阿其那亦知伊庸昧无能，特引诱愚弄，使出奴力。塞思黑因阿其那事败，未称伊等之心，数年间挺身觊觎大位者，亦阿其那将伊怂恿之所致也。朕即位以来，因思伊等断不可置之一处，将伊遣往西大通居住，原欲令其更改恶心逆行也。伊觉朕之宽仁，断不肯伤伊等身命，不但不改其悖逆之心，反种种妄乱，敢行自古人臣未行之事，敢言自古人臣未出之言，祇欲激怒朕心，务令诛之而后已 。至于带给允䄉书札内，有机会已失，悔之无及等语，数千里寄此等悖逆书信，毫无畏惧，如此不法，是诚何心。仰蒙圣祖皇考隆恩豢养臣子三四十年之恩泽，岂有因未遂僭妄之私即怨望君父，与国为仇，如此悖逆肆行，有是理乎。且伊蠢然无知，行事悖谬，不量已才，不知羞耻，以不足比数之人，贿买棍徒。而小人惑于流传之言，以为塞思黑可邀大位，致使众口纷纷，此亦世所罕闻也。而伊亦公然自受，恣口乱言，自古以来，亦未有不自度量，觍颜无耻，悖谬干法，如塞思黑者也。至允禵生性糊涂急暴，不知天高地厚之人，皇考知伊在家必然生事，特远遣出征在外者。允禵乃信阿其那、塞思黑之唆诱，顿萌大志。自古有大志之人岂有不愿身名美善之理。而允禵于出征处，妄费国帑，肆行贪饕，骚扰地方。又钻营塞思黑，令在皇考前巧为设法，娶青海台吉之女，逐日醉饮，种种淫乱贪污之行，众皆知之。允禵身为大将，而所行之事，有国法在，有皇考洞鉴在，有公论在，自当黾勉图功，粉饰邀誉，强为忍耐，遂伊愿望之心，而乃丑行不法，至于如此。似此伎俩人品，若至大位，恣任其意，何所不为，岂能为国家万姓造福也。不过私心令伊同党中不忠不孝，奸宄乱国，当诛之数人，儌幸而已，非国家之福也。朕即位后，即降恩旨，将允禵唤回。允禵于未到京之时，即露种种狂悖，于到京之日，向朕轻躁妄行，状类棍徒，其罪不可枚举。朕皆宽宥施恩，于皇妣梓宫前，封伊为王，全不思报朕恩，并不改伊等朋党之初心，逆志益恣，向朕种种欺妄，暴虐之心倍加。近者，蔡怀玺投伊院内字帖，内开二七变为主，贵人守宗山，以九王之母为太后数语。允禵不行奏闻，将要紧字样裁去涂林，但交与总兵范时绎，令不论如何完结，且云，并非大事。看其如此悖乱之行，即史书内亦属稀有。至于允禟，但知索取民财，争夺买卖，交结内侍，种种宵小刻薄，无耻劣行之处，难以屈指，举国共知。阿其那将此等人亦行设法牢笼，令其出力，以为羽翼，阿其那等，心怀奸恶，扰乱国政，煽惑人心，邀买美名，结交匪类，遍处称扬伊善，不过欺人而已，岂能欺上天、皇考乎。阿其那等承欢皇考者何处，效力者何处，有裨国家者何处，利济军民者何处，施恩臣工者何处，有益兄弟者何处。且当皇考圣明在御之时，阿其那为皇子，何得交结外人，不曾与政事，有何善足称，遂至人目之为佛者何故耶。此皆伊等所结朋党作乱之徒，招摇惑众，小人愚昧，入其机变，不审始末虚实之所致，甚显然也。伊等如果有善可据，朕此数言，又安能掩没伊等之善行乎。但众多愚昧，伊等存心行事已久，众人被其欺惑者深。朕若不如此明白降旨，分析伊等奸伪之术，凶恶之性，不孝不忠之行，众皆难以知晓。今众人但将伊等果如何好，如何似佛之处，稍为揣度，则若梦之醒，咸自晓然也。且当皇考之时，朕若欲似伊等结党，不能得人耶，若欲似伊等邀名，不能致誉耶。若欲效伊等之所行，岂力不能为之人耶。祗因上天照鉴可畏，皇考恩德甚重，朕心不忍忘负。是以但宁静守分，敬谨孝顺于皇考之前，朕自幼时诸兄弟俱恭敬朕躬。朕于兄弟中亦并无私嫌，而朕亦从无希冀大位之念，此皇考所深鉴，众人所共知也。昔朕之兄弟中，往往有得罪皇考者，朕身为之解释调停，以宽解皇考之怒，凡此不可枚举。现今诸王与皇考亲近侍卫，俱悉知之。朕非邀名，亦非为伊等，乃实为君父年高，仰体圣躬之故，是以坚持心志而行之耳。莅位以来，为因国家利害所关，但欲伊等改其凶悖之性，以及于善耳。设使朕先便有希冀此位之念，今已登此位矣，又于伊等何仇乎。朕从前若有被兄弟凌辱，或致朕于恶地，或于朕有亏伤处，如此等私怨，傥有一事，傥有一人，亦必不能掩众人之耳目。皇考在时，朕赖皇考之恩，平安尊荣已四十五年，与此等不肖弟辈，岂但并无仇隙，即些微一言之不合，亦未有也。朕临御以来，日夜念皇考之恩，付托之重，于政事竭力勤求，已经四载。尔众大臣朝夕在廷，觌面奏事，岂有不知之理。自古帝王未有如我圣祖皇考之勤政者，即皇考之勤，亦无自朝至暮办事之理。但朕甫登大位，因素性于事不好干预，臣工皆所未识，政务皆所未经，念皇考付托之重大，恐其陨越遗漏，故尔精勤求治，自晨至暮，总无间断，伊等不得窥朕之瑕隙，于元年二年间造言，有谓朕每日早理事，日中即醉饮者。又有谓朕日中酒醒，日昃方理事者。朕当时即已闻知，诸卿宁不闻乎。朕从不能饮，若彼时即降谕旨，似乎弭谤，亦谓流言虚实，历久自明，故未郎降谕旨。经今日载，朕从前不饮之处，众已共知。伊等见朕勤理政事，又皇考以大业付托朕躬，奸恶之徒，遂欲以不美之名，加之于朕，以有过加之皇考，欲使天下扰乱不已。故又造此等无稽之言，传播声扬，今郭允进作书抛入塞楞额轿中，内云十月作乱，八佛被囚，军民怨新主。又谓朕自即位以来，遭旱潦饥荒之灾等语。观此，实乃阿其那、塞思黑、允禵、允禩等朋党之奸逆，凶恶之小人，行乱作恶之书办、皂隶、旗棍等贪取货财，讹诈寻事。惯于钻营之徒，见朕将部院衙门，及各省私弊尽行除革，政治肃清，此辈宵小之人，不能行其劫掠讹诈之事，始移恨于朕，不惮法度，不畏死亡，特造此等悖乱之语，以摇动人心，扰乱国家，欲使朕心疑畏，将此辈恶棍朋谋之人容忍宽假之意。朕以圣贤大公至正之道治天下，焉有因此等悖逆之言，遂尔畏惧宽假之理乎。谓阿其那为佛者，岂以其不孝不忠，如鬼如蜮之行乎。不然伊又有何等忠孝仁慈之美行耶。似此凶暴恶诈奸险之佛，诚自古所未闻者。况水旱疾疫，世所有者。此辈如此妄言，傥偶逢其事，众即以其言为验而信之矣。所关甚钜。朕即位三年以来，幸叨天贶，众所知者，此岂可以假饰之事乎。傥非皇天眷佑，稍合此辈造作之言，又不知如何造作谤讪矣。如直省去岁偶值水灾，朕即发粟数百万石赈救。又令修治堤塘，大开水利，因轸念元元之故，动用数百万帑金，使直省数百万黎民，竟若无灾，不致艰食。直隶通省百姓之感戴，亦难掩众人之耳目。天下军民，朕爱之俱如赤子，自临御以来，所以推恩于军民者甚备，天下之人，何故不戴朕恩，反生怨恨也，且不知怨朕何事也，岂即以惩治阿其那等当诛之奸类故乎。如朕即位三年，有一事可致军民之怨，朕万岁后，何以见我皇考在天之灵。朕如有致军民可怨之处，众人即当明言。今者，内有郭允进之辈，外有蔡怀玺之徒，任意造作各样谣言，实国家之蠹贼，不可以不正法也。我朝自太祖、太宗，肇造区宇。至我皇考，百有余年，满洲等世沐恩膏，朕承皇考之命，嗣此鸿基，天惟一日，国止一君，八旗人等亦惟感戴大君，一心事朕而已。似此不忠不孝之辈，扰乱国家，妄行不法，乱臣贼子之居心行事，八旗之人，聆朕晓谕之旨，当必骇然深烛其行事之悖乱，当切齿而共恨之者。嗣后尔等各部院衙门八旗之内，有如此等妄造语言，摇乱人心者，汝等加意访拏，诛殛数人，群小自然戒惧，不敢妄为矣。傥知之闻之，故作不知，被他处拏获审出时，将隐匿之人，照犯人一例治罪。塞楞额陈奏，甚是可嘉，大凡微贱小人，不知国家之大义，怀奸隐匿以示私恩。如塞思黑、允禵等，以关系己身之事，值此等妄言之人，尚故作不知，纵之以示宽仁。非国家之叛臣贼子而何，且置法纪于何地乎。从前诸王大臣，请将阿其那、塞思黑、允禵即行正法，断不可留。所奏甚为得理，此辈包藏异心，挠乱国政，乃获罪于宗庙、社稷，与我皇考之人，理应正法。但伊等历年结成党与，妄造语言，蛊惑人心久矣。阿其那等种种奸诈恶逆之事，中外及八旗军民人等，尚未得遍知，此事乃关系皇考及朕躬之事。今故将此辈奸恶不忠不孝大罪，备悉言明，使中外之人，昭然尽晓，即将此辈正法，亦属当然。日后亦不得议朕，即姑留之，不过少延其性命耳，亦无所关碍。汝等谨记此旨，录出奏览后，传与京城内外八旗军民人等，一体知之。

（卷 44）

雍正四年八月丙戌（二十七日，1726.9.22）

谕内阁，国以民为本，民以食为天，朕即位以来，念切民依，举行耕耤之礼，殚竭精诚，为民祈谷于上帝。乃雍正二年三年，耤田特产嘉禾，有至一茎九穗者，朕心亦以为偶然之事。今据府尹刘于义进呈，今岁耤田所产，自一茎双穗、三穗以至八穗九穗，皆硕大坚好，异于常谷。朕见之，心甚慰悦，特令宣示廷臣，朕并非以此为祥瑞，夸耀于众也，盖实有见于天人感召之理，捷于影响，无纤毫之或爽。朕以至诚肫恳之心，每岁躬耕耤田，以重农事，即蒙上帝降鉴，叠产嘉谷，以昭休应。似此八穗、九穗之谷，岂人力所能强为，亦岂人君所能强之使有乎。天人感应之理，朕见之最真最切，但恐此心不诚耳。诚则未有不动者。即如从前青海蠢动，朕为边陲忧虑，虔祷于宫中，不数旬而捷音即至，疆圉宁谧。又如前岁夏间，近畿雨泽稍愆，朕在宫中默祷，减膳修省，虔诚叩恳，不数日而甘霖大沛，禾稼有秋。此皆近年以来，朕亲行亲验之事。至去年夏秋之间，时常阴雨，而李维钧并不将畿辅被潦实情具奏，是以朕未曾早为虔祷，殚竭诚心，以挽天意而纾民困。及蔡珽署直隶总督事务，详悉奏闻，朕宵旰忧勤，几废寝食。于是截漕发仓，多方赈济，京城设厂，各邑兴工，俾穷民皆得糊口，是以地方虽被水灾，而小民不致流离失所。今岁二麦丰收，禾麦畅茂，此皆上天俯鉴朕衷，故加惠黎元而锡以盈宁之庆也。盖天生民而立之君，鉴观在上。人君一念敬谨，政事无阙，天必嘉之佑之。一念放逸，政事有乖，天必儆之戒之，此一定之理也。况人君抚驭臣庶，位处极尊，所以赏罚之者，独有上天耳。是以朕每于水旱等事，皆实心内省，至于各省旱涝之事，朕皆视同一体，原无彼此之别，惟是地方相隔路远，彼地偶有水旱，有司未必即行具报。及至奏达朕前，而紧急之时已过，是以朕无从尽其诚心，为之祈祷。此其责则全在本省督抚矣。督、抚受朕委任之重，为朕养育万民，必视百姓之疾苦，如痛养之在己身。一遇水旱饥馑，必思所以致此之由，或因本省之政事吏治有阙，即思速为改易之。或因本地之人心风俗不端，即思速为化导之。兢兢业业，修省祈祷，竭尽诚心，一如朕之朝乾夕惕，断无不可以挽回天意者。假若闻朕之政治稍有缺失，亦即直言陈奏，不必隐讳。如此，则官与民联为一体，臣与君又联为一体，太和翔洽，实意交孚，天听虽高，诚呼吸可通矣。朕每岁躬耕耤田，并非崇尚虚文，实是敬天勤民之至意。礼曰，天子为耤千亩，诸侯百亩。据此，则耕耤之礼，亦可通于臣下矣。朕意欲令地方守土之官，俱行耕耤之礼，使知稼穑之艰难，悉农夫之作苦，量天时之晴雨，察地力之肥硗。如此，则凡为官者，皆时存重农课稼之心，而凡为农者，亦断无苟安怠惰之习，似与养民务本之道，大有裨益。著九卿详议具奏。

（卷 47）

雍正四年十二月辛巳（二十四日，1727.1.15）

晋封青海多罗贝勒盆苏克汪扎尔为多罗郡王。

（卷 51）

雍正四年十二月甲申（二十七日，1727.1.18）

颁给总理西藏事务贝子康济鼐印。

（卷 51）

雍正四年十二月丁亥（三十日，1727.1.21）

赐朝正外藩科尔沁、翁牛特、敖汉、四子部落、土默特、扎鲁特、喀尔喀、鄂尔多斯、巴林、阿霸哈纳、阿霸垓、郭尔罗斯、毛明安、克西克腾、苏尼特、吴喇忒、扎赖特、奈曼、蒿齐忒、阿禄科尔沁、喀喇沁、乌朱穆秦、厄鲁特、青海厄鲁特、杜尔伯特、和托辉特、辉特，王、贝勒、贝子、公、额驸、台吉、塔布囊等及内大臣、大学士、侍卫等宴。上进酒毕。令左翼科尔沁和硕土谢图亲王阿拉卜昙、右翼乌朱穆秦和硕车臣亲王色登敦多卜，至御座前，上亲授饮。其余王、贝勒、贝子、公、额驸、台吉、塔布囊等，俱令侍卫分觞授饮于坐次。

（卷 51）

雍正五年　丁未　1727 年

雍正五年正月壬寅（十五日，1727.2.5）

谕刑部，向因年羹尧狂悖妄乱，结党肆行，法难宽宥，朕不得已将伊治罪，又恐其党援固结不散。伊诸子留在京师，或彼此暗相比附，又生事端。故令徙居边远之地，遇赦不赦。今见年羹尧正法之后，伊平日同党之人实皆悔过解散，无一人比附之者。而当日平定青海，年羹尧亦著有功绩，著将伊子远徙边省者俱赦回，交与年遐龄管束，以示朕格外恩宥之至意。

（卷 52）

以上元节，赐外藩科尔沁、翁牛特、敖汉、四子部落、土默特、喀尔喀、鄂尔多斯、巴林、阿霸哈纳、扎鲁特、阿霸垓、郭尔罗斯、毛明安、克西克腾、苏尼特、吴喇忒、扎赖特、奈曼、蒿齐忒，阿禄科尔沁、喀喇沁、乌朱穆秦、厄鲁特、杜尔伯特、青海厄鲁特、和托辉特、辉特，王、贝勒、贝子、公、额驸、台吉、塔布囊等及内大臣、大学士、侍卫等宴。

（卷 52）

雍正五年正月丁巳（三十日，1727.2.20）

议政王、大臣等议覆，副都统宗室鄂齐奏称，臣至西藏，审视情形。首领办事之人，互相不睦，每每见于辞色。达赖喇嘛，虽甚聪敏，但年纪尚幼，未免有偏向伊父索诺木达尔扎之处。康济鼐为人甚好，但恃伊勋绩，轻视众噶隆，为众所恨。阿尔布巴赋性阴险，行事异于康济鼐，而索诺木达尔扎因娶隆布奈二女，三人合为一党。若调唆达赖喇嘛与康济鼐不睦，必至争竞生事。再，噶隆甚多，反增繁扰，隆布奈行止妄乱，扎尔鼐庸懦无能，应将此二人以噶隆原衔解任，则阿尔布巴无人协助，自然势孤，无作乱之人矣。请降训旨，晓谕达赖喇嘛、康济鼐、阿尔布巴等，和衷办事。均应如所请。遣大臣一员赍旨前往晓谕，令伊等和好办事。再，达赖喇嘛母舅衮都阿喇木巴既诚心守护，应给与达尔汉之号，赏缎六疋。得旨，著内阁学士僧格、副都统马喇差往达赖喇嘛处，各赏银一千两。

（卷 52）

雍正五年闰三月乙亥（十九日，1727.5.9）

厄鲁特扎萨克贝子噶尔丹代青诺尔布故，遣官致祭。

（卷 55）

雍正五年闰三月丁丑（二十一日，1727.5.11）

恭建圣祖仁皇帝圣德神功碑于景陵，遣官告祭。碑文曰，皇天眷佑我国家，显谟盛烈，世世相承。太祖、太宗肇基东土，缔构鸿图，世祖混一寰瀛，克成骏业。笃生我皇考皇帝，亶神圣之姿，立君师之极，大德广运，健行不息，至明如日，至仁如天，集皇王之大成。亘古今而首出，书契以来罕有伦比。以扬列圣之耿光，以裕我无疆大历服，予小子缵承基绪，既奉册宝，恭上尊谥。惟山陵礼毕，宜建穹碑。钦惟我皇考临御六十余年，厚德崇功，布濩宇宙，盈溢简牒，巍巍乎，荡荡乎，不可殚述。谨掇大概，镌勒贞珉，用昭垂于亿万祀。叙曰，圣祖合天弘运文武睿哲恭俭宽裕孝敬诚信功德大成仁皇帝，讳玄烨，世祖体天隆运定统建极英睿钦文大德弘功至仁纯孝章皇帝第三子也。母孝康慈和庄懿恭惠温穆崇天育圣章皇后在妊时，孝庄文皇后见孝康章皇后衣裾若有龙绕，知为毓圣之祥，逮降诞之辰，异香盈室，经日不散，五色光华，与日并耀，宫人内侍，咸所瞻仰，天表奇伟，耳大声洪，双瞳日悬，隆准岳耸，肤理莹白，皎然玉质，举止严重，性度恢宏，敦敏聪明，出言中理。辛丑正月，嗣登大宝，时甫八龄。孝庄文皇后问所欲，对曰，惟愿天下乂安，兆人乐业，共享太平之福。孝庄文皇后动容嘉叹，知能荷神器，为生民主也。自初读书，十行俱下，略不遗忘，讲幄既开，日与儒臣论难往复，虽烈暑沍寒，未尝暂辍。焚膏继晷，常至中宵。逊志覃思，好古敏求，勤笃甚于儒素，谭经评史，发挥道奥。浏览之功，遍于七略。爰及纬象声律算数百家之书，莫不触类洞彻，得其精要。故知性知天，察人伦而明庶物，虽一名一物，皆研究精微，而一以贯之。敬天尊祖，禋祀必亲，齐明盛服，率礼无怠。至年逾六十，颇艰拜起，冬至、上辛、祫祭，群臣恳请遣官恭代，犹必亲诣。省视陈设，行迎神之礼，退居斋幄，默致精诚，俟礼毕，然后旋辂。天性纯孝，事孝庄文皇后垂三十年，致爱尽诚，委曲周至。从幸时，乘马不离左右，遇道路少仄，即下马扶辇，逾岭则扶掖升降，弥加恭谨。康熙二十六年冬，孝庄文皇后圣体不豫，皇考亲尝汤药，席地而坐，目不交睫，衣不解带者三十五昼夜。逮疾大渐，自撰祝词，步祷南郊，请减己算，以延慈寿，伏地诚恳，涕泗交颐。至居庐时，哀瘠过甚，不盥沐者数十日。释服后，仍处偏殿，衣布素，恭送龙輴，每日必步随数里，朝夕恸戚如初丧。终身思慕，每一言及，声泪俱发。事孝惠章皇后垂六十年，备极孝养。省方江南，避暑塞外，必奉銮舆以行。康熙四十九年，孝惠章皇后寿跻七旬，皇考亦年近六旬矣。正月元夕，宫中张灯设宴，躬亲起舞，称万寿觞，中外传为天家盛事，友爱裕亲王等同问安慈宁宫。每序家人之礼，亲亲之谊，久而弥笃，其疾也，屡亲视之。其薨也，亲临之。宗室中，用其才俊，而礼其高年，无爵位者，亦有常廪。自康熙六年，始亲政事，未明求衣，日昃忘食，数御门，延见公卿，详论得失，综理万机。日有常程，靡所稽滞。尝于巡幸之次，章奏未至，秉烛以俟。或于四鼓披览达旦，遂忘寝息，孜孜图治，不自暇逸。历六十余年，终始惟一。虚已求言，以广视听。片词之善，必蒙采录。或星象示异，水旱为沴。即命群下直陈休咎所起，无所隐讳。又命督抚诸臣，密奏地方利弊所宜兴罢者，虽在万里之外，周悉情状，视若目前。审官班禄，必惟其当。内自六卿之属，外自县令以上临轩召见，观其可否，然后命之。其以清修苦节着闻者，立行甄擢，以劝有位。介胄之士无小大，必亲试其能，开霁天颜，从容询问。寸长微绩，并加奖励，人皆感激自奋。圣性天授，一经觐谒，历久不忘。故文武之选，程材使器，官得其人，人称其职。皇考智勇天锡，庙算如神。三逆未畔之前，即烛其终为悖逆，宜蚤定大计，遣大臣趣召之。吴三桂果反，耿精忠继之。乃宣睿略，简禁兵守荆州，安庆镇江为声势，命诸王大臣为大将军，分道并进。三桂自出至衡州，湖南皆陷。王师扼之于岳州，用战舰据江湖，断贼饷道。三桂忧怖死，遂拔岳州，尽收湖南地。由陕西取汉兴，定四川。明年，定贵州。又明年，定云南。逆孽自焚，余党悉平。精忠兵出仙霞，旁扰温台。大兵遏之衢州，屡摧其锋，逐北入仙霞，顺流而下。精忠自缚军前，温台贼悉破散。尚之信最后反王师北自韶州，东自潮州蹙之，之信束身乞降。其间孙延龄、陆梁于桂林，王辅臣溃乱于宁羌，戈铤所指，不久就俘。当贼势之炽，大江以西五岭以南，悉为贼踞。

烽火几半海内，皇考默运神谟，不动声色。八载之间，再定寰宇，廓清氛翳。耿精忠之乱，郑经自厦门盗踞下游三府，精忠败大兵乘胜复三府。经遁归厦门，越二年，克厦门，经遁归台湾，以海舟守澎湖为门户。皇考决策命帅，治艨艟，以六月乘北风攻澎湖，再战破之。台湾震詟，乞降。遂以其地为郡县，海氛起于明季。自郑成功巢穴兹岛，传子经及其孙，历三世，出没为闽南患，至是悉靖。察哈尔部布尔尼者，元之遗裔。其先世纳款献传国玺，故荷特恩，尚主封王。父阿布柰，渐为狂恣，皇考不忍置诸法，羁诸盛京，俾布尔尼袭封，召之不至，遂以所部叛。遣将率禁旅讨之，两月之内，歼厥渠魁，招抚其众，北藩以宁。鄂罗斯，夙慕德化，奉职贡。乃其边人罗刹，踞雅克萨城，纳我逋逃，以扰索伦，兴师徂征，拔其城，纵其俘，振旅而还。会鄂罗斯之国王，遣使上疏谢罪。命大臣往定边界，东北数千里，延及海边，胥隶版图。厄鲁特者，元之牧牲人也。其头目噶尔丹，枭桀习战斗，劫服诸番，残回子数百余城，复与喀尔喀构难，潜劫其众。故喀尔喀七旗数十余万众皆称臣内附。皇考亲巡塞外，受其朝谒，锡之名爵，颁谕两部落，息兵宁人。噶尔丹顾顽梗弗率，以追喀尔喀为名，阑入边界。皇考计安藩服，躬申天讨。以康熙三十五年春，亲统六师，由中路直抵克尔伦，料贼必逸而西，别遣大将由西路进兵图拉。噶尔丹闻天兵至，弃其辎重，连夜西奔，恰遇西师于昭莫多，大破之。噶尔丹收合余众，窜伏穷荒。其冬，车驾再出至鄂尔多斯，遣使招附。明年春，又出宁夏，循贺兰山，哈密擒其子以献。其族类丹济拉等，潜输诚款。师次狼居胥山，天兵四布，噶尔丹势孤援绝，仰药自尽。丹济拉携其遗骸及子女、人口来归，朔漠荡定。其兄子策妄阿喇布坦，素与噶尔丹有隙，乘其南发，潜据其地，诱致逋逃，种类渐滋。因图青海诸部及西域诸番，暗遣人攻拉藏，杀之，掠据藏地。皇考以太宗文皇帝时，班禅额尔得尼、达赖喇嘛知东土有圣人，遣使归命，追念厥诚，不可以勿救。于是分遣将帅，率西宁诸路之兵，自青海入。四川、云南之兵，自拉里入。整旅前驱，不遗一矢，遂定藏地。复达赖喇嘛之位，安西域之众，其他西番诸国，无不欣喜感戴。委贽恐后，轸念东南水患，屡勤翠华，躬视河淮，每步长堤，或驾小舟，周回观览。高下险易，了如指掌。授策河臣，罔不奏效。开中河，以避黄河百八十里之险。治下河，则疏人字，芒稻河注之江，浚虾须诸沟注之海。治清河，则培高堰，塞六坝，以蓄其势。开张福口、裴家场，以畅其流。治黄河，则浚云梯关，以通海口。筑挑水坝，开陶庄引河，以导其北向。筑减水坝，修盐河，以泄其旁溢。于是淮不东漫而北敌黄，黄不南灌而东趋海。下河七州县，化浸为沃。农桑偏野，漕艘商舶，上下数千里，安若衽席。其在畿辅之内，则堤子牙，而漳滏滹沱无泛滥，开柳岔口，而芦沟不横决。皆皇考频年巡省，面授经画，用迄于成绩，勤求民瘼，凡所在旸雨之期，封疆大吏随时奏闻，偶有旱潦，无不周知，赈恤之恩，不稽旬日，筹划详尽。溥遍优渥，故虽有慜伏，而民忘其灾。远至蒙古诸藩，并廑睿虑，分遣使臣，教以网罟耒耜之利，俾知鲜食艰食，每闻积雪荒歉，即赐之牲畜、米粮，咸获赡给。康熙三十六年，朝鲜以大饥告，截河南漕米，由登州泛海，发盛京仓储。合水陆运致数万石，平粜赐赉，凋瘵尽起，举国忭庆。蠲租之诏，无岁不下。所在灾伤见告，即与减除。积年逋负，辄免追征。积算无虑亿万计，人用底于殷阜。四十八年，特敕递免天下地丁钱粮，三岁而遍，八埏之内，次第沾被。宽仁之泽，浃于黎烝。隆冬停流遣之期，盛夏解囹圄之禁。法司奏谳，多所矜释。和气熏陶，万方康泰。至于三藩之乱，所全宥不可胜纪，明降敕谕。尚之信、耿精忠罪大恶极，法应及族。但念尚可喜、耿仲明，航海归诚，著有劳绩。其兄弟俱从宽免罪，属下人有父兄子弟在贼中者，一无所问。又如噶尔丹子女，赦勿诛，俾子有室，女有家，仍官其子。自秦汉以来，叛逆之条，蔓及宗室，横枉无辜。皇考弘旷荡之恩，遂除二千年诛戮惨酷之弊，慎兹祥刑，复于三代。兴行教化，申之以告诫。御制训饬士子文，刊于学宫。圣谕十六条，颁于州县。训词深厚，丁宁周至。士习民风，于焉丕变。崇敬先师，表章前贤。东巡狩，至于兖州，亲诣阙里，致祭孔子，拜跪之仪，有加于往代。广贤裔博士之封，宋儒周邵二程张朱，皆称子而不名，升朱子祀于堂，寿考作人。开乡会试者，各二十有二科。髦俊蔚兴，相继辈出。增江浙入学名数，广直省乡试解额。文思光被，苗猺之秀。隶籍黉宫，岛上君长。遣子弟就业辟雍，穷山越海，靡然向风。右文稽古，命儒臣纂修周易折中，图象卦爻之缊，亲加论定。又修书诗春秋传说汇纂，性理精义。朱子大全，经籍之道，焕然大明。又亲授词臣，考订律历，历得合天，律谐真度。诚万世不易之法，按北极之高，测地理南北东西差，得皇舆全图。其他所编辑，卷帙繁富，充于内府。听政之暇，喜操翰墨。文成典诰，诗为雅颂。书迹神运天矩，为百代楷模。阘五钧之弓，射大镞之矢。发则必中，中必洞贯。文事武备，并臻其极。所谓天纵之圣，又多能也。致敬前代，礼逾常典。自夏商以迄元明帝王，膺历服者，咸入庙而享祀焉。前后南巡，亲祭明孝陵者三，又欲封其后裔，俾承世祀。予小子祗奉遗言，锡之侯爵。公卿大臣，戎行将帅，多服官至四五十年。皇考眷待耆旧，恩礼优渥，凡朝会燕享，庞眉皓首，济济盈庭，三代而下，诚为盛典。皇考自幼龄奉孝庄文皇后慈训，凡饮食起居，视听言动，皆有矩度。盛德自然，周旋中礼。端扆莅政，天颜肃穆。虽宫庭闲谯，一言一笑，不以假人，太和元气，充于四体。冬不垆而自温，夏不扇而手足未尝濡汗。正衣冠，尊瞻视，终日俨乎若思，逮于耄龄，圣敬日跻，敦尚俭素，衣不辞浣濯，食不取珍异。宫掖人数至少，光禄寺一岁所费，较之前代，仅十之一。服御器用，历久不易，未尝以故敝弃遗。

巡幸所至，不烦民间一物。宫室舟舫，纯用朴斫，无丹青之饰，秉德谦冲。自平定三逆，肃清朔漠，凯旋告功，及五旬六旬万寿节，五十六十年宝历，国家大庆，诸王公文武臣僚大学生徒京兆耆老，屡请恭上尊号，云集阙下，备陈丹悬，皇考频下谕之让而弗居于戏。惟我皇考躬备圣德，久道化成，风教翔洽，锡福烝人。胥跻于仁寿，乃至鸟兽草木咸若，守成之业，恢于创造。拓开疆宇。广袤各数万里。在昔未宾之国重译踵至，戴天履地，含生负气之伦。莫不尊亲，自有生民。盖莫盛于斯日者，然且兢兢业业，缉熙单心。敬上天之明威，察下民之视听。焦劳万务，未尝以天位为乐，忧勤惕厉，以迄于终身。是所以接尧舜禹汤文武孔子之心传，优入圣域，而仁覆天下也。康熙六十一年十一月甲午，崩，圣寿六十有九，雍正元年九月丁丑，葬景陵。谨拜手稽首而作颂曰，维我皇清，上天眷命，二仪凝祉，三朝笃庆。皇考绍烈，建中表正。亶聪亶明，乃神乃圣。翼翼昭事，仰格高穹。化将道赞，祭以诚通。虔承九庙，孺慕两宫，大孝备矣。至德光融，爰在冲年。夙成睿智，致泰之基。征乎言志，日就月将。古训是嗜，理数兼该。穷源抽秘，万机在御。八表君临，克勤于政。无逸为箴，求衣忘食。日昃宵深，虑周禹迹。事廑尧心，广听并观。树旌建鼓，无情不达。有善必取，四门攸辟。百司式叙，文采珪璋。武罗貔虎。苞有三蘖。怙势悖恩，默运神机。载奠乾坤，旆麾烽息。弩指鲸奔，提封式廓。截海为藩，元裔速辜。不修厥职，禁旅一临。凶渠伏殛，罗刹扰边。边师讨贼，拔城纵俘。感恩怀德，维彼枭雄。构难比邻，比邻内附。稽首称臣，敢抗明诏，怙恶不悛。天子三征，扫荡边尘。蠢兹遗孽，构氛西徼。自恃荒遐，狂跳纵暴。堂堂天兵，何幽不到。底定三危，恩同再造。瑶池之水，昆仑之冈，穷域绝漠，越海逾洋，书传所记，咸我昄章。敷天率土，无不来王。睠念河淮，频乘四载，既安二渎，亦通百派。一授成功。万世永赖。胥乐同忧。仁膏遍沛。周诗时迈。虞典岁巡。省方询俗。辇路生春，蠲租赐复，岁有恩纶，惠心溥渥，益道平均。旸雨偶愆，恩泽已布。朔漠朝鲜，同沾膏露。象魏既悬。鸡竿屡树，贯索其空。桁杨可厝，德惟善政。道在遗经，纡御东鲁。亲奠两楹，礼明乐备。桧柏增荣，光华复旦。天下文明，覃心四府。研精儒术，典籍大兴。英髦踵出，爰在玑衡。协时正日，玉振金声。审音调律，海涵地负。大哉王言，鸾骞凤翥，焕乎宸翰，文经武纬。异用同源，道高能博，艺备德尊。历代帝王，祀典弥厚，备列几筵。光延笾豆。修敬前朝，亲临钟阜。三恪垂封，烝尝有后。功勋耆旧，恩礼优容。庞眉皓首，济济雍雍。㧑谦克让，川受谷冲，穆穆其敬，安安其恭。六幕启宇，八垓肇域，维我皇考，忧劳靡极，三灵集祜，五纪膺历。维我皇考，克勤不息，贻我臣庶，食德难忘。贻我子孙，卜世无疆，昌瑞之山，峰峙川长，功德穹碑，天日同光。

（卷 55）

雍正五年四月戊子（一日，1727.5.22）

议政王、大臣等议奏，吐鲁番回目白斤白克奏请照前每年差人请安进贡，应不准行。得旨，所议甚是，但止令员外郎升柱遣其归去，而不言其故，所见甚小。办理天下事务，莫贵于诚。理应以诚实晓谕之曰，前策妄阿喇布坦无故来侵哈密，又骚扰西藏。圣祖皇考将沿边官兵两路分发，尔吐鲁番，当进兵大路，若不先取尔吐鲁番，断乎不可。故取吐鲁番，留兵防守，以保护尔等。后策妄阿喇布坦悔过输诚，遣使根顿、博洛胡尔哈特来请罪。朕仰体圣祖皇考之心，即将大兵撤回。撤兵之后，策妄阿喇布坦或以尔等归顺天朝，寻隙生事，将尔等骚扰，亦未可定。朕轸念尔等，曾降谕旨，有情愿随大兵同来者，听故拖克拖麻穆忒移来内地，安居乐业，尔等想已闻知。今尔等奏请仍照前差人来京，凡外番部落人等，请安进贡，从无禁止之例。所以不令尔等来京者，诚恐策妄阿喇布坦，骚扰尔等耳。尔等如云策妄阿喇布坦即便发兵，亦不畏惧，可以保吐鲁番万无一失，朕亦不禁止尔等。但恐将来策妄阿喇布坦骚扰尔吐鲁番之时，尔等虽欲奏报，内地相隔甚远，大兵一时不及救援也。著行文与升柱等，晓谕吐鲁番之回目知之。

（卷 56）

雍正五年七月癸酉（十九日，1727.9.4）

西藏噶隆扎萨克台吉颇罗鼐等奏报，康济鼐与准噶尔拘兵，所办诸事，洵有裨益。乃阿尔布巴、隆布奈、扎尔鼐等，会同前藏头目，于六月十八日，将康济鼐杀害。臣即收聚后藏军兵，防守驻扎。阿尔布巴等复发兵来侵，被臣杀伤无算。今臣带领兵众剿捕阿尔布巴等，伏祈皇上速遣官兵进藏，剿灭逆魁，以安西藏。奏入。报闻。

（卷 59）

雍正五年八月甲申（一日，1727.9.15）

议叙土司随师进剿青海等处功。杂谷宣抚使同知板第儿吉，加宣抚使衔。瓦寺安抚使桑朗温恺，加宣抚使同知衔。庄浪指挥佥事鲁华龄、三寨指挥佥事丹坝、扎什、双岸、朗柯四员，俱加指挥同知衔。包坐千户桑柱等，俱加指挥佥事衔。及各土目、土兵等赏赉有差。

（卷 60）

雍正五年八月乙酉（二日，1727.9.16）

议政王、大臣等议覆、川陕总督岳钟琪疏言，西宁北川口外大通川、白塔川及野马川之测尔兔地方，城垣营房，渐次告竣，其应设官兵，应预为酌派。臣查肃州镇属永固城等营，凉州镇属永昌等营，向因逼邻边境，设马六步四或马步各半。今大通镇营扼险拒要，肃州口外又设安西重镇，表壮声威，则永固等营皆属内地。应将肃州、凉州二镇所属永固、永昌等十八营，马兵量裁九百六十名，连宁夏镇标后营近已裁去马兵六百名，共裁马兵一千五百六十名。大通镇有控制援剿之责，应照马步各半之例，设马兵一千名，步兵一千名。测尔兎游击，逼近边境，路通青海，应设马兵三百二十名，步兵四百八十名。白塔川参将，与西宁北川营相去止五十里，距大通镇不过一百余里，声气响应，应设马兵二百四十名，步兵五百六十名。均应如所请。得旨，西大通等处，初设兵丁，甚属紧要，其应添设参将、游击、守备、千总等官，著岳钟琪于陕西武官内应题补者题补，应调补者具题调补。

（卷 60）

雍正五年八月己亥（十六日，1727.10.1）

裁陕西洮阳驿、武威驿、永昌驿、古浪驿、南大通驿、西宁驿、嘉顺驿、巴古驿、王鋐大坝驿驿丞九员。添设宽沟驿、三眼井驿、营盘水驿驿丞三员。从护理甘肃巡抚钟保请也。

（卷 60）

雍正五年八月壬子（二十九日，1727.10.13）

以故青海扎萨克辅国公诺尔布彭苏克养子达锡班珠尔袭爵。

（卷 60）

雍正五年九月己未（六日，1727.10.20）

谕议政王、大臣等，康济鼐属下厄鲁特等，原系青海之人，曾降旨与达赖喇嘛，令将此等人，交副都统马喇、内阁学士僧格，移于青海地方居住。尔等行文与岳钟琪，将四川布政司库银动用一万两，酌派官兵送往西藏。交与马喇、僧格备办口粮，赏移居之厄鲁特等。

（卷 61）

雍正五年九月庚申（七日，1727.10.21）

谕议政王、大臣等，前因达鼐报称康济鼐被擒之信，恐策妄阿喇布坦有窥伺西藏之意。是以降旨令陕西各路及四川、云南各派兵马预备，以候调遣。今康济鼐被害情由，系西藏噶隆等彼此不睦，自相残害之小事，不须用兵，著将各路兵马停止，不必预备。

理藩院奏称，青海贝子噶尔丹代青诺尔布病故，无人承袭，伊妻请以侄贝子达锡策零兼袭伊夫世职。查贝子无兼袭两职之例，应无庸议。得旨，噶尔丹代青诺尔布，于青海罗卜藏丹津之事，著有功绩，因议叙封为贝子。今既病故，伊兄弟两家，止有贝子达锡策零一人，著从优加恩，并两贝子职晋封为贝勒，世袭罔替。

（卷 61）

雍正五年十月己亥（十七日，1727.11.29）

谕议政王、大臣等，阿尔布巴差兵至阿里，欲害颇罗鼐，被颇罗鼐将伊所发之兵尽行截杀，已领兵往招征剿阿尔布巴。此举若能事成，于西藏有益。但今现有钦差马喇、僧格在藏，恐伊等或为阿尔布巴所惑，从中讲和，或被阿尔布巴等诓诱，以至颇罗鼐受害，则大有关系。著岳钟琪于川陕标下官员内选择熟习番情，通晓番语，可以差遣往藏者，速令其前往，将一应情节，密述与马喇、僧格，俾伊等心中明白，则诸事无阻。此谕著学士班第送去，其详悉之处，班第口传。

（卷 62）

雍正五年十一月癸丑（一日，1727.12.13）

谕议政王、大臣等，现今西藏颇罗鼐带兵报康济鼐之仇，与阿尔布巴战斗相持，应特派大臣领兵料理，曾经缮写谕旨颁给达赖喇嘛。其来年大臣前往，应带领兵丁，目今预备，俟青草发萌时前去。此所派兵丁，著议政王、大臣等议奏。从前派兵时，除官赏置办预备恩赐银两外，其稍有不足者多指伊等俸饷支借。今次所派官兵应停其借给，著从优赏赉。其料理藏内军机事务，著左都御史查郎阿、副都统迈禄前去，选派西安满洲兵四百名随往。四川绿旗兵丁，著散秩大臣品级銮仪使周瑛带领。陕西绿旗兵丁，著西宁总兵官周开捷带领。云南绿旗兵丁，交与鄂尔泰，酌量选派总兵官一员、副将一员，著留一员在乂木多驻扎，一员领兵进藏。周瑛赏银四千两，周开捷并所派云南之总兵每人各赏银三千两，副将各赏银一千两，参将各赏银五百两。至赏给游击以下等官，尔等酌议具奏。寻议，大臣进藏料理，不可不带兵前往。所带西安满洲兵四百名，应派协领一员、佐领二员、防御二员、骁骑校四员管辖进藏。再派陕西绿旗兵八千名、四川绿旗兵四千名、云南绿旗兵三千名，每兵丁二千名，派副将一员，一千名或派参将游击一员管辖。守备、千、把等官，令该督、抚、提、镇等配合派出。其银两，各遵旨从优赏赉。游击四百两，守备三百两，千总二百两，把总一百六十两，马兵二十两，步兵十六两，俱预为备办，俟明年青草发萌时起程。令左都御史查郎阿于明年正月内自京由西安、西宁同周开捷出口进藏。应带部院衙门贤能司官四员、笔帖式四员、理藩院领催二名，各赏给俸禄钱粮，置办前往。从之。

（卷 63）

雍正五年十一月庚午（十八日，1727.12.30）

理藩院遵旨议覆，泽卜尊丹巴胡土克图请加封泽卜尊丹巴喇嘛，遣官赍捧敕印，送至喀尔喀库伦地方。得旨，泽卜尊丹巴胡土克图与班禅额尔得尼、达赖喇嘛等之后身出处甚确，应封于库伦地方，以掌释教。朕为普天维持宣扬教化之宗主，而释教又无分于内外东西，随处皆可以阐扬。昔达赖喇嘛与班禅额尔得尼在西域时，其居住青海之厄鲁特顾实汗等，实与之邻近，相与护持，故其教盛行于西藏。自此各部落俱为檀越，踵而行之有年矣。盖宣扬释教，得有名大喇嘛出世即可宣扬，岂仅在西域一方耶。泽卜尊丹巴胡土克图，其钟灵原有根源，乃与达赖喇嘛、班禅额尔得尼相等之大喇嘛也。故众喀尔喀俱尊敬供奉之。且伊所居库伦地方，弟子甚众。著动用帑银十万两，修建大刹封伊后身，俾令住持，齐集众喇嘛，亦如西域讲习经典，宣扬释教。再多伦脑儿地方，乃众喀尔喀归顺时，我皇考巡狩于此，众喀尔喀齐来朝觐会盟之地也。应造寺宇以表彰之，俾去世之张家胡土克图居住。张家胡土克图者，西域有名之大喇嘛也。唐古特人众，敬悦诚服，在达赖喇嘛、班禅额尔得尼之上。各处蒙古，亦皆尊敬供奉。今其后身，禀性灵异，确实可据。著将多伦脑儿地方寺宇，亦动帑银十万两，修理宽广，使张家胡土克图之后身，住持于此，齐集喇嘛，亦如西域讲习经典，以宣扬释教。蒙古汗、王、贝勒、贝子、公、台吉等，既同为檀越。朕如此推广教法，建造寺宇，一如西域，令喇嘛居住讲习经典，于伊等蒙古之诵经行善，亦甚便易。盖礼佛行善，无分远近，宣扬释教之处愈多，则佛法可以日广。即泽卜尊丹巴胡土克图、张家胡土克图皆前世达赖喇嘛之弟子，伊等岂肯忘其宗派耶。

（卷 63）

雍正五年十一月戊寅（二十六日，1728.1.7）

议叙镇海堡截击罗卜藏丹津并守护城池各员弁功，分别加衔纪录。阵亡兵丁，照例恤赏有差。

（卷 63）

雍正五年十二月甲申（三日，1728.1.13）

遣官祭甘肃河源之神。

（卷 64）

雍正五年十二月丁亥（六日，1728.1.16）

诸王大臣等审奏延信罪状二十款。查延信向与阿其那、阿灵阿、拉锡、普奇等结为党羽，与二阿哥为敌。党援之罪一。奉旨询问年羹尧之处，并不据实揭报，为之徇隐具奏。党援之罪二。在西宁时，阳为不附和允禵，掩人耳目，而阴与允禵交结。党援之罪三。及复令其进藏时，钻营年羹尧，代伊解释保奏。党援之罪四。延信原系阿其那、阿灵阿、苏努等同党。奉旨交问，伊身为将军贝勒，明知其事，反将无干之汉人路振扬举出。党援之罪五。遵奉阿其那，倾心效顺，称阿其那朴实，称阿灵阿为人杰，将伊女与阿尔松阿结亲。党援之罪六。捏造逆言，告知年羹尧，希脱党谋。党援之罪七。当御前昂然伸足，大不敬之罪一。皇上谕旨训责，坐听不行跪聆。大不敬之罪二。时届万寿圣节，不俟庆祝，蓦自起程回任。大不敬之罪三。在西安时，不遵谕旨，将地方要务并未奏闻一事。大不敬之罪四。假捏病状，扶杖行走。及令伊署大将军印务，弃杖前往。欺妄之罪一。谕旨训练士卒，不行钦遵，反怀怨望，将士卒混行痛责。扰乱国政之罪一。奉旨询问，应否进藏之处，并不实心筹划，但云路有烟瘴，希图惑众。扰乱国政之罪二。在将军任内，不亲加训练，祇图晏逸。负恩之罪一。妄行保题官兵一百九十余人，市恩邀结人心之罪一。在甘州时，值青海用兵，乱行调动远处兵丁，几致可危，失误兵机之罪一。身为将军，闻贼寇临边，并不发兵，迨新城子失陷之后，始行发兵，失误军机之罪二。将拏到逆贼阿扯布坦温布属下蒙古七人，并不究审，竟行释放，失误军机之罪三。进藏时，将国帑十万两入己。贪婪之罪一。以上各罪案，延信俱自认不讳，请按律斩决，以彰国法。妻子发往右卫，财产入官。所属佐领下人等，交该旗办理。得旨，延信从宽免死，著与隆科多在一处监禁。伊子不必革去宗室，凡闲散宗室，原有在王府佐领兼辖之例，伊等著入显亲王府佐领管辖驱使。至伊属下佐领人等，原从显亲王家下分出，仍着赏与显亲王，家产不必入官。伊有种种贪赃亏缺银两，著将伊家产交与旗下大臣等，查明还项。

（卷 64）

雍正五年十二月甲午（十三日，1728.1.23）

准噶尔台吉噶尔丹策零遣使臣特磊来朝。颁敕谕一道，令使臣赍回。谕曰，据奏知尔父病故，不胜惋惜。尔父在时，将一切事务，未得裁处妥协。台吉知尔父负朕之恩为非，遣使远来，朕甚嘉之。方今西藏地方噶隆阿尔布巴等与颇罗鼐等，彼此结仇，举兵相拒，朕正在踌躇。尔奏称欲在西域煎茶设供，广行释教以安众生，似属非分。准噶尔乃西北隅一小部落耳，释教之广行与否，岂关尔之煎茶设供耶。朕即位元年，尔父奏称宽宥伊罪，言词恭顺，朕以为出于至诚，故欲清理疆界。乃命使二次，尔父反生嫌疑，不能遵奉朕旨。再罗卜藏丹津，乃青海和硕特扎什巴图尔之子，伊骨肉中无故弄兵，互相残害，朕差大臣前往，命各息兵。而罗卜藏丹津，乃敢悖我皇考圣祖养育之恩，负朕之德，侵犯内境，被守边轻兵击败，远行逃窜。尔父应即为擒献，始见和好之谊，乃于本地隐匿窝留，是何意耶。由此观之，从前所奏，无一诚实之处可知矣。前者罗卜藏丹津，乃一愚戾不忠不孝之人。尔父年高历练，力能将伊酌量裁处，可以生之，亦可以制之，必不被伊愚弄，是以不曾勒追。今尔年少，与彼相等，以罗卜藏丹津之志气高傲，不顾恩义，断不肯屈于尔下。守分安居，必将离间尔等，于尔大有不便。尔务须将罗卜藏丹津送来，朕念伊父扎什巴图尔从前劳绩，断不将伊诛戮，仍施恩豢养。尔其只遵朕命，尔台吉应将利害轻重尽心筹画，自立主见。特兹敕谕。

（卷 64）

雍正五年十二月辛亥（三十日，1728.2.9）

赐朝正外藩科尔沁、敖汉、阿霸垓、乌朱穆秦、喀喇沁、巴林、翁牛特、喀尔喀、奈曼、土默特、蒿齐忒、鄂尔多斯、四子部落、厄鲁特、青海厄鲁特、苏尼特、辉特、阿霸哈纳、吴喇忒、郭尔罗斯、毛明安、扎鲁特、阿禄科尔沁、杜尔伯特，王、贝勒、贝子、公、额驸、台吉、塔布囊等及内大臣、大学士、侍卫等宴。

（卷 64）

雍正六年　戊申　1728年

雍正六年正月丁巳（六日，1728.2.15）

封青海厄鲁特扎萨克台吉罗卜藏察罕为辅国公。

（卷65）

雍正六年正月乙丑（十四日，1728.2.23）

以上元节赐外藩科尔沁、敖汉、阿霸垓、乌朱穆秦、喀喇沁、巴林、翁牛特、苏尼特、郭尔罗斯、喀尔喀、奈曼、土默特、阿霸哈纳、厄鲁特、青海厄鲁特、图尔古特、辉特、吴喇忒、扎鲁特、和托辉特，王、贝勒、贝子、公、额驸、台吉、塔布囊等及内大臣、大学士、侍卫等宴。

（卷65）

雍正六年七月辛酉（十二日，1728.8.17）

川陕总督岳钟琪奏报，据西藏驻扎之参将颜清如呈称，五月二十五日，颇罗鼐率所部兵由潘玉口至喀巴地方，先遣兵一千余名冲战喀木卡伦，与隆布奈之兵相敌。是夜，西藏斥堠兵丁俱随从颇罗鼐。二十六日，颇罗鼐率兵直抵西藏，驻藏大臣马腊、僧格即往布达拉地方，守护达赖喇嘛，颇罗鼐一面安抚西藏，一面派兵将布达拉地方围困。二十七日，马腊、僧格回至西藏。二十八日，各庙喇嘛将阿尔布巴、隆布奈、扎尔鼐等擒献，颇罗鼐将伊等拘禁。遂来见马腊、僧格告称，今率阿里及后藏兵共九千余名前来西藏，既获仇人，即欲回后藏。防守隘口兵丁等，乞奏闻皇上加恩赏赐等语。臣查颇罗鼐于大兵未到之前，奋勉报仇，擒获渠魁，此皆圣主恩威远布之所致。但渠魁虽已就擒，阿尔布巴之子衮布现在江达率兵驻扎，臣行令銮仪使周瑛严加防范，俟大兵到藏，协力攻剿。至颇罗鼐之兵九千余名，请加赏赐，以示鼓励。得旨，颇罗鼐兵丁殊为效力，著查郎阿等将预备军需钱粮内，动支三万两，给与颇罗鼐，令其酌量赏兵。

（卷71）

雍正六年七月乙丑（十六日，1728.8.21）

诸王大臣等疏奏，西藏阿尔布巴等杀害驻扎西藏之贝子康济鼐，罪难宽宥。今颇罗鼐仰仗天威，率兵直抵藏地，将渠魁阿尔布巴、隆布奈、扎尔鼐三人悉行擒获，西藏平定，合词奏贺。得旨，阿尔布巴等背理妄行，藐视国法，朕为绥靖边陲之计，特命大臣领兵前往，察究情由，就近申讨。今据奏报颇罗鼐率所部兵马先抵藏地，其各寺喇嘛将首恶之阿尔布巴等三人献出拘禁。渠魁既已就擒，藏地可以宁谧，在大兵不发一矢，在西藏未伤一人，此等大事而成功之易若此，是皆仰赖上帝之垂慈，皇考之默佑，实非朕凉德之所及也。因诸王大臣等陈奏，将此宣谕知之。

（卷 71）

雍正六年九月丁丑（三十日，1728.11.1）

差往西藏吏部尚书查郎阿等奏，臣等遵旨统领大兵，自五月初六日由西宁出口，于八月初一日至西藏，即会同在藏驻扎之副都统马喇、学士僧格将阿尔布巴、隆布奈、扎尔鼐等审讯。据阿尔布巴等供称，谋杀康济鼐是实。查阿尔布巴等身受国恩，不思报效，乃心存叛逆，大干法纪，应分别情罪，将阿尔布巴、隆布奈，俱拟凌迟，其阿尔布巴之子噶尔丹盆楚克，衮楚克拉贾布、鄂达尔汉噶尔藏吹达尔，隆布奈之子席木本吹扎特俱拟斩。将扎尔鼐拟斩，其妻及子喇克桑、扎木巴并二逆之妻女及同胞兄弟俱离本处发遣。并将协助阿尔布巴等之喇嘛人众亦分别治罪。番人素性凶恶，阿尔布巴等须令番众目睹正法，以示惩戒。臣等一面奏闻，一面将阿尔布巴等及事内应斩人犯，即行正法。其应行发遣之人，由撤回兵丁内酌量派出，解送至江宁、杭州、荆州将军处，赏给兵丁为奴。奏入，报闻。

（卷 73）

雍正六年十一月己巳（二十三日，1728.12.23）

办理藏务吏部尚书查郎阿等遵旨覆奏，查陕省进藏兵丁共八千名，此内除留于木鲁乌苏之东蒿沁察罕哈达兵二千名，坐站兵一千八十名，现至藏兵四千九百二十名，四川进藏兵共四千名，此内除留于黎乌齐兵二千名，坐站兵五百名，现至藏兵一千五百名，云南进藏兵三千名，于罗隆宗留兵二千名，乂木多留兵一千名。臣等谨遵谕旨，拣选陕西兵一千名，四川兵一千名，交与驻扎西藏之大臣迈禄、周瑛、副将马纪师，并酌量派出陕西、四川游击、守备、千把等官，令其驻扎，以备差遣。达赖喇嘛于二十三日自藏起程。所撤兵丁，分作五队，第一队，副将惠延祖带领宁夏兵一千五十名，第二队，臣查郎阿、马喇带领西安满洲兵四百名，固原兵五百名，四川兵一百名，副将周起凤将达赖喇嘛在臣队内防护，令副将杨大力带领四川兵四百名前行，第三队，参将王有循带领督标兵四百九十名，凉州兵二百三十名，第四队守备戴义雄、潘世喜带领固原兵七百五十名，第五队，总兵官周开捷带领西宁兵八百名殿后，以次起程。其云南总兵官南天祥，原率领兵一千名驻扎乂木多，今西藏事方平定，且将达赖喇嘛移往里塘，请将乂木多兵丁于藏兵未撤之先，暂令驻扎，以便应援。奏入，报闻。

（卷 75）

雍正六年十二月丁亥（十一日，1729.1.10）

议政王、大臣等遵旨议覆，办理西藏事务吏部尚书查郎阿等奏称，颇罗鼐原在后藏，与唐古特相居日久，众皆信服，应遵旨令颇罗鼐总管后藏事务。自后藏至冈底斯阿里等处俱令其管理。其前藏事务，访问素为土伯特信服之人二名，授为噶隆。据颇罗鼐保选二人，一名色朱特色布腾，一名策凌旺扎尔，俱系大员之子，素为人所敬重。臣等见二人诚实明白，即令管理前藏，授为噶隆，但招地初定，新放二噶隆，办理恐不能妥协，颇罗鼐办理噶隆事务，为人心服。查前藏、后藏相离不远，事可兼办。臣等暂令颇罗鼐统管前藏、后藏，俟达赖喇嘛迁移完毕，招地撤兵，再令颇罗鼐专管后藏。均应如所请，从之。

（卷 76）

雍正六年十二月辛卯（十五日，1729.1.14）

谕兵部，达赖喇嘛来居里塘，已派副都统鼐格前往迎接，驻扎照看。鼐格缺，著派都统巴尔米忒前往。

（卷 76）

青海厄鲁特扎萨克辅国公册凌故，遣官致祭。

（卷 76）

雍正六年十二月壬辰（十六日，1729.1.15）

谕兵部，达赖喇嘛自藏起程，明年二月初可至里塘，此地原有喇嘛寺院，可以居住。著四川重庆总兵官任国荣带领进藏兵丁二千名，前赴里塘暂住防护。弁兵等天寒路远，效力勤劳，应加赏赉，以示轸念。达赖喇嘛初至里塘，其应支供给预为办理。重庆总兵印务，著岳钟琪委员署理。

（卷 76）

雍正六年十二月丁酉（二十一日，1729.1.20）

谕内阁，从前西藏用兵之时，颇罗鼐甚为效力，蒙圣祖仁皇帝授为扎萨克台吉，上年西藏噶隆等因嫉妒争权，彼此不睦，阿尔布巴、隆布奈、扎尔鼐，暗结匪类，公然肆恶，将朝廷敕封贝子、总理事务之康济鼐擅行杀害，并欲害及颇罗鼐。颇罗鼐受其逼迫，领兵为康济鼐复仇，将逆党罪状奏闻，是以朕特遣大臣等领兵前往，究问情由，以便分别治罪。颇罗鼐闻大兵将至，率众奋勇前驱，直抵藏地，阿尔布巴等力屈势穷，被各寺喇嘛等拘执献出。钦差大臣到彼，一一究问，尽得其悖逆妄乱之情，已将阿尔布巴等及逆党正法西藏。歼此渠魁，黄教可兴，番众可辑。颇罗鼐深知大义，讨逆锄奸，俾无辜受害者得雪沉冤，背旨肆行者早正刑辟，甚属可嘉。著封为贝子，以奖义勇，以昭国宪。

（卷 76）

雍正六年十二月乙巳（二十九日，1729.1.28）

赐朝正外藩科尔沁、翁牛特、四子部落、鄂尔多斯、扎鲁特、喀尔喀、阿霸垓、阿霸哈纳、敖汉、毛明安、克西克腾、巴林、蒿齐忒、杜尔伯特、吴喇忒、阿禄科尔沁、喀喇沁、土默特、厄鲁特、青海厄鲁特、苏尼特、辉特、图尔古特、乌朱穆秦、哈密，王、贝勒、贝子、公、额驸、台吉、塔布囊等及内大臣、大学士、侍卫等宴。

（卷 76）

雍正七年　己酉　1729 年

雍正七年正月己未（十四日，1929.2.11）

以上元节，赐外藩科尔沁、翁牛特、四子部落、鄂尔多斯、扎鲁特、喀尔喀、阿霸垓、阿霸哈纳、敖汉、毛明安、克西克腾、蒿齐忒、吴喇忒、阿禄科尔沁、喀喇沁、土默特、厄鲁特、巴林、图尔古特、青海、厄鲁特、苏尼特、辉特、乌朱穆秦、杜尔伯特、哈密，王、贝勒、贝子、公、额驸、台吉、塔布囊等及内大臣、大学士、侍卫等宴。

（卷 77）

雍正七年二月癸巳（十八日，1729.3.17）

谕诸王、内阁、九卿、八旗大臣等，准噶尔一部落，原系元朝之臣仆，其始祖曰额森，额森之子托浑，渐至大员，因扰乱元之宗族，离间蒙古，恐获重罪，遂背负元朝之恩，逃匿于西北边远之处。元末又煽诱匪类，结成党与，遂自称准噶尔，肆行劫掳。迨至我朝，有噶尔丹、策妄阿喇布坦二人，世济其恶，扰害生灵，灭弃释教，造孽多端，不可枚举。当我朝定鼎之初，各处蒙古倾心归顺，共输诚悃，请安纳贡，求为属国，安享太平乐利之福。八十余年，惟准噶尔一部落，遁居西北五千里之外，扰乱离间众蒙古，肆行劫夺。噶尔丹身为喇嘛，不守清规，不遵佛教，破戒还俗，娶青海鄂齐儿图车臣汗之女为妻，后又潜往青海，贼害伊之妻父鄂齐儿图车臣汗，掳其属下人众。续因喀尔喀七旗内，彼此稍有嫌隙，奏恳圣祖仁皇帝，为之和解，因遣大臣同达赖喇嘛使者前往。噶尔丹遣人暗探消息，遂以喀尔喀等卑视达赖喇嘛，使人为辞。遣伊族内微末台吉多尔济查布，将喀尔喀汗、台吉等肆行陵辱，喀尔喀汗等怒彼狂悖无礼，会众将彼杀害。噶尔丹遂称杀害伊弟多尔济查布，与喀尔喀构隙，掩其不备，发兵猝击。喀尔喀众溃，纷纷来投。圣祖仁皇帝深为轸念，施恩育养，遣使往噶尔丹处，谕以兵为凶器，令其与喀尔喀和好，多方开导。讵噶尔丹冥顽不灵，借追袭喀尔喀之名，入犯边汛。彼时即行剿灭，复有何难。我圣祖仁皇帝好生为德，遣使责问。噶尔丹惶愧恐惧，设誓撤兵。乃并不归伊住牧之所，仍潜居克尔伦、图拉地方，暗行窥伺，蒙古不获安居。我圣祖仁皇帝复遣使降旨，谕以应回原住牧地方。噶尔丹佯称遵奉谕旨，仍乘隙潜掠沿边蒙古之畜牧。皇考遂上告天地，亲统大兵，声罪致讨。噶尔丹辄敢逆天与我西路大兵接战，伊军大败，妻子被擒，噶尔丹窘迫自杀。彼时大兵即应直捣巢穴，收其部落。我圣祖仁皇帝，恐天下后世有穷兵黩武之议，因而中止。策妄阿喇布坦者，噶尔丹之侄也。与伊叔噶尔丹不相和睦，带领七人，潜逃至吐鲁番地方居住。圣祖仁皇帝以策妄阿喇布坦向与伊叔不睦，惧其诛害，遁迹逃生，加以恩泽。伊当感戴归诚，且圣心仁慈，不忍遣兵，将噶尔丹余剩部落悉行剿灭，恩加格外，遣使赏给策妄阿喇布坦。彼时策妄阿喇布坦力弱势微，甚为恭顺。其后离间伊之妻父图尔古特之阿玉气汗与其子三济扎布，诱三济扎布携带万余户，至伊住牧之处，因而强占入己。从此遂不安分，肆意妄行，窥伺青海，扰害生灵，率领贼兵前进，被哈密驻防轻兵击败遁回。策妄阿喇布坦又假黄教为名，潜兵入藏，无故害伊妻弟拉藏汗，毁坏寺庙，杀害喇嘛，抢掠供器，是以特遣大臣前往询问。乃伊憝不畏死，阻兵抗命，使臣率师甚少，兵力单弱，伊得以愈肆猖狂。圣祖仁皇帝仍赐包容，谕令边外两路大兵缓进，屡次遣使，示以圣意。谓策妄阿喇布坦果能悔过，恳恩具奏。其时另降谕旨，若仍怙恶不悛，然后将此部落人众悉行剿灭，此我圣祖仁皇帝之本意也。朕绍登大宝，策妄阿喇布坦虽遣使求和，朕知非伊本怀。谕伊来使云，尔归告知尔台吉，朕缵承我皇考大统，尔台吉若欲受我皇考天恩，须尽改前非，遵朕谕旨，定界安居。若欲犯我皇考天威，任尔备兵前来，定当加以天讨。如此降旨，分晰利害，遣使前去，又恐策妄阿喇布坦心怀疑贰，将两路大兵尽行撤回。乃伊因此愈生骄傲，于定界一事，妄欲侵占界地。朕又向伊来使降旨云，尔告知策妄阿喇布坦定界一事，实于伊身有益。如遵奉谕旨，即遣使具奏。若不遵谕旨，亦必遣使前来，乃伊并不回奏。此际策妄阿喇布坦身故，伊之长子噶尔丹策零遣使前来，奏闻伊父身故之事，称伊父已经成佛。又称欲使众生乐业，黄教振兴等语。噶尔丹策零不过边远部落一微末台吉耳，使众生乐业，黄教振兴岂伊应出之语耶。

伊果欲求和，应代伊父谢罪恳恩，送回青海叛逆潜逃之罗卜藏丹津，以赎前愆。乃并不输诚向化，敢以如许妄诞之词。见之陈奏，此特欲仿效伊父之故辙耳。闻噶尔丹策零甚属凶暴，且西藏阿尔布巴、隆布奈、扎尔鼐等济恶同谋，将实心为国效力之贝子康济鼐杀害。此等叛逆罪状，皆因准噶尔与伊处相近，而逃去之罗卜藏丹津，原系伊等姻戚，彼此相依，是以敢于悖逆。迨其窘迫仓猝之时，则必投奔准噶尔，亦属显然。因颇罗鼐奋勇直前，截其去路，阿尔布巴等未得前进，即被擒获。准噶尔性好抢掠，若留在众蒙古游牧地方，将来必受其害。今朕已将来使遣回，若伊诸事俱遵旨陈奏，临时朕另行裁夺降旨。傥仍前推诿，矜张肆恣，负朕屡次遣使开导指示之仁恩，抗玩不恭，将来噶尔丹策零断非安分守法之人，必至生事妄为。况西北两三路大兵尽已撤回，此际伊等如或生事，则我朝如许安享太平之喀尔喀等及办理安插妥贴之青海、西藏，必至被其扰害，甚属可虑。且此事乃圣祖皇考注意未完之事，仰赖上天眷佑，圣祖皇考福泽，国帑充裕，官员弁兵同心奋勇，愿为国家效力，实系可以举行之会。若迟疑不决，定贻后悔。夫用兵者，国家不得已之事也。穷兵黩武为圣帝明王之所深戒，而以大加小，以强陵弱，又仁人君子之所耻而不为者。况准噶尔弹丸之地，又在极北之区，得其土不足以耕耘，得其民不足以驱使，即使灭此朝食，亦不足以夸耀武功，此皆朕所熟思而详审者也。但留此余孽，不行剪除，实为众蒙古之巨害，且恐为国家之隐忧。今天时人事，机缘辐辏，时不可迟，机不可缓，天与不取，古训昭然。且我圣祖皇考为此筹划多年，未竟其事，兹当可为之时，朕不敢推诿，亦不忍推诿，此朕一人之见也。用兵大事，所关甚重，不可轻率，著诸王、议政大臣、九卿、八旗大臣各抒己见，公同详确密议具奏。寻议，准噶尔部，自噶尔丹逞凶悖逆，策妄阿喇布坦复肆骄悍，俱已伏冥诛。今噶尔丹策零凶顽踵恶，若留此余孽，则喀尔喀、青海、西藏等处，必被其扰乱。伏乞皇上命将兴师，大彰天讨，以除蒙古人民之害。得旨，诸王、满汉文武大臣等众议佥同，一切应行事宜，著即办理。

（卷 78）

雍正七年四月甲申（十日，1729.5.7）

降厄鲁特扎萨克多罗郡王阿宝为多罗贝勒，以其擅自移住游牧地方故也。

（卷 80）

雍正七年四月庚寅（十六日，1729.5.13）

命仓场侍郎刘于义、山西按察使葛森清查西宁军需钱粮。

（卷 80）

雍正七年四月戊戌（二十四日，1729.5.21）

青海厄鲁特扎萨克辅国公达锡班珠尔故，遣官致祭。

（卷 80）

雍正七年四月壬寅（二十八日，1729.5.25）

上以征讨准噶尔噶尔丹策零，躬诣太庙告祭。其文曰，恭惟我列祖圣德神功，涵盖宇宙，莫不尊亲。独厄鲁特策妄阿喇布坦，世济凶顽。自其叔噶尔丹悖肆猖狂，我皇考圣祖仁皇帝亲率大军，翦除元恶。以策妄阿喇布坦素未同逆，遗余部落，听其收抚，恩泽至渥。乃不思衔感。渐恣鸱张，残破拉藏，荼毒生灵。皇考应时戡定，犹未忍即加剿戮，宣谕再三，冀其知悔。臣绍位以来，复申谕旨。伊虽遣使乞和，乃敢容留逋叛，挟诈怙恶，旋服冥诛。其子噶尔丹策零虽亦遣使诣阙，而心志诡谲，言词诞妄。揆其奸状，若不迅行扑灭，将来必为蒙古之巨害，贻中国之隐忧。臣夙夜思维，兹乃我皇考计虑多年，经营未竟之绪。继先志以行师，事非得已，顺天心而致讨，机不容迟。廷议佥谐，戎行齐奋，是用简帅臣而授钺，占良日而祃牙，仰凭列祖功德崇隆，声灵赫濯，旌旗所向，立靖氛尘，铙鼓还归，早闻凯奏，永绥藩圉，万邦戴丕，冒之天惠，保边黎九服，遵荡平之路。谨告。

（卷 80）

雍正七年四月癸卯（二十九日，1729.5.26）

上御太和殿，命大学士，以宁远大将军印，并敕书一道，令正使兵部尚书查弼纳、副使内大臣公伦布，赍赴西安。授川陕总督公岳钟琪、理藩院侍郎顾鲁兼内阁学士衔，随印前往。敕谕宁远大将军岳钟琪，奉天伐罪。治世之常经，锄暴除凶，安边之远略，况丑逆阴谋诡谲，斯王章显用征诛，机不容迟，法无可贷。厄鲁特策妄阿喇布坦乃噶尔丹之逆族也。昔我圣祖仁皇帝时，噶尔丹干犯天讨，立时殄灭，本应直捣巢穴，俾无孑遗。蒙圣祖仁皇帝如天之仁，念策妄阿喇布坦向与伊叔龃龉，情罪可原，特沛鸿恩，赏其部落，抚绥周至，再予生全。是时伊力弱势微，小心恭顺。其后乃诱夺伊妻父之部曲万余户，辄敢骄肆妄行，竟欲直驱青海，扰其人众；又诡计发兵进藏，荼毒生灵。我圣祖仁皇帝虽发兵致讨，仍赐包容，遣使宣谕再三，冀其改悔。而伊怙恶不悛，冥顽如故。及朕绍承大宝，伊虽遣使求和，而中怀诈伪，以背恩大逆之罗卜藏丹津负罪潜逃，伊辄敢容留，抗违国法。中外之人，莫不忿恨。朕本欲于数年间，命将兴师，向伊询问。不意策妄阿喇布坦遂服冥诛，其子噶尔丹策零继立，狡狯狂诞，同于其父，昨遣人陈奏之际，言词傲慢，心志奸邪。似此逆贼渠魁，父子济恶。若不及时翦灭，实为众蒙古之巨害，且恐将来贻国家之隐忧，用是特发两路大兵，声罪致讨。爰命尔为宁远大将军，统领陕西等处大兵，一切事宜，尔与提督纪成斌酌定方略，公同讨议而行。勿谓己能而不纳众论，勿当事会而致失机宜，勿恃兵强而轻视贼寇，密侦远探，备极周详。各路大兵及蒙古兵丁，听尔调遣。凡遇有警，即遣发官兵，应援扑剿。有能擒斩噶尔丹策零来归者，即行驰奏，加恩优赏。有情急来归者，加意抚恤。其不抗拒官兵者，勿加杀戮。兵将所过地方，须申严纪律。毋得骚扰百姓，毋得淫人妇女，毋得离散人之父子夫妇，毋得损坏人之坟墓室庐，毋行强取货物，毋得驱役平民，以副朕戡乱靖逆，安民绥众之意。其或有临战退缩，贻误、扰乱军机者，尔会同商议，文官四品以下，武官三品以下，即以军法示众。官兵有犯小过者，会同商议，径行处治。毋泯没戎行之劳绩，毋宽纵违法之弁兵，法纪务极严明，赏罚悉期公当。一切机宜，尔商酌调遣。有应知会北路靖边大将军者，即行知会，一同办理，将噶尔丹策零速行歼剿，永靖边陲。斯称委任，尔等务宜殚心用力，早奏肤功。钦哉。

（卷 80）

雍正七年五月乙巳（一日，1729.5.28）

谕出征大将军、副将军、参赞大臣、官弁兵丁等，准噶尔狡狯凶顽，父子济恶，为边境蒙古之隐患。朕仰承皇考圣祖仁皇帝先志，特发两路大兵，声罪致讨。当四海升平之时，国用充裕，朕细加筹划，计议再三。凡命将遣官，派兵运饷以及车马、甲胄、兵器、耕具之属，无不经理周详，备办丰足，弘纲细目，具有规条。而派出之官弁兵丁等，踊跃欢忻，争先恐后，其急公勇往之意，甚为可嘉。此盖弁兵等素怀忠君报国之心，而又受皇考六十余年教养之泽，感恩慕义，出于悃忱，故奋发之气若斯之壮也。然军气当壮，而军心则不可骄。孔子论行军之道曰，必也，临事而惧，好谋而成，而以暴虎冯河为戒。书经曰，今予其恭行天之罚。可知古昔圣人于军旅之事，倍加敬谨，从未有以士饱马腾，兵甲坚利而遂生骄矜之意，忘严惕之怀也。从来举大事者，固在人事之经营，而成大功者，必赖天心之眷佑。若果仰邀上天慈恩，默垂保护，则天地间非常之业，不世之勋，皆计日可以成就。而感格上天之道，惟有一诚一和。圣人曰，至诚感神。又曰，和气致祥。古训昭垂，千载不易。今此两路大兵前往，若自大将军以下，兵丁以上，皆存一片诚敬之心，一团和合之气，视国家之事如己事，联千万人之心为一心，以此感格上苍，蒙天心许一是字，如此而大功不唾手告成者，无是理也。大将军总统全师，为三军司命，当开诚布公，虚怀受益，能谋于众，能断于心。勿以私意而泯人之劳，勿以偏见而掩人之善，信赏必罚，惠爱严明。副将军、参赞大臣等，和衷协赞，合志同心，共展谋猷，以成韬略。其一应文武官弁等，各有攸司，均关重计。只奉将军之令，善导所辖之人，务殚公心，以襄伟绩。至于兵丁等，应思祖孙父子世受国恩，今当执戈荷戟之时，正效力酬恩之会。况朕以至公训谕大小臣工、将军等，秉公心以驭士卒，有功必录，有过必惩，正宜乘时黾勉，以图上进。古人以共为一事，比于同舟，言其休戚相通，忧乐与共也。朕谓今日之事，自将军以下，兵丁以上，不但有同舟之谊，实乃一体之亲。朕为元首，以股肱耳目视尔等。尔等众人，彼此联属之情，当如手足臂指之痛痒相关，肫诚固结。不可藏嫉妒之念，不可怀推诿之心，且不但不当存退缩规避之私衷，亦并不应存轻进贪功之浅见。盖一人立功，其功小，众人立功，其功大。果能以诚心和气感格上天，锡福垂恩，肤功克奏，则凡行军预事之人，皆有光荣。膺爵赏于朝廷，垂令名于奕世，岂不美欤。朕自运筹军务以来，及师旅起程以后，朕之一心，时刻在于戎阵之间，尔等宜共体此心也。

（卷 81）

雍正七年五月丙午（二日，1729.5.29）

以故厄鲁特扎萨克多罗郡王车零旺布弟色卜腾旺布袭爵。

（卷 81）

雍正七年五月壬戌（十八日，1729.6.14）

谕内阁，自本朝开国，及平定三藩，廓清朔漠以来，褒忠录功之典，最为优渥。凡文武官弁兵丁之效力行间，著有劳绩，及临戎致命，遇敌受伤者，皆赤心报国之人，朝廷沛泽加恩，惟恐不速。乃近年以来，部臣办事，迟缓因循，往往因一二事之驳查，遂将众人恤赏之典，俱致淹滞。即如陕、甘、川省，从前攻剿南川、北川、青海、桌子山等处之文武官弁兵丁，已经查核明晰，应行恤赏议叙。祇因青海等处功加册结内，有原任巡抚王景灏、同知张梅革职离任，所造册结无印可钤，部议驳查，以致南川等案恤赏之处，一并稽延。经朕访察而后知之。夫官弁例应议叙者，不得早沾国恩，固为不可，而阵亡受伤人等，迟至数载之后尚未邀帑金之赐，尤可悯恻。著该部速行恤赏议叙。嗣后凡有出兵加恩之案，其中若有应行驳查者，止将应查之人扣除，俟查明补给，不得因一二人之行查，而稽迟众人应得之恩典。将此永著为例。又如从前进藏出征之官弁兵丁，若有预借银两，而本身阵亡，或在军中受伤病故者，除照例恤赏外，其所预借银两，概免追还。

（卷 81）

雍正七年六月丁丑（四日，1729.6.29）

理藩院奏，达赖喇嘛之父索诺木达尔扎，奉表进贡方物。得旨，索诺木达尔扎乃达赖喇嘛之父，指教达赖喇嘛学习经典，保护达赖喇嘛，勤劳多年，西藏之事毫不干预，甚属可嘉。著封为辅国公。

（卷 82）

雍正七年六月辛巳（八日，1729.7.3）

谕兵部，湖广九溪协副将包进忠著补授西宁总兵官。周瑛现今领兵驻藏，著将周瑛撤回，命包进忠前往西藏，代周瑛管理。马喇仍著往藏，其藏内事务著马喇、僧格总理迈禄、包进忠协理。

（卷 82）

雍正七年六月癸未（十日，1729.7.5）

宁远大将军三等公岳钟琪疏言，噶尔丹策零三世弗庭，百夷被虐，众叛亲离，天怒人怨，蒙圣祖至德洪慈，再三宽宥，更蒙皇上深仁厚泽，屡欲矜全，而终无悔悟。犹复凭其骜舛，肆其猖狂，不道之语，见于表笺。若不大彰天讨，则冠履之定分不明，番夷之祸难不息。臣叠蒙指授庙谟，至周极备，约举王师之十胜，决逆夷之必败，一曰主德，二曰天时，三曰地利，四曰人和，五曰糗粮之广备，六曰将士之精良，七曰车骑营阵之尽善，八曰火器兵械之锐利，九曰连环迭战攻守之咸宜，十曰士马远征，节制整暇，又加以期日之宽舒，机宜之详密，凡此全胜之宏略，咸出圣心。臣得效奔走之微劳，便成殊绩。臣知指日荡平，献俘奏凯，以报国恩。得旨，准噶尔世济凶顽，心怀叵测，将来必为蒙古之巨患，贻国家之隐忧，是用发兵声罪致讨，上承先志，下靖边陲，师出有名，事非得已。两路军机，朕筹算者久矣。其军需一应事宜，交与怡亲王、大学士张廷玉、蒋廷锡，密为办理。其西路办理事宜，则专于总督岳钟琪是任。王、大臣等小心慎密，是以经理二年有余，而各省不知有出师运饷之事。今览岳钟琪折奏，备陈十胜之情形，军务所关重大，朕不敢预言其必然，惟有倍加敬谨，仰恳上天皇考鉴照不得已之情，垂慈默佑，早奏肤功而已。

（卷 82）

命赏总理西藏事务副都统马喇，银二千两，协理西藏事务，西宁总兵官包进忠，银一千两，以办行装盘费。

（卷 82）

雍正七年六月乙未（二十二日，1729.7.17）

敕谕靖边大将军傅尔丹，奉天伐罪，治世之常经，锄暴除凶，安边之远略。况丑逆阴谋诡谲，斯王章显用征诛。机不容迟，法无可贷。厄鲁特策妄阿喇布坦乃噶尔丹之逆族也。昔我圣祖仁皇帝时，噶尔丹干犯天讨，立时殄灭，本应直捣巢穴，俾无孑遗。蒙圣祖仁皇帝如天之仁，念策妄阿喇布坦向与伊叔龃龉，情罪可原，特沛鸿恩，赏其部落，抚绥周至，再予生全。是时伊力弱势微，小心恭顺。其后乃诱夺伊妻父之部曲万余户，辄敢骄肆妄行，竟欲直驱青海，扰其人众。又诡计发兵进藏，荼毒生灵。我圣祖仁皇帝虽发兵致讨，仍赐包容，遣使宣谕再三，冀其改悔。而伊怙恶不悛，冥顽如故。及朕绍登大宝，伊虽遣使求和，而中怀诈伪，以背恩大逆之罗卜藏丹津负罪潜逃，伊辄敢容留，抗违国法。中外之人，莫不忿恨。朕本欲于数年间，命将兴师，向伊询问。不意策妄阿喇布坦遂伏冥诛，其子噶尔丹策零继立，狡狯狂诞，同于其父，昨遣人陈奏之际，言辞傲慢，心志奸邪。似此逆贼渠魁，父子济恶。若不及时翦灭，实为众蒙古之巨害，且恐将来贻国家之隐忧，用是特发两路大兵，声罪致讨。爰命尔为靖边大将军，统领满洲蒙古绿旗大兵，一切事宜，尔与副将军公巴赛、都统侯陈泰、都统石礼哈、散秩大臣公达福、前锋统领衮泰、副都统戴豪觉罗海兰等，酌定方略，公同计议而行。勿谓己能而不纳众论，勿当事会而致失机宜，勿恃兵强而轻视贼寇，密侦远探，备极周详。各路大兵及蒙古兵丁，听尔调遣。凡遇有警，即遣官兵，应援扑剿。有能擒斩噶尔丹策零来归者，即行驰奏，加恩优赏。有情急来归者，加意抚恤。其不抗拒官兵者，毋加杀戮。兵将所过地方，须申严纪律。毋得骚扰百姓，毋得淫人妇女，毋得离散人之父子夫妇，毋得损坏人之坟墓室庐，毋得强取货物，毋得驱役平民，以副朕戡乱靖逆、安民绥众之意。其或有临战退缩，贻误、扰乱军机者，尔会同商议，文官四品以下、武官三品以下，即以军法示众。官兵有犯小过者，会同商议，径行处治。毋泯没戎行之劳绩，毋宽纵违法之弁兵，法纪务极严明，赏罚悉期公当。一切机宜，尔商酌调遣。有应知会西路宁远大将军者，即行知会，一同办理，将噶尔丹策零速行歼剿，永靖边陲。斯称委任，尔等务宜殚心用力，早奏肤功。钦哉。故敕。

（卷 82）

雍正七年六月辛丑（二十八日，1729.7.23）

议政王、大臣等议覆，川陕总督岳钟琪奏称，噶达建造庙宇，移驻达赖喇嘛，守护之兵，殊关紧要。查化林协额兵现有一千名，请以三百名留驻化林坪，另设都司一员，带领千总一员，把总二员，以资弹压。以二百名移驻打箭炉，令化林守备带领把总一员分防。以五百名移驻噶达，令化林副将带领把总二员，再添设中军都司一员、千总一员，前往防护。至噶达之外，雅笼江上中下三渡俱属要隘。请设千总二员，各带兵一百名，分守上下二渡。设守备一员带兵二百名，防守中渡。又噶达之西吹音堡，亦系雅笼江渡口，设千总一员，带兵一百名分防。化林所属原有黎雅、峨边二营，今既移驻噶达，将黎雅营就近改归建昌镇管辖，峨边营就近改归永宁协统辖。嗣后凡有藏内人来噶达者，令西藏噶隆给发图书路引，以便稽查。均应如所请。从之。

（卷 82）

雍正七年六月壬寅（二十九日，1729.7.24）

添设陕西河州协游击一员，千总一员，把总二员，兵八百名，驻扎萨拉地方，把总一员，兵八十名，与原设之守备，同驻保安堡地方，俱属西宁镇统辖，从川陕总督岳钟琪请也。

（卷 82）

雍正七年九月乙亥（四日，1729.10.25）

议叙陕西平定青海功，在事官员兵丁等，升赏赠恤有差。

（卷 86）

雍正七年九月戊寅（七日，1729.10.28）

命将甘肃西宁、大同历年军需各案应赔倒毙驼只银两，全行豁免。

（卷 86）

雍正七年九月己丑（十八日，1729.11.8）

谕内阁，年来用兵西藏，剿抚苗蛮，一切办理军需，皆动支公帑。而粮饷转输，不无资于民力。朕心深为轸念。是以降旨，将甘肃、四川、云、贵、广西五省，庚戌年地丁钱粮，全行豁免。查甘属之河西四府，如宁夏、西宁及甘凉肃，以至嘉峪关外之靖逆、赤金、柳沟等卫所，历来额征，俱系粮料草束，与各省额征折色无异。今当用兵之际，虽丝毫不派及民间，而黎民踊跃急公之意，大将军岳钟琪屡次奏闻，甚属可嘉。著将额征本色，加恩豁免，以示惠爱边民之至意。

（卷86）

雍正七年十月甲寅（十三日，1729.12.3）

宁远大将军岳钟琪摺奏，噶尔丹策零使臣特磊，于十月初五日前至陶赖大坂斥堠，臣随派理藩院员外黑色前往，于初六日将来使特磊等十一人带至巴尔库尔军营。据特磊云，原解送罗卜藏丹津前来，行至伊尔布尔和邵地方，遇逃回蒙古三人，称总督今带兵二万，从哈密一路前来，是以请示噶尔丹策零，将罗卜藏丹津仍回伊里，轻骑减从，赍摺前来等语。臣以特磊之言实难凭信，拨参将刘廷琰等将特磊伴送至肃州，加谨防范。得旨，著刘廷琰伴送特磊赴京。

（卷87）

雍正七年十一月甲戌（四日，1729.12.23）

议政王、大臣等遵旨议覆，噶斯地方为准噶尔通青海、西藏之要口，理应拨兵驻守。其办理军需已奉旨派张廷栋、葛森、鼐满岱、傅宁等。今酌定军营事宜，恭候钦定。一派拨官兵。京城八旗挑选兵二百名，派前锋参领、护军参领、前锋侍卫、副护军参领、护军校等共二十四员管领。归化城挑选兵三百名，派参领、佐领、护军校、骁骑校等共十员管领。科尔沁等四十三旗挑选兵一千名，派台吉、都统、副都统、参领、佐领、骁骑校等管领。青海等三十旗挑选兵一千五百名，派台吉、官员等管领。其分别支给跟役口粮、马匹、器械、赏赉、粮饷等项，悉照北路大兵之例。一官兵起程日期。京城八旗兵明年正月起程，归化城兵三月起程，科尔沁、青海等旗兵酌量明年青草发生时沿途游牧前往。一柴旦木至嘉峪关中间应设台站，以便递送文书。一噶斯地方狭小，可驻兵百名，余俱在柴旦木驻牧。柴旦木之西为得布特里，应驻兵六百名。又西为察罕乌苏，应驻兵四百名，二处皆有水草牧放，更觉声援联络矣。从之。

（卷 88）

雍正七年十一月乙亥（五日，1730.12.24）

升山西按察使葛森为陕西甘肃布政使司布政使，办理噶斯军需。甘肃布政使孔毓璞仍留原任。升巡察山西兵科给事中宋筠为山西按察使司按察使。

（卷 88）

雍正七年十一月乙未（二十五日，1730.1.13）

以故青海厄鲁特扎萨克辅国公册凌子色卜腾达什袭爵。

（卷 88）

雍正七年十二月癸卯（三日，1730.1.21）

署川陕总督查郎阿疏言，肃州附近嘉峪关，一应军需兵马，俱由嘉峪关出口，必先顿歇肃州。遂致本地米豆、草束昂贵，肃镇标兵，额食粮饷，本色少而折价多，不敷籴买之用，请酌量暂为加增，后不为例。得旨，朕前因宁远大将军岳钟琪之请，特念哈密为军需往来之地，将驻防兵丁，增给口粮盐菜。今肃州为大军出口要道，办理军务之员，咸集其地，食指繁多未免物价昂贵。著将肃镇兵丁折支米豆，每石于折中一两之外，增给银五钱，每草一束，增给银一分。自雍正七年秋季起至大兵凯旋之日，俱照增加价值，每季按名给发，毋得扣克侵渔。统入该年奏销册内，报部查核，以示朕轸念边兵至意。

（卷 89）

雍正七年十二月戊申（八日，1730.1.26）

又谕，康熙五十九年，陕省解送驼马进藏，文武官五十员，每员借支肃州公库银五百两，为行装、路费之资，本系应给之项。因当时该督、抚未经题报，不敢作正项开销，是以各员回陕之时，仍于各名下著追补项，至今尚有未完银一万六千八百两。朕念伊等效力戎行，远涉藏地，虽非冲锋破敌者比，而间关行役，亦属可悯，著将未完银两概行豁免。其已完者，悉给还本员，或交伊之的属。如该员有别项亏欠应追者，即准其抵补，以示优恤劳役之至意。

（卷 89）

雍正七年十二月己未（十九日，1730.2.6）

议叙陕西进剿桌子山、棋子山、青海等处，在事有功文职官员，原任凉庄道今升山西布政使蒋洞等，各加级纪录有差，病故之西宁道赵世锡等，各准与一子入监读书。

（卷 89）

雍正八年　庚戌　1730 年

雍正八年正月甲申（十五日，1730.3.3）

上元节，赐外藩科尔沁、敖汉、蒿齐忒、扎鲁特、土默特、喀尔喀、翁牛特、鄂尔多斯、阿霸垓、吴喇忒、乌朱穆秦、苏尼特、克西克腾、喀喇沁、巴林、四子部落、厄鲁特、青海厄鲁特、图尔古特、奈曼、扎赖特、毛明安、阿禄科尔沁、阿霸哈纳、杜尔伯特、郭尔罗斯，王、贝勒、贝子、公、额驸、台吉、塔布囊等及内大臣、大学士、侍卫等宴。

（卷 90）

雍正八年三月甲戌（六日，1730.4.22）

命西藏办事内阁学士僧格统兵一千五百名，至腾格里脑儿驻防。

（卷 92）

雍正八年四月丁未（九日，1730.5.25）

谕内阁，古称黄河之神，上通云汉，光启图书。礼曰，三王之祭川也，皆先河而后海。惟神泽润万国，福庇兆民，自古及今，功用昭著。我朝自定鼎以来，仰荷神庥，尤为彰显。或结为冰桥，以济师旅，或淤成沃壤，以惠黎元，或涌出沙洲，作天然之保障，或长就堤岸，屹永固之金汤，他如济运通漕，安澜顺轨，有祷必应，无感不通。至于澄清六省之遥，阅历七旬之久，稽诸史册，更属罕闻，神之相佑我国家者至矣。朕敬礼之心至为诚切，因念江南、河南等处皆有庙宇，虔恭展祀，而河源相近之处，向来未建专祠，以崇报享，典礼亟宜举行。查河源发于昆仑，地隔遥远，人稀境僻。其流入内地之始，则在秦省之西宁地方。朕意于此地特建庙宇，专祀河源之神，敬奉烝尝，以答神贶。其如何加封神号及度地建庙，一应典礼，著九卿悉心详议具奏。寻议，史册所载，汉祀河于临晋，宋令澶州置河渎庙，进号显圣灵源公，明以河渎发源昆仑，泽被中土，特行致祭。本朝顺治三年，封黄河神为显佑通济金龙四大王之神。康熙三十九年加封为显佑通济昭灵效顺金龙四大王之神。查黄河发源西番枯尔坤山，经河州之长宁驿，流入中国。应令该督委员于河州口外，择地建庙，设立神像，春秋致祭。其加封神号内阁撰拟。从之。

（卷 93）

雍正八年五月丁丑（十日，1730.6.24）

谕大学士等，准噶尔噶尔丹策零，藏匿负罪潜逃之罗卜藏丹津，抗违国法，因特发两路大兵声罪致讨，期于今年进发，直捣伊里。今噶尔丹策零遣使特磊奉表陈奏，谓已将罗卜藏丹津解送天朝，因闻进兵之信，暂行中止。若天朝俯念愚昧，赦其已往，即将罗卜藏丹津解送等语。朕欲将特磊遣回，并差大员至准噶尔，谕以受封定界，敦族睦邻，速将逃匿送出。伊若一一听命，朕当宽宥其罪。其进兵之期，暂缓一年。俟特磊起身之后，著宁远大将军岳钟琪、靖边大将军傅尔丹、参赞大臣陈泰、苏图来京。其靖边大将军印务著副将军巴赛护理，并令署振武将军顺承郡王锡保就近协理。所有应行事宜，著马尔赛、张廷玉、蒋廷锡等详议具奏。寻议，靖边大将军傅尔丹来京，大约在九十月间。应令于起身之前，行文知会宁远大将军岳钟琪，先后到京，以便会同商酌。得旨，两路大将军于九十月间起身来京，则到京之期，已在冬底，未免太远，著两路大将军在九月十五日前后到京。现今差侍郎杭奕禄、众佛保，同特磊往谕准噶尔。岳钟琪俟特磊回过军营之后，即将起程日期知会傅尔丹，酌定起程。靖边大将军印务已命副将军巴赛等护理。宁远大将军印务应令何人护理，著岳钟琪奏闻。其陈泰所统官兵，著查克丹署理。苏图所统官兵，著舒楞额署理。再著副都统图克善、黑色，前往军前，交与傅尔丹，酌量派管军营事务。

（卷 94）

雍正八年五月癸巳（二十六日，1730.7.10）

调署广东巡抚傅泰来京。升贵州布政使鄂弥达为广东巡抚。调云南布政使张允随为贵州布政使司布政使。甘肃布政使葛森为云南布政使司布政使。擢吏部员外郎诺穆图为陕西、甘肃布政使司布政使，前往噶斯办理军需。以陕西西安驿传道赵挺元署甘肃布政使司布政使。

（卷 94）

命湖广提督冯允中以提督衔，管理陕西西大通、西宁两处总兵官印务。

（卷 94）

雍正八年五月乙未（二十八日，1730.7.12）

谕理藩院，前往岳钟琪处额驸阿宝，带领该旗兵五百名，目今行至何处，著行文阿宝，即于彼处驻扎候旨。绰本带领鄂尔多斯兵五百名，亦著行文绰本，就近拣水草佳处驻扎候旨。此一千兵，著行文询问大将军岳钟琪，或今年调往巴尔库尔，或俟明年进兵之前调往，二者孰为有益，并兵丁钱粮足与不足，俱著大将军岳钟琪定议具奏。再派往噶斯之京城兵，归化城兵共五百名，此时将及到彼，著格默尔带领在噶斯驻扎，富宁亦著前往噶斯，与格默尔一并管理。达鼐著来西宁，仍与鼐满岱办理事务，所有扎萨克蒙古等兵，著交与达鼐管理，或在锡喇他拉地方，或在从前额驸阿宝奏请驻扎之乌兰穆伦等处，相视形势驻扎。俟明年文到之日，前往噶斯，其青海之一千五百兵相近噶斯，今年只在各游牧处预备，亦俟明年文到之日，前往噶斯。达鼐既到噶斯管理之后，富宁著回西宁办理事务。

（卷 94）

雍正八年六月癸卯（六日，1730.7.20）

青海厄鲁特扎萨克郡王色卜腾扎尔故，遣官致祭。

（卷 95）

雍正八年六月己未（二十二日，1730.8.5）

谕户部，甘肃地方，雍正八年地丁钱粮，前已降旨蠲免。其河西四府、州、县，暨各卫、所，额征粮料草束，又经一体免征。朕念新归内地番民，向风慕义，愿附版图。其地亩额征本色粮草，与河西等处赋税相同，亦应一体蠲除，俾令同沾恩泽。著将雍正八年河东之河州厅、洮州卫、归德所、河西之西宁、凉州府属应征番粮，共一万二千有奇，俱加恩蠲免。该督、抚即督率所属有司，敬谨奉行，俾番民均沾实惠。

（卷 95）

雍正八年七月壬申（五日，1730.8.18）

大学士等议覆，宁远大将军岳钟琪遵旨议奏，派出牧马之鄂尔多斯、青海蒙古兵一千名，请于今年调赴军营。应如所请。从之。

（卷 96）

雍正八年七月戊寅（十一日，1730.8.24）

议政王、大臣等议奏，学士僧格、贝子颇罗鼐所领巡防兵，应令于降雪后撤回。俟明岁进兵时，仍往腾格里脑儿驻扎。得旨，今年大兵既停进发，著行文与僧格等，令伊等酌量于未降雪之前撤回。明年著僧格仍旧带往。其绿旗官兵，照今年赏给之例赏给。再发银一万两，著颇罗鼐明年酌量赏给唐古特等之兵。

（卷 96）

雍正八年八月壬寅（六日，1730.9.17）

予故进剿桌子山、青海等处阵亡游击姬登第、署守备张先志、王伏金，祭葬如例。千总施进禄、傅瑾，把总贺奉金、陈昌、王谷弼、杨之连等，各祭一次。

（卷 97）

雍正八年八月己酉（十四日，1730.9.24）

甘肃巡抚许容疏报，本年六月十五日，遵旨于河州口外营建河神庙宇，即有祥云捧日，五色成文。至七月初五日，自积石关至撒喇城查汉达斯等处百余里，忽见黄河澄清澈底，凡历三昼夜，官民喜跃称庆，以为从来未有之上瑞。得旨，朕从来不言祥瑞，年来各省奏报，庆云醴泉凤凰芝草之属悉皆屏却，惟务君臣士庶，修德行义，以承天眷，屡颁谕旨详矣。今年春，降旨于河州口外地方，恭建庙宇，以答河神福国佑民之赐。而彼地河流，即昭上瑞，显著休徵，益见天人感应之理，捷如影响，若求之不以其道，或以己事，或出私心，则不但不能感通。且上干明神之怒，惟以公心为昭事之本，必蒙上天垂鉴而默佑之，其益加勉勖，夙夜敬谨，以受天恩。

（卷 97）

雍正八年十一月乙酉（二十日，1730.12.29）

以故青海扎萨克辅国公达锡班珠尔伯祖子策凌袭爵。

（卷 100）

雍正八年十二月乙卯（二十一日，1731.1.28）

护理宁远大将军印务纪成斌奏报，准噶尔贼人乘我西路军营不备，倾其丑类二万余众，犯阔舍图卡伦，盗赶驼马。总兵官樊廷率副将冶大雄等，领兵二千，转战七昼夜，救出两处卡伦官兵，会合总兵官张元佐等，击杀贼兵不计其数，将马驼牲畜悉行夺回。得旨，所奏逆夷盗赶驼马情形，大学士等可传谕靖边大将军傅尔丹、参赞陈泰、那苏图，令其行文副将军巴赛等，驻牧和博克萨里之逆夷，或遣贼众，至北路卡伦偷盗驼马，亦未可定。宜小心防范，不可疏忽，亦不得闻信矜张，务宜镇静严密，万全无弊。傅尔丹等亦速驰赴军营，斟酌妥办。

（卷 101）

雍正八年十二月戊午（二十四日，1731.1.31）

谕大学士等，固原、甘、凉等处兵丁，有调拨派遣之用。沿边地方所关紧要。著大将军岳钟琪、署总督查郎阿，作速行令各该提、镇，于固原、凉州、甘州、宁夏、西宁等处人民内，挑选汉仗勇健、弓马娴习者，招募充补兵额。其冲要之处，于原额之外各添设数百名以备调遣。

（卷101）

又谕，噶斯地方，现有满洲及归化城兵丁五百名，格默尔等带领防守。其从前派出之青海兵丁一千五百名，亦著前往。令格默尔等分派驻扎于额尔贡木、柴旦木等处，其扎萨克之官兵著移驻额驸阿宝驻牧相近之处，听阿宝管辖。如有准噶尔信息，力能进剿，著阿宝带领前进。傥力稍不足，即著进边，协同绿旗官兵防守。

（卷 101）

雍正八年十二月辛酉（二十七日，1731.2.3）

谕大学士等，据查郎阿奏报，肃州存营马兵只三百名，守兵只四百名，协防之兵，更不可少。已飞咨都统鄂善于凉州驻防满洲兵内派兵五百名，遴委协理一员，统领星赴肃州驻扎。再甘、凉提镇二标马步兵丁，除原派出兵，并见调应援外，存营兵丁亦有汛防之责。如或另有调遣，不便再于二标派拨等语。查郎阿于凉州驻防满洲兵丁仅拨五百名者，想因未见朕另拨西安驻防满洲兵丁一千名之旨，所以不敢全拨。应仍遵前旨，令哈尔吉、鄂善作速带领兵丁前往肃州。其凉州绿旗兵丁，俟王绪级到后方行带往。此时谅未起程，今或仍可将凉州前派之兵，令王绪级带领往肃。或于查郎阿调甘待拨之宁夏兵丁内，令王绪级带领一千名往肃。著大将军岳钟琪、署督查郎阿，酌商妥办。至查郎阿所奏摘拨马匹，陕甘各处营马，虽有一万八千余匹，可供摘拨。然营马亦属紧要，著将上驷院之马一千七百匹，解送至西安，交与巡抚武格，分发喂养。其摘拨四省营马与采买之马，著岳钟琪、查郎阿，先酌定应交与何处收牧，即速行文知会各省。文到之日，再行解送至所指之处交收。再查郎阿奏请西宁粮米拨运肃州一条，西宁地方，实关紧要，存贮米粟，不可轻动。可令查郎阿知之。将尔等所议马匹粮运一折、查郎阿三折，俱录寄大将军岳钟琪，令其斟酌而行。将此传谕大将军岳钟琪、总督查郎阿知之。

（卷 101）

雍正八年十二月壬戌（二十八日，1731.2.4）

谕大学士等，准噶尔乘我不意，倾其贼众盗赶马驼，狡狯凶恶，罪无可赦。但西路所存驼马不无疲乏，是从前所议直捣伊里之计，尚非万全之道。朕意欲于西路巴尔库尔、北路之卡伦外，各筑一城以重兵驻扎。时出游兵以掩击其众擒掳其人畜。贼兵必撤其游牧之所，远行藏退。我当更进数百里，择地筑城，开垦屯种，以资军食，驼马牛羊，无事牧放，有事则尽收入城，贼众既无所获。我军一出，可以袭取其辎重，且贼必不敢逾我军驻扎之城而东矣。著岳钟琪详悉定议。北路傅尔丹处，亦详细密商之。

（卷 101）

雍正八年十二月甲子（三十日，1731.2.6）

北路大将军傅尔丹等遵旨议奏，臣等阅看纪成斌奏折，准噶尔贼人，或分兵来犯阿济、毕济卡伦，震动喀尔喀公通摩克、辉特公巴济之游牧，亦未可定。臣行文副将军巴赛等，商酌挑选精兵二千名，令前锋统领丁寿管辖，带领副都统马尔齐、拉锡等，会同库布可尔地方驻扎之察哈尔喀尔喀兵丁一千三百名，前往伊可斯脑儿地方附近处驻扎，以防护阿济、毕济卡伦等处。并令王格勒克颜木聘尔、公通摩克、达锡达尔扎等，领兵一千名，前往丁寿处，协同驻扎。再令副都统阿三、公达福领兵二千名，在库布可尔地方驻扎，以为应援。奏入。报闻。

（卷 101）

雍正九年　辛亥　1731年

雍正九年正月戊辰（四日，1731.2.10）

以湖广提督兼理陕西西宁、西大通总兵官事冯允中专管西宁总兵官印务。正红旗汉军副都统管承泽，署陕西西大通总兵官。

（卷102）

雍正九年正月庚午（六日，1731.2.12）

命工部左侍郎马尔泰协办西安军务，正红旗满洲都统德成协办青海噶斯军务。

副都统达鼐折奏，噶斯卡伦，见被贼围，臣将关防交与鼐满岱。并调取西宁绿旗兵三百名防范番子。臣亲率兵出边，往援柴旦木地方。若贼人败遁，即领兵追袭。得旨，达鼐领兵前往应援格默尔等亦是。但奏称追袭甚属孟浪，巴尔库尔之兵原为捣贼人巢穴而设。噶斯之兵，乃为驻防而设。若来犯噶斯之贼，兵无多，势均力敌，则即行剿杀。傥以劲力扰动青海，则噶斯隘口，属无用之地。即撤兵退至近边形胜之处，会集青海之兵，驻扎防守。傥贼势颇重，即领兵退入边内。尔从前曾将西宁之兵调拨五百名，今又为番人调兵三百，如果番人有事，尔之三百兵丁何能济乎。兵力宜聚而不宜分，频频分调，是何计策。防守边圉，较防守青海尤为急务。目今只宜坚守，切不可急遽躁妄。

（卷102）

雍正九年正月癸酉（九日，1731.2.15）

谕大学士等，甘、凉二镇，皆系沿边重地，必须兵力富足，方可内为保障。外供调拨，著提督宋可进于凉州召募兵丁二千名，甘州召募三千名。如甘州本地不能足三千之数，可于宁夏召募补足。又西宁一镇为青海门户，所关綦重。亦著召募二千名。此召募七千兵丁，俱照例马六步四，支给钱粮。

宁远大将军岳钟琪遵旨议奏，准噶尔逆贼犯界，所有添拨官兵事宜，臣详加筹划。派出固原提标兵二千名，委令庆阳协副将于义统领。陕西督标兵八百名、抚标兵二百名，檄调山西蒲州协副将沈力学统领。俱令随臣出口，至安西、沙州，地处极边，其镇协标营兵丁派调三千名，前赴巴尔库尔。则二处城守单弱，除督臣已调拨甘提标兵一千名外，臣又派甘州兵一千名，分拨安西、沙州驻扎。但甘州地方紧要留汛之兵不敷守御。而西宁为青海门户，亦宜防范。臣会同西安将军秦布派出西安八旗兵丁三千名，令副都统苏穆尔济统领一千名前往西宁驻扎。再派一千名，随后赴甘州驻扎。其余一千名，接续起程，暂驻凉州，以候调遣。但西安领兵大员除苏穆尔济，见今派往西宁外，只余副都统二员留办公务，不便更行派委。伏乞钦点谙练军机大臣二员，从京城驰赴西安，以便统领兵丁，分赴甘、凉。得旨，朕前调拨凉州驻防赴肃之后，即著于西安满洲兵丁内挑选一千名，交与副都统僧保、张正文带领前往甘州驻扎。又念西宁为青海门户，特命副都御史二格驰赴西安，带领绿旗兵一千名、满洲兵一百名，前赴西宁驻防。今岳钟琪将满洲兵一千名拨往西宁，殊可不必。著仍遵前旨，并传谕武格、马尔泰，俟二格到日，即于西安绿旗兵内，或督抚两标，或城守之兵，共拣选一千名，再会同秦布挑选满洲兵一百名，令二格即行带领前往西宁驻扎。其苏穆尔济带领之满洲兵一千名，即令带往凉州。俟僧保到凉之日，苏穆尔济仍回西安，其所拨驻扎甘州之满洲兵一千名，著张正文带领前往，听候调遣。至拨往凉州之兵，不必起身前去，仍在西安候旨。西安副都统员缺，著署副都统拉萨立驰驿前往署理。

宁远大将军岳钟琪又遵旨议奏，甘州、固原、肃州兵丁各派拨出口。甘、肃地处边徼，留汛之兵，不容单薄。应各召募兵一千名，俱以马六步四补入。西安为省会之区，督抚两标兵丁，派调出师，所余无几。应共召募步战守兵一千五百名。至固原标属，悉系内地，无庸募补。得旨，朕屡降谕旨，以甘、凉、肃、西宁等处，皆沿边要镇，必得重兵驻防，既可弹镇边陲，又可分拨策应。今岳钟琪仅于甘、凉二处议募一千名，想未接到朕之谕旨。又于见今巴尔库尔情形未能确知，是以尚存轻事之意见。固原标属，虽系内地，但提标之兵，已拨二千名，则自应召募补额。西安督抚标之兵，既行召募，则自当仍遵原制，以马六步四充补，不得悉补步兵。可将甘、凉、固原、西宁召募之事，传谕范时捷、宋可进，令其办理。其西安督抚两标应募之兵，著岳钟琪、查郎阿、武格、马尔泰，仍照马六步四之例，速行募足二千名，以充行伍。

（卷 102）

雍正九年正月乙亥（十一日，1731.2.17）

又谕（大学士等），准噶尔贼众犯我西路阔舍图卡伦。今虽败遁，或由噶斯一路，遣兵扰乱青海地方，劫掠马驼羊畜，亦未可定。二等侍卫殷扎纳，著加副都统衔前往青海，传谕各扎萨克，于左右翼拣选兵丁一万名。令王额尔得尼厄尔克托克托奈会同王盆苏、克汪扎尔、公阿拉布坦扎穆苏、公阿喇布坦统领，在青海紧要适中之地驻扎。派出之官员照伊品级，赏给半年俸银，兵丁每名赏银五两。再著内大臣克什图前往青海，与王额尔得尼厄尔克托克托奈等一同管理。克什图所管阿尔泰一路台站事务，著上都打布孙脑儿总管五十四、张家口管站郎中伦岱办理。

（卷 102）

雍正九年二月己亥（六日，1731.3.13）

谕大学士等，常赉统领五千兵丁，或应会驻肃州，或应会驻安西，或仍暂分驻于肃、甘、凉等处。尔等行文知照各该处外，再传谕大将军岳钟琪、署总督查郎阿，此五千兵丁如有调遣，俾其自为一队，令常赉统领，不可零星分派。与绿旗兵丁混杂一处，恐满汉彼此推诿，转有未便。留此大队，为应援夹攻之师，甚为有益。

（卷 103）

雍正九年二月癸卯（十日，1731.3.17）

护理宁远大将军印务纪成斌奏言，逆夷准噶尔驻扎鄂龙吉之贼兵于正月十一十二等日渐次退去，拏获、被掳、逃回之鄂尔多斯余丁，询知贼已远遁。臣复差委官弁各路侦探，俱无贼兵踪迹，随于木城、噶顺、镜儿泉、察罕哈麻尔、陶赖、搜济一带各设卡伦，安置弁兵，轮流更换，以资哨望。再查我军十二营盘，自东至西，首尾骤难相应。臣于各标营兵内除损伤有病之兵现在调养外，挑得精兵一万一千余名，派出九千名，令总兵官张元佐、樊廷、颜清如、曹勷分领防御东西中三处，联络应援。得旨，纪成斌但言挑出精兵一万一千余名，其固守营盘若干，并安西、肃州之兵六千人作何分驻之处并未详晰。且牧放官羊之鄂尔多斯余丁被掳逃回，则各厂牧放之兵亦必有被贼掳去者。其阵亡若干，被创若干，皆未言及。著传谕大将军岳钟琪逐一查明，据实密奏，如战阵伤损之兵内有残废者，照例给与半饷，其被掳逃回之鄂尔多斯余丁，著送来京，有询问之处。准噶尔降夷托克托和及所获贼夷布库，著一并解京。

（卷 103）

雍正九年二月乙巳（十二日，1731.3.19）

谕大学士等，驻藏之官弁兵丁等，已经数年未曾更换，朕心深为轸念。查从前派往之兵，系陕西一千名，四川一千名。今陕西兵丁，现有征剿准噶尔之事，难以派往西藏。四川新募充伍之兵甚多，著提督黄廷桂、巡抚宪德酌量于新旧兵丁内拣选二千名，前往西藏，将从前驻藏之兵换回。其弁员等自总兵以至千把亦应更换，若大员内一时不得职衔相当之人，可拣选干员，加衔委署前往。

（卷 103）

雍正九年二月己酉（十六日，1731.3.23）

谕大学士等，西藏驻扎弁兵已降谕旨更换。护军统领马喇、内阁学士僧格在藏年久，朕甚悯念。命正蓝旗蒙古副都统青保、大理寺卿苗寿前往替回，但二人一时回京，新任之人不能熟悉西藏事宜，著马喇先回，留僧格协同青保等再办事一年。马喇、僧格各赏银一千两。

（卷 103）

雍正九年二月戊午（二十五日，1731.4.1）

谕大学士等，准噶尔父子济恶背天逆理，狡狯百端，为边方之巨患。朕继述先志，绥靖西陲。特遣两大兵，声罪致讨。数年以来，慎选将士，挽运军需，区画周详，备办饶裕。而三军之气，鼓勇直前，人人思奋。朕常教以古昔圣人之训，临事而惧，好谋而成。天道恶盈，谦冲受益。军气当壮，而军心则不可骄。此我将士及在廷臣工所共闻者也。上年正月间，西路大将军岳钟琪奏报，雍正七年十二月二十八日夜，巴尔库尔军营有紫气祥光绵亘东北，历四时之久，光华绚烂。二月间，又据署总督查郎阿奏报，巩昌府属之靖远卫红嘴子地方，乃黄河过渡之所，每年正二月间东风解冻，河冰渐薄，冰桥既难行走，渡船又难撑驾，行李停滞，岁以为常。乃今年正月，官运粮车至此，冰忽开融，舟行无阻，诚从来未有之奇遇等语。朕览奏，不敢遽以为喜，辄行宣示于外，特命封贮内阁，以待大军凯旋，即此可以知朕心矣。此番西路拨派之将士，皆遴选训练之精锐，其气势倍觉壮盛，遂未免有恃强轻敌之心，以致贼人乘我不备，侵犯汛界，抢掠牧场，并伤我兵弁，岂军志骄矜，有干盛满之戒，天心特以此示儆耶。上年被贼侵扰之处，朕与大将军岳钟琪等不能计虑于事先，实难辞疏忽之过，至于军营牧放驼马，最宜布置有方，乃以牲畜置于贼人来路之旁，又与大营相隔辽远，被贼人乘机盗窃，则审度形势之谓何。岳钟琪更难辞咎。又如达鼐统领噶斯之兵，曾奏请制办皮套等物，以为兵丁手足御寒之具，而西路兵丁去冬出战之时，冒犯冰雪，手足冻伤者多有，则亦大将军未曾留意于平时也。凡此既往之错，追悔无益。从来胜负乃兵家之常，祸福有倚伏之理，从前因疏忽而致亏损，将来自可因小警而成大功。惟望合营将士等以敬慎之心办理戎事，以忠义之勇对越上天，自可仰蒙上帝慈恩，默垂保护。书经云，皇天无亲，惟德是辅。况准噶尔罄其所有甲兵不过三四万之众，即以上年之事论之，小策零敦多卜系伊防守西拉百尔要地之首领，乃于冬间倾其人众犯我卡伦，我军以数百人固守小营，彼不能夺，并不敢萌窥大营之念。仅于中途以全力邀截我师，四路毕集。而我总兵官樊廷、张元佐等以数千人击败彼数万之众，则贼之力量伎俩不过如是而已。盖彼之所长在于偷盗驼马，而我师一时失于防范，遂尔堕其术中，并非彼之兵力有余也。观贼之虚张声势，分兵侵扰噶斯卡伦，窥伺图呼鲁克之粮石，我师以百余人即可防守而追逐之，则更鼠窃狗偷之行，不堪之甚者也。总之，行军之道心不可骄而气不可馁。凡我将士务去从前骄矜之心而鼓将来勇敢之气，候朕徐徐筹划，必有荡寇万全之胜策，俾将士等欢欣鼓舞，奏凯歌而膺爵赏也。其军营得伤患病之兵丁，著用心调治，务令痊可。朕正筹划加恩，使之更换休养，以恤勤劳。著大将军将朕此旨通行晓谕出征将弁兵丁知之。

又谕，从来备办军需，于地方不无劳费，朕深知其弊，惟恐累及民间。是以于征剿准噶尔之举，悉心密筹于数年之前，一丝一粟皆用公帑，而民间并不知国家将有军旅之事，从来未闻预备军需地方，能如此毫不骚扰者也。此天下所共知，更为三秦百姓所深悉者。及至大兵既出，时日既多，挽粟飞刍，脂车秣马，虽不取办于民财，恐不免借资于民力，此亦事势之不得不然。只以准噶尔狡狯凶顽，父子济恶，实蒙古之巨患，为国家之隐忧。若因循苟且，纵贼养奸，则狡寇一日不灭边境一日不宁，即内地之民亦一日不得休息。此朕熟思详审，至于再三而出于万不容已者，并非好大喜功，利其民人土地，而为此举也。即以上年之事言之，贼夷先遣使臣，诈称求和，及朕降旨。暂停进兵，而贼众乘我不备大肆猖獗，然则此等狡寇，固可置之度外，听其贻害于边方哉。即此愈见圣祖皇考当年不得已之情，朕今日继承先志，不能不办理之苦衷也。惟是国家设兵所以卫民，今因用兵而有不得不资民力之势，朕心实为怜悯。是以年来屡蠲陕、甘二省额征钱粮，使群黎均沾膏泽。而三秦绅士庶民感激国恩兼明大义，踊跃趋事，志切急公，二十年来如一日，朕实嘉之。如昨岁据督抚奏报，甘肃士民等有愿捐车辆以资挽运者，有愿捐草束以供刍牧者，朕皆降旨，一一照数给与价值。而其服劳宣力之诚悃亦大可见矣。今年添办军需，朕又切谕督抚有司等体恤民情，不得丝毫扰累。其粮饷运费，特令加增。傥再有不敷，仍令据实陈奏，无非轸念民劳之意，惟望陕甘二省绅士庶民等欢欣鼓舞，勿懈初心，则和气致祥，仰邀天眷，不数年间必见肤功克奏。不但边城内外共享宁静之福，即尔等世世子孙永保安居之乐矣。查雍正九年甘肃所属额征钱粮，业已全行蠲免。西安所属额征钱粮，前降旨蠲免四十万两，著再蠲免四十万两，以昭朕体恤之恩。该督抚务饬有司敬谨奉行，使闾阎同受实惠，并将此刊刻颁布，俾陕、甘二省远乡僻壤之民共知之。

又谕，上年腊月准噶尔侵犯卡伦，署大将军纪成斌调取肃州、安西两路兵三千名，前赴军营备用。据署总督查郎阿奏称，两路弁兵起程时，衣装之费分别借给银两，俟将来按数扣除。朕思准噶尔之事起于仓猝，两路弁兵于盛寒冬月前赴军营，日期忙迫，深可轸念。所借银两，悉著赏给，不必扣除，并将该弁兵分别加赏银两，著大将军传问伊等，或本人在军营自领，或其眷属在家支领，悉从其便。

（卷 103）

雍正九年二月壬戌（二十九日，1731.4.5）

青海辅国公功额喇卜坦故，遣官致祭。

（卷 103）

雍正九年三月戊辰（五日，1731.4.11）

谕大学士等，准噶尔贼人留守驻防木鲁河，又于伊尔布尔和邵安设卡伦，虽声言欲犯北路，朕料其诡计，仍欲来犯西路也。蓝生芝之脱回，未必非贼之故纵，令其传述此信，以懈我西路防范之心。尔等可传谕岳钟琪，不可稍存轻忽之心。贼夷率众来犯，如为数无多，西路之师，固足抵御剿戮，即倾众而来，亦不可即调北路之兵，恐贼兵复以大队犯北路，北路兵力不分，方可全力击剿。至西路军营，现今兵马果否敷用，亦应详审确实，无致临时周章。又补拨兵丁原额，或用本省之兵，或用邻省之兵，或行召募，令岳钟琪详议具奏。

（卷 104）

雍正九年三月乙亥（十二日，1731.4.18）

谕大学士等，宁远大将军岳钟琪、署总督查郎阿因闻贼营脱回兵丁蓝生芝传说，噶尔丹策零带领部落家口移住哈喇沙尔，并有四月初一日小策零敦多卜会兵去犯北路之言，筹划四条具奏，随传问多尔济、波罗特，据称哈喇沙尔系回子所住耕种之处，相近有小城名科鲁勒克，其地气候炎热，又甚隘小，仅可容千余家，四面系开种田亩，不能牧放。多尔济在哈喇沙尔居住最久，波罗特亦亲听彼地人传说。二人之言的确与否，虽未可必，然大约其地之不甚宽大可知。噶尔丹策零若欲移住于此，必率其全部而来，少亦一二万人。哈喇沙尔果能容此大众乎。且以情理论之，伊里为贼之巢穴，西北与图尔古特、哈萨克接境，实皆贼之仇国，噶尔丹策零又安敢舍其巢穴而远居于哈喇沙尔乎。如果率其大队住于吐鲁番相近之处，则贼之注意在我巴尔库尔军营，而岳钟琪乃云，贼人由吐鲁番一路直侵哈密截我营站，乘势侵扰安西、肃州沿边一带等语。据多尔济、波罗特俱云，哈喇沙尔至吐鲁番虽有路径，皆系沙碛，其自吐鲁番至哈密一由沙碛，大队难行，一沿南山，系一线细路，又须仍从巴尔库尔经过，然后得达。二人之言果确，则贼众不能从哈喇沙尔直至吐鲁番，而吐鲁番一路不能直侵哈密也明矣。设贼人欲侵犯哈密、巴尔库尔大营之大军，岂竟任其出入，而令阻截台站，乘势侵扰安西、肃州乎。至云贼人以大队全赴西路，攻我军营，贼势甚众，我军众寡莫敌，当持重戒严，坚壁固守。一面知会北路遣兵应援，一面飞调绿旗、满洲、蒙古兵丁由无克克岭三面夹击等语。从前事起仓猝，彼时军营兵马无几。是以谕令岳钟琪，倘贼夷以大队再犯，当持重坚守以待应援。今则现在军营马步、车兵约有一万九千余名，加以安西、甘肃之兵六千名，续派兵四千名，共二万九千名，是兵不为寡矣。夫樊廷以马步二千敌彼二万，转战七昼夜，犹足以相当，乃以二万九千人之众而云寡莫敌，何懦怯至此。且从前尚欲直至伊里，捣其巢穴，岂有贼人来至数百里内而无剿杀之策，转坚壁而不出乎。独不思我军坚壁不出，倘贼但虚张声势，作攻我军之状，而分其众以侵扰图呼鲁克、塔尔那沁、哈密等处，阻截营站，断我音问，此时将任贼于军营近地肆行无忌乎。岳钟琪又欲以图呼鲁克、毛垓图及安西之满洲、蒙古官兵，由无克克岭合会夹击贼人。若果至巴尔库尔贼即败逃，亦从阔舍图一路直走伊尔布尔和邵而遁，无克克岭相去二三百里，安所得夹击之。又云，贼夷或令吉穆察之兵，侵犯军营，而以哈喇沙尔之贼侵犯青海。查哈喇沙尔之至青海必由噶斯，噶斯之口甚隘，断不能行。且贼人既遣人侵犯大营，彼岂不虑我军之剿杀，自必留哈喇沙尔之众以为应援，又何敢分其众侵犯青海乎。至虑贼之率其丑类，悉赴沙洲等处，尤为背谬。贼若由噶斯、伊孙察罕、齐老图而进，则此数路断难容走万余人，若由大道而来，又不知何法可以越我巴尔库尔军营而过也。岳钟琪于口外地方形势茫然不知，于军务机宜亦觉昏愦，凡巴尔库尔军营筑城之要策及大军剿贼之胜算并未筹及，而但将旁枝末节盈篇累牍，备极周详。朕披览之下实为烦忧。如蓝生芝所闻，贼人有抢卡伦牲畜、践踏禾苗之语。不思贼人若来抢夺我卡伦牲畜，我独不能剿戮此抢夺之贼乎。贼人可以践踏我禾苗，我不可以乘其践踏而擒之乎。岳钟琪何以但能虑贼而不知筹已也。又蓝生芝云，有哈密回子报信领路等语。哈密回子之不可信，由来已久。亦当谅其苦情，盖其力量微弱，遭准噶尔之凌虐，恨之入骨而畏之如虎。其或偶然通信于贼者，乃恐惧之至。为将来自全之计，我军固不可不留意堤防，然不可使彼有疑惧之心。我之军力，能庇护哈密，哈密自不为贼人所用。岳钟琪不必因蓝生芝之言而深究也。至西、凤二府运粮一事，原因轸念甘肃连年挽运军糈，民间不无烦扰，是以特命范时绎到彼协同巡抚武格、侍郎马尔泰将西安、凤翔二府米石运至甘肃、凉州，以资军食。武格等议行本运之法，俾西、凤二府官民任转运之劳，甘肃地方少得息肩，朕意深以为然。今岳钟琪、查郎阿又为递运之议，是与雍正元年设台盘运相同。将来必有派拨协济之累，或更以交接卸责，至将米石灌水搀沙。从前误累，岂可复蹈。尔等可传谕岳钟琪等知之。

（卷 104）

雍正九年四月庚子（八日，1731.5.13）

谕内阁，朕御极以来，继述皇考圣祖仁皇帝乂安区宇之圣心，旰食宵衣，朝乾夕惕，欲使薄海内外，休养生息，物阜民安，永戢兵戈，咸登衽席，以成荡平熙皞之治。是以宣猷敷治之间，宏纲庶务，凡有益于民生者，莫不兴举，不便于民生者，莫不屏除。若有几微措置失宜，即五内展转，寤寐难安，岂肯好大喜功，兴兵构难，使百姓有供应之劳，不遑宁处哉。惟是锄暴乃所以安民，抚内必兼乎攘外，此古今不易之至理，帝王治世之常经。凡尔百姓，粗通大义者，即莫不知之，不必待高远之识也。惟彼准噶尔一部落，原系元朝之臣仆，其始祖曰额森，额森之子托浑渐至大员。因扰乱元之宗族，离间蒙古，惟恐获罪，遂背负元朝之恩，逃遁藏匿于西北边远之地，煽惑匪类，要结党与，自称准噶尔。当我朝定鼎之初，各处蒙古倾心归顺，求为属国，独准噶尔一部落，违越于德化之外。至噶尔丹、策妄阿喇布坦二人，则尤狡狯凶顽之甚者。噶尔丹身为喇嘛，不守清规，不遵佛教，破戒还俗，娶青海鄂齐儿图车臣汗之女为妻，又潜往青海地方，贼害伊之妻父，而掳其人众又复巧构衅隙，乘喀尔喀之不备，发兵猝击，以致喀尔喀人众溃散，纷纷投我天朝。蒙圣祖仁皇帝施恩抚恤，遣使前往噶尔丹处，谕令戢兵和好，多方开导，乃噶尔丹冥顽不灵，转借追袭喀尔喀之名，犯我边汛，彼时即行剿灭，复有何难。我圣祖仁皇帝至仁如天，好生为德，特遣官员前往责问。是时噶尔丹惶愧恐惧，设誓撤兵，仍复潜住近边，暗图窥伺，且乘间抢掠蒙古牲畜，俾其不获安居。我圣祖仁皇帝始亲统六师，躬行天讨，噶尔丹逆天背理，自速灭亡，此噶尔丹之始末也。策妄阿喇布坦者，乃噶尔丹之侄也。彼时既平噶尔丹，即可锄绝根株，不留余孽。只因我圣祖仁皇帝宽大仁慈，赦罪宥过，且念策妄阿喇布坦素与伊叔不相和睦，情有可原，于是加以天高地厚之恩，将噶尔丹余剩部落赏伊收管。此时伊力弱势微，甚为恭顺。其后则离间伊妻之父子，诱其妻弟携带万余户至伊住牧之地，因而强占入己，由是势力渐增，竟敢肆意妄行，窥伺青海，侵犯哈密，又潜兵入藏，杀害伊妻弟拉藏汗，毁坏寺庙，荼毒人民。我圣祖仁皇帝特遣大臣，前往询问，乃伊愍不畏死，阻兵抗命，因使臣率师甚少，兵力单弱，伊得肆其猖狂。此实天下臣民所共愤者，我圣祖仁皇帝仍赐包容，谕令两路官兵姑缓前进以俟其悔罪输诚，若怙终不悛，则命将徂征，犁庭扫漠，此我皇考之本意也。朕即位以来，伊虽遣使求和，而诈伪作奸，仍复如故，且将我青海叛臣罗卜藏丹津收留藏匿，朕屡次降旨，谕以定界息兵，而伊狡饰支吾，巧幻百出。及策妄阿喇布坦身故，伊子噶尔丹策零继立，其妄乱之性，狂悖之行，更过于其父。其遣使陈奏之词甚属支离妄诞，即如前年西藏阿尔布巴等之戕害康济鼐，亦因与准噶尔地方相近，而逃匿之罗卜藏丹津又系伊等姻戚，彼此相依，是以敢于悖逆朝命，而仗准噶尔以为狡兔之三窟也。似此世济其恶之人，以逞凶挟诈为心，以劫物伤人为事，不可以德感，不可以理喻，无赖无耻，怀逆藏奸，时时欲戕害臣服我朝之蒙古部落，以坏我屏垣。若当此可以经理之会，而瞻顾因循，避兴师动众之名，为耽逸偷安之计，将狡寇一日不灭，则蒙古一日不安，边境一日不宁，内地之民一日不得休息。而首先疲于奔命者，即三秦之黎庶也。即以上年之事论之，贼夷先遣使臣伪称请和，及朕降旨停兵以待信息，而彼于深冬冰雪之时，倾其丑类，乘我不备，侵犯汛界，盗窃驼马。然则此等狡寇，固可置之度外，听其贻害于将来乎。从来穷兵黩武为圣帝明王之所深戒，而以大加小，以强凌弱，又仁人君子之所不忍为者。况准噶尔弹丸之地，远在极北之区，得其地不足以耕耘，得其民不足以驱使，即使灭此朝食亦不足以夸庙略而耀武功。此皆皇考与朕熟思审处，先后筹划数十年而出于万不得已者也。惟是地方有军旅之事，厉兵秣马，诸务纷繁，虽不取办于民财，恐不免借资于民力。向蒙皇考轸念秦民劳勩，所以加恩而优恤之者，无待朕之缕述矣。朕御极之元年，即将陕、甘二省康熙六十年以前民屯、卫所未完银米豆草等项悉行蠲免，又将旧例应完之三厘三合免其征收。数年以来，西安所属额征钱粮或免四十万，或免八十万，甘肃所属钱粮则连岁全行豁免，他如展纳课之定期，宽带征之旧欠，开垦地亩，修筑河渠，悉动帑金，永为民利。此皆朕之加惠于秦民者可约略举之也。即以西陲用兵之事言之，北路军需交与怡贤亲王等办理，西路军需交与大将军岳钟琪办理，皆定议于雍正四年者，王大臣等密奉指示，一丝一粟皆用公帑制备，丝毫不取给于民间，是以经理数年，而内外臣民并不知国家将有用兵之举。及至雍正七年，大军将发，飞刍挽粟，始有动用民力之时，朕皆敕令地方有司，照数给与脚价，严禁克扣短发侵蚀等弊。傥有不肖官员借称军需，科派扰民者，著该管大臣即行题参革职，先动帑金，传集百姓，如数给还。朕所以为百姓防患除弊者亦极严切矣。上年该督抚先后奏称，民人中有愿捐草束以供牧养者，绅衿士庶中有愿捐车辆以资挽运者，朕皆奖以温谕，仍令照数给与价值。去冬贼夷猖獗之后，将来军饷较前未免繁多，又特加添运价，一切军务悉令有司宽裕办理，朕岂肯因戎事紧急稍涉权宜，使闾阎骚扰于万一哉。意谓三秦众庶必能谅朕不得已而用兵之苦心，悉朕不忍累民之至意矣。乃近来风闻陕西之民竟有怨朕而私相谤议者，总因十数年来，陕西居住之允禵、塞思黑、年羹尧、延信等，皆怀挟异志，包藏祸心，其胁从之党，实繁有徒，如塞思黑之令狐士仪、年羹尧之邹鲁净一道人，延信之道姑王氏等，皆公然以反叛，为众人之倡。则其他匪类之造作妖言，暗中煽动者，又不知其几矣。地方既有奸回之人，而又值军兴旁午，或有司自顾考成，间有奉行不善之处，是以愚民无知，惑于邪说，溺于私情，偶因用力于目前，遂忘受恩于平日，此亦事势之所不免者。夫秦风朴直，自古为然。朴则易被人欺，直则善言易入，只以向来未有宣谕化导之人，而该省督抚以及有司既有刑名钱谷之专责，又有征兵筹饷之军需，簿书鞅掌，难于兼顾，是准噶尔之始末，边防关系之情形。皇考与朕奉天讨罪，除暴安民，万不得已之苦衷，并未家谕而户晓，但听佥邪小人摇唇鼓舌，讪谤朝政，变乱是非，无怪乎草野之中被其迷惑者不少也。今朕特颁此旨，遣左都御史史贻直、侍郎杭奕禄、署内务府总管郑禅宝率领翰林院庶吉士及六部学习人员、国子监肄业之选拔贡生等前往陕、甘二省，开导训谕，觉悟愚蒙。傥合省民人等果能笃尊君亲上之义，消亢戾怨怼之情，将见和气致祥，必邀上天默佑，迅奏肤功，边塞永宁，烽烟屏息。不但尔等安居乐业，俯仰优游，即尔等世世子孙共享升平之乐矣。至于军需各项悉动帑金，差员办理，不得扣克短少贻累小民。所降谕旨，至再至三，著钦差大臣悉心访察，傥有不遵谕旨，即行题参，或所定官价有不敷用之处，亦即据实奏闻。若兵马经过之地有不遵纪律、骚扰民间者，小过即告知该管大臣惩治，大过即行参奏。不得姑容，务使兵民和洽，内外辑宁，以迓天庥，以副朕念。

（卷 105）

雍正九年四月丙午（十四日，1731.5.19）

谕兵部，提督冯允中熟悉边情，老成练达，但闻近患目疾，行走须人扶掖，于训练操防稍觉未便。西宁一镇关系紧要，其总兵官事务著德成协同办理。陕西固原提督樊廷现在军前，已降旨令回固原之任。俟樊廷到任后，著署陕西固原提督范时捷协同冯允中办理陕西西宁总兵官事务。

（卷 105）

雍正九年四月甲寅（二十二日，1731.5.27）

以故青海扎萨克多罗郡王色卜腾扎尔子策凌拉布坦袭爵。

（卷 105）

雍正九年四月壬戌（三十日，1731.6.4）

谕内阁，近见蒙古旗分人，能蒙古语言翻译者甚少。沿习日久，则蒙古语言文字必渐至废弃，应照考试清文翻译例，考试蒙古文翻译，取中生员、举人、进士，以备理藩院之用。如有学习汉书愿就试汉文者，照常准其考试，于别部补用。著内阁会同理藩院议奏。寻议，八旗蒙古旗分内，能蒙古翻译者，请照考试清文翻译例，三年内考取生员二次、举人一次、进士一次，其考试蒙古举人、进士，与考试清文举人、进士合为一闱，令满洲坐东号房，蒙古坐西号房。取中后将满洲、蒙古各为一榜。其考试生员，派蒙古提督学政一员，于清字日讲四书内视汉文三百字为准，出题一道。考试举人、进士，派蒙古主考一员，蒙古同考官二员，仍以清字日讲四书一道为首题，再加清字奏疏一道为次题，俱令其以蒙古文翻译。至生员、举人、进士额数，著考试官选择应取试卷，临期奏请。从之。

（卷 105）

雍正九年五月癸亥（一日，1731.6.5）

谕大学士等，据殷扎纳、达鼐、德成、冯允中等先后奏称，青海居住之公拉查卜、台吉查汉喇卜滩从梭罗木过黄河移往他处居住，又闻戴青和硕齐察罕丹津亦往他处迁移，不在海流图地方住牧。因拨派兵丁官买马羊，办理之人不甚妥协，伊等暂行躲避等语。朕因上年准噶尔乘我西路军营不曾防备，倾其丑类，盗窃驼马。因念青海各扎萨克人众恐遭逆贼侵害，是以谕令派出兵丁为防护之计，每名赏给银两，为衣装之用。其谕令采买马羊者，原欲使伊等所有牲畜，得变价值，可获利益，并非大兵需此些微之助也。前殷扎纳赴西宁时，朕面加训谕，一切派兵采买之事，悉听众蒙古之便，不可丝毫勉强。并虑蒙古王、台吉科派所属之人，谕令严行禁约，岂肯令差往之人逼迫蒙古以从事乎。今拉查卜等无故迁移他往，其中自有情由，必系殷扎纳等不能宣扬朕谕，使众心共晓。而采买马羊又不听从其便，以致拉查卜等心怀疑畏，暂避差徭。虽拉查卜等甚属孟浪糊涂，亦殷扎纳等奉行不善之所致也。今特颁谕旨，晓谕拉查卜等，令其速回本处，并将隐情据实陈奏。再传谕德成、达鼐、冯允中等，令其明白开导，善为安辑，并将伊等如何疑畏迁移之处查明具奏。其余地方事宜，俟侍郎众佛保去时，再行详谕。

（卷 106）

雍正九年五月甲子（二日，1731.6.6）

山西巡抚觉罗石麟疏言，太原驻防兵丁五百名内派出三百名前往西宁，所有留营兵丁不敷差委之用。据各旗闲散丁壮塞尔泰等呈称，自祖父以来，受国家豢养之恩，情愿不领钱粮，当差效力。臣随选得年力精壮、技艺可观者一百名，不给钱粮，令其承应差使，俟有兵丁缺出拣选顶补。得旨，太原各旗闲散丁壮等，既令当差学习行走，自当酌加恩泽，以示鼓励，著每名月给银一两、米三斗，以资其食用。该抚石麟时加教训，务令勤谨效力，黾勉向上。若有名粮缺出，即将伊等拣选顶补，以副朕教养兵丁之至意。

（卷 106）

雍正九年五月丙寅（四日，1731.6.8）

谕兵部，樊廷从军营进口，著即赴陕西固原提督之任，范时捷著仍留固原。俟立秋以后，樊廷乘驿来京陛见，其提督印务仍著范时捷署理。俟樊廷回任后，范时捷再往西宁协办总兵官事务。

（卷 106）

雍正九年五月乙亥（十三日，1731.6.17）

谕大学士等，从前三月间贼众有二千余人来吐鲁番，见我兵前往应援，贼兵即先行潜遁。今据大将军岳钟琪奏报，四月间又有贼千余来扰吐鲁番，并有二百余人犯我陶赖卡伦等语。朕看此情形，或者将来贼人由哈喇沙尔潜往噶斯地方，又如上年故智暗行骚扰，或增添人众窥伺青海，亦未可定。格默尔等所统兵力未免稍单，朕前次曾有不应调拨西宁兵丁之旨，若此时有应用添兵之处，恐格默尔等亦不敢调取，德成亦不敢派拨。可传谕德成、达鼐、冯允中、管承泽、格默尔、鼐满岱、福宁等，从前所以不令调拨兵丁者，盖西宁军务尚未就绪，自以固守根本为是。今西宁布置已定，兵力有余，若贼人窥伺噶斯，自宜发兵应援。况目前青海蒙古兵丁尚未攒集齐全，即器械等件亦未周备，难以望其捍御贼锋，亦赖官兵为之保护。著德成等就近酌量，倘有用兵之处，或著管承泽、鼐满岱带领前往，或德成另议一二人前往。至官兵派出之后，遇有本地添兵防守之处即将土兵派出。此旨著德成并谕众佛保、殷扎纳知之。

（卷 106）

雍正九年六月丙午（十三日，1731.7.8）

靖边大将军傅尔丹折奏，臣等于五月初六日至科布多筑城地方，随据乌苏图舒鲁克卡伦驻防之侍卫巴尔善等拏获准噶尔贼夷塔苏尔海丹巴一名，供称噶尔丹策零派兵三万，令大策零敦多卜、小策零敦多卜及大策零敦多卜之子多尔济丹巴三人统领，陆续起程至阿尔泰山奇林地方会合，来犯北路。今小策零敦多卜，已至察罕哈达地方。大策零敦多卜与伊子多尔济丹巴尚未到齐。见在之兵，止有二万余名，噶尔丹策零恐哈萨克国闻知乘虚来攻，预先派兵一万，令大策零敦多卜之子纳木扎尔达锡卫征和硕齐总领驻防阿尔辉地方。又派兵一万，令诺颜和硕齐总领驻防阿里马图西拉百尔地方。噶尔丹策零游牧处兵丁不过二万名保守，又供噶尔丹策零前令其妹夫罗卜藏策零带兵一万名往阿里马图西拉百尔驻扎，防守哈萨克国。罗卜藏策零因与噶尔丹策零不和，率领属下三千余户来到大国噶斯地方。噶尔丹策零闻知，派吴喇忒巴噶满朱追逐，交战被败，复遣喀喇沁杜噶尔之子查衮追逐，因此大策零敦多卜迟延未来等语。臣思贼人尚未全至，乘其不备，正宜速迎掩杀。臣等拣选京城各省兵一万名，轻装由科布多河西路，于六月初九日起程，分为三队。前锋统领丁寿、散秩大臣公达福，副都统塔尔岱率领第一队，参赞马尔萨、副都统承保、西弥赖率领第二队，臣等统领大兵前进，沿途袭击。其科布多筑城地方留兵七千三百名，仍旧筑城，防守粮饷，令都统衮泰、总兵胡杰等管辖。科布多河东系通奇林要路，派定满洲兵二千名，俟都统侯陈泰、副都统阿三到时驻扎管辖，与衮泰等互为应援。所有统兵起程日期，理合具奏。奏入。报闻。

（卷 107）

雍正九年六月丁未（十六日，1731.7.19）

靖边大将军傅尔丹折奏，臣等于初九日，分队起程之后，遣前锋统领丁寿、参赞马尔萨、副都统塔尔岱等统兵率向道官，前行瞭望贼势，在扎克赛河地方擒获准噶尔贼夷巴尔喀等十二名，据供小策零敦多卜牧场在察罕哈达地方，离臣等军营止三日程途，仅有兵一千，尚未立营防守。大策零敦多卜因途中有病，留驻和博克山，其子多尔济丹巴已于小策零敦多卜山梁前驻扎。罗卜藏策零与噶尔丹策零不和，率领其属，大约不往图尔古特即往青海等语。臣等乘夜进兵，袭击察罕哈达贼夷。奏入。报闻。

副都统格默尔折奏，腾格里卡伦扎萨克诺尔布于五月二十八日背叛，扰乱台站，劫掠马匹，旋即逃至滚额尔吉库库乌苏游牧之处。臣即令扎萨克恭格、台吉阿拉布济等领兵追逐，又令参领巴颜等追至喀喇果尔地方，见恭格等已将诺尔布围困，复又脱逃，巴颜等追缉至蒙古尔托罗海地方，擒获诺尔布，并其佐领里塔尔与恭格等押解回营。其效力之扎萨克、台吉、弁兵等，查明具奏。奏入。报闻。

（卷 107）

雍正九年六月戊申（十七日，1731.7.20）

副都统达鼐折奏，青海原扎萨克公墨尔根戴青拉查卜等悖逆逃遁，渡梭罗木河而去。臣等率兵追至河滨，先将其子察罕拉布坦生擒，随整兵往击拉查卜营寨，拉查卜畏威迎降，跪叩投诚。臣等率领由梭罗木河大路回至青海游牧处，其效力之台吉、弁兵等查明具奏。得旨，从前亲王戴青和硕齐察罕丹津，一闻伊侄拉查卜逃走，即将拉查卜部下人等收回。察罕丹津历年效力行走，今已老病，仍感恩效力，甚属可嘉。著赐大缎二十疋，再发银一千两，令其酌量赏伊部下效力人等。拉查卜虽系伊兄之子，朕知其素不相睦，至拉查卜之子察罕拉布坦，能知伊父之非，不肯同逃，殊属可悯，拉查卜甚属庸愚，虽无故逃遁，见我兵追赶，即便迎降，罪尚可恕。著将伊送至京师，候将伊逃遁之故问明。将伊交察罕丹津之处，另降谕旨。其拉查卜公爵，朕尚欲令其子察罕拉布坦袭替，并晓谕知之。

（卷 107）

雍正九年六月己酉（十八日，1731.7.21）

谕大学士等，大将军傅尔丹奏称，被获准噶尔丹巴供云，噶尔丹策零之妹夫罗卜藏策零将伊属下三千户，带领归至大国噶斯。噶尔丹策零闻知，追赶被败等语。今噶斯正值青海有事之秋，傥罗卜藏策零率众来归，或系贼人诡计，著速行文达鼐、众佛保等，远设巡哨，侦探信息。傥噶斯路途有准噶尔贼人来归者，将我兵整齐预备，务加详审。果系真实，将伊头目数人送至京师，其余人等于汛界内有水草处暂住，从优养赡，一面派兵照管，一面奏闻请旨。

（卷 107）

雍正九年六月壬子（二十一日，1731.7.24）

协办西宁总兵事务都统德成等折奏，讯问被获逆贼诺尔布、里塔尔等供称，青海各部落合谋令我率腾格里兵丁反叛，郡王额尔得尼厄尔克托克托奈之子阿拉布济亦欲作乱，约将青海全军前来救援等语。谨此据供具奏。得旨，朕料青海王、台吉等世爱[受]国恩，断无负恩背叛之事。亲王察罕丹津一闻伊侄拉查卜遁逃，即遣人追赶。郡王盆苏克汪扎尔闻达锡策零搬移，即率兵将达锡策零带回。郡王额尔得尼厄尔克托克托奈父子宣力行间，伊子协理台吉阿拉布济，见在与恭格一同追擒诺尔布。伊等果有异心，宁肯如此奋勉宣力乎。著将诺尔布、里塔尔俱解送来京，讯明原由，再行办理。

（卷 107）

雍正九年六月乙卯（二十四日，1731.7.27）

谕兵部，前降旨，令陕西固原提督樊廷于秋凉时来京陛见，其印务著范时捷署理。今署陕西西大通总兵官管承泽带领兵丁，前往柴旦木地方驻扎，其西大通总兵官印务著范时捷即前往署理。固原提督事务紧要，樊廷到任且不必来京陛见，候谕旨行，若有应奏事宜，著具折陈奏。

（卷 107）

雍正九年六月戊午（二十七日，1731.7.30）

甘肃巡抚许容折奏青海事宜。一、青海乱贼必宜严惩。诺尔布等敢行称乱，搅扰台站卡伦，比之拉查卜等之潜逃，罪尤重大。见在抢夺台站之达锡策零已经王盆苏克汪扎尔、公阿喇布坦擒挐，应即治罪。而诺尔布之妻子亦被副都统达鼐押解来宁，其逃遁之众，务必俘获，诛其魁首。一、西宁兵马无庸加增。计西宁镇标额兵四千名，城守营额兵二百五十四名，又益之以西安绿旗兵一千名，满兵一百名，又应援兵一千名，而镇海、南川等兵亦千有余名，更济之以土兵协防。见在士马富余，守御援剿，无虞不足。一、青海地方宜移驻满、汉官兵。查西宁至柴旦木地方相去八百余里，而青海居其中，请于适中形胜之地，驻兵防范弹压。一、西大通镇急宜专员办理。大通一镇左为西宁唇齿，右为凉甘籓篱，关系綦重。今大通总兵印务，虽德成、冯允中公同署理，往来照看，不能分身坐镇。署镇管承泽为人巽懦，恐非将帅之才，请急简贤员掌管印务。一、噶斯统兵大臣宜另行选择。诺尔布等之变，副都统格默尔，既不能预先抚驭于前，又不能即行擒剿于后，恐不足以膺兹巨任。查散秩大臣副都统达鼐，办理夷情数载，道里山川亦已熟悉，近复追擒拉查卜等，功亦可嘉。或以达鼐专司统领官兵，兼抚夷众，以重职守。一、青海夷人宜导之以大义。皇上怀柔荒服，一视同仁，即采买骆驼、马、羊等类，亦就彼之所欲售，优给价值。况兴兵费帑，欲剿灭准噶尔之逆贼者，亦惟恐塞外回夷，为其侵暴，取彼凶残，安兹良善。凡经管官员，理宜奉扬德意，明白晓谕，庶夷众咸知，我朝覆庇卵翼之恩，各怀尊君亲上之义矣。奏入。报闻。

（卷 107）

雍正九年七月癸亥（二日，1731.8.4）

谕大学士等，噶斯一路甚属紧要，现今交青海王、台吉等将伊等游牧之处，如何保护备御等事定议。其柴旦木地方不必用青海兵丁驻扎，派内地兵丁四千六百名防戍。

（卷 108）

雍正九年七月丙寅（五日，1731.8.7）

谕大学士等，柴旦木之北伊孙察罕齐老图地方，乃直达安西、沙州之路，为巴尔库尔军营之后户，关系最为紧要。此处或驻兵一千名或八百名，建筑小城一座，以为捍御。再设卡伦以瞭望贼踪。倘贼人前来为数无多，即可迎战剿杀。若倾其大众而来，则报知安西，遣兵应援，合力攻击，此乃防汛万全之策。若城工一时难成，即先添兵丁，为冬月预防之计。一切事宜，著大将军岳钟琪即行定议举行。若岳钟琪已领兵进剿，即著副将军等公同会议办理。

又谕（大学士等），驻扎柴旦木副都统格默尔擅离汛地，领兵欲回西宁近边地方，甚属悖谬，理应以军法从事。朕念其派遣弁员追擒青海叛贼诺尔布，著免死，革职，令往腾格里卡伦效力赎罪。

（卷 108）

雍正九年七月丁卯（六日，1731.8.8）

谕大学士等，傅尔丹从前奏称，准噶尔被擒之贼人丹巴曾供噶尔丹策零之妹夫罗卜藏策零带领所属三千余户来投噶斯一路。曾降谕旨，与达鼐等问明缘由，令在有水草之处暂行安置。今情形甚属可疑，不可堕其术中，著密谕达鼐、众佛保、德成等令其加谨防范，不可妄动。

（卷 108）

雍正九年七月庚午（九日，1731.8.11）

大学士等议奏，西宁地方最关紧要，设有调拨兵丁之处应预为筹画。查庄浪地方系通西宁、肃州之要路，若添兵二千名，将来自便调拨。应将西安驻防之江宁、河南满洲兵内调拨一千名，直隶、河南之绿旗兵内调拨一千名，遣往庄浪驻扎。再将四川预备四千兵内拨二千移驻松潘，以备西宁调遣。从之。

（卷 108）

雍正九年七月甲戌（十三日，1731.8.15）

又谕，新挑骁勇弁兵一百名，著副都统敦巴带领五十名，往驻噶斯。留五十名，随大将军马尔赛前往。每名各赏银二百两。

（卷 108）

雍正九年七月乙亥（十四日，1731.8.16）

户部议覆，甘肃提督宋可进疏言，凉州、甘州、西宁三处遵旨召募兵七千名，俱系贫丁，请借给银两，于季饷内扣还。再，请每兵一千名，添设千总二员，把总四员，与外委千把分领教演。均应如所请。从之。

（卷 108）

雍正九年七月丙子（十五日，1731.8.17）

副都统达鼐、侍郎众佛保等折奏，据逃遁被获之贝勒达锡策零供称，年幼多病，因诺尔布作乱，闻我旗下之墨尔根、阿里克、鄂木布等，同扰台站，抢掠马匹，心怀恐惧。于六月初八日，随母迁移八十里，在游牧内图古里克地方居住。随诉知王盆苏克汪扎尔，并遣人擒获墨尔根等，并非敢逃遁远处等语。查达锡策零之伯父贝勒达颜，其父贝子噶尔丹代青诺尔布，皆实心效力。其伯父殁后，因封达锡策零为贝子。其父殁后，皇上施恩合两贝子之爵，封达锡策零为贝勒，并兼管扎萨克。理应感恩报效，乃无故潜逃，甚属妄行。请将达锡策零，革去贝勒，或降为贝子，或降为公爵，伏候圣裁。得旨，达锡策零年幼无知，听信谣言，畏惧迁移，并非有意逃遁。且值王盆苏克汪扎尔追赶，即迎前陈诉，又将伊属下掠马之人拏送。达锡策零从宽免其革去贝勒。

（卷 108）

雍正九年七月丁丑（十六日，1731.8.18）

谕大学士等，驻防柴旦木兵丁等，前因遗失口粮，借过西宁、西大通二镇官兵一个月米面，著将此赏给，免其扣除还项。

又谕（大学士等），据副都统达鼐、侍郎众佛保奏称，青海之扎萨克等，现在聚兵七千名，但器械马匹未能齐备。请拣选三千名，令其一年一换等语。朕所以聚此兵者，特为保全伊等家口及游牧之计，非为征伐调遣之用也。其生计情形，从前俱未闻知。今据达鼐等陈奏，朕心甚为恻然，俟从容料理，必有加恩之处。今所聚兵七千名，著选派三千名，照朕从前所降恩旨，官员赏给半年俸银，兵丁各赏银五两，一年一次更换。其更换之官兵，亦照此赏给。至兵丁驻防日久，盘费未必接续，著赏给茶叶、缎布等项及每月所食之青稞。再拨回之兵丁四千名，官员等著赏给三月俸银，兵丁等赏银三两，令其各回游牧之所。准噶尔贼人，或来骚扰青海之游牧，不可不防。朕意欲将伊等游牧，预行从容迁移，择妥协之处居住，著伊等会同详议办理。贼人由远路前来，一无所得，不待战而力尽矣。我内地兵丁与贼交战时，青海三千兵丁但追袭贼后，量力将贼人马匹赶出，所得之马匹，即著赏给赶出之人，仍计所得马匹之多寡，另行加恩议叙。

（卷108）

雍正九年七月庚辰（十九日，1731.8.21）

谕青海王、贝勒、贝子、公、台吉等，尔等俱系顾实汗之子孙，自祖宗以来，依附内地边疆，恪顺供职。我圣祖仁皇帝视尔等如子孙，抚育六十余年，宠遇之隆，至优极渥。且念尔等尊崇黄教，是以我朝于达赖喇嘛、班禅额尔得尼备极恩眷。若准噶尔者，暗遣贼兵，侵犯西地，杀害喇嘛，毁灭供器，实为黄教之罪人。尔等傥违弃先人崇祀之教，辜负国家历沛之恩，一家之内兴起兵戎，以启贼人侥幸之端，虽愚昧之人，亦不出此前者。罗卜藏丹津听信流言，敢行背叛，我朝发兵征剿，逃窜在准噶尔处，困苦辱耻，尔等无不闻知。今尔等若到彼处，路途如许遥远，马畜必至疲毙，彼岂能为尔等置立产业，分与游牧地方，令尔等各统所属，依然保聚乎。况准噶尔四面皆成仇敌，终岁争战不休，凡用兵之处，必置尔等于前，虐使任意，岂若各守祖父基业，永享太平之为得乎。尔等若不熟计利害，听伊诳诱之词，依附贼人妄思蠢动，将来兴师问罪，必先及尔等。彼时即欲悔祸，国法不尔贷也。朕所以频降谕旨，反复开导，令尔等会集兵丁，小心防守，将属下人早行移入者，实冀保全尔等，非欲调遣尔等为进剿之用也。尔等当思朕爱护安全之至意，详细晓谕属下人等，合力防范。果能遵旨奉行，朕自大沛恩膏。尔等游牧、妻子，既无吞并之忧，而中外安居，亦永享无穷之福矣。

（卷108）

雍正九年八月丁酉（七日，1731.9.7）

谕青海蒙古及番夷人等，朕统御万方，凡中外民人，皆一视同仁，莫不欲使之得所。尔等沿边番夷及青海蒙古，同受国家抚绥保护之恩，并无歧视。目今准噶尔贼人窥伺边境，或将来侵扰青海蒙古，而黄河以南之蒙古，畏避贼锋，投奔近边番夷之地，亦未可定。尔番夷等，须留心照看，切勿因向日曾有嫌怨，乘其危急，而加以戕害。若蒙古中有不法之徒，抢掠番人者，许番人用力抵御，不必退缩。将来事定之后，朕自然以理断其曲直，分别赏罚。番人、蒙古，皆朕赤子，果能遵朕谕旨，彼此相安，同受朝廷之恩泽，方是尔等之福。思之思之。

（卷109）

雍正九年八月丙午（十六日，1731.9.16）

谕理藩院，青海扎萨克一等台吉恭格效力有年，前罗卜藏丹津叛逆时，在哈麻尔岭，奋勇杀贼。今又追擒诺尔布，著加恩封为公爵。

（卷109）

雍正九年八月戊申（十八日，1731.9.18）

西藏贝勒颇罗鼐等奏报，准噶尔欲送回拉藏之子苏尔杂，立为西藏汗。得旨，准噶尔杀害拉藏，将其子苏尔杂掳去。今称送回西藏，我兵须严为防备。从前策妄阿喇布坦遣策零敦多卜袭西藏时，亦诳称噶尔丹丹津同其女来藏，乘其不备，进兵袭取藏地。今送回苏尔杂之言，正噶尔丹策零施行奸计。若唐古特部落少为玩忽，即蹈从前策零敦多卜之故辙矣。准噶尔贼人既杀拉藏，岂有实心将苏尔杂送回西藏，令代父职之理。著颇罗鼐将此情由晓谕众唐古特知之。准噶尔贼人扬言发兵五千，护送苏尔杂，道途险阻，全军岂能齐到。目今西藏有内地兵丁二千名、换班兵丁五百名，又驻防乂木多兵一千名，见催来藏。尔处亦有训练蒙古兵丁，应与驻扎西藏大臣，会同商议。于阿里、者斯肯图鲁、克里野等处要隘，远设卡伦，详加瞭望，协力防守。准噶尔贼众，若以兵随苏尔杂，断不可容留，即迎战击退。贼败走时，亦断不可追袭。苏尔杂父兄被人杀害，伊岂不忿恨。若果思报仇，并感戴朕恩，带领数人，恭顺来归，尔等收留，悉心安顿。至若立汗之事，当令达赖喇嘛、班禅额尔得尼奏闻于朕，方可建立。岂可令噶尔丹策零任意妄行。颇罗鼐原扶助拉藏，效力行走。后因拉藏被贼杀害，朕令尔料理西藏事务。尔约束唐古特，实心效力，是以加恩封尔为贝勒。今苏尔杂若果率领数人来归，尔即行奏闻，候朕另颁敕旨。

（卷 109）

雍正九年八月乙卯（二十五日，1731.9.25）

谕大学士等，乂木多驻扎之云南兵一千名，令其前往西藏备用，尔等已行文与总督鄂尔泰及西藏办事大臣等。但云南省城，转行乂木多，路途纡远，可行文与驻扎乂木多之大员，此旨到日，该员即将兵丁应用之马匹、衣装等项料理齐备，将弁等统领即速起身，按程前进，不必候云南文书。其一应马匹、衣装、口粮，俱著宽裕应付，毋得迟误。

（卷 109）

雍正九年八月丁巳（二十七日，1731.9.27）

谕理藩院，据青海郡王额尔得尼厄尔克托克托奈奏称，年力衰迈，请令伊子代伊在军前行走。额尔得尼厄尔克托克托奈曾经效力之人，甚属可悯。著将伊子内可以袭替王爵者，指出一人，朕加特恩封为长子，令代伊效力行走。

（卷 109）

雍正九年九月甲子（四日，1731.10.4）

副都统达鼐等，遵旨议奏，青海拉查卜原系贝子，从前罗卜藏丹津叛乱时，余众俱赴西宁，伊独逃往喀木地方，从宽降为公爵。今又无故逃遁，拉查卜理应正法，但伊因畏惧逃遁，追兵一至，即便迎降，请从宽免其正法。将拉查卜交与西宁总兵官，永远圈禁，其长子察罕拉布坦，预先归降，请停其承袭公爵，授为扎萨克一等台吉，管领该旗佐领下人。至与拉查卜同逃之扎萨克台吉查汉喇卜滩，向系图尔古特微末台吉，相依亲王戴青和硕齐察罕丹津，因不从罗卜藏丹津叛乱，皇上加恩，授为扎萨克一等台吉。乃无故逃遁，追兵既至，尚不迎降，以致被擒，理应正法。但并未乘乱生事，亦从宽交与西宁总兵官，加锁严禁。再查汉喇卜滩之族弟协理二等台吉达尔济，见在驻牧居住，不肯同逃，请将查汉喇卜滩之扎萨克台吉，令其承袭，则伊属佐领，不至改隶他人矣。得旨，拉查卜系察罕丹津兄之子，察罕丹津效力有年，著将拉查卜宽免，交察罕丹津管辖。查汉喇卜滩从前征剿罗卜藏丹津，亦曾效力，并著宽免，交伊弟台吉达尔济，严加管束。余依议。

（卷 110）

雍正九年十月己亥（九日，1731.11.8）

刑部等衙门议奏，据办理青海事务都统德成等擒获叛贼诺尔布、里塔尔解部审讯，诺尔布系图尔古特一小姓台吉，来至青海依人生理。于罗卜藏丹津叛逆时，伊父曾效涓埃，皇上格外加恩，不令隶属青海，特授扎萨克一等台吉。又选派柴旦木军前，忽行叛逆，抢劫马匹，拒捕官兵。里塔尔身为佐领，附逆作乱，俱应照律拟斩，解往青海立决示众。查诺尔布叛逆时，妻子皆在游牧地方，闻信即来请罪，应免其为奴。其胞弟色特尔布穆，既不知情又追捕拉查卜有功。皇上已加恩，令其承袭扎萨克一等台吉。诺尔布妻子，即交与色特尔布穆管束养赡。奏入。得旨，诺尔布、里塔尔俱著解送西宁口外，即行正法，免其示众，余依议。

（卷 111）

雍正九年十月甲辰（十四日，1731.11.13）

大学士等议覆，四川总督黄廷桂等奏称，达赖喇嘛移座泰宁，故泰宁协原驻兵五百名，以为防护。查泰宁至打箭炉，道路险阻。请再拨兵五百名，添防泰宁协。则军威震叠，与里塘、巴塘、西藏声势联络。应如所请。从之。

（卷 111）

雍正九年十月己酉（十九日，1731.11.18）

青海厄鲁特郡王额尔得尼厄尔克托克托奈折奏，皇上悯臣年迈，特降恩旨，于臣诸子之中，异日可袭王爵者，命臣举出一人加恩封为长子，代臣效力行走。伏思臣长子阿拉布济，奉旨领兵住扎柴旦木。因擒获叛逆诺尔布，已蒙恩授为一等台吉。臣之三子索诺木丹津，年二十三岁，立志向上，守正而行。臣遵旨请将此子袭替。奏入。得旨，索诺木丹津著照伊所请，封为长子，阿拉布济效力行间，加恩晋封为辅国公。

（卷 111）

雍正九年十月辛亥（二十日，1731.11.19）

谕理藩院，今年冬令甚寒，额驸阿宝率伊所属人等，著暂于青海地方驻扎，俟明春来京。至伊等欲于何处居住，问明再定。公主带领伊子妇，于今年由西安一路来京。著行文甘肃、陕西、山西、直隶巡抚等派选贤员，沿途加意照看护送。并酌量给与口粮，雇骡资助。并将此旨传谕公主、额驸知之。

（卷 111）

雍正九年十一月庚申（一日，1731.11.29）

又谕，额驸阿宝之子衮布，带伊属下兵五百名，效力行间，勤劳懋著。朕曾降旨与岳钟琪，令其撤回原游牧处，以示宽恤。今据岳钟琪奏称，此军在营甚有裨益，仍请留驻等语。朕念此兵效力已久，理应撤回，但时值冬寒，不便遽撤，著暂在军营。俟来年青草发生时，再令回伊原游牧处。从前已加恩赏，著岳钟琪再添给银两，并传谕额驸阿宝知之。

（卷 112）

办理西藏事务护军统领马喇、额外内阁学士僧格折奏，班禅额尔得尼、贝勒颇罗鼐遣人赍送官兵酥油、炒面、牛、羊、干粮等物。臣等累经发还，伊等坚不领回，是以收留分给官兵。得旨，马喇、僧格可将班禅额尔得尼、颇罗鼐所送之物核算价值，充裕给与银两。并传谕伊等，朕遣兵在藏驻扎，特为众唐古特防守地方，使之宁谧，岂有丝毫贻累之理。今所送诸物势必在伊属下众人摊派，未免滋扰。且我兵粮饷并不缺乏，无须帮助。此番给还银两并非外视尔等也。可传谕唐古特，咸悉朕意。

（卷112）

雍正九年十一月丙寅（七日，1731.12.5）

谕喀尔喀汗、王、贝勒、贝子、公、扎萨克台吉并各属下人等，近日准噶尔贼夷噶尔丹策零，寄信与王喇嘛扎卜，称喀尔喀、厄鲁特法教相同，本属和好。及噶尔丹博硕克图时失睦，既而我父追念前好，曾屡奏皇帝，乞将喀尔喀、青海复旧安置。今皇帝欲将我如喀尔喀、青海，入于旗下佐领之内，给与封号。以故我等兴兵至此，若能成事，则将喀尔喀、青海照旧安置。即不能成事，亦不令统属于人等语。此实系贼夷奸诈离间之诡计，从前尔喀尔喀人等，被噶尔丹战败，以致失地。我圣祖皇考悯念尔等归诚，存恤爱养。将喀尔喀诸颜等按伊原品，封为汗、王、贝勒、贝子、公、扎萨克，属下人等俱各赐生业，安享富饶。令归原游牧处。尔等之感恩报德，同心效力，乃人所共悉者。准噶尔贼夷，出狂悖之言，借安置尔等为词，欲肆行扰乱。即论尔等之封号，亲王、郡王、贝勒、贝子等爵位，俱系我朝册封宗室子孙兄弟之号。其余臣下，虽效力立功，并无封贝子之例。惟四十九旗扎萨克成吉思汗之后，博尔济锦氏台吉等，诚心归顺，我太宗皇祖俱赐以宗室封号，视如骨肉，结为姻亲，累世荣宠。何尝视为奴仆乎。至编设旗分佐领，亦欲其易于查考，以便加恩。并恐扎萨克等，互起争端之故。今已及百年，何尝役使尔等一人乎。自分旗以来。尔喀尔喀之鄂托克达鲁哈等属，便于查管。遇饥馑，则赈济之。行围出兵，则厚赏之。可有催征之事乎。此亦尔等所共知者。准噶尔贼夷，奸诈狡狯，外托黄教，而扰乱藏地，违背教原。口虽称为青海、喀尔喀两家，而又抢掠尔等。将胡土克图俱欲抢夺，奸恶极矣。且准噶尔一姓，自厄尔柏克尼古勒苏克齐汗之后，兴兵扰乱诸部落，残杀博尔济锦氏，几至断绝，至今仇怨未已。今策零敦多卜前来，被尔喀尔喀等剿杀败遁。贼夷怀恨必深，思欲报复，乘隙扰乱。若贼夷之事不定，则尔喀尔喀不得安，众蒙古亦不得安。朕是以不惜国帑，发数万大兵，远行征剿，绥靖边圉，只为尔等生全之计也。尔属下人等，宜仰体朕心，各加奋勉。藉朕威力，效法此次进兵之王、贝勒、贝子、公、台吉等，朕必为尔等剿灭贼夷，永保安宁。前者噶尔丹作乱时，尔等互为抢掠盗窃。今又有抢掠盗窃者。此种恶习，甚属愚贱，其务力为悛改。且尔等既属内地多年，共知法度。若舍弃游牧，擅行掠窃，干犯王章，何不力战贼夷，立功雪耻乎。即尔等归顺贼夷，亦断不能保全尔等。令尔等安享也，尔等宜熟计之。

谕青海王、贝勒、贝子、公、扎萨克台吉等，近日准噶尔贼夷遣策零敦多卜二人，领贼众越阿尔泰，来侵喀尔喀。欲抢掠克尔伦及劫取泽卜尊丹巴胡土克图，被喀尔喀副将军王丹津多尔济、额驸策凌等率兵分路迎击，剿杀生擒，并获其驼马，贼夷败遁。因转思离间，寄书与喀尔喀善巴岱青王之孙王喇嘛扎卜，希图诳诱，扰乱成事。喀尔喀深知贼夷诡计，父子前后一辙，忿怒痛恨，不改初心。今尔青海台吉等，久荷圣祖皇考册封位号，褒宠显荣，历有年所。至于编设旗分，以便稽查赏赉，复恐扎萨克以强凌弱，互起争端。譬之厄鲁特内，有得沁者，有鄂托克者，有扎萨古尔者，有得默齐者，皆为易于管辖而已。尔有饥馑，朕必加周给。随猎行兵，必加赏赉。从无征输尔蒙古者，朝廷恩典，至优至渥矣。若以封号旗分为贱，亦可奏明酌改。且尔厄鲁特之台吉阿巴赖诺颜之子孙，现在准噶尔处，果为帅领乎，抑为属下乎。即如罗卜藏丹津，降附贼夷，即将伊所属，分散为奴，较之受天朝封号，孰荣孰辱。准噶尔原系成吉思汗之奴隶，尔等俱系成吉思汗之弟哈布图哈撒尔之子孙，若以博尔济锦氏诺颜等之先世论之，准噶尔乃尔等之奴隶也，奈何甘心自屈，受制于奴隶乎。可自思之，尔等当知贼夷诡计，劝谕属下，分别利害。令其亦如喀尔喀等之奋勇立功。岂可甘为懦怯，受贼夷蹂躏乎。朕因准噶尔反间致书，故又谆谆降旨。尔等如能遵行，则可以保全妻子游牧，永享安宁之福矣。

（卷 112）

雍正九年十一月丁丑（十八日，1731.12.16）

大学士等议奏，据办理西藏事务护军统领马喇等奏言，颇罗鼐蒙恩授为贝勒，又令办理前藏、后藏噶隆事务。今具禀恳求印信，以便行文该管地方与军机调发事务。应如所请。令礼部铸给办理危藏噶隆事务多罗贝勒银印一颗，交于颇罗鼐掌管。从之。

（卷112）

雍正九年十二月壬辰（三日，1731.12.31）

谕理藩院，西藏一等台吉噶锡巴那穆扎尔色卜腾具奏谢恩，进献方物。从前因伊父噶锡鼐于阿里地方阵亡，经颇罗鼐奏请，将噶锡鼐赠为一等台吉，令伊子噶锡巴那穆扎尔色卜腾承袭。闻噶锡巴那穆扎尔色卜腾甚是勤劳效力，伊又系康济鼐之兄子，康济鼐诚心效力，始终不懈，并无子嗣，今将噶锡巴那穆扎尔色卜腾格外施恩，封为辅国公。世袭罔替。

（卷113）

雍正九年十二月壬子（二十三日，1732.1.20）

谕大学士等，贝勒阿宝并伊子衮布，在西路军营甚属效力。阿宝又带所属兵丁，防范游牧，殊为可嘉。著赏还伊郡王原爵。

（卷113）

雍正十年　壬子　1732年

雍正十年正月丁亥（二十九日，1732.2.24）

谕理藩院，厄鲁特郡王额驸阿宝之子公衮布，在西路军前甚属效力，著加恩封为固山贝子。

（卷114）

雍正十年二月丁未（十九日，1732.3.15）

谕内阁，朕闻西宁北川口外白塔地方，出产石煤，系附近汉、土、番、回民人乞取贩卖，以为生计。每驮纳税钱三十文，西宁府委员收解充饷。约计每年收银一千九百余两。近因西陲用兵之际，西宁移驻兵弁较前为多，率皆用煤以供炊爨，煤价渐至昂贵，若仍照例征收税银，恐价值不能平减，于兵民均有未便。著将应收税银宽免。该督抚转饬有司，实心稽查。傥胥吏人等有照旧私收，或借端需索者，务令察出治罪。

（卷 115）

雍正十年二月癸丑（二十五日，1732.3.21）

又谕，从前因归化城留兵甚少，谕令副都统图尔赛等带领土默特一千兵，前往照看台站。俟马尔赛所领兵丁至扎克拜达里克时，将土默特兵丁撤回。贝勒僧滚扎布等领往之喀喇沁一千兵，令驻扎台站。今噶斯一路土默特兵丁，俱经撤回归化城，归化城既已添兵。图尔赛等领去之土默特一千兵，著暂行停止撤回，仍令看守台站。喀喇沁一千兵丁，著往扎克拜达里克地方，屯扎候旨。

（卷 115）

雍正十年三月癸酉（十六日，1732.4.10）

谕内阁，工部尚书马喇从藏回京，朕询及沿路番子等生计景况。据奏称，番子等仰赖皇恩，俱得各安生理。此内得尔格特之部落番子，向来甚属恭顺安分，自隶内地之后，更加勤谨效力，于一应差使，行走无误。鼐格等亦称伊等事达赖喇嘛，甚属恭敬等语。得尔格特人众，从前出兵藏内，曾经效力，今复于一应差使竭力行走，甚属可嘉，理应特沛恩泽，以示鼓励。得尔格特之为首土官，著给与宣慰司职衔，再赏缎十疋、银三千两，令伊酌量赏属下办事勤谨之头目等。

（卷 116）

雍正十年三月庚辰（二十三日，1732.4.17）

谕内阁，从前额驸阿宝曾奏请移驻游牧，原令伊今年来京，再行定议。青海现今无事，著阿宝来京，伊属下人等，可交付亲信之人管约。俟青草发生时，暂移于鄂尔腾等处驻牧。阿宝到京之后，将伊游牧应于何处移驻之处，尔等询问议奏。

（卷 116）

雍正十年四月辛卯（四日，1732.4.28）

升湖广宝庆副将周起凤为陕西西宁总兵官，统领四川兵丁驻扎西藏，赏银五百两。

（卷 117）

雍正十年四月壬辰（五日，1732.4.29）

谕兵部，正蓝旗满洲副都统李柱，著前往西藏，更换迈禄回京。赏银一千两，整理行装。约计川兵赴藏换班之期，李柱自京驰驿赴川，与兵丁一同进藏。

（卷 117）

雍正十年六月甲子（九日，1732.7.30）

予故办理青海噶斯事务正红旗满洲都统德成祭葬。谥勤僖。

（卷 120）

雍正十年六月癸酉（十八日，1732.8.8）

谕理藩院额驸阿宝，从前曾请驻牧原驻地方著照所请驻牧。伊原有房舍历年已久，著交与地方官修理再赏银二千两。以为安插属下人等之用。

（卷 120）

雍正十年六月甲戌（十九日，1732.8.9）

升左翼前锋统领青保为正蓝旗蒙古都统，仍留西藏。以镶白旗满洲都统莽鹄立兼理正蓝旗蒙古都统事务。

（卷 120）

雍正十年六月癸未（二十八日，1732.8.18）

署陕西总督查郎阿、甘肃巡抚许容奏言，闰五月间，临、巩、平凉、西宁所属州县，暴雨冰雹，伤损田禾，西、碾二县，麦豆生虫，已委员查勘，加意抚绥。得旨，甘省预备军雷，而州县中，又有被灾歉收之处，该督抚须多方赈恤，毋使贫民失所。致于西宁，乃满汉官兵驻扎之所，口粮草料，需用更多，尤宜详审情形，悉心筹画，作何料理之法，期于军需民食，两有裨益。署西宁总兵范时捷奏言，西宁一镇，边墙最为紧要，向例交与营汛员弁捐修，原属有名无实，因循日久，未能完竣。臣思冲要之地，必须整理完固，庶稽查防范，有所资藉。再，西宁镇城，乃番夷来往要区，今亦有颓塌之处，随咨商署督臣查郎阿、抚臣许容等，经署督臣委员会同估勘，听署督臣酌议兴修外，合先奏闻。得旨，西宁城垣边墙，皆应酌量修理，但督臣查郎阿等事务繁多，且相隔路远，难于指示稽查。范时捷驻扎西宁，著就近管理，酌量定议。

（卷 120）

雍正十年九月乙酉（一日，1732.10.19）

谕西路军营将弁、兵丁等，噶尔丹策零父子凶顽，世济其恶。戕害臣服我朝之蒙古部落，窥伺我边疆，国家不得已用兵之苦心，已屡经晓谕官弁、兵丁等知之矣。夫三军司命，在于将帅。朕慎重其选，以岳钟琪乃将门之子，久历行间，从前用兵青海，曾有劳绩，且于西陲情形，素为熟练，伊亦自信克当此任，是以命为西路大将军。一切征兵、运饷、选将、设官之事，凡有所请，无不允行。实冀其殚心竭力，奏绩边疆，为一劳永逸之计。岂料伊秉性粗疏，办事阔略。平居志大言大，似有成算。及至临时，则张皇失措，意见游移。且赏罚不公，号令不一。不恤士卒，不纳善言。自奉太丰，待下鲜惠。今略举其失机一二事言之，前年冬月陛见入都，军营之事，全无料理，以致贼人盗窃驼马，伤我弁兵。嗣后朕时时降旨，谕令慎密周防。乃今年正月，贼人越过大营，直至哈密及塔尔那沁等处，抢掠牲畜，戕害回民。伊将令不行，调度无术，竟令已入网罗之寇贼，由坦道遁逸而去。又如穆垒驻兵之举，实由岳钟琪之奏请。且称愿以全家性命，保其万全。乃我兵移驻之始，即有贼人潜过穆垒河东，抢掳马匹，伤害官兵。现今运道牧厂，时受侵扰。此皆岳钟琪失算误国之昭著者。其他颠倒昏愦，疏忽错谬之处，不可枚举。以统兵之人，居心行事如此，无怪乎三军之士，离心解体，兵气为之不振也。朕思用兵之事，关系重大，似此一筹莫展，屡失机宜，则军务何日能竣，我三军之士，何时得以休息。用是特降谕旨，将岳钟琪调回京师，以吏部尚书陕西总督查郎阿署理大将军事务。命大学士鄂尔泰，亲至肃州，颁赐敕书，指授方略。查郎阿素性忠良，赤心为国，虚怀谦受，能体下情。自办理军需以来，事事妥协，边疆情形，皆所深知。一到军营，与副将军张广泗、常赉等合志同心，和衷共济，必能运筹决胜。靖寇安边，是在尔将弁兵丁等，鼓舞奋兴，急公努力。尽洗从前委靡怠惰之习，合千万之人为一心。则忠诚感格，和气致祥，必邀上天之默佑，迅速成功。膺国家优隆之爵赏，是此日之更换将帅，酌改规模，实尔西路军营，通塞否泰转移之机也。今年七八月间，贼兵以三万人侵犯北路，深入厄尔得尼招地方，意欲迎夺喇嘛，掳掠喀尔喀蒙古。我师奋勇前追，杀死贼兵万人，积尸如山，河水尽赤。贼夷乘夜逃奔，抛遗马匹牛羊器械不计其数。而我兵受伤者，不过十余名。领兵之大小将弁，未损一员。此实行间，将士合力同心，仰邀天祐之明验也。今贼人既受大创于北路，未必不轻视西路，重整余力，以向巴尔库尔。冬春防范，尤宜严密，不可疏忽。著署大将军等，将此晓谕各营将弁、兵丁，咸使知悉。至岳钟琪屡次失机之罪甚大，律以国法，不容宽贷。又闻军营弁兵，无不含怨。著署大将军查郎阿，遍行询问军营将弁、兵丁等，岳钟琪自领兵以来，果属事事乖张，人心共怨否，抑或尚有可取之处否。务使三军之众，人人各抒己见，据实举出，即有互异，不妨两奏以闻。

（卷 123）

雍正十年九月乙未（十一日，1732.10.29）

谕青海王、贝勒、贝子等，今年七月间准噶尔策零敦多卜带领三万贼众，侵扰内地。被喀尔喀副将军王丹津多尔济等带领满洲等兵二万，将贼兵截杀几尽。喀尔喀等既能如此奋勇杀贼，尔等何独不能乎。各宜鼓舞振兴，踊跃效命。贼兵前来侵扰青海，只有噶斯一路。尔等须在紧要隘口预备看守。傥有贼兵前来，务期协力追杀，悉行剿除。将此晓谕尔等部落知之。

（卷 123）

雍正十年九月己酉（二十五日，1732.11.12）

升理藩院侍郎僧格为镶红旗蒙古都统，仍留西藏。以理藩院侍郎纳延泰署镶红旗蒙古都统。

（卷 123）

雍正十年十月甲子（十日，1732.11.27）

礼部等衙门遵旨议奏，我朝勋旧名臣，屡邀异数，雍正二年，已敕建昭忠寺，祀勤事授命诸臣，劝忠之典，至优且渥。兹复命于京城内，建立贤良祠，春秋展祀。其应入祠之满、汉文武大臣，臣等公同详酌。如怡贤亲王之精白一心，忠诚体国，勋在社稷，泽被生民，允宜首请入祠。其元臣良辅，如大学士公图海、公赖塔、大学士张英、尚书顾八代、马尔汉、赵申乔、河道总督靳辅、齐苏勒、总督杨宗仁、巡抚陈瑸等，久在圣明灼见之中，入祠崇祀，于礼相符。此外满、汉文武大臣，或望著岩廊，或勋铭竹帛，或操严冰蘖，或绩懋封疆，谨核其事迹，参之众论，拟定大学士范文程等三十五员，均应入祠崇祀。得旨，原任将军阿喇衲，恪谨持躬，忠诚奉职，从前西陲用兵，宣力年久，收复吐鲁番，平定青海，俱有劳绩。原任都统冯国相，朴诚自矢，从无过愆，向来各旗公库，俱有亏空，唯冯国相所管正蓝旗，全无欠缺，此即其出纳谨严，操守洁清之实证。阿喇衲、冯国相应否入贤良祠，著九卿会议具奏。寻议，原任将军阿喇衲、都统冯国相，按其事实，洵属贤良大臣，允宜一体崇祀。从之。

（卷 124）

雍正十年十月辛未（十七日，1732.12.4）

谕内阁，直隶河南等省驿马，有每年准报倒毙三成四成之例。而陕甘两省，向因地僻差少，不在准报之中。今西路军兴，羽书络绎，地方有司，不无赔补之苦朕心轸念。除偏僻州县仍照旧例外，其自潼关至西安一路，自西安由秦巩南路、平凉北路至兰州，又自兰州由凉甘一带至肃州嘉峪关，由庄浪一带至西宁。又自榆林、延绥、宁夏、沿边一带至凉州，各归驿递马匹，俱照直隶、河南等省之例，十分之内，准报倒毙三分，领银买补，作正项开销。如有过三分之数者，勒令赔补。傥恃恩旨，或扣克草料。不加谨饲餧者，著该督抚即行题参。其准报三分之数，俟军务告竣，仍照旧例停止。

（卷 124）

雍正十年十月壬午（二十八日，1732.12.15）

谕办理军机大臣等，达鼐所掌总理青海番子事务关防，著侍郎马尔泰掌管。

（卷 124）

雍正十年十一月己酉（二十六日，1733.1.11）

办理军机大臣等议覆，工部左侍郎原署西安巡抚马尔泰奏言，额塞尔津城介在山谷之中，人由各处行走，不得见其踪迹。哈尔垓图地方，乃各路隘口总会之所，水草亦好。应将额塞尔津城驻扎步兵撤回，合计西宁、大通马步兵丁共派二千名，于哈尔垓图详看耕种地方，令兵丁等作何开垦。并将修葺城堡之处，悉加筹划，专交与诺穆图、傅宁办理。再董科尔寺与西宁相近，现有参将一员领兵五百名驻扎，无庸添兵。阿布海雅苏地方天气甚冷，不便驻兵。扎哈素泰地方水草尚好，其西宁居住之西安绿旗兵丁一千名、京师满洲兵丁二百名，臣与达鼐二人轮班，每年十月初，带往扎哈素泰等处驻备策应。至正月间，仍回西宁居住。均应如所请。得旨，哈尔垓图地方驻扎兵丁，著伊礼布统领。尹扎纳，管承泽协同管理。修城种地事务，著诺穆图、傅宁办理。

又议覆，工部左侍郎原署西安巡抚马尔泰奏言，由四川调至多巴地方，驻扎之兵二千名，不耐寒冷，所乘俱系川马，调往口外，殊不得力，置之西宁，亦徒费钱粮。查西宁、大通二处，除出征及预备兵丁之外，尚有六千余名，足敷防守。傥有应行添兵之处，凉州现有直隶河南兵一千名，可以调遣。请将川省兵丁，仍发回本省，各归原汛，应如所请，从之。

（卷 125）

雍正十年十二月壬戌（九日，1733.1.24）

谕内阁，鄂齐以闲散宗室，朕加恩用为散秩大臣及都统等官，又因西藏微劳，命伊袭封公爵。乃怠忽因循，并不实心效力。雍正五年，西藏阿尔布巴背叛，伤害康济鼐，朕将西藏人等不合情由面问鄂齐，伊视为泛常，信口奏对。其在藏科理未协之处，全然不知愧惧，则居心之泄慢可知矣。复命管理天津水师，慢无约束，一任兵丁扰累地方，是以降旨革退公爵，在侍卫内行走。继又念伊在宗室中尚为通晓事务，不忍令其放废，仍命管理副都统及护军统领印务，冀其自新，以赎前愆。岂料伊贪利纳赂，于胡五赎身案内又私得银两，准其归宗，甚属卑鄙无耻。著将鄂齐革任，交与宗人府拘禁。照所得银数，十倍追出。

（卷 126）

雍正十一年　癸丑　1733 年

雍正十一年正月戊子（六日，1733.2.19）

谕办理军机大臣等，差往西藏办事之副都统李柱于途次病故。原任都统马喇，前曾在藏办事，熟谙彼处情形，著以副都统衔前赴西藏，与青保、苗寿协同办事。僧格、迈禄俱在藏年久，俟马喇到藏之后，著僧格、迈禄回京。

（卷 127）

雍正十一年三月壬午（一日，1733.4.14）

谕办理军机大臣等，西藏驻扎弁兵，本为保护唐古特人等，以防准噶尔贼夷侵犯而设。比来贼夷大败，徒步奔逃，力蹙势穷，不能远涉藏地，则其无力进兵可知。且颇罗鼐输诚效力，唐古特之兵为较前气壮。现今藏地无事，兵丁多集，则米谷、钱粮一切费用等项，虽给自内地，而唐古特人等不免解送之劳。朕意量其足以防守藏地，留兵数百名，余者尽行撤回。其留藏之兵，著总兵官周起凤带领驻扎。青保、马喇、苗寿，著总理藏务。至此项兵应撤若干，应否将驻扎乂木多之云南兵丁一并撤回，著详议具奏。寻议，西藏居住之四川二千兵内应留兵五百名，以为该地守护之用，余俱撤回原处。所留之兵，俟三年后仍于四川官兵内派换。其乂木多居住之云南兵一千名，原为救援藏兵而设。今驻藏之兵既已酌减，则此项兵，亦应撤回五百名，照四川兵丁之例，三年更换。从之。

（卷 129）

雍正十一年三月戊戌（十七日，1733.4.30）

谕内阁，朕统御中外一视同仁。凡番族人等，有遵奉法纪，抒诚效力者，无不厚加恩泽。如四川口外之叠尔格土目等，奉公趋事，上年已颁谕旨，从优赏赉。其打箭炉之明正、里塘等土司、土妇及头目人等，归诚内附，十数年来，谨守往牧，奉法急公。内地兵丁赴藏驻防，经行该地，番民等递运粮石，供应承办，虽按数给发脚价，不使扰累，而伊等效力奔走，于一切差使并无迟误，勤劳恭顺，甚属可嘉，应厚加恩赏，以示奖励。又闻土民中有生计艰难者，亦应加赏恤，俾得并沐恩施。其如何分别，赏赉之处，著查议具奏。寻议，四川各番部中，明正一部最为恭顺，土司、土妇效力尤多，请各赏彩缎十疋，所属头目人等，赏银二千两。其里塘、巴塘、乍了、义木多、四部宣抚司以下，应赏彩缎，自十疋至六疋以次酌给，所属头目人等，每部赏银一千两。黎乌齐、罗隆宗、说板多、冰坝四番部土司大胡土克图以下，应赏彩缎，自八疋至四疋以次酌给，所属头目人等，每部赏银六百两。至各部番民内有生计艰难者，行令该督黄廷桂委员会同该土司等，查明动帑赏恤。从之。

（卷 129）

雍正十一年三月庚戌（二十九日，1733.5.12）

以通政使司左参议徐杞，署陕西、甘肃布政使司布政使，仍办理噶斯军需事务。

（卷 129）

雍正十一年七月丁未（二十八日，1733.9.6）

办理军机大臣等议覆，署陕西总督刘于义奏言，口外赤金等处牧放马驼，关系紧要，防范宜严。请于赤金之南苏喇河口、常马尔河口等处，各拨兵驻扎。赤金靖逆之北湃带湖、哨防营、布鲁墩等处，各设墩台拨兵巡查。再于布鲁墩、哨防营、湃带湖适中之地，派兵三百名驻扎防守。应如所请。从之。

（卷 133）

雍正十一年十一月壬寅（二十五日，1733.12.30）

谕理藩院，照看达赖喇嘛之都统鼐格在彼居住有年，年亦老迈。一等侍卫福寿，著赏给副都统职衔，同理藩院郎中拉布坦前往更换。福寿，著赏银一千两，拉布坦，著赏银五百两，制办行装。

（卷 137）

雍正十二年　甲寅　1734 年

雍正十二年五月己亥（二十四日，1734.6.25）

以陕西西宁道杨应琚署陕西甘肃布政使司布政使。

（卷 143）

雍正十二年七月癸巳（二十日，1734.8.18）

又谕，从前令达赖喇嘛移驻泰宁，原因彼时藏中有阿尔布巴等事，恐准噶尔逆贼乘间来犯，是以令其移至近边地方，以便照看。其随来之弟子人等，久离乡土，未免怀归。今贝勒颇罗鼐实心效力，将唐古特、厄鲁特之兵操练精熟，各处紧要隘口，俱已严固防守，藏中晏然无事。班禅额尔得尼年迈有疾，应令达赖喇嘛回藏。著果亲王允礼前往泰宁与达赖喇嘛相见。张家胡土克图亦令同去，并著都统鼐格前往料理伊等起身，副都统福寿等沿途照看。

（卷 145）

雍正十二年七月辛丑（二十八日，1734.8.26）

谕办理军机大臣等，朕闻青海蒙古生计甚艰，著传谕马尔泰等，加意施恩，方于伊等生计有益。

（卷 145）

雍正十二年八月丙午（三日，1734.8.31）

遣侍郎傅鼐、额外内阁学士阿克敦、副都统罗密前往准噶尔，谕台吉噶尔丹策零。谕曰，从前尔遣使特磊奏闻尔父亡故，彼时朕即召入特磊面降谕旨，详加开导。令将罗卜藏丹津送至，越二三载，并无回奏。故于两路驻兵，防守边界。尔乃遣特磊奏称，已将罗卜藏丹津拏送至途间，闻有兵至，故暂停解送。特遣人恳求指示，伏愿广兴黄教，爱惜生灵等语。朕即遣使臣杭奕禄、众佛保同特磊前往巴尔库尔军营，与尔商议诸事。因朕躬违和，故未将特磊召，令部臣传旨遣回。即有疑难不便之处，亦当彼此遣使议和，岂有轻动兵戈之理。特磊乃卑贱之人，未免捏词告尔，以图偾事。尔若果无动兵之心，为生灵黄教起见，则当向我国使臣恳切陈奏。乃并未接见使臣，猝然发兵侵我巴尔库尔军营，抢去马匹。又发兵阿尔泰地方，彼时我国将军、大臣未行请旨，忽略轻动，致尔得利。未几，尔兵侵我卡伦，我兵于苏克阿尔达胡地方迎战，尔遂收兵退去。次岁，尔复协力来扰喀尔喀游牧，被我师轻骑掩杀，战于厄尔得尼招地方，尔兵大败。今春，我哨探兵丁至额尔齐斯地方时，尔游牧处人，俱行遁匿。乌鲁木齐驻扎之人，亦行移去。我两路将军、大臣即欲尽驱雄兵，乘势进剿。朕悉谕令停止。朕为天下元后，惟以好生为本，并无将准噶尔必行剿灭之意。况得尔土地人民，于我大国亦何补之有。尔若执迷不息兵戈，则我师更换驻防，毫无缺乏之虑，不过稍费粮饷耳。但如此相持日久，彼此皆劳，非徒士卒苦累，而马匹牲畜亦多损伤。是以朕心深为恻然。今特遣使臣侍郎傅鼐、学士阿克敦、副都统罗密等前来宣谕朕意，与尔商议，爱惜生灵，彼此罢兵之事。若我大兵仍在尔游牧近处驻扎，恐尔心生疑贰。今巴尔库尔军兵因使臣由彼处遣往，故暂令守候驻扎。其北路已抵阿尔泰军兵，俱撤至察罕叟尔。尔果欲遵旨罢兵，同享安逸，即与遣往之大臣明白定议。朕已将一切事务，面谕大臣，尔宜详思。如诚心知过，痛改前愆，乐遵朕旨，则朕将往事尽行宽宥，断不食言。至于是非利害，尔宜酌定。欲拘兵，欲止戈，欲安逸众庶，欲残害生灵，亦惟尔择而行之。特谕。

（卷 146）

雍正十二年十二月壬戌（二十一日，1735.1.14）

兵部以进剿桌子山、棋子山、青海及南北西三川等处军功，奏请议叙。得旨，军功议叙，乃国家赏功之大典，必至公至确，始足以表彰，劳绩鼓励军心。从前桌子山、棋子山征剿一案，乃年羹尧、岳钟琪张大其事，有意捏成者，即在事效力官弁，亦不过以伊等私心，任意开入册内，冀邀议叙。并无功绩可纪，应不准议叙。从前有已经议叙者，著该部查明注销。其南北西三川、青海效力人员，仍准其议叙。

（卷 150）

雍正十三年　乙卯　1735 年

雍正十三年二月丁未（六日，1735.2.28）

兵部议覆，署陕西总督刘于义疏言，西宁一郡，僻处边隅，接壤番夷，防范宜密。请于南山后迤东之什扎巴地方，建立土城，拨西宁镇游击一员，兵二百名驻扎。其皂思观林地方，应驻扎把总一员，兵四十名。下郭密之亦襍石庄，驻扎守备一员，兵一百名。千户庄驻扎把总一员，兵四十名。并移徐家堡守备一员，驻申中。河州协千总一员，兵六十名，驻康家寨。应如所请。从之。

（卷 152）

雍正十三年二月辛亥（十日，1735.3.2）

兵部议覆，署陕西总督刘于义疏言，西大通镇旧设兵三千六百名，弁兵过多，应加裁汰。请裁大通镇总兵一员，游击守备千总各二员，把总四员兵一千二百名，改设副将一员，都司一员，留千总二员，把总四员，兵八百名。镇南之白塔营，裁参将守备千总各一员，把总二员，兵四百名。改设都司一员，留千总一员，把总二员，兵四百名。镇西之永安营，裁千总把总各一员，兵二百名，留游击一员，守备一员，千总一员，把总三员，兵六百名，至河州地近极边。原设副将一员，都司一员，千总二员，把总四员，兵一千一百八名，不足以资弹压，请改副将为总兵官，添设游击二员，分为左右营，改都司为守备。添设守备一员，把总四员，兵八百九十二名，以资分拨防汛。应如所请。从之。

（卷 152）

雍正十三年二月壬戌（二十一日，1735.3.15）

办理军机大臣等遵旨议奏，现今准噶尔逆贼败遁，又经使臣前往宣谕，谅贼夷输款非遥，我军班师在即，应预行酌定边境驻防事宜，除汉中一府地居腹里，不必添驻外，查凉州为甘肃咽喉，通省关键，请驻兵二千名。西宁地处边隅，逼近青海，请驻兵一千名。此添驻兵丁，俱于西安驻防满洲、蒙古兵内挑选。西安兵缺，俟现驻凉州、西宁兵丁撤回时，于养育兵暨余丁内挑补。其新驻兵丁，请设将军一员统领，驻扎凉州。所有应设协领、佐领、防御、骁骑校、笔帖式等官，令将军秦布酌议具奏。理事同知、通判等官暨一切修理城垣，营署军装等项，令总督刘于义等详议具奏，预行办理。俟撤兵后，再行派拨驻扎。从之。

（卷 152）

雍正十三年三月甲午（二十四日，1735.4.16）

青海扎萨克亲王戴青和硕齐察罕丹津故，遣官致祭。

（卷 153）

雍正十三年四月丙午（六日，1735.4.28）

谕办理军机大臣等办理青海事务达鼐病故，著散秩大臣色楞前往西宁办理青海事务。

（卷 154）

雍正十三年闰四月庚午（一日，1735.5.22）

果亲王允礼奉差泰宁回京，折奏，臣于去年十二月二十三日行至泰宁，达赖喇嘛居住惠远庙，亲至山门，迎接谕旨，恭请圣安。随宣读谕旨，颁给赏赐。达赖喇嘛奏称，自幼荷蒙圣祖皇帝洪慈，差遣将军统兵送至藏内，安坐达赖喇嘛之床，复蒙皇上施恩，浩荡无际。后闻有令瞻仰天颜之谕旨，即欲星驰前来，因尚未出痘，不能亲叩金阙。今恭闻训旨，复受隆恩，惟有竭力衍教，敬祝圣躬万年遐福等语，为此谨奏。报闻。

（卷 155）

雍正十三年闰四月甲戌（五日，1735.5.26）

兵部议覆，四川总督黄廷桂疏言，四川泰宁、宁安、德靖三营，原为防护达赖喇嘛而设，今已奉旨回藏，请将三营弁兵俱行裁撤。令泰宁副将带兵七百名，与化林协原设之兵三百名一同驻扎化林，分为左、右二营，酌设都司二员，千总二员，把总四员。除化林原设都司、千、把外，即以三营议撤之弁员拨补。其黎雅、峨边二营，仍归化林管辖。再于议撤弁兵内拨千总一员，兵一百名增隶阜和营，并于该营内轮派把总一员，兵三十名驻防惠远庙。均应如所请。从之。

（卷 155）

雍正十三年闰四月甲申（十五日，1735.6.5）

青海辅国公阿拉布济故，遣官致祭。

（卷 155）

雍正十三年闰四月丁酉（二十八日，1735.6.18）

谕准噶尔台吉噶尔丹策零，朕轸念众庶，止息兵戈，振兴黄教，安逸生灵，用是特遣使臣降旨宣谕。尔极悦服，遣垂纳木喀等进贡赍表。内称若使后世言某皇帝与某台吉失好，以致众生劳苦，殊非美名。若互相和好，振兴黄教，安逸生灵，则可垂休声于永久等语。朕披览之际，不胜嘉许欣悦。果能知此，天必锡之以福。若不知此，惟以贪暴为事，则天亦必加之以祸，此常理也。至于拘兵之由，尔意若自朕始者。昔我圣祖皇考时，众云准噶尔之人秉性贪暴，好尚兵戈，侵扰邻封，不崇释氏仁慈之道。彼时朕犹未深信，后尔父策妄阿喇布坦无端侵我哈密，又遣兵赴藏扰乱佛教，残毁寺庙，伤害喇嘛，朕始知前言不妄。似此则两路之驻兵防范，谓始自我皇考可乎。我皇考圣心仁爱，惟欲安抚众生，故遣使往来数次，乃尔父推托迁延，始终无定。朕缵承大统，尔父又遣根顿来京。朕仰体皇考仁爱之心，仍欲和好。俾黄教振兴，生灵安逸。令根顿至朕前，亲执其手，谕云，尔回时可告知尔台吉，朕执尔之手，即如见尔台吉之面，朕与尔台吉应俱教训子孙辈，令其永远和好。于是遣使议和定界。讵意尔父并无和好之意，屡次托故迁延。且藏匿我朝之逃亡罗卜藏丹津，并未告知使臣，以致诸事未成，和议中止。自此朕亦未遣使前去，尔亦不遣使来京。后尔父物故，尔遣特磊奏云，尔父已成佛矣，不思佛为天下人之所尊礼者。尔云成佛，其谁尊礼乎。且特磊举动骄慢，不知礼法。是以朕谕特磊云，尔台吉若果诚心遵旨和好，可将罗卜藏丹津解送前来，并将边疆定界。朕岂有遣发大兵之理。乃尔之和好未定则尔意实未可测，不得不为防范，故两路有驻兵之举。及尔又遣特磊前来，奏称罗卜藏丹津已解至中途，闻大兵发遣，是以中止。尔若果将罗卜藏丹津解送，自应直到军营，何以中道而返耶。朕因解送罗卜藏丹津之言涉于虚妄，故于特磊回时，令部内加以拂意之言，责以难行之事。然并未勒令遵行也。若果勒令遵行，自应写入敕谕之内。乃不写入敕谕，只于部内行文者，特令尔知非朕意也。尔纵有难行之处，亦应声明陈奏，可以并无回复。而于使臣在巴尔库尔军营等候之际，潜兵盗我马匹，此非构兵自尔乎。我兵果欲进剿，则于特磊去后，乘尔兵无备之时，不行袭击，转俟尔兵有备，有是理乎。此俱已往之事，朕既轸念众生，将尔从前过愆，悉已宽宥。无庸置议，今尔既遵循礼义，敬奉朕旨，观悦顺从，欲修和好，遣使来京，朕心甚嘉之。再尔使垂纳木喀等口奏，从前曾言将罗卜藏丹津解送，俟大事定后不难办理。至定界一事，阿尔泰原系厄鲁特游牧之地，杭爱原系喀尔喀游牧之地。请由哲尔格西拉胡鲁苏等处至巴尔库尔地方，定为边界等语。罗卜藏丹津尔从前既屡奏解送，即与解送无异。但所云阿尔泰系厄鲁特游牧之地，此噶尔丹从前之事。噶尔丹为我兵剿灭，取其土地，并其骨殖子孙，俱经尔父献纳，此众人所共知者。现今噶尔丹之属人及丹济拉之子孙，俱在内地。尔准噶尔曾未越阿尔泰游牧居住，乃谓为厄鲁特游牧之地可乎。且喀尔喀等尚不令近阿尔泰游牧者，原欲使两界相隔稍远，可息争端，而可令准噶尔之人居此乎。夫永远和好之事，定界实为要议。朕特命大臣等与垂纳木喀等公同酌议，务期两有裨益，指定边界具奏。而垂纳木喀等云，我台吉所交口奏言词之外并无别语，不便擅定等语。此事在京既不能定议，用是再颁敕谕，遣来使垂纳木喀等赍回。若果诚心修好，疆界不可不明设，日后无知之人越界妄行，稍有争竞，则又生事端矣。况定界之说，原起于尔父策妄阿喇布坦奏请，以安众生者。彼时朕曾降旨嘉许。后又请将阿尔泰山梁外哈道里哈达清吉尔、布喇清吉尔两处不必置为闲地，朕未准行。今特欲安逸众生，永远和好，将此两处空闲之地，俱属于尔。只自克木齐克、汗腾格里上阿尔泰山梁，由索尔毕岭、下哈布塔克、拜塔克之中，过乌阑乌苏直抵噶斯口为界。并将尔父所请自胡逊托辉至哈喇巴尔鲁克，悉作空闲之地。似此分界，在尔并无难行不便之处。尔其仰体朕加恩眷注之意，遵谕定界，方可永远修好。朕为天下主，惟思扶持黄教，利济众生，敦崇和睦，执中循礼。断不强汝以难行者。至于不便大国之处，亦不能俯允尔请也。傥尔遵奉谕旨，议定疆界之后，犹以喀尔喀之游牧逼近尔属，不免疑惧，奏请稍展空闲之地，亦属可行。俟尔遣使再来陈奏时，朕当另降谕旨，台吉其熟思详审，酌定具奏。

（卷155）

雍正十三年五月乙巳（六日，1735.6.26）

办理军机大臣等议覆，西安将军秦布奏言，前经办理军机大臣议准，挑选西安八旗满洲、蒙古兵三千名，以二千名分驻凉州，一千名分驻西宁。查西安汉军兵丁，向与满洲、蒙古一同效力行走，比来生齿日繁。此项挑选兵丁，请将汉军一并派入。凉州添设城守步兵六百名，两旗合设防御一员。西宁添设步兵四百名，每翼各设防御一员管辖。均应如所请。至该将军所奏，分驻西宁兵丁改驻庄浪，凉州兵丁改驻凉州城外大七巴地方，应行令查郎阿、马尔泰详加定议具奏。从之。

（卷156）

雍正十三年五月甲寅（十五日，1735.7.5）

青海扎萨克郡王盆苏克汪扎尔故，遣官致祭。

（卷156）

雍正十三年五月戊辰（二十九日，1735.7.19）

办理军机大臣等议覆，西安将军秦布奏称，凉州、西宁议准设兵驻防，以弹压蒙古、番人。今凉州驻兵二千名内，请选汉仗好者二百名为前锋，满洲八旗两翼各设协领一员，蒙古八旗两翼合设协领一员。满洲每旗设佐领二员，蒙古每旗设佐领一员。每佐领各设防御一员、骁骑校一员、领催五名。其行文事件，设笔帖式三员。西宁驻兵一千名内，请选汉仗好者一百名为前锋，满洲八旗两翼各设协领一员，蒙古八旗两翼合设协领一员。满洲每旗各设佐领一员、防御一员、骁骑校一员、领催五名。蒙古两旗合设佐领一员、防御各一员、骁骑校各一员，每旗设领催二名。其行文事件，设笔帖式二员，两宁止议设副都统一员。恐事务繁多，应于协领内拣选一员，令其协办。凉州将军衙门照依西安之例，设立二司。其将军、副都统印信、二司关防，协领条记，请交部铸给。至官兵俸饷、口粮、草豆等项，照西安之例支领。俱应如所请。从之。

（卷 156）

雍正十三年六月己丑（二十一日，1735.8.9）

办理军机大臣等议覆，署宁远大将军查郎阿等折奏西路驻防事宜。一、巴尔库尔兵丁全撤之时，廷议于安西等处添设一提一镇，兵一万名。各令搬移家口，前往驻扎，以弹压边陲，声援哈密在案。查添兵万名，需粮料十万余石。安西屯地不过三千余石，甚属不敷。况兵丁搬移家口，更多糜费。即城堡营房等事，俱费周章。不若更番迭戍，既可省费，亦可以经久远。请将驻防哈密兵五千名，就近于肃镇、甘提、凉镇、西宁镇、安西镇各派拨一千，合足五千名，令在哈密驻防。其安西地方，不必添设提镇兵丁。一、于陕西督标派拨一千名，固原提标并各协属派拨一千五百名，延绥派拨一千名，宁夏派拨一千名，河州派拨五百名，共五千名。在赤金、靖逆、柳沟、布隆吉尔、桥湾五处驻防。彼地附近俱有牧场，可以牧放马驼。一、赤靖五处之兵二年期满，应全行更换。其哈密兵丁，应每年更换一半，则一半熟手即可教习一半新兵。一、哈密、赤靖等处各有五千兵丁驻防。其统领将弁，须派总兵二员、副将二员，带领游、守、千、把分管。驻防赤靖等处之总兵、副将，于兵丁换班亦俱更替。驻防哈密之总兵、副将，须一年更替换班。庶屯田、斥堠诸事，有新旧大员相间管领，诸事熟练。一、军营应支口粮，查驻防哈密之兵，屯种收获尽足供支。至驻防安西之兵五千名，连领兵将弁，岁需口粮一万五千余石。其各卫所官屯地亩，应全交与安西镇标营兵丁，承领屯种，为伊等恒产，即以收获籽粒，供兵丁口粮。如尚不敷，照例折给银两。一、肃镇为临边重地，请添城守一营，设都司一员、千总一员、把总二员。于标营兵内派步兵二百名，专司城守汛防之事。查肃镇标合计新旧兵共二千九百余名，应添足三千之数。将新募之守兵，即拨入城守营。俱应如所请。但哈密及赤靖等处驻防兵丁，虽各派总兵统领，大兵甫撤，两总兵分驻两处，必得一总统大臣弹压。请再派提督一员，驻扎哈密，节制两处驻防之总兵，居中调度，更为有益。从之。

（卷157）

雍正十三年六月丁酉（二十九日，1735.8.17）

办理军机大臣等议覆，总理青海番子事务德龄等奏称，哈尔垓图驻扎西宁、大通绿旗兵二千名，现遵旨议令撤回。但噶斯一路，设卡探信，防护青海蒙古游牧地方，甚属紧要。应于青海扎萨克兵派二千名，预备策应。在内挑精兵二百名，并选绿旗兵一百名，派员统领。在得布特里、伊克柴旦木等紧要地方，安设台站卡伦，按年换班，以资防护。应如所请。从之。

（卷157）

雍正十三年七月丙午（九日，1735.8.26）

总理青海番子事务湖北巡抚德龄等折奏，驻防哈尔垓图之西宁、大通绿旗官兵，前经廷议令伊礼布等带领撤回。今两处官兵已各回本汛，并据伊礼布等咨缴原领钦差大臣关防一颗。谨奏。报闻。

（卷158）

图书在版编目（CIP）数据

清实录：青海蒙古族史料辑录：上、下册 / 青格力整理．— 北京：民族出版社，2019.7

ISBN 978-7-105-15779-2

Ⅰ. ①清… Ⅱ. ①青… Ⅲ. ①中国历史—史料—清代②蒙古族—民族历史—青海 Ⅳ. ① K249.06 ② K281.2

中国版本图书馆 CIP 数据核字（2019）第 146505 号

清实录：青海蒙古族史料辑录：上、下册

策划编辑：巴音
责任编辑：巴音
封面设计：刘福勤
出版发行：民族出版社
地　　址：北京市和平里北街 14 号
邮　　编：100013
电　　话：010-64228001（汉文编辑二室）
　　　　　010-64224782（发行部）
网　　址：http://www.mzpub.com
印　　刷：北京艺辉印刷有限公司
经　　销：各地新华书店
版　　次：2019 年 7 月第 1 版　2019 年 7 月北京第 1 次印刷
开　　本：787 毫米 ×1092 毫米　1/16
字　　数：490 千字
印　　张：31
定　　价：120.00 元
书　　号：ISBN 978-7-105-15779-2/K・2761（汉 1576）